La régulation du marché de l'électricité

Concurrence et accès aux réseaux

Logiques Juridiques

Collection dirigée par Gérard Marcou

Le droit n'est pas seulement un savoir, il est d'abord un ensemble de rapports et pratiques que l'on rencontre dans presque toutes les formes de sociétés. C'est pourquoi il a toujours donné lieu à la fois à une littérature de juristes professionnels, produisant le savoir juridique, et à une littérature sur le droit, produite par des philosophes, des sociologues ou des économistes notamment.

Parce que le domaine du droit s'étend sans cesse et rend de plus en plus souvent nécessaire le recours au savoir juridique spécialisé, même dans des matières où il n'avait jadis qu'une importance secondaire, les ouvrages juridiques à caractère professionnel ou pédagogique dominent l'édition, et ils tendent à réduire la recherche en droit à sa seule dimension positive. A l'inverse de cette tendance, la collection *Logiques juridiques* des Éditions L'Harmattan est ouverte à toutes les approches du droit. Tout en publiant aussi des ouvrages à vocation professionnelle ou pédagogique, elle se fixe avant tout pour but de contribuer à la publication et à la diffusion des recherches en droit, ainsi qu'au dialogue scientifique sur le droit. Comme son nom l'indique, elle se veut plurielle.

Déjà parus

COMTE Henri et LEVRAT Nicolas (sous la dir.), *Aux coutures de l'Europe. Défis et enjeux juridiques de la coopération transfrontalière*, 2006.
MASSAT Eric, *Servir et discipliner*, 2006.
BOUDET Jean-François, *La caisse des dépôts et consignations*, 2006.
ROSIER Guy, *L'enracinement créole*, 2006.
DESMONS É. (sous la dir.), *Figures de la citoyenneté*, 2006.
MACERA B.-F. et FERNANDEZ GARCIA Y., *La responsabilité administrative dans le contentieux de l'urbanisme*, 2006.
NGO Mai-Anh, *La qualité et la sécurité des produits agro-alimentaires*, 2006.
GUILLARD David, *Les armes de guerre et l'environnement naturel. Essai d'étude juridique*, 2006.
BOEGLIN Jean-Georges, *Etats et religions en Europe* (2 tomes), 2006.
KASSIS Antoine, *L'autonomie de l'arbitrage commercial international*, 2006.
F. MICHAUT (sous la coord.), *Ecrire l'histoire du droit*, 2006.
Y. LUCHAIRE (sous la dir.), *Collectivités territoriales et gouvernance contractuelle*, 2006.

Nadia CHEBEL-HORSTMANN, LL.M.

La régulation du marché de l'électricité

Concurrence et accès aux réseaux

L'Harmattan
5-7, rue de l'École-Polytechnique ; 75005 Paris
FRANCE

L'Harmattan Hongrie
Könyvesbolt
Kossuth L. u. 14-16
1053 Budapest

Espace L'Harmattan Kinshasa
Fac..des Sc. Sociales, Pol. et
Adm. ; BP243, KIN XI
Université de Kinshasa – RDC

L'Harmattan Italia
Via Degli Artisti, 15
10124 Torino
ITALIE

L'Harmattan Burkina Faso
1200 logements villa 96
12B2260
Ouagadougou 12

www.librairieharmattan.com
harmattan1@wanadoo.fr
diffusion.harmattan@wanadoo.fr

ISBN : 2-296-00984-0
EAN : 9782296009844

Préface

La thèse de Mme Chebel-Horstmann est le fruit d'une cotutelle entre les universités de Leiden et Paris II Panthéon-Assas, entreprise encore rare parce qu'elle ajoute aux difficultés propres du travail d'analyse et de synthèse sur un sujet complexe celle de la recherche d'un moyen terme entre des traditions universitaires un peu différentes.

Le titre de la thèse « Le régime juridique de l'accès aux réseaux électriques en France » ne reflète pas exactement la richesse du contenu. Il s'agit en réalité d'une réflexion, selon un angle particulier mais essentiel – celui de l'accès aux réseaux –, sur un aspect de la libéralisation du secteur de l'électricité en France, sous influence européenne. Le thème de la libération du secteur de l'électricité a été plusieurs fois traité et récemment à l'Université Paris II, dans la thèse de Mme Isidoro sur « L'ouverture communautaire du marché de l'électricité à la concurrence et sa mise en œuvre (Allemagne, France, Italie, Royaume-Uni) » soutenue en décembre 2002. La thèse de Mme Horstmann apporte des éléments nouveaux du fait de l'angle d'approche et de la qualité du traitement. Le plan adopté conduit à traiter tour à tour dans trois parties : (1) du cadre général des activités de transfert et de distribution d'électricité en France ; (2) de la question précise du régime et de l'accès aux réseaux publics dans le cadre défini par la loi du 10 février 2000, transposant la directive 96/92 du Conseil ; (3) du processus de régulation qui permet d'assurer un équilibre entre concurrence et service public dans un marché national, ouvert à la concurrence, mais où l'opérateur historique EDF joue encore un rôle majeur.

L'auteur fait preuve d'une excellente connaissance du sujet dans lequel elle se meut avec l'aisance d'un praticien. Les termes techniques n'ont pas de secret pour elle ; elle analyse avec soin toutes les dispositions du droit français dans leur plus extrême détail et fait le point avec précision des difficultés de mise en œuvre. Ce travail sera assurément d'une grande utilité pour les acteurs du marché français de l'électricité. Il alimente également une réflexion plus théorique mais combien nécessaire sur les concepts de service universel, sur équilibre entre régulation et concurrence dans des domaines longtemps à l'abri de toute réelle compétition.

Jacqueline Dutheil de la Rochère
Professeur de droit public – Université Panthéon-Assas Paris 2
Directeur du Centre de Droit Européen

Lorsque la Communauté Européenne concrétisa son souhait d'achever le marché intérieur de l'électricité, seuls les juristes baignés dans les affres de ce secteur s'avançaient pour exprimer la difficulté de la tâche liée à l'extrême complexité et à l'imbrication des questions juridiques à naître. On estimait alors ces inquiétudes exagérées et partiales en ce qu'elles servaient les intérêts d'opérateurs enclins à ralentir l'ouverture de ce secteur à la concurrence. Finalement, c'est avec l'adoption de la directive 96/92 du CE sur l'achèvement du marché intérieur de l'électricité que sont posées les premières pierres de cette libéralisation, avant d'être complétée par la directive 03/54. Les dispositions qu'elles contiennent sont tellement rénovatrices du secteur que leur transposition ne se fait qu'avec un déploiement d'efforts considérables de la part des États membres.
Il est par conséquent très appréciable de disposer d'une étude qui puisse éclairer sur les différents aspects de la législation et de la jurisprudence françaises transposant la réglementation européenne sur l'énergie. Un éclairage particulier sur les attributions de la Commission de Régulation de l'Énergie et ses interactions avec le Conseil de la Concurrence permet de rendre parfaitement compte de la nécessité de la régulation sectorielle. Cette recherche exhaustive sur un système électrique français libéralisé présente de manière claire les sombres imbrications du droit administratif français applicable au secteur électrique et propose également une analyse complète sur la gestion des activités de production, de distribution et du transport d'électricité. On retiendra, en particulier, qu'un heureux éclairage de la notion française de service public – de l'électricité – permet aux non-initiés de sortir ce concept de la sombre nébuleuse dans laquelle il baigne. Ainsi, tout en proposant une analyse judicieuse de la transposition de l'une des directives européennes les plus complexes qui soient, ce travail peut être lu comme une étude de cas relative à la transposition de la réglementation européenne en rapport avec la régulation de secteurs spécifiques, les règles du Traité CE sur la concurrence et les règles nationales de la concurrence. À cet égard, ce travail est une très importante contribution à l'analyse de la complexité du processus de libéralisation des secteurs initialement exclus de la concurrence.
Cette double approche permet au lecteur de disposer à la fois d'un guide sur la régulation du marché de l'électricité en France et d'un cadre global de réflexion sur le processus de libéralisation des activités économiques au niveau européen.

Piet Jan Slot
Professeur de droit européen et de droit économique
Université de Leiden

Abréviations et Sigles

AEEG	Autorita de regulation per l'Energia Elletrica et il Gas (régulateur italien)
ARD	Accès au réseau de distribution (bureau de l')
ART	Autorité de régulation des télécommunications
ATR	Accès des tiers aux réseaux
CA	Cour d'Appel
CARD	Contrat d'accès au réseau de distribution
CART	Contrat d'accès au réseau de transport
CE	Conseil d'État
CEER	Council of european energy regulators
CGCT	Code général des collectivités territoriales
CJCE	Cour de Justice des Communautés Européennes
CNR	Compagnie Nationale du Rhône
COB	Commission des opérations de bourse
CRE	Commission de régulation de l'énergie
CREG	Commission de régulation de l'Électricité et du Gaz (régulateur belge)
CSA	Conseil supérieur de l'audiovisuel
DNN	Distributeur non nationalisé
DSP	Distribution de service public
DUP	Déclaration d'utilité publique
EDF	Électricité de France
ETSO	European transmission system operator
FNCCR	Fédération nationale des collectivités concédantes et régies
FPE	Fonds de péréquation de l'électricité
FSPPE	Fonds du service public de la production de l'électricité
GRD	Gestionnaire du réseau de distribution
GRT	Gestionnaire du réseau de transport
GWh	Gigawattheure
IFA	Interconnexion France-Angleterre
JO	Journal Officiel de la République Française
JOCE	Journal Officiel des Communautés Européennes
kV	Kilovolt
MADE	Mise à disposition d'énergie électrique (Contrat de)
MWh	Mégawattheure

NGC	National Grid Company
NTC	Net Transfer Capacity
PPI	Programmation pluriannuelle des investissements
RAG	Réseau d'alimentation générale
RPT	Réseau public de transport
RTE	Réseau de transport d'électricité
TWh	Terrawattheure
SNET	Société Nationale de l'Électricité et de Thermique

Abréviations des revues utilisées

AJDA	Actualité juridique du droit administratif
CJEG	Cahiers Juridiques de l'Électricité et du Gaz (Cahiers de l'Entreprise publique)
CMLR	Common Market Law Review
DA	Droit administratif, Éditions du Juris-Classeur
RDAI	Revue de droit des affaires internationales
RFDA	Revue française de droit administratif
RTDE	Revue trimestrielle du droit européen

Avertissement : les communications, décisions et délibérations de la Commission de Régulation de l'Énergie (CRE) ainsi que les contrats du Gestionnaire du réseau de transport d'électricité (RTE) visés sont consultables sur les sites Internet suivants :

www.cre.fr
www.rte-france.com

Introduction

L'analyse du régime juridique de l'accès aux réseaux électriques en France a son pendant dans l'ouverture à la concurrence des marchés énergétiques prônée au niveau européen et qui impose de repenser le système de gestion de l'ensemble des activités électriques. Là où les instances européennes entendent créer un « marché de l'électricité »[1], les autorités nationales souhaitent moderniser un « service rendu au public »[2] appelé à prendre en charge les activités de production, de transport et de distribution d'électricité, auxquelles s'ajoutent l'importation, l'exportation et le transit d'électricité.
L'ensemble de ces activités a été très tôt géré par les pouvoirs publics en raison du caractère stratégique que revêt l'approvisionnement en électricité et de la mise en œuvre d'économies d'échelle. Cette concentration semble, en effet, nécessaire à la réalisation des infrastructures électriques telles que les réseaux de transport et de distribution d'électricité ou les installations de production d'électricité.
La gestion et le développement de ces infrastructures essentielles ont été confiés à des entités publiques qui bénéficient à leur endroit de monopoles légaux[3], créant ainsi une forte interdépendance entre les activités de production, de transport et de distribution d'électricité. Cette approche a exclu dans un premier temps le secteur de l'électricité du marché concurrentiel ; il est un secteur protégé ou exclu de la concurrence, car il est géré selon les orientations fixées dans les politiques énergétiques des pouvoirs publics[4].
L'ouverture à la concurrence d'activités qui reposent sur des réseaux, comme c'est le cas des télécommunications, ébranle cette situation, qui se trouve renforcée par des déclarations telles que celle de la délégation du Sénat pour les Communautés européennes, selon laquelle le système électrique « n'a pas vocation à rester figé »[5]. Cet appel fait précisément écho à la volonté de la Commission des Communautés européennes[6] de procéder à l'achèvement d'un « marché intérieur de l'électricité et du gaz »[7]. En s'appuyant sur les dispositions de l'Acte Unique européen relatives à

[1] Directive 96/92/CE du Parlement européen et du Conseil du 19 décembre 1996 relative aux règles communes pour le « marché » intérieur de l'électricité, JO L-27 du 30 janvier 1997, ci-après « directive 96/92 du CE ».

[2] Loi de transposition de la directive 96/92 du CE en droit français, n° 2000-108 du 10 février 2000 relative à la modernisation et au développement du « service public de l'électricité », JO du 11 février 2000, p. 2143, ci-après « loi du 10 février 2000 ».

[3] L'article 1er de la loi n° 46-628 du 8 avril 1946 sur la nationalisation de l'électricité et du gaz commande la nationalisation des activités de production, de transport, de distribution, d'importation et d'exportation d'électricité, ci-après « loi de nationalisation du 8 avril 1946 », JO du 8 avril 1946.

[4] La mesure qui illustre le mieux cette intervention est la fixation par les pouvoirs publics des prix de l'électricité en vertu des dispositions de l'article 1er de l'Ordonnance n° 86-1243 du 1er décembre 1986 relative à la liberté des prix et de la concurrence, codifiée à l'article L. 410-2 du Code de commerce.

[5] J. Oudin, Rapport d'information n° 459 de la délégation du Sénat pour les Communautés Européennes (1993-1994) « Électricité et Gaz : pour un marché intérieur respectueux du service public » du 25 mai 1994, ci-après « Rapport Oudin ».

[6] Ci-après la « Commission ».

[7] Dès le 16 septembre 1986, une résolution du Conseil des Ministres européens souligne que la Commission doit avoir pour objectif « une meilleure intégration, dégagée des entraves aux échanges,

l'achèvement du marché intérieur[8], la Commission formule ses premières propositions d'ouverture des marchés européens de l'électricité à la concurrence[9]. Le décloisonnement du marché électrique tel qu'elle le conçoit à l'origine apparaît comme une véritable révolution. Ses propositions n'envisagent alors rien de moins qu'un démantèlement des monopoles existants sur les activités électriques afin de permettre au plus grand nombre possible de consommateurs de choisir librement leurs fournisseurs.

Parallèlement à la libéralisation de la production d'électricité, la fourniture en électricité doit être possible à travers la mise à disposition des réseaux électriques au profit de l'ensemble des consommateurs finals d'électricité en contrepartie du maintien des monopoles sur les activités de transport et de distribution d'électricité. L'affrontement est tel que la résistance s'organise spontanément sous la bannière française. La France est l'État membre qui a le plus à craindre d'une restructuration en profondeur du secteur électrique, puisque les monopoles publics en dominent l'organisation. L'enjeu de l'ouverture du secteur électrique à la concurrence bute alors sur l'équilibre à trouver entre le démantèlement des monopoles et le respect par les opérateurs des règles de la concurrence, qui est la priorité de la Commission, et la préservation des impératifs de service public garantie, en particulier, par les monopoles légaux, comme le souhaite la France[10].

Un consensus est finalement trouvé entre les propositions de la Commission et les intérêts des États membres. Celui-ci est contenu dans la directive 96/92 du CE relative aux règles communes pour le marché intérieur de l'électricité. L'accord dégagé par la Commission n'a pas pour but de faire primer les règles de la concurrence sur celles relatives au service public dans la gestion du secteur électrique.

La directive envisage la concurrence comme un « objectif prioritaire »[11] sur lequel seront greffées des concessions de service public. Elle introduit la concurrence dans les activités électriques de manière graduelle, en fonction des contraintes qui leur sont intrinsèques, et pose les premières pierres qui contribueront à l'édifice d'un paysage électrique profondément remodelé[12]. Sur la base de l'expérience acquise par la directive 96/92 du CE, les positions initialement inconciliables convergent et sont finalement confortées dans la directive modificative 03/54 du CE du 23 juin 2003 concernant les règles communes pour le marché intérieur de l'électricité abrogeant la

---

du marché intérieur de l'énergie, en vue d'améliorer la sécurité des approvisionnements, de réduire les coûts et de renforcer la compétitivité économique », JO C-241/1 du 25 septembre 1986 ; voir le commentaire de F. Hamon, « Le marché intérieur de l'énergie », *AJDA*, 20 novembre 1998, p. 851.

[8] L'Acte Unique européen signé le 17 février 1986 au Luxembourg et le 28 février 1986 à La Haye est entré en vigueur le 1er juillet 1987, JO L-169/15 du 29 juin 1987.

[9] Le Commissaire européen chargé de l'énergie, Nick Mosar, invite en mai 1987 les États membres à réaliser le marché intérieur de l'énergie par la suppression progressive des entraves à la libre circulation de l'électricité et du gaz, voir le rapport des *Cahiers juridiques de l'électricité et du gaz* (ci-après CJEG), Marché intérieur de l'électricité : chronique d'un débat, mai 1997, p. 171.

[10] Les propositions initiales de la Commission dites « propositions Cardoso » ont été catégoriquement rejetées par certains États membres et, en particulier, par la France, car elles ne faisaient place ni aux missions de service public, ni à la planification de long terme du secteur électrique.

[11] F. Hamon, « Le marché intérieur de l'énergie », *AJDA*, 20 novembre 1998, p. 854.

[12] F. Lagondet, « Du dogme au marché intérieur à la négociation sur le service public », *Revue Europe*, mai 1997, p. 4.

directive 96/92 du CE au 1er juillet 2004[13]. La directive 96/92 du CE prévoit tout d'abord une ouverture limitée des marchés électriques, sans remise en cause totale des activités gérées en monopole. Car, si l'introduction de la concurrence dans les activités de production, d'importation et d'exportation d'électricité se présente comme une tâche réalisable, cette mission est, en revanche, plus complexe à accomplir au sein des activités de transport et de distribution d'électricité. En effet, ces dernières reposent sur d'importantes infrastructures, que sont les réseaux de transport et de distribution d'électricité, ayant pour fonction d'acheminer l'électricité du lieu de production au lieu de consommation. L'ouverture à la concurrence de ces activités impliquerait, en principe, de démanteler les monopoles existants sur le transport et la distribution d'électricité et de permettre à tout opérateur de construire des infrastructures parallèles à celles existantes. Or, en raison, d'une part, de l'importance politique et économique des entreprises publiques qui les gèrent et du caractère économiquement et environnementalement non-viable de leur duplication, d'autre part, l'introduction de la concurrence dans le secteur de l'électricité n'a pu s'imposer à travers une abolition pure et simple des monopoles de transport et de distribution d'électricité. Une ouverture à la concurrence des activités électriques ne peut être possible que dans le cadre d'une gestion concurrentielle des réseaux électriques. Cela implique que l'on aborde dorénavant le système électrique sur la base de leur nouvelle organisation.

La particularité de la nature et de l'organisation des réseaux électriques a permis d'appréhender de manière quasi autonome les activités liées à leur gestion que l'on désigne dorénavant sous le terme d'« activités de réseaux ». Les règles qui organisent les activités de réseaux présentent la particularité de mêler à l'approche juridique une approche économique et technique de ces activités. Les dispositions des directives 96/92 puis 03/54 du CE et les lois nationales sur l'électricité témoignent, en effet, de l'impossibilité de dissocier, ou de la nécessaire imbrication, des analyses juridiques et économiques pour la mise en place de la concurrence dans le secteur électrique[14]. Ce rapprochement s'observe également dans la résolution des problématiques posées par le droit de la concurrence interne ; dans un arrêt du Conseil d'État « The Coca-Cola Company », Bazex et Thiry considèrent que « l'argumentation du Conseil d'État démontre combien, sur une question de concurrence, les analyses juridiques et économiques sont étroitement complémentaires »[15]. Afin de parvenir à l'ouverture à la concurrence des activités de réseaux, la directive 96/92 du CE accepte le maintien des monopoles sur les réseaux électriques, mais permet aux opérateurs d'accéder à ces infrastructures afin d'assurer la fourniture des consommateurs en électricité. Les opérateurs ont dorénavant le

[13] Directive 03/54 du CE du 23 juin 2003 concernant des règles communes pour le marché intérieur de l'électricité et abrogeant la directive 96/92 du CE, JO L-176/37 du 15 juillet 2003. Combinée avec la directive 96/92 du CE, ci-après « les directives électricité ». Voir la table de concordance des articles entre les deux directives, p. 443, reproduisant celle publiée en annexe de la directive 03/54 du CE au JO L-176/55 du 15 juillet 2003.

[14] Le droit de l'électricité est une branche du droit soumise à une régulation qui a, selon Marie-Anne Frison Roche, « vocation à exprimer un nouveau rapport entre le droit et l'économie », « Le droit de la régulation », *Recueil Dalloz*, Chronique, 2001, p. 610.

[15] Note M. Bazex, B. Thiry, sous l'arrêt du Conseil d'État (ci-après CE) du 9 avril 1999, *AJDA*, juillet-août 1999, p. 614.

choix de s'approvisionner librement sur les marchés électriques nationaux et internationaux. La production d'électricité est ouverte à la concurrence par la possibilité de construire des installations de production et par la libéralisation de l'importation et de l'exportation d'électricité. En revanche, le transport et la distribution d'électricité au client final ne peuvent être concurrencés par la construction d'infrastructures parallèles, si bien que celles-ci doivent être mises à la disposition des opérateurs souhaitant approvisionner ou être approvisionnés en électricité. Les gestionnaires de ces réseaux électriques se voient reconnaître la garantie d'une juste rémunération en contrepartie de l'attribution aux opérateurs d'un droit d'accès et d'utilisation de leurs réseaux. Ce système dit de « l'accès aux réseaux »[16], sous-entendu de transport et de distribution d'électricité, va permettre l'introduction de la concurrence dans les activités de transport et de distribution d'électricité en intégrant, tant bien que mal, les rigidités de leur régime juridique.
La mise en place de l'accès aux réseaux impose une restructuration de la gestion des réseaux électriques afin de s'assurer que les entités en position dominante, qui les détiennent et les gèrent, agissent en conformité avec les règles de la concurrence existantes et celles du service public à définir. C'est, en particulier, dans la définition et la précision de ces mesures que s'illustre la directive modificatrice 03/54/CE du 23 juin 2003. Cette approche novatrice du secteur électrique est transposée avec retard en droit national. C'est, en effet, près d'un an après l'expiration du délai de transposition imposé par la directive 96/92 du CE[17] qu'est adoptée la loi de transposition du 10 février 2000 relative à la modernisation et au développement du service public de l'électricité en droit français.
Celle-ci a été en partie modifiée par la loi du 3 janvier 2003 relative aux marchés du gaz et de l'électricité[18] qui transpose avec retard la directive 98/30/CE du 22 juin 1998 relative au marché intérieur du gaz naturel[19]. Elle est complétée par la loi du 9 août 2004 relative au service public de l'électricité et du gaz qui transpose la directive 03/54 du CE en droit national[20]. Puis, elle est encore une fois amendée par la loi de programme fixant les orientations de la politique énergétique du 13 juillet 2005[21]. Le régime juridique qui est issu de l'ensemble de ces dispositions doit résoudre la problématique inhérente à la libéralisation d'activités économiques qui

[16] Articles 17 et 18 de la directive 96/92 du CE.

[17] Aux termes de l'article 27 § 1 de la directive 96/92 du CE, les États membres doivent prendre « les mesures législatives, réglementaires et administratives pour transposer la directive au plus tard le 19 février 1999 ».

[18] Loi n° 2003-8 du 3 janvier 2003 relative aux marchés du gaz et de l'électricité et au service public de l'énergie, JO n° 3 du 4 janvier 2003, p. 265, ci-après « loi du 3 janvier 2003 relative au marché du gaz » ; voir E. Cotard, G. Block, « La loi relative aux marchés du gaz et de l'électricité et au service public », *JCP*, n° 22, 28 mai 2003, p. 997. Cette loi sur le gaz, divisée en 8 titres et 62 articles, consacre l'ensemble de son titre VII de 28 articles aux « dispositions relatives au service public de l'électricité ».

[19] Directive 98/30 du Parlement européen et du Conseil du 22 juin 1998 concernant des règles communes pour le marché intérieur du gaz naturel, JO L-204/1 du 21 juillet 1998, M. Long, « La libéralisation du gaz communautaire de la loi du 3 janvier 2003 », *DA*, février 2003, p. 6.

[20] Loi n° 2004-803 du 9 août 2004 relative au service public de l'électricité et du gaz et aux entreprises électriques et gazières, JO n° 185 du 11 août 2004, p. 14256, ci-après « loi du 9 août 2004 » ; combinée avec les lois du 10 février 2000 et du 3 janvier 2003 ci-après les « lois électricité ».

[21] Loi n° 2005-781 du 13 juillet 2005 de programme fixant les orientations de la politique énergétique, JO n° 163 du 14 juillet 2005, p. 11570.

reposent sur des infrastructures d'envergures induplicables entre les mains d'entités (souvent publiques) en position dominante. Il revient donc aux dispositions de transposition de garantir l'effectivité de l'ouverture du marché électrique à la concurrence sur la base des orientations formulées par les directives électriques[22]. Or la mise en place d'un tel système ne peut s'appuyer sur aucun précédent. En effet, même l'ouverture du secteur des télécommunications qui est en de nombreux points comparable au secteur électrique ne repose pas sur des contraintes techniques et politiques, telles que, par exemple, l'indépendance énergétique du pays, aussi importantes.

La directive 96/92 du CE laisse donc aux États membres, qui ont rechigné à suivre un processus de libéralisation totale, une marge de manœuvre inespérée pour regagner le paradis perdu. Mais, anticipant les difficultés appelées à se dissimuler dans le creux des dispositions nationales de transposition, la directive 96/92 du CE réitère fréquemment son appel à la mise en place d'un régime d'accès aux réseaux non discriminatoire et équitable, car c'est sur lui que repose l'ouverture des marchés électriques à la concurrence. Le régime d'ouverture partielle, mis en place par la loi du 10 février 2000 transposant la directive 96/92 du CE et aménagé par les lois du 3 janvier 2003 relative au marché du gaz et du 9 août 2004, repose principalement sur la spécificité des activités de transport et de distribution d'électricité et des réseaux électriques. La première partie mettra en exergue les difficultés rencontrées par les instances européennes dans la tentative de combiner des éléments de concurrence et d'interventionnisme public. Celles-ci résultent du fait que des États membres et la France, en particulier, n'ont consenti à l'ouverture de leur marché électrique à la concurrence que sous la double condition du maintien de l'opérateur historique (EDF) dans l'exercice de ses activités et du respect par l'ensemble des opérateurs de missions de service public. La loi du 10 février 2000 tente, certes, de se mouvoir dans les limites du cadre tracé par les positions communautaires relatives aux obligations de service public, mais elle entend développer une nouvelle vision du service public, à travers le service public de l'électricité, et ceci au cœur des activités de réseaux.

La vision communautaire de la libéralisation du secteur électrique doit prendre acte de cette approche nationale et les obligations de service public doivent occuper une place de choix face aux impératifs de concurrence que la Commission entend introduire. À la recherche de cet équilibre, la loi du 10 février 2000 inscrit l'ouverture à la concurrence des activités électriques par l'accès aux réseaux à travers la redécouverte et l'approfondissement des missions et principes de service public adaptés au secteur de l'électricité. En reconnaissant aux États membres la possibilité de maintenir la gestion des activités de transport et de distribution d'électricité sous monopole, la Commission est consciente des risques d'entraves à la concurrence dans le cadre de l'utilisation des réseaux électriques. Mais, considérant que « nul ne peut abuser d'un monopole lorsqu'il gère à la fois un réseau et les services qui y sont attachés »[23], la directive 96/92 du CE impose aux entreprises électriques de procéder à de nombreux aménagements afin de garantir la

[22] Directives 96/92 et 03/54 du CE.

[23] J.C Loupien, Le système ferroviaire français face au droit communautaire, Chronique, CJEG, n° 565, mai 2000, p. 186.

transparence dans leur gestion. Ceux-ci sont des préalables nécessaires à l'introduction d'une concurrence équitable et non discriminatoire dans le régime de l'accès aux réseaux.

Une réorganisation de la gestion des réseaux publics de transport puis de la distribution d'électricité impose de définir les contours des régimes de propriété et de gestion auxquels sont soumises les infrastructures essentielles. Cette restructuration doit permettre de transposer les obligations de dissociation comptable et de gestion visées dans les directives électricité. Après l'intégration de ces principes de fonctionnement dans la gestion des infrastructures électriques, il devient possible de mettre en place les nouveaux éléments permettant la mise en œuvre concrète de l'accès aux réseaux électriques et à travers lui l'introduction de la concurrence. Mais il importe au préalable de définir les mécanismes permettant aux opérateurs de mettre en œuvre le droit d'accès aux réseaux électriques qui leur est reconnu par les directives électricité et les lois du 10 février 2000 et du 3 janvier 2003. Ceux-ci se distinguent des mesures précédentes en raison de leur technicité et des principes économiques sur lesquels ils reposent. Le régime de l'accès aux réseaux électriques commande d'en déterminer au préalable les bénéficiaires et à travers eux l'ampleur de l'ouverture du marché électrique à la concurrence, avant de présenter la formule ou le système retenu afin d'accéder aux réseaux. Cette formule est dominée par la définition de la tarification de l'utilisation des infrastructures de transport et de distribution d'électricité qui repose sur une stricte détermination des coûts pour répondre aux principes d'équité et de non-discrimination.

L'accès aux réseaux n'étant pas un droit absolu, il comporte des limites conséquentes à travers les possibilités de refus d'accès aux réseaux électriques par les opérateurs. Parallèlement, la directive 96/92 du CE introduit la possibilité pour les opérateurs de construire des lignes électriques entre les gestionnaires de réseaux et les producteurs d'électricité. Cette prérogative constitue une forme d'accès aux réseaux, voire une alternative d'accès aux réseaux lorsqu'elle est consécutive au prononcé d'un refus d'accès.

Enfin, l'application des règles issues des directives et des lois électricité doit s'effectuer de manière à introduire et maintenir une concurrence équitable entre les opérateurs. Cela implique que leur définition soit encadrée et leur mise en œuvre contrôlée ; c'est le but de la régulation de l'accès aux réseaux. La régulation du secteur électrique est capitale dans la mesure où des opérateurs en position dominante sont appelés à mettre en œuvre la concurrence. Si cette mission repose principalement sur le contrôle d'une application loyale des règles de la concurrence, elle n'est cependant pas limitée à ce but. C'est la raison pour laquelle il importe de définir l'objet et la nature de la régulation dans un secteur à demi ouvert à la concurrence, en se basant sur le précepte posé par la CJCE dans son arrêt « RTT/GB Inno », à savoir : « nul ne peut être juge et partie »[24]. Enfin, la régulation au sens large du terme conduit à l'intervention d'autorités différentes, mais aux missions proches en raison de la nature des gestionnaires des réseaux et du domaine d'intervention des opérateurs.

---

[24] Arrêt de la CJCE « RTT/GB Inno » du 13 décembre 1991, C-18/88, rec.p. I. 5941.

Première Partie : La réorganisation de la gestion du transport et de la distribution d'électricité : un préalable à l'introduction de la concurrence

Les activités de transport et de distribution d'électricité présentent des caractéristiques spécifiques en raison des infrastructures sur lesquelles elles reposent. Cependant, le régime qui les organise est étroitement lié à celui des autres activités électriques et ce phénomène a été accentué en raison du fait que le secteur électrique est très tôt géré de manière centralisée.

Suite aux concentrations d'entreprises privées intervenues au début du siècle dernier, l'ensemble des activités électriques s'est retrouvé entre les mains des pouvoirs publics ou de leurs émanations. Il s'est créé ainsi un phénomène d'interdépendance entre les activités de production de transport et de distribution d'électricité dont la gestion devenait essentiellement publique.

L'introduction de la concurrence dans les activités électriques entend donc répondre à deux impératifs : elle organise le recul de l'intervention des pouvoirs publics là où cela est *possible* et réglemente les conditions de leur maintien là où cela est *nécessaire.*

La loi du 10 février 2000 prend acte de ce fait et conçoit la libéralisation du secteur électrique sur le principe d'une coexistence entre des activités qui demeurent des monopoles, comme le transport et la distribution d'électricité, et d'autres ouvertes en partie à la concurrence, telles que la production, l'exportation et l'importation d'électricité.

Pour mettre en place ce schéma, la loi du 10 février 2000, puis dans une moindre importance la loi du 3 janvier 2003 relative au marché du gaz, déterminent un régime concurrentiel qui repose sur l'accès des opérateurs aux réseaux électriques et qui doit faire oublier que les activités qu'il a pour but d'animer demeurent des monopoles. Le fonctionnement de l'accès aux réseaux impose concurremment que la production, l'importation et l'exportation d'électricité soient, en grande partie, ouvertes à la concurrence. Mais la loi du 10 février 2000 innove également en ce qu'elle définit pour la première fois le service public de l'électricité. Celui-ci s'illustre à travers des principes et des missions dont elle impose le respect aux opérateurs.

La position initiale de la Commission européenne repose, quant à elle, sur une ouverture totale du marché électrique à la concurrence, à savoir la libéralisation de l'ensemble des activités électriques. C'est la raison pour laquelle elle regarde avec scepticisme les missions de service public que les États membres entendent imposer aux entreprises du secteur énergétique. Pourtant, elle sera contrainte à la recherche d'un équilibre entre ces impératifs et devra, pour garantir l'efficacité du système, élaborer de savants dosages entre les proportions de concurrence et de service public à intégrer afin de parachever le marché intérieur de l'électricité.

La directive adoptée le 23 juin 2003 illustre l'issue de cet affrontement en ce qu'elle attribue aux obligations de service public une place qui ne s'entend plus comme une exception aux règles de la concurrence, mais comme un contrepoids nécessaire à l'ouverture des activités de réseau. Elle approfondit parallèlement le régime concurrentiel mis en place par la directive 96/92 du CE.

L´équilibre entre ces préceptes impose l´introduction de nouvelles règles dans la gestion des réseaux électriques dans le double but d´assurer la transparence dans la gestion des infrastructures essentielles, par une définition toujours plus précise des missions de service public, et la définition de règles équitables et non discriminatoires d´utilisation des réseaux électriques.
Dans un premier temps seront présentées les spécificités des activités de transport et de distribution d´électricité que la directive 96/92 du CE a contribué à distinguer.
Les activités de transport et de distribution d´électricité doivent être réorganisées, afin de mettre en œuvre l´ouverture du marché électrique à la concurrence, car, contrairement à l´activité de production d´électricité, elles demeurent des monopoles. Il importe enfin de définir ce que l´on entend par réseaux de transport et de distribution d´électricité et de dresser les contours de leur régime de propriété et de gestion.

Titre I. Les activités de transport et de distribution d'électricité : entre concurrence et service public

Alors que l'approche initiale du secteur électrique repose sur la concentration des activités électriques autour de droits exclusifs et de monopoles légaux dans le cadre de la loi de nationalisation du 8 avril 1946, l'introduction graduelle de la concurrence à travers le régime de l'accès aux réseaux électriques contraint dorénavant d'appréhender les réseaux électriques de manière quasi autonome.

Le secteur électrique, dont les monopoles étaient jusque-là préservés de la concurrence, se voient inscrits sur la liste des monopoles recherchés et à abolir par la Commission afin d'achever le marché intérieur de l'électricité.

Cette démarche augure une véritable confrontation entre les positions nationales et celles des instances européennes sur la forme et l'ampleur de l'introduction de la concurrence dans des activités électriques gérées sous la forme et dans le respect des préceptes du service public.

C'est précisément autour de la notion de service public en France et de celle d'obligation de service public en droit européen que se cristallise le conflit. Contrairement à l'approche soutenue par la Commission, l'approche du législateur national repose sur le principe selon lequel le secteur électrique est un service public fondé, en tant que tel, à déroger à une application exhaustive des règles de la concurrence.

Finalement, entre l'adoption de la directive 96/92 du CE et celle appelée à la refondre du 23 juin 2003, les antagonismes se sont atténués de part et d'autre.

La directive 03/54 du CE s'appuie explicitement sur la notion d'obligations de service public issue de l'article 86 § 2 du Traité CE qu'elle contribue à préciser, en tenant compte des évolutions jurisprudentielles et de la pratique des États membres[25].

Elle permet ainsi d'effectuer un audit des missions de service public que la loi du 10 février 2000 a attribué aux entreprises électriques puis encadre l'intervention des pouvoirs publics dans le secteur concurrentiel de l'électricité à travers la notion qu'elle a développée de service universel.

Il importe de retracer les contours de ces positions, avant de présenter le régime sur lequel repose le système mis en place par les directives électricité et transposé respectivement dans les lois du 10 février 2000 sur le service public de l'électricité, du 3 janvier 2003 sur le marché du gaz et celle du 9 août 2004 concernant le service public de l'électricité et du gaz.

[25] La numérotation des articles est issue de la version consolidée du Traité créant la Communauté Européenne, version du 24 décembre 2002, JO C-325/33, ci-après « Traité CE », modification intervenue après l'entrée en vigueur du Traité d'Amsterdam le 1er mai 1999 (article 12), JO C-340 du 10 novembre 1997.

Chapitre I Le cloisonnement initial des activités électriques

Le secteur de l'électricité comprend à l'origine essentiellement les activités de production et de distribution d'électricité, lesquelles se développent dans un contexte purement local. La « distribution d'électricité » recouvre alors ces deux réalités. La rapidité du développement et de l'utilisation de l'électricité en font très vite un bien nécessaire à l'activité économique qui impose qu'elle se répande sans contraintes sur l'ensemble du territoire. La gestion de l'électricité devient une activité d'intérêt général, avec pour conséquence une plus grande intervention des pouvoirs publics à tous les niveaux de sa gestion.
Grâce aux développements des techniques d'acheminement de l'électricité, les lignes électriques et les réseaux interconnectés, permettant de relier l'ensemble du territoire, se multiplient. L'activité électrique se complexifie et l'acheminement de l'électricité devient une science en elle-même dont le régime juridique englobe dorénavant les activités nouvelles de transport et de distribution d'électricité.
Celles-ci s'appuient sur des infrastructures extrêmement vastes, qui constituent le nerf du système électrique et dont l'ampleur permet le développement des activités d'exportation et d'importation d'électricité vers des pays frontaliers, voire d'atteindre des pays plus éloignés grâce à la possibilité du transit.
L'ampleur des investissements à faire pour la gestion de ces activités appellera la concentration des activités électriques qui, dans un premier temps, est privée avant de passer ensuite sous le contrôle des pouvoirs publics par la prise d'une mesure autoritaire qui ne commande rien de moins que la nationalisation des activités électriques.

a) De la concentration à la nationalisation des activités électriques

L'organisation du secteur électrique français a été mise en place au fur et à mesure, par un jeu combiné de volonté législative et de prise en considération des évolutions techniques. C'est au XIXe siècle que sont apparues les premières distributions publiques d'électricité afin d'assurer le service de l'éclairage public.
Devant le développement de l'utilisation de l'électricité, le législateur intervient pour la première fois en 1882, en organisant un régime de permission de voirie, donnant ainsi naissance à la première loi sur l'électricité[26]. La distribution de l'électricité prend ainsi très vite la forme d'un service public communal concédé à un tiers privé ou public et demeure un domaine de compétence privilégié des communes et des associations de communes[27].
La distribution de l'électricité, qui est l'activité d'approvisionnement en électricité, sera réglementée sous forme de circulaires du Ministère des travaux publics encadrant cette activité afin de surveiller, d'une part, les conditions d'attribution des concessions par les collectivités locales, en tant que gestionnaires et propriétaires des infrastructures de distribution et pour édicter, d'autre part, des règles de sécurité

[26] J.C. Colli, « Cent ans d'électricité dans les lois », *n° spécial du bulletin d'histoire de l'électricité*, 1986, p. 78 ; P. Sablière, « Droit de l'électricité », *Dalloz*, Paris, 2003, p. 881.

[27] Le Conseil d'État soutient cette évolution dans son arrêt de principe « Compagnie nouvelle du gaz de Déville-lès-Rouen » du 10 janvier 1902, Grands arrêts de la Jurisprudence administrative, n° 11.

pour la production et le transport de l'électricité. Le régime initial des concessions de distribution d'électricité qui sont accordées par les communes et assorties du privilège de la desserte exclusive du territoire de la commune est vite supplanté par la prise en charge de l'activité de distribution par des régies communales.
Ce régime permet aux communes de prendre en charge elles-mêmes la distribution d'électricité et de se réapproprier les revenus qui en découlent. Ce mouvement prend une telle ampleur que le Conseil d'État doit intervenir pour le soutenir et l'organiser[28]. La notion de transport d'électricité apparaît, quant à elle, pour la première fois dans un décret du 15 mai 1888, lequel subordonne les installations de conducteurs électriques destinées au « transport de la force ou à la production de la lumière » à la déclaration préalable, avant l'adoption le 15 juin 1895 de la première loi définissant le régime des distributions d'électricité[29]. Mais le véritable arsenal juridique sur l'électricité s'illustre à travers la loi du 15 juin 1906[30] relative aux régimes de concession de distribution publique de l'électricité.
Le régime de la distribution d'électricité qu'elle met en place appelle la compétence des communes ou de leurs regroupements[31]. La distribution d'électricité est attribuée par ces entités publiques à des opérateurs en vertu de concessions de distribution ou de permissions de voiries et repose sur un cahier des charges dont le modèle type est approuvé par décret en Conseil d'État[32].
Cette loi présente l'avantage d'affiner le statut du transport et de la distribution d'électricité[33] en distinguant trois types de concessions de service public pour la distribution d'électricité qui sont :

---

[28] Arrêt du Conseil d'État « Commune de Saint Léonard » du 6 avril 1900, rec. p. 280; voir L. Roger, Le domaine industriel des municipalités : distribution d'eau, de gaz et d'électricité, Thèse Montpellier, 1901.

[29] Le transport d'électricité n'est qu'indirectement visé dans les textes, car il n'est qu'un moyen d'assurer la distribution d'électricité et il est encore insignifiant à cette période en raison de la proximité des centres de production et de consommation ; L. Cabanes, « Le transport d'énergie électricité à haute tension en France », *Revue française de l'énergie*, 1950, p. 194 ; P. Sablière, « Droit de l'électricité », *Dalloz*, Paris, 2003, p. 86.

[30] Loi sur les distributions d'énergies du 15 juin 1906, JO du 17 juin 1906, p. 4105.

[31] L'article 6 de la loi du 15 juin 1906 dispose que « la concession d'une distribution publique d'énergie est donnée, soit par la commune, soit par un syndicat formé entre plusieurs communes, si la demande de concession ne vise que le territoire de la commune ou du syndicat, ou par le département dans l'étendue de celui-ci, soit par l'État dans les autres cas », modifié par l'article 188 de la loi de finances du 16 avril 1930 qui donne au département un pouvoir concédant, « Histoire de l'Electricité en France », Tome I, 1881-1918, ouvrage collectif, 1991.

[32] Les collectivités locales sont confirmées dans leur rôle d'autorités concédantes tout en supportant le contrôle de tutelle de l'État qui s'exprime dans les cahiers des charges adoptés dès 1908. L'État se réserve toujours le droit d'intervenir en cas de carence des communes pour attribuer les concessions, mais le système de la concession va progressivement supplanter celui des permissions de voirie dont le régime est restreint par la loi du 25 février 1925 aux fournitures de puissance égale à 100 kW, voir les commentaires de P. Sablière, « La loi du 8 avril 1946 sur la nationalisation de l'électricité et du gaz », *CJEG*, n° hors série, février 1993 ; J. L'huillier, « Législation des distributions d'énergie électrique », 1927, p. 125.

[33] Le premier règlement d'administration publique concernant la procédure de la concession intervient en 1908, mais ne distingue pas encore le transport de la distribution d'électricité, P. Sablière, « La loi du 8 avril 1946 sur la nationalisation de l'électricité et du gaz », *CJEG*, février 1993 ; P. Jolly, « Le nouveau régime légal des distributions d'énergie électrique », Paris, 1925, p. 240.

- les concessions de distribution publique d'énergie[34], qui ont pour objet d'assurer la fourniture d'électricité aux particuliers ;
- les concessions de distribution aux services publics[35], qui assurent l'alimentation des réseaux de distribution publique, des services de transport en commun et des entreprises, grandes consommatrices d'électricité ;
- la concession de transport qui a pour objet l'établissement et l'exploitation d'une ligne ou d'un réseau de lignes reliant les usines productrices entre elles ou avec des postes de transformation[36].

Les concessions de distribution aux services publics et les concessions de transport sont attribuées à titre exceptionnel par l'État, dès que la concession de distribution dépasse le territoire de la commune. Les contrats de concession de service public comportent des sujétions en contrepartie de prérogatives exorbitantes de droit commun dont les concessionnaires tirent profit. Les clauses contenues dans ces concessions imposent aux parties de prendre en charge la distribution d'électricité et la gestion des réseaux de distribution et de transport en vertu des dispositions plus détaillées contenues dans un cahier des charges. Ce cahier des charges est en principe fixé par les pouvoirs publics et annexé au contrat de concession[37].

Sur la base de ce régime juridique, le secteur électrique développe une tendance à la concentration des activités de production, de transport et de distribution d'électricité qui sont entre les mains de grands groupes privés. C'est avec la prise en compte du principe de la sécurité des approvisionnements en électricité que le contrôle de l'État sur les opérateurs privés sera renforcé. Dès lors, le secteur électrique devient un domaine d'intérêt général[38] dans lequel doit se développer la gestion simultanée de l'ensemble des activités électriques afin d'assurer la sécurité de l'alimentation en électricité.

Ce phénomène est initié par le décret-loi du 16 juillet 1935 à l'aide duquel les pouvoirs publics réduisent les prix de l'électricité de manière unilatérale, avant

---

[34] L'autorité concédante de cette concession est la commune ou le syndicat de communes. Mais en fonction de l'assise géographique de la concession, le département peut également être le concédant en vertu du décret du 17 mai 1908 et du cahier des charges approuvé par les décrets des 20 août 1908 et 30 novembre 1909, J. De la Ruelle, Recueil des lois, décrets et arrêtés relatifs aux distributions d'énergies électriques, janvier 1920, p. 68.

[35] Dans le cadre de ces concessions, l'autorité concédante est différente en raison de l'étendue de la fourniture en électricité, le concédant est donc, soit le département, soit l'État. Toutefois, dès qu'il s'agit de transport d'électricité à proprement parler, l'État intervient pour court-circuiter la compétence locale en la matière, R. Coin, « La protection de l'ouvrage public de transport et de distribution d'énergie électrique », Thèse Université Paris Nord, 1988, p. 14.

[36] Dans le cas des concessions de transport, l'État devient l'autorité concédante des lignes de transport d'électricité. La concession est attribuée à des organismes collectifs moyennant péage, l'article 37 du décret du 29 juillet 1922 modifie à cet égard la loi du 15 juin 1906 sur les distributions publiques, J. L'huillier, « Législation des distributions d'énergie électrique », Paris, 1927, p. 232.

[37] L'approbation par décret du cahier des charges lui attribue une valeur réglementaire, tel qu'il ressort de la décision du Conseil d'État « Association des usagers de l'énergie électrique de St Omer » du 13 octobre 1934, rec. p. 933, confirmée par l'arrêt de la Cour de Cassation « Urphéant/Compagnie Lebon » du 21 mai 1941 ; P. Teste, « Nature des rapports unissant le concessionnaire d'un service public et la collectivité concédante », *CJEG*, p. 350 ; R. Comte, « Petite histoire de l'évolution jurisprudentielle en matière de monopole de concession de distribution d'énergie électrique », *CJEG*, 1958, p. 1.

[38] Voir l'arrêt du Conseil d'État « Théron » du 4 mars 1910 qui, pour la première fois, rapproche les notions de service public et de concession, Grands arrêts du droit administratif, p. 92.

d'être suivi par le décret de la même année qui instaure un régime d'autorisation préalable pour les installations produisant plus de 1 000 kW[39]. Une esquisse de planification globale du secteur électrique transparaît à travers le décret-loi du 17 juin 1938 relatif aux mesures destinées à assurer le « développement de l'électricité en France » et procède, entre autres, à l'aménagement d'un grand réseau de transport d'électricité et d'interconnexion.

Ce renforcement du contrôle et de l'immixtion des pouvoirs publics trouve finalement son achèvement dans l'adoption de la loi du 8 avril 1946, dite loi de la nationalisation de l'électricité et du gaz. La loi du 8 avril 1946 nationalise l'ensemble des activités relatives à la fourniture et à la gestion de l'électricité et du gaz, lesquelles appartiennent dorénavant à la Nation. Ces mesures trouveront leur consécration constitutionnelle dans le préambule de la Constitution de 1946, qui dispose que :

« Tout bien, toute exploitation dont l'exploitation a ou acquiert les caractères d'un service public national ou d'un monopole de fait, doit devenir la propriété de la collectivité ».

La concurrence dans le secteur électrique est supprimée et l'intérêt général attaché à la gestion du système électrique a permis de substituer le « monopole public au monopole privé »[40]. L'article 1er de la loi du 8 avril 1946 définit comme principe directeur la nationalisation de l'ensemble des activités électriques ; sont visés ici : la production, le transport, la distribution, l'exportation et l'importation de l'électricité et du gaz. Cette loi va profondément modifier le paysage électrique en organisant le secteur autour de droits exclusifs de production, de transport, d'importation et d'exportation, attribués à un établissement public industriel et commercial : Électricité de France[41]. Cet établissement public, au capital inaliénable, est doté de la personnalité juridique et de l'autonomie financière et technique et est placé sous la tutelle du Ministre chargé de l'énergie. Dès sa création, EDF est chargé de recueillir le patrimoine et les installations des principaux producteurs, transporteurs et distributeurs d'électricité[42]. La nationalisation n'est toutefois pas

---

[39] Décret-loi du 30 octobre 1935 suivi par un décret du 10 mars 1936 qui définit, pour la première fois, la structure des tarifs de l'électricité, J. Romestain, « Le réseau de transport d'EDF, avant et après la nationalisation », *Électricité*, mars-juin 1954, pp. 119 et 150.

[40] La doctrine utilise alors le terme de « nationalisation industrialisée », Jean Rivero définit la nationalisation comme « ayant pour objet de transférer à la collectivité nationale la propriété d'une entreprise ou d'un groupe d'entreprises privées, afin de les soustraire à la direction capitaliste et d'organiser leur gestion selon les exigences de l'intérêt général », « Le régime des nationalisations », *Jurisclasseur*, 1948 ; J. Rivero, « Droit administratif », *Dalloz*, 2000 ; F. Hamon, « Le marché intérieur de l'énergie : les directives électricité et gaz naturel », *AJDA*, 20 novembre 1998, p. 851.

[41] Ci-après « EDF », voir à cet égard, M. Wievorka, « Le modèle EDF : essai de sociologie », La découverte, Paris, 1989, p. 267 ; A. Mater, « La réflexion d'un juriste sur une nationalisation », *CJEG*, novembre-décembre 1948, p. 592 ; « L'organisation générale d'EDF et GDF : Établissements nationaux-Services nationaux : Etablissements régionaux-Services régionaux », *CJEG*, 1949, p. 2 ; « EDF : entreprise nationale, industrielle et commerciale », Paris, 1980, La documentation française, p. 224.

[42] L'article 6 de la loi du 8 avril 1946 opère à l'aide de décrets le transfert à l'établissement public EDF de « l'ensemble des biens, droits et obligations des entreprises qui ont pour activité principale la production, le transport ou la distribution d'électricité ». Son article 9 prévoit en contrepartie l'octroi d'une indemnisation aux anciens actionnaires de ces entreprises. Quant aux entreprises dépossédées

totale, puisque des exceptions sont prévues à l'article 8 de la loi du 8 avril 1946 laissant subsister, à côté d'EDF, quelques centres de production d'électricité de moindre importance[43].

En ce qui concerne la distribution d'électricité, la loi du 8 avril 1946 maintient dans son article 23 les régies de distribution d'électricité et les entreprises ou services similaires, qui étaient chargés de la distribution d'électricité sous le contrôle des collectivités locales ou de l'État[44]. Ils conservent leur statut juridique et continuent leur activité de distribution locale d'électricité dans les mêmes conditions, bien que la loi ait prévu la création d'un établissement public de distribution distinct d'EDF, qui ne vit, en fait, jamais le jour. Parallèlement, les entreprises de distribution d'électricité privées sont nationalisées et leurs biens transférés à EDF. La distribution d'électricité demeure un service public communal ou intercommunal, mais qui est dorénavant concédé en grande partie à EDF, ou qui continue d'être pris en charge par des distributeurs non nationalisés[45]. Le régime des concessions de service public de la distribution et les cahiers des charges en cours au moment de la nationalisation, tels qu'issus de la loi du 15 juin 1906 relative aux distributions d'électricité, sont également maintenus.

La loi de nationalisation du 8 avril 1946 ne distingue cependant pas le régime de gestion des activités électriques de celui des infrastructures. Les dispositions relatives au transport et à la distribution d'électricité sont contenues essentiellement dans la loi du 15 juin 1906. Il y est indiqué de manière lapidaire que les réseaux électriques sont composés du réseau de transport d'électricité ou de « grand transport »[46]. Ils comprennent l'ensemble des lignes électriques de haute et très haute tension, alors que les réseaux de distribution d'électricité regroupent les lignes électriques de moyenne et basse tension. C'est en raison du maillage des lignes électriques, à savoir lorsque les lignes électriques sont reliées ou interconnectées entre elles, que l'on utilise la terminologie de réseau électrique. Quant au régime de propriété des réseaux électriques, il est précisé dans la loi du 8 avril 1946 qui attribue le réseau de transport à la Nation qu'il revient à EDF de gérer. L'autorité concédante pour le réseau de transport demeure donc l'État et EDF devient le concessionnaire unique du réseau de transport. Celui-ci gère, sur la base d'un cahier des charges du « réseau d'alimentation générale »[47] approuvé par décret et annexé à

---

de leurs moyens de production d'électricité, elles gardent néanmoins le bénéfice de la fourniture à des conditions équivalentes. Ces entreprises sont alors : Péchiney, Atochem, Ugine et Métaltemple.

[43] Les centrales thermiques de charbonnages de France et les centrales de la SNCF restent la propriété de ces entreprises ou de leurs filiales, même si leur exploitation est confiée à EDF, ainsi que les centrales de la Compagnie Nationale du Rhône (CNR). Aux termes de l'article 8 de la loi du 8 avril 1946, sont également exclus de la nationalisation, entre autres, les entreprises de production produisant moins de 12 millions de kWh/an, ainsi que les autoproducteurs de moins de 8 000 kVA, L. Chaudouard, F. Marle, « Le régime de l'industrie du gaz depuis 1946 », *CJEG*, 1974, p. 54.

[44] Voir J.M. Auby, « La notion de concession et les rapports des collectivités locales et des établissements publics de l'électricité et du gaz dans la loi du 8 avril 1946 », *CJEG*, octobre-novembre 1949, p. 2.

[45] Appelés les « DNN » ; ils se composent essentiellement de régies, de sociétés d'intérêts collectifs agricoles d'électricité, de sociétés d'économies mixtes et de sociétés anonymes et de coopération, M. Felix, « L'activité économique de la commune », Tome I, « Les régies municipales », Paris, Sirey, 1933, p. 6.

[46] Le réseau de transport comprend également les infrastructures d'interconnexions avec les réseaux étrangers.

[47] Ci-après le « RAG ».

la convention de concession du RAG du 28 novembre 1956, « les lignes, postes et, d'une façon générale, tous les ouvrages électriques qui seront nécessaires au service concédé »[48].

Les réseaux de distribution demeurent, quant à eux, la propriété des collectivités locales, qui en attribuent la gestion à EDF par la voie d'une concession obligatoire de service public. En revanche, la refonte des cahiers des charges de la distribution d'électricité est plus complexe que celle concernant le transport d'électricité en raison de la multiplicité des concédants. C'est la raison pour laquelle un décret du 22 novembre 1960 a approuvé un cahier des charges « type » imposé, plutôt que négocié par les pouvoirs publics, qui ne sera toutefois jamais appliqué. Les concessions s'appuient sur les contrats de concession en vigueur et sont tacitement renouvelées à expiration.

La loi de nationalisation fait donc d'EDF le concessionnaire « unique » de l'État pour le réseau de transport d'électricité et le concessionnaire « obligé » des collectivités locales pour les réseaux de distribution d'électricité, ce qui explique que le réseau de transport s'aborde au singulier et les réseaux de distribution au pluriel.

L'institution du monopole dans le système électrique résulte pour ainsi dire de la combinaison de la nationalisation de l'ensemble des activités électriques et du transfert de leur gestion à EDF et aux collectivités locales[49].

C'est la nationalisation des activités électriques qui met en place une organisation de ce secteur illustrant, sans encore le nommer, le *service public de l'électricité*[50] dans lequel les activités du secteur électrique sont gérées par les pouvoirs publics dans l'intérêt général. La loi du 10 février 2000 conforte cette approche : elle fait des réseaux électriques des *réseaux publics* de transport et de distribution d'électricité, nuance terminologique qui marque l'orientation dans laquelle la loi envisage d'aborder le régime de leur gestion, tout en procédant parallèlement au démantèlement de certains monopoles.

b) La spécificité des activités de réseaux dans le marché électrique

Considérant que le régime mis en place par la loi du 8 avril 1946 repose sur des monopoles presque entiers sur les activités de production, de transport et de distribution d'électricité, la première tâche pour ouvrir ces activités à la concurrence

---

[48] Ce cahier des charges est approuvé par le décret n° 56-1225, JO du 4 décembre 1956, p. 11562, il se substitue à l'ensemble des cahiers des charges en vigueur. Les concessions de transport étaient jusque-là approuvées individuellement par décret en Conseil d'État. Le décret est annexé à la convention de concession accordée par l'État à EDF afin d'assurer la « construction et l'exploitation du Réseau d'Alimentation Générale » pour une durée de 75 ans sur cette concession voir R. Ginocchio, « Législation de l'électricité », Édition Eyrolles, p. 167.

[49] Le projet de loi initial était relatif au « Monopole et à la nationalisation de l'électricité ». Or, le rapport de Ramadier ôte au titre du texte ce qui s'énonce clairement à l'article 2 de la loi de nationalisation par l'attribution à EDF de la gestion des activités électriques et donc du *monopole sur leur gestion*, Exposé des motifs du projet de loi relatif au monopole et à la nationalisation de l'électricité et du gaz, P. Sablière, « La loi du 8 avril 1946 sur la nationalisation de l'électricité et du gaz », janvier 1993 ; R. Roblot, « La nationalisation de l'électricité et du gaz », *Droit social*, 1946, p. 179 ; C. Blavoet, « Les services et les établissements publics à caractère industriel et commercial », *Dalloz*, 1947, p. 73 ; A. Bringard, « La nationalisation de l'électricité et du gaz », *Thèse*, Paris, 1953.

[50] Une définition du service public de l'électricité apparaît pour la première fois à l'article 1er de la loi du 10 février 2000.

est d'en réduire l'emprise. Alors que la libéralisation des activités de production est une tâche réalisable, celle des activités de transport et de distribution est plus complexe. Cette complexité est liée à la nature des réseaux électriques et commande au préalable de les définir afin de conclure qu'avec le décloisonnement des activités électriques, il est possible d'étudier leur régime juridique de manière autonome par rapport aux autres activités électriques.

(1) De la ligne électrique au réseau électrique

Avant de devenir des réseaux électriques, les lignes d'électricité qui composent les réseaux ne sont, dans les premiers textes législatifs qui les réglementent, que des « conducteurs électriques destinés au transport de la force »[51]. Ils sont juridiquement définis en fonction de leur nature physique. La notion de réseau électrique n'apparaît qu'avec la réalisation de liaisons entre les lignes électriques qui devront servir à alimenter en électricité des consommateurs de plus en plus éloignés du lieu de production d'électricité. C'est le « maillage » des lignes électriques entre elles qui crée les réseaux électriques. La fonction du « réseau » consiste à acheminer un bien ou un service entre un producteur et un consommateur par l'utilisation d'infrastructures reliées entre elles afin d'optimiser l'efficacité des dessertes souhaitées[52]. Par ailleurs, en raison des particularités physiques de l'électricité, considérant qu'il s'agit d'un bien qui ne se stocke pas, les lignes électriques reliées sont soumises à une tension continue qui permet de délivrer l'électricité en temps réel d'un point à un autre de la chaîne de production et de consommation d'électricité. La spécificité de l'électricité réside dans le fait qu'elle ne se déplace pas avec précision d'un point d'injection (lieu de production) à un point de soutirage (lieu de consommation) et la mise sous tension fait en sorte que le réseau électrique n'achemine pas un produit identifiable, mais une puissance[53]. L'électricité se meut dans les réseaux électriques en suivant les lignes de moindre résistance selon les lois physiques dites de « Kirchhoff »[54]. Si bien que les réseaux électriques forment une chaîne physique entre les producteurs et les consommateurs d'électricité, sur lesquels l'offre et la demande en électricité doivent toujours être en équilibre[55].
Les fonctions de délivrance ou d'acheminement de l'électricité sont remplies par des

[51] Décret du 15 mai 1898, JO du 16 juin 1898, concernant les installations de conducteurs électriques destinées au transport de la force ou à la production de la lumière. La première loi date du 25 juin 1895 concernant l'établissement des conducteurs d'énergie électrique autres que les conducteurs télégraphiques et téléphoniques ; M. Magnien, R. Pinet, « Le transport d'énergie en France de l'origine à la nationalisation et après la nationalisation », *RGE*, n° spécial, septembre 1971, p. 40 ; J. Romestain, « Le réseau de transport d'énergie de l'EDF », *Électricité*, mars 1954, p. 119.

[52] P.L. Girardot, « Chaînes et trames, le tissu des réseaux », *Annales des Mines*, avril 1991, p. 113.

[53] H. Morsel, « Étude comparée des nationalisations de l'électricité en Europe occidentale après la première guerre mondiale », Colloque de 1990 de l'APHE, p. 441 ; C. Stoffaes, « Entre monopole et concurrence », Paris, 1994.

[54] J. Neirynck, « Théorie des réseaux de Kirchhoff », 4ème édition, Presses Polytechniques de Lausanne, 1989, p. 117 ; M. Boll, « Électricité », 8ème édition, PUF, Paris, 1970, p. 109 ; J. Niard, « Électricité, lois générales, courant continu »Nathan, Paris, 1983, p. 27.

[55] Il « ne suffit pas qu'un générateur produise une certaine puissance électrique à un certain moment. Le réseau doit pouvoir en même temps la transporter et la délivrer à l'usager final, pour cela il transforme la tension à des voltages élevés pour la transmission à distance et l'abaisse pour la distribution finale, tout en maintenant la stabilité de charge », C. Stoffaes, « Entre monopole et concurrence », 1994, op.cit. ; G. Dubois, « Qu'est-ce que l'électricité », INRS, Paris, 1988.

lignes électriques aériennes ou souterraines que l'on distingue en fonction de la tension qu'elles supportent, laquelle est régulée par des postes de transformation et de répartition[56]. C'est donc en fonction de la tension de la ligne électrique que l'électricité est *transportée* ou *distribuée*. Une définition de ces infrastructures devrait, en principe, être contenue dans le cahier des charges de la concession du réseau de transport et les cahiers des charges des concessions des réseaux de distribution. Mais il a fallu attendre l'adoption du cahier des charges approuvé par décret le 23 décembre 1994[57] pour que les réseaux de transport et de distribution d'électricité soient distingués et qu'une ébauche de définition apparaisse. Ce cahier des charges qui transpose également la directive 90/547 du CE du 29 octobre 1990 relative au transit d'électricité sur les grands réseaux[58] définit les ouvrages concédés et les caractéristiques du courant. Il distingue les ouvrages de transport de ceux de la distribution en fonction de la tension. Les réseaux qui se composent des lignes électriques de haute et très haute tension supérieures à 63 kilovolts (kV) constituent le réseau de transport d'électricité ou de grand transport et les lignes électriques de basse ou moyenne tension et inférieures à 63 kV composent les réseaux de distribution[59]. Cette délimitation est finalement remise en cause par la loi du 9 août 2004 qui fixe dorénavant la frontière entre ces réseaux à 50 kV[60].

Parallèlement à une définition purement technique, la fonction remplie par les réseaux de transport et de distribution d'électricité permet également de les distinguer. Le réseau de transport d'électricité a vocation à acheminer l'électricité d'une centrale électrique productrice d'électricité à une autre, ou à des gros consommateurs industriels d'électricité directement raccordés au réseau de transport. Il assume, en outre, une fonction de répartition entre les divers niveaux de tension sur le réseau électrique national. Parallèlement à cette activité de transport d'électricité stricto sensu, il assure une fonction de transit d'électricité entre un point d'injection et un point de soutirage qui se trouvent en dehors des frontières nationales, ce qui est rendu possible par l'utilisation des interconnexions des réseaux aux frontières.

En revanche, la fonction d'acheminement de l'électricité aux consommateurs finals ou domestiques incombe aux réseaux de distribution d'électricité locaux ou

---

[56] L'article 2 du cahier des charges de la concession du RAG, approuvé par décret du 23 décembre 1994, utilise le terme plus général « d'ouvrages électriques » nécessaires au concessionnaire pour l'exercice de son activité de transport, alors que le modèle de cahier des charges de concession pour le service public de la distribution d'énergie électrique du 25 juin 1992 utilise dans son article 2 la terminologie plus vague « d'installations affectées à la distribution publique ».

[57] Ce cahier des charges est substitué à celui annexé à la convention de concession du RAG du 27 novembre 1958 par un avenant du 10 avril 1995, JO du 2 mai 1995.

[58] Directive 90/547 du Conseil du 29 octobre 1990 relative au transit d'électricité sur les grands réseaux, ci-après « Directive Transit », JO L-313/30 du 13 novembre 1990. Le transit d'électricité s'entend du transport d'électricité entre des grands réseaux (lignes à haute tension) d'un État membre à un autre et implique le franchissement d'une frontière intracommunautaire, article 2 de la directive Transit précitée qui ne réglemente que le transit « intracommunautaire » et non le transit interne d'électricité, si bien que tout refus de transit interne est soumis aux règles du Traité CE, voir à ce sujet L. Hancher, « EC Electricity law, European Practice Library », Chancery Law Publishing, 1992, p. 141

[59] Article 2 du cahier des charges de la concession du RAG approuvé par le décret du 23 décembre 1994, pour le réseau de transport, et article 2 du modèle de cahier des charges de concession, pour le service public de la distribution d'énergie électrique du 25 juin 1992.

[60] Voir ci-après le point (1) La définition du réseau de transport d'électricité, p. 114.

régionaux interconnectés ou raccordés au réseau de transport[61]. L'ensemble de ces lignes de très haute à basse tension sont reliées entre elles afin d'assurer la desserte en électricité des consommateurs sur l'ensemble du territoire national. Elles servent également à la desserte de consommateurs situés en dehors du territoire national[62]. Elles constituent avec les postes de répartition, de transformations et les interconnexions transfrontalières ce que l'on recoupe sous le vocable de « réseaux électriques »[63]. Au sein de ces réseaux électriques, on distingue le réseau de transport d'électricité des réseaux de distribution d'électricité afin de leur appliquer un régime de gestion spécifique qui doit être transparent, dans le but de permettre aux opérateurs de les utiliser dans des conditions équitables dans le cadre de l'accès aux réseaux.

(2) De l'autonomie des réseaux électriques

La nationalisation des activités de production, de transport et de distribution a eu pour conséquence d'en faire des activités indissociables, ce qui a été facilité par le fait qu'elles reposent sur d'importantes infrastructures (les installations de production telles que les centrales nucléaires et les installations de transport et de distribution d'électricité telles que les réseaux électriques) appelant la mise en place d'économies d'échelle dans leur gestion. En contrepartie, la gestion centralisée des activités électriques a permis la mise en place d'un véritable système électrique, justifié par le fait que certaines de ces activités présentent les caractéristiques du monopole naturel. Cette théorie économique du monopole naturel va contribuer, en particulier, à justifier le monopole légal sur les activités de production, de transport et de distribution d'électricité[64]. Le monopole naturel s'entend lorsque sont réunies dans un secteur les conditions suivantes : « l'existence d'économies d'échelle, la présence de coûts fixes élevés et la fourniture d'un bien dit essentiel »[65].
Les théories économiques dominantes dans les années 1990 ont développé l'idée

---

[61] Les interconnexions régionales facilitent « la mise en commun des moyens de production et la coordination des moyens permettant de transporter l'énergie ». À cet égard, on parle de « maillage du réseau ». La première maille fut celle mise en place par l'union des producteurs d'électricité des Pyrénées-Orientales (UPEPO) en 1923, R. André, S. Ravel, « Transport d'énergie et télécommunications », AHEF, 1991, p. 120.

[62] La première ligne électrique ayant traversé une frontière française date de 1906, il s'agit de la liaison électrique liant l'usine de Campocologno en Suisse à la société lombarde de distribution d'électricité. La véritable raison du développement de l'interconnexion frontalière est liée au fait que l'électricité issue d'une centrale ne pouvait pas être entièrement absorbée par la consommation locale, il s'est avéré plus économique d'alimenter des clients de l'autre côté de la frontière plutôt que des clients nationaux plus éloignés, H. Morsel, « Histoire de l'électricité en France », Tome III 1946-1987, édition Fayard, p. 348 ; J.C. Veyleux, « Le régime juridique des mouvements européens d'énergie électrique », Paris, LGDJ, 1967.

[63] B. Lasserre, « L'Europe des télécommunications », Annales des Mines, avril 1991, p. 73 ; J. Zask, W. Varoqueux, « Les échanges d'électricité en Europe : l'exemple français », Revue de l'énergie, n° 383, mai 1986, p. 224.

[64] C. Mandil, « Les spécificités des réseaux énergétiques, la vision des pouvoirs publics français », Annales des Mines, avril 1991, p. 65 ; J.P. Simon, « L'esprit des règles, réseaux et réglementation aux États-Unis », Câble, électricité, télécommunication, L'Harmattan, Paris, 1991, p. 222 ; J.C Lemoine, « La planification des réseaux électriques », Eyrolles, Paris, 1984, p. 340.

[65] Hadj Kaddour, Nicolas, Annales des Mines, 1994, p. 121 ; M. Bazex, « Le droit communautaire et l'accès des entreprises du secteur concurrentiel aux réseaux publics », *Revue des affaires européennes*, n° 2, 1994.

selon laquelle la filière électrique « se caractérise par une forte solidarité juridique, technique et économique entre les maillons qui la constituent et par les bénéfices associés à l'intégration de ces activités », et plaident pour une « intégration verticale des activités de production, transport et de distribution »[66].
L'ouverture des activités électriques à la concurrence n'entend pas remettre complètement en cause cette approche. Elle est contrainte de distinguer les moyens à mettre en place pour l'ouverture à la concurrence entre les activités de production et celles de transport et de distribution d'électricité.
La libéralisation de la production d'électricité implique l'entrée sur le marché de nouveaux producteurs d'électricité face à l'opérateur historique. Elle se traduit par l'abolition du monopole légal sur la production d'électricité pour permettre à des opérateurs de construire et gérer de nouvelles installations de production[67]. En revanche, la libéralisation des activités de transport et de distribution d'électricité est plus difficile à mettre en œuvre en raison du caractère économiquement et écologiquement induplicable des réseaux électriques, en d'autres termes du caractère *irréversible* de monopole naturel de ces infrastructures[68].

Conclusion

La problématique de l'ouverture à la concurrence du secteur électrique réside dans l'impossibilité d'introduire la concurrence en permettant à tout concurrent de créer de nouveaux réseaux électriques parallèles à ceux existants.
En outre, le maintien d'une seule entité, souvent publique, pour créer et gérer les infrastructures de réseaux, s'avère économiquement justifié.
Par conséquent, une approche spécifique des activités de transport et de distribution d'électricité a dû être développée[69]. Celle-ci se traduit par la mise à disposition des réseaux électriques par les gestionnaires ou propriétaires de ces réseaux au profit des opérateurs et la garantie à leur endroit d'un droit d'accès aux réseaux.
L'anomalie sur laquelle repose l'ouverture du secteur électrique à la concurrence, qui est aussi sa spécificité par rapport aux autres activités électriques, est qu'elle impose la coexistence d'activités monopolistiques et concurrentielles.
Le pari du fonctionnement de cette cohabitation repose alors sur la transparence de la gestion des réseaux et sur l'absolue étanchéité dans la gestion des différentes activités électriques[70].

---

[66] Selon les économistes Schmalensee et Joskow « the physical unity of an electric power system is perhaps what differentiates it most sharply from systems that supply other goods and services », 1985, visés par Nicolas (M.), « Niveau et évolution des prix de l'électricité en Europe », Économies et Sociétés, Économie de l'énergie, Série EN n° 7, 5-6/1997, p. 89.

[67] À cet égard, la technique de production d'électricité par cogénération, économiquement et écologiquement viable, devrait permettre à de nouveaux opérateurs de faire concurrence à EDF.

[68] Sur la théorie du monopole naturel, voir dans le Chapitre II, le §(a) « Les réseaux électriques : des monopoles naturels », p. 29.

[69] D. Maillard, « La politique française de l'énergie à l'aube du troisième millénaire », Annales des Mines, novembre 1999, p. 5 ; Bosseboeuf D., Moisan F., « Les politiques d'efficacité énergétique », Revue de l'Énergie, n° 504, février-mars 1999, p. 82.

[70] F. Jenny, « Suppression partielle du monopole : comment assurer l'étanchéité des activités non réservées », Colloque Les Échos sur les Monopoles publics des 19 et 20 décembre 1995 ; C. Stoffaes, « Les stratégies des réseaux face au marché unique », Annales des Mines, avril 1991, p. 55.

Chapitre II Le décloisonnement du système électrique

L'introduction de la concurrence dans le secteur électrique afin de réaliser le marché intérieur de l'électricité repose presque intégralement sur le poids des spécificités des infrastructures de transport et de distribution d'électricité. Elle doit prendre en compte deux contraintes d'envergure, à savoir l'induplicabilité des réseaux électriques et les missions de service public que des États membres entendent faire supporter à leurs gestionnaires[71].

La Commission européenne, à l'origine du mouvement de libéralisation des marchés électriques, ne s'est pas résignée devant la complexité de la tâche et s'appuie sur la théorie économique du monopole naturel afin d'attribuer aux opérateurs un droit d'accès aux réseaux électriques qu'elle qualifie de *facilités essentielles*.

L'accès aux réseaux électriques ressort des dispositions de la directive 96/92 du CE qui définit des règles communes pour réaliser le marché intérieur de l'électricité en procédant à la libéralisation des activités électriques[72]. Mais, considérant qu'elle constitue un compromis, la directive reconnaît la possibilité pour les entreprises électriques de se voir attribuer des missions de service public, avec pour conséquence de mettre en échec une application exhaustive des règles de la concurrence au régime de l'accès aux réseaux.

Profitant de cette générosité, la loi du 10 février 2000 relative à la modernisation et au développement du service public de l'électricité imprime son objectif dans son titre et transpose la directive 96/92 du CE a minima. Elle intègre les mesures relatives à l'introduction de la concurrence dans le secteur électrique au sein des missions de service public et met en place une ouverture à la concurrence limitée au nécessaire. Elle s'applique plus à conforter et développer les missions du « service public de l'électricité », et ce, en particulier, dans le régime de l'accès aux réseaux électriques. Les missions de service public transposées semblent correspondre aux objectifs de la directive 96/92 du CE, dont l'imprécision permet initialement aux États membres de s'exprimer librement. Cette faculté est encadrée dans la directive 03/54 par les objectifs auxquels doivent répondre les obligations de service public. La directive décomplexe ainsi l'intervention communautaire en la matière tout en renforçant les impératifs d'ouverture du marché électrique à la concurrence.

a) Des contraintes concurrentielles à introduire

L'achèvement du marché intérieur de l'électricité souhaité par les instances européennes impose de repenser l'ensemble de l'organisation et de la gestion du

[71] La Commission s'est appuyée sur l'expérience acquise sur le marché des télécommunications pour ouvrir le marché de l'électricité à la concurrence, mais celui-ci repose sur des impératifs inconnus dans le secteur des télécommunications, tels que la sécurité des approvisionnements, B. Lasserre, « L'Europe des télécommunications : les options de la Communauté et la position de la France », Annales des Mines 1991, p. 73 ; L. Cohen-Tanugi, A. Winckler, « L'Europe des réseaux sera-t-elle celle du droit anglo-saxon ? » Annales des Mines, avril 1991, p. 125 ; D. Dron, « Débat public et infrastructures de transport », La documentation française, Paris, 1996, p. 86.

[72] J.E. de Cockborne, « La politique communautaire de la concurrence : jurisprudence et stratégies », Annales des Mines 2000, p. 116 ; D. Géradin, « L'ouverture à la concurrence des entreprises de réseau », Cahiers de droit européen, n° 1-2, 1999, p. 13.

système électrique[73]. Les activités électriques ne sont plus abordées comme un tout indissociable au sein duquel la concurrence serait introduite à dose égale, car les activités de réseaux ne peuvent être ouvertes à la concurrence qu'autour d'un régime juridique de l'accès aux réseaux qui leur est taillé sur mesure.
Cette tâche est prise en charge par la directive 96/92 du CE, qui met en place au profit d'opérateurs définis un véritable « droit d'accès » aux réseaux électriques et, avec lui, le cadre d'un marché concurrentiel de l'électricité. La concurrence introduite au sein des activités de réseaux est cependant tempérée par la possibilité reconnue aux États membres de mettre à la charge des gestionnaires de réseaux l'accomplissement d'obligations de service public.
La directive 03/54 du CE tire les conséquences de « l'expérience acquise » sur le marché électrique : elle précise le cadre des obligations de service public et renforce les garanties d'un accès non discriminatoire et équitable aux réseaux, car, afin « d'achever le marché intérieur, l'accès non discriminatoire aux réseaux [...] revêt une importance primordiale »[74].

(1) Les théories permettant le décloisonnement du marché électrique

C'est après avoir procédé à l'ouverture à la concurrence de secteurs organisés autour de réseaux publics tels que les télécommunications et les transports que la Commission envisage de libéraliser le secteur de l'énergie et, dans un premier temps, celui de l'électricité[75]. Mais, malgré le succès rencontré dans ces secteurs, la libéralisation du secteur électrique s'avère être plus complexe en raison de l'organisation sous la forme de service public des marchés électriques européens[76] voire de la présence de monopoles dans la gestion des infrastructures[77].
La Commission entend dans un premier temps bouleverser l'organisation centralisée et monopolistique du marché électrique en lui appliquant des théories permettant de l'ouvrir à la concurrence. Ces théories reposent sur la reconnaissance de la nature de monopole naturel des infrastructures qui, étant essentielles au développement de la concurrence, doivent être mises à la disposition des opérateurs.

---

[73] L'achèvement du marché de l'électricité tel qu'il est inscrit dans la directive 96/92 du CE n'est qu'une étape dans la réalisation du marché intérieur de l'énergie ; la directive constitue un « pas important vers l'achèvement du marché intérieur de l'énergie », point 2 de la directive 96/92 du CE.

[74] Point 7 de la directive 03/54 du CE.

[75] Après le constat de réussite du marché intérieur et la prise de conscience de « l'importance de l'efficacité des services en réseaux pour la compétitivité globale », la Communauté européenne s'engage dès le début des années 1990 à les ouvrir à la concurrence, Services publics comparés en Europe, ENA, Tome I, 1997, La documentation française, p. 340, C.D., Ehlermann, « Quelles règles de fonctionnement pour le marché intérieur de l'énergie », *Revue du marché commun*, juillet-août 1994, n° 380, p. 450.

[76] La conception française du service public électrique se distingue de celle d'autres États membres de par l'importance accordée à la programmation de long terme des investissements et par la portée du principe d'égalité qui se traduit dans l'assurance d'égalité des prix de l'électricité pour tous les consommateurs.

[77] Le respect des principes de service public est garanti en France à travers les missions contenues dans le monopole attribué à EDF. Le service public se confond alors avec l'établissement public national qui bénéficie de droits exclusifs pour le mettre en œuvre, Services publics comparés en Europe, ENA, Tome I, 1997, p. 40.

(a) Les réseaux électriques : des monopoles naturels

La théorie du monopole naturel, telle qu'abordée précédemment, démontre que la gestion de certaines activités de réseaux, qui reposent sur des infrastructures d'envergure, est plus rentable et plus efficace si elle est le fait d'une entité plutôt que de plusieurs intervenants. Cette approche doit permettre de conclure que l'activité de transport d'électricité présente un fort potentiel d'économies d'échelle. Cette conclusion repose sur une démonstration qui consiste à « observer l'évolution du coût moyen de long terme et à établir si les coûts moyens diminuent avec l'augmentation de l'échelle de la production »[78], cette évaluation permettant alors de déterminer la taille optimale ou la taille minimum efficace.
Cette approche économique se traduit à travers deux impératifs, à savoir le niveau élevé des investissements à réaliser pour la construction des réseaux et le coût des contraintes environnementales pesant sur l'exercice de ces activités. Sur la base de ces éléments, il devient inefficace de permettre à tout opérateur de construire et de gérer des infrastructures parallèles aux infrastructures déjà existantes.
Le monopole de droit sur les réseaux de transport et de distribution trouve ainsi sa justification économique et la gestion en monopole des réseaux électriques devient même l'administration la plus efficace des réseaux rendant, en principe, vaine l'introduction de toute concurrence[79].
Pourtant, on rappellera que la théorie du monopole naturel repose sur une catégorie de biens ou de services qui sont, à un moment donné seulement, considérés comme étant induplicables, si bien qu'il s'agit d'une théorie fluctuante. Ainsi, la production d'électricité n'est plus considérée comme un monopole naturel, car, à son égard, les économies d'échelle sont épuisées. Il devient alors possible d'introduire la concurrence par la construction d'installations de production concurrentes, sauf si les orientations politiques entendent maintenir l'accroissement de la taille des unités de production[80]. On observe d'ailleurs, à cet égard, que l'effet du progrès technique a remis en cause « la taille minimale efficiente de l'installation de production »[81], car

[78] Sans entrer dans le détail de la théorie économique du monopole naturel, celle-ci repose sur un socle comprenant les éléments suivants : des économies d'échelle, des coûts fixes élevés, des économies d'envergure, la duplication des investissements, l'élasticité prix-demande, puis un bien au « caractère nécessaire », Primeaux, 1979, p. 85 ; W. Varoqueux, « Calcul économique et électricité », PUF, Paris, 1996, p. 128.

[79] Même si, en principe, certains économistes refusent de faire la relation automatique entre « les caractéristiques du monopole naturel et la structure monopolistique de l'industrie électrique », Primeaux, 1979.

[80] Ce qui est le cas lorsque les économies d'échelle réalisées au niveau de la firme sont supérieures aux déséconomies d'échelle réalisées au niveau de l'unité de production. Dans ce cas, le monopole naturel est justifié. En effet, l'évaluation des économies d'échelle dans la production d'électricité varie si l'on considère l'unité de production ou celle du parc de production (cas des centrales nucléaires regroupées dans un parc), Joskow et schmalensee, 1985.

[81] Les centrales de cogénération impliquent des coûts nettement inférieurs à ceux d'une centrale classique, voire à ceux d'une centrale nucléaire, Curien, Gensollen, 1992, p. 252 ; le monopole naturel est assis sur la détermination de la taille optimale ou « minimum efficace » (minimum efficient technical scale – METS), en d'autres termes, du seuil de production qui minimise les coûts et au-delà duquel s'observent des « déséconomies » d'échelle (ou épuisement des économies d'échelle). Or l'échelle optimale de production varie selon la technique de production et les sources « de transformation du monopole naturel sont les événements qui font que la taille minimale efficiente (METS) est inférieure

de nouvelles technologies de production permettent à de petites structures de production d'être rentables et rendent l'introduction de la concurrence dans l'activité de production réalisable[82].
En revanche, pour les activités de transport et de la distribution d'électricité, la théorie continue d'être pertinente. Pour les réseaux de distribution, on parle de « monopole naturel local », car ils répondent à des économies d'échelle géographiquement réduites[83]. Les économies de densité mises en œuvre dans la distribution sont liées à la nature des infrastructures qui sont géographiquement dispersées, mais fixes. En outre, elles dépendent de l'augmentation du taux d'utilisation lequel entraîne une baisse des coûts (appelée « l'effet de club » dans le secteur des télécommunications). Mais l'application de la théorie du monopole naturel à leur égard n'est pas indiscutable au regard de l'évaluation des économies d'échelle, même si elles sont possibles sur des zones géographiques réduites[84]. Considérant que la théorie du monopole naturel est une notion qui évolue, elle implique une réévaluation de ses données en fonction des nouvelles technologies. De même, le monopole naturel n'est pas automatiquement identifiable par la seule présence de coûts fixes élevés ou par le côté néfaste de leur duplication ; c'est plus « l'existence d'économies d'échelle dans l'utilisation des infrastructures qui le justifie »[85].
Aussi la justification économique du monopole naturel des réseaux de transport et de distribution d'électricité, bien qu'elle ne soit pas intangible pour les réseaux de distribution, explique la mise en œuvre d'un régime juridique spécifique à la gestion des réseaux[86]. C'est partant du constat livré par ces considérations économiques que la Commission entend ouvrir le secteur électrique à la concurrence et envisage

---

à la demande globale pour un prix optimal donné, N. Muriel, « La déréglementation du secteur électrique en Europe », *Thèse Paris IX*, 1998, p. 151.

[82] Selon Joskow et Schmalensee, les nouvelles capacités de production sont en général inférieures au MES et les économies d'échelle ne sont pas entièrement exploitées. Ils rappellent, en outre, que la taille optimale qui permet de minimiser les coûts de production dépend aussi de l'existence d'économies de substitution.

[83] Les économistes estiment que la distribution d'électricité est soumise à des économies d'échelle dont la source « réside dans les économies de densité », N. Muriel, « La déréglementation du secteur électrique en Europe », 1998, p. 159.

[84] Filipinni a démontré, en analysant des réseaux de distribution d'électricité suisses de tailles variables, qu'ils vérifient l'hypothèse de sous-addivité des coûts et suggère que l'activité doit continuer à être structurée sous la forme de monopoles locaux, N. Muriel, précité.

[85] Kahn, 1993, p. 121/II, in : N. Muriel, précité.

[86] « Le caractère de monopole naturel est conféré d'une manière consensuelle à l'activité de transport et selon la nature de l'infrastructure. Ainsi, dans le système observé en Grande Bretagne, si le transport est géré de manière monopolistique, en revanche, plusieurs services de transport sont externalisés et pris en charge par d'autres opérateurs. Le champ du monopole de l'activité de transport est dans ce cas remis en cause », N. Muriel, op.cit., et O. Coutard, « Une analyse économique de l'accès aux réseaux électriques d'interconnexion », 1999. Par ailleurs, malgré l'importance de la théorie économique en la matière, celle-ci ne permet pas de trancher entre « monopole ou concurrence, entreprise publique ou privée ». Contrairement aux apparences, il n'y a pas de théorie générale « indiquant quand l'intervention de producteurs est préférable au fonctionnement du marché réglementé », C. Neme, « Service public et Théorie économique », dans Service public et Communauté européenne : entre l'intérêt général et le marché, Travaux du CEDECE, sous la direction de R. Kovar et D. Simon, Tome II, actes du colloques de Strasbourg des 17-19 octobre 1996, p. 147.

d'organiser le recul des monopoles[87] et droits exclusifs[88] dont bénéficient les entreprises électriques. Pour autant, elle n'entend pas remettre en cause la nature de monopole naturel des réseaux électriques de transport et de distribution d'électricité.

(b) Les réseaux électriques : des infrastructures essentielles

La théorie du monopole naturel n'est pas faite pour aider la Commission dans sa volonté d'ouverture à la concurrence des marchés électriques[89]. C'est la raison pour laquelle elle envisage d'introduire la concurrence dans les réseaux électriques à l'aide du principe de *l'accès aux réseaux* fondé sur la doctrine des *facilités essentielles*. Puisque les propriétaires et/ou gestionnaires des infrastructures ne peuvent être concurrencés par la construction d'infrastructures parallèles, ceux-ci doivent permettre aux opérateurs d'accéder à leurs infrastructures électriques, lesquelles présentent pour les opérateurs la particularité d'être essentielles pour l'accomplissement de leurs activités.

L'accès aux réseaux électriques a pour but de permettre à des consommateurs autorisés d'être alimentés par les fournisseurs de leur choix, ainsi qu'aux fournisseurs d'approvisionner leurs clients en électricité. Ils y parviennent en contraignant les exploitants des « réseaux situés sur le chemin qui relie les contractants à acheminer la ressource [électricité] »[90], c'est-à-dire à mettre leurs infrastructures à leur disposition contre le payement par eux d'un droit de passage équitable et non discriminatoire.

Cette construction a son origine dans la théorie des *facilités essentielles*[91] qui traduit la notion anglo-saxonne des *essential facilities* réactualisée par la Commission[92]. Cette doctrine, qui s'appuie sur la reconnaissance du caractère unique et induplicable d'une infrastructure ou d'un service, en tire la conséquence en reconnaissant aux opérateurs un droit d'accès à l'infrastructure ou au service dès lors qu'ils sont indispensables (essential) pour les opérateurs sur le marché considéré.

Le terme de « facilité essentielle » représente des réalités différentes. Une

[87] La théorie économique vient ici soutenir la démarche communautaire ; la théorie des « structures industrielles » enseigne, en effet, qu'une entreprise de service public ne doit pas automatiquement être un monopole, A. Buzelay, « Du monopole d'État à la dérégulation communautaire : évolution de la gestion du service public », dans service public et Communauté, Travaux du CEDECE, Tome II sous la direction de R. Kovar et D. Simon, p. 157.

[88] La directive 2000/52 CE de la Commission modifiant la directive 80/723 CEE relative à la transparence des relations financières entre les États membres et les entreprises publiques définit les droits exclusifs comme étant « des droits accordés par un producteur membre à une entreprise au moyen de tout instrument législatif, réglementaire et administratif qui lui réservent le droit de fournir un service ou d'exercer une activité sur un territoire donné », article 2 f de la directive précitée, JO L-193/75 du 29 juillet 2000.

[89] Sur « la puissance » et « l'action de la Commission » en l'espèce, L. Taccoen, « La Commission des Communautés et le secteur électrique », Annales des Mines, avril 1991, p. 62.

[90] J.P. Bouttes, R. Leban, « Concurrence et réglementation dans les industries de réseau en Europe », CEREM, décembre 1994, p. 4.

[91] Décision de la Commission « Sea Containers/Stena Sealink » du 21 décembre 1993, 94/19, JO L-15, 1994, 5 CMLR 255 ; Furse, The essential facilities Doctrine in Community Law, ECLR, 1998, p. 469, et décision de la Commission « British Midland/Aer Lingus » du 26 février 1992, 92/213, JO L-96/94, 1992.

[92] Les installations essentielles sont comprises dans le terme de « facilités essentielles », lesquelles concernent plus vastement des installations sous forme d'infrastructures, comme c'est le cas pour les réseaux électriques, mais aussi des réseaux incorporels comme un « portail Internet ».

acceptation étroite en fait de simples « équipements » essentiels[93], voire plus largement des « moyens » essentiels[94]. Les cours américaines à l'origine de cette doctrine ne l'ont pas définie, mais elles en tirent toutefois les conséquences[95]. Car le refus d'un gestionnaire de réseau de mettre l'infrastructure essentielle à la disposition des opérateurs constitue un abus de position dominante et viole les règles de la concurrence pour autant toutefois que l'utilisateur lésé démontre qu'il n'existe pas d'alternatives à son utilisation[96].
Sont ainsi considérés comme étant des facilités essentielles un réseau local de distribution d'électricité[97] ou encore un réseau local de télécommunication[98].
En suivant cet exemple, la Commission utilise cette théorie pour imposer aux opérateurs détenteurs d'infrastructures ou de services vitaux sur un marché d'en permettre une utilisation non discriminatoire et équitable à l'ensemble des opérateurs. Dans une décision du 11 juin 1992, la Commission utilise pour la première fois l'expression de « facilité essentielle ». Elle la définit comme étant une facilité ou une infrastructure difficilement duplicable et qui, si elle n'est pas accessible, empêche les concurrents d'assurer l'approvisionnement de leurs clients en concurrence avec le propriétaire de l'infrastructure[99]. Elle affine sa position, en particulier dans sa décision du 21 décembre 1993 concernant un refus d'accès aux

---

93 A. Fiquet, « Vers une réconciliation entre l'Europe et les services publics », *AJDA*, 20 novembre 1998, p. 864.

94 L. Richer, « Le droit à la paresse, « Essential facilities » version française », *Recueil Dalloz*, Chronique, 1999, p. 523 ; F. Weingarten, « La théorie des infrastructures essentielles et l'accès des tiers aux réseaux en droit communautaire », *CJEG*, n° 549, décembre 1996, p. 461.

95 Voir W.B. Tye, « Competitive access », *Law journal*, vol. 8, n° 2, 1987. La théorie des « essential facilities » voit le jour dans une décision de la Cour Suprême américaine en 1912 dans un arrêt « United States v. Terminal Railroad Association of St. Louis » (224 U.S. 383, 56 L. Ed. 810, 32 S.Ct. 507, 1912) qui considère l'ensemble des voies ferrées assurant la desserte de la ville de St. Louis et appartenant entièrement à la « Terminal Railroad Assoc. » comme étant des « facilities » qui doivent être mises à la disposition d'utilisateurs qui en font la demande sans discrimination de prix. Cette approche semble avoir son origine dans les règles développées en Angleterre relatives aux « common carriers », lesquels sont obligés de contracter avec tout demandeur en raison de leur statut, Cowen, The essential facilities doctrine in EC competition law, in Hawk, Annual proceedings of the Fordham Corporate Law Institute 1995 ; Areeda, « Essential facilities : an epithet in need of limiting principles », *Antitrust Journal Law*, 1990, p. 840. La terminologie de « essential facilities » apparaît pour la première fois dans un arrêt d'une cour américaine de 1977 « Hecht v. Pro-football » (570 F. 2d 982, 992-993 DC Cir. 1977) avant d'être définie dans l'arrêt de principe « MCI Communications v. AT&T » (708 F.2d, 1081, 7th Cir. 1983) qui pose quatre éléments de principe relatifs aux « facilités essentielles » :
- contrôle par un monopole de la facilité essentielle ;
- impossibilité pour la concurrence de dupliquer de manière raisonnable la facilité essentielle ;
- refus opposé au concurrent d'utiliser la facilité essentielle ;
- possibilité de mettre à disposition la facilité essentielle.

96 « As the word *essential* indicates, a plaintiff must show more than inconvenience, or even some economic loss, he must show that an alternative is not feasible » arrêt de l'US 9th Circuit Court of appeals du 29 octobre 1991 « Alaska Airlines », 948 F2d 536.

97 Arrêt « Otter Trail Power/United States », 410 US 366 (1973).

98 Arrêt « MCI Communication/AT & T », 708 F.2d 1081 (7th Cir.1983), 464 US 891 (1983) ; arrêt de la Cour Suprême « Verizon Communications Inc./Trinko » du 13 janvier 2004, n° 02-682.

99 Décision de la Commission « Sea Containers/Stena Sealink » du 21 décembre 1993, 94/19, précitée ; décision de la Commission « Port de Rodby » du 21 décembre 1993, n° 94/119, JO L-55/52 du 26 février 1994 ; pour un commentaire sur la notion de facilités essentielles, voir le Rapport sur la concurrence de la Commission de 1992, paragraphe 219.

installations du port de Rodby au Danemark opposé aux opérateurs [100]. Dans cette espèce, l'État du Danemark refuse à un opérateur la possibilité de construire un nouveau terminal près du port de Rodby, ainsi que l'accès à ce terminal pour exploiter une liaison maritime. Tout en estimant que cette position est incompatible avec les articles 82 et 86 § 1 du Traité CE[101], la Commission rappelle qu'une « installation essentielle est une installation ou une infrastructure sans laquelle ses concurrents ne peuvent offrir des services à leurs clients »[102]. Selon la Commission, une « facilité essentielle est une installation ou infrastructure essentielle pour atteindre les clients et/ou permettre aux concurrents d'exercer leur activité »[103], définition à laquelle répondent, selon elle, en particulier, les réseaux électriques[104].
La Commission a reconnu dans plusieurs décisions que le refus opposé par un gestionnaire de réseaux d'accorder un accès à des infrastructures essentielles constitue une violation des articles 81 et 82 du Traité CE lorsque l'opérateur ne dispose pas d'autres alternatives. La théorie des infrastructures essentielles est utilisée dans le cadre de l'abus de position dominante, mais aussi dans celui des ententes : l'arrêt du Tribunal de Première Instance (TPI) « European Night services/Commission »[105] élargit, en effet, le champ d'application de cette notion aux ententes de l'article 81 du Traité CE « refusant de le cantonner aux seules applications des dispositions de l'article 86 du Traité »[106].
Il en est ainsi lorsqu'une compagnie aérienne refuse d'accorder à une compagnie concurrente l'accès à un système de réservation[107] ou en cas de refus d'accorder des tickets en vertu d'un accord interligne pour le compte d'une autre compagnie[108]. Dans ces cas, elle enjoint aux détenteurs d'infrastructures essentielles d'accorder un accès à leurs facilités, tel que l'accès à un système de réservation de billets d'avion informatisé[109] ou aux installations d'atterrissage et de décollage des aéroports[110].

---

[100] Décision de la Commission « Port de Rodby » du 21 décembre 1993, Revue Europe, avril 1994, n° 156.

[101] L'article 82 du Traité CE interdit la pratique de l'abus de position dominante exercée par une ou plusieurs entreprises ayant pour conséquence d'affecter le commerce entre États membres ; l'article 86 § 1 interdit aux États membres, qui attribuent des droits spéciaux ou exclusifs à des entreprises, d'édicter ou de maintenir des mesures contraires aux règles du Traité CE et, en particulier, aux règles de la concurrence (dans ses articles 12, 81 à 89 inclus).

[102] La Commission dispose qu'une facilité est « essentielle lorsque sa reproduction est impossible ou extrêmement difficile en raison de contraintes physiques, géographiques, juridiques ou économiques », Glossaire des termes employés dans le domaine de la politique de concurrence par la Commission, version juillet 2002, p. 26.

[103] Glossaire de la Commission, précité, p. 26.

[104] Glossaire de la Commission, précité, p. 26.

[105] Affaires jointes T-374, 375, 384 & 388/94,1998, ECR II-3141.

[106] F. Weingarten, La théorie des infrastructures essentielles et l'accès des tiers aux réseaux en droit communautaire, CJEG, décembre 1998, p. 469.

[107] Décision de la Commission « London European Sabena », du 4 novembre 1988, n° 88/589, JO 1988, L-317/47.

[108] Décision de la Commission « British Midland/Aer Lingus », du 26 février 1992, n° 92/213, JO 1992, L-96/34.

[109] Règlement de la Commission n° 3652/93 du 22 décembre 1993 concernant l'application de l'article 85 § 3 à des catégories d'accords entre entreprises sur des systèmes informatisés de réservation pour les services de transports aériens, JO 1993, L-333/37.

[110] Règlement de la Commission n° 1617/93 du 25 juin 1993 concernant l'application de l'article 85 § 3 à des catégories d'accords entre entreprises ayant pour objet la planification conjointe et la coordination

La théorie des facilités essentielles est utilisée par le TPI qui les mentionne pour la première fois dans son arrêt « European Night services/Commission ». L'arrêt dispose que des entreprises ne sauraient être considérées comme étant en possession « d'infrastructures, de produits ou de services « indispensables » ou « essentiels » pour l'accès aux marchés pertinents que si ces infrastructures, produits ou services ne sont pas interchangeables et que, en raison de leurs caractéristiques particulières, notamment du coût prohibitif de leur reproduction et du temps raisonnable requis à cette fin, il n'existe pas d'alternatives viables pour les concurrents »[111].
La CJCE, qui n'a pas encore appliqué cette doctrine des facilités essentielles, ne l'entend pas comme une source d'obligation autonome[112], même si elle en trace les contours dans son arrêt « Bronner »[113]. Elle considère qu'une infrastructure « indispensable » au développement de la concurrence sur un marché ne doit pas disposer de substitut « actuel ou potentiel » et doit être « impossible ou extrêmement difficile » à dupliquer en raison de « contraintes techniques, légales, ou économiques » ou en raison de son incompatibilité avec des « impératifs de politique publique »[114].
L'arrêt vise sans les nommer les facilités essentielles, mais ne leur reconnaît pas de force autonome probante. Dans ses conclusions sur l'arrêt Bronner, l'Avocat général Jacobs dispose qu'il ne serait pas suffisant pour reconnaître un abus de position dominante de considérer que l'entreprise qui contrôle la facilité essentielle en tire un avantage concurrentiel[115]. La reconnaissance du statut d'infrastructure essentielle intervient donc en fonction des éléments précités et au cas par cas, sachant qu'une présomption de facilité essentielle pèse sur l'infrastructure constituant un monopole naturel, comme c'est le cas pour les réseaux électriques. En outre, le contrôle du juge dans la qualification d'une infrastructure essentielle est un contrôle strict.
Dans une décision relative à l'Eurotunnel, la CJCE annule la qualification d'infrastructure essentielle à l'égard du Tunnel sous la Manche, car elle considère que la Commission n'a pas suffisamment démontré le caractère « indispensable » ou « essentiel » du service en cause[116].

---

des horaires, l'exploitation de services en commun, les consultations tarifaires pour le transport de passagers et de fret sur les services aériens réguliers, JO 1993, L-155/18.

[111] Revue Europe, novembre 1998, Communication n° 377.

[112] Selon B. Doherty, « every essential facilities argument must come within EC law and be capable of support without invoking the essential facilities doctrine as a separate source of duties », "Just what are essential facilities doctrine", 38 *CMLR* 2001, p. 397.

[113] Arrêt de la CJCE « Bronner » du 26 novembre 1998, C-7/97, rec.p. I-7791.

[114] En outre, la Cour considère dans l'arrêt précité que ne constitue pas une position dominante « le fait pour une entreprise de presse, qui détient une part très importante du marché des quotidiens dans un État membre et qui exploite l'unique système de portage à domicile de journaux [...] de refuser l'accès audit système à l'éditeur d'un quotidien concurrent », car elle considère que ce dernier n'est pas en mesure de créer un tel système pour concurrencer l'opérateur dominant en raison de sa faiblesse économique. Dans ses arrêts « Magill » et « RTE-ITP contre Commission », la CJCE examine en termes plus couverts la question de savoir si un nouvel entrant n'a pas d'autres alternatives pour pénétrer sur un marché que d'utiliser les infrastructures de l'opérateur dominant, du 6 avril 1995, C-241/91 et C-242/91, rec.p. I-743.

[115] Point 65 des conclusions de l'Avocat général Jacobs du 28 mai 1998 sur l'arrêt « Bronner » C-7/97.

[116] Décision de la Commission du 13 décembre 1994 « Eurotunnel », JO L-354/66 du 31 décembre 1994, dans laquelle elle dispose que « Le tunnel sous la Manche constitue une infrastructure essentielle dont

L'intérêt de cette théorie, au-delà des positions divergentes sur son statut en tant que notion juridique autonome[117] ou ses conséquences[118], est qu'elle est un moyen d'imposer à des opérateurs dominants dans un secteur économique la légitimité d'un *accès* à leurs infrastructures, au risque de se voir condamner pour abus de position dominante[119]. C'est la conséquence que tirait déjà la CJCE dans son « République Italienne/Commission », en reconnaissant une forme d'accès aux réseaux.

Elle considère alors qu'une entreprise disposant d'un monopole légal de la gestion des réseaux de télécommunications « viole l'article 86 du Traité [article 82 du Traité consolidé] lorsqu'elle interdit l'activité des agences privées de réexpédition de messages dans le trafic international, sans qu'il soit établi que ces agences font un usage abusif des réseaux publics »[120]. Elle soutient également de manière annonciatrice la mise à disposition de réseaux essentiels à la concurrence.

Mais, dans la jurisprudence de la CJCE, cette théorie ne crée toujours pas de son seul fait d'obligation à la charge du gestionnaire de l'infrastructure essentielle.

Une telle obligation constituerait une limite à la liberté des opérateurs de disposer de leurs infrastructures et ferait peser sur eux une forme d'« obligation de contracter »[121] ou « d'obligation d'assurer la fourniture » requise[122]. Cette théorie n'est, en effet, pas exempte de critiques[123]. La doctrine la considère comme une

---

le gestionnaire vend des capacités horaires aux entreprises ferroviaires », décision du TPI du 15 septembre 1998, précitée.

[117] B. Doherty considère à propos de la théorie des facilités essentielles : « there is [no] a separate essential facilities doctrine in EC law, and the label seems to add nothing useful to traditional refusal to sell doctrine », "Just what are essential facilities", 38 *CMLR*, p. 397.

[118] L. Richer, « Le droit à la paresse ? « essential facilities » version française », *Recueil Dalloz*, Chronique, 1999, p. 523 ; F. Weingarten, « La théorie des infrastructures essentielles et l'accès des tiers aux réseaux en droit communautaire », *CJEG*, n° 549, décembre 1998, p. 461.

[119] Les législations des États membres ainsi que les juridictions nationales de la concurrence consacrent d'ores et déjà cette théorie, ainsi l'article 19 § 4 du GWB (loi allemande contre les entraves à la concurrence) impose aux détenteurs d'infrastructures essentielles (dites : « wesentliche Einrichtungen ») d'accorder un accès aux opérateurs qui le demandent, Gesetz zur Neuregelung des Energiewirtschaftsrechts du 24 avril 1998, BGBl. 28 avril 1998, n° 23, p. 730. De même que la décision du Conseil de la Concurrence « SARL Heli-Inter Assistance » n° 96-D-51 du 3 septembre 1996 aborde pour la première fois la théorie de l'accès aux facilités essentielles sous l'angle de l'abus de position dominante et de dépendance économique (pour une analyse de cette décision se reporter à la 3ème Partie, Titre II, §(1), L'exploitation abusive d'une position dominante ou d'une dépendance économique, p. 410).

[120] Arrêt de la CJCE « République Italienne/Commission », C-41/83 du 20 mars 1985, rec.p. 873.

[121] L. Richer, « Le droit à la paresse ? « essential facilities », version française », précité.

[122] Sur les conséquences juridiques des notions de « duty to deal » et de « duty to supply », T. Lang, Defining legitimate competition, Fordham International Law Journal, volume 18, 1994, p. 437 ; D. Glasl, « Essential facilities doctrine in EC anti-trust law : A contribution to the current debat », *European Competition Law Review*, n° 6, 1994, p. 306

[123] L. Richer considère que, lorsque l'application de la théorie doit démontrer que le détenteur du moyen essentiel doit intervenir sur un marché dérivé où il est en compétition avec d'autres entreprises, cette condition « limite a priori la force d'expansion de la théorie, de sorte que la prise de risque et les efforts d'investissements des entreprises sur le marché principal ne sont pas découragés », « Le droit à la paresse ? « essential facilities », version française", *Recueil Dalloz*, Chronique, p. 523 ; T. Lang estime, quant à lui, que si l'accès à une facilité existante est prononcé trop facilement « the incentive for competition to set up a competing facility is reduced, and competition is lessened in the long term by trying to increase it in the short term », "Defining legitimate competition", Annual proceedings of the Fordham Corporate Law Institute, 1995, p. 277. Cette position est partagée par l'Avocat général Jacobs dans ses conclusions sur arrêt Bronner, il dispose « If access to [...] distribution facility were

« obligation d'affectation sur la propriété [...] », ce que la Commission récuse dans sa décision « FAG » du 14 janvier 1998 relative à la gestion de l'aéroport de Frankfurt[124]. Dans cette décision, elle considère que le fait pour la FAG de ne pas ouvrir le marché de la prestation de services d'assistance en piste n'est pas justifié « par le fait qu'elle est propriétaire de l'aéroport et habilitée, en tant que tel, à décider à quel usage sa propriété doit servir ». Et de conclure que s'il y a une limitation de propriété en l'espèce, celle-ci n'est « ni disproportionnée, ni excessive mais bien la conséquence de l'absence d'alternatives ». La position de la Commission peut se justifier par celle dégagée par la CJCE dans son arrêt « Liselotte Hauer/Land Rheinland Pfalz », dans lequel la Cour considère que, bien que le droit de propriété soit un droit fondamental garanti dans l'ordre juridique communautaire, il peut être « limité dans l'intérêt général et dans la mesure nécessaire à cet égard »[125]. Mais la Commission franchit une étape supplémentaire, sur la base de cette théorie, elle va même jusqu'à demander au détenteur de l'infrastructure essentielle de procéder aux aménagements nécessaires pour lutter contre l'exiguïté de l'aéroport afin d'éviter tout refus d'accès. Surtout, afin de permettre un accès sous toutes conditions, elle rejette l'argument soulevé par la FAG invoquant le risque pour la sécurité lié à l'importance du trafic qui découle de l'élargissement de l'accès des tiers à l'aéroport[126].

Les débordements de la Commission font accroître le scepticisme, lequel a, entre temps, gagné le Conseil de la Concurrence français qui souligne, dans son Rapport d'activité pour 2002, que la généralisation de l'accès aux réseaux constitue une « limitation de la liberté contractuelle du détenteur de l'infrastructure essentielle ».

Il présente, selon lui, l'inconvénient d'ôter toute concurrence et donc de limiter l'incitation à investir dans les infrastructures. On soulignera cependant que la Commission ne se réfère expressément à la notion d'infrastructure essentielle que lorsqu'elle « souhaite imposer un niveau plus élevé de protection de l'accès des tiers à une infrastructure, en privant dès l'origine les gestionnaires de celle-ci d'une partie de leurs droits »[127]. En revanche, si l'accord analysé aménage des droits d'accès aux tiers à l'infrastructure essentielle, comme dans le cas de l'Interconnecteur européen, il accorde une exemption sans recourir à la notion d'infrastructure essentielle en raison du degré satisfaisant de l'ouverture prévue dans l'accord[128].

Au-delà des conséquences liées à la théorie facilités essentielles, elle permet toutefois de traiter les réseaux de transport et de distribution d'électricité de manière autonome par rapport aux autres activités électriques et surtout d'assouplir les effets

---

allowed too easily there would be no incentive for a competitor to develop competing facilities », 28 mai 1998, C-7/97.

[124] Décision de la Commission du 14 janvier 1998, JO L-72/30 du 11 mars 1998, voir commentaire de L. Idot, Europe, *Jurisclasseur*, mai 1998, n° 167, p. 15.

[125] Arrêt de la CJCE du 13 décembre 1979, C-44/79, rec.p. 3727.

[126] Décision de la Commission du 14 janvier 1998, op.cit, M. Vague, « Accès aux infrastructures : feu vert à la concurrence », *Les Échos*, 15 et 16 mai 1998, p. 57.

[127] F. Weingarten, précité.

[128] Décision d'exemption de la Commission du 17 mai 1995 (par lettre administrative de classement) de l'accord d'entreprise relatif au gazoduc Interconnector, canalisation entre l'Angleterre et l'Europe continentale. Dans cette décision la Commission a constaté que les tiers peuvent acquérir des capacités de transport dans l'Interconnector et vendre du gaz en Europe dans un cadre concurrentiel, avant d'exempter l'accord.

du cloisonnement induits par la théorie du monopole naturel. Elle rend donc possible l'introduction de la concurrence dans des secteurs organisés autour de droits exclusifs à travers l'obligation pour les opérateurs de garantir un accès à des infrastructures induplicables. Le Livre Blanc sur la future organisation électrique française manifestait déjà son intérêt dans cette notion en qualifiant le réseau de transport d'électricité d'infrastructure essentielle[129].

(2) Les directives 96/92 et 03/54 du CE et le décloisonnement du marché électrique

Sur la base de ces théories, les efforts de la Commission ont eu raison des hésitations et soubresauts des États membres pour libéraliser le marché électrique, puisqu'ils aboutissent à l'adoption par le Parlement et le Conseil le 19 décembre 1996 de la directive 96/92 du CE relative aux règles communes pour le marché intérieur de l'électricité. Elle fixe un cadre ayant pour but d'ouvrir à la concurrence les activités électriques telles que la production, l'exportation et l'importation d'électricité, tout en permettant de restructurer progressivement les activités de distribution et de transport d'électricité à travers l'accès aux réseaux.
Mais la directive 96/92 du CE traduit surtout la prise de conscience au niveau européen de la spécificité des activités de réseaux, qui s'illustre à travers un mariage non plus forcé, mais mûri entre l'ouverture de ce secteur à la concurrence et l'accomplissement par les opérateurs d'obligations de service public. En effet, le compromis longtemps recherché s'exprime dans les dispositions de la directive 96/92 du CE qui met en place les bases d'une ouverture progressive, mais conséquente, des activités électriques à la concurrence. Elle permet ainsi aux gestionnaires des infrastructures de transport et de distribution d'électricité de les adapter aux particularismes de leur nouveau statut et aux missions de service public.
Il revient à la directive 03/54 du CE de tirer les conséquences des définitions faites par les États membres et la CJCE des obligations de service public et de préciser les mesures permettant un accès équitable et transparent aux réseaux afin de rendre la libéralisation du secteur électrique irréversible.

(a) La chronique mouvementée de l'adoption de la directive 96/92 du CE

Forte du succès obtenu dans la libéralisation du secteur des télécommunications[130], la Commission est confrontée à une intransigeance sans pareille des États membres réticents à procéder à une vaste libéralisation du secteur électrique. Ces oppositions sont d'autant plus fortes que les justifications des monopoles naturels concernant la production et la distribution ne résistent pas aux démonstrations faites par les nouvelles technologies de production[131]. Ces dernières permettent de contourner la

---

[129] Livre Blanc sur la future organisation électrique française, *CJEG*, n° 542, avril 1998, p. 127.

[130] F. Péraldi-Leneuf, « La libéralisation du marché des terminaux de télécommunications et la jurisprudence communautaire, une connexion en cours », *Jurisclasseur*, Europe, février 1996, p. 1.

[131] Les centrales à cycle combiné au gaz utilisant la vapeur fournie par le processus de production et la cogénération qui produit simultanément énergie et chaleur sont des techniques de production d'électricité qui suppriment les rendements croissants à la production, ce qui fait perdre ses justifications économiques au maintien de monopole dans le secteur électrique, ENA, « Services publics comparés en Europe », Tome I, p. 44 ; par ailleurs, l'analyse économique montre que la théorie du monopole naturel ne doit « pas être appliquée à des secteurs entiers, mais qu'une

théorie des facilités essentielles et s'appuient sur la théorie des marchés contestables. Selon cette théorie, un marché est « contestable » lorsque l'entrée sur ce marché est libre et sans restriction et que la sortie peut se réaliser sans coûts d'envergure, ce qui est le cas dans les secteurs de la production et de la distribution d'électricité[132].
Pour concrétiser cette approche et transposer celle de l'accès aux réseaux, la Commission avance à tâtons sur la base des dispositions du Traité CE. Les doutes quant à la nature et à l'ampleur de son intervention sont finalement levés suite à l'adoption de la directive 96/92 du CE.

(i) La compétence communautaire dans le secteur électrique

Dans sa volonté de réaliser le marché intérieur, la Commission entend démanteler les monopoles relatifs aux activités électriques en appliquant les règles du traité CE relatives à l'aménagement des monopoles[133]. La doctrine se fait alors l'écho de l'affrontement à prévoir entre les États membres et la Commission et redécouvre un langage qui témoigne des animosités réciproques ; la Commission « est partie en guerre contre ce qui subsiste des monopoles publics » ou encore elle entreprend une « lutte » contre les monopoles du secteur électrique[134]. Par ailleurs, la compétence européenne pour légiférer dans le secteur électrique est rapidement contestée considérant qu'il s'agit d'un secteur qui intéresse la sécurité et la souveraineté nationales. Les États membres estiment qu'il s'agit d'une compétence qui leur revient par nature et de manière exclusive et sont par conséquent libres, pensent-ils, d'en organiser les activités dans le cadre de monopoles : « l'électricité reste, dans l'Europe des douze, de la compétence des États »[135].
Or, la compétence de la Communauté en la matière est difficile à retrouver dans les dispositions des traités. Ainsi, ni les traités d'intégration sectorielle, CECA[136] ou Euratom, ni le Traité de Rome ne stipulent expressément que la Communauté est compétente pour légiférer dans le domaine de l'énergie et, en particulier, de l'électricité. La réalisation du marché intérieur de l'électricité n'est donc envisageable que sur la base des dispositions de l'Acte unique européen entré en

---

concurrence peut être introduite dans une partie de ces secteurs, par exemple, en séparant la propriété ou le contrôle des installations présentant le caractère de monopole naturel », J.E. de Cockborne, « La libéralisation du marché communautaire de l'électricité », RDAI/IBLJ, n° 7, 1990, p. 865.

[132] Selon Baumol, la théorie des marchés contestables doit conduire les pouvoirs publics à inciter au désengagement de l'État dans la gestion économique et orienter les monopoles à agir dans l'intérêt des consommateurs en permettant l'entrée sur le marché de nouveaux acteurs. L'incitation à l'efficacité ainsi provoquée impose au monopole de réduire sa rente et à la réglementation de l'État doit se substituer la réglementation du marché, Contestable markets and the theory of industry structure, 1982 ; N. Curien, « Économie des réseaux », La Découverte, Paris, 2000, p. 48.

[133] G. Druesne, « Droit et politiques de la Communauté et de l'Union européenne », PUF, Paris, 1998, p. 21.

[134] F. Hamon, « Les monopoles des services publics français face au droit communautaire », *Recueil Dalloz*, Chronique, 1993, p. 91.

[135] A. Fiquet, « L'interconnexion et les échanges d'énergie électrique en Europe », *CJEG*, juillet-août 1988, p. 264.

[136] L'énergie constituait pourtant la première étape de la construction européenne avec le Traité instituant la Communauté européenne du charbon et de l'acier du 18 avril 1951, abrogé au 23 juillet 2002 aux termes de l'article 97 du Traité Euratom du 25 mars 1957 créant la Communauté européenne de l'énergie atomique.

vigueur le 1er juillet 1987. Il impose, en effet, l'achèvement du marché intérieur[137] et permet, entre autres, la libre circulation des marchandises[138] au nombre desquelles appartient l'électricité[139]. Cette appartenance qui ressort de l'arrêt de la CJCE « Commune d'Almelo » est confirmée par la Cour dans son arrêt « France/Commission » dans lequel elle rejette l'argumentation française visant à assimiler l'électricité à un service[140].

On trouve, certes, au sein de l'article 3 (u) du Traité de Maastricht du 7 février 1992[141], qui énumère les champs d'action de la Communauté, une esquisse de compétence communautaire dans le secteur énergétique. Il dispose que « l'action de la Communauté comporte [...] des *mesures* dans les domaines de l'énergie, de la protection civile et du tourisme », mais le terme de « mesures » dévoile la modestie d'intervention imposée à la Commission en la matière. Le Traité CE reste tout aussi évasif dans son article 154 qui ne comporte, quant à lui, qu'une référence au développement des réseaux transeuropéens[142] devant permettre, entre autres, le transit d'électricité entre États membres. Aucune attribution de compétence claire pouvant servir de base légale à la Commission pour adopter des mesures communes dans le secteur de l'énergie ne ressort enfin des dispositions du Traité d'Amsterdam[143].

Ces lacunes sont finalement comblées dans le projet de Convention européenne qui prévoit un partage de compétences assez clair entre les États membres et l'Union pour légiférer dans le domaine de « l'énergie et des réseaux transeuropéens »[144].

(ii) Les étapes de la libéralisation du secteur électrique

Le Conseil Énergie de Copenhague de juin 1987 effectue le premier mouvement dans le sens de l'ouverture du secteur électrique à la concurrence et inscrit la réalisation du « marché intérieur de l'énergie » à son programme. La Commission

---

137 JO L-169 du 29 juin 1987.

138 Article 14 du Traité CE.

139 L'arrêt de la CJCE « Costa/Enel » du 15 juillet 1964, 6/64, rec.p. 1141, considère que l'électricité est un « bien ». La directive 85/374 du CE considère aussi l'électricité comme un bien ainsi que la nomenclature tarifaire de la Communauté (NC 27.16), voir à ce sujet, B. Bonzom, « Le vol d'électricité », *CJEG*, janvier 1985, p. 1.

140 Arrêt « Commune d'Almelo » du 27 avril 1994, C-393/92, rec.p. I-1477 ; arrêt « France/Commission » du 23 octobre 1997, C- 159/94, rec.p. I-5815, pour une analyse de ces arrêts voir supra.

141 Ex-article 3 (t) du Traité sur l'Union Européenne (version consolidée), JO C-224/1 du 31 août 1992.

142 Ex-article 129 B, le titre XII introduit par le Traité de Maastricht vise la contribution de la Communauté à l'établissement et au développement de réseaux transeuropéens notamment dans le secteur de l'énergie. Il tend à favoriser l'interconnexion et l'interopérabilité des réseaux nationaux et l'accès à ces réseaux, voir en ce sens la décision n° 1254/96 du Parlement européen et du Conseil du 5 juin 1996 établissant un ensemble d'orientations relatives aux réseaux transeuropéens dans le secteur de l'énergie, JO L-276/9 du 13 octobre 1998.

143 Traité d'Amsterdam ratifié par les États membres le 1er mai 1999, JO C-340/01 du 10 novembre 1997, il comporte cependant un article 7 D, relatif à la reconnaissance des « services d'intérêt économiques généraux » appelés à s'appliquer au secteur électrique, V. Champeil-Desplats, « Services d'intérêt économique général, valeurs communes », *AJDA*, 20 décembre 1999, p. 959 ; S. Rodrigues, Les services publics et le Traité d'Amsterdam, Revue du marché commun, n° 414, janvier 1998, p. 37.

144 Article I-13 de la Convention européenne, CONV 797/1/03 Rev 1, version du 12 juin 2003, consultable sous : www.europa.eu.int/futurum/index_fr.htm ; France-direction de la documentation française, « Le secteur électricité européen en 1994 », La documentation française, Paris, 1994, p. 120.

rebondit sur l'opportunité pour proposer un plan d'action relatif à l'achèvement du marché intérieur de l'énergie[145]. Un document de travail de la Commission daté de mai 1988 constitue la première expression de ses objectifs. Il évalue le degré d'intégration du secteur énergétique, énumère les obstacles potentiels à la création d'un marché électrique concurrentiel et dégage les objectifs prioritaires pour réussir la libéralisation des marchés énergétiques.

Parallèlement à ce plan, un nombre très important de documents de réflexion et d'analyses appelés « livres blancs », « livres verts » ou « communications » seront adoptés. Ils proposent des solutions aux problématiques posées par l'ouverture à la concurrence du secteur électrique. Ces actes préparatoires n'ont pas en eux-mêmes de force contraignante, ils se contentent de mettre en forme les orientations et positions des institutions communautaires que les États membres sont ensuite libres d'amender ou pas[146]. Cependant, ils témoignent des rapprochements opérés entre les positions initiales de la Commission et celles des États membres au fur et à mesure de la négociation de la directive 96/92 du CE.

N'ayant que peu d'appui dans les Traités européens, la Commission va réaliser son objectif à l'aide du droit dérivé et procéder à la mise en conformité des législations nationales avec les dispositions du Traité CE relatives à la concurrence[147]. Elle se base sur l'article 95 du Traité CE[148] pour adopter trois directives ayant pour mission de préparer le terrain à l'ouverture du secteur électrique à la concurrence.

Ces directives vont, sans remettre en cause les organisations existantes des réseaux électriques, introduire de manière embryonnaire les principes d'une gestion concurrentielle du marché électrique.

La directive du Conseil 90/377 du 29 juin 1990[149] instaure une procédure communautaire assurant la transparence des prix au consommateur industriel final de gaz et d'électricité. Elle prévoit la communication de données statistiques sur les prix de ces biens par catégorie de consommateurs. Cette directive entend déjà introduire la concurrence dans le secteur électrique par la transparence des prix « essentielle à la réalisation et au bon fonctionnement du marché intérieur de l'énergie »[150]. Elle a pour objectif d'éliminer les discriminations entre les consommateurs et doit les mettre en mesure d'apprécier les composantes des tarifs de l'électricité afin de les comparer. Elle ne vise cependant que les clients

---

[145] Communication de la Commission « Le marché intérieur de l'énergie », COM(88)238 final, du 2 mai 1988.

[146] Voir l'article 249 du Traité CE qui définit la nomenclature des actes communautaires.

[147] L'action de la Commission a été fortement critiquée en ce qu'elle est essentiellement juridique et non économique. Les États membres ne comprenaient pas l'intérêt de modifier leur système, surtout que certains d'entre eux faisaient preuve d'efficacité économique, Chronique, *CJEG*, n° 498, avril 1994, p. 166.

[148] Ex-article 100 A du Traité CE qui dispose que le Conseil dans le cadre de la procédure de l'article 251, « arrête les mesures relatives au rapprochement des dispositions législatives, réglementaires et administratives des États membres qui ont pour objet l'établissement et le fonctionnement du marché intérieur ».

[149] Directive 90/457 CEE, JO L-185/16 du 17 juillet 1990, modifiée par la directive 93/87 CEE, JO L-277/32 du 10 novembre 1993, la décision de la Commission n° 95/162, JO L-107 du 12 mai 1995 et par la directive 98/75 CE de la Commission du 1er octobre 1998 portant mise à jour des entités couvertes par les obligations de transit, JO L-276 du 13 octobre 1998.

[150] Point 1 de la directive sur la transparence des prix de l'électricité.

industriels. Aux termes de la directive, les États membres doivent communiquer à l'Office statistique des Communautés européennes les informations sur les prix de l'électricité. L'Office publie ces statistiques à l'attention des citoyens européens[151]. Cette directive renseigne, certes, sur la pertinence des prix de l'électricité dans les États membres de l'UE, mais n'impose pas encore de véritables mesures d'ouverture à la concurrence.

En revanche, les directives du Conseil 90/547 du 29 octobre 1990[152] et 91/296 du 31 mai 1991 relatives au transit d'électricité et de gaz sur les grands réseaux ou réseaux de transport européens constituent indéniablement une première étape dans cette voie. Ces directives visent à favoriser les échanges d'électricité en permettant leur libre *circulation* dans l'ensemble des États membres. Elles entendent également minimiser les coûts d'investissement et de combustibles de la production et du transport d'électricité. Aux termes de l'article 1er de la directive Transit, les États membres doivent faciliter « sur leur territoire le transit d'électricité entre grands réseaux de transport à haute tension », si bien qu'il revient aux gestionnaires des réseaux de transport et de distribution d'électricité de notifier à la Commission et aux États membres toutes demandes de transit et de les mettre en œuvre dans le respect du principe de non-discrimination[153]. Elle pose en préambule les objectifs d'un marché intérieur de l'électricité dont elle constitue une première étape[154].

Les États membres se rendent compte des avantages qu'ils peuvent tirer du transit d'électricité, pour assurer la cohésion sociale et, surtout, pour garantir la sécurité des approvisionnements en électricité.

Mais si le consensus est trouvé pour introduire le transit d'électricité entre les États membres, une ouverture en profondeur du secteur électrique ne peut être réalisée sur la base de l'article 95 du Traité CE. Les termes de l'ouverture proposés par la Commission sont finalement matérialisés dans un document de travail[155] relatif à l'introduction de règles communes pour un marché intérieur de l'électricité et du gaz[156], lequel impose une refonte des systèmes électriques des États membres.

Il repose sur trois éléments principaux :

-l'abolition des droits spéciaux[157] et exclusifs[158] pour permettre l'entrée sur le

---

[151] Voir pour les limites de la fonctionnalité des comparaisons de prix : M. Nicolas, « Niveau et évolution des prix de l'électricité en Europe », Économies et Sociétés, Économie de l'énergie, Série N, n° 7, 5-6/1997, p. 89.

[152] JO L-313/16 du 13 novembre 1990, modifiées par la décision de la Commission n° 95/162, JO L-107/53 du 12 mai 1995.

[153] Article 3 § 2 de la directive Transit.

[154] Ces directives sont abrogées par la directive 03/54 du CE au 1er juillet 2004.

[155] Proposition de directive du Conseil concernant des règles communes pour le marché intérieur de l'électricité, COM(91)548 final du 21 février 1992, JO C-65/4 du 14 mars 1992.

[156] COM(91)548 final du 21 février 1992, ces propositions formalisent les communications de la Commission concernant « Une charte européenne de l'énergie » et « la programmation énergétique dans la Communauté européenne » de 1991, lesquelles aboutissent à la signature de la Charte européenne de l'énergie le 17 décembre 1991 à la Haye, « Service public et droit communautaire, grands textes », La documentation française 1997, p. 220.

[157] Aux termes de l'article 2-g) de la directive transparence 2000/52 CE du 26 juillet 2000, les droits spéciaux sont des droits « accordés par un État membre à un nombre limité d'entreprises au moyen de tout instrument législatif, réglementaire et administratif qui, sur un territoire donné – entre autres -, limite à deux ou plus le nombre des entreprises autorisées à fournir un service ou à exercer une activité selon des critères qui ne sont pas objectifs, proportionnels et non discriminatoires ».

marché de nouveaux opérateurs ;
-l'Unbundling ou la séparation administrative entre les activités électriques et
-l'obligation à la charge des propriétaires des infrastructures de réseaux d'attribuer un droit d'accès à leurs réseaux contre le paiement d'un droit de péage équitable[159].

Ce régime que la Commission a baptisé « accès aux réseaux » est encore trop ambitieux et doit être révisé en raison des désaccords persistants entre États membres. La Commission révise sa copie et propose un projet d'accès négocié au réseau[160] qui remplace l'accès obligatoire et généralisé initialement présenté alors que, parallèlement, le gouvernement français présente sa variante de l'accès aux réseaux, avec le système dit de *l'acheteur unique.* Celui-ci permet à une entreprise dominante de centraliser les achats d'électricité et d'introduire la concurrence uniquement au niveau de la production d'électricité sans avoir à définir une clientèle éligible, à savoir une clientèle autorisée à s'approvisionner auprès du fournisseur de son choix[161].

Le Parlement européen soutient ce système en ce qu'il permet de « concilier l'introduction de la concurrence avec le respect des missions d'intérêt économique général confiées aux entreprises du secteur électrique »[162]. Il impose à la Commission d'intégrer le système de l'acheteur unique dans ses propositions, mais également la possibilité de choisir entre un accès aux réseaux réglementé et/ou négocié. Pour légitimer son action, d'une part, et faire avancer le processus de libéralisation du secteur électrique, d'autre part, la Commission engage dans le même temps une procédure en manquement à l'égard de plusieurs États membres dont la France[163]. Elle entend ainsi faire constater l'incompatibilité des droits

---

[158] Le droit exclusif est « celui qui est conféré par l'autorité publique à des organismes publics ou privés, sous forme d'actes législatifs, réglementaires ou administratifs qui leur réservent la fourniture d'un service ou l'exploitation d'une activité déterminée », E. Moavero Milanesi, Les services d'intérêt économique général, les entreprises publiques et les privatisations, Revue du Droit de l'Union Européenne, 1/2000, p. 121.

[159] B. Derosier, « À la veille d'une directive européenne sur le marché intérieur du gaz naturel », Rapport d'information de l'Assemblée Nationale, n° 3338, février 1997 ; R. De Bauw, Énergie et service public communautaire, Vers un service public européen, 1996.

[160] Un accès négocié aux réseaux implique que les opérateurs déterminent librement les conditions d'utilisation des infrastructures de réseaux, telles que le droit de péage et les conditions techniques de raccordement ; l'article 21 § 2 du projet de directive du 11 février 1994 dispose que « l'accès aux réseaux de distribution doit faire l'objet d'une négociation avec la compagnie de distribution qui gère le réseau auquel ce consommateur est raccordé. De même, l'accès aux réseaux de transmission doit être négocié avec le gestionnaire du réseau concerné », Proposition modifiée de la directive du Parlement européen et du Conseil concernant des règles communes pour le marché intérieur de l'électricité, COM(93)643 final et COD(384), C-123/01, du 4 mai 1994.

[161] Mise à jour dans le rapport de C. Mandil relatif à la réforme électrique et gazière de 1993, repris dans le rapport de la Commission de l'énergie relatif à la directive concernant des règles communes pour le marché intérieur de l'électricité, dit « Rapport Desama » des 16 février et 12 octobre 1993, Comité de l'énergie du Parlement européen, dont les propositions entendent confiner l'intervention de la Commission à la définition des règles communes relatives à la protection de l'environnement, à la transparence des coûts et à la définition des obligations de service public.

[162] C. Isidoro, L'ouverture communautaire du marché de l'électricité à la concurrence, Thèse Paris II, 2002, p. 75.

[163] La Commission ouvre en 1991 des procédures en manquement pour l'abolition des monopoles d'importation et d'exportation d'électricité contre la France, les Pays-Bas, l'Italie et l'Espagne. La position de la France est alors de soutenir que « la sécurité d'approvisionnement va au-delà de la simple disponibilité d'énergie et suppose la maîtrise du choix des énergies primaires et des

exclusifs et des monopoles d'importation et d'exportation pour l'électricité et le gaz accordés à Électricité de France (EDF) sur la base de l'article 31 du Traité CE[164], qui impose aux États membres d'aménager progressivement les monopoles d'État à caractère commercial, et des articles 28[165] et 29[166] du Traité CE. Il est reproché en l'espèce à la France de ne pas avoir aménagé progressivement ses monopoles d'importation et d'exportation d'électricité comme le prévoit l'article 31 § 1 du Traité CE et de restreindre ainsi les échanges entre les États membres[167]. L'arrêt de la CJCE concernant la France conclura que les monopoles d'importation et d'exportation d'électricité au profit d'EDF sont effectivement contraires à l'article 3, ils peuvent cependant être maintenus sur la base de l'article 86 § 2 du Traité CE qui prévoit une exception à l'application des règles de la concurrence au profit d'entités chargées de la gestion de services d'intérêt économique général[168], ce qui est, selon la Cour, le cas de l'entreprise publique EDF. La décision de la CJCE qui est rendue après l'adoption de la directive 96/92 du CE s'aligne ainsi sur les principes qui y ont été intégrés. Le juge européen n'entendait pas contredire les termes des négociations sur la directive relative au marché intérieur de l'électricité[169] et reconnaît ainsi la possibilité pour les opérateurs électriques de mettre en échec certaines règles de la concurrence pour accomplir des missions de service public.

Dans le même temps, et dans l'attente du résultat des recours introduits devant la CJCE, la Commission utilise les compétences qu'elle détient aux termes de

investissements nécessaires à la production et au transport, ce qui implique une bonne maîtrise des flux d'importation et d'exportation possibles grâce au monopole », rapport de l'Audience du gouvernement français devant la CJCE le 7 mai 1996.

164 La CJCE a considéré dans son arrêt « Manghera » du 3 février 1976 que des droits exclusifs d'importation entraînent à l'encontre des exportateurs établis dans d'autres États membres une discrimination prohibée par l'article 37 § 1, « car ces droits affectent les conditions de débouchés des seuls opérateurs ou vendeurs des autres États membres », C-59/75, rec.p. 91 ; Point 33 de l'arrêt de la CJCE « Commission/France » du 23 octobre 1997, C-159-94, rec.p. 5815.

165 Relatif à l'interdiction de toutes restrictions quantitatives à l'importation et à toutes mesures équivalentes entre États membres.

166 Relatif à l'interdiction de toutes restrictions quantitatives à l'exportation et à toutes mesures équivalentes entre États membres.

167 Outre les monopoles, les droits exclusifs accordés aux opérateurs publics sont aussi de nature à affecter les conditions de débouchés ou d'approvisionnement des opérateurs et des consommateurs étrangers, arrêt de la CJCE « Manghera » du 3 février 1976, point 12 ; arrêt de la CJCE « Commission / Grèce » du 3 décembre 1990, C-347/88, rec.p. I 4747.

168 La position commune du Conseil du 20 juin 1996 met indirectement fin à ces monopoles, mais l'arrêt de la Cour est rendu sur les bases du droit antérieur. Il reconnaît, en effet, que « ces droits affectent les conditions de débouchés des seuls opérateurs ou vendeurs des autres États membres », point 33 de l'arrêt de la CJCE « Commission/France » du 23 octobre 1997, C-159-94, rec.p. 5815. Les entreprises disposant de droits exclusifs bénéficient cependant de l'exception prévue à l'article 90 § 2 du Traité, qui prévoit que les entreprises chargées de la gestion de services d'intérêt économique général sont soumises aux règles de la concurrence dans les limites où l'application de ces règles ne fait pas échec à l'accomplissement en droit ou en fait à la mission particulière qui leur a été impartie ; voir à cet égard les arrêts rendus dans les affaires jointes, « Commission/Pays-Bas », C-157/94, rec.p. 5699, « Commission/Italie », C-158/94, rec.p. 5789 ; « Commission/Espagne », C-160/94, rec.p. 5851.

169 En condamnant les monopoles tout en reconnaissant les spécificités du service public à la charge d'EDF, « l'arrêt se prononce sur le droit en vigueur au moment du dépôt du recours et, avant l'adoption de la directive, il valide la législation actuelle et la rend peu susceptible d'attaques contentieuses », P. Blanchard, « L'évolution du secteur électricité français au lendemain de l'arrêt de la CJCE sur les monopoles d'importation et d'exportation d'électricité », *CJEG*, février 1998, p. 71.

l'article 86 § 3, qui lui permet d'adopter des directives afin que les États membres ne « maintiennent ni n'édictent de mesures contraires aux articles 81 à 89 » par l'octroi de droits spéciaux ou exclusifs à des entreprises publiques[170]. Cette procédure, qui avait connu un grand succès dans le secteur des télécommunications[171], est très contestée, en particulier par la France, en ce qu'elle illustre selon elle le « déficit démocratique » du processus décisionnel communautaire. Dans son arrêt « France/Commission » du 19 mars 1991, la Cour confirme clairement la compétence de la Commission pour adopter des directives dans des secteurs dits protégés, car gérés comme des services publics[172].

Le fort courant de contestation contre l'utilisation de ce procédé dans le secteur électrique impose à la Commission de se retourner vers l'article 95 du traité CE afin de procéder à l'harmonisation des législations nationales sur la base de l'article 14 du Traité CE[173]. Ce dernier donne à la Commission la compétence pour définir les orientations et les conditions de réalisation du marché intérieur « dans l'ensemble des secteurs concernés »[174] sur la base de la procédure de codécision du Parlement et du Conseil.

Cela est d'autant plus nécessaire que la CJCE ne soutient pas la Commission dans sa croisade contre l'abolition des monopoles et droits exclusifs dans le secteur électrique, tel qu'il ressort de ses arrêts « Paul Corbeau »[175] puis « Commune d'Almelo »[176].

Dans son arrêt « Corbeau »[177], la Cour considère que la Régie des postes belges exerce un service d'intérêt économique général et énumère les missions de service public dont la prise en charge peut tenir en échec les règles de la concurrence dans ce secteur sur la base de l'article 86 § 2 du Traité CE. Elle procède à une analyse

---

[170] Voir l'analyse de S. Rodrigues sur les méthodes développées par la Commission, Comment intégrer les principes du service public dans le droit positif communautaire, RFDA 11(2), mars-avril 1995, p. 36.

[171] Sur la base de l'article 86 § 3, la directive 90/388 relative à la concurrence dans le service des télécommunications a été adoptée le 28 juin 1990, JO L-192/10.

[172] Arrêt de la CJCE du 19 mars 1991, C-202/88, rec.p. I-1223, voir à ce sujet C. Hochepied, Les directives de l'article 90 § 3 : une espèce juridique en voie de disparition ? Revue des affaires européennes, n° 2, 1994, p. 49 ; F. Mélin-Soucramanien, Les pouvoirs spéciaux conférés à la Commission en matière de concurrence par l'article 90 § 3 du Traité de Rome, Revue du Marché Commun, novembre 1994, p. 601.

[173] Une seconde phase dans la réalisation du marché intérieur de l'électricité : la directive de 1996 entre concurrence et intérêt général, numéro spécial des CJEG, mai 1997, p. 174 ; Libéralisation de l'énergie, Europe-Énergie du 14 juillet 2000, n° 563, p. 10.

[174] Article 14 § 3 du Traité CE. L'article 14 § 1 prévoit, quant à lui, l'achèvement d'un marché interne sans frontières devant permettre la libre circulation des marchandises, des personnes, des services et des capitaux, appelé à intervenir au plus tard le 31 décembre 1992.

[175] Arrêt de la CJCE « Corbeau » du 19 mai 1993, C-320/91, rec.p. I-2533, AJDA, 1993, voir note F. Hamon, p. 865.

[176] Arrêt de la CJCE « Commune d'Almelo » du 27 avril 1994, C-393/92, rec.p. 1477, AJDA, 1994, voir note F. Hamon, p. 637.

[177] Cette affaire opposait Paul Corbeau à la Régie royale des postes belges. Celui-ci s'était proposé de faire commerce de la distribution du courrier à domicile dans la région de Liège, activité à laquelle s'opposa la régie royale des postes belges, invoquant le fait qu'elle dispose d'un monopole sur l'ensemble des services postaux conféré par la législation nationale. La juridiction pénale saisie par Paul Corbeau saisit à son tour la CJCE de plusieurs questions préjudicielles sur l'interprétation des articles 82 et 86 du Traité CE afin d'apprécier la compatibilité de la réglementation belge sur le monopole postal avec ces dispositions.

précise des missions de l'entité bénéficiant de droits exclusifs pour considérer dans son arrêt « Commune d'Almelo »[178] que les restrictions à la concurrence causées par les monopoles de production, de distribution et de transport d'électricité sont justifiées dans la mesure où elles sont nécessaires à l'exercice par les entreprises chargées de missions d'intérêt économique général de leurs obligations de service public[179]. Ces arrêts reconnaissent le bien-fondé de l'attribution de droits exclusifs et, par conséquent, le maintien de monopoles dans ces activités sur la base de l'article 86 § 2.

Ces décisions contraignent la Commission à en tirer les leçons dans sa nouvelle approche de la libéralisation du marché électrique. Elle doit ainsi prendre en compte les nécessaires entraves aux règles de la concurrence pour l'accomplissement des missions de service d'intérêt général[180]. Mais elle est également consciente du fait que, comme le souligne David Edward, « the Commission and the Council cannot expect the Court of Justice to act as the community legislator in this Field »[181]. Puis, sans adhérer entièrement à l'approche de la CJCE, elle souligne les lacunes et les incohérences de ces conceptions dans son Livre blanc sur la politique énergétique communautaire qui répertorie les objectifs de l'Union Européenne dans le secteur de l'électricité[182]. Elle y dégage une plateforme, certes plus conciliante avec ces positions, mais souligne que le marché intérieur de l'électricité doit s'appuyer, entre autres, sur « les notions de compétitivité du secteur électrique, de sécurité d'approvisionnement et de protection de l'environnement »[183].

Sur la base de ce Livre blanc et des propositions réécrites par la Commission, le Conseil des Ministres de l'énergie parvient à adopter une position commune fixant les grandes lignes de la directive relative au marché intérieur de l'électricité[184].

---

[178] Arrêt « Commune d'Almelo » du 27 Avril 1994, précité. Dans cette affaire, une entreprise néerlandaise de distribution (L'Energiebedrijf Ijsselmij=IJM), fournisseur d'électricité de la Commune d'Almelo, est assignée par elle en justice à propos d'un supplément de péréquation qu'elle lui a facturé. Or IJM bénéficie d'une clause d'achat exclusive figurant dans les conditions générales de livraison d'énergie électrique aux communes ayant leur propre entreprise de distribution sur leur territoire. Cette clause avait pour conséquence d'interdire aux distributeurs locaux l'importation d'électricité en raison des droits exclusifs reconnus à IJM. La Cour néerlandaise a donc posé une question préjudicielle à la CJCE pour l'éclairer sur la conformité de l'interdiction d'importation imposée au distributeur local avec les articles 37, 85 et 86 (ex-numérotation).

[179] Tel que le prévoit l'article 86 § 2 du Traité CE.

[180] T. Emiri, « Concurrence et secteur public. L'article 90 du Traité CE, moyen d'encadrement communautaire des activités étatiques d'interet général », *Thèse Paris II*, 1998, p. 225.

[181] D. Edward, M. Hoskins, "Article 90 : deregulation and the EC law, reflections arising from the XVI FIDE conference", 32 *CMLR*, 1995, p. 157.

[182] Livre blanc de la Commission « Une politique de l'énergie pour l'Union Européenne » du 13 décembre 1995, COM(95)682 final, n° 46 et Livre vert de la Commission « Pour une politique énergétique de l'Union Européenne » du 11 janvier 1995, COM(94)659 final, n° 23. Ils renvoient à la sécurité d'approvisionnement et aux missions d'intérêt économique général et reprennent les objectifs de service public, tels que la continuité et la qualité de la desserte. Mais ils critiquent également les monopoles de production et d'importation d'électricité, considérant que « le marché est en mesure de satisfaire aux exigences des consommateurs et que les capacités de production et d'importation sont suffisantes pour cela », COM(94)659 final.

[183] La Commission, poussée au compromis, critique ouvertement, dans son document de travail du 22 mars 1995, la légalité du système de « l'acheteur unique » proposé par la France.

[184] Sur les débats relatifs à l'adoption de la directive, A.M. Klom, « Electricity deregulation in the european Union », *Energy in Europe* 1996, n° 27 p. 28 ; J. Batail, « Le marché intérieur de l'électricité », *Économies et sociétés*, n° 5 et 6/1997, p. 117-136 ; P. Bauby, « Marché intérieur de

Cette position commune est adoptée par le Parlement Européen le 11 décembre 1996 et aboutit à l'adoption de la directive relative au marché intérieur de l'électricité par le Conseil des ministres le 19 décembre 1996. Celle-ci a été abrogée le 1er juillet 2004 et refondue par l'entrée en vigueur de la directive 03/54 du CE qui franchit une étape supplémentaire dans l'ouverture du marché électrique à la concurrence.

(b) L'ouverture à la concurrence du marché électrique par la directive 96/92 du CE

La directive 96/92 du CE est adoptée sur la base de l'article 95 du Traité CE et entend procéder à l'achèvement du marché intérieur de l'électricité. Elle est entrée en vigueur le 20 février 1997 et fixe sa transposition dans les États membres au plus tard le 20 février 1999. Elle prévoit une libéralisation par étapes du marché électrique, c'est-à-dire une ouverture du marché échelonnée sur plusieurs années[185]. Ainsi, tout en continuant le processus de libéralisation mis en œuvre par la directive Transit[186], elle constitue un pas important vers l'achèvement du marché intérieur de l'énergie et l'instauration d'un « marché de l'électricité concurrentiel et compétitif »[187]. Conformément au principe de subsidiarité et en raison des diversités structurelles des marchés électriques nationaux, chaque État membre se voit reconnaître une marge de manœuvre et d'appréciation importante pour transposer la directive 96/92 du CE[188]. La particularité de l'organisation du secteur électrique réside sur le principe de subsidiarité, en vertu duquel la Communauté, à la différence des États membres, ne dispose que de compétences d'attribution pour réaliser les objectifs fixés par les traités. L'articulation de leurs compétences doit s'apprécier également sur le principe de proportionnalité[189] entre l'équilibre des interventions de la Communauté et de celles des États membres[190]. Le principe communautaire de proportionnalité reprend les principes d'adéquation, de nécessité et de proportionnalité stricto sensu, tels que développés dans certains États membres. Avec l'entrée en vigueur du Traité de Maastricht, le principe de proportionnalité devient d'ailleurs un principe quasi constitutionnel contenu à l'article 5 du Traité CE

---

l'électricité », *ASPE*, 1995, n° 12, p. 7 ; A. Göhring-Crinon, « L'avenir du marché intérieur de l'énergie », *CJEG*, 1995, p. 213 ; Sur les compétences de la Communauté dans ce domaine de l'électricité, H. Jarass, « Europäisches Energierecht », Berlin, 1996.

185 Aux termes du point 5 de la directive 96/92 du CE, « le marché intérieur de l'électricité doit être mis en place progressivement pour que l'industrie électrique puisse s'adapter à son nouvel environnement de manière souple et rationnelle ».

186 Points 2, 7 et 8 de la directive 96/92 du CE.

187 Point 9 de la directive 96/92 du CE, pour un commentaire voir J. Dutheil de la Rochère, « L'électricité et le gaz dans l'Union européenne », *Sociétal*, n° 17, 1998, p. 27.

188 Le principe de subsidiarité contenu à l'article 5 du Traité CE est visé au point 11 de la directive 96/92 du CE qui procède au partage de compétences suivant : « un cadre de principes généraux doit être établi au niveau communautaire, mais la fixation des modalités d'application doit incomber aux États membres, qui pourront choisir le régime le mieux adapté à leur situation propre ».

189 G. Isaac, « Droit communautaire général », 7ème édition, Paris, 1999, p. 42.

190 Aux termes de l'article 5 § 3 du Traité CE « L'action de la Communauté n'excède pas ce qui est nécessaire pour atteindre les objectifs du présent traité », tel qu'interprété par l'arrêt de la CJCE « The Queen » du 5 mai 1998, C-157/96, rec. p. I-2211 ; V. Constantinesco, « Le principe de subsidiarité, un passage obligé vers l'Union européenne », Mélanges Boulouis, Dalloz, 1991, p. 35 ; L. Dubouis, « Le service public et la construction communautaire », *RFDA*, 1995, p. 291.

et fortement utilisé par la CJCE dans son contrôle de proportionnalité[191]. Étant le fruit d'un compromis, la directive 96/92 du CE concilie les exigences de libre concurrence et de préservation des obligations de service d'intérêt général, exercice dont le 9ème considérant témoigne de la difficulté :
« Considérant que, dans le marché intérieur, les entreprises du secteur de l'électricité doivent pouvoir agir, sans préjudice du respect des *obligations de service public*, dans la perspective d'un marché de l'électricité qui soit *concurrentiel et compétitif* ».
Elle constate à regret que, « pour certains États membres, l'imposition d'obligations de service public *peut être nécessaire* pour assurer la sécurité d'approvisionnement, la protection du consommateur et la protection de l'environnement », car, « selon eux », souligne t-elle non sans ironie, la libre concurrence ne saurait garantir ces impératifs[192]. La rédaction de ces considérants illustre en termes peu couverts les difficultés initiales à aboutir à l'introduction de la concurrence dans un marché de l'électricité où dominent des entités confortées dans leurs droits exclusifs et monopoles. La directive 03/54 du CE réduit ces antagonismes en ce qu'elle conforte clairement les obligations de service public tout en souhaitant achever la libéralisation à travers l'adoption de « mesures concrètes » pour « garantir des conditions de concurrence équitables »[193].

(i) Les termes du compromis : les obligations de service public dans l'intérêt économique général

La directive 96/92 du CE entend organiser au sein du système électrique et, en particulier, dans la gestion des infrastructures essentielles la coexistence des obligations de service public et des règles de la concurrence. Considérant que dans des États membres, tels que la France, le secteur électrique reste concentré autour d'entreprises publiques bénéficiant de monopoles, l'enjeu affiché est alors un véritable exercice d'équilibriste. Deux sensibilités se sont affrontées : d'un côté, la Commission qui s'appuie sur l'article 14 du Traité CE[194] et défend une position libérale ne laissant que peu de place à cette notion, de l'autre côté, la thèse dite du « service public » mise en exergue à l'aide d'un article 86 § 2 redécouvert à travers la jurisprudence de la CJCE et qui imposera indirectement à la Commission de réviser sa position.
La directive 96/92 du CE intègre le résultat des réflexions qui en sont issues dans son article 3[195] relatif aux règles générales d'organisation du secteur électrique. Elle

---

[191] Ce contrôle est effectué pour la première fois dans l'arrêt « Fédération charbonnière de Belgique/Haute autorité » du 16 juillet 1956, C-8/55, rec.p. 201, J. Dutheil de la Rochère, « Influence du droit français en droit communautaire/droit de l'Union européenne », *RFDA*, juillet-août 2001, p. 914.
[192] Point 13 de la directive 96/92 du CE.
[193] Point 2 de la directive 03/54 du CE.
[194] L'article 14 concerne la mise en place d'un marché intérieur sans frontières dans lequel sont assurées les libertés de circulation des marchandises, des personnes, des services et des capitaux.
[195] Article 3 de la directive 03/54 du CE. Il s'agit d'autant plus d'un conflit qui repose sur des conceptions différentes à la finalité analogue. En effet, la notion d'intérêt général dans les États membres est relative aux obligations de service public dans l'intérêt du bien-être des citoyens, alors que celui de la Communauté est relatif au marché concurrentiel, le seul à même d'assurer le bien-être du citoyen européen, M.A. Frison-Roche, « La directive relative au marché intérieur de l'énergie en elle-même », Déréglementation de l'électricité, Quels enjeux pour l'Europe ? Économies et Sociétés, n° 7, Cahiers de l'ISMEA, mai-juin 1997, p. 147.

n'y fixe cependant qu'un cadre général qu'il revient aux États membres de préciser[196].

(a) Les tâtonnements relatifs à la notion d'obligation de service public

La notion « d'obligation de service public dans l'intérêt économique général » qui sera intégrée dans la directive 96/92 du CE est malaisée à appréhender. Initialement, aucune définition des « services d'intérêt économique général »[197] n'est proposée par le Traité CE, le droit dérivé ou par la jurisprudence de la CJCE. Le règlement sur la notion de service public dans les transports propose la définition suivante :
« Par obligations de service public, il faut entendre les obligations que, si elle considérait son propre intérêt commercial, l'entreprise n'assumerait pas ou n'assumerait pas dans la même mesure, ni dans les mêmes conditions »[198]. L'article 16 du Traité CE qui les vise[199] ne fait que reconnaître que les services d'intérêt économique général font partie des « valeurs communes de l'Union » dont il revient à la Communauté et aux États membres de veiller au fonctionnement.
Une approche tout aussi vague est contenue à l'article 36 de la Charte des droits fondamentaux qui dispose que « l'Union reconnaît et respecte l'accès aux services d'intérêt économique général tel qu'il est prévu par les législations et pratiques nationales »[200].
Ces articles présentent l'avantage de proposer une approche positive et autonome des obligations de service public dont l'accomplissement ne fait pas figure d'exception à l'application des règles de la concurrence[201]. En revanche, ils ne présentent aucun critère quant au contenu de ces obligations. Ils imposent seulement que les obligations de service public soient conformes aux dispositions du Traité CE et qu'elles jouent un rôle dans la promotion sociale et territoriale de l'Union européenne. La notion d'obligation de service public dans l'intérêt économique général en tant que telle n'est contenue qu'à l'article 86 § 2 du Traité CE. Mais, si elle est effectivement visée, cette notion renvoie à la notion plus large et tout aussi

---

196 La Communauté « contribue à moderniser les services d'intérêt général afin d'en préserver les missions fondamentales » ; Sur la définition des missions de service public par la Communauté, C. Cala, « Contribution à l'avenir des services publics : pour un droit public des réseaux, Les services publics de réseaux dans le cadre du droit communautaire », *Cahiers du GERSE* n° 1, 2000.

197 L'article 73 du Traité CE qui mentionne la notion voisine de « service public » est restreint au seul domaine des aides au transport, mais n'en précise ni le contenu, ni la portée.

198 Article 2 du Règlement du Conseil 1191/69 du 26 juin 1969 relatif à l'action des États membres en matière d'obligations inhérentes à la notion de service public dans le domaine des transports par chemin de fer, par route et par voie navigable, JO L-156 du 28 juin 1969.

199 L'ex-article 7D dispose que, « sans préjudice des articles 77, 90 et 92, et eu égard à la place qu'occupent les services d'intérêt économique général parmi les valeurs communes de l'Union [...], la Communauté et ses États membres, chacun dans les limites du présent Traité, veillent à ce que ces services fonctionnent sur la base de principes et dans des conditions qui leur permettent d'accomplir leurs missions ».

200 Charte des droits fondamentaux de l'Union européenne du 18 décembre 2000, C-364/1.

201 Sur la portée des obligations de service public, voir l'analyse de V. Champeil-Desplats, « Services d'intérêt économique général », *AJDA*, 20 décembre 1999, p. 959 ; A. Servoir, « Service public et Traité d'Amsterdam : une Réforme en demi-teinte », *Cahiers du GERSE* n° 2, consultable sous : www.juripole.univ-nancy2.fr/CEU/GERSE/Cahiers2.html

indéfinie de service d'intérêt économique général[202]. Si bien que, pour obtenir un essai de définition des obligations de service public, on doit rassembler les éléments qui la composent et que l'on trouve, entre autres, dans le droit dérivé. La notion est en effet déjà utilisée dans la première directive libéralisant le secteur des télécommunications.

La Commission présente une ébauche d'obligations qui permettent de déroger à l'application des règles de la concurrence à travers la notion des « exigences essentielles »[203]. On s'accorde également à considérer qu'elles se réfèrent « aux services de nature économique que les États membres soumettent à des obligations spécifiques de service public en vertu d'un intérêt général », et qu'elles couvrent plus particulièrement « certains services fournis par les grandes industries de réseaux [...] comme l'énergie »[204]. Elles sont visées de manière négative en ce qu'elles constituent une exception aux règles de la concurrence. Le premier paragraphe de l'article 86 du Traité CE illustre cette approche en disposant que les entreprises publiques ou celles auxquelles les États membres ont accordé des droits exclusifs ou spéciaux sont soumises au respect des règles du droit de la concurrence[205]. Puis, le 2ème paragraphe de l'article prévoit que les entreprises qui sont chargées de la gestion de services d'intérêt économique général puissent déroger à l'application de ces règles si cela a pour conséquence de faire « échec à l'accomplissement en droit ou en fait de la mission particulière qui leur a été impartie »[206]. Cette précision frappe par une concision que l'importance de la matière ne peut se permettre. En effet, les autorités compétentes pour définir leur condition d'application, leur contenu et leur portée ne sont pas précisées. C'est la CJCE qui va finalement pallier à ces lacunes.

---

202 Selon la Commission, il constitue la « disposition centrale pour la conciliation des objectifs communautaires, y compris celui de la concurrence et du marché intérieur, d'une part, et de l'accomplissement effectif de la mission d'intérêt économique général confiée par les pouvoirs publics, d'autre part », Communication de la Commission sur les services d'intérêt général en Europe, JO du 19 janvier 2001, C-17/04, point 19 (ci-après « Communication SIG du 19 janvier 2001 »).

203 Les exigences essentielles dans le secteur des télécommunications sont des « raisons d'intérêt général et de nature non économique qui peuvent amener un État membre à limiter l'accès aux réseaux publics de télécommunications. Ces raisons sont la sécurité du fonctionnement du réseau, le maintien de son intégrité et son interopérabilité », article 1er de la directive 90/388 du 28 juin 1990, précitée. Ces exigences essentielles deviennent « des raisons d'intérêt général et de nature non économique qui peuvent amener un État membre à imposer des conditions relatives à l'établissement et/ou à l'exploitation des réseaux de télécommunications ou à la fourniture de services de télécommunications » article 1er modifiant le précédent, directive 96/19 du 13 mars 1996 relative à la pleine concurrence dans le secteur des télécommunications, JO L-74/13 (directives abrogées, voir pour ce secteur la directive 98/10 du 26 février 1998, L-101 du 1er avril 1998).

204 Livre vert de la Commission sur les services d'intérêt général du 21 mai 2003, COM(2003)270 final.

205 Il s'agit des règles du Traité CE et, en particulier, des articles 12 et 81 à 89.

206 Malgré l'avantage qu'il représente pour les entreprises publiques ou celles titulaires de droits spéciaux ou exclusifs, cet article n'a pratiquement jamais été invoqué par les États membres à l'appui de leurs recours. La CJCE semble même provoquer son utilisation dans son arrêt « France/Commission » du 19 mars 1991, dans lequel elle conclut que « la Commission a relevé que les conditions d'application de l'exception prévue à l'article 90 § 2 n'étaient pas remplies. Or, ni le gouvernement français, ni les parties intervenantes n'ont contesté cette affirmation » alors qu'elle soulignait au préalable que « l'article 90 § 2 vise à concilier l'intérêt des États membres à utiliser certaines entreprises en tant qu'instrument de politique économique ou fiscale avec l'intérêt de la Communauté au respect des règles de la concurrence et à la préservation de l'unité du marché commun », C-202/88, rec.p. I-1223.

Elle pose comme préambule :
-qu'un acte exprès de dévolution d'une mission particulière, d'un monopole ou de droits exclusifs à l'entreprise par les pouvoirs publics soit adopté[207]. Il peut revêtir la forme d'un acte unilatéral réglementaire, législatif ou d'un contrat et
-qu'il est nécessaire que les intérêts à protéger par les missions de service public contre l'application des règles de la concurrence soient précisément définis et contrôlables[208].
Il revient donc aux États membres de définir les obligations de service public pour les mettre à la charge des opérateurs économiques dans l'intérêt général[209]. À cet égard, le rapport sur l'État actionnaire en droit français précise qu'il appartient, afin d'assurer la transparence des missions de service public, à l'autorité qui délègue le service de définir :
-le contenu du service public ;
-le cahier des charges que l'opérateur doit remplir et
-les contreparties financières de ces obligations de service public[210].
Sur la compétence des États membres, Jacques Percebois souligne qu'il revient, en particulier, « au législateur et à lui seul de fixer ces missions de service public, quant au juge, il sanctionne les défaillances et indemnise les victimes » [211]. Le Tribunal de 1ère Instance rappelle à cet égard dans son arrêt « FFSA » qu'en l'absence de réglementation communautaire en la matière, « la Commission n'est pas habilitée à se prononcer sur l'organisation et l'étendue des missions de service public [...] ni sur l'opportunité des choix politiques décidés par les autorités compétentes nationales »[212]. Il revient à la Commission de garantir « la liberté des États membres de définir les services d'intérêt général »[213]. Celle-ci conclut d'ailleurs dans son Livre vert sur les services d'intérêt général « qu'il appartient essentiellement aux

---

207 Arrêt de la CJCE « BRT/Sabam II » du 27 mars 1974, 127/73, rec.p. 313, qui impose que l'entreprise soit chargée d'une « mission particulière ». J. Dutheil de la Rochère souligne, sur la base des arrêts « Corbeau » et « Commune d'Almelo », que la CJCE prend en compte trois éléments pour reconnaître l'existence d'un service d'intérêt économique général :
- un élément d'investiture publique (tel qu'une concession, sans que la Cour détermine un aspect formel de cette investiture) ;
- un service apporté au public en général, peu importe l'extension géographique et
- une égalité de traitement des usagers, sans tenir compte de la rentabilité de l'activité.
Un accord entravant l'importation d'électricité afin de permettre à une entreprise d'assurer sa mission intérêt général est-il conforme au Traité de Rome ? Recueil Dalloz, 1995, p. 18.

208 Arrêt de la CJCE « Ahmed Saeed » du 11 avril 1989, 66/86.

209 L'intérêt général n'est, en fait, que l'addition des intérêts particuliers, garantis selon la conception originaire du droit communautaire « par les forces du marché », A. Smith, « L'idéologie dans l'intérêt général de F. Rangeon », Paris, 1986, p. 156. La CJCE a une approche du principe d'intérêt général qui s'affranchit de la libre concurrence, dans son arrêt « Port de Gênes » du 10 décembre 1991, les activités d'intérêt général sont « les activités qui bénéficient à la collectivité », C-179/90, rec.p. I-5889 ; La conception communautaire de l'intérêt général dans le droit des services publics, F. Gazin, « Service public et Communauté européenne », *Travaux de la CEDECE*, 1996, p. 49.

210 Rapport du groupe de travail sur « L'État actionnaire et le gouvernement des entreprises publiques » animé par R. Barbier de la Serre du 24 février 2003, consultable sous : www.minefi.gouv.fr

211 J. Percebois, « Ouvertures des marchés énergétiques : conséquences sur les missions de service public et de sécurité d'approvisionnement pour l'électricité et le gaz », Colloque de l'Agence Internationale de l'Énergie, des 7 et 8 février 2002.

212 Arrêt du Tribunal de 1ère Instance « FFSA » du 27 février 1997, T-106/95, rec.p. II-229.

213 Communication SIG du 19 janvier 2001.

autorités compétentes, nationales, régionales et locales de définir, organiser, financer les services d'intérêt général »[214]. Le rôle du juge communautaire est, quant à lui, « de constater qu'il n'est pas fait abusivement référence à un concept national d'intérêt général afin d'échapper à l'application normale des règles communautaires »[215].
Or, constituant une exception aux règles de la concurrence, la Commission doit veiller, souligne-t-elle, « à ce que les dispositions pertinentes du Traité soient respectées, en particulier les articles 86, 87 et 88 »[216]. Elle contrôle donc les distorsions aux règles de la concurrence causées par des activités qui ne peuvent pas être qualifiées de services d'intérêt économique général[217].
Dans le respect des interventions nationales, le juge communautaire qui contribue à légitimer les obligations de service public, en particulier dans les activités de réseaux, renforce également son contrôle sur leur définition, leur régime et leur portée. Dans le cadre de ce contrôle, le juge procède dorénavant à une véritable analyse économique de l'action des services publics ; c'est « l'effet réel de l'activité en cause qui est saisi »[218]. Les obligations de services publics sont appréhendées en fonction de leur effet économique pour en apprécier l'efficience. L'analyse économique établit le bien-fondé de la restriction en démontrant, par exemple, la nécessité d'une compensation entre secteurs rentables et non rentables. Dans ses arrêts de principe « Commune d'Almelo »[219] et « Corbeau »[220], le juge pose le préalable selon lequels des entraves aux règles de la concurrence par les entreprises disposant de droits spéciaux, exclusifs ou de monopoles sont justifiées par la nécessité qu'elles ont d'accomplir des missions d'intérêt économique général.
Les domaines dans lesquelles ces obligations peuvent être imposées aux opérateurs sont en l'espèce la fourniture d'électricité et la fourniture de services postaux à domicile. Si elle ne propose aucune définition des obligations de service public, la Cour précise que ce sont essentiellement des activités économiques ou qui visent la réalisation de politiques nationales[221], telles que la politique environnementale[222].
Dans son arrêt « Commission/France » du 23 octobre 1997, la Cour considère que l'on ne saurait interdire « aux États membres de tenir compte, lorsqu'ils définissent les services d'intérêt économique général dont les États membres chargent certaines entreprises, *d'objectifs propres à leur politique nationale* et d'essayer de réaliser ceux-ci au moyen d'obligations et contraintes qu'ils imposent auxdites

[214] COM(2003)270 final du 21 mai 2003, p. 10.
[215] J. Dutheil de la Rochère, « Un accord entravant l'importation d'électricité afin de permettre à une entreprise d'assurer sa mission d'intérêt général est-il conforme au Traité de Rome ? », *Recueil Dalloz*, 1995, Jurisprudence, p. 17.
[216] Services d'intérêt économique général et aides d'État, non paper de la DG Concurrence, du 12 novembre 2002, consultable sous : http://europa.eu.int/comm/competition/state_aid/others/1759_sieg_fr.html
[217] Voir en ce sens la décision de la Commission « Tirrenia di navigazione » du 20 juin 2001, C-64/99.
[218] M. Bazex, S. Blazy, « Analyse économique du droit appliqué au service public, Note sous arrêt de la CJCE « Glöckner » du 25 octobre 2001 », C-475/99, *DA*, janvier 2002, p. 18.
[219] Arrêt de la CJCE du 27 avril 1994, C-393/92, précité.
[220] Arrêt de la CJCE du 19 mai 1993, C-320/91, précité.
[221] J.P. De la Laurencie, « Missions d'intérêt économique général : Du concept à la réalité », *Cahiers de la fondation, Europe et Société*, n° 38, janvier-mars 1996, p. 41.
[222] Aux termes du point 49 de l'arrêt de la CJCE « Commune d'Almelo », l'intérêt général comprend « notamment » des impératifs environnementaux.

entreprises »[223]. Au regard de sa jurisprudence, les activités dans lesquelles des obligations d'intérêt économique général peuvent être imposées aux opérateurs et déroger à l'application des règles de la concurrence sont essentiellement des activités de réseaux. Entrent dans cette catégorie l'exploitation d'un port fluvial[224], la distribution d'eau[225], la fourniture de services dans le domaine des télécommunications[226], la distribution régionale ou nationale d'électricité[227] ou encore les services postaux[228]. En revanche, les opérations d'embarquement et de débarquement portuaires[229], les activités de gestion de droits d'auteurs[230], ou d'assistance en escale dans les aéroports[231] en sont exclues.
Pour être acceptées, la Cour impose, en outre, dans son arrêt « Analir »[232] que les obligations de service public :
-répondent à un besoin réel de service public ;
-soient basées sur des critères objectifs, non discriminatoires, et connues à l'avance des entreprises concernées et
-soient nécessaires et proportionnées au but poursuivi.
Ce dernier élément renvoie à la seule limite posée dans l'application de l'article 86 § 2, à savoir que la mesure ne doit pas avoir pour effet de porter atteinte « au développement des échanges dans une mesure contraire à l'intérêt de la Communauté »[233]. Ce dernier repose sur « le respect des règles de la concurrence et la préservation de l'unité du marché commun »[234].
Quant à la portée de l'article 86 § 2, la Cour considère que son application peut avoir pour conséquence « l'exclusion de toute concurrence de la part d'autres opérateurs économiques »[235]. De la sorte, l'entreprise accomplissant des missions de service public peut agir de manière à laisser les règles de la concurrence du Traité CE inappliquées, voire même éliminer l'ensemble de la concurrence dans un secteur

---

223 Point 56 de l'arrêt de CJCE « Commission/France » du 23 octobre 1997, C-159/94, note F. Hamon, *AJDA*, 1997, p. 991, relatif à l'examen de la compatibilité des monopoles d'importation et d'exportation d'électricité et du gaz au regard du droit communautaire.
224 Et, en particulier, les opérations de lamanage dans un port, arrêt de la CJCE « Corsica Ferries » du 18 juin 1998, C-266/96, rec.p. I-3949, et la navigabilité d'une voie d'eau importante, arrêt de la CJCE « Muller/Luxembourg » C-10/71, rec.p. 723.
225 Décision de la Commission « Navewa-Anseau » du 17 décembre 1981, JO L-167/39, confirmée par un arrêt de la CJCE « IAZ » du 8 novembre 1983, C-96/82, rec.p. 3369.
226 Arrêts de la CJCE « Italie/Commission » du 20 mars 1985, C-41/83, rec.p. 873 ; « British Telecom » du 10 décembre 1982.
227 Arrêt de la CJCE « Port de Mertet » du 26 février 1994 ; arrêt « Commune d'Almelo » précité.
228 Arrêt de la CJCE « Service courrier rapide aux Pays-Bas » du 20 décembre 1989, dans les limites posées par l'arrêt « Corbeau » précité, qui exclut les prestations supplémentaires que le service postal de base n'offre pas.
229 Arrêt de la CJCE « Port de Gênes » du 10 décembre 1991, C-179/90, rec.p. I-5889.
230 Décisions de la Commission « GEMA I » du 2 juin 1971, L-134/5 et « G.V.L » du 29 octobre 1981, L-370/49.
231 Décisions de la Commission « GEMA II » du 6 juillet 1972, L- 166/22 et « FAG » du 14 janvier 1998, L-72/30.
232 Arrêt de la CJCE « Analir » du 20 février 2001, C-205/99.
233 Comprenant les libertés de circulation et les règles de la concurrence.
234 Point 39 de l'arrêt de la CJCE « Commission/Pays-Bas » du 23 octobre 1997, C-157-94.
235 Point 46 de l'arrêt de la CJCE « Commune d'Almelo ».

économique[236]. Par ailleurs, demeurant une exception au principe de la concurrence, cet article doit être « interprété strictement »[237]. En effet, il doit être établi par la partie qui l'invoque qu'il n'y a pas d'autres moyens possibles, techniques et économiques, moins contraignants pour la concurrence, permettant d'accomplir la mission de service public[238]. La Commission apprécie alors dans quelle mesure l'application des règles du Traité CE fait échec à l'accomplissement par l'entreprise de ses missions, sans qu'il ne soit nécessaire, selon la CJCE, que la « survie de l'entreprise soit elle-même menacée »[239]. La Commission peut cependant remettre en cause le droit exclusif accordé au vu du coût des obligations de service public. C'est le cas si le bilan économique montre que l'introduction de la concurrence ne compromet pas la viabilité financière de l'entreprise[240].
Toutefois, en renversant la charge de la preuve[241], l'arrêt « Commune d'Almelo » impose dorénavant à la Commission de faire la preuve du fait que l'État ne disposait

---

[236] Dans son arrêt « Corsica ferries France SA » du 18 juin 1998, la CJCE apporte, cependant, une précision, voire un essai de définition lorsqu'elle souligne que l'activité concernée « revêt un intérêt économique général qui présente des caractères spécifiques par rapport à celui que revêtent d'autres activités économiques », C-266/96, rec.p. I-3949. Toutefois, la définition par les États membres de leurs services d'intérêt économique général est garantie par l'article 86 § 1 lequel désigne les États membres qui « accordent des droits spéciaux ou exclusifs » aux entreprises. Cet article repose sur le principe de neutralité de l'article 295 du Traité CE relatif au statut public ou privé des entreprises, la liberté de définition des États membres et le principe de proportionnalité (qui découle de l'article 86 § 2), Communication SIG du 19 janvier 2001.

[237] Il n'est pas suffisant de « démontrer que l'application des règles du Traité rendrait la tâche de l'entreprise concernée plus difficile », J.E De Cockborne, « La libéralisation du marché communautaire de l'électricité », *RDAI/IBLJ*, n° 7, 1990, p. 860 ; de même, dans sa décision « Navewa/Anseau » du 17 décembre 1981, la Commission rappelle que l'entreprise doit démontrer qu'elle ne « dispose d'aucune autre alternative techniquement possible et économiquement réalisable pour remplir la mission ».

[238] La Commission dispose ainsi que « pour que British Telecom soit exemptée en vertu de l'article 86 § 2, il ne suffit pas que l'accomplissement de la mission d'intérêt économique général s'en trouve compliqué », décision de la Commission 82/861 du 10 décembre 1982, relative à une procédure d'application de l'article 86 du Traité CE à British Telecom, JO L-360/36 du 21 décembre 1982. Cette position sera confirmée par l'arrêt de la CJCE « Italie/Commission » du 20 mars 1985, C-41/83, rec.p. 873.

[239] Point 43 de l'arrêt de la CJCE « Commission/Pays-Bas » du 23 octobre 1997, C-157/94.

[240] L'entreprise qui reçoit la charge de la mission doit être en mesure de supporter la charge spécifique et les coûts nets supplémentaires qu'engendre cette mission, Communication SIG du 19 janvier 2001, point 23. Voir également la décision de la Commission « Dutch Express Delivery » du 20 décembre 1989, L-10/47 ; la Commission a contrôlé la compatibilité du financement des services publics de la radiodiffusion avec les règles de la concurrence et a conclu à leur compatibilité ; également décision de la Commission « BBC News 24 » 88/98 du 29 septembre 1999, JO C-78/6 du 18 mars 2000 ; décision de la Commission « Kinderkanal und Phoenix » 70/98 du 24 février 1999, JO C-238/3 du 21 août 1999.

[241] De même, il incombe à la Commission de prouver le manquement aux règles du Traité CE dans la procédure en manquement, comme le rappelle la Cour dans ses arrêts du 23 octobre 1997, Commission contre les Pays-Bas, l'Italie, la France et l'Espagne , point 102. Dans son arrêt « Commission/France », le gouvernement français considère que la suppression du monopole menace la poursuite de missions particulières dans des conditions acceptables, car elle démontre que le risque d'écrémage et de bouleversement dans la gestion de ces activités est lié à l'ouverture du marché à la concurrence. La Cour considère alors que ce n'est pas, en plus, à l'État « de démontrer, de manière positive, qu'aucune autre mesure imaginable, par définition hypothétique, ne puisse permettre d'assurer l'accomplissement des missions particulières dans les mêmes conditions », mais à la Commission, point 101 de l'arrêt.

pas d'autres moyens que ceux d'imposer des obligations de service public pour entraver la concurrence[242]. La CJCE souligne, en outre, dans son arrêt « Commission/Pays-Bas » du 23 octobre 1997 que la preuve à rapporter par l'État membre « ne saurait aller jusqu'à exiger de cet État membre lorsqu'il expose de façon circonstanciée les raisons pour lesquelles, en cas de suppression des mesures incriminées, l'accomplissement, dans des conditions économiquement acceptables, des missions d'intérêt économique général dont il a chargé une entreprise, serait à ses yeux mis en cause, *d'aller encore plus loin pour démontrer de manière positive, qu'aucune autre mesure imaginable, par définition hypothétique, ne puisse permettre d'assurer l'accomplissement desdites missions dans les mêmes conditions* »[243]. Cet arrêt, qui intervient après l'adoption de la directive 96/92 du CE, consacre pleinement les principes qui y sont reconnus et appuie la thèse du « juste milieu »[244]. La CJCE procède ainsi à un contrôle de proportionnalité effectué au cas par cas[245] et prend en compte le fait que le secteur concerné soit « en transition vers la libéralisation »[246]. La Commission souligne que l'intervention de la CJCE n'a pas pour but de définir le régime des obligations de service public, mais elle a pour but de contrôler qu'il n'y a pas d'erreur manifeste dans les définitions laissées à la discrétion des États membres[247]. Enfin, deux critères supplémentaires ont été dégagés par la CJCE pour l'application de l'article 86 § 2, à savoir la transparence des mesures adoptées et l'efficacité de la dérogation invoquée[248].
Il ressort de ce qui précède que l'intervention de la Cour et de la Commission concernant les obligations de service public est de plus en plus ciblée. Le contrôle de l'opportunité des obligations de service public par rapport aux entraves à la concurrence se fait au cas par cas. Les précisions, apportées par le droit dérivé et le contrôle du régulateur national ex ante, permettront d'améliorer le contrôle sur des obligations de service public transparentes et non discriminatoires et spécifiques aux secteurs concernés[249].

---

[242] L'arrêt précité rappelle qu'il appartient, certes, à l'État membre qui invoque le régime dérogatoire de prouver qu'il remplit les conditions pour en bénéficier, mais, en revanche, il ne peut lui être demandé de prouver positivement qu'aucune autre mesure ne permettrait de remplacer le monopole mis en cause, voir à ce sujet M. Bazex, « L'entreprise et les missions d'intérêt général, L'entreprise dans le marché unique », *Travaux du CEDECE*, 1993.

[243] Point 58 de l'arrêt « Commission/Pays-Bas » du 23 octobre 1997, C-157/94.

[244] R. Kovar, « La Cour de Justice et les entreprises chargées de la gestion d'intérêt économique général », *Europe*, juillet-août 1995, p. 6.

[245] Ces mesures continuent d'être dérogatoires à la concurrence, car elles sont prises seulement lorsque « les seules forces du marché n'aboutissent pas à une fourniture satisfaisante de ces services ». En outre, « les restrictions de concurrence et les limitations des libertés du marché unique ne dépassent pas ce qui est nécessaire pour garantir l'accomplissement efficace de la mission », Communication SIG du 19 janvier 2001.

[246] A. Tanti, M. Graff, « Les potentialités du droit de la concurrence dans la régulation des secteurs en transition vers la libéralisation », *Revue de la concurrence et de la consommation*, n° 86, juillet/août 1985, p. 5. J.E De Cockborne, « La libéralisation du marché communautaire de l'électricité », *RDAI*, n° 7, 1990, p. 859.

[247] Communication SIG du 19 janvier 2001, p. 22.

[248] Arrêt de la CJCE « Ahmed Saeed » du 11 avril 1989 et l'arrêt « Höffner » du 23 avril 1991, C-41/90, rec.p. I-1979.

[249] « As a general rule it can be stated that the regulatory regime in the telecom sector gives more precise rules for universal service (as they are called in this sector) than do the regime in the electricity and

(b) Un début d'éclaircie dans le ciel des obligations de service public

Dès 1996, la Commission analyse, dans le cadre de plusieurs communications sur les services d'intérêt général, les interactions entre les règles de la concurrence, de la libre circulation et les missions de service public[250]. La directive sectorielle apparaît comme étant le moyen le plus adapté pour définir le cadre des missions d'intérêt économique général. Celle-ci doit définir les obligations de service public par secteur d'activité[251] dans le respect du principe de subsidiarité[252]. À cet égard, un projet de directive-cadre sur les services d'intérêt général est à l'étude[253] sur la base des réflexions du Livre Vert de la Commission sur les services d'intérêt général[254].
Une approche des obligations de service public dans le secteur électrique impose de se reporter aux communications de la Commission, qui tentent d'identifier les contraintes imposées aux entreprises électriques, leurs relations avec les pouvoirs publics, et la nature particulière de la mission de service public qu'elles doivent accomplir[255]. Dans sa première communication sur les services d'intérêt général, la Commission précise que les missions de service public dans le secteur électrique appelées à constituer « la norme dans l'ensemble de l'Europe »[256] doivent concerner :

- la sécurité et la fiabilité des réseaux ainsi que la sécurité d'approvisionnement ;
-la protection spéciale des consommateurs, les normes de services (délais de raccordement, précision des factures, qualité des services, etc.) et
- le droit d'être raccordé aux réseaux.

La directive 96/92 du CE reprend en partie ces réflexions et s'inscrit dans la ligne de la jurisprudence communautaire à travers son article 3. Reprenant les impératifs de service public visés dans les communications de la Commission, cet article illustre en trois paragraphes un va-et-vient entre les impératifs de concurrence et les obligations de service public mises à la charge des entreprises électriques dans l'intérêt économique général. Il procède à un équilibrage entre la notion de

---

gas sector for public service obligations », P.J. Slot, A. Skudder, "Common features of community law regulation in the network-bound sectors", *CMLR*, n° 38, 87-129, 2001, p. 121.

[250] Communication de la Commission « Les services d'intérêt général en Europe », JO C-281/7 du 26 septembre 1996 ; actualisée par COM(2001)598 final du 17 octobre 2001.

[251] La Commission confirme cette approche dans son Livre Vert sur les services d'intérêt général, COM(2003)270 final du 21 mai 2003.

[252] La Commission entend, dans son Livre vert, mettre en lumière « les éléments clés pour moderniser le cadre du service public », examiner les lacunes existantes du cadre juridique de l'UE et établir un mécanisme de surveillance et de comparaison des performances pour les obligations de service public ; voir communication de la Commission sur l'achèvement du marché intérieur de l'électricité, SEC(2001)438 du 12 mars 2001, p. 31. Le législateur communautaire « privilégie, en effet, les approches ponctuelles en définissant des intérêts généraux par secteur », F. Gazin, « La conception Communautaire de l'intérêt général dans le droit des services publics, service public et Communauté européenne », *Travaux du CEDECE*, 1996, p. 59.

[253] Voir les conclusions de la présidence du Conseil européen de Barcelone des 15 et 16 mars 2002, paragraphe 42 et du Conseil européen de Bruxelles des 20 et 21 mars 2002, paragraphe 26.

[254] COM(2003)270 final du 21 mai 2003.

[255] R. Kovar, « La Cour de Justice et les entreprises chargées de la gestion de services d'intérêt économique général », *Europe*, juillet 1994, p. 4 ; E. Moavero Milanesi, « Les services d'intérêt économique général, les entreprises publiques et les privatisations », *Revue du droit de l'Union Européenne*, 1/2000, p. 117.

[256] Communication SIG du 19 janvier 2001.

concurrence et de service public pour le secteur électrique[257] sur le modèle de l'article 86 § 2 du Traité CE qu'il paraphrase et qui est encore « terra incognita »[258] avant d'être fortement colonisé par la CJCE[259].

Le premier paragraphe de l'article 3 de la directive 96/92 du CE est conçu comme un préambule par rapport aux deux autres. Il pose le principe sur lequel se grefferont les exceptions. Il dicte la mise en place « d'un marché concurrentiel et compétitif » dans lequel les États membres s'abstiennent de toute « discrimination pour ce qui est des droits et obligations de ces entreprises [électriques] »[260]. La concurrence qu'il entend faire primer repose sur le choix laissé aux États membres entre l'introduction de l'un des deux systèmes d'accès aux réseaux[261]. Quel que soit le choix opéré, les systèmes d'accès aux réseaux doivent aboutir « à des résultats économiques équivalents et, par conséquent, à un niveau directement comparable d'ouverture des marchés ». La directive 96/92 du CE pose dans ce premier paragraphe les principes auxquels les États membres ne pourront déroger sans remettre en cause le sens et la portée mêmes de la libéralisation du marché électrique. Elle dégage un corpus minimal en dessous duquel les États membres ne sauraient aller et qui fonde les « règles communes » prévues dans son article 1er [262].

Mais l'introduction de la concurrence réalisée par l'article 3 est aussitôt tempérée par les deux alinéas qui lui sont accolés. Le paragraphe 2 comporte une première exception à l'application des règles de la concurrence, en permettant aux États membres d'imposer aux entreprises électriques des obligations de service public dans l'intérêt économique général. Il en limite l'application au respect par les entreprises électriques « de l'intérêt de la Communauté »[263]. Pour la première fois un texte normatif précise ce que l'on entend par intérêt de la Communauté[264].

---

[257] La Commission a intégré l'idée que « le service public doit jouer et jouera un rôle important dans un marché libéralisé », SEC(2001)438, p. 10.

[258] P.J Slot, A. Skudder, « Common features of community law regulation in the network-bound sectors », *CMLR*, 87-129, 2001, p. 87 ; A. Fiquet considère que ce changement radical de perspective est dû à la « redécouverte » des dispositions de l'article 90 § 2, pour lequel le secteur électrique a joué à la fois le rôle de catalyseur et le rôle de principal champ d'investigation », « Vers une réconciliation entre l'Europe et les services publics : l'exemple de l'électricité », *AJDA*, 20 novembre 1998, p. 865.

[259] Un des premiers arrêts concernant l'application de l'article 86 § 2 du Traité CE est « République Italienne/Commission » du 20 mars 1985, 41/83, rec.p. 873.

[260] Sont entendues ici les entreprises d'électricité disposant de monopoles sur le transport, la distribution ou la production d'électricité.

[261] Le système de l'accès négocié/réglementé aux réseaux ou le système de l'acheteur unique, articles 17 et 18 de la directive 96/92 du CE.

[262] Il dispose que la présente directive « établit des règles communes concernant la production, le transport et la distribution d'électricité. Elle définit les modalités d'organisation et de fonctionnement du secteur de l'électricité, l'accès au marché, les critères et procédures applicables en ce qui concerne les appels d'offres et l'octroi d'autorisations, ainsi que l'exploitation des réseaux ». Ces principes de base entendent assurer « l'effet utile » de la directive 96/92 du CE.

[263] L'article 86 § 2 introduit lui-même une dérogation au § 1 de l'article 86 qui dispose que les États membres, « en ce qui concerne les entreprises publiques et les entreprises auxquelles ils accordent des droits spéciaux ou exclusifs, n'édictent, ni ne maintiennent aucune mesure contraire aux règles du présent traité, notamment celles prévues aux articles 12 et 81 à 89 inclus ». Cette limite pèse sur les entreprises ainsi que sur les États, S. Edward, M. Hoskins, « Article 90 : Deregulation and EC law », *CMLR*, 1995, p. 86.

[264] Comme rare référence à l'intérêt de la Communauté, l'arrêt de la CJCE du 19 mars 1991 « Terminaux de télécommunication », C-202/88, voir commentaire de D. Nedjar, *RFDA*, mars-avril 1992, p. 291.

Il comprend, en particulier, des règles générales de la concurrence et des règles contenues aux articles 12 et 81 à 89 du Traité CE. Dans le cadre du secteur électrique, l'intérêt de la Communauté est assuré, en particulier, à travers les dispositions relatives aux clients éligibles. Ainsi, les exceptions adoptées par les États membres ne sauraient mettre en échec « l'ampleur » de l'ouverture du marché électrique prévue par la directive 96/92 du CE[265] en décidant d'ouvrir le marché à un niveau plus bas que celui qu'elle prévoit.
La directive resserre l'étau autour de cette exception aux règles de la concurrence et de l'ouverture du marché électrique et limite les domaines dans lesquels les opérateurs peuvent se voir imposer des obligations de service public. Ce sont les domaines tels que « la sécurité, la sécurité d'approvisionnement, la régularité, la qualité et le prix de la fourniture, et la protection de l'environnement ». Mais la directive ne propose qu'un essai de délimitation, considérant que les obligations de service public en question « peuvent porter »[266] sur ces domaines. Il ne s'agit pas d'une énumération limitative, si bien qu'une planification à long terme peut aussi correspondre à la réalisation des obligations de service public.
Afin d'assurer aux opérateurs une sécurité juridique et d'en contrôler le contenu, la directive impose, en outre, que ces obligations soient :
- clairement définies, transparentes et non discriminatoires, et
- contrôlables, publiées et communiquées « sans tarder » à la Commission.
Enfin, le § 3 de l'article 3 va au-delà du régime d'exception fixé au préalable, car il ne prévoit rien de moins que de laisser inappliqués les articles relatifs aux systèmes libéralisant la production d'électricité et ceux relatifs à l'accès aux réseaux, dans le cas où leur transposition entraverait en droit ou en fait l'accomplissement des obligations de service public imposées aux entreprises électriques[267]. Ce paragraphe, qui reproduit les termes de l'article 86 § 2, fixe pour unique limite l'interdiction d'entraver les échanges intracommunautaires dans une mesure contraire à l'intérêt de la Communauté. Cette disposition apparaît pour le moins contradictoire, considérant que les États membres peuvent être autorisés à ne pas transposer l'ensemble du régime de l'accès aux réseaux et remettre en cause l'ouverture du marché électrique à la concurrence. La Cour pose toutefois une limite à cette approche dans son arrêt « VEMW e.a. » du 7 juin 2005 relatif à la discrimination créée par l'attribution prioritaire de capacité à l'entreprise en position dominante aux Pays-Bas. Elle dispose que « certes, les pouvoirs publics néerlandais ont adopté un cadre législatif national dans lequel la SEP a conclu des contrats internationaux afin de s'acquitter de sa mission d'intérêt économique général qui visait à assurer le fonctionnement fiable et efficace de la distribution d'électricité à des coûts aussi bas que possible et justifiés à l'égard de la collectivité. Cependant, un État membre ne saurait lier la Communauté de telle sorte que celle-ci ne pourrait entreprendre ou poursuivre la libéralisation du marché de l'électricité »[268].

[265] La part de marché communautaire sur laquelle repose la part de marché nationale à ouvrir à la concurrence et la définition du client éligible qui en découle ne sauraient être remises en cause, article 19 § 1, 2 et 3 de la directive 96/92 du CE (article 21 de la directive 03/54 du CE).
[266] Article 3 § 2 de la directive 96/92 du CE (article 3 de la directive 03/54 du CE).
[267] Articles 5, 6, 17, 18 et 21 de la directive 96/92 du CE (articles 6, 7, 20 et 22 de la directive 03/54 du CE).
[268] Arrêt de la CJCE « VEMW e.a. » du 7 juin 2005, aff. C-17/03.

Tout en reconnaissant une plateforme d'action étendue aux obligations de service public, l'article 3 de la directive 96/92 du CE a le mérite d'en préciser les contours et répond ainsi au principe communautaire de transparence. Cette approche fait écho à la volonté de la Commission d'encadrer de plus en plus la liberté des États membres dans la définition des obligations de service public. Pour elle, dans un marché libéralisé, « c'est l'application de critères stricts qui permet d'atteindre les objectifs » de service public[269]. Cet encadrement pourrait s'organiser autour de régulateurs européens pour les services d'intérêt général ou être structuré autour d'« une intensification de la coopération entre les autorités réglementaires de tous les États membres »[270]. Cette approche est intégrée dans la directive 03/54 du CE qui encadre plus précisément le régime des obligations de service public et renforce la compétence des régulateurs nationaux.

(ii) Les termes de l'ouverture à la concurrence

Sur la base de cet article 3 du compromis, la directive fixe le cadre global du marché électrique et propose pour ouvrir chaque activité électrique à la concurrence un choix entre plusieurs formules. Elle impose cependant que, quel que soit le choix opéré, celui-ci aboutissent « à des résultats économiques équivalents, et par conséquent, à un niveau directement comparable d'ouverture des marchés »[271].
Les premières dispositions de la directive 96/92 du CE ne concernent pas les règles relatives à l'accès aux réseaux, bien que ce régime regroupe la majeure partie des mesures de la directive, mais plutôt celles relatives à la production d'électricité.
En effet, ces dernières sont plus à même d'illustrer une libéralisation sans conditions du marché électrique. Introduire la libéralisation du secteur électrique en présentant le régime de l'accès aux réseaux est moins pertinent dès lors que son régime repose sur le maintien des monopoles du transport et de la distribution d'électricité.
Or la directive 96/92 du CE entend ouvrir le secteur électrique de manière conséquente et impose dans une disposition d'application immédiate un premier pallier d'ouverture du marché électrique. Aux termes de l'article 19 § 3 de la directive 96/92 du CE, tout consommateur de plus de 100 GWh d'électricité par an et par site est éligible dès l'entrée en vigueur de la directive. Le glossaire de la directive 96/92 du CE ne définit pas la notion de « client éligible ». Il se contente de distinguer entre le client final et le client grossiste qu'il définit comme une « personne physique ou morale qui achète de l'électricité »[272]. La définition du client éligible ressort des dispositions relatives à l'accès aux réseaux[273], au sein desquelles il est un consommateur d'une quantité fixée d'électricité qui se voit accorder un droit d'accès aux réseaux afin de s'approvisionner en électricité auprès du fournisseur de son choix[274]. Il se définit, par conséquent, en fonction de sa consommation d'électricité.

---

[269] Communication SIG du 19 janvier 2001.
[270] Point 35 du Livre vert de la Commission sur les services d'intérêt général, COM(2003) 270 final du 21 mai 2003, commentaire M. Lombard, *DA*, juillet 2003, p. 31.
[271] Point 12 de la directive 96/92 du CE, voir L. Taccoen, « Le secteur électrique européen en 1992 », La documentation française, 1992, p. 127.
[272] Article 2 § 7, 8, 9 de la directive 96/92 du CE (articles 2, 11 et 12 de la directive 03/54 du CE).
[273] Articles 17 et 18 de la directive 96/92 du CE (article 20 de la directive 03/54 du CE).
[274] Article 19 de la directive 96/92 du CE (article 21 de la directive 03/54 du CE).

Afin de procéder à la libéralisation de la production d'électricité nécessaire à la mise en œuvre de l'accès aux réseaux, la directive ne laisse pas aux États membres le choix des moyens et leur propose systématiquement un choix entre deux alternatives. L'entrée sur le marché de nouveaux producteurs d'électricité doit être possible par la mise en place soit d'un système d'autorisation, soit d'un système d'appel d'offre pour la construction et l'exploitation de nouvelles installations de production d'électricité[275]. Quelle que soit l'option choisie, les procédures se rejoignent dans la définition de critères objectifs, transparents et non discriminatoires[276]. Par ailleurs, cette définition détermine les éléments sur lesquels peuvent reposer les critères d'autorisation, de construction et d'exploitation des États membres[277].

Une première limite dans la libéralisation des activités de production est contenue à l'article 3 § 2 de la directive 96/92 du CE, qui prévoit la possibilité pour les États membres de déterminer une « planification à long terme »[278] des investissements de production d'électricité. La planification est un moyen qui permet aux pouvoirs publics de contrôler le développement des installations de production en déterminant au préalable les besoins de production d'électricité. La directive 03/54 du CE souligne que la planification doit tenir compte du fait que « des tiers pourraient vouloir accéder au réseau » et impose qu'un bilan soit effectué entre ces deux options. L'autorité compétente peut ainsi refuser l'attribution d'une autorisation d'exploitation si la limite des besoins recensés dans la planification est atteinte.

Il ressort de ces dispositions que la production d'électricité est « libéralisée sous condition ».

Le transport et la distribution d'électricité prolongent cette ouverture de manière à concrétiser une véritable libéralisation. Les activités de transport et de distribution d'électricité sont appréhendées dans les dispositions relatives à la restructuration des réseaux de transport et de distribution d'électricité, d'une part, et à l'accès aux réseaux, d'autre part[279]. Tirant la leçon de la nature de monopole naturel des réseaux électriques, la directive 96/92 du CE les ouvre à la concurrence en attribuant aux opérateurs autorisés « un droit d'accès aux réseaux électriques »[280]. Il se concrétise par la mise en place d'un régime d'exploitation transparent et concurrentiel des réseaux de transport et de distribution, puis par la mise en œuvre de systèmes organisant l'accès aux réseaux. Ces systèmes se déclinent en plusieurs formules, à savoir l'accès « négocié » aux réseaux, comprenant la variante de l'accès « réglementé » aux réseaux, face à la formule de « l'acheteur unique »[281]. L'accès

[275] Chapitre III, articles 4, 5 et 6 de la directive 96/92 du CE (articles 6 et 7 de la directive 03/54 du CE).

[276] Article 4 de la directive 96/92 du CE (article 6 de la directive 03/54 du CE).

[277] Aux termes de l'article 5 de la directive 96/92 du CE, ces critères portent sur la sécurité, la sûreté des réseaux électriques, la protection de l'environnement, l'occupation des sols et le choix des sites, l'utilisation du domaine public, l'efficacité énergétique, la capacité du demandeur et le respect des missions de service public. L'article 6 de la directive 03/54 du CE a rajouté « la protection de la santé et de la sécurité publique ».

[278] Article 3 § 2 de la directive 96/92 du CE (article 3 de la directive 03/54 du CE).

[279] Chapitres IV, V, et VII de la directive 96/92 du CE.

[280] Article 17 § 4 de la directive 96/92 du CE (article 20 de la directive 03/54 du CE).

[281] La directive prévoit dans son point 34 que l'accès au réseau soit mis en œuvre en fonction des « options différentes d'accès au réseau ». Le chapitre VII de la directive 96/92 du CE et, en

aux réseaux est négocié lorsque les opérateurs (consommateurs et fournisseurs) négocient entre eux le tarif d'utilisation des réseaux électriques. Il est, en revanche, réglementé lorsque le tarif d'utilisation des réseaux est déterminé par les pouvoirs publics et s'impose uniformément à l'ensemble des opérateurs[282]. Le système de l'acheteur unique introduit, quant à lui, une entité qui centralise les achats d'électricité à l'intérieur d'un territoire pour répondre aux demandes de fournitures émises par des consommateurs autorisés[283]. La directive 03/54 du CE ne laisse subsister dans son article 20 que la formule de l'accès réglementé aux réseaux et abroge les formules d'accès négociés aux réseaux et de l'acheteur unique.

L'accès aux réseaux repose sur les installations électriques par lesquelles transitent les volumes négociés dans les contrats de fourniture en électricité sous la responsabilité de leurs propriétaires ou de leurs gestionnaires. Il impose au préalable la désignation d'entités gestionnaires des réseaux distinctes pour les réseaux de transport et de distribution[284]. La reconnaissance d'un accès aux réseaux électriques implique, en outre, d'en déterminer les bénéficiaires. Le refus de la part de certains États membres, dont la France, de procéder à une ouverture totale du marché de l'électricité a pour conséquence que seuls certains consommateurs se voient reconnaître la faculté de pouvoir choisir librement leur fournisseur. L'ouverture du marché étant appelée à être progressive, la directive ne permet, dans un premier temps, qu'aux gros consommateurs d'électricité de choisir leur fournisseur.

La part du marché national qui doit être éligible est calculée en fonction de la part communautaire d'électricité consommée par les consommateurs finals de plus de 20 GWh par an et par site de consommation, trois ans après l'entrée en vigueur de la directive 96/92 du CE, et de 9 GWh en 2003[285]. Au-delà de cette date et au 1er juillet 2004, la directive 03/54 du CE prévoit l'éligibilité de tous les clients professionnels d'électricité. Considérant que l'importance du régime de l'accès aux réseaux électriques repose sur la mise à disposition des réseaux électriques par les entités détentrices ou gestionnaires de ces infrastructures, la directive impose, là encore, que quel que soit le système d'accès aux réseaux choisi, il s'appuie sur des critères « objectifs, transparents et non discriminatoires »[286].

L'accès aux réseaux, parce qu'il permet aux opérateurs d'avoir accès aux infrastructures essentielles pour le commerce de l'électricité, est la forme la plus accomplie d'introduction de la concurrence dans l'ensemble des activités électriques. Grâce à ce système, il devient possible de maintenir les régimes de monopoles dans le transport et la distribution d'électricité, tout en transposant la libéralisation inscrite dans les activités de production, d'importation et d'exportation

---

particulier, les articles 17 et 18 présentent les « formules » entre lesquelles les États membres peuvent choisir pour organiser l'accès aux réseaux.

282 Article 17 de la directive 96/92 du CE (article 20 de la directive 03/54 du CE).

283 Article 18 § 1 de la directive 96/92 du CE (article 20 de la directive 03/54 du CE).

284 Articles 7 et 10 de la directive 96/92 du CE, pour le réseau de transport et ceux de la distribution d'électricité (articles 8 et 13 de la directive 03/54 du CE).

285 L'article 19 § 1 et 2 détermine la part communautaire moyenne d'électricité consommée par les consommateurs finals et devant déterminer le seuil de consommation rendant les clients éligibles, alors que les consommateurs de + de 100 GWh par an et par site sont reconnus clients éligibles dès l'entrée en vigueur de la directive, article 19 § 3 (article 21 de la directive 03/54 du CE).

286 Article 16 de la directive 96/92 du CE (article 20 de la directive 03/54 du CE).

d'électricité. Il permet également le maintien de la gestion publique des infrastructures essentielles, considérant que les gestionnaires de réseaux sont pour la plupart des entreprises verticalement ou horizontalement intégrées.
De ce préalable indésiré[287], une gestion transparente des réseaux électriques s'impose et elle se traduit dans l'obligation de dissociation entre les diverses activités de l'opérateur gestionnaire du réseau. Cette obligation de dissociation est devenue de plus en plus stricte dans la directive 03/54 du CE. Le contrôle de l'application de ces dispositions revient à des instances de régulation indépendantes des opérateurs[288], sans préjudice toutefois des compétences de la Commission et de la CJCE pour assurer le respect des règles de la concurrence du Traité CE[289].
Dans la directive 96/92 du CE, le secteur électrique est un terrain d'expérimentation sur lequel doit être organisée la coexistence de l'ouverture à la concurrence du secteur et de l'accomplissement d'obligations de service public par les opérateurs[290].
Les propositions de modifications de la directive 96/92 du CE présentées par la Commission ne bouleversent pas cet équilibre. Elles se concentrent d'autant plus à parfaire l'ouverture des marchés électriques par des modifications ponctuelles[291] concrétisées dans la directive 03/54 du CE.

(c) La coexistence des obligations de service public et des règles de la concurrence dans la directive 03/54 du CE

La directive 96/92 du CE pose les bases d'une ouverture transitoire du marché électrique à la concurrence. Son article 26 prévoit déjà qu'il revient à la Commission de réexaminer l'application de la directive et de soumettre « un rapport sur l'expérience acquise dans le fonctionnement du marché intérieur de l'électricité [...] afin de permettre au Parlement et au Conseil d'examiner la possibilité d'une nouvelle ouverture du marché qui deviendrait effective en 2007».
La directive 03/54 du CE est adoptée sur la base de la proposition de modification de la directive 96/92 du CE émise par la Commission le 7 juin 2002[292], telle que modifiée par la position commune arrêtée par le Conseil du 3 février 2003. Elle a abrogé la directive Transit 90/547 du CE et la directive électricité 96/92 du CE au 1er juillet 2004, date à laquelle elle doit être transposée dans les États membres. Cette directive est adoptée sur la base de l'article 251 du Traité CE[293] suite aux

---

[287] La Commission a souhaité, dans son projet initial, que les entités gestionnaires des infrastructures de réseaux électriques soient juridiquement indépendantes des entreprises dans lesquelles elles sont intégrées. La directive 96/92 du CE ne prévoit qu'un Unbundling comptable et de gestion, article 7 § 6 et chapitre VI de la directive (article 10 de la directive 03/54 du CE).

[288] Articles 20 § 3 et 22 de la directive 96/92 du CE (article 23 de la directive 03/54 du CE).

[289] L'article 20 § 5 dispose que « le recours à cette autorité se fait sans préjudice de l'exercice des voies de recours du droit communautaire ».

[290] À ce sujet, A. Drumaux, « La réglementation du libre accès aux réseaux », *TEPSA* rapport sur le secteur public et le droit communautaire, 1993.

[291] Propositions de directive du Parlement européen et du Conseil modifiant la directive 96/92 du CE, COM(2002)304 final du 7 juin 2002, 2001/0077(COD) et 2001/0078(COD) et position commune du Conseil modifiant la directive 96/92 du CE du 3 février 2003, JO C-50 E/15 du 4 mars 2003.

[292] COM(2002)304 final du 7 juin 2002.

[293] Suite à la proposition initiale de la Commission du 28 août 2001, JO C-240/60 E, de l'avis du Parlement européen du 13 mars 2002, JO C-47/350 E du 27 février 2003, de la position commune du Conseil du 3 février 2003, JO C-50 E du 4 mars 2003 et de la décision du Parlement européen du 4 juin 2003.

menaces que faisait planer la Commission dans le cadre des négociations sur l'utilisation de l'article 86 § 3 si « la poursuite de la libéralisation était retardée [...] et ce afin de lever les éventuelles disparités de concurrence résultant de niveaux de libéralisation non homogènes »[294].
Alors que la directive 96/92 du CE entendait réaliser le marché intérieur de l'électricité en assurant le respect des règles de la concurrence, la directive 03/54 du CE affiche un double but : celui de procéder à la « libéralisation totale du marché de l'énergie » tout en « respectant les obligations de service public »[295]. Elle ne constitue pas encore l'étape ultime de la libéralisation du marché de l'électricité, car elle dégage aussi une « approche progressive pour l'achèvement du marché de l'électricité »[296]. Elle dispose que les « principaux obstacles à l'achèvement d'un marché intérieur tout à fait opérationnel et compétitif sont liés à des questions d'accès aux réseaux »[297] et entend parfaire l'ouverture à la concurrence amorcée par la directive 96/92 du CE, à travers l'adoption de « dispositions plus concrètes ».
C'est pourquoi la directive 03/54 du CE repose sur une approche distincte de la précédente. Elle réconcilie les obligations de service public et les règles de la concurrence et leur propose une forme originale de vie commune. Les premières doivent être définies sur la base des réflexions et des interventions de la CJCE afin de ne plus être abordées comme une exception dans le secteur électrique. Parallèlement, elle entend parfaire les mesures relatives à l'accès aux réseaux afin de réaliser une ouverture totale et irréversible du marché électrique.

(i) Une approche positive des obligations de service public

Participant à la création d'une pléthore de concepts autour du service d'intérêt général[298], la Commission a finalement développé sa conception de la coexistence de la concurrence et du service public[299]. Elle s'exprime à travers le concept du « service universel » qui contient les principes d'un service public de base que les États membres peuvent décider d'appliquer aux opérateurs pour déroger à l'application des règles de la concurrence et, en l'espèce, à une ouverture exhaustive

---

[294] Question écrite E-1711/01 du 14 juin 2001, JO C-40^{E}/86, du 14 février 2002.

[295] Points 3 et 26 de la directive 03/54 du CE.

[296] Le point 3 de la directive 03/54 du CE dispose que la Commission doit, à travers un calendrier détaillé, « parvenir progressivement à une libéralisation totale du marché de l'énergie ». Le point 20 de la directive 03/54 du CE est, à cet égard, similaire au point 2 de la directive 96/92 du CE.

[297] Points 3 et 4 de la directive 03/54 du CE.

[298] La Commission utilise les termes « d'obligations de service public » visées à l'article 86 § 2 du Traité CE dans le cadre d'une décision interprétant le service d'intérêt économique général (Décision de la Commission « Magill » du 21 décembre 1988, JO L-78/43). Elle parle de « service public des télécommunications » et de « missions d'intérêt économique général » pour désigner l'exploitation du réseau universel des télécommunications (Directive 90/388 CEE). Le Conseil a, de son côté, défini les obligations de service public dans le secteur de l'énergie lorsqu'elles sont imposées dans « l'intérêt économique général », alors que la Cour a évoqué « une mission de service public d'intérêt économique général » dans son arrêt « RTT/GB Inno » C-18/88, ou encore une « mission d'intérêt général » dans son arrêt « Almelo ».

[299] Il est défini pour la première fois dans le Livre Vert sur le développement du marché unique des services postaux comme étant « le service de base offert à tous dans l'ensemble de la Communauté à des conditions tarifaires abordables, et avec un niveau de qualité standard », COM(91)476, juin 1991. Cette définition est reprise par le Conseil dans sa résolution du 7 février 1994 sur les principes en matière de service universel dans le secteur des télécommunications.

du secteur électrique. Puis, en formulant les éléments de base du service public de l'électricité à travers le service universel, la Commission entend garantir une juste application des principes de transparence et de non-discrimination au secteur. Enfin, l'entrebâillement initial du secteur électrique à la concurrence a mis en exergue les entraves qui peuvent apparaître au regard de la législation communautaire et, en particulier, de celle sur les aides d'État.

(a) Les obligations de service public et le service universel

Le concept de service universel d'origine anglo-saxonne[300] est apparu en 1987 dans le Livre vert de la Commission sur la libéralisation du secteur des télécommunications[301], avant d'investir le secteur électrique[302]. Il est longtemps resté indéfini, car il est conçu comme une « notion dynamique et élastique relevant davantage de la « Soft law » que du droit de la réglementation classique, propre au service public »[303]. Une première approche dans le secteur des services postaux et des télécommunications[304] propose une définition du service universel qui sera reprise par le droit dérivé et la jurisprudence de la CJCE et adaptée en fonction des secteurs concernés. Dans le secteur des télécommunications, le service universel s'entend des services téléphoniques divers « mis à la disposition de tous les utilisateurs finals sur leur territoire, indépendamment de leur position géographique, au niveau de qualité spécifié [...], à un prix abordable »[305].
Parallèlement au secteur des télécommunications dans lequel il n'a pas vocation à rester cantonné, un service universel est finalement défini dans la directive 03/54 du CE. Sa définition repose sur les approches retenues par la CJCE dans le secteur des postes et télécommunications. La Cour propose aussi dans son arrêt « Corsica Ferries » du 18 juin 1998 une définition du « service universel de lamanage », qui s'entend d'opérations d'amarrage de navires dans les ports. La Cour oblige les lamaneurs à assurer ce service à tout moment et pour tout usager. Mais la directive 03/54 du CE est restée fidèle à la définition retenue dans l'arrêt « Commune d'Almelo » qu'elle paraphrase, le service universel de l'électricité s'entend « d'un droit [pour les clients non-résidentiels] d'être approvisionné, sur leur territoire, en

---

300 Ce concept apparaît aux États-Unis vers 1907 où il est utilisé par l'entreprise américaine AT&T afin de renforcer sa position de monopole naturel et est consacré par le « Communication Act » de 1934, qui considère que le transport de la voix constitue un monopole naturel et confie à AT&T la charge du service téléphonique universel, Public Law 416, 73ème Congrès, 19 juin 1934, voir Y. Poullet, F. Van der Mensbrugghe, « Service universel ou public dans la politique européenne des télécommunications », *Communications et stratégies*, 1995, p. 13.

301 COM(87)290 final du 30 juin 1987.

302 Article 3 de la Position commune arrêtée par le Conseil du 3 février 2003.

303 P. Esplugas, « Le service universel », *Chronique, DA*, décembre 2002, p. 6.

304 Voir la directive dite « directive service universel » du 7 mars 2002, concernant le service universel et les droits des utilisateurs au regard des réseaux, 02/22 du CE, JO L-108/51 du 24 avril 2002 ; ainsi que la directive « Services postaux de la Communauté » du 15 décembre 1997, 97/67 du CE, JO L-15/14 du 21 janvier 1998.

305 Article 3 de la directive 02/22 du 7 mars 2002, concernant le service universel et les droits des utilisateurs au regard des réseaux et services de communication électronique ; sur la notion de service universel, voir l'analyse de F. Malbo, « Le marché unique des services postaux : la directive postale, Premiers pas vers la libéralisation », *CJEG*, n° 544, juin 1998, p. 215.

électricité d'une qualité bien définie, et ce à des prix raisonnables »[306]. Ainsi, aux termes de l'article 3 § 3 de la directive 03/54 du CE, les États membres peuvent, s'ils le jugent approprié, charger les entreprises électriques d'assurer aux clients non-résidentiels un service universel et déroger ainsi à une application exhaustive des règles de la concurrence. Il impose cependant le respect de deux conditions :
-les mesures relatives au service universel doivent être transparentes et non discriminatoires et
-l'ouverture du marché ne doit pas être affectée par ces mesures.
Les mesures du service universel sont communiquées pour contrôle à la Commission accompagnées d'un rapport des États membres sur les effets de ces mesures sur la concurrence interne et internationale, que ces mesures nécessitent ou non une dérogation pour leur application[307]. Les définitions des services universels dans les activités de réseaux doivent répondre aux mêmes impératifs, afin de permettre à la Commission de dégager « une définition plancher de référence, à partir de laquelle chaque État membre pourrait adopter une définition plus étendue selon ses intérêts légitimes »[308].
Ainsi, bien que le vœu pieux de la Commission de se prononcer sur leur qualification[309] soit freiné par la Cour, qui avance encore avec prudence dans son approche des obligations de service public[310], la Commission parvient progressivement à en préciser le domaine et leurs applications.
Parallèlement à la notion inédite de service universel, des obligations de service public peuvent également être mises à la charge des entreprises électriques dans les mêmes conditions que celles dégagées par la directive 96/92 du CE[311].
Elles ne sont également pas définies dans la directive 03/54 du CE mais peuvent porter en plus sur l'efficacité énergétique et la protection du climat[312].
Elle précise, en outre, que les États membres peuvent imposer aux entreprises

[306] Article 3 § 3 de la directive 03/54 du CE faisant écho à la définition visée dans COM(2003)270 final du 21 mai 2003.

[307] L'article 3 § 9 de la directive 03/54 du CE renvoie aux procédures formelles de dérogation prévues à l'article 26. Cette obligation de communication est déjà prévue à l'article 3 § 2 de la directive 96/92 du CE en ce qui concerne les obligations de service public.

[308] COM(93)247 du 2 juin 1993, la Commission fixant les « lignes directrices pour le développement des services postaux communautaires » impose que la notion de service universel soit définie au niveau communautaire et puisse s'élargir des intérêts légitimes des États membres. Van Gehuchten considère que la définition des activités relevant des services d'intérêt économique général appartient aux États membres. Il estime toutefois « judicieux en termes de sécurité juridique que la Cour puisse dégager les contours de cette notion à l'échelle communautaire ». « La notion d'entreprise publique selon la doctrine et la jurisprudence de la Cour et la fonction de l'article 90 du Traité , Interventions publiques et droit communautaire », Paris, Pédone, 1988, pp. 112 et 131.

[309] Comme en témoignent les communications de la Commission sur les services d'intérêt général. Cette intention apparaissait déjà dans ses observations dans le cadre de l'arrêt de la CJCE « République Italienne/Societa Agricola Industriale Latte (SAIL) » du 21 mai 1972.

[310] R. Kovar considère que ce n'est pas « avec les arrêts Commune d'Almelo et Corbeau que la Cour en viendra à préciser sa conception du service d'intérêt économique général, qui affirme l'emprise du droit communautaire de manière positive, alors que précédemment elle utilisait plutôt une technique d'exclusion », « Service public et Communauté européenne », *Travaux CEDECE*, 1996, p. 475.

[311] L'article 3 § 2 de la directive 03/54 du CE reprend les domaines visés par la directive 96/92 du CE.

[312] Articles 3 § 2 et 6 de la directive 03/54 du CE. À cet égard, elle impose que les entreprises de fourniture spécifient dans leurs factures, entre autres, leurs sources d'énergies et les émissions de CO_2.

électriques des obligations de service public relatives à :
-la protection des consommateurs vulnérables, en particulier ceux résidant dans des régions difficiles d'accès, et la possibilité pour les États membres de désigner un « fournisseur du dernier recours »[313] et
-la transparence sur les conditions de fourniture, en particulier dans les relations contractuelles, la mise à disposition d'informations (dans les factures), les mécanismes de règlement des litiges.
La Commission est informée par les États membres, dans les mêmes termes que pour les missions relevant du service public, et garantit la transparence et la non-discrimination des mesures prises par les États membres. Les États membres peuvent, s'ils le souhaitent, bénéficier d'un régime dérogatoire si l'accomplissement des missions de service public est entravé par la mise en œuvre de l'ouverture à la concurrence. Il n'est pas nécessaire pour cela que l'accomplissement des missions de service public soit rendu impossible. Les États membres peuvent être autorisés à ne pas transposer les dispositions suivantes :
- le régime des autorisations pour de nouvelles capacités (article 6) ;
- le régime des appels d'offre pour de nouvelles capacités (article 7) ;
- le régime de l'accès des tiers (article 20) et
- le régime de la construction des lignes directes (article 22)[314].
On notera que la possibilité reconnue aux États membres de déroger aux règles relatives à l'accès des tiers aux réseaux, dans le but de mettre en œuvre ces obligations de service public, contredit la volonté d'une ouverture irréversible et totale du marché électrique[315].
Enfin, on conclura que les craintes initialement formulées par le Conseil d'État relatives au caractère restrictif et donc discriminatoire du service universel semblent s'estomper. Avec elles s'estompe aussi le risque de voir des personnes écartées des progrès technologiques à travers la création d'un service à plusieurs vitesses, à savoir un service de base accessible à tous, mais réduit à des prestations minimums, et d'autres services plus élaborés, mais accessibles seulement en contrepartie d'un surcoût[316].
La définition d'un « service public postal » dans la directive 97/67 du 15 décembre 1997 concernant le marché intérieur des services postaux inspire le commentaire suivant : « Il est, en effet, remarquable de relever que les caractéristiques du service universel, telles que définies par l'article 3 de la directive, reprennent celles des lois fondamentales du service public en droit français. Les obligations de service universel apparaissent même supérieures, en l'état, à celles du service public dit à la française »[317].
La Commission rassure en élargissant systématiquement le champ du service universel. Dans le secteur postal, le service universel inclut dorénavant au minimum

---

[313] Articles 3 § 3 et 5 de la directive 03/54 du CE.
[314] Article 3 § 8 de la directive 03/54 du CE.
[315] Point 3 de la directive 03/54 du CE.
[316] Rapport public du Conseil d'État, « Service public, services publics, déclin ou renouveau ? », *EDCE*, n° 46, 1995, p. 115.
[317] Elles imposent « non seulement la continuité du service, mais aussi la possibilité d'accès en tout point du territoire, à des prix abordables pour tous les utilisateurs », M. Lombard, « Service postal communautaire », *AJDA*, septembre 1998, p. 718.

les envois recommandés et assurés jusqu'à 2 kg et les colis jusqu'à 10 kg[318].
Le secteur des télécommunications a aussi bénéficié de cet élargissement, puisque le service universel comprend la fourniture de téléphonie vocale, de télécopie et l'accès à Internet[319].
Il ressort de ces dispositions et de la consécration du service universel dans la directive 03/54 du CE que ce concept, à l'origine provisoire, présente une voie originale de coexistence de préceptes de service public et de concurrence. Il est de l'avis des commentateurs un « instrument efficace qui contribue à la cohésion sociale sans freiner le développement de la concurrence »[320].

(b) Les obligations de service public et les aides d'État

Afin d'améliorer le fonctionnement du marché, la directive 03/54 du CE soumet l'accomplissement d'obligations de service public par les entreprises électriques au respect des règles de la concurrence et donc des dispositions relatives aux aides d'État. En effet, la directive 03/54 du CE constate d' « importantes lacunes »[321] quant à la conformité du financement des obligations de service public dans le secteur électrique aux dispositions du droit communautaire sur les aides d'État. Pour lutter contre cette entrave aux règles de la concurrence, la directive 03/54 du CE impose aux États membres de se conformer à la procédure de l'article 88 § 3 du Traité CE lorsque leurs mesures de mise en œuvre des obligations de service public constituent des aides d'État au sens de l'article 87 § 1 du Traité CE[322]. Elle impose aux États membres d'en informer la Commission pour contrôle[323]. Sans entrer dans le détail du régime des aides d'État, on rappellera que, si la ressource étatique en question n'est pas exemptée par la liste prévue aux paragraphes 2 et 3 de l'article 87[324] ou par un règlement, la Commission est en mesure de proposer aux États membres, dans le cadre de son contrôle de compatibilité, toute mesure utile afin que le développement progressif ou le fonctionnement du marché commun soit garanti[325] en vertu de la procédure réglementaire[326].

---

318 Chapitre 2, article 3 de la directive 97/67 du CE du 15 décembre 1997, JO L-15/14 du 21 janvier 1998.
319 Article 4 de la directive 02/22 du CE du 7 mars 2002, JO L-108/1 du 24 avril 2002.
320 P. Esplugas, « Le service universel », *DA*, décembre 2002, p. 11 ; G. Moine, « Le service universel : contenu, financement, opérateurs », *AJDA*, 1997, p. 246.
321 Point 2 de la directive 03/54 du CE.
322 Aux termes de l'article 87 du Traité CE, « sont incompatibles avec le marché commun, dans la mesure où elles affectent les échanges entre États membres, les aides accordées par les États ou au moyen de ressources d'État sous quelque forme que ce soit qui faussent ou qui menacent de fausser la concurrence en favorisant certaines entreprises ou certaines productions ».
323 Point 29 de la directive 03/54 du CE.
324 Aux termes du § 2 de l'article 87 « sont compatibles avec le marché commun : (entre autres) les aides à caractère social octroyées au consommateur individuel, les aides destinées à remédier aux dommages causés par les calamités naturelles ». Aux termes de son paragraphe 3 « peuvent être considérées comme compatibles avec le marché commun : (entre autres) les aides destinées à favoriser le développement économique de régions dans lesquelles le niveau de vie est anormalement bas, etc. ».
325 Pour une analyse détaillée du régime et de la procédure des aides d'État, EC State Aids, L. Hancher, T. Ottervanger, P.J. Slot, Sweet & Maxwell, 1999 ; A. De Baecque, « Le droit communautaire des aides d'État », *CJEG*, n° 562, février 2000, p. 39.
326 Règlement du Conseil 659/99 du 22 mars 1999 portant modalités d'application de l'article 93 (article 88 du Traité CE), JO L-129/46.

Le contrôle des mesures de financement des missions de service public assuré par la Commission permet de déterminer si la ressource ou l'aide d'État accorde un avantage à une entreprise électrique. Cet avantage doit avoir pour but de financer des activités concurrentielles que l'entité exerce parallèlement à des activités de service public et qui affectent le marché concerné en créant des discriminations envers les nouveaux entrants. Le secteur électrique a imposé aux instances communautaires de se pencher, entre autres, sur deux problématiques qui lui sont particulières, celle des coûts échoués et celle des compensations de service public.
En revanche, les obligations d'achat de l'électricité qui est produite selon des méthodes bénéfiques pour l'environnement ne constituent pas, selon la CJCE, des aides d'État lorsqu'elles sont imposées à des entreprises privées[327].
Qu'en est-il alors lorsque ces obligations d'achat sont supportées en grande partie par des entités appartenant partiellement ou totalement à l'État, comme c'est le cas d'EDF et de la plupart des distributeurs non nationalisés ? La conformité du régime français des obligations d'achat au régime des aides d'État est pour le moins douteuse au regard de cette jurisprudence. Seul son contrôle par la Commission permettra de savoir si ces doutes sont justifiés. La CRE souligne, dans son avis sur l'arrêté fixant les conditions d'achat d'électricité, « qu'en raison de ses caractéristiques, ce dispositif doit être conforme à la réglementation communautaire des aides d'État, et donc notifié à la Commission »[328]. Afin de vaincre la frilosité manifestée devant le défaut de notification des obligations d'achat en France, on indiquera que la Commission a autorisé une aide d'État belge soutenant un tel système, lequel présente de fortes similitudes avec le système français[329].
En ce qui concerne le régime des compensations, la CJCE a considéré dans son arrêt « Ferring » du 22 novembre 2001, dans lequel elle analyse l'avantage fiscal octroyé à des grossistes non soumis au paiement d'une taxe dans le domaine pharmaceutique, que les compensations octroyées par les États membres aux entreprises chargées d'exploiter des services d'intérêt économique général ne leur procurent pas un avantage au sens de l'article 87. C'est, en effet, le cas « *quand leur montant correspond aux surcoûts exposés pour accomplir les obligations de service public* »[330]. En revanche, il faut en conclure que les compensations qui ne correspondent pas à un surcoût lié aux obligations de service public, ou dont le

---

[327] Arrêt de la CJCE « Preussenelektra » du 13 mars 2001, C-379/98, rec.p. , L'arrêt Preussenelektra de la Cour de justice du 13 mars 2001 : une étape décisive dans la promotion de l'électricité produite à partir de sources d'énergie renouvelables, *CJEG*, n° 584, février 2002, p. 117.

[328] Elle ajoute que, si les aides préalablement accordées se révèlent être des aides d'État, elles doivent être remboursées, avis de la CRE du 19 juillet 2001 sur l'arrêté fixant les conditions d'achat de l'électricité produite par les installations qui éliminent des déchets d'animaux bruts ou transformés, voir J.Y Chérot, « Financement des obligations de service public et aides d'État », *Revue Europe*, 2000, p. 3.

[329] Décision de la Commission du 2 août 2002, JO L-309/14 du 12 décembre 2002, pour une analyse approfondie sur la question, N. Chebel-Horstmann, P.J. Slot, « Overview of state aids in the french electricity sector », *OGEL*, décembre 2003, vol. I, issue 5, consultable sous www.gasandoil.com/ogel/

[330] Arrêt de la CJCE « Ferring » du 22 novembre 2001, C-53/00. La Cour revient dans cet arrêt sur la jurisprudence du TPI qui considérait qu'un avantage financier octroyé à une entreprise par les autorités publiques pour compenser le coût des obligations de service public est une aide d'État au sens de l'article 87 du Traité CE, arrêt de la CJCE « FFSA » du 27 février 1997, T-106/95, rec.p. II-229, Ordonnance du 25 mars 1998, C-174/94, rec.p. I-1303.

montant excède ces surcoûts, peuvent être des aides d'État. Cette lecture est confirmée dans l'arrêt de la CJCE « Altmark »[331] dans lequel elle confirme que des subventions publiques visant à permettre l'exploitation de services réguliers urbains ne sont pas des aides d'État dès qu'il s'agit de « compensations représentant la contrepartie des prestations effectuées par les entreprises bénéficiaires, pour exécuter des obligations de service public ». Il en va de même pour les réglementations nationales mettant en place des mécanismes de soutien à la production d'énergie[332]. La conséquence de ces décisions, qui reviennent sur le contenu de l'arrêt du TPI « FFSA », est de supprimer l'obligation de notification préalable à la Commission et de laisser aux États membres le soin de fixer, sans contrôle préalable au regard des aides d'État, le coût des obligations de service public[333]. L'arrêt « FFSA » considérait qu'une subvention octroyée à une entreprise au titre des obligations de service public serait une aide d'État et donc interdite par l'article 87 du Traité CE. Mais elle pourrait être autorisée par la Commission si elle a pour but de compenser strictement le coût de ces obligations de service public. Afin que ces obligations de service public soient exonérées, la Commission impose dans son arrêt « Altmark » le respect de quatre critères, à savoir :
-l'entreprise doit avoir été formellement chargée d'accomplir des obligations de service public, clairement définies ;
-les paramètres sur la base desquels est calculée la compensation ont été préalablement établis de façon objective et transparente ;
-la compensation ne doit pas dépasser ce qui est nécessaire pour couvrir les coûts des obligations de service public[334] et
-la compensation doit être établie sur la base d'une juste analyse des coûts du service public[335].
L'arrêt « Altmark » permet de clarifier les conditions qui permettent à la compensation d'être exclue du champ des aides d'État, ce que la directive 03/54 du CE avait intégré tout en précisant qu'elle doive être octroyée de manière non discriminatoire et transparente[336]. La directive 03/54 du CE s'aligne sur la logique dégagée par la CJCE et vise les compensations, hors du champ des aides d'État.
La CJCE en accepte la pratique dès que ces compensations répondent aux critères précités de transparence et de non-discrimination, bien que l'Avocat général Léger ait appelé de ses vœux un revirement de la jurisprudence « Ferring », en raison de

[331] Arrêt de la CJCE « Altmark Trans GmbH », du 24 juillet 2003, C-280/00 rec. p. 03.
[332] M. Karpenschif, « La notion d'aide d'État, application au secteur électrique », *CJEG*, n° 595, février 2003, p. 51.
[333] Arrêt du TPI du 27 février 1997, T-106/95.
[334] Cet élément a été précisé par l'arrêt « Chronopost » du 3 juillet 2003, C-83/01 P, dans lequel la CJCE considère qu'il n'y a pas d'aide d'État de La Poste à sa filiale Chronopost si la contrepartie exigée couvre « tous les coûts variables supplémentaires occasionnés par la fourniture de l'assistance logistique et commerciale, une contribution adéquate aux coûts fixes consécutifs à l'utilisation du réseau postal (de La Poste) par Chronopost ».
[335] Voir les éléments devant déterminer le « montant de la compensation » dans l'analyse faite par la Commission sur les « Services d'intérêt économique général et aides d'État », Non Paper de la Commission du 12 novembre 2002, consultable sous : www.europa.eu.int/comm/competition/state_aid/legislation.html
[336] Article 3 § 4 de la directive 03/54 du CE.

« l'affaiblissement qui pouvait en résulter dans le contrôle des aides d'État »[337].
La position antérieure présentait un encadrement toujours plus contraignant des mesures de financement des services publics appréhendé à travers les règles des aides d'État. Celui-ci était accepté si l'on avançait de véritables surcoûts. Or l'arrêt Altmark fait disparaître « les prémices mêmes de cette analyse »[338]. Cet arrêt exclut dorénavant l'analyse comptable et financière des coûts de service public du contrôle préalable de la Commission. Celle-ci sera appelée à les contrôler a posteriori dans le cadre d'une plainte déposée par une entreprise qui considèrerait l'aide illégale et demanderait son remboursement. Il revient donc aux autorités juridictionnelles nationales de proposer un contrôle adéquat des coûts du service public. L'ordonnance du CE « Société Tiscali Télécom », intervenant après l'arrêt de la CJCE et condamnant France Télécom pour avoir surévalué ses charges de service public, met ainsi en évidence la volonté du juge administratif de contrôler la juste et raisonnable évaluation de ces coûts. Quant à sa méthode, « le juge s'est efforcé de pénétrer dans la comptabilité et la vision de l'entreprise »[339].
La jurisprudence de la CJCE inspirera nécessairement les services de la Commission dans la rédaction des lignes directrices interprétant la question des compensations de service public dans l'optique d'une proposition de « règlement-cadre » à venir[340].
Le régime des aides d'État a également trouvé à s'appliquer dans le secteur électrique dans le domaine des coûts échoués[341]. C'est principalement ce secteur que vise le considérant 29 de la directive 03/54 du CE, en imposant que les aides d'État soient notifiées à la Commission par les États membres. En effet, la Commission considère que les aides visant à compenser les coûts échoués peuvent, en principe, bénéficier de la dérogation prévue à l'article 87 § 3-c[342] dès lors qu'elles n'entravent pas les échanges communautaires dans une mesure contraire à l'intérêt commun. Dans une communication relative à la méthodologie d'analyse des aides d'État liées à des coûts échoués, la Commission dégage les critères que doit remplir l'aide pour être compatible avec l'article 87 § 3-c du Traité CE[343] :
- l'aide doit compenser des coûts échoués clairement déterminés et ne saurait dépasser le montant des coûts échoués ;

---

337 Les avocats généraux Jacobs et Stix-Hackl défendaient la même position sous les affaires C-126/01 et C-36/01, S. Rodrigues, Note sous l'arrêt « Altmark », *AJDA*, 20 septembre 2003, p. 1361 ; pour un commentaire, voir M. Lombard, « Financement du service public et aides d'État », Note sous l'arrêt de la CJCE « Ferring », *DA*, mai 2002, p. 35.

338 M. Lombard, Financement du service public et aides d'État, précité, p. 36.

339 Ordonnance du CE du 8 novembre 2002, rendue suite à l'arrêt de la CJCE « France Télécom » du 6 décembre 2001 relatif au décret mettant en œuvre le financement des services publics de télécommunication n° 97/475 du 13 mai 1997, commenté par T. Tuot, Note sous l'ordonnance du CE précitée, *AJDA*, février 2003, p. 250.

340 Bulletin, quot. Europe, 25 juillet 2003, n° 8511, p. 5.

341 Les coûts échoués sont essentiellement des engagements ou des garanties d'exploitation sous la forme de contrats d'achat à long terme, d'investissements réalisés avec une garantie implicite ou explicite de débouchés, ou d'investissements en dehors d'activités normales.

342 Aux termes de cet article, « les aides destinées à faciliter le développement de certaines activités ou de certaines régions économiques, quand elles n'altèrent pas les conditions des échanges dans une mesure contraire à l'intérêt commun », peuvent être compatibles avec le marché commun.

343 Communication de la Commission du 26 juin 2001, relative à la méthodologie d'analyse des aides d'État liées à des coûts échoués, consultable sous : www.europa.eu.int/comm/competition/state_aid/legislation.html

- le dispositif de l'aide doit être adaptable pour tenir compte de l'évolution de la concurrence à travers des facteurs quantifiables (prix, part de marché, etc.) ;
- le montant, la méthode de calcul et la durée des aides doivent être indiqués à l'avance.

La bienveillance de la Commission, à travers l'exemption qu'elle prévoit lorsque ces critères sont remplis, se justifie par le fait que la distorsion de concurrence que ces aides créent est « contrebalancée par leur contribution à la réalisation d'un objectif communautaire que les forces du marché ne sauraient atteindre ».

Par ailleurs, ces aides facilitent le passage des entreprises d'électricité d'un marché plus ou moins clos à un marché partiellement libéralisé, mais elles « doivent être limitées dans le temps et dans leurs effets »[344]. Si la Commission devait conclure à l'incompatibilité de l'aide compensant les coûts échoués et ne pas faire droit à l'exemption précitée, l'État membre pourrait encore démontrer que l'aide est nécessaire à l'accomplissement des obligations de service public par l'entreprise concernée et bénéficier de l'exception prévue à l'article 86 § 2 du Traité CE.

Dans son arrêt « FFSA », le TPI estimait que « le versement d'une aide d'État est susceptible, en vertu de l'article 90 § 2 (86 § 2) du Traité, d'échapper à l'interdiction de l'article 92 dudit traité, à condition que l'aide ne vise qu'à compenser les surcoûts engendrés par l'accomplissement de la mission particulière ».

Toutefois, l'aide d'État compensant les surcoûts liés à l'accomplissement d'obligations de service public peut bénéficier de l'exception prévue à l'article 86 § 2 du Traité CE seulement si elle ne dépasse pas les coûts supplémentaires du service public qu'elle doit couvrir[345]. La jurisprudence « Altmark » blanchit dorénavant ces compensations et fait l'économie de ces embarras procéduraux.

Les aides d'État apparaissent comme un mal nécessaire dans le secteur électrique pour accompagner les entreprises électriques sur la voie de la libéralisation.

Un mal, car les entreprises intégrées peuvent grâce à ces aides subventionner des activités hors service public, ce qui rend impossible l'entrée sur le marché de nouveaux opérateurs et ôte toute raison d'être au régime de l'accès aux réseaux. Nécessaire, en ce qu'elles constituent une juste rémunération des charges supportées par les entreprises électriques disposant d'infrastructures essentielles.

Mais, même à cet égard, la Commission n'abdique pas son contrôle, elle considère, dans une décision du 17 décembre 2003, que le non-paiement par EDF de l'impôt sur les sociétés sur une partie des provisions constituées pour le renouvellement du réseau d'alimentation général constitue un avantage qu'EDF doit rembourser à l'État[346]. Le contrôle de la Commission a pour but de « veiller à ce que les barrières étatiques supprimées par la directive électricité et la directive gaz ne soient pas

---

[344] Communication de la Commission du 26 juin 2001, op.cit. p. 5.

[345] Voir les décisions de la Commission dans lesquelles elle conclut que le montant de la compensation accordée n'excède pas celui des coûts inhérents à la prestation de service public et qu'il est donc compatible avec l'article 86 § 2 du Traité CE, « Kinderkanal/Phoenix » du 24 février 1999, NN-78/90 ; « BBC News » du 29 septembre 1999, NN-88/98, précité.

[346] Décision de la Commission N-504/2003 du 16 décembre 2003 relative aux aides d'État accordées par la France à EDF et au secteur des industries électriques et gazières, voir également la décision de la CRE du 26 février 2004 relative à la répartition entre activités dissociées d'EDF de la charge du remboursement de 1,2 milliard d'euros à l'État français en application de la décision de la Commission Européenne du 16 décembre 2003.

remplacées par un comportement anticoncurrentiel des acteurs du marché qui aurait le même effet »[347].

L'équilibre à assurer est malaisé ; pour preuve, la question posée par la Commission dans son Livre vert sur les services d'intérêt général :

« Connaissez-vous des cas où le droit communautaire et, en particulier, l'application des règles relatives aux aides d'État, a empêché le financement de services d'intérêt général ou conduit à des choix inefficaces ? ».

(c) Les obligations de service public renforcées

La prise en compte dans la directive 03/54 du CE des éléments de service public témoigne de l'évolution du secteur électrique depuis l'entrée en vigueur de la directive 96/92 du CE. Elle témoigne surtout de la conversion de la Commission aux thèses du service public, bien qu'elle prétende, a posteriori, avoir toujours promu une ouverture « contrôlée du marché, accompagnée de mesures protégeant l'intérêt général »[348]. Ce revirement transparaît surtout dans son vocabulaire, lorsqu'elle indique, par exemple, que les exceptions contenues à l'article 86 § 2 du Traité CE présentent « des garanties offertes » aux entreprises prenant en charge des missions d'intérêt général[349]. L'investissement de la Commission dans la définition des obligations de service public et de service universel est la conséquence de sa compétence en tant qu'autorité de contrôle de l'application des règles de la concurrence, auxquelles les obligations de service public ont pour objet de déroger. Aussi, plutôt que de se cantonner dans une position défensive, elle prend en charge la régulation de ces entraves à la concurrence qui se justifient par l'intérêt général.

Elle perfectionne sa technique dans son Livre Vert sur les services d'intérêt général dans lequel elle ne se limite plus à viser les domaines d'intervention des obligations de service public, mais détaille les principes qui s'appliquent à leur gestion, tels que la continuité, la qualité et la notion de prix abordable[350]. En approchant les obligations de service public de manière positive, la directive 03/54 du CE met en place un véritable équilibre entre les obligations de service public et les principes concurrentiels.

b) Des contraintes de service public à préserver

Certains auteurs n'hésitent pas à évoquer « une certaine communauté de vue sur le contenu des notions françaises et européennes » du service public[351]. Plus nuancée est l'approche du Professeur Drago qui ne consent à reconnaître que des « zones communes » entre les notions françaises de service public et de service d'intérêt économique général. La Commission distingue, quant à elle, très clairement la notion française de service public des notions communautaires telles que le service d'intérêt général, le service d'intérêt économique général ou le service universel[352].

---

[347] XXXIème Rapport de la Commission sur la politique de la concurrence, 2001, point 96.

[348] La Commission reconnaît cependant que « le débat a évolué et que son centre d'intérêt s'est déplacé » du strict respect des règles de la concurrence à la prise en compte de missions d'intérêt économique général, COM(2003)270 final, p. 5.

[349] COM(2003)270 final, p. 4.

[350] COM(2003)270 final.

[351] D. Berlin, *RTDE* 1983, p. 419.

[352] Pour une définition de ces notions, voir l'annexe de la Communication SIG du 19 janvier 2001.

Le service public se définit, selon elle, à travers deux éléments, l'un organique et l'autre fonctionnel. L'expression « service public » désigne « tantôt l'organisme de production de service et tantôt la mission d'intérêt général confiée »[353].
Or la Commission comme la CJCE semblent privilégier une approche qui s'intéresse plus aux conséquences et au régime du service public qu'à la notion en elle-même[354].
Après avoir présenté l'approche communautaire des obligations de service public, il importe de présenter les missions de service public que la loi du 10 février 2000[355] entend mettre à la charge des gestionnaires des réseaux de transport et de distribution d'électricité ainsi que leur régime.
Afin de mesurer l'impact des obligations de service public mises à la charge des gestionnaires d'infrastructures de réseaux, il importe au préalable de présenter les mesures ouvrant le marché électrique à la concurrence et transposant la directive 96/92 du CE.

(1) La libéralisation des activités électriques

La transposition de la directive 96/92 du CE en droit français s'est faite avec un retard conséquent qui n'émeut cependant guère, car il illustre ce qui est devenu une véritable coutume franco-communautaire. En revanche, la frilosité de la transposition surprend en ce qu'elle transpose toute la directive, mais *rien que la directive*. C'est pourquoi deux lois postérieures à celle du 10 février 2000 devront être adoptées pour la compléter avec la particularité de ne pas s'en tenir à légiférer sur l'électricité, mais également sur le gaz[356]. En revanche, ces lois transposeront la directive 03/54 du CE dans des délais qui sont en comparaison avec ceux nécessités pour l'adoption de la loi du 10 février 2000 raisonnable.

(a) Des dispositions longuement attendues

La transposition de la directive 96/92 du CE en droit interne présente ce que Poniatowski définit par une véritable « Arlésienne législative » en raison du temps passé pour trouver un consensus et des incertitudes quant aux choix à faire entre les options offertes par la directive[357]. Une année après l'entrée en vigueur de la directive 96/92 du CE, et alors que le projet de loi sur l'électricité n'est toujours pas clos, les autorités françaises demandent, par courrier adressé le 19 février 1998 à la

---

[353] COM(96)443, p. 2. Définitions reprises dans l'annexe de la Communication SIG du 19 janvier 2001.

[354] En ce sens : les propos de K. Van Miert, « La doctrine de la Commission, Les services d'intérêt économique général en Europe », 1996, p. 73 ; S. Rodrigues, « Le service public et le Traité d'Amsterdam », *Revue du Marché Commun et de l'Union Européenne*, n° 414, janvier 1998, p. 38.

[355] La loi du 3 janvier 2003 relative au marché du gaz n'a pas modifié les dispositions relatives au service public et la loi du 13 juillet 2005 dispose que « la politique énergétique repose sur un service public de l'énergie qui garantit l'indépendance stratégique de la nation et favorise sa compétitivité économique ».

[356] Loi du 3 janvier 2003 transposant la directive 98/30 du CE du 22 juin 1998 concernant les règles communes pour le marché intérieur du gaz naturel et la loi du 9 août 2004 transposant la directive 03/54 du CE concernant les règles communes pour le marché intérieur de l'électricité.

[357] Rapport fait au Sénat par L. Poniatowski sur « le projet de loi relatif aux produits énergétiques » du 16 octobre 2002. Pour la consultation de l'ensemble des projets de lois et rapports relatifs à l'adoption de la loi électrique, voir les « documents de références et analyses » du Ministère chargé de l'énergie, consultables sous : www.industrie.gouv.fr/cgi-n/industrie/energie/sommaire.htm

Commission, à bénéficier du régime transitoire prévu à l'article 24 de la directive 96/92 du CE. Celui-ci prévoit que si des engagements ou des garanties d'exploitation ne peuvent être honorés par des États membres en raison des dispositions de la directive 96/92 du CE, ceux-ci peuvent être autorisés par la Commission à déroger à l'application de ses chapitres IV, VI et VII[358]. La Cour souligne dans son arrêt « VEMW e.a. » du 7 juin 2005 relatif à l'appréciation du respect du principe de non-discrimination concernant des attributions prioritaires de capacité aux frontières que « la procédure, les critères et les limites prévus à l'article 24 de la directive seraient vidés de leur sens s'il était admis qu'un État membre peut unilatéralement et sans respecter ladite procédure appliquer un traitement différencié »[359]. En d'autres termes, aucune mesure dérogatoire au régime mis en place par la directive ne sera tolérée en dehors de la procédure de dérogation prévue par la directive.

En réponse à la saisine française, la Commission considère que le régime transitoire notifié par la France concernant, entre autres, les engagements liés à l'obligation d'achat d'électricité au bénéfice des producteurs autonomes et ceux liés au réacteur à neutrons Super-Phenix, « ne contient pas des mesures qui constitueraient des dérogations aux chapitres IV, VI et VII de la directive 96/92 du CE ». Elle conclut que, de ce fait, la procédure de l'article 24 n'est pas applicable au régime dérogatoire notifié par la France[360]. En revanche, elle estime que le projet de répercussion des coûts échoués dans la production d'électricité sur l'ensemble des consommateurs d'électricité[361], qui justifierait, selon la France, une dérogation, ne doit pas empêcher l'application des dispositions relatives à l'accès aux réseaux, ces dernières concernant le régime des aides d'État[362].

Suite à cet incident de parcours, la transposition contenue dans la loi du 10 février 2000 indique sans ambiguïté dans son titre qu'elle entend conforter le *service public de l'électricité* là où la directive parle de *marché de l'électricité*[363]. L'ouverture du secteur électrique à la concurrence ne doit en aucun cas réduire le service public à une peau de chagrin. Il prévoit, au contraire, de le moderniser, mieux, de le

[358] Ces chapitres concernent respectivement l'exploitation du réseau de transport, la dissociation comptable et l'organisation de l'accès aux réseaux. La dérogation accordée par la Commission est limitée dans le temps et liée à l'expiration des engagements présentés par les États membres, article 24 § 2 de la directive 96/92 du CE. Pour les conditions de mise en oeuvresde cette dérogation voir l'arrêt de la CJCE « VEMW e.a. » du 7 juin 2005, aff. C-17/03.

[359] Arrêt de la CJCE « VEMW e.a. » du 7 juin 2005, précité.

[360] Décision de la Commission du 8 juillet 1999 concernant la demande de régime transitoire introduite par la France, 1999/792 CE, JO L-319/6 du 11 décembre 1999, pour une analyse de cette décision, voir la Communication de la Commission sur les coûts échoués du 26 juin 2001, précitée.

[361] La CRE propose la définition suivante des coûts échoués : ce sont les coûts « résultant des politiques choisies ou imposées aux opérateurs historiques avant l'ouverture du marché, qui ne peuvent pas être couverts par les conditions du marché ouvert à la concurrence » ; glossaire de la CRE joint au Rapport d'activité de la CRE du 30 juin 2000, p. 28.

[362] Voir à ce sujet la communication de la Commission relative à la méthodologie d'analyse des aides d'État liées à des coûts échoués du 26 juillet 2001.

[363] 1er Considérant de la directive 96/92 du CE : la terminologie attribuée au système électrique a son importance en ce qu'elle dessine les contours de l'approche nationale du secteur. À titre comparatif, parmi les États membres, l'Allemagne, qui a ouvert son marché à l'ensemble des consommateurs, sans limitation par rapport à leur consommation d'électricité, transpose la directive 96/92 du CE en adoptant une loi sur l'*Économie* de l'Énergie, (Energiewirtschaftsgesetz du 24 avril 1998).

développer. La tâche a été probablement mûrement réfléchie, pour preuve le retard d'une année sur le calendrier imposé par la directive européenne pour la transposition en droit national[364]. La saisine de la CJCE par la Commission pour défaut de transposition est ainsi évitée in extremis[365]. La Commission a toutefois émis un avis motivé à l'intention de la France, suivant une mise en demeure infructueuse, dans lequel elle lui enjoint de procéder à la transposition de la directive 96/92 du CE[366]. Finalement, la menace du dépôt d'un recours en manquement devant la CJCE a permis que le projet de loi transposant la directive soit soumis à la procédure d'urgence devant les deux assemblées, et ce à leur grand regret. En effet, le choix de cette procédure a laissé en suspens les controverses intervenues au Parlement relatives à la notion de service public de l'électricité, au négoce d'électricité et à la privatisation de l'opérateur historique (EDF). Même si ces problématiques ressurgiront lors des discussions sur la loi du 3 janvier 2003 relative au marché du gaz.
En outre, le retard de transposition de la directive 96/92 du CE a présenté un double danger, considérant, d'une part, que certaines de ses dispositions sont d'application immédiate[367] et que, d'autre part, les opérateurs ont toujours la possibilité d'invoquer l'effet direct ou « l'invocabilité » de la directive. À savoir « l'aptitude d'une norme à produire directement des effets de droit susceptibles d'être

---

[364] La directive 96/92 du CE entrée en vigueur le 19 février 1997 devait être transposée dans un délai de 2 ans, soit jusqu'au 19 février 1999, article 27 § 1 de la directive 96/92 du CE. Or, l'avant-projet de loi du 16 septembre 1998 n'a été déposé à l'Assemblée Nationale que le 14 décembre 1998, il faut attendre le 2 mars 1999 pour assister au premier vote sur le projet de loi n° 253 « Petite loi » à l'Assemblée Nationale, n° 1253, 1371 et 1383. Projet de loi n° 1840 enregistré à l'Assemblée Nationale le 9 octobre 1999. Finalement l'urgence doit être déclarée pour faire accepter le texte définitif le 10 février 2000. Les discussions au Sénat et à l'Assemblée Nationale sur ce projet de loi sont disponibles sous :
http://www.industrie.gouv.fr/cgi-bin/industrie/frame0.pl?url=/energie/sommaire.htm

[365] La directive 96/92 du CE impose aux États membres d'assurer l'effectivité des dispositions qu'elle contient à l'aide des « principes qui sont à la base du système juridictionnel national, c'est-à-dire la protection des droits de la défense, le principe de sécurité juridique et le bon déroulement de la procédure » ; arrêt de la CJCE « Peterbroeck » du C-312/92, rec.p. I-4599, voir à ce sujet, P. Girerd, « Les principes d'équivalence et d'effectivité : encadrement ou désencadrement de l'autonomie procédurale des États membres ? », *Revue Trimestrielle de Droit Européen*, n° 38(1), janvier-mars 2002, p. 75. Le secteur du gaz n'a pas connu ce répit, la Commission ayant introduit le 3 juillet 2001 un recours en manquement devant la CJCE afin de faire condamner la France pour non-transposition de la directive 98/30 du CE du 22 juin 1998 relative à la libéralisation du marché du gaz ; arrêt de la CJCE « Commission/France » du 28 novembre 2002, C-259-01 ; voir les commentaires de H. Courivaud, « Non-transposition par la France de la directive sur le gaz : une sanction pour l'exemple ou une sanction pour la forme », *Chronique Jurisclasseur*, novembre 2002, p. 7.

[366] Sur la base de l'article 226 du Traité CE, la Commission a mis la France en demeure de lui présenter les mesures de transpositions de la directive 96/92 du CE, SG (1999), D/9432 du 24 novembre 1999.

[367] Le Conseil Économique et Social (CES) considère à raison que, parmi les dispositions de la directive 96/92 du CE, « une distinction peut être présentée entre les dispositions regardées dès maintenant comme obligatoires et celles qui appellent des choix relevant de la responsabilité des États membres ». Ce sont, entre autres, les dispositions relatives au régime d'autorisation d'exploitation des installations de production, à la désignation du GRT et des GRD, aux règles d'Unbundling, aux consommateurs éligibles et à la désignation d'une autorité de règlement des litiges, Avis du CES, séance des 12 et 13 mai 1998 sur la Future organisation électrique française.

revendiqués par des tiers et invoqués par eux en justice »[368] contre l'État, mais aussi contre les entités soumises à son contrôle, telles que les gestionnaires de réseaux[369]. Conscient de cette lecture, EDF, en tant qu'opérateur principal sur le marché électrique, a, dans l'attente de l'adoption de la loi de transposition, mis en place un « bureau d'accès aux réseaux » chargé de l'organisation de l'acheminement de l'électricité négociée dans les nouveaux contrats de fourniture d'électricité.

Afin d'éviter que le retard dans la transposition ne lui soit préjudiciable, le gestionnaire naturel du réseau de transport[370] a également mis en place une forme de « contrat type d'accès aux réseaux » dans lequel est reconnu l'effet direct de l'éligibilité des consommateurs de + de 100 GWh d'électricité par an, transposant ainsi l'article 19 de la directive 96/92 du CE. L'application immédiate de cette disposition n'est pas incontestable, considérant qu'elle appartient aux mesures qui peuvent être laissées inappliquées si elles empêchent, en fait ou en droit, les entreprises électriques d'accomplir leurs obligations de service public, dans les conditions fixées par l'article 3 § 3 de la directive 96/92 du CE[371].

Il n'est pas inintéressant de mettre en parallèle, a posteriori, la valeur de cette transposition avec la décision de la CJCE relative à la transposition de la directive 98/30 du CE du 22 juin 1998 concernant les règles communes pour le marché intérieur du gaz naturel. L'arrêt de la CJCE du 28 novembre 2002, condamnant la France pour manquement dans la transposition de la directive gaz, considère que de « simples pratiques administratives ne sauraient (comme c'est le cas en l'espèce) être considérées comme constituant une exécution valable des obligations du Traité », surtout si ces pratiques « ont été adoptées par les opérateurs économiques d'un certain secteur »[372]. La Commission qui analysa les dispositions adoptées dans la loi du 10 février 2000 a très tôt formulé certaines réserves[373]. Elle estima que l'article 22 § III de la loi du 10 février 2000, qui imposait aux opérateurs de conclure

[368] J.P. Puissochet, « Développements récents de la jurisprudence communautaire sur l'effet direct du droit international et des directives », *CJEG*, octobre 2000, p. 357. La CJCE impose cependant le respect de deux conditions pour accepter l'effet direct d'une directive : que le délai de transposition de la directive soit expiré ; que les dispositions concernées soient suffisamment claires, précises et inconditionnées. Voir, à cet effet, la jurisprudence de la CJCE, arrêt « Ratti » du 5 avril 1979, C-148/78, rec. p. 1629, arrêt « Becker » du 19 janvier 1982, C-8/81, rec. p. 53, arrêt « Francovich » du 19 novembre 1991, rec. p. 5357, arrêt « SACE » du 17 décembre 1970, 33/70, rec. 1213. Sur ce sujet, M.A. Frison-Roche, « Un vide juridique préjudiciable », *La Tribune* du 3 mars 1999 ; O. Dubois, « L'invocabilité d'exclusion des directives : une autonomie enfin conquise », *RFDA*, mai-juin 2003, p. 568.

[369] L'arrêt de la CJCE « Foster/British Gas » du 12 juillet 1990, rec. p. 3343, permet d'invoquer les dispositions suffisamment précises et inconditionnelles d'une directive à l'encontre d'une entité « soumise à l'autorité ou au contrôle de l'État [...] qui, quelle que soit sa forme juridique, a été chargée en vertu d'un acte de l'autorité publique d'accomplir sous le contrôle de cette dernière, un service d'intérêt public », cela aurait pu, par conséquent, s'appliquer à l'encontre d'EDF en tant qu'établissement public industriel et commercial ; Y. Galmot, « Le juge administratif français, la CJCE et les directives communautaires : l'ébauche d'une cohérence », *CJEG*, juin 1999, p. 207.

[370] Il s'agit, jusqu'à l'adoption de la loi du 10 février 2000, du service interne de dispatching d'EDF.

[371] P. Blanchard doute aussi du caractère inconditionnel et précis des dispositions de la directive 96/92 du CE relatives à l'accès aux réseaux, L'évolution du secteur électrique français au lendemain de l'arrêt de la CJCE sur les monopoles d'importation et d'exportation d'électricité, *CJEG*, février 1998, p. 71.

[372] Point 21 de l'arrêt de la CJCE « Commission/France » du 28 novembre 2002, C-259-01.

[373] D.C. Garcia, Functionning of the internal market, intervention au colloque The liberalisation of the electricity and natural gas markets in the european Union, Bruxelles, 24 mars 2000.

des contrats de fourniture d'une durée minimum de trois ans (avant d'être abolie par la loi du 3 janvier 2003 relative au marché du gaz), était contraire à la liberté de circulation des marchandises. C'est l'interprétation restrictive donnée par la CRE de cette disposition légale qui a satisfait la Commission, laquelle abandonna ses poursuites contre la France[374].
Par ailleurs, les mesures prises à la hâte par EDF ne sauraient satisfaire, a posteriori, au principe d'une transposition en bonne et due forme. L'entrée en vigueur de la loi du 10 février 2000 transposant la directive 96/92 du CE clôt le débat à cet égard, bien que la transposition n'épuisât pas les potentialités de la directive.

(b) Des dispositions qui traduisent la directive 96/92 du CE « a minima »

La loi du 10 février 2000 transposant la directive 96/92 du CE entend introduire « des éléments maîtrisés de concurrence »[375] dans l'ensemble des activités électriques. L'ouverture prônée par la directive 96/92 du CE se traduit plutôt par un entrebâillement du secteur électrique sous le contrôle des pouvoirs publics[376]. Or la mise en œuvre d'un droit d'accès aux réseaux dépend aussi de l'ouverture coordonnée des autres activités électriques. Pour procéder à l'union des impératifs de concurrence et du service public, les pouvoirs publics se sont adjoint plusieurs témoins.
La loi du 10 février 2000 s'appuie sur de nombreuses consultations ; on retiendra, en particulier, les avis rendus par le Conseil de la Concurrence, les propositions élaborées par le Conseil Économique et Social et celles du Conseil Supérieur de l'électricité et du gaz[377].

(i) La continuité dans le changement

La loi du 10 février 2000 s'inscrit dans la continuité du système instauré par la loi de nationalisation qu'elle n'a pas pour but d'abroger, mais d'amender. L'ensemble législatif précité demeure en vigueur et, en particulier, la loi du 15 juin 1906 sur les distributions d'énergies et la loi de nationalisation du 8 avril 1946. L'amendement le plus significatif à son égard est contenu à l'article 53 § I de la loi du 10 février 2000

---

374 Mise en demeure de la Commission du 21 juin 2000 et Communication de la CRE du 11 mai 2001.

375 Exposé des motifs relatifs à l'avant-projet de loi sur la modernisation et le développement du service public de l'électricité du 16 septembre 1998, consultable sous : www.industrie.gouv.fr/energie/electric/htm

376 « La nouvelle organisation du secteur de l'électricité garantira l'accomplissement des missions de service public et l'ouverture progressive du marché dans les limites et selon le rythme autorisés par la directive », Exposé des motifs concernant le projet de loi relatif à la modernisation et au développement du service public de l'électricité du 14 décembre 1998, n° 253, précité.

377 Avis du Conseil de la Concurrence du 28 avril 1998, n° 98-A-05 relatif à une demande d'avis sur les principes à respecter ou les dispositions à prévoir pour assurer le fonctionnement concurrentiel du marché électrique dans le cadre tracé par la directive européenne 92/96 du CE, BOCCRF du 16 juillet 1998, p. 383 ; Avis du Conseil Économique et Social, La future organisation électrique française, présenté par R. Hadas-Lebel, séances des 12 et 13 mai 1998 ; Avis du CSEG du 5 mai 1998 qui analyse les aspects relatifs aux dispositions statutaires et sociales et ceux relatifs à la régulation. Ces avis sont regroupés dans le tome 2 « Les contributions » répondant à la concertation organisée par le Secrétariat d'État à l'Industrie sur la base du Livre Blanc, « Vers la future organisation électrique française » février 1998, DGEMP, Documents du Ministère de l'Économie, des Finances et de l'Industrie, 1999.

qui modifie l'article 1er de la loi du 8 avril 1946 par un alinéa ainsi rédigé[378] :
« À compter de la date d'entrée en vigueur de la loi n° 2000-108 du 10 février 2000 [...], les activités de production, d'importation et d'exportation, ainsi que les activités de fourniture aux clients éligibles sont exercées dans les conditions déterminées par cette même loi »[379].
Parallèlement à ce préalable nécessaire à l'ouverture du marché électrique à la concurrence, les modifications apportées à la loi de nationalisation du 8 avril 1946 sont relativement insignifiantes[380]. La loi du 10 février 2000 abroge le décret du 20 mai 1955 régissant les rapports entre les établissements visés par les articles 2 et 23 de la loi du 8 avril 1946 et les producteurs autonomes d'énergie électrique[381], en raison de l'ouverture à la concurrence de l'activité de production d'électricité.

(ii) Les changements introduits par la loi du 10 février 2000

La loi du 10 février 2000 prévoit, certes, la démonopolisation de la production, de l'exportation et de l'importation d'électricité[382], pour autant l'activité de production n'est pas hors du contrôle des pouvoirs publics, car elle repose sur le respect d'une « Programmation Pluriannuelle des Investissements de production »[383].
Il s'agit de l'élaboration par les pouvoirs publics d'un plan dans lequel le Ministre chargé de l'énergie fixe les objectifs en matière de répartition des installations de production par source d'énergie primaire, par technique de production et par zone géographique[384]. La loi électrique prévoit l'adoption de trois documents distincts : un rapport sur la PPI présenté au Parlement dans l'année qui suit la promulgation de la loi[385], une décision ministérielle qui constitue la programmation pluriannuelle proprement dite et une loi d'orientation sur l'énergie[386].
En d'autres termes, les pouvoirs publics décident au préalable de l'opportunité, de l'ampleur et des conditions de la construction de nouvelles installations électriques.

---

[378] L'article 1er de la loi du 8 avril 1946 dispose que : « À partir de la promulgation de la présente loi, sont nationalisés : la production, le transport, la distribution, l'importation et l'exportation d'électricité ».

[379] L'article 1er de la loi de nationalisation du 8 avril 1946 est aussi complété par la loi n° 2003-8 du 3 janvier 2003 transposant la directive 98/30 libéralisant le marché du gaz par un alinéa ainsi rédigé : « l'accès aux réseaux et la fourniture de gaz naturel aux clients éligibles sont exercés dans les conditions déterminées par la loi du 3 janvier 2003. Les monopoles d'importation et d'exportation de gaz sont supprimés », article 62 de la loi du 3 janvier 2003.

[380] Elles concernent des changements terminologiques (alinéa 7° de l'article 53) ou des changements relatifs à l'introduction du régime des autorisations des installations de production (alinéa 2° de l'article 53, modifiant l'article 8bis de la loi de nationalisation du 8 avril 1946).

[381] Article 54-4° de la loi du 10 février 2000.

[382] Articles 6 et 22 de la loi du 10 février 2000.

[383] Ci-après la « PPI », article 6 de la loi du 10 février 2000, voir à ce sujet l'analyse du régime de la production de R. Coin, « Le régime juridique de la production d'électricité dans la loi du 10 février 2000 », *CJEG*, n° 578, juillet 2001, p. 269.

[384] Article 6 § I de la loi du 10 février 2000, cette planification doit faire l'objet d'un rapport du Ministre chargé de l'énergie qui doit être présenté au Parlement à chaque renouvellement de l'Assemblée Nationale (tous les 5 ans).

[385] Voir le Rapport au Parlement du 29 janvier 2002, élaboré par un groupe de travail présidé par J.M. Charpin, Commissaire au Plan, P. Sablière, « Droit de l'électricité », Dalloz, 2003, p. 21, également consultable sous :
http://www.industrie.gouv.fr/cgi-bin/industrie/frame0.pl?url=/energie/sommaire.htm

[386] Cette loi a été adoptée le 13 juillet 2005, loi n° 2005-781 de programme fixant les orientations de la politique énergétique, J.O. n° 163 du 14 juillet 2005, p. 11570.

Ce plan doit conforter les choix énergétiques des pouvoirs publics dont dépend la sécurité des approvisionnements, alors qu'en principe, sur un marché ouvert à la concurrence, ce choix est déterminé par le marché. Dans un système qui entend contrôler la sûreté de ses approvisionnements, ce choix est opéré par les pouvoirs publics par le biais d'autorisations de production qui sont octroyées en fonction d'un plan de développement des installations de production d'électricité[387].
Cette disposition transpose l'article 3 § 2 de la directive 96/92 du CE qui permet aux États membres de mettre en œuvre une planification de long terme afin d'assurer la sécurité des approvisionnements. On peut, dès à présent, soulever que la compatibilité de la PPI avec la planification « de long terme » prévue par la directive 96/92 du CE est douteuse[388]. En effet, aux termes de l'arrêté définissant les objectifs de la PPI, celle-ci est en vigueur 18 mois, après quoi de nouveaux objectifs doivent être redéfinis[389]. Or une planification de long terme doit être claire et stable quant aux objectifs qu'elle dégage afin de répondre au principe de sécurité juridique.
Par ailleurs, l'objectivité d'une PPI arrêtée par le Ministre chargé de l'énergie, qui était jusque-là l'autorité de tutelle d'EDF et depuis la loi du 9 août 2004 son actionnaire principal, ne répond que peu au précepte d'objectivité. En effet, il peut toujours développer la construction d'installations de production d'EDF et ralentir les projets concurrents, voire encourager le développement de techniques de production que seul EDF est en mesure de mettre en œuvre[390].
Le régime retenu par la loi du 10 février 2000 dispose que, sur la base des données arrêtées dans la PPI, « toute personne » est en mesure d'exploiter une nouvelle installation de production[391]. La procédure prévoit la combinaison de deux régimes : l'autorisation préalable combinée, en tant que de besoin, avec un régime d'appel d'offre[392]. Il revient au Ministre chargé de l'énergie d'accorder les autorisations d'exploitation, au terme d'une procédure que l'article 5 § 2 de la directive souhaite

---

[387] Il peut, par exemple, décider d'utiliser l'électricité plus que le gaz et, parmi les producteurs d'électricité, préférer d'utiliser l'énergie d'origine éolienne plutôt que nucléaire, J.P. Bourdier, Production d'électricité, les enjeux du long terme, Revue de l'énergie, n° 496, mars-avril 1998, p. 148.

[388] La directive 03/54 du CE réitère l'impératif selon lequel la planification des besoins de production et de transport s'élabore dans une « perspective de long terme », mais elle rajoute que la planification concerne aussi les capacités de « distribution », considérant 25.

[389] Arrêté du 7 mars 2003 relatif à la PPI seulement pour les capacités de production, JO n° 65 du 18 mars 2003, p. 4692.

[390] En l'espèce, le risque est très grand de voir retracés dans la PPI les seuls intérêts d'EDF. Ce danger est aussi pris en compte dans l'article 6 § I de la loi du 10 février 2000, qui dispose que la PPI est établie de manière à « laisser une place aux productions décentralisées, à la cogénération et aux technologies nouvelles ». Ces dispositions préventives pèsent peu face au manque de contrôle en la matière, qui consiste pour le Ministre à présenter la PPI dans un rapport au Parlement, article 6 § I de la loi du 10 février 2000.

[391] Article 6 § II de la loi du 10 février 2000, sous réserve des articles L. 2224-32 et 33 du CGCT, qui limite ce droit à des installations d'une puissance max. de 8 000 kVa ou à des installations utilisant des énergies renouvelables des autorités concédantes de la distribution d'électricité.

[392] Afin d'être en conformité avec la directive, l'article 6 de la loi du 10 février 2000 transpose l'article 4 de la directive 96/92 du CE qui prévoit que les « États membres peuvent choisir entre un système d'autorisation et/ou un système d'appel d'offres ». Ce régime est maintenu dans la directive 03/54 du CE.

publique[393]. L'autorisation d'exploitation est attribuée en fonction de critères objectifs, transparents et non discriminatoires. La directive 03/54 du CE en impose également la publicité[394].
Le système complémentaire de l'appel d'offre n'est mis en œuvre par le Ministre chargé de l'énergie que « lorsque les capacités de production ne répondent pas aux objectifs de la PPI »[395]. L'emprise des pouvoirs publics sur une production qui est, certes, démonopolisée se manifeste aussi a posteriori, puisque le Ministre chargé de l'énergie peut à tout moment suspendre, même de manière temporaire, voire retirer l'autorisation d'exploitation délivrée, en cas de menace pour la sécurité des réseaux, des installations électriques ou en cas de risques pour les personnes[396]. L'article 6 § III vise en l'espèce l'article 23 de la directive 96/92 du CE, qui autorise l'État membre, dans les cas précités, à prendre les mesures de sauvegarde nécessaires. Mais, pour être compatible avec la directive et malgré le silence de l'article 6, ces mesures doivent être temporaires, proportionnelles à la menace puis notifiées à la Commission qui est en mesure de « les modifier ou de les supprimer »[397].
L'ouverture à la concurrence de l'activité de production d'électricité impose d'ouvrir également l'importation et l'exportation d'électricité. Celles-ci ne constituent plus, dans la loi du 10 février 2000, de monopoles réservés à EDF[398].
Ils sont abrogés par l'article 53 § I-1° de la loi du 10 février 2000 qui renvoie au régime qu'elle met en place. Cette abrogation découle de la reconnaissance au profit des clients éligibles de la faculté de choisir librement leur fournisseur sur le territoire d'un État membre, voire sur le territoire d'un autre État membre lié avec la France par des accords[399], pour conclure des contrats d'achat d'électricité. En ce qui

---

[393] L'article 6 § II de la loi du 10 février 2000, qui est complété par le décret du 7 septembre 2000 relatif à l'autorisation d'exploiter les installations de production d'électricité, impose que, « sous réserve des secrets protégés par la loi, il [le Ministre chargé de l'énergie] procède à la publication par extraits au JO des principales caractéristiques de la demande ». Il procède ensuite « à la publication, par extraits, au JO des autorisations », articles 2 et 13 du décret n° 2000-877 du 7 septembre 2000 relatif à l'autorisation d'exploiter les installations de production d'électricité, JO n° 210 du 10 septembre 2000, p. 14214.

[394] Lorsque la procédure de l'autorisation est choisie, la directive 96/92 du CE prévoit que les critères « peuvent porter sur » la sécurité et la sûreté des réseaux, la protection de l'environnement, la nature des sources primaires, les caractéristiques techniques, financières et économiques du demandeur. En ce sens, l'article 9 § I de la loi du 10 février 2000 relatif aux critères d'autorisation des exploitations électriques y répond, il se contente d'ajouter à la liste de la directive « le respect de la législation sociale en vigueur ».

[395] Article 8 de la loi du 10 février 2000.

[396] Article 6 § III de la loi du 10 février 2000.

[397] Dans la mesure où elles « provoquent des distorsions de concurrence et perturbent les échanges d'une manière incompatible avec l'intérêt commun », article 23 de la directive 96/92 du CE.

[398] En matière d'électricité, le monopole le plus hermétique concernait les importations et les exportations d'électricité. Seul EDF était jusque-là en mesure de conclure des contrats d'import-export d'électricité. Le producteur d'électricité Compagnie Nationale du Rhône (CNR) se voyait expressément interdire cette activité dans l'ordonnance n° 58-881 du 24 septembre 1958 qui disposait qu'en « aucun cas, l'énergie provenant des usines établies sur le Rhône ne pourra être transportée en dehors du territoire français », A. Fiquet, « L'interconnexion et les échanges d'énergie électrique en Europe », *CJEG*, Chronique, juillet-août 1988, p. 255.

[399] En vertu de l'article 22 § III de la loi du 10 février 2000, un client éligible peut conclure « un contrat d'achat d'électricité avec un producteur ou un fournisseur de son choix installé sur le territoire d'un État membre de la Communauté européenne ou, dans le cadre d'accords internationaux, sur le territoire d'un autre État ».

concerne les exportations d'électricité, l'article 23 attribue aux nouvelles installations électriques un droit d'accès aux réseaux afin de garantir l'exécution de leurs contrats d'exportation[400]. Ces dispositions sonnent définitivement le glas des monopoles et droits exclusifs de production, d'importation et d'exportation d'électricité au bénéfice d'EDF. La directive 03/54 du CE entérine cette abrogation en intégrant dans son champ d'application l'activité de fourniture en électricité, qui s'illustre en raison du faible nombre de producteurs nationaux, essentiellement à travers les possibilités d'importation d'électricité.
La refonte du régime des activités de production, d'importation et d'exportation d'électricité ne doit pas occulter le fait que leur mise en œuvre effective repose sur l'ouverture des activités de transport et de distribution d'électricité, qui demeurent les seules activités à ne pas subir de véritable toilettage concurrentiel. La loi du 10 février 2000 souligne la particularité des réseaux « publics » de transport et de distribution d'électricité, afin de pouvoir justifier l'application à leur endroit d'un régime de service public et de les placer sous le contrôle des pouvoirs publics.
Cette approche a été rendue possible par l'article 3 de la directive 96/92 relatif aux obligations de service public qui est une véritable « boîte de pandore ».

(2) Les missions et principes de service public dans le transport et la distribution d'électricité

Le service public de l'électricité n'est ni visé, ni défini dans la loi de nationalisation du 8 avril 1946, mais les entités publiques qui assurent la gestion des réseaux publics en appliquent quotidiennement les missions et en respectent les principes.
La loi du 10 février 2000 ne remet pas en cause cette construction. Elle envisage de développer le service public de l'électricité en attribuant de nouvelles missions de service public aux entités gestionnaires des infrastructures de réseaux.
Une transposition conforme de la directive 96/92 du CE impose à la loi du 10 février 2000 de définir précisément le contenu du service public de l'électricité et, en particulier, les missions qui seront mises à la charge des opérateurs[401], car elles constituent des entraves aux règles de la concurrence. Mais l'idée d'un conflit entre les notions de service public et de service d'intérêt économique général doit être écartée, car la directive 96/92 du CE assure, à travers le principe de subsidiarité, la protection du service public à la française et la liberté qui permet aux États membres d'en définir les missions[402]. La directive 03/54 du CE se range, quant à elle,

---

[400] En application de l'article 22 § IV de la loi du 10 février 2000, qui transpose les articles 19 § 5-a) et 20 § 1 de la directive 96/92 du CE. L'abolition des monopoles d'importation et d'exportation se déduit des articles précités, qui considèrent que, dès que la qualité de client éligible est reconnue dans les États membres concernés, « des contrats pour la fourniture d'électricité conclus aux termes des dispositions des articles 17 (accès réglementé et négocié aux réseaux) et 18 (acheteur unique) avec un client éligible du réseau d'un autre État membre ne peuvent être interdits », article 19 § 5.
L'article 20 § 1 concerne la possibilité pour les producteurs indépendants d'accéder aux réseaux pour approvisionner leurs établissements et filiales dans le même ou dans « un autre État membre ».

[401] Article 3 § 2 de la directive 96/92 du CE, A. Tournebise, « Les services publics de l'électricité et du gaz, et le grand marché européen », *Direction des journaux officiels*, Paris, 1992, p. 124.

[402] Une « identité » entre ces concepts est défendue par J.F. Lachaume, « les SIEG visés par l'article 90 du Traité de Rome désignent des activités marchandes remplissant des missions d'intérêt général et soumises de ce fait par les États membres à des obligations spécifiques de service public. Le qualificatif économique est à rapprocher de la notion « industriel et commercial », « Service public,

clairement du côté des obligations de service public. Le service public de l'électricité s'exprime à travers des missions nouvelles et des principes réactualisés qui s'appliquent essentiellement aux activités de transport et de distribution d'électricité[403].

La loi du 3 janvier 2003 relative au marché du gaz affiche plus que jamais son attachement à la notion de service public de l'électricité. Cet attachement n'est pas seulement démonstratif, la notion de service public n'apparaît pas seulement dans l'intitulé des lois, mais fait l'objet de nombreux articles. La loi du 9 août 2004 transposant la directive 03/54 du CE confirme cette approche et rassure surtout en soulignant que, malgré leur changement de statut, EDF et le GRT restent soumis aux principes du service public de l'électricité. Enfin, la loi de programme fixant les orientations de la politique énergétique francaise effectue un véritable pas en avant à cet égard, son article 1er dispose que « la politique énergétique repose sur un service public de l'énergie qui garantit l'indépendance stratégique de la nation et favorise sa compétitivité économique ».

La notion de service public est définitivement ancrée dans le secteur énergétique francais avec une mission pour le moins inhabituelle, celle de développer et garantir la concurrence. Il importe de présenter le contenu du service public de l'électricité afin de rendre compte de sa conformité aux préceptes dégagés par les instances communautaires et de prendre la mesure des entraves à la concurrence qu'ils présentent.

(a) Les missions du service public de transport et de distribution d'électricité

L'article 3 § 2 de la directive 96/92 du CE illustre le partage de compétence issu de l'article 16 du Traité CE, qui impose aux États membres et à la Communauté, en fonction de leurs compétences respectives, de définir les principes et les missions sur lesquels s'appuient les services d'intérêt économique général. En réorganisant le secteur de l'électricité, la loi du 10 février 2000 rattache pour la première fois la notion de service public au secteur de l'électricité. En vertu du principe de subsidiarité, la loi du 10 février 2000 détermine les autorités compétentes pour les adopter, leur contenu et les entités appelées à les mettre en œuvre[404].

L'exposé des motifs du projet de loi sur l'électricité[405] proposait de « moderniser » et de « conforter » le service public. En substituant le mot « développer » à « conforter », la loi du 10 février 2000 a trouvé, au fur et à mesure de son peaufinement, un élan qui entend faire du service public une notion clé dans la gestion des activités de réseaux[406] avec, cependant, un souci nouveau d'efficacité

SIEG, Service universel : une mutation communautaire ? L'avenir des missions de service public en Europe », Presses Universitaires de Limoges, 1999, p. 36.

[403] Voir l'approche de L. Richer, « La loi du 10 février 2000 sur l'électricité : entre concurrence et service public », *AJDA*, 20 mars 2000, p. 239.

[404] La loi du 10 février 2000 transpose les « obligations » de service public de la directive en « missions » de service public, lesquelles présentent la particularité d'être moins contraignantes. En effet, l'obligation impose un résultat à atteindre alors qu'une mission est imprécise, F. Robbe, « L'ouverture du marché de l'électricité et l'adaptation du service public », *CJEG*, juin 2000, p. 211.

[405] Projet de loi relatif à la modernisation et au développement du service public de l'électricité du 14 décembre 1998, n° 1253.

[406] Selon A. Allouache, G. Koubi, dès 1989, la modernisation cherche à organiser les services publics de manière à « diminuer sensiblement ses coûts en améliorant la qualité du service rendu », Circulaire du

économique[407]. La loi du 10 février 2000 détaille les missions de service public à accomplir par les gestionnaires des infrastructures de transport et de distribution d'électricité, qui étaient jusque-là fixées dans les cahiers des charges de concession des réseaux de transport et de distribution d'électricité. Elle répond ainsi au vœu de transparence émis par la Commission et à celui d'assurer la non-discrimination sur le marché électrique à travers un accès aux réseaux équitable. Elle attribue surtout pour la première fois une valeur législative aux missions de service public dans le secteur électrique.

L'autorité compétente pour définir les missions de service public est le gouvernement qui prend « les mesures nécessaires à la mise en œuvre des missions de service public »[408]. Le Ministre chargé de l'énergie doit veiller à leur bon accomplissement[409]. Peu importe que les missions de service public soient contenues dans une disposition législative ou réglementaire, l'essentiel est, selon la jurisprudence communautaire, qu'elles soient précisées dans un acte formel.

Pour répondre à cet impératif, l'article 1er de la loi du 9 août 2004 impose que, dorénavant, des « contrats » de service public soient conclus entre l'État et EDF, en tant qu'entreprise soumise au droit des sociétés, dans lesquels les objectifs et les modalités de mise en œuvre des missions de service public doivent être définis. Cette obligation devient une faculté en ce qui concerne des contrats liant l'État et d'autres entreprises électriques dans le respect du principe d'égalité. En effet, les « missions de service public dans le secteur de l'électricité et du gaz sont essentiellement assurées par EDF et GDF ; les autres opérateurs participant à leur exécution ne sont pas placés dans la même situation »[410]. Ces contrats vont dès lors se substituer aux deux types de contrats d'entreprises et de service public visés à l'article 140 de la loi du 15 mai 2001 sur les nouvelles régulations économiques[411].

Premier Ministre du 23 février 1989 relative au renouveau du service public, JO du 24 février 1989, p. 2526, Le service public dans les discours : Quelques enjeux, Travaux de la CEDECE, 1996, p. 87.

[407] La position communautaire n'est pas sans influence à cet égard sur cette évolution, voir la communication de la Commission sur les services d'intérêt général en Europe, ainsi que le rapport de R. Denoix de Saint-Marc, Rapport au premier Ministre, Le service public, La documentation française, 1996, p. 50 et s. ; J. Choussat considère que la modernisation du service public consiste à intégrer, dans le secteur public, l'articulation entre les résultats et les coûts, afin que les gestionnaires deviennent « Cost conscious », La question de l'efficacité, Le service public en recherche, quelle modernisation ? Commissariat Général du Plan, p. 30.

[408] Article 3 de la loi du 10 février 2000.

[409] Sont concernés également par la mise en œuvre des missions de service public, le Ministre chargé de l'économie, les autorités concédantes visées à l'article 23 de la loi du 8 avril 1946 (les collectivités locales) et la CRE. Ils assurent chacun, dans le cadre des compétences attribuées par la loi du 10 février 2000, le respect des missions de service public, article 3 de la loi du 10 février 2000.

[410] Le caractère facultatif de ces contrats n'entraîne pas selon le Conseil Constitutionnel de « violation des principes d'égalité et de continuité du service public », Décision du Conseil Constitutionnel n° 2004-501 DC du 5 août 2004 relative au service public de l'électricité et du gaz et aux entreprises électriques et gazières.

[411] Sur la base de l'article 29 de la loi n° 95-115 du 4 février 1995 d'orientation pour l'aménagement et le développement des territoires repris par l'article 140 de la loi du 15 mai 2001 sur les régulations économiques, deux types de contrats étaient jusque-là prévus : les contrats d'entreprises pluriannuels et les contrats de service public. Le contrat de service public conclu entre l'État et EDF en 2001 prévoyait déjà des engagements en termes de qualité de fourniture, qualité des services, sécurité des installations, etc., mais il ne constituait qu'une annexe au contrat de groupe. Or seul ce dernier avait une véritable force contraignante et non le contrat de service public. La contractualisation souhaitée

La loi du 10 février 2000 se veut donc exhaustive sous la pression de la directive 96/92 du CE et définit dans un premier titre le but du service public de l'électricité, son contenu, ses missions, ainsi que son mode de fonctionnement, avant d'en déterminer le financement[412]. Jusque-là, les missions de service public étaient définies de manière laconique dans les concessions de service public du RAG et de distribution d'électricité. L'objet du service public de l'électricité est dorénavant de « garantir l'approvisionnement en électricité sur l'ensemble du territoire ».
Par approvisionnement, il faut entendre la « fourniture »[413] en électricité, qui englobe la maîtrise de la production nationale d'électricité et celle des importations d'électricité. Cette garantie de fourniture d'électricité entend s'exercer sur l'ensemble du territoire national, soit la France métropolitaine ainsi que les territoires d'outre-mer.
Le caractère de service public de l'activité de fourniture d'électricité est confirmé par l'arrêt de la CJCE « Commune d'Almelo », dans lequel la fourniture d'énergie électrique a le caractère d'un service d'intérêt économique général[414].
Le 2ème alinéa de l'article 1er de la loi du 10 février 2000 détermine l'importance accordée au service public de l'électricité à travers le rôle qui lui est confié dans la politique nationale de l'énergie tel qu'il ressort de la loi d'orientation de la politique énergétique. Il contribue à la réalisation de trois objectifs fondamentaux :

- l'indépendance et la sécurité des approvisionnements en électricité ;
- la gestion optimale des ressources nationales et
- la maîtrise de la demande d'énergie.

Ces éléments sont précisés dans la directive 03/54 du CE afin d'assurer la sécurité des approvisionnements. La directive entend renforcer la sécurité de des approvisionnements énergétiques européens suite aux difficultés apparues dans l'approvisionnement en électricité. La sécurité d'approvisionnement s'entend de l'équilibre que les États membres doivent assurer entre l'offre et la demande sur le marché national et qu'il revient aux autorités de régulation de surveiller[415]. L'obligation de surveillance des approvisionnements mise à la charge des États membres est très rigoureuse, car sur elle repose l'équilibre du réseau électrique européen. C'est la raison pour laquelle il incombe dorénavant aux régulateurs de communiquer tous les deux ans les conclusions de leurs travaux à la Commission

doit donc isoler le contrat de service public pour lui accorder une valeur juridique contraignante et en faire un « Contrat pluriannuel unique », voir le Rapport fait au nom de la Commission des affaires économiques de l'Assemblée Nationale par Jean-Claude Lenoir, n° 1659 du 8 juin 2004, p. 41, ci-après « Rapport Lenoir ».

412 Aux termes de l'article 3 de la loi du 10 février 2000, ces éléments sont appelés à être développés sous le contrôle des commissions départementales d'organisation et de modernisation des services publics créées par la loi n° 95-115 du 4 février 1995 dite loi d'orientation pour l'aménagement et le développement du territoire.

413 Le producteur produit l'électricité qu'il fournit, alors que le fournisseur n'est pas nécessairement un producteur d'électricité : il peut être un négociant en électricité, achetant de l'électricité aux producteurs pour la revendre à des consommateurs finals.

414 Arrêt de la CJCE « Commune d'Almelo » du 27 avril 1994, C-393/92, précité.

415 Parmi les éléments que les États membres doivent particulièrement surveiller, l'on comprend le niveau de la demande prévue, les capacités supplémentaires envisagées en projet ou en construction et les mesures pour couvrir les crêtes ou les déficits de consommation, article 4 de la directive 03/54 du CE, voir J. Percebois, La définition des missions de service public, Revue de l'Énergie, n° 534, février 2002, p. 81.

afin de perfectionner les réseaux dans le cadre de ses programmes de réseaux transeuropéens. Une véritable mission de surveillance des marchés énergétiques nationaux est dorénavant attribuée à la commission de régulation de l'Energie qui doit lui permettre d'appréhender tout comportement risquant de déséquilibrer les marchés et donc les approvisionnements[416]. C'est dans cet esprit que la loi du 9 août 2004 impose que les contrats de service public portent sur les exigences de service public « en matière de sécurité d'approvisionnement »[417]. La sécurité des approvisionnements devient un objectif de service public majeur et une des composantes les plus importantes des missions de service public.

Mais, le service public de l'électricité entend également participer à la réalisation d'objectifs politiques et économiques pour concourir « à la cohésion sociale en assurant le droit à l'électricité pour tous, à la lutte contre les exclusions, au développement équilibré du territoire [...], à la recherche et au progrès technologique [...] ». La loi du 10 février 2000 rattache ainsi le service public de l'électricité à la notion de cohésion sociale visée à l'article 16 du Traité CE[418] repris à l'article 3 § 7 de la directive 03/54 du CE. Cette approche a pour but de rappeler l'essence même du service public, c'est-à-dire d'être au service de l'ensemble des usagers[419].

Pour assurer un droit de tous à l'électricité, la loi vise le système de la péréquation des tarifs[420] et élargit le dispositif mis en place au profit des personnes en situation de précarité. Sur la base de ce dispositif, des missions qu'il reviendra aux gestionnaires de réseaux de prendre en charge seront dégagées[421].

La Commission considère ces mécanismes de protection nécessaires pour garantir « l'approvisionnement des personnes vulnérables » ; ils constituent, selon elle, la

---

[416] Article 51 de la loi du 13 juillet 2005.

[417] Article 1er de la loi du 9 août 2004.

[418] L'article 16 du Traité CE dispose que les services d'intérêt économique général comptent parmi les valeurs communes de l'Union et jouent un rôle important dans « *la promotion de la cohésion sociale et territoriale de l'Union*».

[419] Le terme d'« usager du service public » fut jusque-là le plus communément utilisé, mais la loi du 10 février 2000 introduit la notion de « client du service public » (qu'il soit éligible ou captif) et souligne le lien économique liant le gestionnaire du service public et l'usager de ce service. L'article 2 § III dispose que la mission de fourniture d'électricité consiste à assurer la fourniture aux « clients qui ne sont pas éligibles [...] ».

[420] La péréquation géographique des tarifs est introduite par la loi du 8 avril 1946 et symbolise le service public de l'électricité en ce qu'elle crée une égalité d'accès au service public. Elle permet, par un système de tarifs péréqués, au consommateur de payer son électricité à un prix similaire, quel que soit son lieu de résidence. La péréquation des tarifs est pour la première fois visée dans la loi du 10 février 2000 au § III de l'article 2.

[421] La garantie du maintien temporaire de la fourniture d'énergie a été introduite par la loi n° 88-1088 du 1er décembre 1988 dans ses articles 43-5 et 43-6. Elle avait pour but d'éviter toute coupure brutale d'électricité au consommateur dans l'impossibilité de payer ses factures. La loi du 10 février 2000 élargit le système existant afin de permettre à des personnes en situation de précarité de bénéficier de la fourniture en électricité et ce régime est applicable pour une durée « adaptée ». Les modalités de l'aide seront fixées par décret et tiendront compte des revenus et des besoins effectifs des personnes visées, article 2 § III de la loi du 10 février 2000. Pour J.L. Guieze, le service public ne se limite pas au seul service de base d'accès aux réseaux, mais également à « la péréquation des tarifs », « Marché intérieur et service public : Le cas de l'électricité », *Les Cahiers de l'IREPP*, Les postes, L'Europe et le service universel, 2001, p. 101.

« norme dans l'ensemble de l'Europe »[422]. Ces dispositions conformes à l'article 16 du Traité CE sont aussi en adéquation avec la jurisprudence de la CJCE qui, dans son arrêt « Commune d'Almelo », considère que la fourniture ininterrompue d'électricité « à tous les consommateurs, à tout moment et à des tarifs uniformes »[423] est une obligation de service d'intérêt économique général.
La directive 03/54 du CE conforte le régime dégagé par la loi du 10 février 2000 et introduit la notion de « protection des consommateurs » en permettant aux États membres d'imposer aux entreprises électriques des obligations visant à « protéger les clients finals et, en particulier, à garantir une protection adéquate aux consommateurs vulnérables »[424].
Par ailleurs, l'objet du service public de l'électricité est mis en œuvre, entre autres, par les missions suivantes[425] :
- *La mission de développement et l'exploitation des réseaux publics de transport et de distribution d'électricité.* Ces impératifs doivent être mis en œuvre par les gestionnaires des réseaux publics afin d'assurer une desserte rationnelle du territoire dans le respect de la prise en compte des impératifs environnementaux et des interconnections. Cette obligation permet de renvoyer au principe d'opportunité qui domine dans le choix de construction de nouvelles infrastructures de réseaux et ce indépendamment de la logique financière[426]. Elle impose surtout aux gestionnaires des réseaux publics de privilégier les interconnexions dans leurs investissements.
Il s'agit en l'espèce d'une mission de service public originale qui met en œuvre l'ouverture à la concurrence des réseaux et assure également un raccordement et un accès non discriminatoire aux réseaux publics.
- *La mission de fourniture d'électricité* : le caractère de service public de l'électricité s'illustre particulièrement à travers cette disposition qui est une obligation de service public confortant le droit à l'électricité pour tous. La loi du 10 février 2000 énumère en son article 2 § III al. 1, 2 et 3 les bénéficiaires de cette obligation, à savoir les clients non éligibles, les clients éligibles demandant une fourniture de secours, et les clients éligibles ne trouvant pas de fournisseurs, obligations incombant à EDF et aux DNN. Les destinataires de la mise en œuvre de l'ensemble de ces missions de service public sont les gestionnaires des réseaux de transport et de distribution d'électricité[427].
Afin de compléter le caractère de service public de la fourniture en électricité, la loi du 13 juillet 2005 met en place un régime de « fournisseur de dernier recours » comme le prévoit la directive 03/54 du CE. Afin de garantir au client une continuité dans la fourniture en cas de défaillance de son fournisseur, le GRT prend directement en charge cette fourniture pour une période pouvant aller jusqu'à 5 jours. A ce stade, il s'agit d'une fourniture de secours. A l'expiration de ce délai et

[422] Communication SIG du 19 janvier 2001.
[423] Arrêt de la CJCE « Commune d'Almelo » du 27 avril 1994, C- 393-92.
[424] Article 3 § 5 de la directive 03/54 du CE.
[425] Article 2 § I, II et III de la loi du 10 février 2000.
[426] Les infrastructures de réseaux doivent assurer la desserte en électricité de l'ensemble des usagers, même de ceux résidant dans des zones difficiles d'accès. Par ailleurs, en raison de leur nature, ces réseaux sont soumis aux obligations de l'aménagement du territoire et à la protection de l'environnement, article 1er de la loi du 10 février 2000.
[427] Article 2 de la loi du 10 février 2000.

sauf opposition de sa part, le client dont le fournisseur est défaillant est desservi par un fournisseur de dernier recours. Celui-ci approvisionne le client pendant le délai du contrat qui le liait au fournisseur défaillant. Le fournisseur de dernier recours est désigné par le Ministre chargé de l'énergie suite à un appel d'offre. Enfin, le prix de cette fourniture est fixé par les pouvoirs publics afin que le fournisseur de dernier recours ne puisse pas profiter de la vulnérabilité du client[428].

L'impact des missions de service public sur le régime de l'accès aux réseaux s'apprécie lorsque leur accomplissement est rendu impossible en raison de l'application des règles de la concurrence. Dans cette éventualité, les gestionnaires de réseaux sont en mesure de laisser les règles de la concurrence inappliquées.

La mesure la plus radicale serait pour le gestionnaire du réseau de limiter, voire de refuser l'accès des opérateurs à leurs réseaux, si l'accomplissement de ces missions de service public le nécessitait. Les missions de service public dégagées par la loi du 10 février 2000 ont été en partie visées par la jurisprudence communautaire et dans les communications de la Commission sur les services d'intérêt général[429]. On peut conclure que la définition du service public de l'électricité proposée par la loi du 10 février 2000 répond aux obligations de service public définies par les instances européennes dans l'intérêt général[430]. Certains commentateurs ont consiedéré que la directive 96/92 du CE ne permettait pas de rajouter d'autres services publics que ceux qu'elle visait expressément. En rajoutant d'autres missions de service public, la loi du 10 février 2000 financerait ainsi la compétitivité de l'opérateur historique, alors que « le droit communautaire s'oppose à toute législation dont le but est d'organiser la protection des intérêts nationaux strictement économiques »[431]. C'est donc aussi pour parer à ce danger que la directive 03/54 du CE précise le contenu des obligations de service public. Par ailleurs les contrats entre l'État et EDF définissent pour chacun des objectifs de service public identifiés et des indicateurs de résultat, lesquels font l'objet d'un rapport triennal soumis au Parlement[432].

(b) Les principes du service public de transport et de distribution d'électricité

Les principes du service public sont des principes de fonctionnement qui s'appliquent dans les relations entre les gestionnaires de ces services et leurs destinataires[433]. Le respect de ces principes s'entend également comme une obligation de service public et constitue par nature une entrave aux règles de la concurrence. Toutefois, il a pour conséquence de créer à la charge des gestionnaires des obligations dont les utilisateurs des réseaux bénéficient, mais qui peuvent aussi améliorer les conditions d'utilisation des réseaux.

Il importe de présenter les principes qui pèsent traditionnellement sur la gestion des réseaux publics et ceux que les lois du 10 février 2000 et du 13 juillet 2005 ont

---

[428] Article 81 de la loi du 13 juillet 2005.

[429] Voir la communication sur les services d'intérêt général, COM(2003)270 final du 21 mai 2003.

[430] Voir, à cet égard, A. Schaub, « Libéralisation et respect de l'intérêt général », dans le Rapport public du Conseil d'État n° 50, 1999, p. 415.

[431] N. Charbit, « Le droit nouveau de l'énergie : la transposition des directives électricité et gaz en France », *Dalloz*, 2000, n° 30.

[432] Article 1er de la loi du 9 août 2004.

[433] C. Martinand, « La régulation des services publics », Rapport au Commissariat général du Plan 1995, p. 29.

nouvellement inscrits à leur charge. Régulièrement reprises par le Conseil d'État ou le Conseil Constitutionnel dans leurs décisions, ces obligations qui matérialisent le service public « à la française » sont de plus en plus ouvertement visées dans des actes réglementaires ou législatifs nationaux, mais aussi communautaires.
Après que le droit communautaire se soit rallié à leur bien-fondé pour marquer formellement son attachement aux principes directeurs du service public français, la loi du 10 février 2000 les consacre dans sa définition du service public de l'électricité. On s'accorde généralement sur l'existence de règles dites « lois de Rolland » qui les a systématisés et qui sont communes à l'ensemble des services publics. Ce sont les règles de la *continuité*, de l'*adaptation* ou « mutation » du service public et celle de *l'égalité* devant le service public[434].

(i) La continuité dans la fourniture en électricité

La continuité du service public est un principe qui revêt une importance toute particulière dans le secteur électrique, car il met en œuvre l'obligation plus générale de fourniture en électricité. À ce titre, la continuité dans la fourniture en électricité est « la contrainte la plus forte et la plus spéciale traditionnellement imposée à ce secteur »[435]. Elle impose la garantie d'une alimentation (en puissance) permanente sur les réseaux publics électriques que doivent assurer les gestionnaires de réseaux. Par continuité de la fourniture, on entend l'assurance d'une desserte en électricité « régulière et ponctuelle »[436], qui s'apprécie cependant en fonction de l'objet du service concerné. Pour certains services publics, il s'agit de la possibilité d'accéder normalement au service, à savoir quelques heures par semaine ou par jour. Pour le service public de l'électricité la continuité implique un fonctionnement *permanent* de la desserte, considérant que l'électricité est un bien qui ne se stocke pas. L'obligation de continuité est une obligation « de moyen et non pas de résultat, car ainsi est offerte une garantie relative de desserte, en vertu de laquelle tous les consommateurs seront traités équitablement en cas de défaillance du service »[437].
L'obligation d'assurer une desserte continue en électricité sur les réseaux de distribution a, initialement, sa source dans les contrats de concession de la distribution publique d'électricité. Le gestionnaire du réseau de la distribution publique d'électricité s'engage, envers la collectivité territoriale concédante, à desservir en électricité de manière continue, dans les limites de sa zone de desserte. Le cahier des charges impose au concessionnaire de déterminer « les conditions appropriées pour assurer la fourniture de l'électricité dans les conditions de continuité »[438]. La continuité se traduit par l'obligation d'assurer la fourniture en

---

434 Ces obligations de service public ont été dégagées par la jurisprudence du Conseil d'État, principalement dans ses arrêts de principe : « Winkell » du 7 août 1908 ; « Gaz de Déville-les-Rouen » du 10 janvier 1902 ; « Heyriès » du 28 juin 1918 et « Compagnie générale de Bordeaux » du 30 mars 1916, publiés au recueil Lebon et répertoriés par le Professeur Roland.

435 C. Stoffaes, « Entre monopole et concurrence », 1994, p. 83.

436 A. Dupré, « Le principe de continuité des services publics », Sur les services publics, p. 25.

437 M.L. Basilien-Gainche, « Le service public de l'électricité : entre ouverture du marché et ouverture du capital », *Revue de droit public*, 2002, p. 1791.

438 Article 25 du cahier des charges type de la concession de service public de distribution d'électricité élaboré par EDF et la Fédération nationale des collectivités concédantes et régies (FNCCR) de 1992. Ce cahier des charges n'est, depuis la loi de décentralisation n° 82-213 du 2 mars 1982, qu'un modèle dont les collectivités locales peuvent s'inspirer, JO du 3 mars 1982, p. 730.

électricité en fonction d'une tension précise. Si cette obligation n'est pas remplie, le gestionnaire du réseau public de distribution est contraint de dédommager le préjudice subi par les usagers du fait de l'interruption de la fourniture[439].
Cette obligation de dédommagement est dorénavant renforcée et contenue pour la première fois dans un texte de loi. L'article 60 de la loi du 13 juillet 2005 dispose que le calcul de la somme (de dédommagement) « tient compte de la nature et du non respect de la qualité constatée ».
Pour ce qui concerne le réseau de transport, l'organisation du système tel qu'issu de la loi de nationalisation du 8 avril 1946, imposait au gestionnaire du réseau de transport de mettre en adéquation l'offre et la demande en électricité. Cette fonction était alors facilitée par la concentration, entre les mains d'EDF, de la gestion des infrastructures de transport et de production tel qu'il ressort des dispositions du cahier des charges du RAG[440]. Or, en imposant une stricte séparation de gestion entre les activités de production et de transport[441], la loi du 10 février 2000 met fin à ce système. Désormais, pour assurer le principe de continuité de la fourniture, le gestionnaire du réseau de transport se voit dans l'obligation de fournir les usagers en électricité[442] selon un « régime normal d'exploitation »[443]. Cette continuité dans la fourniture se traduit concrètement par l'engagement du gestionnaire du réseau de transport d'alimenter en électricité sous les contraintes suivantes :
« les variations de fréquence, les interruptions de fourniture suite à des aléas, les variations lentes et rapides de la tension, les surtensions et les déséquilibres »[444].
Le cahier des charges du RAG prévoit aussi la possibilité pour le gestionnaire de réseau de ne pas assurer la continuité de l'approvisionnement. Il l'autorise, en effet, à interrompre le service pour développer, entretenir ou exploiter le réseau. Mais, afin de contrôler ces entraves au principe de continuité, le gestionnaire de réseau est tenu d'indiquer dans les contrats d'accès aux réseaux les interruptions programmées ainsi que leurs durées[445]. Dans le souci de réaffirmer son attachement aux principes du service public, la loi du 10 février 2000 dispose dans son article 1er que le service

---

439 Article 21 du cahier des charges type de la concession de distribution d'électricité de 1992 repris à l'article 21-A 2° du cahier des charges de la concession de distribution d'électricité entre EDF et la région Ile de France du 24 novembre 1994.

440 La loi du 10 février 2000 prévoit, toutefois, dans son article 12 l'adoption d'un nouveau cahier des charges type de concession qui fut approuvé par décret en Conseil d'État après avis de la CRE.

441 L'article 12 de la loi du 10 février 2000 impose que soit désigné, au sein d'EDF, un gestionnaire du réseau public de transport d'électricité indépendant sur le plan de la gestion des activités de production d'EDF.

442 Les usagers directement desservis par le réseau de transport sont, aux termes de l'article 1er du cahier des charges du RAG approuvé par décret du 23 décembre 1994, les grands consommateurs d'électricité, tels que les services de distribution, les entreprises de distribution, les clients directs. La loi du 10 février 2000 y ajoute la clientèle éligible et les producteurs autorisés en vertu de son article 22.

443 Article 10 du cahier des charges du RAG approuvé par décret du 23 décembre 1994.

444 Aux termes de l'article 4 du cahier des charges du RAG approuvé par décret du 23 décembre 1994, le gestionnaire du réseaux doit préciser quantitativement dans ses « contrats d'accès aux réseaux » (qui se substituent aux contrats de fournitures) dans quelle mesure il assure la desserte en électricité sous les contraintes précitées. Le non-respect de ces contraintes l'oblige à dédommager son client.

445 Ces entraves ne peuvent être justifiées que si les contraintes techniques l'imposent et après avoir averti les parties concernées, car ces interruptions doivent intervenir à des heures de consommation faibles et l'ingénieur en chef doit donner un avis conforme sur l'interruption envisagée, article 11 du cahier des charges du RAG approuvé par décret du 23 décembre 1994.

public de l'électricité « est géré dans le respect des principes de *continuité* [...] ». Mais la définition de ce principe doit être adaptée aux considérations relatives à l'ouverture des réseaux publics à la concurrence. Privés de l'accès aux infrastructures de production, le gestionnaire du réseau de transport et les gestionnaires des réseaux de distribution assurent désormais la continuité du service public en organisant « l'ajustement » entre les programmes d'appel et d'approvisionnement[446] qui ont été reçus par les opérateurs sur le marché. Ainsi, parallèlement aux cahiers des charges des réseaux publics de transport et de distribution, la loi détermine des impératifs liés aux nouvelles missions des gestionnaires des réseaux publics. L'article 1er de la loi du 10 février 2000 souligne que la continuité doit garantir, en outre, l'approvisionnement en électricité sur l'ensemble du territoire. Les gestionnaires de réseaux doivent, pour y parvenir, gérer les flux d'électricité « à tout instant »[447], donc sans interruption et à charge pour eux de transmettre de manière quasi instantanée l'électricité selon les programmes d'appels qu'ils centralisent.
Le contenu du principe de continuité est précisé dans le décret du 26 avril 2001 relatif aux tarifs d'utilisation des réseaux publics de transport et de distribution d'électricité. Il prévoit que les tarifs d'accès aux réseaux fassent « l'objet d'un abattement forfaitaire lorsqu'un utilisateur subit une interruption de fourniture imputable à une défaillance des réseaux »[448] supérieure à 6 heures[449]. Le but de cet abattement est d'indemniser le client qui subit une interruption de service dont il n'est pas responsable. Il ne doit ainsi pas « acquitter, pendant cette interruption, la part du tarif d'utilisation des réseaux correspondant à la mise à disposition, via le réseau, du service »[450]. Il en résulte que la continuité de la fourniture n'est plus assurée dès que l'on se trouve devant une coupure prolongée de courant électrique supérieure à 6 heures. La loi du 10 février 2000 et ses décrets font peser sur le gestionnaire du réseau public de transport une lourde responsabilité qui ne saurait toutefois s'analyser comme une clause restrictive de responsabilité ou comme une clause pénale[451]. Au-delà de cette responsabilité, le client est toujours en mesure de rechercher la responsabilité du GRT pour obtenir en sus la réparation des dommages

[446] L'article 15 § I de la loi du 10 février 2000 mentionnait, à l'origine, en plus de ces programmes, des programmes de consommation, supprimés par l'article 43 de la loi du 3 janvier 2003 relative aux marchés du gaz. Ces programmes sont respectivement établis par les producteurs et les distributeurs d'électricité.

[447] Article 15 § II de la loi du 10 février 2000 pour ce qui concerne le gestionnaire du réseau de transport et article 19 § I pour les gestionnaires des réseaux de distribution.

[448] Article 6 § I du décret n° 2001- 365 du 26 avril 2001 relatif aux tarifs d'utilisation des réseaux publics du transport et de la distribution d'électricité, JO n° 100 du 28 avril 2001, p. 6729.

[449] Article 6 § I du décret n° 2001-365 du 26 avril 2001, précité. Ces dispositions n'empêchent pas les parties de déterminer, dans les contrats d'accès aux réseaux, des abattements forfaitaires supérieurs à ceux mentionnés dans le décret.

[450] P. Sablière, « Usager du service public, qualité de fourniture et abattement tarifaire », *AJDA*, septembre 2002, p. 679.

[451] Le Conseil de la Concurrence avait considéré dans son avis du 6 septembre 2000 qu'un tel abattement laissait penser que seules ces interruptions seraient de nature à engager la responsabilité du GRT et limitait par conséquent sa responsabilité, avis du Conseil de la Concurrence, publié au JO du 31 juillet 2002, p. 12387 ; voir à cet égard, P. Sablière, « Usager du service public, qualité de fourniture et abattement tarifaire », *AJDA*, septembre 2002, p. 679.

causés par l'interruption de l'approvisionnement[452]. Le gestionnaire de réseau assure la continuité de la fourniture tout en intégrant les pertes en lignes liées au manque de puissance sur les réseaux publics. Pour satisfaire à cette obligation, la loi met à sa disposition les instruments suivants :
- la possibilité de modifier unilatéralement les programmes d'appel qui lui sont soumis et qui peuvent mettre en danger la continuité de l'approvisionnement[453] et
- la possibilité d'acheter de l'électricité pour faire face à des manques de puissance sur les réseaux publics et afin de mettre en œuvre les services et les réserves nécessaires[454].

Le détail de la responsabilité des gestionnaires des réseaux publics en ce qui concerne le respect de la continuité qui est visée dans la loi du 10 février 2000 et précisée dans les cahiers des charges et décrets d'application de la loi est dorénavant intégré dans les contrats d'accès aux réseaux[455]. Ils fixent les écarts ou interruptions de fourniture d'électricité supportables ainsi que la hauteur des dédommagements en cas de non-respect de ces clauses. Les clauses contractuelles ne peuvent cependant aller en dessous de la protection garantie par les dispositions législatives, réglementaires et celles des cahiers des charges. En cas de conflit, la loi du 10 février 2000 renvoie à la CRE le soin de régler les litiges relatifs à la continuité de la fourniture entre les opérateurs dans le cadre du contrôle qu'elle exerce sur les contrats d'accès aux réseaux publics[456]. Cette responsabilité est dorénavant renforcée à travers l'obligation pour le gestionnaire du réseau de transport d'assurer une qualité de l'électricité précisemment définie. Aux termes de l'article 60 de la loi du 13 juillet 2005, des niveaux de qualité et des prescriptions techniques en matière de qualité devront etre respectés par le gestionnaire du réseau de transport.

Les obligations imposées aux gestionnaires des réseaux publics par la loi du 10 février 2000 répondent à la conception du principe de continuité reconnue par la législation communautaire et la CJCE[457]. Bien que la directive ne contienne pas expressément « d'exigence de continuité, elle autorise explicitement les États membres à imposer une telle obligation aux fournisseurs de services

---

[452] Dans le cadre de son examen du décret du 26 juillet 2001 relatif au tarif d'utilisation des réseaux, le Conseil d'État précise que cet abattement ne prive pas le client « de la faculté de rechercher la responsabilité de leurs gestionnaires selon les voies de droit commun », Rapport public du Conseil d'État 2002.

[453] Le GRT choisit, à cet effet, les propositions d'ajustement émises par les opérateurs dans le respect de l'ordre de préséance économique et sous le contrôle de la CRE, article 15 § II de la loi du 10 février 2000.

[454] Article 15 § III de la loi du 10 février 2000, modifié par l'article 44 de la loi du 3 janvier 2003 relative au marché du gaz qui permet dorénavant au gestionnaire de réseau de transport de « négocier librement avec les producteurs et les fournisseurs de son choix ».

[455] Ci-après, contrat « CART » (Contrat d'accès aux réseaux de transport) et « CARD » (Contrat d'accès aux réseaux de distribution)

[456] La CRE se voit reconnaître une compétence de principe pour le règlement des litiges relatifs aux contrats d'accès aux réseaux de transport et de distribution, article 38 § II de la loi du 10 février 2000.

[457] La réglementation communautaire a aussi pris en compte ce principe, dans son règlement n° 3577/92 du Conseil du 7 décembre 1992 concernant l'application du principe de libre circulation des services aux transports maritimes à l'intérieur des États membres. Un contrat de service public peut ainsi porter sur « des services de transport répondant à des normes fixées de continuité, de régularité, de capacité et de qualité », article 2, JO L- 364/7.

[électriques] »[458]. L'article 3 § 2 de la directive 03/54 du CE renvoie à cette notion lorsqu'il prévoit que les obligations de service public portent sur la « régularité de la fourniture ». Dans son arrêt « Commune d'Almelo », la CJCE a relevé qu'au nombre des principes liés à la fourniture d'électricité figure la fourniture « ininterrompue », c'est-à-dire continue, d'électricité[459].
Elle souligne également, dans son arrêt « Analir » du 20 février 2001, que les obligations de service public qui peuvent être imposées à un armateur « sont relatives à des exigences concernant les ports à desservir, la régularité, *la continuité*, la fréquence, la capacité à prester le service, et les tarifs pratiqués et l'équipage du navire »[460]. La Commission rattache le principe de continuité à la protection des consommateurs contre les interruptions dans la fourniture en électricité et à la sécurité des approvisionnements en tous lieux.
Il fait dorénavant partie des principes que les États membres doivent fixer dans le cadre des « normes de services » minimales pour le fonctionnement du service public[461].
Le principe de continuité est un impératif qui se retrouve dans de nombreuses législations des États membres[462] et compose ainsi un socle commun de principe de fonctionnement d'un service de base de fourniture d'électricité[463]. La directive 03/54 du CE vise ce principe de manière encore plus explicite dans son article 3 § 5, lorsqu'elle permet aux États membres d'imposer aux gestionnaires de réseaux toute mesure utile afin d'éviter une interruption de la fourniture d'énergie envers les consommateurs vulnérables.
La consécration de ce principe au niveau communautaire permet d'en imposer l'accomplissement aux gestionnaires de réseaux. Il les oblige à assurer un accès aux réseaux dans des conditions plus contraignantes pour les opérateurs dans l'esprit du service rendu « au » public.

(ii) Le principe d'égalité dans le service public de l'électricité

Le principe d'égalité devant le service public est un corollaire du principe d'égalité devant la loi[464]. Il est contenu dans des normes ayant une valeur constitutionnelle[465]

---

458 COM(2003)270 final, p. 17.

459 Cette approche est confirmée dans l'arrêt « Commission/France » du 23 octobre 1997 (point 57), précité.

460 Point 47 de l'arrêt de la CJCE « Analir » du 20 février 2001, C-205/99.

461 Communication SIG du 19 janvier 2001, annexe p. 22 ; COM(2003)270 final, pp. 16-17.

462 L'ampleur de l'obligation peut cependant varier. Ainsi, « l'Electricity Bill » anglais dispose dans son article 16 que « l'électricité inclut la continuité », alors que les articles 6 à 8 de la loi allemande sur l'économie de l'énergie imposent, en revanche, une fourniture « sûre », terminologie qui englobe la continuité de la fourniture, « Services publics comparés en Europe », ENA sous la direction de C. Stoffaes Tome I, 1997, p. 39.

463 D. Truchet considère, à tort, que « la théorie du « bloc » des trois principes (égalité, continuité, adaptabilité) est irrecevable en droit communautaire, en tout cas pour faire échapper le service public à la vision pragmatique et à l'approche concurrentielle qu'en a ce droit », « Unité et diversité des grands principes de service public », *AJDA*, n° spécial, juin 1997, p. 38 ; voir également COM(2003)270 final, pp. 16-17.

464 L'Arrêt du Conseil d'État « Chomel » du 29 novembre 1911 consacre le principe d'égalité de traitement entre les usagers d'un même service public. Le conseil d'État donne une portée générale au principe dans son arrêt « Société des concerts du Conservatoire » du 9 mars 1951, dans lequel il se

et est élevé par le Conseil d'État au rang des principes généraux du droit[466].
Le principe d'égalité devant le service public s'impose progressivement dans les rapports entre les gestionnaires des services publics et leurs utilisateurs. Il se scinde communément en deux principes sous-jacents : le principe d'égalité dans l'accès aux services publics et l'égalité entre les consommateurs devant les prestations offertes par les opérateurs. Il impose le principe de non-discrimination entre les utilisateurs de services publics autorisant cependant que des situations dissemblables appellent un traitement différent[467].

(a) L'égalité de l'accès au service public de l'électricité

L'égalité dans l'accès au service public correspond à l'égalité entre les personnes (ou utilisateurs) souhaitant bénéficier de la prestation du service public et suppose au préalable que les personnes soient dans une situation identique ou comparable.
Or, alors qu'en droit interne l'égalité dans l'accès au service public n'est pas absolue et est fonction du bien concerné, la conception communautaire diffère en ce qu'elle repose sur son corollaire : la non-discrimination.
La CJCE a ainsi annulé une réglementation italienne qui prévoyait un tarif spécial d'accès aux musées pour les personnes résidant sur le territoire des collectivités concernées, car elle considérait qu'elle était discriminatoire. Ces avantages tarifaires sont, selon la Cour, discriminatoires « dès qu'ils excluent les touristes ressortissants d'autres États membres ou les non-résidents qui satisfont aux mêmes conditions d'âge »[468]. Le droit dérivé vise également ce principe, ainsi la directive « services postaux » 97/67 du CE du 15 décembre 1997 impose « des prix abordables pour tous les utilisateurs » des services postaux et suscite le commentaire suivant : « l'égalité devant le service public en droit français n'a jamais impliqué la gratuité, ni même l'existence de normes de tarifs maximaux de nature à rendre le service effectivement abordable pour chacun »[469].
Le principe d'égal accès de tous à l'électricité peut être limité en raison de la difficulté de la desserte en électricité de certains consommateurs qui résident loin d'un lieu d'implantation d'équipement électrique. Peut-on alors considérer qu'il y a rupture du principe d'égalité d'accès au service public de l'électricité si des consommateurs ne peuvent être desservis par les gestionnaires de réseaux ?

---

réfère au principe « d'égalité qui régit le fonctionnement des services publics », rec. p. 1265, S. 1914, 3, p. 102 ; rec.p. 151, *Droit Social*, 1951, p. 368, Conclusion Letourneur, *GAJA*, p. 355

[465] L'article 6 de la Déclaration des droits de l'homme et du citoyen du 26 août 1789 est relatif à l'égalité des citoyens devant les emplois publics et l'article 12 du Préambule de la Constitution de 1946 prône, quant à lui, l'égalité de tous les Français devant les charges publiques.

[466] Arrêt du Conseil d'État « Société des concerts du Conservatoire » du 9 mars 1951, rec. p. 151.

[467] Certains auteurs parlent à son endroit d'un « droit à la discrimination » S. Francfort-Alberelli, « Le principe d'égalité », *Travaux de CEDECE*, 1997, p. 350 ; alors que, selon R. Chapus, le principe d'égalité doit être entendu comme une « égalité proportionnelle, relative et dynamique », René Chapus, Droit administratif général, Tome I, Montchrestien, 9ème édition, p. 37 ; et non plus comme un principe « absolu, abstrait voire uniforme », R. Denoix de Saint-Marc, Rapport au Conseil d'État, 1996, p. 69.

[468] Arrêt de la CJCE « Commission/République Italienne » du 16 janvier 2003, C-388/01, confirmant sa jurisprudence sur les discriminations fondées sur la nationalité (« Commission/Italie » du 5 décembre 1989, C-3/88, rec.p. 4035) ou sur la résidence (« Ciola » du 29 avril 1999, C-224/97, rec.p. I-2517).

[469] M. Lombard, « Service postal communautaire », *AJDA*, septembre 1998, p. 718.

Le Conseil d'État a répondu par la négative. Il estime, dans une décision du 30 mai 1962[470], que le principe d'égal accès pour tous au service public n'est pas violé par une commune qui ne prolonge pas son réseau d'alimentation en eau jusqu'à un hameau distinct de l'agglomération[471]. Cette solution transposable au secteur électrique implique de considérer que le principe d'égalité d'accès aux réseaux électriques ne doit pas s'entendre d'un accès aux infrastructures libre de toute discrimination. Le cahier des charges du RAG dispose dans son article 24 relatif à « l'égalité de traitement entre les clients et les producteurs autonomes » que le gestionnaire du réseau observe une « stricte égalité de traitement vis-à-vis de tous les clients et de tous les producteurs autonomes ayant les mêmes caractéristiques électriques »[472]. Dès que les caractéristiques électriques diffèrent, les conditions du traitement peuvent aussi être différentes[473]. Le Conseil d'État exprime cela assez clairement en disposant qu'il peut exister entre « les usagers des différences de situations appréciables »[474]. Il revient au juge d'apprécier en fonction de l'objet du « service public et des finalités qui sont les siennes »[475].
Contrôlant la constitutionnalité de la loi du 9 août 2004, le Conseil Constitutionnel rappelle encore que des obligations différentes peuvent être imposées à des entreprises électriques dès que celles-ci ne sont pas placées dans la même situation. Il conclut que l'État peut être contraint de conclure des contrats de service public avec EDF et pas avec d'autres entreprises électriques, sans violer pour autant le principe d'égalité[476]. La loi du 10 février 2000 inscrit le principe d'égalité au fronton du service public de l'électricité dans son article 1er. Elle reprend, pour l'élargir, le régime dérogatoire de fourniture minimum d'électricité à l'égard de personnes en situation de précarité, assurant ainsi à tous l'accès à un bien essentiel[477]. Mais l'égalité de traitement des usagers du service public électrique s'illustre surtout à travers la définition du système de la péréquation géographique des tarifs[478] mis en

[470] Arrêt du Conseil d'État « Parmentier » du 30 mai 1962, rec.p. 868.

[471] Les habitants de ce hameau ne se trouvant pas, selon le Conseil d'État, dans une situation comparable à ceux domiciliés dans l'agglomération.

[472] Il s'agit de l'égalité dans les prestations, les tarifs, et les aides commerciales. Le régime des producteurs autonomes fixé par le décret n° 55-662 du 20 mai 1955, réglant les rapports entre les établissements de distribution et EDF et les producteurs autonomes d'énergie électrique, est abrogé par l'article 54 § 4° de la loi du 10 février 2000.

[473] Des différences dans la tarification de l'accès aux services publics ont été à maintes reprises justifiées par le Conseil d'État dès lors qu'elles se justifient par des différences « objectives et préexistantes », Rapport public du Conseil d'État de 1994, p. 70.

[474] Arrêt du Conseil d'État « Denoyez et Chorques » du 10 mai 1974, rec. p. 274. Le Conseil Constitutionnel considère, à cet égard, que « si le principe d'égalité devant la loi implique, qu'à situations semblables, il soit fait application de solutions semblables, il n'en résulte pas que des situations différentes ne puissent faire l'objet de solutions différentes », décision n° 79-107 DC du 12 juillet 1979, concernant l'examen de la loi relative à certains ouvrages reliant les voies nationales ou départementales, rec. p. 31, G. Pelissier, Le principe d'égalité en droit public, LGDJ, Collection Systèmes, 1996, p. 75 ; D. Lochak, Réflexion sur la notion de discrimination, Droit Social, 1987, p. 778.

[475] B. Genevois, Principes généraux du droit, Fascicule n° 254, Encyclopédie Dalloz.

[476] Décision du Conseil Constitutionnel n° 2004-501 DC du 5 août 2004 relative au service public de l'électricité et du gaz et aux entreprises électriques et gazières.

[477] Article 2 § III de la loi du 10 février 2000.

[478] L'égalité de traitement entre les usagers est assurée par le régime de la « péréquation géographique des tarifs ». Elle permet à tout consommateur non éligible de payer son électricité au même prix, quel que

place par la loi du 8 avril 1946 et défini pour la première fois dans la loi du 10 février 2000. La conformité de ces mesures aux directives électricité est confirmée par la position de la Commission qui accorde une attention particulière aux besoins des groupes de consommateurs vulnérables et marginalisés et confirme le bien-fondé d'un système de contrôle des prix du service, tel que celui de la péréquation des prix[479].

En revanche, elle ne lie pas ces éléments au principe d'égalité, mais à celui de l'accessibilité tarifaire que doit respecter le service public[480].

Si le principe d'égalité trouve à s'illustrer dans des domaines habituels du secteur électrique, la loi du 10 février 2000 va étendre son application au régime de l'accès aux réseaux électriques en imposant une égalité de traitement entre les consommateurs.

(b) L'égalité de traitement entre les consommateurs d'électricité

En vertu de l'article 23 de la loi du 10 février 2000, tout client éligible[481] se voit reconnaître un droit d'accès aux réseaux publics de transport et de distribution garanti par les gestionnaires des réseaux publics, afin de mettre en œuvre leur contrat de fourniture en électricité. L'égalité de traitement renvoie ici à l'égalité d'accès aux réseaux publics entre les différents consommateurs éligibles et impose aux gestionnaires des réseaux publics d'assurer aux opérateurs un accès « non discriminatoire » à leurs réseaux.

Or le risque d'une rupture d'égalité entre les opérateurs dans l'accès aux réseaux est latent, considérant que les gestionnaires des réseaux de transport et de distribution restent proches de l'opérateur historique. Le GRT est dorénavant une filiale d'EDF alors que les réseaux de distribution restent des services intégrés dans EDF.

Par conséquent, les gestionnaires de réseaux sont en mesure de favoriser l'accès aux réseaux publics des clients de la maison mère, des filiales ou établissements auxquels ils sont rattachés ou liés. Afin d'éviter cette rupture d'égalité, la directive 96/92 du CE impose aux gestionnaires des réseaux de « garantir la non-discrimination entre utilisateurs ou catégories d'utilisateurs du réseau, notamment en faveur de ses entreprises liées »[482], mesure transposée dans la loi du 10 février 2000[483]. L'égalité de traitement entre les clients éligibles et les clients captifs, c'est à dire ne pouvant pas choisir leur fournisseur, est assurée à travers un strict contrôle

---

soit le lieu où celle-ci lui est fournie. Le nivellement des prix de la fourniture en électricité permet une péréquation complète des coûts et l'instauration d'une uniformité des tarifs, quelle que soit la localisation des sites de production. Elle met en place une égalité tarifaire entre les clients résidant dans des zones difficiles d'accès et les usagers des zones urbaines suffisamment desservies. Ce principe, mis en place par la loi de nationalisation du 8 avril 1946, est réaffirmé par l'article 2 § III de la loi du 10 février 2000.

[479] COM(2003)270 final, p. 19.

[480] La notion d'accessibilité tarifaire développée dans le secteur des télécommunications prescrit qu'un service d'intérêt économique général (SIEG) soit offert « à un prix abordable pour être accessible à tous », COM(2003)270 final, p. 18.

[481] L'article 22 § I de la loi du 10 février 2000 détermine les éléments relatifs à l'éligibilité des consommateurs d'électricité modifiés par les lois du 4 janvier 2003 et du 9 août 2004 et précisés par les décrets d'application relatifs à l'éligibilité des consommateurs d'électricité.

[482] Articles 9 e) et 14 § 2 de la directive 03/54 du CE (Ex-articles 7 et 11 de la directive 96/92 du CE).

[483] Articles 12 et 17 de la loi du 10 février 2000.

d'éventuelles subventions croisées qu'EDF ou un distributeur pourrait pratiquer. Cette pratique consiste à proposer des tarifs de vente de l'électricité sur le marché de la clientèle éligible extrêmement bas, pratique rendue possible par la répercussion des pertes sur le marché plus vaste de la clientèle captive. Afin d'éviter cet écueil, EDF ainsi que les distributeurs non nationalisés sont contraints de mettre en place des comptes séparés en fonction des activités qu'ils exercent. Cette dissociation comptable est contrôlée par la CRE et le Conseil de la Concurrence[484]. Ces mesures expriment le principe d'égalité entre les consommateurs et doivent permettre d'empêcher toute « discrimination, subvention croisée, ou distorsion de concurrence »[485].

L'expression du principe d'égalité est repris en droit communautaire dans le cadre du service universel fondé sur la reconnaissance des principes « d'universalité, de continuité et d'égalité »[486]. Dans ses arrêts « Corbeau » et « Commune d'Almelo », la CJCE fait également du principe d'égalité une composante de base du service d'intérêt économique général. Dans son arrêt « Corbeau », la CJCE traduit le principe d'égalité entre les consommateurs en imposant à l'opérateur en charge du service d'intérêt économique général d'assurer la fourniture « au profit de tous les usagers ». L'arrêt « Commune d'Almelo » est, quant à lui, plus précis, il impose à l'entreprise en charge du service d'assurer la fourniture en électricité « à tous les consommateurs, distributeurs locaux ou utilisateurs finals [...] à des conditions qui ne peuvent varier que selon des critères objectifs applicables à tous les clients ».

La Commission contrôle également l'application du principe d'égalité dans les activités de réseaux. Dans le secteur des télécommunications, elle a émis un avis motivé contre la France pour non-respect des directives « Câbles » et « Pleine Concurrence ». Elle y relève la violation du principe d'égalité, car les opérateurs de réseaux câblés « ne bénéficient pas des mêmes droits de passage sur le domaine public que les opérateurs d'autres réseaux de télécommunications, de même qu'ils doivent consulter au préalable les communes afin de fournir des services de télécommunications »[487].

Mais c'est surtout de manière négative à travers l'impératif de « non-discrimination » que s'exprime en droit communautaire le principe d'égalité lorsqu'il s'agit d'activités partiellement ouvertes à la concurrence. La directive 96/92 du CE prévoit certes que la tarification de la fourniture en électricité puisse assurer « l'égalité de traitement des clients »[488], mais elle insiste en particulier sur le respect du principe de la non-discrimination des opérateurs dans l'accès aux infrastructures, ainsi que la non-discrimination des opérateurs dans la tarification de

484 Article 25 de la loi du 10 février 2000 qui dispose, tel que modifié par la loi du 9 août 2004 : « La Commission de régulation de l'électricité approuve, après avis du Conseil de la Concurrence, les règles d'imputation ainsi que les périmètres comptables ».

485 Article 25 de la loi du 10 février 2000.

486 Voir la résolution du Conseil du 7 février 1994, C-48/02, JO C-48/3 du 16 février 1994 et la directive relative à l'application de la fourniture d'un réseau ouvert à la téléphonie vocale (directive ONP) du 13 décembre 1995, JO du 30 décembre 1995, JO L-321/6.

487 La Commission demande à la France d'assurer l'égalité de traitement pour des réseaux câblés dans la fourniture des services de télécommunications, IP/03/520 du 9 avril 2003.

488 L'article 3 de la directive 03/54 du CE permet, en l'espèce, l'application du principe français de la péréquation géographique des tarifs et prévoit que les entreprises de distribution soient contraintes d'approvisionner des clients situés dans des zones données.

l'utilisation des infrastructures[489]. Cette approche tient compte des inégalités inhérentes au marché de l'électricité. La CJCE confirme cette particularité, dans son arrêt « VEMW e.a. » du 7 juin 2005 dans lequel elle considère que l'attribution prioritaire de capacités aux frontières à un seul opérateur, qui plus est en position dominante, est discriminatoire envers les autres opérateurs.

La discrimination n'aurait pas été sanctionnée si l'attribution prioritaire avait été expressement autorisée par la dérogation prévue à l'article 24 de la directive 92/96 du CE. Sur le rapport du principe d'égalité et de non-discrimination, la Cour considère que les dispositions de la directive 92/96 du CE exigeant que l'action du gestionnaire du réseau et de l'Etat « dans la mise en oeuvre de l'accès aux réseaux soit non-discriminatoire sont des expressions particulières du principe général d'égalité »[490].

Les définitions communautaires du principe d'égalité sont proches de l'acceptation retenue dans la loi du 10 février 2000.

Elles en diffèrent, toutefois, en ce que le principe visé dans le service universel et le service d'intérêt économique général est plus large et repose sur la notion « d'universalité » du service public[491]. Le principe communautaire d'égalité renvoie, en outre, à la notion « d'accessibilité »[492] qui implique une égalité absolue d'accès des opérateurs aux services publics[493].

Mais, dans les secteurs qui ne sont pas encore entièrement ouverts à la concurrence, la Cour comme la Commission contrôlent le respect du principe de non-discrimination entre les opérateurs et non pas du principe d'égalité.

La Cour souligne dans son arrêt du 7 juin 2005 que : « l'interdiction de discrimination, qui fait partie des principes fondamentaux du droit communautaire, exige que des situations comparables ne soient pas traitées de manière différente, à moins qu'une telle différenciation ne soit objectivement justifiée ».

La loi du 10 février 2000 est en conformité avec l'approche communautaire, elle intègre les discriminations justifiées par les différences de situation entre les usagers que permet l'ouverture graduelle du secteur électrique à la concurrence et qui oblige

---

489 L'article 16 de la directive 96/92 du CE imposait que les formules d'accès aux réseaux soient mises en œuvre « conformément à des critères objectifs, transparents et non **discriminatoires** ». L'article 20 de la directive 03/54 du CE impose que l'accès réglementé aux réseaux soit appliqué « objectivement et sans discrimination entre les utilisateurs du réseau ».

490 Point 47 de l'arrêt de la CJCE « VEMW e.a. » du 7 juin 2005, précité.

491 J.Y. Chérot considère également que l'universalité d'un service public représente un des éléments constitutifs du caractère d'intérêt général, « L'article 90-2 du traité de Rome et les entreprises de réseau », *AJDA*, 1996, p. 171. La Commission renchérit et considère que les « services d'intérêt général sont au service de l'ensemble de la société et donc de tous les citoyens », Communication sur les services d'intérêt général en Europe du 11 septembre 1996, JO du 26 septembre 1996, n° C-281/3.

492 S. Francfort-Alberelli, « Le principe d'égalité », *Travaux du CEDECE*, 1997, p. 363.

493 Au sein des services publics en réseaux, cette accessibilité repose principalement sur la tarification qui constitue « un élément crucial au regard de l'objectif d'accession de chaque citoyen au service », Communication de la Commission du 13 mars 1996. La tarification peut, toutefois, dans le cadre du service universel, varier en fonction des coûts et de la situation des usagers, déclaration de la Commission concernant la Résolution du Conseil sur les principes en matière de service universel dans les télécommunications, JO du 16 février 1994, n° C-48/8. Selon F. Péraldi-Leneuf, l'égal accès « doit être compris comme promouvant l'équité ». C'est pourquoi elle suggère « une égalité absolue, sans distinction entre catégories d'usagers et en corrélation avec les objectifs de cohésion économique et sociale », « Le consommateur citoyen », *Travaux du CEDECE*, 1997, p. 389.

à traiter différemment, entre autres, les clients éligibles entre eux ou les clients captifs[494].

(iii) Le principe d'adaptabilité du service public de l'électricité

Ce principe, que l'on trouve également sous le vocable voisin de principe de « mutabilité », postule que le service public soit constamment en mesure de s'adapter aux changements et évolutions pouvant affecter le service public dans un but de satisfaction de l'intérêt général[495]. Le souci d'adaptabilité répond à la nécessité de faire évoluer l'organisation et le fonctionnement du service public afin de permettre un ajustement constant des attentes des usagers avec les services proposés. Il constitue, selon Jean-François Lachaume, « un toilettage constant des services publics »[496] et évite, selon Jèze, « une pétrification intolérable des services publics »[497].

La conséquence de ce principe, pour les utilisateurs des réseaux publics, est que les gestionnaires des réseaux sont toujours en mesure de modifier de manière unilatérale les conditions de fonctionnement du service public[498], lorsque cela est nécessaire, par l'apparition de circonstances de fait dont le juge contrôle l'opportunité.

La jurisprudence originelle du début du siècle passé a consacré le principe de l'adaptabilité à travers ce que l'on appelle communément la « querelle des électriciens et des gaziers ». C'est dans un arrêt de principe du Conseil d'État « Compagnie nouvelle du gaz de Déville-lès-Rouen » du 10 janvier 1902 qu'est reconnue la possibilité pour le gestionnaire d'un service public de distribution d'électricité de modifier unilatéralement la situation de l'usager qu'il dessert en énergie en introduisant l'usage de l'électricité pour la production du chauffage.

Le juge contrôle strictement l'application de ce principe afin d'éviter une dérive contraire au principe de la sécurité juridique du consommateur et octroie, si nécessaire, une juste indemnisation financière en fonction du dommage causé[499].

Si l'usager du service public ne peut prétendre à un fonctionnement immuable du service public, il se voit cependant reconnaître un droit au fonctionnement « normal du service public »[500].

---

[494] Pour un approfondissement de ces considérations, voir le numéro spécial : « Des incidences de l'Union européenne et des Communautés européennes sur le système administratif français », *Revue de Droit Public*, 1995, p. 25 ; R. Kovar, « Droit communautaire et service public : esprit d'orthodoxie ou pensée laïcisée », *RTDE*, avril 1996, p. 235.

[495] J.P. Markus, « Les principes généraux du droit, du principe d'adaptabilité au principe de mutabilité », *RFDA*, mai-juin 2001, p. 591 ; F. Robbe, « L'ouverture du marché de l'électricité et l'adaptation du service public », *CJEG*, juin 2000, p. 211.

[496] J.F. Lachaume, « Grands services publics », 1989, p. 262.

[497] A. Jèze, Les principes généraux du droit administratif, 3ème édition, p. 222.

[498] Arrêt du Conseil d'État « Société du journal l'Aurore » du 25 juin 1948.

[499] Le principe d'adaptation donne aux pouvoirs publics la possibilité d'imposer aux gestionnaires de réseaux publics qu'ils modifient leurs infrastructures, sans que leur soient opposés de droits acquis au maintien en l'état ou des relations contractuelles, Masson, « Europe-service public-concurrence », Rapport collectif du CEEP à la demande de la Commission, p. 161.

[500] Le droit d'accès au service ne doit pas être entravé de façon anormale. Pour cela, le juge prend en compte des éléments de « temps, de lieu, économiques, sociaux, ainsi que l'intérêt de l'usager », arrêts du Conseil d'État « Vincent » du 25 Juin 1969 pour les services publics administratifs et « Dame Veuve Agnési » du 21 Avril 1961 pour les services publics industriels et commerciaux, rec.p. 253.

La normalité dans l'accès et dans le fonctionnement du service est un « véritable standard jurisprudentiel »[501] que le juge administratif utilise pour apprécier la validité des adaptations faites au service public concerné par les gestionnaires[502].
Le gestionnaire de réseau ne peut prendre des mesures pour adapter le service public que si elles sont :
- justifiées par l'intérêt général et
- conformes aux exigences de la légalité[503].
La loi du 10 février 2000 soumet également le service public de l'électricité au respect du principe d'adaptabilité[504]. Elle intègre ce risque au passif des opérateurs et prévoit une adaptation continuelle des règles de fonctionnement des réseaux dans le but d'assurer une « gestion optimale, de développer la compétitivité de l'activité économique, et la maîtrise des choix technologiques d'avenir »[505]. Elle se base pour cela sur l'obligation d'efficience économique du système, d'une part, et sur les évolutions technologiques qui permettront l'introduction de nouvelles méthodes d'exploitation et de distribution d'électricité, d'autre part. C'est sur la base de ce principe que la loi laisse une très grande latitude aux gestionnaires des réseaux publics pour développer et adapter les réseaux de transport et de distribution au regard des normes et technologies nouvelles[506]. Ainsi, le gestionnaire de réseau peut même, s'il l'estime nécessaire, aller jusqu'à suspendre l'accès aux réseaux publics pour procéder à l'aménagement des réseaux. Cette possibilité, prévue à l'article 15 de la loi du 10 février 2000, est précisée à l'article 11 du cahier des charges du RAG[507].
Cependant, un tel motif de refus d'accès aux réseaux publics est contrôlable dans les mesures d'adaptation des réseaux publics que les GRT et GRD inscrivent dans leur programme d'investissement, ou plus en aval dans le schéma des services collectifs de l'énergie[508]. Leur bien-fondé, ainsi que leur opportunité, sont contrôlés a priori et a posteriori par la CRE qui approuve et contrôle la mise en œuvre de ce programme d'investissement[509].
La conformité de ce principe à la directive 96/92 du CE ne fait pas de doute dès lors que la Commission défend l'idée selon laquelle le service universel de l'électricité « est un concept dynamique, qui veille à ce que les exigences d'intérêt général puissent tenir compte de l'évolution politique, sociale, économique et technologique, et qu'il permet si nécessaire *d'adapter* régulièrement ces exigences à l'évolution des besoins des citoyens »[510].

---

501 J.F. Lachaume, C. Boiteau, H. Pauliat, Grands services publics, 2ème édition, 1999.
502 Pour une analyse de ce principe, M. Mecheriakoff, Droit des services publics, 2ème édition, 1997, n° 84.
503 M. Mechériakoff, Droit des services publics, 2ème édition, 1997.
504 Article 1er de la loi du 10 février 2000.
505 Article 1er de la loi du 10 février 2000.
506 Article 1er de la loi du 10 février 2000. L'article 2 § II-1° concernant le GRT et les GRD les contraint à assurer une « desserte rationnelle du territoire national, [...] dans le respect de l'environnement ». Il prévoit aussi que les GRT et GRD assurent le « développement équilibré de la desserte du territoire » dans le respect de « l'environnement et du progrès technique ».
507 L'article 11 du cahier des charges du RAG approuvé par décret du 23 décembre 1994 prévoit que le concessionnaire « aura la possibilité d'interrompre le service pour le développement de son réseau ».
508 Article 14 de la loi du 10 février 2000.
509 Article 14 de la loi du 10 février 2000.
510 COM(2003)270 final, p. 17.

Enfin, il faut souligner que la loi du 10 février 2000 avait prévu une disposition selon laquelle les contrats de fourniture d'électricité conclus entre les clients éligibles et leur fournisseur respectent le principe de mutabilité[511]. Cette disposition présentait l'inconvénient de créer une insécurité juridique dans les relations contractuelles entre les opérateurs et le gestionnaire de réseaux, car elle permettait au gestionnaire de réseau de modifier les clauses contractuelles unilatéralement pour les adapter aux évolutions du secteur électrique. Fortement critiquée, cette disposition disparaît de l'ordonnancement juridique aux termes de l'article 49 de la loi du 3 janvier 2003 relative au marché du gaz.

(iv) Les « impératifs de service public » créés par la loi du 10 février 2000

La loi du 10 février 2000 s'inscrit dans la continuité des principes de service public et les associe à la gestion des réseaux électriques. Toutefois, la particularité des réseaux publics impose de déterminer des principes de fonctionnement qui prennent en compte leurs spécificités. La loi du 3 janvier 2003 relative au marché du gaz renforcera également le respect de ces impératifs.

Aux termes de son article 1er la loi ajoute que le service public de l'électricité doit être géré, en outre, « dans les meilleures conditions de sécurité, de qualité, de coûts, de prix et d'efficacité économique, sociale et énergétique ». Ainsi, parallèlement aux principes précédents, la loi du 10 février 2000 impose au secteur électrique des contraintes supplémentaires dans la gestion du service public, qui se regroupent en deux sous-parties plus globales, à savoir les contraintes liées à la sécurité et à la sûreté générale des réseaux publics, d'une part, et, d'autre part, la recherche de la qualité dans le fonctionnement des réseaux et depuis la loi du 13 juillet 2005 la qualité de l'électricité. La mise en œuvre de ces principes rentre également dans la définition des obligations de service public qui peuvent déroger à l'application des préceptes concurrentiels[512].

(a) La sécurité des réseaux publics d'électricité

L'obligation d'assurer la sécurité dans la gestion des réseaux électriques concerne la sécurité des personnes et des infrastructures de réseaux, mais elle renvoie aussi à la sécurité des approvisionnements. Plusieurs dispositions de la loi du 10 février 2000 renvoient à l'adoption de dispositions réglementaires afin de garantir la sécurité des installations électriques. Celles-ci désignent, d'une part, les responsables en charge de la sûreté des réseaux publics et, d'autre part, les obligations leur incombant afin que leurs installations reçoivent le « label sécurité ».

La directive 96/92 du CE place la sécurité et la fiabilité des réseaux au centre des impératifs s'imposant à la construction d'un réseau électrique européen[513] et renvoie au principe de subsidiarité la définition des mesures de sécurité dans la gestion et l'utilisation des réseaux publics. Elle en fait cependant un domaine sur lequel peuvent porter des « obligations de service public dans l'intérêt économique

---

[511] Article 22 § III de la loi du 10 février 2000.

[512] Sur la validité de nouveaux principes de service public par rapport au droit communautaire, N. Charbit, « Le nouveau droit de l'énergie : La transposition des directives électricité et gaz en France », *Dalloz*, 2000, n° 30.

[513] Point 25 de la directive 96/92 du CE.

général »[514]. Il faut attendre la directive 03/54 du CE pour voir préciser la sécurité, laquelle comprend « à la fois la sécurité d'approvisionnement, la sécurité de la fourniture d'électricité et la sécurité technique ».

La loi du 10 février 2000 renvoie au gestionnaire du réseau de transport la responsabilité[515] d'assurer la sécurité du réseau public de transport[516]. À cette fin, le gestionnaire du réseau de transport est en mesure de modifier les programmes d'appel fournis par les utilisateurs si leur mise en œuvre est dangereuse pour le réseau[517]. Il veille à la disponibilité des réserves en cas d'écarts perturbateurs dans les consommations prévues[518] et garantit une gestion sûre des interconnexions en fournissant aux gestionnaires étrangers les informations nécessaires à l'interopérabilité des réseaux[519]. La loi du 9 août 2004 attribue au GRT un nouvel instrument afin d'assurer la sécurité de l'ensemble du système électrique à travers la possibilité de conclure avec les consommateurs raccordés aux réseaux des contrats dits de réservation de puissance, notamment dans les périodes de surconsommation[520].

Enfin, les règles que le GRT met en œuvre pour assurer la sécurité et la sûreté des réseaux ressortent principalement du décret appelé à fixer « les prescriptions techniques générales de conception et de fonctionnement pour le raccordement au réseau public de transport »[521]. Ces mesures techniques essentielles pour la sécurité des réseaux publics s'imposent aux installations des opérateurs souhaitant être raccordés aux réseaux publics de transport, tels que les consommateurs directement raccordés au réseau public[522], les circuits d'interconnexions, les lignes directes[523] et les réseaux publics de distribution. Ce décret intègre l'avis du Comité technique de l'électricité, organisme représentatif de l'ensemble des opérateurs électriques, institué auprès du Ministre chargé de l'électricité, qui partage avec les gestionnaires de réseaux la responsabilité d'assurer la sécurité des réseaux publics.

Il assure la veille technologique et économique de « l'acheminement et de l'utilisation de l'électricité » ainsi que « la sécurité, la sûreté et la qualité des réseaux

---

[514] « Les États membres peuvent imposer aux entreprises du secteur de l'électricité des obligations de service public, dans l'intérêt économique général, qui peuvent porter sur la **sécurité** [...] », article 3 § 2 de la directive 03/54 du CE.

[515] Transposant les articles 7 § 3 de la directive 96/92 du CE, pour le réseau de transport, et 11 § 1, pour les réseaux de distribution.

[516] Articles 14 et 15 § 2 de la loi du 10 février 2000, le GRT assure par la gestion des flux d'équilibre d'électricité « la sécurité et la sûreté [...] de ce réseau ».

[517] Article 15 de la loi du 10 février 2000.

[518] Article 15 § II et III de la loi du 10 février 2000.

[519] Article 7 § 4 de la directive 96/92 du CE (article 9 de la directive 03/54 du CE).

[520] Article 4 de la loi du 9 août 2004.

[521] Article 14 de la loi du 10 février 2000 sur la base duquel doit être adopté le décret relatif aux prescriptions techniques générales de conception et de fonctionnement auxquelles doivent satisfaire les installations en vue de leur raccordement au réseau de transport.

[522] Ce que le cahier des charges du RAG du 10 avril 1995 appréhendait sous le vocable de « clients directs » à l'article 10.

[523] La directive 96/92 du CE dispose dans son 2- 12) qu'une ligne directe est une « une ligne d'électricité complémentaire au réseau interconnecté », à quoi la CRE rajoute dans sa définition de la ligne directe un élément lié à sa fonction ; elle relie, selon elle, « un producteur et un consommateur », glossaire joint au Rapport d'activité de la CRE du 30 juin 2000.

publics de transport et de distribution »[524]. Au niveau local, les gestionnaires des réseaux de distribution, EDF et les DNN, doivent également, dans la limite de leur zone de desserte exclusive, assurer la sécurité et la sûreté du réseau de distribution[525].
Ils s'appuient en cela sur un décret fixant, à la différence du réseau public de transport, les prescriptions techniques de raccordement des installations des opérateurs aux réseaux publics de distribution[526].
Parallèlement à ces dispositions, la CRE est toujours en mesure d'intervenir a priori pour préciser les règles concernant les conditions d'accès aux réseaux, leur utilisation et les conditions de raccordement aux réseaux publics de transport et de distribution[527].
La Commission considère ces principes de service public nécessaires à la garantie d'une fourniture en électricité sûre et efficace, ainsi que de la sécurité et de la fiabilité des réseaux[528]. Elle entérine les procédures d'évaluation et de contrôle des normes fixées par les administrations pour garantir un degré de sécurité élevé[529]. Mais elle souligne dans son Livre Vert sur les services d'intérêt général qu'elle s'efforce « d'augmenter le niveau de sécurité, en particulier dans le domaine de l'énergie, et d'adopter une approche plus européenne », considérant que ce but a été poursuivi jusqu'ici par les États membres « au moyen des services d'intérêt général »[530]. À travers les missions de service public relatives à la sécurité des réseaux, les gestionnaires des réseaux publics ne doivent pas seulement garantir un accès aux réseaux, il faut également que celui-ci soit « sûr ».

(b) La qualité de la desserte en électricité

L'assurance de la qualité du service public électrique concerne, tout d'abord, la qualité de la fourniture en électricité, c'est-à-dire la qualité de la desserte en électricité sur les réseaux électriques ainsi que les prestations ou les services qui en découlent, tels que la qualité de l'électricité, la transparence de la facturation et de l'information. Elle est très proche du principe de continuité, en ce qu'elle impose aussi de réduire au minimum le nombre de coupures intervenant pendant la desserte en électricité[531].
La loi du 9 août 2004 propose, quant à elle, une définition plus vaste de la qualité,

---

[524] Décret n° 2000-362 du 26 avril 2000 modifiant le décret n° 87-437 du 17 juin 1987 relatif au comité technique de l'électricité. Ce comité a été institué par la loi du 15 juin 1906 sur les distributions d'énergie et est composé de 33 membres dont, entre autres, des représentants du GRT, des GRD, des producteurs d'électricité, des grands consommateurs d'électricité et des collectivités concédantes de la distribution, article 2 du décret précité, voir P. Sablière, Droit de l'électricité, Dalloz, 2003, p. 168.
[525] Articles 18 et 19 § I de la loi du 10 février 2000.
[526] Article 18 de la loi du 10 février 2000 précisé dans le décret n° 2003-229 du 13 mars 2003 relatif aux prescriptions techniques générales de conception et de fonctionnement auxquelles doivent satisfaire les installations en vue de leur raccordement aux réseaux publics de distribution, JO du 16 mars 2003, arrêté du 17 mars 2003 modifié par l'arrêté du 22 avril 2003, JO des 19 avril et 7 mai 2003.
[527] Article 37 § 2° et 3° de la loi du 10 février 2000.
[528] Communication SIG du 19 janvier 2001.
[529] Communication SIG du 19 janvier 2001.
[530] COM(2003)270 final, p. 20-21.
[531] J. Bergougnoux, W. Varoquaux, « Caractéristiques du service public de l'électricité », *CJEG*, octobre 1987, p. 815.

elle vise dans son article 1er la « qualité du service rendu au consommateur ». L'importance du consommateur étant un leitmotiv dans la directive 03/54 du CE. Plus réductrice et plus technique est l'approche des directives 96/92 puis 03/54 du CE, lorsqu'elles prévoient la possibilité d'imposer des obligations de service public aux entreprises électriques portant sur la qualité de la fourniture[532]. Elle comprend alors l'efficacité et la fiabilité des réseaux publics[533]. L'efficacité est une composante de la qualité qui « signifie à tous le moins satisfaction des usagers, moindre coût, ouverture vers l'extérieur et innovation »[534]. Les normes de qualité fixées dans les législations communautaires concernent souvent les règles de sécurité, l'exactitude et la transparence de la facturation, la couverture territoriale et la protection contre les interruptions[535]. Ce principe de qualité est un principe de service public clairement énoncé en droit communautaire dérivé dans les activités de réseaux[536].

La loi du 10 février 2000 renvoie aux gestionnaires de réseaux la mission d'assurer la qualité de la fourniture en électricité et du fonctionnement des réseaux[537] tout en assurant la gestion en temps réel des flux d'électricité sur le réseau de transport. Pour cela, le gestionnaire de réseau peut modifier les programmes d'appels, sauf si ces mesures ne portent pas atteinte à la qualité de la desserte[538]. Ce principe impose que les gestionnaires de réseaux publics améliorent constamment la fiabilité des matériels ainsi que l'efficacité des méthodes d'exploitation des réseaux publics. Celles-ci sont reportées dans les investissements inscrits dans le programme d'investissement élaboré annuellement par le gestionnaire de réseaux et approuvé par la CRE[539].

Les cahiers des charges des gestionnaires de réseaux ont complété la non-exhaustivité de la loi du 10 février 2000 pour définir le niveau de qualité de la fourniture auquel peuvent prétendre les opérateurs. La qualité de la fourniture s'apprécie en fonction des variations de fréquence, des interruptions, des surtensions et des déséquilibres électriques sur les réseaux. Ces éléments étaient jusque-là contenus dans les contrats de fourniture d'électricité et engageaient la responsabilité du concessionnaire en cas de non-respect[540]. Les cahiers des charges de concession de la distribution sont plus précis que celui du transport et disposent que la qualité

---

532 Article 3 § 2 de la directive 03/54 du CE.

533 Articles 9 et 14 de la directive 03/54 du CE.

534 M. Dewost, « Europe-Service public-concurrence », Masson 1995, p. 160.

535 COM(2003)270 final, p. 18.

536 Voir la directive dite « Téléphonie vocale » de décembre 1995 qui impose aux États membres de fixer des « normes de qualité » contrôlables par les autorités communautaires. La communication de la Commission sur les SIEG du 11 septembre 1996 fait de la « qualité » un principe intersectoriel, elle définit les obligations du service universel comme l'accomplissement « de prestations essentielles de qualité ». Ce principe est consacré également dans les arrêts « Corbeau » et « Commune d'Almelo » de la CJCE et conduit M. Voisset à considérer que le « droit communautaire tend à faire de la qualité un principe juridique tant dans l'ordre juridique des États que dans l'ordre communautaire », « Qualité-Adaptabilité-Mutabilité », *Travaux du CEDECE*, 1997, p. 401.

537 Article 1er de la loi du 10 février 2000.

538 Article 15 § II de la loi du 10 février 2000.

539 Article 14 de la loi du 10 février 2000, la CRE, tout en approuvant par décision du 25 janvier 2001 le programme d'investissement du GRT, pour l'année 2001, souligne que le rapport devrait dans le futur tenir compte des attentes des clients, en particulier « en matière de qualité de service ».

540 Articles 4 et 25 du cahier des charges du RAG approuvé par décret le 23 décembre 1994.

de la fourniture est un « droit des usagers du service public » qui impose au concessionnaire de prendre « les dispositions appropriées pour assurer la fourniture de l'électricité dans les conditions de qualité ». Celle-ci est définie en vertu « d'indicateurs de qualité » que le concessionnaire s'engage à respecter[541]. Cette obligation est dorénavant renforcée par l'introduction dans la loi du 10 février 2000 d'un paragraphe entièrement consacré à la qualité de l'électricité. Il revient aux gestionnaires de réseaux d'exploiter les réseaux de manière à assurer une desserte en électricité « d'une qualité régulière, définie et compatible avec les utilisations usuelles de l'électricité »[542].

L'introduction de l'accès aux réseaux impose de préciser le contenu du principe de la qualité. Il s'entend alors de la possibilité pour les utilisateurs des réseaux d'être informés sur les capacités des réseaux, sur leurs tarifs et les coûts qui les composent, en particulier par l'indication dans les factures des coûts liés aux réseaux et des couts liés à la fourniture. En intégrant cet impératif de qualité, la loi du 10 février 2000 lui attribue une valeur supra-réglementaire. Mais, en lui donnant cette place de choix, elle permet également au gestionnaire de réseaux de limiter, voire de refuser l'accès aux réseaux en s'appuyant sur la nécessité d'assurer la qualité de la desserte en électricité. Afin d'éviter cet écueil, un code des réseaux ainsi que de nouveaux cahiers des charges doivent être adoptés. Ils permettront de préciser les contours du principe de qualité de la desserte à travers les réseaux électriques et des services qui lui sont associés[543]. La Commission considère qu'il est d'intérêt public que les normes de services, telles que la qualité de la fourniture ou les délais de raccordement, soient « le plus élevé possible ». Il est, en outre, « vital que ces normes soient maintenues et renforcées sur un marché libéralisé »[544]. En effet, afin que les gestionnaires de réseaux n'utilisent pas cet impératif à mauvais escient, il faut également que les États membres « veillent à ce que la *qualité soit bien définie* »[545]. La définition à adopter doit être transmise à la Commission pour contrôle ; la qualité est d'ores et déjà une composante du service universel électrique introduit par la directive 03/54 du CE[546]. Pour répondre à cet impératif, la loi du 13 juillet prévoit dans son article 60 la fixation par décret des « niveaux de qualité et des prescriptions techniques en matière de qualité », lesquels pourront etre modulés par zone géographique. Ces éléments doivent également être intégrés dans les cahiers des charges des gestionnaires des réseaux de distribution et prévoir des modalités de dédommagement en cas de non respect.

(3) Le financement du service public

La directive 96/92 du CE reprise par la directive 03/54 du CE prévoit que les gestionnaires de réseaux ainsi que les opérateurs prennent en charge des missions de

---

541 Article 11 : « Qualité du produit et des services concédés », annexe au cahier des charges de la concession de la distribution entre le syndicat intercommunal pour le gaz et l'électricité en Ile de France et EDF du 16 décembre 1994.

542 Article 60 de la loi du 13 juillet 2005.

543 Article 12 de la loi du 10 février 2000, repris dans la loi du 3 janvier 2003 relative au marché du gaz et dans la loi du 9 août 2004.

544 Communication SIG du 19 janvier 2001.

545 COM(2001)125 final du 13 mars 2001, p. 15.

546 Article 3 § 3 de la directive 03/54 du CE ; COM(2003)270 final, p. 18.

service public, mais sans évoquer la nature et la forme que doit revêtir son financement. Il s'agit en l'espèce de mettre en place un système qui prenne en charge les coûts engendrés par l'accomplissement de missions ou obligations de service public. La loi du 10 février 2000 a puisé dans les législations antérieures les méthodes mises en place pour procéder au financement de ces coûts. Celles-ci sont en partie reprises et adaptées aux préceptes imposés par la directive 03/54 du CE et par les interventions communautaires sur la transparence. Le financement des charges de service public impose au préalable d'identifier précisément ces charges. Les dispositions légales et réglementaires transposant les directives 96/92 et 03/54 du CE indiquent que ce sont les charges issues des :
-zones non interconnectées ;
-installations de cogénération ;
-installations de la petite hydroélectricité ;
-installations dispatchables et
-autres contrats d'achats (éoliens, incinération de déchets et autres),
auxquelles a été rajoutée : la tarification « produit de première nécessité »[547].
Afin d'être déterminées de manière objective et transparente, les charges de service public sont identifiées et évaluées annuellement par la CRE. C'est également à la CRE qu'il revient de proposer le montant des charges à compenser et le fonctionnement du dispositif relatif aux charges du service public de l'électricité arrêté par le Ministre chargé de l'énergie[548].
L'article 5 § I de la loi du 10 février 2000 prévoyait, avant d'être modifié par la loi du 3 janvier 2003 relative au marché du gaz, un régime de compensation des charges de service public qui distinguait le fait que les charges concernaient les coûts de production, de distribution ou les « coûts échoués ». La prise en charge de ces coûts revenait à « un fonds du service public de la production d'électricité » alimenté par les contributions des producteurs, des fournisseurs et des clients finals importateurs d'électricité[549]. Le montant des redevances étant calculé au prorata du nombre de kilowattheures livrés à des clients finals[550].
La prise en charge de ces coûts de service public est partagée avec le fonds de péréquation de l'électricité créé par l'article 33 de la loi de nationalisation du 8 avril 1946. Ce fonds a pour objet de répartir les coûts du service public supportés par les organismes de la distribution, à savoir EDF et les DNN[551].
L'extrême complexité de mise en œuvre du fonds du service public de la production a imposé une modification contenue dans la loi du 3 janvier 2003 relative au marché du gaz. En effet, le problème était que ce fonds permettait aux fournisseurs de récupérer auprès de leurs clients éligibles les contributions qu'ils versaient audit

---

[547] Celle-ci est définie dans le décret n° 2004-325 du 8 avril 2004 relatif à la tarification spéciale de l'électricité comme produit de première nécessité, JO n° 86 du 10 avril 2004, p. 6773.
[548] Article 5 de la loi du 10 février 2000 tel que modifié par la loi du 3 janvier 2003 relative au marché du gaz.
[549] Décret n° 2001-1157 du 6 décembre 2001 relatif au fonds du service public de la production d'électricité.
[550] Pour une présentation de ces fonds et de leurs finalités, P. Sablière, Droit de l'électricité, Dalloz, 2003, p. 118.
[551] Décret n° 2004-66 du 14 janvier 2004 relatif au fonds de péréquation de l'électricité, JO n° 14 du 17 janvier 2004, p. 1308.

fonds. L'article 5, tel que modifié par la loi du 3 janvier 2003 relative au marché du gaz, impose dorénavant que ce soit le consommateur final installé sur le territoire national, éligible ou non éligible, qui règle cette contribution. Celle-ci est calculée au prorata de la quantité d'électricité consommée ou produite à travers un prélèvement additionnel aux tarifs réglementés pour les clients non éligibles et le tarif d'utilisation des réseaux pour les clients éligibles.

La CRE continue d'évaluer et de proposer le montant des charges de service public, lequel est calculé sur la base d'une comptabilité appropriée des opérateurs qu'elle définit et sur la base des informations que les opérateurs lui déclarent[552].

La compensation des charges au profit d'EDF et des DNN est assurée par ces contributions versées sur un compte à la Caisse des Dépôts et Consignations et distribuée deux fois par an. La collecte de cette contribution diffère cependant selon les consommateurs. La collecte auprès des clients éligibles ayant conclu un contrat d'accès au réseau de transport ou de distribution est effectuée par leur gestionnaire de réseau. Le GRT collecte la CSPE auprès de ses clients consommateurs qui ont conclu un contrat d'accès au réseau de transport (CART). La collecte auprès des consommateurs finals éligibles raccordés au réseau de transport ou de distribution et qui n'ont pas fait valoir leur éligibilité est effectuée par leur fournisseur d'électricité. En revanche, les producteurs d'électricité produisant pour leur propre usage et les consommateurs finals qui ne sont pas alimentés par l'intermédiaire du réseau public de transport ou de distribution acquittent spontanément la CSPE auprès de la Caisse des Dépôts et Consignations[553].

Ce régime est proche de celui introduit dans le secteur des transports aériens.

Un fonds de péréquation des transports aériens est alimenté par les passagers en fonction d'une taxe prélevée sur chaque billet et non pas sur les compagnies aériennes.

La particularité du nouveau système de financement des charges de service public est que le fonds de service public de la production ne sert plus d'intermédiaire. Par ailleurs, outre les charges de la production, ce système prend dorénavant en charge les coûts issus de la fourniture aux clients en situation de précarité.

Le principe d'un fonds de compensation des charges de service public apparaît comme un mécanisme autorisé en droit communautaire, même si, selon certains auteurs, « on peut s'interroger sur leur légalité », considérant qu'il n'est pas

[552] Article 6 du décret n° 2004-90 du 28 janvier 2004 relatif à la compensation des charges de service public de l'électricité, JO n° 24 du 29 janvier 2004, p. 2093. À titre d'exemple, pour 2004, voir l'arrêté du 28 février 2004 fixant les montants des charges imputables aux missions de service public de l'électricité pour l'année 2004, JO n° 76 du 30 mars 2004, p. 6072, texte n° 32 :

Montant des charges pour les missions de service public	Montant des frais de gestion de la Caisse des dépôts et consignations	Nombre de MWh soumis à contribution	Montant de la contribution pour chaque kWh
1 735 200 000 eur	61 000 euros	379 600 000 MWh	0,0045 euros/kWh soit 4,5 euros/kWh

[553] Voir le régime préférentiel mis en place par la loi du 13 juillet 2005 au profit des énergies renouvelables et de l'énergie acquise par cogénération.

directement prévu par la directive 96/92 du CE[554]. Sans les viser directement, la directive 03/54 du CE impose, quant à elle, que les mesures de financement des obligations de service public soient notifiées à la Commission dans le respect de la législation sur les aides d'État. Mais, l'acceptation, en droit communautaire, de ces fonds pour financer les charges de service public n'est pas sans conditions.
La définition des contributions des opérateurs à un fonds de financement du service public doit respecter les principes de :
- transparence ;
- non-discrimination et
- proportionnalité[555].
La CJCE effectue en effet un strict contrôle sur le financement des charges de service public qui peut violer la législation communautaire relative aux aides d'État, mais aussi empêcher l'apparition de nouveaux concurrents face aux opérateurs historiques. Dans son arrêt « Commission/France », la CJCE pose comme principe que le montant de la compensation corresponde aux coûts induits par les obligations de service public[556]. Dans le cas contraire, les compensations peuvent être assimilées à des aides d'État. C'est le cas si la compensation effectuée ne reflète pas les charges justifiées par des impératifs de service public. Elle rappelle, par ailleurs, dans son arrêt « Preussen Elektra AG », qu'un État membre qui répartit entre les entreprises électriques la charge financière liée à l'achat d'une électricité verte produite à partir de sources d'énergies renouvelables, à des prix minimaux supérieurs à la valeur économique réelle de ce type d'électricité, ne constitue pas une aide d'État[557].
Le Conseil d'État, appelé également à se prononcer sur le bien-fondé du financement par les opérateurs des charges de service public, considère, dans son arrêt « Uniden » du 21 mai 2003, que la charge financière résultant de l'achat obligatoire de cette énergie ne constitue pas une aide d'État[558]. De même, il est intervenu pour contrôler le tarif d'accès au fichier SIRENE (répertoire national d'identité des entreprises) dont l'INSEE assure la gestion et percoit des droits lors de la communication de données publiques. Il considère en l'espèce que le plafonnement de la redevance fixée par l'INSEE permet d'exclure des éléments de dépense qui relèveraient d'un intérêt plus large que « la seule satisfaction du service rendu ». Le montant de la redevance est ainsi proportionnel au service rendu et au coût supporté par l'administration. Le Conseil d'État conclut à l'absence de discrimination de ce mode de financement[559].
La réécriture de l'article 4 § II de la loi du 10 février 2000 relatif au tarif d'utilisation des réseaux par la loi du 9 août 2004 s'aligne sur la jurisprudence

[554] N. Charbit, « Le droit nouveau de l'énergie : la transposition des directives électricité et gaz en France », *Dalloz*, 2000, n° 30.
[555] Arrêt de la CJCE « TNT Tracco » du 17 mai 2001, C- 340/99, rec.p. I-4142.
[556] Arrêt du 6 décembre 2001, C-146/00.
[557] Arrêt de la CJCE « Preussen Elektra » du 13 mars 2001, C-379/98 ; commentaire O. Segnana, « Environnement et marché intérieur de l'électricité : L'arrêt Preussen Elektra », *Cahiers de droit européen*, janvier 2002, p. 131.
[558] La Commission a, par ailleurs, autorisé une aide d'État belge afin de soutenir les énergies renouvelables, décision du 12 décembre 2002, JO C-309714.
[559] Arrêt du CE « Société Cégédim » du 2 avril 2003, dans le prolongement de son arrêt du 29 juillet 2002, voir note *DA*, août-septembre 2003, p. 19.

nationale et communautaire en prévoyant que le tarif d'utilisation des réseaux couvre, non seulement les coûts des réseaux, mais également « les coûts résultant de l'exécution des missions et contrats de service public »[560]. Le principe du financement des charges de service public par les opérateurs est, bien que non prévu par les directives électricité, accepté en droit interne et communautaire sous la condition du respect de la législation et de la jurisprudence communautaire sur la concurrence et, en particulier, sur les aides d'État[561].

Conclusion

En dessinant pour la première fois les contours du service public de l'électricité, la loi du 10 février 2000 confirme les principes traditionnels du service public à la française, tout en intégrant les impératifs dégagés par le droit communautaire dérivé et la jurisprudence de la Cour. L'approche communautaire de la notion de service public est d'autant plus présente que la Commission procède à une véritable « évaluation » des critères de service public proposés par les États membres, considérant qu'ils présentent une dérogation à l'application des règles de la concurrence[562]. L'intervention de la CJCE s'est aussi révélée importante, en particulier à travers sa jurisprudence autour de l'article 86 § 2 du Traité CE.

Le service public dans les activités des réseaux électriques a aiguisé la réflexion sur l'équilibre à assurer entre les finalités d'intérêt général et les exigences concurrentielles de rentabilité[563]. Il en ressort que les obligations de service public sont une donnée majeure dans la gestion du « service public marchand » de l'électricité[564]. Il n'assure rien de moins que la sécurité des approvisionnements qu'une dérégulation sans contraintes peut mettre en danger.

La loi du 10 février 2000 propose sa version de l'équilibre à instaurer entre ces notions[565] sous la pression de la libéralisation du secteur de l'électricité[566].

Elle repose indéniablement sur la modernisation du service public de l'électricité qui s'illustre à travers la prise en compte de nouveaux principes de service public[567].

---

560 Article 33 § 4 de la loi du 9 août 2004 modifiant l'article 4 § II de la loi du 10 février 2000.

561 Voir supra le paragraphe (b), « Les obligations de service public et les aides d'État », p. 66.

562 Article 59 COM(2003)270 final.

563 Conseil d'État, Service public, déclin ou renouveau ? Rapport public pour 1994, EDCE, 1995.

564 M.A. Frison-Roche développe l'idée d'un « service public marchand » pour appréhender le service public de réseau, « Libres propos sur le service public marchand dans la perspective de la régulation des réseaux d'infrastructures essentielles », *RJDA*, 1995, p. 847.

565 Cet équilibre s'appuie sur l'article 1er de la loi du 10 février 2000 qui illustre l'orientation concurrentielle du service public de l'électricité, lequel doit contribuer à « la compétitivité de l'activité économique » et être géré « dans les meilleures conditions de coûts, de prix et d'efficacité économique ».

566 H. Revol indique dans son rapport que « le service public [...] n'a plus vocation à s'exercer sous forme de monopole et doit donc être plus clairement et plus précisément défini que par le passé », Projet de loi relatif à la modernisation et au développement du service public de l'électricité, rapport n° 502 du 29 Septembre 1999, (98-99), p. 30.

567 Dans son rapport au Premier Ministre, L. Dumont avait montré la voie en énumérant les objectifs à introduire dans la loi pour en assurer la modernisation. Il indique que « le service d'intérêt général de l'électricité est impérativement soumis aux contraintes de protection de l'environnement, de maîtrise de l'énergie et d'aménagement du territoire » et doit comporter, en outre, « l'encouragement aux techniques innovantes, aux énergies renouvelables, à la maîtrise d'énergie », Rapport « Réussir la future organisation électrique française » du 2 juillet 1998.

Et il ne semble plus paradoxal de faire figurer, « au fronton d'un texte qui a pour objet de libéraliser progressivement le marché de l'électricité, la définition d'un service public »[568]. Au contraire, le secteur de l'électricité témoigne d'une coexistence originale, a priori inconciliable, entre les impératifs de service public et de compétitivité[569]. La Commission prend également acte de la nécessité de ce rapprochement en paraphrasant le titre même de la loi du 10 février 2000 et considère que le service public électrique peut être « non seulement maintenu, mais aussi développé sur un marché concurrentiel »[570]. La CJCE penche finalement aussi pour cette approche alors que sa position initiale faisait des obligations de service public une *exception* aux règles de la concurrence. Elle énumère dans son arrêt « Analir » les conditions auxquelles sont soumises les obligations de service public et dispose qu'une entrave à la liberté de circulation des services, par l'édiction d'une autorisation des pouvoirs publics d'exercer le cabotage, ne peut être justifiée que si[571] :

- un besoin réel de service public peut être démontré, pour cela une insuffisance des services réguliers dans une situation de libre concurrence doit etre démontrée,
- elle est nécessaire et proportionnée au but poursuivi, pour autant que le régime qui en est issu soit fondé sur des critères objectifs, non discriminatoires et connus à l'avance des entreprises concernées.

L'imposition d'obligations de service public à des opérateurs ne peut être qu'exceptionnelle et n'est possible que si l'on constate une carence sur le marché concurrentiel. Les secteurs organisés en réseaux et, en particulier, celui de l'électricité, ont contraint à l'adoption d'une approche consensuelle des obligations de service public. Elles sont dorénavant visées dans la législation communautaire, précisées par les législations nationales et contrôlées dans leur application par les autorités nationales et communautaires.

Le contrôle exercé par la CJCE sur le contenu des obligations de service public est devenu de plus en plus précis. Sa décision « Commission/République Française » du 6 décembre 2001 en témoigne. Il ressort de cet arrêt que les dispositions relatives au financement du service universel adoptées par le gouvernement français, sur la base des directives relatives à la mise en place d'un service universel des télécommunications, ne sont pas conformes aux principes qui sont fixés dans ces

[568] H. Revol, Projet de loi relatif à la modernisation et au développement du service public de l'électricité, Rapport n° 502 du 29 septembre 1999, (98-99), p. 30.

[569] C. Stoffaes résume le lien entre le service public, la concurrence et leur coexistence dans les industries de réseaux de la sorte : « parce qu'elles rendent des services indispensables à tous, parce qu'elles conditionnent la compétitivité de l'ensemble de l'économie, parce qu'elles véhiculent de grandes réalisations techniques, parce qu'elles incarnent la conception républicaine de l'égalité et du lien social, les industries de réseaux s'identifient au service public. Mais, elles sont aussi des entreprises soumises aux règles de l'économie de marché », « Services publics, Questions d'avenir », Commissariat Général du Plan, La Documentation Française, Paris, p. 13.

[570] Communication SIG du 19 janvier 2001.

[571] Cet arrêt renvoie à l'application du règlement n° 3577/92 du Conseil relatif à la libre circulation des services de transports maritimes qui permet aux États membres de fixer des obligations de service public à des entreprises de navigation. Dans cette espèce, les autorités espagnoles s'appuient sur ce règlement pour imposer aux entreprises de navigations l'obtention d'une autorisation administrative préalable pour l'exercice du cabotage à destination ou en provenance des îles ibériques, C-205/99.

directives[572]. La Cour suit la Commission dans une analyse précise et minutieuse de la répartition des coûts relatifs au service universel des télécommunications, et conclut en l'espèce qu'il n'existe « aucune base juridique » pour obliger les nouveaux concurrents de France Télécom à contribuer au financement du service universel[573]. Elle estime également que l'obligation de transparence dans le calcul du coût du service universel n'a pas été respectée[574], de même que le montant des composantes du coût net n'est pas justifié et qu'il est artificiellement gonflé.
Elle conclut alors que la République Française a manqué à ses obligations en ne publiant pas le rapport annuel indiquant le coût des obligations de service universel et en ne précisant pas les contributions apportées par les parties concernées[575]. En outre, les mesures adoptées doivent être non discriminatoires, équitables (c'est-à-dire axées sur les coûts) et transparentes afin de permettre aux opérateurs de les connaître à l'avance. Cette décision illustre le degré de précision du contrôle exercé par la CJCE sur le contenu et la mise en œuvre des obligations de service public. Mais ce contrôle communautaire sur la définition des obligations de service public ne semble guère effrayer les États membres et leurs opérateurs historiques. En effet, à ce jour, aucun d'entre eux n'a jugé opportun de déroger à l'application des dispositions de la directive 03/54 du CE, comme le leur permet son article 3, pour mettre en œuvre leurs obligations de service public[576].
Afin d'harmoniser les divergences entre les mesures adoptées par les États membres sur la base du service d'intérêt général[577], la directive 03/54 du CE a introduit un service universel dans le secteur électrique[578]. Aux termes de son article 3 § 3, les clients non résidentiels ont le droit de bénéficier du droit « d'être approvisionnés, sur leur territoire, en électricité d'une qualité bien définie, et ce à des prix abordables et raisonnables ». Mais, si l'exigence communautaire de prix abordable de l'électricité est une manière indirecte de reconnaître la pertinence du système français de la péréquation géographique des tarifs, les conceptions nationales et communautaires du service d'intérêt général demeurent antagonistes lorsqu'elles se limitent à la

[572] Directive 98/10 du Parlement Européen et du Conseil du 26 février 1998 concernant l'application de la fourniture d'un réseau ouvert à la téléphonie vocale (ONP) et à l'établissement d'un service universel des télécommunications, JO L-101/24. La directive définit le service universel dans son article 2 § 2-f) comme un « ensemble de services minimal défini d'une qualité donnée, qui est accessible à tous les utilisateurs indépendamment de leur localisation géographique et, à la lumière de conditions spécifiques nationales, à un prix abordable ».
[573] Points 22 et 30 de l'arrêt de la CJCE « Commission/France » du 6 décembre 2001, précité.
[574] Point 53 de l'arrêt de la CJCE « Commission/France » du 6 décembre 2001.
[575] Tel que l'impose l'article 5 § 5 de la directive 97/33/CE du Parlement européen et du Conseil du 30 juin 1997 relative à l'interconnexion dans le secteur des télécommunications (ONP), JO L-199/32.
[576] Communication SIG du 19 janvier 2001 ; M. Albers, "Energy Liberalisation and EC Competition Law", 28th Fordham Conference of Antitrust Law and Policy du 26 octobre 2001, p. 22.
[577] J. Delors considère que « le débat d'ensemble d'établissement de références communes est la clé, beaucoup plus qu'une approche secteur par secteur, d'une assurance de légitimité pour le service public dans le respect du droit communautaire », « Vers un service public européen, Les entreprises de réseaux à l'heure du grand marché », colloque de Bruxelles du 4 février 1993.
[578] Le service universel caractérise la volonté « d'inscrire ce qu'il reste des « services publics » dans un cadre concurrentiel », F. Gazin, « Intérêt général communautaire et service public », *Travaux du CEDECE*, 1997, p. 63. Dans sa communication du 28 avril 1993, la Commission le définit comme étant « un service minimum donné, dont la qualité est spécifiée, pour tout utilisateur, à un prix accessible » COM(93)159, voir J. Arlandis, « Service universel, Évolution d'un concept clé », *Communications et stratégies*, 1994, n° 13, p. 35.

notion de service universel[579]. La directive 03/54 du CE franchit cependant une étape supplémentaire vers un rapprochement, en intégrant au sein de ses articles 3 et 4 les impératifs dégagés par la loi du 10 février 2000 relatifs à la protection des droits fondamentaux des consommateurs, à travers des mesures relatives aux consommateurs vulnérables, à la sécurité d´approvisionnement, et à la planification à long terme[580].

Le régime de l´accès aux réseaux électriques est le terrain de prédilection des obligations de service public, en raison de la présence d´infrastructures induplicables et de la présence de l´opérateur historique à leurs commandes. Ces obligations, qui peuvent avoir des effets positifs pour les utilisateurs (qualité, continuité, etc.), peuvent également restreindre la concurrence si elles sont utilisées par les gestionnaires d´infrastructures en dehors des buts et des procédures définis.

La CJCE a à juste titre souligné dans son arret « VEMW e.a. » du 7 juin 2005 que « le système de dérogation prévu à l'article 24 de la directive sert, notamment, à assurer l'égalité de traitement des anciens monopolistes nationaux (...). Une telle égalité de traitement pourrait être compromise s'il était admis que chaque État membre, en dehors de la procédure et des conditions prévues à l'article 24 de la directive, puisse avantager son ancien monopoliste en vue de garantir l'exécution des contrats de longue durée conclus par ce dernier avant la libéralisation du marché de l'électricité.

Cela contreviendrait à l'objectif de la directive visé au douzième considérant de celle-ci, selon lequel, «quel que soit le mode d'organisation du marché en vigueur, l'accès au réseau doit être ouvert conformément à la présente directive et doit aboutir à des résultats économiques équivalents dans les États membres, ainsi que, par conséquent, à un niveau directement comparable d'ouverture des marchés et à un degré directement comparable d'accès aux marchés de l'électricité».

L´importance des obligations de service public dans le secteur électrique ne doit pas occulter le fait que les directives électricité ont pour but premier d´introduire la concurrence. La Cour exprime enfin clairement la position communautaire, à savoir que les obligations de service public ne doivent pas empêcher le démantèlement progressif mais irréversible des monopoles.

Et certains de regretter que même la CRE s´est inspirée de cette approche pour privilégier la logique de marché par rapport à la défense des missions de service public. À cet argument, on renvoie à l´organisation du marché électrique national qui repose sur le maintien des monopoles de transport et de distribution d´électricité qui renforce les missions et principes de service public et surtout confirme le

[579] La conception communautaire met le service universel au service de la concurrence dans l´intérêt général, alors que la conception française part du principe que les règles du service public ne peuvent s´accommoder d´une soumission aux règles de la concurrence ; l´existence de droits exclusifs et spéciaux étant une contradiction de ces règles per se, même si R. Kovar nuance cet antagonisme entre concurrence et service public dans le droit français, Droit communautaire et service public, RTDE, 1996, p. 213.

[580] Voir le discours de Mme Loyola de Palacio relatif à « la politique énergétique européenne et à l´accès des citoyens à l´énergie », séminaire « Ouverture des marchés », Bruxelles, Press-release de la Commission 02/97 du 5 mars 2002. Le Livre Vert de la Commission considère que la protection des utilisateurs et des consommateurs ainsi que la sécurité d´approvisionnement appartiennent à un « ensemble commun d´obligations », COM(2003)270 final, p. 20.

maintien du gestionnaire de réseaux dans le giron public. Alors que les interventions européennes s'efforcent au fur et à mesure d'élargir l'ouverture à la concurrence du secteur électrique, les interventions législatives nationales successives empreintent quant à elle le chemin inverse. Elle renforcent chaque fois un peu plus la notion de service public de l'électricité.
Dans le cadre de la loi de programme du 13 juillet 2005 fixant les orientations de la politique énergétique, le gouvernement entend faire des propositions tous les deux ans à l'intention de l'Union européenne visant à promouvoir la notion de service public dans ce secteur. Elle souligne toujours sans complexe que la conduite de la politique énergétique nécessite « le maintien et le développement d'entreprises publiques nationales et locales dans le secteur énergétique »[581]. Encore faut-il que ces objectifs ne contredisent pas dans la pratique l'ouverture à la concurrence des marchés énergétiques.

[581] Article 1er de la loi du 13 juillet 2005.

Titre II Application des principes concurrentiels à la gestion des réseaux publics électriques

En introduisant le régime de l'accès aux réseaux publics, la loi du 10 février 2000 oblige à adapter la gestion des réseaux publics électriques aux mesures mises en place dans l'ensemble des activités électriques.
Pour autant, la loi n'a pas pour conséquence de procéder à une refonte de l'organisation des réseaux publics d'électricité. Ceux-ci demeurent des monopoles publics chargés de l'accomplissement des missions de service public précédemment recensées.
L'introduction de la concurrence dans le secteur électrique commande une mise en conformité du régime de gestion des réseaux publics électriques à ses règles.
Parmi les règles dont la directive 96/92 du CE prescrit la transposition, celles visant à garantir la « transparence et la non-discrimination » de l'organisation et la gestion des réseaux publics électriques sont fondamentales pour la mise en œuvre d'un accès non discriminatoire aux réseaux[582].
Ces dispositions visent à introduire une concurrence loyale dans le secteur électrique et imposent de procéder à de nombreux aménagements dans la gestion des réseaux publics jusqu'à parfois créer des structures juridiquement autonomes pour la gestion de l'accès aux réseaux.
Pour la mise en œuvre de ces mesures, on distingue entre le réseau du transport et entre celui de la distribution d'électricité, considérant qu'ils répondent à une organisation différente et présentent une nature et un régime juridique distincts.
La loi du 10 février 2000 les rapproche en leur attribuant la même fonction, celle d'assurer l'accès des opérateurs aux réseaux publics, rapprochement que la directive 03/54 du CE parfait en leur imposant également l'obligation de séparation juridique.

[582] « Considérant que la transparence et la non-discrimination supposent que la fonction de transport des entreprises verticalement intégrées soit gérée de façon indépendante des autres activités », point 30 de la directive 96/92 du CE.

Chapitre I La réorganisation du réseau public de transport d'électricité : une infrastructure essentielle

L'introduction de l'accès aux réseaux par la loi du 10 février 2000 ajoute des tâches supplémentaires à la liste des activités prises en charge par le gestionnaire du réseau public de transport d'électricité qui impliquent de le restructurer[583]. Cette restructuration impose de définir le réseau de transport avant d'aborder son régime de propriété puis son régime de gestion.
La prise en charge de nouvelles activités liées à l'accès aux réseaux impose le respect des principes de transparence et de non-discrimination avec pour conséquence de déterminer de nouveaux principes de fonctionnement des réseaux.
La loi du 10 février 2000 définit donc, d'une part, l'entité responsable de la gestion de l'infrastructure essentielle et détermine, d'autre part, les missions que la directive 03/54 du CE lui impose d'accomplir.

a) Le régime juridique du réseau public de transport d'électricité

L'accès aux réseaux de transport impose de revoir l'étroite définition du réseau public de transport d'électricité vue plus haut, en raison du développement des interconnexions et de son activité de transit, d'importation et d'exportation d'électricité. Or une définition cohérente et exhaustive du réseau de transport d'électricité est essentielle afin de pouvoir lui appliquer les principes de gestion dégagés par la directive 96/92 du CE et de préciser le régime des responsabilités en cas de dysfonctionnement du réseau de transport.
Cette définition repose nécessairement sur les rigidités de son régime juridique actuel, car le réseau de transport demeure un monopole naturel et légal. L'impératif de transparence dans la gestion des infrastructures essentielles est transposé à travers plusieurs dispositions dans la loi du 10 février 2000. Ces impératifs sont la contrepartie nécessaire du maintien des monopoles dans l'activité de transport d'électricité. Une simplification de ce régime apparaît avec la séparation juridique du GRT par rapport à EDF dans la loi du 9 août 2004.

(1) La définition du réseau public de transport d'électricité

Le réseau public de transport d'électricité s'est développé au fur et à mesure des évolutions techniques constatées dans le secteur électrique. En outre, considérant qu'il est soumis à une gestion publique et centralisée qui ne le distingue qu'approximativement des réseaux de distribution, il n'est dans un premier temps pas défini. L'obligation de respecter le précepte de transparence contenue dans l'ouverture à la concurrence des activités de réseaux impose de dégager une approche fonctionnelle du réseau public de transport d'électricité. Il est dorénavant une infrastructure essentielle à la concurrence. La définition des réseaux est primordiale considérant que c'est sur elle que repose le régime de propriété des infrastructures. C'est surtout en fonction de sa définition que s'appliqueront les impératifs de dissociation juridique ou de gestion imposés par la directive 03/54 du

[583] Ci-après : « réseau de transport ».

CE. Cet impératif ressort dans une décision de la CA de Paris « France Télécom/UPC » du 21 novembre 2001 relative au secteur des télécommunications, dans laquelle la Cour estime que France Télécom, n'étant pas propriétaire des ouvrages dans lesquels sont placés les câbles téléphoniques, n'est, par conséquent, pas fondé à les gérer, car ils n'entrent pas dans « la définition des réseaux de télécommunication » telle que visée à l'article 32-2 du Code des P et T[584].
Dans le secteur électrique, la longue attente relative à l'adoption d'un nouveau cahier des charges du réseau de transport est finalement récompensée par une définition du réseau de transport d'électricité que la loi du 9 août 2004 et son décret d'application du 25 février 2005 proposent.

(a) Une définition contingente du réseau public de transport d'électricité

Aucun texte législatif ou réglementaire initial ne définit ce que l'on entend par réseau de transport d'électricité ou par activité de transport d'électricité. La notion de transport, qui voit officiellement le jour dans un arrêté du Ministre des travaux publics du 18 mai 1920, porte sur la « centralisation du contrôle de la construction et de l'exploitation des grands réseaux de transports de force à haute tension »[585].
Un premier essai de définition des infrastructures de transport se trouve dans la loi du 9 juillet 1922[586] modifiant la loi du 15 juin 1906 sur les distributions d'énergie électrique. Elle dispose que l'État doit soit prendre lui-même en charge, soit obliger les opérateurs sur le marché électrique à « construire et exploiter un réseau de lignes de transport à haute tension ».
Ce réseau doit permettre de relier des usines productrices d'électricité entre elles et aux centres de transformation qui centralisent les lignes de distribution d'électricité. Cette définition s'est enrichie dans le 1er cahier des charges de la concession du réseau de transport devenu le réseau d'alimentation générale.
La question étant alors de savoir quels sont les éléments à prendre en compte pour définir le réseau de transport d'électricité, entre la tension des ouvrages et leur rôle d'interconnexion. Sans définir le réseau de transport en fonction de ces éléments, le cahier des charges se contente alors de disposer dans son article 2 que la concession comprendra :
« les lignes, postes et d'une façon générale, tous les ouvrages électriques qui seront nécessaires au service concédé ».
Il faudra attendre l'adoption du 2ème cahier des charges type du RAG[587] pour appréhender ce qu'englobe le réseau d'alimentation générale.
Celui-ci est désormais défini en fonction du niveau de tension des lignes qui le composent. Son article 2 dispose que font partie de la concession :
« les lignes, postes et d'une façon générale, les ouvrages électriques existants et à construire nécessaires à l'exercice par le concessionnaire de son activité de transport

---

[584] Recueil Dalloz, Jurisprudence, janvier-avril 2002, n° 1, p. 45.
[585] Blavoet, Recueil des lois, Tome I, p. 283 ; D. Dron, Débat public et infrastructures de transport, Paris, 1996, p. 25.
[586] Loi du 19 juillet 1922, JO du 21 juillet 1922, autorisant la création de réseaux de transport d'énergie électrique à haute tension. Elle complète la loi du 15 juin 1906 par l'introduction d'un article 3 bis abrogé par la loi de nationalisation du 8 avril 1946.
[587] Approuvé par décret du 23 décembre 1994, JO du 28 décembre 1994, p. 18564, il se substitue au cahier des charges du RAG approuvé par décret du 28 novembre 1956.

et de fourniture de l'énergie électrique,à l'exclusion des ouvrages de production »[588]. Puis il introduit l'élément distinctif selon lequel relèvent des ouvrages concédés « les installations de tension supérieure ou égale à 63 kV ». La définition du réseau public de transport est directement rattachée à la tension des lignes électriques qui le composent. Il ressort, par conséquent, que les lignes d'électricité d'une tension inférieure à 63 kV appartiennent au réseau de la distribution d'électricité. La prise en compte de la tension des lignes électriques n'est pas le seul élément retenu pour dnstinguer entre les ouvrages du réseau de transport et de la distribution. Le cahier des charges intègre à titre complémentaire une définition du réseau public de transport fondée sur sa fonction. Ainsi, des installations électriques de tension inférieure à 63 kV peuvent néanmoins être intégrées au réseau de transport si ces dernières remplissent une fonction de répartition de l'énergie ou de desserte de plusieurs concessions. Cette décision revient à l'ingénieur en chef chargé du contrôle des réseaux, en tant que directeur régional de l'industrie et de la recherche et après avis des autorités chargées de la distribution d'électricité concernées[589]. L'activité de répartition de l'énergie est une fonction naturelle du réseau public de transport, elle permet d'abaisser la tension de la puissance électrique reçue des centres de production, afin de renvoyer un courant en moyenne tension vers les centres de distribution et les grands clients industriels. Cette activité regroupe la fonction de répartition et de transport d'énergie régional, appelée aussi transformation d'électricité, qui revient aux réseaux de répartition intégrés dans le réseau de transport. Ils répartissent au niveau des régions l'électricité suivant des tensions allant de 225 kV, 90 kV à 63 kV afin que les régions puissent alimenter ensuite les réseaux de distribution et les réseaux industriels.

En sus des lignes électriques de haute et très haute tension, sont à inclure dans le réseau de transport les postes transformateurs de tensions[590], les organes de connexion et de coupure, les appareils de mesures, les postes de contrôle-commande ainsi que les moyens de compensation de l'énergie réactive[591]. Quant à la fonction de desserte ou d'alimentation de plusieurs concessions, cette disposition renvoie au régime des concessions de lignes de transport créées avant la loi de nationalisation et conservées au profit des distributeurs non nationalisés.

Elles s'illustrent à travers le régime des « distributions aux services publics »[592].

---

[588] Article 2 du cahier des charges du RAG approuvé par décret du 23 décembre 1994.

[589] L'ingénieur en chef de la DRIRE est en charge du contrôle des distributions d'électricité en vertu de la loi du 15 juin 1906.

[590] Les postes sont situés aux points de jonction des différents réseaux. Ils reçoivent, contrôlent et aiguillent l'énergie électrique. Ils comportent des transformateurs grâce auxquels ils abaissent ou élèvent la tension, des disjoncteurs pour interrompre un circuit et des sectionneurs qui établissent ou interrompent un circuit permettant l'aiguillage du courant, Rapport annuel 1999 du groupe EDF, mai 2000.

[591] Cahier des charges du RAG approuvé par décret du 23 décembre 1994 ; J.C. Lemoine, La planification des réseaux électriques, Paris, 1984, p. 186.

[592] Les « DSP » sont des concessions accordées par l'État aux collectivités locales en vertu du décret du 30 novembre 1909. Elles permettent aux autorités de la distribution d'électricité de desservir plusieurs communes. Ce régime est encore en vigueur, ainsi la concession de DSP de l'électricité de Strasbourg alimente 374 communes, ou encore la SICAE de Ray-Cendrecourt concernant 191 communes, P. Sablière, Le nouveau cahier des charges type de la concession du RAG en énergie électrique, CJEG, mars 1995, p. 87.

Ces concessions attribuées directement par l'État permettent à des services de distribution d'électricité, régies communales, intercommunales ou sociétés d'économies mixtes, d'alimenter des distributions locales en moyenne ou haute tension sur une aire géographique plus importante que celle qui leur est attribuée dans les concessions de distribution des communes[593].

La confusion, quant à la définition des infrastructures appartenant au réseau public de transport, est renforcée par le régime mis en place par le cahier des charges du RAG qui prévoit d'autres exceptions à ces principes de distinction.

Les installations comprenant des lignes électriques de tension supérieure à 63 kV peuvent a contrario être exclues du réseau public de transport. Cette exclusion intervient sur autorisation de l'ingénieur en chef chargé du contrôle pour les lignes électriques comprises entre 63 et 225 kV[594].

Inversement pour les lignes électriques d'une tension supérieure ou égale à 225 kV situées sur les territoires des DNN ou des autres entreprises de distribution d'électricité. Sur autorisation du Ministre chargé de l'électricité, elles peuvent appartenir au réseau de distribution lorsque leur fonction est la distribution locale. Mais ce transfert vers les réseaux de distribution n'est possible que tant que l'intérêt économique général est préservé ; c'est le cas lorsque ce transfert permet d'abaisser les coûts de la distribution en électricité.

L'intérêt économique général doit permettre en l'espèce d'éviter la duplication d'installations électriques parallèles à celles du transport[595].

Enfin, le cahier des charges du RAG prévoit toujours la possibilité pour le Ministre chargé de l'électricité, à travers la procédure du reclassement d'ouvrages, de déclasser les ouvrages de transport ou de distribution, avec la conséquence d'élargir ou de réduire l'envergure des infrastructures publiques de transport d'électricité[596].

Ce « transfert d'ouvrage » d'un réseau vers un autre ne peut intervenir qu'après avis du concessionnaire du réseau public de transport et de l'autorité organisatrice de la distribution contre dédommagement[597].

Le manque d'unité dans la définition du réseau public de transport d'électricité en fait une notion contingente voire instable, considérant qu'il est toujours possible aux pouvoirs publics d'en modifier l'ampleur[598]. La loi du 10 février 2000, mais surtout celle du 9 août 2004 vont contribuer à en éclaircir les contours.

---

[593] Au moment de la nationalisation, près de 300 concessions de DSP ont été attribuées par l'État pour finalement venir se fondre dans la concession unique du RAG en 1958, J. Dufau, Les concessions de service public, Paris 1979, p. 137 ; S. Deglaire, E. Bordier, L'électricité, service public, Paris 1963, Tome I, p. 40. La loi du 9 août 2004 confirme le maintien de ces concessions.

[594] Article 2 du cahier des charges du RAG approuvé par décret du 23 décembre 1994.

[595] « L'appréciation de l'intérêt économique général prendra en compte l'intérêt qui s'attache à la non-duplication des ouvrages relevant de la concession », Note (1) à l'article 2 du cahier des charges du RAG approuvé par décret du 23 décembre 1994.

[596] Aux termes de l'article 3 du cahier des charges du RAG approuvé par décret du 23 décembre 1994, le Ministre chargé de l'électricité exerce, cependant, un « contrôle sur la destination effective des ouvrages ».

[597] On entend surtout les dédommagements intervenant dans le cas de transferts de clientèle, voir l'article 2 du cahier des charges du RAG approuvé par décret du 23 décembre 1994.

[598] Cet état récapitulatif ainsi qu'une carte du réseau sont établis à la demande du Ministre chargé de l'électricité et sont mis à la disposition du public par les ingénieurs en chef chargés du contrôle, article 2 du cahier des charges approuvé par décret du 23 décembre 1994.

(b) La définition fonctionnelle du réseau public de transport d'électricité dans la loi du 10 février 2000

La loi du 10 février 2000 consacre un chapitre entier au « transport d'électricité » sans jamais définir ce qu'elle entend par « transport d'électricité » ou « réseau public de transport d'électricité »[599]. Pourtant, le régime d'accès aux réseaux qu'elle met en place repose entièrement sur la gestion des infrastructures de transport d'électricité.
La définition contenue à l'article 2 de la directive 96/92 du CE à laquelle on doit se reporter dispose que le transport s'entend du « transport d'électricité sur le réseau à haute tension interconnecté aux fins de fourniture à des clients finals ou à des distributeurs ». L'activité du transport concerne ici principalement le réseau de haute tension, mais n'exclut pas les réseaux de distribution.
L'annexe du rapport d'activité de la CRE propose de combler les lacunes de la directive 96/92 du CE et de la loi du 10 février 2000 et aborde le réseau public de transport par rapport à sa fonction et le distingue ainsi des réseaux de distribution[600]. Elle permet de la sorte de faciliter le partage de responsabilité entre le gestionnaire du réseau de transport et de ceux de la distribution d'électricité dans la mise en œuvre de l'accès aux réseaux. Elle dispose que le réseau de transport est conçu pour assurer « le transit et la transformation de l'énergie électrique entre le lieu de production et le lieu de consommation »[601]. La fonction de transformation renvoie ici à celle de répartition et d'acheminement de l'électricité qui sont les attributs classiques du réseau de transport. Il est, en outre, composé de « lignes électriques qui assurent les liaisons à des niveaux de tension donnés »[602] ; elle renvoie ici aux cahiers des charges et aux niveaux de tensions qui y sont déterminés.
La fonction de « transit » d'électricité par le réseau de transport a été introduite avec la transposition de la directive « Transit » 90/547 du Conseil du 29 octobre 1990, entraînant un élargissement des fonctions du réseau de transport. Cette activité concerne uniquement le réseau public de transport de très haute tension et non les réseaux publics de distribution. La directive « Transit », reprise par le cahier des charges du RAG qui en transpose les missions, parle à leur égard de « grands réseaux »[603]. Ils constituent ce que l'on appelle aussi le « réseau de grand transport » et sont composés de lignes électriques d'une tension allant de 225 kV à 400 kV. Ayant pour fonction d'acheminer de grandes quantités d'énergie sur de longues distances, ils sont caractérisés par un niveau de perte en lignes très restreint. En outre, le transit d'électricité implique le franchissement d'au moins une frontière communautaire[604], ce qui impose aux réseaux d'être connectés entre eux. Cette fonction implique d'intégrer au réseau de transport les équipements utilisés pour

---

599 L'article 12 de la loi du 10 février 2000 qui vise les « réseaux publics de transport et de distribution d'électricité » s'intitule « Le transport et la distribution d'électricité ».

600 La CRE peut, aux termes de l'article 37 de la loi du 10 février 2000, intervenir, si nécessaire, pour en préciser les dispositions.

601 Annexe du Rapport d'activité de la CRE du 30 juin 2000, p. 29.

602 Annexe du Rapport d'activité de la CRE du 30 juin 2000, p. 29.

603 L'article 16 du cahier des charges du RAG approuvé par décret du 23 décembre 1994 concerne l'ensemble des mesures relatives à « l'acheminement et au transit d'électricité ». La transposition de la directive Transit a, par ailleurs, été à l'origine de la refonte de ce cahier des charges.

604 Le réseau d'origine ou de destination est situé sur le territoire de la Communauté ou sur le territoire d'un État membre de l'AELE.

relier entre eux les réseaux de transport permettant le transit d'électricité que sont les interconnexions[605]. Mais, avec l'entrée en vigueur de la directive 96/92 du CE, la fonction du transit perd de sa particularité, car la directive impose que le réseau de transport assure la mise en œuvre des contrats d'importation et d'exportation d'électricité[606]. La fonction de transit visée dans la directive « Transit » devient caduque, la directive étant au 1er juillet 2004 définitivement abrogée par la directive 03/54 du CE.

Une illustration de la prise en compte de la « fonctionnalité » du réseau public de transport dans sa définition est fournie par la décision de la CRE du 23 juin 2004 concernant un différend opposant le GRT à la SNCF. Aux termes de cette décision, la CRE considère les ouvrages remis en dotation par l'État à la SNCF (constitués de lignes, tronçons de lignes et sous-stations) comme étant des « ouvrages du réseau public de transport » considérant qu'ils sont « indispensables à la desserte rationnelle du territoire national et au raccordement et à l'accès des utilisateurs aux réseaux publics de transport et de distribution ». Ils permettent enfin « d'assurer la gestion des flux d'énergie sur le réseau », ce que la loi du 9 août 2004 confirmera.

On ne peut donc parler que d'un réseau public de transport d'électricité lato sensu. Une définition définitive du réseau de transport devrait être fixée, selon la loi du 10 février 2000, au sein d'un nouveau cahier des charges type de concession du réseau de transport[607]. Tout en résolvant les difficultés relatives à la délimitation du réseau de transport, le cahier des charges permettra de renforcer la transparence dans la gestion du réseau et d'assurer la sécurité juridique pour les utilisateurs. C'est ce but que s'est fixé la loi du 9 août 2004 en précisant les contours du réseau de transport dont elle renvoie aussi la détermination définitive à un cahier des charges.

(c) L'essai de clarification de la loi du 9 août 2004

Le changement de statut du gestionnaire du réseau de transport, à travers sa filialisation, impose de définir les composantes du réseau de transport afin de pouvoir recenser les biens propres de la nouvelle société et de le dissocier des réseaux de distribution. Cette définition législative du réseau de transport est non seulement bienvenue, elle est nécessaire en raison du transfert du réseau public de transport à la société anonyme qui gère dorénavant le réseau de transport. Malgré l'adoption d'un statut de société privée, le gestionnaire du réseau de transport continue d'exploiter un réseau « public » de transport. La loi du 13 juillet 2005 rapelle dans son article 1er que la politique énergétique repose sur le « maintien et le développement d'entreprises publiques nationales et locales ».

L'article 33 § 6 de la loi du 9 août réécrit l'article 12 de la loi du 10 février 2000 et propose une définition de circonstance du réseau de transport mélangeant des éléments tantôt liés à la tension tantôt liés à la pratique et aux circonstances de la gestion du réseau de transport. Aussi, sans se risquer à le définir, elle dispose que le réseau public de transport est constitué par :

---

605 Ce sont des « équipements utilisés pour relier deux réseaux électriques », glossaire joint au Rapport d'activité de la CRE du 30 juin 2000, p. 29.

606 Dispositions transposées au sein des articles 22 et 23 de la loi du 10 février 2000.

607 Aux termes de l'article 12 de la loi du 10 février 2000, un nouveau cahier des charges de la concession doit être approuvé par décret en Conseil d'État après avis de la CRE.

1. les ouvrages exploités par EDF en tant que GRT,
2. les ouvrages créés et de tension supérieure ou égal à 50 kV, sauf s'ils assurent une fonction exclusive de distribution d'un DNN. Dans ce cas, le Ministre de l'énergie peut procéder à leur déclassement, et
3. les postes de transformation en fonction de leurs caractéristiques. Un décret d'application précise les conditions d'appartenance de ces postes, représentant la partie la plus chère du réseau, au réseau de transport ou à EDF.

Ce décret d'application définit pour la première fois le réseau de transport sur une base d'éléments fonctionnels. Aux termes de son article 1er, le réseau de transport « assure les fonctions d'interconnexion des réseaux publics de distribution entre eux et avec les principales installations de production et les fonctions d'interconnexion avec les réseaux de transport d'électricité des pays voisins ».

Il permet également « le raccordement (...) des consommateurs finals qui ne peuvent être alimentés par un réseau de distribution »[608].

Une liste exhaustive des ouvrages visés aux points 2 et 3 et des caractéristiques de leur appartenance au réseau public de transport n'est pas contenue dans la loi du 9 août 2004 mais dans son décret d'application. Il précise quels sont les ouvrages appartenant au réseau de transport en prenant en compte leurs caractéristiques, leurs fonctions et la date de leur mise en service. Il fixe ainsi la procédure de classement des ouvrages entre les réseaux de distribution et de transport.

Les ouvrages actuellement gérés par le GRT restent classés dans le réseau de transport, même s'ils ont une tension inférieure à 50 kV. Cette tension est, en outre, plus basse que celle de 63 kV retenue précédemment dans le cahier des charges approuvé par décret le 23 décembre 1994. Le réseau de transport s'enrichit ainsi des lignes comprises entre 50 et 63 kV, lesquelles appartenaient jusque-là aux réseaux de distribution. En contrepartie, les lignes supérieures à 50 kV ayant une stricte fonction de distribution, et pour autant que le classement ne porte pas atteinte à la sécurité des réseaux, peuvent demeurer dans la concession de distribution après décision du Ministre chargé de l'Energie[609]. Cet amendement doit permettre à certains DNN dont les réseaux de distribution peuvent dépasser ponctuellement la limite des 50 kV de ne pas voir leurs installations classées dans le réseau de transport.

Enfin, cette définition n'est valable que sous réserve de l'article 37 de la loi du 9 août 2004 selon lequel les ouvrages qui relèvent d'une DSP demeurent classés dans cette concession même s'ils ont une tension supérieure à 50 kV.

(2) Le régime de propriété du réseau public de transport d'électricité

La nationalisation des activités électriques a eu pour conséquence de procéder au transfert des infrastructures de transport d'électricité précitées au profit de l'établissement public EDF contre indemnisation de leurs propriétaires[610], faisant

[608] Article 1er du décret n° 2004-172 du 22 février 2005 définissant la consistance du réseau public de transport d'électricité et fixant les modalités de classement des ouvrages dans les réseaux publics de transport et de distribution d'électricité, J.O n° 47 du 25 février 2005, p. 3259.

[609] Articles 2 et 3 du décret n° 2005-712 du 22 février 2005, précité.

[610] Une loi du 14 septembre 1941 avait déjà permis le regroupement de « toutes les installations de lignes et postes d'interconnexion » au sein de trois sociétés, si bien que la nationalisation des biens relatifs

d'EDF l'unique concessionnaire du réseau d'alimentation général. La loi du 10 février 2000 ne modifie pas le régime de la concession de service public concernant les infrastructures de transport et ne se prononce pas plus sur le régime de propriété de ces infrastructures, indéterminé jusque-là. La résolution de cette question présente pourtant un intérêt pour la transposition des principes de transparence et d'indépendance au sein de l'entité gestionnaire du réseau de transport. Un contrôle transparent de la gestion des entreprises verticalement intégrées est inopérant si l'État demeure propriétaire de l'infrastructure essentielle considérant qu'il est aussi responsable de la politique énergétique et surtout de l'entreprise de production d'électricité en position dominante[611]. Afin de prévenir ces difficultés, le régime de propriété du réseau de transport est précisé dans la loi du 10 novembre 1997, portant mesures urgentes à caractère fiscal et financier, afin d'être conforme à la directive 96/92 du CE. Elle définit dans un article succinct le régime de propriété du réseau public de transport d'électricité avant que la loi du 9 août 2004 n'en précise définitivement les contours.

(a) Les piétinements relatifs au régime de propriété du réseau public de transport

La directive 96/92 du CE dispose dans son considérant 30) que « la transparence et la non-discrimination supposent que la fonction de transport des entreprises verticalement intégrées soit gérée de façon indépendante des autres activités ».
Or cette forme de gestion n'est optimale que si le gestionnaire du réseau de transport est propriétaire de l'infrastructure qu'il administre.
Pour autant, on rappellera que dans le respect de l'article 295 du Traité CE qui dispose que le Traité ne « préjuge en rien le régime de la propriété dans les États membres », les directives électricité ne visent pas encore le régime de la propriété des réseaux de transport. La directive 03/54 du CE rappelle expressément qu'elle « ne traite pas des questions de propriété »[612], de même que l'obligation de séparation juridique qu'elle impose dorénavant « n'implique pas de changement de la propriété des actifs »[613].
Le régulateur national s'aligne sur cette approche, dans une décision rendue suite à un différend né entre le GRT et la SNCF sur les ouvrages de transport remis en dotation par l'État à la SNCF. La CRE ne tranche pas à ce sujet, elle considère, certes, que les ouvrages haute tension remis en dotation à la SNCF font partie du réseau de transport, mais elle souligne clairement que cela « ne préjuge en rien du régime de la propriété de ces ouvrages »[614]. C'est dans la loi de nationalisation du 8 avril 1946 que l'on trouve les dispositions relatives au régime de propriété du réseau de transport, lesquelles n'ont pas été modifiées par la loi du 10 février 2000.
L'article 6 de la loi de nationalisation dispose que :
« L'ensemble des biens, droits et obligations qui ont pour activité principale la

---

aux transport d'électricité entérinait un processus de concentration largement consommé, P. Sablière, « La loi du 8 avril 1946 sur la nationalisation de l'électricité et du gaz », *CJEG*, février 1993, p. 93.

611 J.P. Amadei, « Caractère et régime des biens d'EDF », *Recueil Dalloz*, 1999, p. 484.

612 Point 11 de la directive 03/54 du CE.

613 Point 8 de la directive 03/54 du CE.

614 Décision de la CRE du 23 juin 2004 concernant un différend opposant le RTE à la SNCF et au Réseau Ferré de France.

production, le transport ou la distribution d'électricité [...] est intégralement transféré aux services nationaux [dont EDF] ».

Par ailleurs, elle prévoit, aux termes de son article 16, que le capital de l'établissement public est constitué par le « solde net des biens, droits et obligations transférés aux établissements publics par la présente loi ». Il ajoute surtout que ce « capital appartient à la Nation, il est inaliénable [...] ». Il découle de la nationalisation qu'EDF s'est vu conférer par l'État dans la convention de concession du RAG et jusqu'en 2032[615] l'essentiel de ses biens et, parmi eux, le réseau de transport d'électricité visé dans cette concession. Pourtant, le Conseil d'État dispose, dans un avis du 10 mars 1948, que l'État conserve la propriété des biens nationalisés et qu'il se contente dans la concession du RAG de remettre à EDF l'exploitation des biens[616]. Par conséquent, les infrastructures de transport sont les biens composant le capital social qui appartient à la nation, c'est-à-dire à l'État, et non pas à EDF.

Or le capital social qui est intangible[617] est à distinguer de l'actif social de l'établissement public[618] qui, lui, est variable par nature et comprend des biens qu'EDF acquiert et dont il peut librement disposer, ce qui serait le cas du réseau public de transport.

Par ailleurs, selon le principe général de la concession de service public, les biens concédés ou construits par le concédant pendant la concession doivent lui être retournés en fin de concession, ce qui signifie en l'espèce que la propriété des infrastructures de transport est étatique[619]. En revanche, dans l'hypothèse où le concessionnaire a construit des installations dans le cadre de la concession, la jurisprudence distingue entre les biens de retour, qui doivent revenir au concédant à la fin de la concession en vertu du cahier des charges, et les biens de reprise, qui reviennent aux concessionnaires[620]. Les biens de retour étant considérés comme ayant appartenu ab initio au concédant, la jurisprudence se fonde sur le caractère obligatoire du retour contenu dans le cahier des charges[621].

---

615 La convention de concession du RAG est élaborée le 27 novembre 1958 pour une durée de 75 ans, voir à ce sujet l'étude « Concession et nationalisation », AJDA, mai 1950, p. 239 et juin 1950, p. 293 ; EDF, Entreprise nationale, industrielle et commerciale, La documentation française, Paris, 1980, p. 120.

616 Article 1er de la Convention de concession du 27 novembre 1958 ; commentaire de J. Virole, Le cahier des charges type pour les distributions publiques d'énergie électrique concédées à EDF, AJDA, 1961, p. 397.

617 La même somme est fixée une fois pour toutes au bilan d'EDF, ne varietur. Elle peut, néanmoins, être augmentée avec la pratique des dotations en capital, P. Sablière, La rémunération des dotations en capital d'EDF, CJEG, février 1992, p. 459.

618 Dans son avis du 16 mars 1948, le Conseil d'État distingue le capital, qui est « la valeur en argent » des apports réalisés lors de la constitution de l'entreprise, et « l'actif social », composé de l'ensemble des biens et valeurs qui forment le patrimoine de ces entreprises.

619 Le rapport de Ramadier disposait à l'égard des infrastructures de production électrique qu'elles ont été « placées dans le patrimoine de la commune ou de l'État [...]. Elles sont concédées ». Le concessionnaire fait, certes, souvent les frais de leurs équipements, mais le droit qu'il acquiert sur ces équipements ne comporte ni le pouvoir de les utiliser à sa guise, ni celui d'en disposer librement. Ils sont grevés d'une affectation et le concessionnaire en jouit conformément au cahier des charges [...]. À la fin de la concession la propriété en reviendra à l'autorité concédante », P. Sablière, CJEG, n° hors série, février 1993.

620 J. Dufau, Les concessions de service public, Paris, 1979, p. 139.

621 Arrêt du Conseil d'État « Secrétaire d'État aux finances » du 5 mai 1958, CJEG 1960, p. 71 ; Arrêt de la CA de Paris « France Télécom/UPC » du 15 novembre 2001, dans lequel la CA estime que France

Toutefois, au regard des règles comptables utilisées par EDF, les infrastructures de réseaux étaient inscrites en tant que « bien propre » à EDF à l'actif de son bilan et faisaient alors l'objet d'un amortissement. Or, depuis l'introduction du plan comptable général révisé en 1982, il est imposé à EDF d'inscrire ces biens au poste « immobilisation » à l'actif de son bilan[622], ce qui confirme ainsi la propriété de l'État sur le réseau de transport.
La Cour des Comptes relève l'ensemble de ces incohérences dans le rapport relatif aux concessions d'EDF et impose d'en éclaircir le fonctionnement[623]. Elle considère que le silence sur la propriété du réseau de transport dans le cahier des charges ne saurait être valablement interprété comme la volonté implicite d'en faire un bien de retour[624]. Selon elle, la notion de bien de retour doit être contenue de manière explicite dans le cahier des charges, car elle implique la propriété de l'État sur le réseau de transport. Si tel n'est pas le cas, il devient possible d'interpréter ce silence comme la volonté de faire du réseau de transport un bien de reprise et donc la propriété d'EDF.
Cette approche, soutenue par la jurisprudence du Conseil d'État en la matière, se fonde sur le caractère obligatoire du retour[625] ; il y a bien de retour seulement si le retour est obligatoire[626]. La Cour de Cassation se rallie à cette approche et dispose, dans un arrêt, qu' « EDF était régulièrement propriétaire des biens » que la loi de nationalisation lui a transférés[627]. Les positions des juridictions n'attendent alors que leur consécration législative.

(b) La levée des incertitudes sur le régime de propriété du réseau public de transport par la loi du 10 novembre 1997[628]

Le projet de loi qui donnera naissance à la loi du 10 novembre 1997 prévoit dans l'exposé des motifs la nécessité « d'expliciter la propriété d'EDF sur ces biens [réseau de transport] au moyen d'une disposition interprétative et de restaurer la cohérence entre le statut patrimonial de ces biens et leur traitement au niveau des comptes de l'établissement »[629].
La loi du 10 novembre 1997 met un terme aux incohérences précitées et

---

Télécom n'est pas propriétaire des ouvrages dans lesquels sont placés les câbles téléphoniques, « car ils n'entrent pas dans la définition des réseaux de télécommunication ».

[622] Arrêté du 27 avril 1982, JO du 7 mai 1982, p. 4355 et arrêté du 22 décembre 1986 approuvant le plan comptable particulier d'EDF, JO du 30 décembre 1986, p. 15794.

[623] Rapport particulier de la Cour des Comptes sur les concessions d'EDF du 10 octobre 1994, 6ème chambre, n° 1993-304, OC.

[624] Sur la base de cette considération, elle conteste la pratique comptable des « provisions » ou immobilisations fondées sur la nécessité de prévoir le retour des biens dans un parfait état au concédant.

[625] Arrêt du CE « Secrétaire d'État aux finances » du 5 mai 1958.

[626] Arrêt du TC « EDF c/ dame Veuve Faucher » du 2 décembre 1968, rec.p. 803.

[627] P. Delvolvé avance également que, lorsque la Cour de Cassation reprend l'énoncé de la Cour d'Appel relatif à « la collectivité publique propriétaire, celle-ci ne peut être, dans les circonstances de l'affaire et de l'arrêt, qu'EDF », « À propos de l'Arrêt de la Cour de Cassation du 3 mai 1988, La question du statut des biens d'EDF », *CJEG*, février 1989, p. 38.

[628] Loi n° 97-1026 du 10 novembre 1997 portant mesures urgentes à caractère fiscal et financier, JO du 11 novembre 1997, p. 16387.

[629] La nécessité est, en l'espèce, liée à des impératifs comptables, Projet de loi portant sur diverses dispositions d'ordre économique et financier d'avril 1997.

dispose dans son article 4 que : « les ouvrages du réseau d'alimentation générale en énergie électrique sont réputés constituer la propriété d'EDF depuis que la concession de ce réseau lui a été accordée ».
On ne pouvait espérer disposition plus claire.
De plus, elle souligne qu'EDF était propriétaire du réseau de transport depuis la concession intervenue le 27 novembre 1958 et ce dès le 1er janvier 1997[630]. Elle y intègre ainsi les ouvrages (de distribution) classés dans la concession à cette date[631].
Cette mesure, bien qu'intégrée dans une loi parmi d'autres dispositions fiscales et financières, a une importance qui dépasse les impératifs de comptabilité interne d'EDF, car elle doit faire de l'entreprise publique une entité aux finances attractives face à ses concurrents sur le marché électrique.
L'exposé des motifs de la loi du 10 novembre 1997 ne cache pas cet aspect.
Il dispose que « l'entreprise - EDF - [...] doit être en mesure de pouvoir expliquer qui elle est, et quelle est la réalité de sa situation »[632].
Elle doit aussi confirmer qu'elle n'est pas, en l'espèce, un opérateur partial aux mains des pouvoirs publics en mesure de favoriser les opérateurs appartenant à son groupe.
Le régime de propriété du réseau de transport a, en effet, des conséquences sur une ouverture non discriminatoire des activités électriques à la concurrence, mais aussi sur le maintien du service public dans la gestion des activités de réseau.
À cet égard, le CE considère, dans un arrêt « EDF » du 3 octobre 1998, que si le législateur est, en effet, en mesure, au regard du droit constitutionnel[633], de soustraire les biens nécessaires à la gestion d'un service public du régime de la domanialité publique, ceux-ci doivent, en contrepartie, continuer d'assurer l'existence et la continuité du service public[634], tel que l'exprime la décision du Conseil Constitutionnel du 21 juillet 1994.
Ces exigences ne posent guère de difficultés au regard de la loi du 10 février 2000, qui impose dans son article 1er que le réseau de transport soit géré dans le respect des dispositions légales et du principe de continuité.
Mais, alors que les installations de transport d'électricité continuent d'être soumises à un régime « de propriété publique », la transformation d'EDF en société privée pourrait conduire à « une formule de quasi-domanialité proche de celle inaugurée par France Télécom et qui imposerait la soumission du patrimoine au droit privé, moyennant certaines contraintes destinées à préserver la continuité du service public »[635].

[630] § II de l'article 4 de la loi du 10 novembre 1997.
[631] Une disposition supplémentaire au § III de l'article 4 de la loi du 10 novembre 1997 prévoit que le transfert des installations du réseau de transport, prévu par l'article 2 du cahier des charges du RAG, aux réseaux de distributions est exercé sans rétribution pour EDF.
[632] Y. Debailleul, « La restructuration du bilan financier d'EDF en 1997 », *CJEG*, mars 1998, p. 89.
[633] Voir la décision du Conseil Constitutionnel n° 94-346 du 21 juillet 1994 concernant la loi relative à la constitution de droits réels sur le domaine public, commentaires de G. Gondouin, *AJDA*, 1994, p. 786.
[634] Sur la nécessité d'imposer ces obligations, voir l'avis du CE « TGV Sud-Est » du 30 mars 1989, à l'attention du Conseil Constitutionnel, E. Fantome, « Évolution en cours du droit du domaine public », *AJDA*, juin 2003, p. 1192.
[635] Rubriques « Biens et travaux », Contentieux des dommages causés au réseau de distribution d'énergie électrique, *AJDA*, 2003, p. 492.

(c) Les précisions apportées par la loi du 9 août 2004

La loi du 9 août lève toute ambiguïté quant au régime de propriété du réseau de transport. Aux termes de son article 36, EDF est propriétaire des ouvrages relevant de l'article 12 de la loi du 10 février 2000, lesquels sont classés dans le RAG au 1er janvier 2005. EDF est également propriétaire des postes de transformation du courant à haute ou très haute tension ou en moyenne tension.
Les ouvrages du réseau public de transport et les biens de toute nature liés à l'activité de transport sont transférés par EDF à la société anonyme gestionnaire du transport pour constituer son patrimoine. Sont, en outre, transférés au GRT à titre onéreux et après déclassement :

- les ouvrages relevant du réseau de transport mais n'appartenant pas à EDF ;
- les ouvrages de tension égale ou supérieure à 50 kV relevant du réseau de transport appartenant aux DNN[636].

Ce transfert d'actifs doit permettre au GRT de disposer d'une véritable autonomie en matière d'investissements. Il répond surtout à l'obligation posée par la directive 03/54 du CE qui impose dans son article 10 § 2 que le GRT dispose de pouvoirs de décision effectifs « en ce qui concerne les éléments d'actifs nécessaires pour exploiter, entretenir et développer le réseau ».

(3) Les régimes de concession du réseau public de transport d'électricité

Dès son apparition, le régime juridique du réseau public de transport s'est aligné sur le modèle existant dans la distribution d'électricité, à savoir celui de la concession de service public. L'apparition de la notion d'activité de « transport d'électricité » dans la loi du 19 juillet 1922[637] et le développement des interconnexions entre des installations de production et des centres de consommation de plus en plus éloignés font apparaître les concessions de transport d'électricité.
Avant la nationalisation du secteur électrique, le réseau de transport était concédé par l'État à travers des types de concessions différents[638] et en particulier à travers la concession aux services publics (DSP) accordée aux distributeurs d'électricité afin d'alimenter des concessions de distribution ou de grandes entreprises, sans vente directe d'électricité aux abonnés. La loi de nationalisation a procédé à la refonte de ces concessions en une seule : la concession du « réseau d'alimentation générale » au profit de l'établissement public EDF, tout en laissant subsister certaines concessions aux DSP[639].
La loi du 10 février 2000 confirme ce régime de concession du réseau public de transport à EDF et la loi du 9 août 2004, en filialisant le GRT, ne revient pas sur le régime de la concession.

---

636 Articles 9 et 10 de la loi du 9 août 2004. Le transfert devant intervenir dans un délai d'un an à compter de la création de la société gestionnaire du réseau de transport. Une Commission de trois membres tranche les différends causés par ces transferts.
637 Loi autorisant la création de réseaux de transport d'énergie électrique à haute tension, JO du 21 juillet 1922, modifiant la loi du 15 juin 1906 sur les distributions d'électricité.
638 Voir le régime des concessions visé dans la loi du 15 juin 1906 sur les distributions publiques.
639 Avant 1946, l'État avait attribué près de 300 concessions de DSP à une trentaine de concessionnaires et 120 concessions de transport à 90 sociétés, S. Deglaire, E. Bordier, L'électricité service public, Paris, Tome I, 1963, p. 40.

(a) La concession du réseau d'alimentation générale

La concession de service public permet à l'État ou à une collectivité territoriale de concéder contractuellement à un concessionnaire privé à l'origine, puis public par la suite, la gestion de la distribution publique d'électricité. Les parties concluent entre elles un contrat de nature administrative, auquel est annexé un cahier des charges qui précise les règles et conditions de la gestion de la distribution d'électricité et est approuvé par décret. Le concessionnaire dispose de droits exclusifs d'exploitation sous le contrôle technique et administratif du concédant, en contrepartie de quoi il se rémunère en percevant un tarif d'utilisation du service public ou un péage sur les usagers[640].

En transférant les biens, droits et obligations relatifs au réseau de transport à EDF, la loi de nationalisation en fait le concessionnaire unique du réseau de transport[641].

Le régime de concession du RAG est issu d'un contrat de concession qui comporte deux documents dont on distingue la nature juridique. La convention de concession entre l'État et EDF intervenue le 27 novembre 1958 comporte essentiellement des clauses contractuelles. En trois articles succincts, l'État attribue la concession du RAG à EDF. Ce dernier s'engage à exploiter et à exécuter les ouvrages de la concession en vertu d'un cahier des charges annexé à la convention[642]. Les clauses contractuelles de la convention disposent que le concessionnaire bénéficie de droits exclusifs ou « privilèges administratifs »[643]. La concession du RAG repose en l'espèce sur l'attribution à EDF d'un monopole légal qui le protège de toute concurrence en matière de transport d'électricité[644].

Cette convention de concession comporte également des clauses réglementaires car le détail de sa gestion est fixé dans un cahier des charges qui lui est annexé et approuvé par décret. Ces clauses comprennent l'ensemble des dispositions relatives à la gestion du service public et concernent, entre autres, « la nature et l'étendue du service à assurer et les garanties de la prestation à offrir aux usagers »[645].

La concession présente les caractéristiques de l'acte mixte[646] en ce qu'elle mélange des dispositions contractuelles et réglementaires.

---

[640] La concession n'est pas un contrat administratif par détermination de la loi, mais par nature, car il porte sur la gestion et l'exécution d'un service public, Arrêt du TC « Manon » du 7 décembre 1922 et arrêt du CE « Triller » du 7 janvier 1927, sur le régime de la concession de service public, D. Linotte, R. Romi, Services publics et droit public économique, Litec, 4ème édition, 2001, p. 270 et s. ; P. Comte, La concession de service public, Thèse Paris, Sirey, 1934.

[641] J. Dufau, La nature juridique de la concession de service public, Mélanges Chapus, Paris, Montchrestien, 1992.

[642] Le cahier des charges à venir ayant pour effet de se substituer aux cahiers des charges de l'ensemble des concessions qui sont, de ce fait, annulées dès la signature de la convention, article 2 de la convention de concession du 27 novembre 1958.

[643] D. Linotte, R. Romi, Services publics et droit public économique, 2001, p. 284.

[644] Article 1er de la loi de nationalisation du 8 avril 1946.

[645] D. Linotte, R. Romi, Services publics et droit public économique, 2001, p. 283.

[646] La théorie de « l'acte mixte » est défendue par Léon Duguit et reprise par Guy Braibant, qui considèrent que « le cahier des charges est entièrement réglementaire ; la police d'abonnement à l'inverse entièrement contractuelle ; entre les deux la concession est un acte mixte : à la fois contractuel en tant qu'il concerne les rapports financiers entre l'autorité concédante et réglementaire et qu'il fixe les modalités de gestion d'un service public », Conclusions sous l'Arrêt du CE « Ville de Lyon » du 5 mai 1961, CJEG, 1961, p. 175. La théorie qui lui est opposée est celle de « l'acte double » qui fait varier la nature de l'acte en fonction des personnes auxquelles il s'applique.

Le régime de la concession du RAG a connu un premier cahier des charges approuvé par le décret du 28 novembre 1956[647]. Il a été refondu lors de l'approbation du cahier des charges approuvé par le décret du 23 décembre 1994[648]. Ce sont les dispositions de ce dernier cahier des charges qui sont actuellement en vigueur, et ce jusqu'à l'adoption d'un cahier des charges type de concession devant préciser les missions du gestionnaire du réseau public de transport relatives à l'accès aux réseaux. Aux termes de l'article 12 de la loi du 10 février 2000 modifié par l'article 33 § 6 de la loi du 9 août 2004, un nouveau cahier des charges doit fixer les missions revenant au GRT. Le cahier des charges doit alors préciser les tâches qui reviennent à EDF en matière d'exploitation et d'entretien du réseau public de transport d'électricité, mais également les tâches qui lui incombent au regard de ses missions de service public.

Ces missions de service public sont à présent énumérées dans la loi du 10 février 2000. Alors qu'elles n'étaient jusque-là visées que dans les cahiers des charges, elles ont à présent une valeur législative[649]. Cette élévation permet de tempérer la suspicion des opérateurs face à un gestionnaire de réseau de transport qui était encore intégré à l'opérateur historique. Puis, elle renforce la sécurité juridique des opérateurs en leur permettant de connaître le contenu de ces missions plus aisément. L'énoncé des obligations des gestionnaires de réseau dans le seul cahier des charges n'aurait pas permis de garantir une entière crédibilité du GRT, ni d'assurer le principe de non-discrimination envers les opérateurs, sachant que les cahiers des charges sont des actes négociés entre l'État et EDF, même si la loi du 9 août 2004 prévoit dorénavant l'intervention de la CRE appelée à rendre un avis lors de leur élaboration.

(b) La survivance des concessions de distribution aux services publics

Les concessions de distribution aux services publics[650], ou concessions d'État, ont pour objet de concéder des parties du réseau public de transport à des tiers.

Elles sont également visées dans les cahiers des charges de la loi du 15 juin 1906 relatifs aux distributions publiques d'électricité[651]. Parallèlement aux concessions de distribution d'électricité qui reviennent aux communes et groupements de communes, des concessions de DSP sont délivrées par l'État à des entreprises de distribution d'électricité. À l'origine, ce sont des concessions de lignes électriques qui traversent plusieurs concessions de distribution publique, car la notion de transport était encore inexistante. Avec le maillage progressif des réseaux, apparaissent alors des concessions de zones qui se superposent à plusieurs concessions de distribution publique, faisant ainsi varier leur taille en fonction des régions couvertes. Le fait qu'elles dépassent le territoire des communes qu'elles alimentent explique que ces concessions soient délivrées par l'État.

Les bénéficiaires de ces concessions sont généralement les régies ou leurs services

---

[647] Décret n° 56-1225 du 28 novembre 1956, JO du 4 décembre 1956, p. 11562.

[648] Suite à l'avenant du 10 avril 1995 à la convention de concession du RAG à EDF, JO du 2 mai 1995.

[649] Les obligations définies aux articles 13, 14 et 15 de la loi du 10 février 2000 relatives à la gestion du réseau de transport, son entretien, son développement, sa sécurité, etc., étaient contenues dans les cahiers des charges de la concession et avaient donc une valeur contractuelle voire réglementaire.

[650] Ci-après « DSP ».

[651] Approuvé par décret du 30 novembre 1909.

analogues[652]. La concession du RAG a, en principe, englobé ces concessions et les concessions de transport[653], mais laisse subsister certaines concessions de DSP appartenant au patrimoine des DNN qui se superposent à la concession du RAG[654].
Pour délimiter entre les ouvrages appartenant à la concession du RAG et ceux appartenant à la concession de DSP, un décret du 16 juillet 1935 dispose que font partie de cette concession les ouvrages ayant « un rôle général de transit »[655]. Mais, considérant que ce décret assure la délimitation des DSP par rapport aux ouvrages de la distribution publique, l'ajustement entre les ouvrages du RAG ou des DSP intervient finalement « au coup par coup en fonction du rôle des ouvrages concernés »[656].
Le cahier des charges du RAG définit ces concessions qui ont pour fonction d'alimenter plusieurs concessions de distribution. Il distingue également les ouvrages de distribution publique de ceux des DSP et ceux du RAG en fonction de la tension des lignes électriques. Les ouvrages de transport supérieurs à 63 kV appartiennent au RAG, sauf s'ils ont une fonction d'alimentation de plusieurs concessions ; ils seront alors pris en compte dans les DSP.
Par ailleurs, sur autorisation du Ministre chargé de l'énergie, des ouvrages dont la tension est supérieure à 225 kV peuvent être exclus du RAG pour faire partie des ouvrages de DSP[657].
La loi du 9 août 2004, en définissant le réseau de transport, n'a pas pour objet de modifier ces concessions, elle souligne, au contraire, dans son article 37 que les ouvrages qui en relèvent demeurent classés dans ces concessions. Toutefois, si elle fait preuve de largesse en prévoyant que ces concessions puissent faire l'objet d'un renouvellement ou d'une extension, elle n'autorise pas la création de nouvelles DSP.

b) La gestion de l'infrastructure essentielle

Les mesures mettant en œuvre la transparence et la non-discrimination dans la gestion des réseaux permettent, selon la loi du 10 février 2000, d'illustrer la modernisation du service public de l'électricité. Elles sont prises en charge par le concessionnaire du réseau d'alimentation générale, renommé « Gestionnaire du réseau public de transport d'électricité ».
La loi du 10 février 2000 attribue la gestion du réseau de transport à l'entité qui l'a toujours exercée et qui était, jusqu'à sa filialisation, un service intégré d'EDF.
La directive 96/92 du CE impose à l'origine une dissociation minimum du réseau public de transport verticalement intégré à EDF, à l'aide de la transposition des règles de dissociation de gestion, de transparence et de confidentialité.

---

[652] Les DSP présentent une exception considérant que les concessions de la distribution publique sont attribuées aux collectivités locales, article 8 de la loi du 15 juin 1906 et 23 de la loi de nationalisation du 8 avril 1946.
[653] Article 2 de la concession du RAG du 27 novembre 1958.
[654] Les concessions DSP ont été modifiées par la pratique d'avenants au cahier des charges type approuvés par décret le 29 juillet 1927 (toujours en vigueur, mais modifié, JO du 17 août 1927). Ceux-ci sont approuvés par décret en Conseil d'État, ainsi de l'avenant au cahier des charges pour l'Électricité de Strasbourg approuvé par décret du 22 septembre 1965, JO du 26 septembre 1965.
[655] Décret relatif aux prix de l'électricité, JO du 17 juillet 1935, p. 7676.
[656] P. Sablière, « Le nouveau cahier des charges type de la concession du réseau d'alimentation générale en énergie électrique », *CJEG* mars 1995, p. 87.
[657] Article 2 du cahier des charges approuvé par le décret du 23 décembre 1994.

Or, la directive 03/54 du CE impose dorénavant une véritable séparation juridique entre les services d'une entreprise verticalement intégrée, qui exerce d'autres activités électriques parallèlement à celle du transport d'électricité. Cet impératif est transposé dans la loi du 9 août 2004.
Il revient à la loi du 10 février 2000 de déterminer quelle est l'entité apte à assurer la gestion de l'accès aux réseaux en toute indépendance et, d'autre part, les principes selon lesquels doit être gérée l'infrastructure essentielle.

(1) Qui doit assurer une gestion objective, transparente et non discriminatoire du réseau public de transport d'électricité ?

Les dispositions relatives à l'entité gestionnaire du réseau de transport ont été l'objet d'âpres discussions lors de l'adoption de la loi du 10 février 2000, considérant que la crédibilité du système de l'accès aux réseaux repose sur la détermination du gestionnaire de réseau[658].
Le statut, la nomination et le régime juridique du gestionnaire doivent permettre de lever toute incertitude quant aux risques de partialité et donc de discrimination entre les opérateurs qui peuvent peser sur la gestion de l'infrastructure essentielle.
Alors qu'initialement le GRT reste intégré au sein de l'entreprise publique, la loi du 9 août 2004, en transposant la directive 03/54 du CE, a procédé à la filialisation du GRT qui doit rassurer sur l'indépendance du GRT par rapport à EDF.

(a) Un prétendant du sérail

Afin d'éviter toute restructuration d'envergure dans le secteur électrique, le législateur prend, dans un premier temps, le risque d'attribuer la gestion de l'infrastructure essentielle à un service intégré au sein de l'opérateur historique, qui se trouve en charge d'activités de production, de distribution et de transport d'électricité. Les critiques formulées contre la désignation d'un gestionnaire confiné dans le giron public doivent être tempérées par le statut et les règles de nomination du gestionnaire.

(i) Qui est-il ?

La directive du CE 96/92 n'a volontairement pas encadré de manière étroite la définition du ou des gestionnaires potentiels du réseau de transport. Alors que la proposition initiale de la Commission imposait une séparation physique entre le gestionnaire de réseaux et l'entreprise dans laquelle il était intégré, la directive 96/92 du CE se contente d'énoncer dans son article 7 (article 8 de la directive 03/54 du CE) que les États membres :
« désignent ou demandent aux entreprises propriétaires de réseaux de transport de désigner, pour une durée à déterminer par les États membres [...], un gestionnaire du réseau ».
Elle laisse, eu égard aux différents modes de gestion des infrastructures de transport

[658] La terminologie de l'article 12 de la loi du 10 février 2000 est « le service gestionnaire du réseau de transport » et est baptisée par EDF le « réseau de transport d'électricité » (RTE). On utilisera ci-après la dénomination proposée par la directive de « Gestionnaire du Réseau de Transport » (GRT) qui présente l'avantage de combiner l'infrastructure du réseau de transport et l'entité qui la gère, article 7 § 1 de la directive 96/92 du CE.

dans les États membres, une grande marge de manœuvre quant à sa désignation et à son statut. Ce qui n'empêche pas que le gestionnaire du réseau de transport puisse faire partie d'une entreprise électrique intégrée[659], dès lors que cette entité s'abstient de procéder à « toute discrimination entre les utilisateurs du réseau [...] en faveur de ses filiales ou actionnaires »[660]. La directive permet aux États membres de confier la gestion du réseau de transport soit à un organisme totalement ou partiellement indépendant des pouvoirs publics, soit à une entité spécialisée dans le transport d'électricité dépendant d'un opérateur public et assurant parallèlement des activités de production et/ou de distribution. Dans ce dernier cas, elle impose cependant à l'entreprise intégrée de procéder à une séparation entre la gestion du réseau de transport et les autres activités qu'elle prend en charge[661].

C'est cette dernière option qu'a retenue, dans un premier temps, la loi du 10 février 2000, en désignant nommément l'établissement public EDF comme gestionnaire du réseau public de transport. Son article 12 rend compte de l'attachement symbolique à l'entreprise *mère,* puisque c'est symboliquement en son *sein*[662] que « le service gestionnaire du réseau public de transport d'électricité exerce ses missions dans des conditions fixées par un cahier des charges type de concession ». Toutefois, comme le lui impose l'article 7 § 6 de la directive 96/92 du CE, elle s'empresse d'ajouter que le GRT ainsi créé est « indépendant sur le plan de la gestion des autres activités d'Électricité de France ». Le GRT, tel que défini à l'article 12 de la loi du 10 février 2000, présente alors les contours d'une structure autour de laquelle sont regroupées toutes les activités liées au transport d'électricité. En pratique, il comporte une division chargée du système électrique et une autre chargée du transport de l'électricité. Pour des raisons d'incompatibilité avec la directive 96/92 du CE, la loi du 10 février 2000 retire au GRT les fonctions telles que celles relatives à la gestion du parc de production d'électricité d'EDF. La séparation entre les activités électriques (et, en particulier, la production d'électricité) et celles relatives au transport a pour conséquence de retirer au GRT l'accès aux centres de production d'EDF. Le CNES (Centre national d'exploitation du système, intégré dans le GRT) ne peut donc plus anticiper les arrêts de certaines tranches de centrales nucléaires ni recharger les réacteurs des centrales de production en combustible[663].

En revanche, la maintenance et l'entretien du réseau de transport permettent le maintien du Centre national d'ingénierie de l'information (CNII) chargé du fonctionnement opérationnel du réseau de transport, ainsi que du Centre national d'expertise du réseau (CNER) au sein du GRT. Ils ont pour mission de développer le réseau en prenant en charge les activités d'ingénierie, de construction ou de

[659] Une entreprise électrique peut être horizontalement ou verticalement intégrée. Dans le premier cas de figure, il s'agit d'une entreprise assurant « au moins une des fonctions de production pour la vente ou de transport ou de distribution d'électricité, ainsi qu'une autre activité en dehors du secteur électrique ». Dans la seconde hypothèse, il s'agit d'une entreprise verticalement intégrée qui assure, en revanche, « au moins deux des fonctions de production, transport ou distribution d'électricité », article 2- 18) et 19) de la directive 96/92 du CE.

[660] Articles 7 § 5 et 6 de la directive 96/92 du CE (articles 9 et 7 de la directive 03/54 du CE).

[661] Article 7 § 6 de la directive 96/92 du CE (article 10 de la directive 03/54 du CE).

[662] « Au sein d'Électricité de France ».

[663] Cette séparation physique est souhaitée dans ces termes par la Commission, voir la note de la direction générale Energie et Transport sur les directives relatives au marché intérieur de l'électricité et du gaz sur le régime de séparation du 16 janvier 2004, sous : www.europa.eu.int/comm/energy/electricity .

démantèlement des lignes[664]. La loi du 10 février 2000 s'était prononcée pour un GRT intégré à l'établissement public, opérateur propriétaire et gestionnaire des réseaux électriques, mais également entreprise électrique en position dominante sur le marché de l'électricité. Ce choix devait permettre de ne pas modifier en profondeur l'organisation du réseau public de transport, mais seulement de l'aménager. Dans le Livre blanc sur le projet de loi sur l'électricité, le Secrétaire d'État à l'Industrie avait alors insisté[665] sur le fait que l'entreprise publique EDF demeurerait une entreprise intégrée, chargée du réseau de transport français, et que pour assurer un « transport loyal de l'électricité produite par ses concurrents, l'activité de transport sera séparée des autres activités d'EDF »[666].
L'imprécision des termes quant au statut du GRT renvoie à la question de sa neutralité considérant qu'en gérant les infrastructures essentielles, le GRT règne sur l'accès aux réseaux des concurrents de l'entreprise à laquelle il appartient.
Plusieurs propositions auraient pourtant permis, dès l'ouverture du marché électrique à la concurrence, d'assurer une véritable indépendance du GRT par rapport à l'opérateur historique. Dans son rapport au Premier Ministre, le député Jean-Louis Dumont, s'appuyant sur la différence entre les activités de services et les activités industrielles, avait proposé de confier la gestion des premières à un « gestionnaire du système électrique », lequel prendrait la forme d'un nouvel établissement public distinct d'EDF. Cet établissement entretiendrait alors avec EDF une relation contractuelle pour ce qui concerne la mise à disposition du réseau suivant un système d'information mutuelle[667].
Un projet similaire, soutenu par le député Franck Borotra, proposait de maintenir EDF dans un strict rôle de responsable du réseau de transport afin de continuer à « exploiter et entretenir le réseau de transport ». Parallèlement, un autre établissement public chargé des activités relatives à l'accès aux réseaux aurait pour tâche de donner des missions à EDF pour gérer le réseau public de transport[668].
Une solution considérée comme radicale dans la recherche de l'indépendance du GRT fut présentée par le député Claude Birraux, qui proposait de filialiser la fonction de transport d'EDF. Le GRT, ainsi érigé en filiale, devait exercer ses missions conformément à un cahier des charges approuvé par décret en Conseil d'État sur proposition de la CRE. Bien que cette solution soit la seule à offrir un gage important « de transparence et de loyauté en matière de concurrence », les pouvoirs publics se prononcent contre, car elle aurait impliqué d'attribuer le statut de société commerciale au GRT et de modifier le statut d'EDF[669].

---

[664] Ce service est intégré au GRT, car la loi du 10 février 2000 lui attribue la maintenance et l'entretien du réseau de transport, article 14.

[665] Livre Blanc « Vers la future organisation électrique française », Ministère de l'économie des finances et de l'industrie, février 1998.

[666] Mais il ne se prononce pas encore sur l'ampleur de cette séparation, Audition de Christian Pierret, Secrétaire d'État à l'Industrie, devant la Commission de la production et des échanges, Rapport de la Commission de la production et des échanges du 11 Février 1999, p. 43.

[667] Rapport au Premier Ministre « Réussir la future organisation électrique française » de J.L. Dumont, du 2 juillet 1998, p. 14, ci-après « Rapport Dumont ».

[668] Rapport de C. Bataille, fait au nom de la Commission de la production et des échanges sur le projet de loi relatif à la modernisation et au développement du service public de l'électricité du 11 février 1999 n° 1371, p. 127, enregistré à l'Assemblée Nationale le 4 février 1999, ci-après « Rapport Bataille »

[669] Rapport Bataille, p. 128.

Le choix opéré par la loi du 10 février 2000 d'un GRT intégré n'a pas enthousiasmé en raison de ses effets néfastes pour la concurrence. Le Conseil de la Concurrence insiste sur cet élément dans l'avis qu'il rend lors de l'élaboration de la loi électrique. Il estime que « la création d'un établissement public, distinct d'EDF et totalement autonome sur le plan de la gestion, serait porteur de la meilleure garantie d'indépendance souhaitable dans un système concurrentiel respectant totalement l'esprit de la directive 96/92/CE[670] ».
Les risques d'entorses aux règles de la concurrence dans le système adopté étaient latents, car « le gestionnaire du réseau pouvait être tenté de favoriser indûment le département de production de l'entreprise à laquelle il appartenait, au détriment de ses concurrents, notamment en appelant prioritairement les centrales de cette même entreprise ou en divulguant des informations de nature commerciale relatives à ses concurrents [...][671] ». La « stratégie du soupçon », évoquée par le sénateur Henri Weber à l'égard d'un GRT intégré au sein d'EDF, ne peut être évitée que si les pouvoirs publics adoptent « la garantie des garanties »[672], à savoir la privatisation du GRT. Le gouvernement se retranche derrière la directive qui n'impose encore pas, selon lui, « la mise en place d'une structure indépendante, pas plus d'ailleurs qu'elle ne prévoit la scission organique ou physique d'une entreprise intégrée comme EDF ; seule la dissociation comptable est imposée »[673]. L'entrée en vigueur de la directive 03/54 du CE bouleverse cette appréciation et ne laisse plus le choix en imposant la séparation juridique.

(ii) Comment est-il désigné et quelle est son autonomie au fur et à mesure des modifications de la loi du 10 février ?

Alors que la filialisation du GRT n'était pas encore envisagée, des mesures complémentaires devaient faire la preuve de l'indépendance du GRT. Parmi ces mesures, la désignation du directeur du GRT et son autonomie d'action devaient lui rendre la confiance perdue.

Nomination du directeur du GRT

Le rapport Dumont précité proposait que le directeur du GRT soit nommé par le gouvernement après avis d'une Commission parlementaire[674], ce qui est le seul

[670] Avis du Conseil de la Concurrence n° 98-A-05 du 28 avril 1998 relatif à une demande d'avis sur les principes à respecter ou les dispositions à prévoir pour assurer le fonctionnement concurrentiel du marché électrique dans le cadre tracé par la directive européenne 96/92 du CE, ci-après « avis du Conseil de la concurrence du 28 avril 1998 ».

[671] Avis du Conseil de la Concurrence du 28 avril 1998.

[672] Débats du Sénat, séance du 6 octobre 1999, intervention du Sénateur Henri Weber sur l'article 13 du projet de loi sur la modernisation et le développement du service public de l'électricité. L'ensemble des débats du Sénat relatifs au projet de loi sur l'électricité est consultable sous : www.industrie.gouv.fr/energie.htm

[673] Intervention du secrétaire d'État à l'Industrie C. Pierret, débats du Sénat, séance du 6 octobre 1999. Le Sénateur P. Lefebvre précise sa conception du service public de l'électricité qui doit « reposer sur une organisation verticale assurant la complémentarité des différentes activités plutôt que sur une mise en concurrence, laquelle serait source de déséquilibre et de désorganisation du secteur électrique français », débats du Sénat, séance du 6 octobre 1999.

[674] Rapport Dumont, p. 17.

moyen pour lui d'être « impartial devant l'ensemble des acteurs » du secteur électrique. Le fait que la désignation du président du GRT soit de nature politique s'explique en l'espèce en raison du « caractère stratégique de l'activité ». Une solution moins radicale pour assurer l'indépendance du GRT par rapport à EDF et pour éviter que s'instaure « une quelconque rivalité de personnes ou de pouvoirs entre le président du GRT et le président d'EDF » était contenue dans l'amendement du Sénateur Lefèvre qui proposait que les candidatures émanent, non pas du président d'EDF, mais du Conseil d'administration d'EDF[675].
La loi du 10 février 2000 ne transpose alors aucune de ces propositions, par trop ambitieuses, et se décide pour une nomination interne du GRT. Elle propose alors d'allier à la désignation du directeur du GRT l'opérateur historique, puisqu'il revient, aux termes de son article 12, au président d'EDF de proposer trois candidats[676] sur lesquels la CRE émettait un avis. Le Ministre chargé de l'énergie procède ensuite à la nomination d'un de ces candidats. Le directeur du GRT est nommé pour une période de 6 ans. Cette période ne peut être réduite que dans « l'intérêt du service » et dans le respect du principe du parallélisme des formes[677]. La loi transpose en l'espèce l'article 7 § 1 de la directive 92/96 du CE qui indiquait que la durée des fonctions du GRT était « à déterminer par les États membres en fonction de considérations d'efficacité et d'équilibre économique ». Cette nomination du directeur du GRT se distingue du régime de nomination interne habituel dans l'entreprise. En principe les directeurs de services d'EDF sont nommés par le président du Conseil d'administration qui est lui-même choisi par les administrateurs et nommé par décret en Conseil des ministres sur proposition du Conseil d'administration[678].
La nouveauté introduite par la loi du 10 février 2000 dans la nomination du directeur du GRT est l'intervention de la CRE, organisme de contrôle extérieur. Elle émet alors un avis simple sur les candidats proposés, car c'est aussi devant elle que le directeur rendra compte de ses activités en tant que gestionnaire du réseau public de transport[679]. La loi du 10 février 2000 entend ainsi extraire le directeur du GRT à la hiérarchie directe de l'entreprise, bien qu'une absence totale de connivence entre le président d'EDF et le directeur du GRT soit impossible à garantir, dès lors que l'un propose l'autre. Afin d'éviter toute confusion entre les services et les fonctions du gestionnaire du réseau de transport[680], le directeur du GRT souffrait d'une incompatibilité nécessaire, celle de ne pouvoir faire partie du Conseil d'administration d'EDF. Par ailleurs, le directeur du GRT, à la différence des directeurs de services d'EDF, était le directeur exclusif des agents détachés sous son

---

675 Amendement n° 331, débats du Sénat, séance du 6 octobre 1999.
676 L'intervention du président d'EDF dans la nomination du GRT avait été fortement contestée. Jean-Louis Dumont avait prévenu dans son rapport que les efforts faits pour assurer l'indépendance du GRT étaient ainsi fortement remis en cause, ce à quoi le secrétaire d'État à l'industrie, Christian Pierret, répondait que cette démarche « plus qu'une simple méthode de nomination affirme le caractère démocratique de la gestion de ce type d'entreprise », rapport Dumont et débats du Sénat, séance du 6 octobre 1999.
677 Article 12 de la loi du 10 février 2000.
678 Article 20 de la loi de nationalisation du 8 avril 1946.
679 Article 12 de la loi du 10 février 2000.
680 Ci-après le RTE (Réseau de transport d'électricité).

service et ainsi la seule entité autorisée à leur donner des instructions[681]. Dès l'entrée en vigueur de la loi du 10 février 2000, le directeur du GRT proposé est nommé en avril 2000[682] après avis de la CRE. Pour rendre son avis sur les candidats proposés, la CRE démontra qu'elle entendait jouer entièrement son rôle de régulateur indépendant en adoptant une « décision relative à la procédure d'audition des candidats aux fonctions de directeur du GRT »[683]. Cela lui permettait de donner d'autant plus de force à l'avis non obligatoire qu'elle rendait. La CRE ira au-delà des dispositions législatives, et mettra en place une véritable procédure d'audition des candidats dans laquelle étaient précisées jusqu'à la forme et la date de réception des propositions. Elle convoqua formellement les candidats retenus par le Président d'EDF pour les soumettre à une audition apellée à mettre en exergue leurs qualités, leurs motivations, et leur expérience dans le secteur électrique[684]. Eclairée sur les compétences du candidat, la CRE rendait un avis motivé. Celui-ci n'étant cependant aucunement obligatoire pour le Ministre chargé de l'énergie, rien n'aurait empêché ce dernier de désigner un candidat sur lequel la CRE aurait émis des doutes quant à ses compétences ou à son indépendance par rapport à EDF et aux pouvoirs publics. Rien sauf à discréditer le directeur du GRT.

Le processus de nomination du directeur général du GRT filialisé dans la loi du 9 août 2004 exclut dorénavant toute intervention de la CRE. Il lui revient seulement de rendre un avis dans le cas où le directeur général du GRT est révoqué. Cette mesure permet, selon Christian Bataille, de préserver l'autorité de l'État sur la CRE dont les missions doivent se limiter « à la régulation du marché et qui ne doit pas se transformer en autorité politique s'arrogeant des prérogatives régaliennes »[685]. Enfin, le directeur général ou le président du directoire du GRT sont nommés après accord du Ministre chargé de l'énergie par le conseil de surveillance ou d'administration.

Appréciation de l'autonomie du GRT antérieurement à la modification apportée par la loi du 9 août 2004

L'indépendance du GRT par rapport aux autres services internes d'EDF imposée par la directive 96/92 du CE s'illustrait dans un premier temps par le statut sur mesure du directeur du GRT, qui était alors titulaire d'une fonction inédite au sein d'un établissement public industriel et commercial. En effet, la loi du 10 février 2000 accordait au directeur du GRT, selon le Conseil de la concurrence, des prérogatives d'indépendance supérieures à celles du président d'une filiale par rapport à la société

[681] Article 12 de la loi du 10 février 2000.

[682] Le directeur du GRT, André Merlin, est nommé au poste de directeur du GRT par arrêté du Secrétaire d'État à l'industrie pour une durée de 6 ans, arrêté du 4 mai 2000 portant nomination au poste de directeur du 93, JO du 6 mai 2000, p. 6864.

[683] Décision de la CRE du 26 avril 2000, rapport d'activité du 30 juin 2000, p. 46.

[684] L'avis de la CRE est fondé sur les critères suivants : « compétences techniques, connaissance du réseau, de l'entreprise et du secteur électrique, expérience dans la gestion et la gouvernance de grandes organisations et d'effectifs importants, stature internationale », article 3 de la décision relative à la procédure d'audition des candidats aux fonctions de directeur du GRT du 26 avril 2000, rapport d'activité de la CRE du 30 juin 2000, p. 46.

[685] Rapport Lenoir, p. 58.

de son groupe[686]. Avec la filialisation du GRT, les mesures accompagnant la séparation juridique et imposant que les personnes responsables de la gestion du GRT ne fassent pas partie des structures de l'entreprise n'exigent que peu d'aménagements de la loi du 10 février 2000[687].

L'autonomie du GRT s'appréciait avant la filialisation en fonction des moyens juridiques, matériels et financiers mis à sa disposition par la loi du 10 février 2000 pour gérer le service public. Selon le Conseil d'État, l'entité en charge du service public devait être autonome, c'est-à-dire avoir « une certaine maîtrise sur la provenance et le montant de ses ressources et sur l'emploi de ses dépenses »[688].

La loi du 10 février 2000 a traduit cet impératif dans son article 12 en prévoyant que le GRT dispose au sein d'EDF d'un budget qui lui soit propre afin qu'il soit en mesure « d'engager toute dépense nécessaire au fonctionnement du réseau public de transport et à l'accomplissement de ses missions »[689]. Il en résultait que les choix réalisés quant à l'utilisation des fonds n'étaient pas contrôlés par l'autorité de tutelle mais par la CRE. Cette autonomie du GRT par rapport à EDF s'illustrait également dans les rapports du directeur du GRT avec les agents qui lui étaient détachés par EDF, lesquels ne pouvaient recevoir d'instructions que du directeur du GRT ou d'un agent placé sous son autorité[690].

En outre, afin de démontrer l'indépendance du GRT par rapport à EDF, la loi du 10 février 2000 avait attribué le contrôle du fonctionnement et de l'accomplissement des missions du GRT à la CRE, qui exerçait ainsi une sorte de « tutorat » sur le GRT. Cette compétence permettait de détacher le GRT de la tutelle exercée par EDF et par les pouvoirs publics. En revanche, la CRE exerce sur le GRT un contrôle pluriforme, calqué en de nombreux points sur le régime de la tutelle administrative[691]. La séparation juridique imposée par la directive 03/54 du CE contribue à plus de clarté dans la gestion du GRT dès lors que son détachement par rapport à EDF est à présent plus transparent.

Que devient le GRT dans la loi du 9 août 2004 ?

En imposant dans son article 10 la séparation juridique du GRT par rapport à l'entreprise dans laquelle il est intégré au plus tard le 1er juillet 2004, la directive 03/54 du CE pose un ultimatum qui sera, certes, transposé dans la loi du 9 août 2004, mais en dehors du délai prévu. De plus, la séparation juridique n'entre pas en vigueur en même temps que la loi, qui se contente de fixer les grandes lignes de la séparation juridique. Celle-ci n'interviendra qu'avec l'adoption des statuts de la nouvelle société anonyme, lesquels doivent être approuvés par décret. La loi du

[686] Avis du Conseil de la Concurrence n° 00-A-29 du 30 novembre 2000 relatif à la séparation comptable entre les activités de production, de transport et de distribution d'électricité.

[687] Article 10 § 2-a) de la directive 03/54 du CE.

[688] Rapport public du Conseil d'État de 1985, p. 94. Les établissements publics industriels et commerciaux comme EDF sont dépourvus de comptable public et sont financièrement gérés suivant les règles applicables dans les sociétés industrielles, article 4 de la loi de nationalisation du 8 avril 1946, voir commentaire de J.F. Lachaume, C. Boiteau, H. Pauliat, Grands services publics, 2ème édition, Paris, 1999.

[689] Article 12 de la loi du 10 février 2000.

[690] Article 12 de la loi du 10 février 2000.

[691] La tutelle est une fonction de régulation, voir L. Richer, Libre propos sur les notions de réglementation, tutelle et régulation, CJEG janvier 1997, p. 1.

9 août 2004 pose toutefois un délai au-delà duquel la séparation doit être effective, à savoir six mois après l'entrée en vigueur de la loi de transposition.

L'article 5 de la loi du 9 août 2004 pose comme préalable le fait que la gestion du réseau de transport soit assurée par une personne morale « distincte » de celle exerçant des activités de production ou de fourniture d'électricité. Le régime retenu par la loi est celui de la filialisation de l'activité de transport d'électricité. Le réseau de transport changera de statut pour devenir une société anonyme filiale d'EDF soumise aux lois applicables aux sociétés anonymes.

Il s'agit cependant d'une société anonyme particulière à plusieurs points de vue.

La société reste soumise à la loi du 26 juillet 1983 relative à la démocratisation du secteur public et en particulier à son article 6 imposant que le conseil d'administration ou de surveillance soit composé d'un tiers de représentants des salariés. En outre, l'État nomme des représentants dans la limite d'un tiers de ses membres en raison du caractère d'intérêt général de la mission confiée au GRT ;

le capital de la société à créer doit être détenu en totalité par EDF, par l'État ou par d'autres entreprises ou organismes appartenant au secteur public. Cette mesure garantit le maintien dans le secteur public de l'activité de transport ; enfin le directeur général ou le président du directoire sont nommés après accord du Ministre chargé de l'énergie par le Conseil d'administration ou de surveillance[692]. Quant aux directeurs généraux délégués ou aux membres du directoire, ils sont nommés par le conseil d'administration ou de surveillance mais sur proposition du directeur général ou du président du directoire.

La loi du 9 août 2004 abroge ainsi la procédure de nomination du GRT initialement prévue dans la loi du 10 février 2000. Elle n'a cependant pas pour but de créer la société en question, elle se contente de déterminer, entre autres, la forme juridique, le contenu des statuts et la nature des apports. La société ainsi créée se substituera au service indépendant intégré au sein d'EDF. Mais l'étape de la filialisation n'est pas une fin en soi, les discussions du projet de loi ont d'ores et déjà conduit les parlementaires à envisager les avantages d'une autre forme d'indépendance du réseau de transport vis-à-vis de la société mère. Sous la pression de Bruxelles, après la filialisation, la privatisation du GRT apparaît comme l'étape logique de ce processus si l'on veut garantir la neutralité et l'autonomie de l'accès des tiers aux réseaux[693].

Le processus de la filialisation ne doit pas occulter le fait qu'EDF garde un certain contrôle sur sa filiale, notamment en ce qui concerne la politique d'achat d'actifs ou à travers sa politique d'investissement dans la valorisation des infrastructures de réseau. Un amendement avait lors de la discussion du projet de la loi du 9 août 2004 proposé de restreindre les droits de supervision économique de la société mère aux seuls cas de l'approbation du plan financier annuel et du plafonnement global du niveau d'endettement. Cet amendement a été rejeté sous prétexte qu'il était dangereux pour le propre équilibre financier de la société mère en cas de politique aventureuse de la filiale.

[692] Article 7 de la loi du 9 août 2004.

[693] Voir l'exemple de la privatisation du Réseau Ferré de France et ses rapports avec la SNCF, Rapport Lenoir, p. 53.

(2) Selon quels principes est géré le réseau public de transport d'électricité?

Le statut et le régime du réseau de transport issus de la loi du 10 février 2000 ont illustré la difficulté de maintenir le GRT au sein de l'opérateur historique et la volonté concomitante de garantir son indépendance par rapport à l'entité dans laquelle il est confiné et aux opérateurs. Afin de garantir l'indépendance du GRT, ainsi que la gestion transparente et non discriminatoire du réseau public de transport, des instruments ont été prévus par la directive 96/92 du CE et repris par la loi du 10 février 2000, ce sont :

- les obligations de séparation comptable ;
- les obligations de séparation de gestion ;
- le respect par les opérateurs de la confidentialité de certaines informations ;
- la transparence dans la gestion du réseau de transport.

Ces mesures doivent garantir la mise en place d'une concurrence loyale et pallier le manque d'indépendance du GRT par rapport à l'opérateur historique. Elles sont quelque peu aménagées, mais demeurent en vigueur malgré la filialisation du GRT. La directive 03/54 en reprend les dispositions principales. En effet, même avec un GRT filialisé, ces règles gardent toute leur pertinence, à savoir éviter que le GRT « n'applique un traitement plus favorable aux entreprises de production ou de vente qui font partie de son groupe »[694] et empêche l'émergence de la concurrence.

(a) La gestion séparée des activités électriques

L'introduction d'une concurrence loyale au sein des activités électriques, dont certaines continuent d'être gérées sous la forme de monopoles publics, impose à l'entreprise verticalement ou horizontalement intégrée qui exerce plusieurs activités dans le secteur électrique de distinguer dans sa comptabilité entre les activités de production, de distribution, de transport et de fourniture d'électricité.
Par ailleurs, une gestion transparente et non discriminatoire du réseau de transport impose de faire du GRT une entité isolée des autres services et activités d'EDF.
Ceci doit être atteint à travers la règle de la séparation de l'activité du transport d'électricité des autres activités d'EDF. Cette séparation s'exerce initialement au niveau de la gestion pour devenir une séparation juridique dans la directive 03/54 du CE.

(i) La règle de la séparation comptable[695]

La directive 96/92 du CE impose dans un premier temps aux entreprises intégrées de procéder à une séparation dans leur comptabilité entre les activités qu'elles prennent en charge dans le secteur électrique ou en dehors de celui-ci[696]. Cette séparation comptable traduit aussi le principe de transparence dans la gestion des réseaux[697]. Elle est, selon le Conseil de la Concurrence, essentielle, car « toute imputation indue de charges au RTE (GRT) le conduirait soit à une augmentation des tarifs de

---

[694] Document de travail de la Commission sur l'achèvement du marché intérieur de l'énergie, SEC(2001)438 du 12 mars 2001, p. 9.

[695] Appelée aussi « Unbundling comptable ».

[696] Article 14 § 3 de la directive 96/92 du CE.

[697] Le chapitre VI de la directive 96/92 du CE traite de la « dissociation comptable et [de] la transparence de la comptabilité ».

transport, ce qui pourrait être dommageable aux producteurs concurrents d'EDF, soit à une détérioration de la qualité du réseau dommageable aux utilisateurs »[698].

Déjà dans la directive « Transparence »[699], une obligation est imposée aux entreprises publiques de tenir des comptes séparés pour chaque activité exercée, ceci étant « le moyen le plus efficace de garantir l'application juste et efficace des règles de la concurrence à ces entreprises »[700]. Cette directive qui trouve à s'appliquer sans préjudice des dispositions spécifiques[701] dispose que les comptes séparés doivent refléter: « fidèlement la structure financière et organisationnelle de toute l'entreprise [...] en faisant ressortir : les produits et charges associés aux différentes activités, et le détail de la méthode d'imputation ou de répartition des produits et charges entre les activités »[702]. Une telle séparation a pour but d'éviter ce que la Commission a interdit dans sa décision contre les pratiques de la Deutsche Post, à savoir que « les revenus d'un monopole ne soient utilisés pour financer une politique de prix d'éviction sur des marchés ouverts à la concurrence »[703].

Sur la base des dispositions de la directive Transparence, la directive 96/92 du CE fait peser sur l'entreprise intégrée l'obligation de « tenir des bilans et comptes de résultats séparés pour les activités de production, de transport et de distribution d'électricité, et les autres activités »[704]. La Commission a développé et affiné le principe de la dissociation comptable afin de prendre en compte l'intégration des activités électriques au sein d'opérateurs détenant des droits exclusifs, dans la mesure où l'ouverture à la concurrence varie en fonction des activités maintenues en monopole[705]. La dissociation comptable doit permettre de contrôler les entreprises exerçant concurremment des activités soumises à monopole et d'autres ouvertes à la concurrence.

La dissociation comptable initialement inscrite à l'article 25 de la loi du 10 février 2000 reprenait fidèlement les dispositions de la directive 96/92 du CE en imposant à EDF, en tant qu'entreprise verticalement intégrée et gestionnaire du réseau public de transport, de tenir dans sa comptabilité interne des « comptes séparés, au titre, respectivement, de la production, du transport et de la distribution d'électricité ainsi

---

[698] Avis du Conseil de la Concurrence n° 00-A-29 du 30 novembre 2000, BOCCRF du 3 janvier 2001.

[699] Point 8 de la directive 2000/52 du CE du 26 juillet 2000 modifiant la directive 80/723 du CEE relative à la transparence financière entre les États membres et les entreprises publiques, JO L-193/75 du 29 juillet 2000.

[700] Point 8 de la directive 2000/52 du 26 juillet 2000, précitée.

[701] Telles que les dispositions relatives à la dissociation comptable de la directive 96/92 du CE dans le secteur électrique, article 1er-2)-2 de la directive 2000/52 du CE du 26 juillet 2000.

[702] Article 1er- 2)-2, a) et b) de la directive 2000/52 du CE du 26 juillet 2000.

[703] Décision de la Commission « Deutsch Post AG » du 20 mars 2001, 2001/354/CE, JO L-125/27 du 5 mai 2001.

[704] Ces comptes doivent, par ailleurs, figurer dans l'annexe des comptes annuels des opérateurs, ainsi que l'ensemble des relations financières pouvant exister entre les entités dissociées, définition de la CRE contenue dans son rapport d'activité du 30 juin 2000, p. 28.

[705] Elle repose sur la réflexion dégagée dans la directive « Transparence » qui dispose que « les situations complexes découlant de la diversité des entreprises publiques et privées auxquelles des droits spéciaux ou exclusifs sont accordés [...], ainsi que les degrés variables de libéralisation des marchés dans les États membres, peuvent être de nature à compliquer l'application des règles de la concurrence et, en particulier, de l'article 86 », point 6 de la directive transparence 2000/52 du CE du 26 juillet 2000.

[...] qu'un compte séparé regroupant l'ensemble des autres activités »[706]. La loi du 9 août 2004, en modifiant le statut d'EDF et des GRT et GRD, impose dorénavant qu'EDF et les DNN ne tiennent dans leur comptabilité interne qu'un compte séparé au titre de la gestion des réseaux de distribution. En outre, leur comptabilité interne doit permettre de distinguer selon les termes de la directive 03/54 du CE :

- la fourniture aux clients éligibles ;
- la fourniture aux clients non éligibles, mais aussi
- les revenus provenant de la propriété des réseaux de distribution.

Le contrôle de la séparation comptable est exercé par la CRE qui approuve les comptes, après avis du Conseil de la Concurrence[707]. À cette fin, la directive 96/92 du CE attribue au régulateur un véritable droit d'accès à la comptabilité des entreprises, la consultation des comptes de l'entreprise est, aux termes de la directive 92/96 du CE, « nécessaire à leur mission de contrôle »[708]. Cette obligation est renforcée par l'article 19 de la directive 03/54 du CE, elle est nécessaire à la vérification de l'absence de discriminations et de subventions croisées.

Avec la filialisation du GRT, la séparation comptable entre les activités de production, transport et distribution imposée initialement par l'article 25 de la loi du 10 février 2000 devient sans fondement. La CRE pouvait alors imposer ses choix comptables à EDF, voire prendre des décisions unilatérales sur les périmètres des activités dissociées et les règles d'imputation ainsi que sur les principes déterminant les relations financières entre ces activités[709]. Cette séparation a été très laborieuse à mettre en œuvre, on se souvient des contestations soulevées concernant la répartition de la charge relative au remboursement à l'État de l'avantage en impôt dont a bénéficié EDF lors du renouvellement du RAG entre 1987 et 1996. La CRE soulignait alors que ces pourcentages de répartition étaient « intangibles »[710].

La charge de 1,2 milliard d'euros à rembourser à l'État par EDF devant par conséquent être répartie entre les activités dissociées au prorata des capitaux propres et non pas, comme le préconisait EDF, entre le réseau de transport et ceux de la distribution en excluant l'activité de production. C'est dans le but d'éviter toute discrimination entre le GRT et EDF production que la CRE décida de répartir la charge de remboursement de l'aide d'État précitée entre les activités de production, transport et distribution à proportion de leurs capitaux propres. Elle souligna que « la

---

[706] Article 25 de la loi du 10 février 2000. On rappellera qu'EDF est une entreprise verticalement intégrée et que le principe de la spécialité lui interdit de prendre en charge des activités non complémentaires à son objet principal de production, de transport et de distribution d'électricité, article 44 de la loi du 10 février 2000.

[707] Article 25 de la loi du 10 février 2000.

[708] Article 13 de la directive 96/92 du CE.

[709] L'article 37 de la loi du 10 février 2000 attribue à la CRE un pouvoir « réglementaire » pour préciser, entre autres, « les règles relatives aux périmètres de chacune des activités comptablement séparées, les règles d'imputation comptable appliquées pour obtenir les comptes séparés et les principes déterminant les relations financières entre ces activités ».

[710] Décision de la CRE du 26 février 2004 relative à la répartition entre activités dissociées d'EDF de la charge du remboursement de 1,2 milliard d'euros à l'État français en application de la décision de la Commission Européenne sur une aide d'État N-504/2003 du 16 décembre 2003. Dans le cadre de cette décision, la Commission européenne a considéré que parmi les aides accordées par l'État français à EDF, le non-paiement par EDF de l'impôt sur les sociétés sur une partie des provisions constituées pour le renouvellement du RAG constitue une aide d'État qui doit être remboursée par EDF.

proposition d'EDF conduit à n'affecter à la production, seule activité soumise à la concurrence, aucune part de la charge de remboursement, alors que la décision de la Commission européenne est fondée sur le renforcement de la position concurrentielle d'EDF »[711].

La séparation juridique met également fin aux nombreuses difficultés rencontrées par la CRE et le Conseil de la Concurrence dans la définition de ces principes directeurs. La CRE avait constamment amendé les propositions « lacunaires et imprécises »[712] émises par EDF et le GRT. Propositions que le Conseil de la Concurrence qualifiait également d'imprécises en ce qu'elles ne comprenaient même pas de « description synthétique des activités de chaque entité dissociée décomposée en postes et sous-postes d'activité »[713]. Les plus grands doutes avaient été alors émis sur la pertinence et la fonctionnalité d'une véritable séparation comptable.

Le Conseil de la Concurrence devait émettre les « plus grandes réserves » au sujet d'une véritable séparation entre les relations financières d'EDF et du GRT et concluait qu'il n'était pas en mesure de « recommander à la Commission l'approbation de ces propositions » [714].

Le Conseil de la concurrence, qui veille a priori au respect des règles de la concurrence, intervient également dans le cadre d'un contrôle a posteriori en traquant la pratique des subventions croisées. Dans le cadre de ce contrôle, il a considéré, dans sa décision du 22 novembre 2000 relative aux pratiques mises en œuvre par EDF et par sa filiale Citelum, que le fait pour une entreprise de disposer d'un monopole légal et d'utiliser « tout ou partie de l'excédent des ressources que lui procure son activité sous monopole pour subventionner une offre présentée sur le marché concurrentiel [...] est susceptible de constituer un abus »[715]. Il soulève très vite les dangers, au regard du respect des règles de la concurrence, du maintien d'activités monopolistiques et d'activités ouvertes à la concurrence au sein d'entreprises intégrées [716] et est partisan d'une séparation comptable « très claire entre ces types d'activités »[717]. Selon lui, si une séparation juridique n'est pas envisageable, la concurrence ne pourra être introduite sur le marché électrique que si EDF « dispose d'une comptabilité appropriée permettant de vérifier l'absence de subventions croisées et de prix de prédation pour la vente d'électricité aux clients éligibles »[718].

---

[711] Décision de la CRE du 26 février 2004 relative à la répartition entre activités dissociées d'EDF de la charge de remboursement de 1,2 milliard d'euros à l'État français en application de la décision de la Commission européenne du 16 décembre 2003.

[712] Délibération de la CRE du 11 janvier 2001 relative aux principes de la dissociation comptable.

[713] Avis du Conseil de la Concurrence n° 00-A-29 du 30 novembre 2000 relatif à la séparation comptable entre les activités de production, transport et distribution d'électricité.

[714] Saisi pour avis par le Ministre de l'Economie, le Conseil de la Concurrence a estimé dans son avis n° 98-A-05 du 28 avril 1998 que la coexistence au sein d'EDF d'activités sous monopole et d'activités ouvertes à la concurrence pouvait « générer des pratiques de subventions croisées entre activités de nature à faciliter des pratiques de prix prédateurs à destination des clients éligibles ».

[715] Décision du Conseil de la Concurrence n° 00-D-47 du 22 novembre 2000, BOCCRF n° 14 du 30 décembre 2000.

[716] Avis du Conseil de la Concurrence n° 95-A-18 du 17 octobre 1995 concernant la Sernam, avis n° 97-A-07 du 27 mai 1997 concernant France Télécom.

[717] Avis du Conseil de la Concurrence n° 96-A-10 du 25 juin 1996 relatif à la Poste.

[718] Avis du Conseil de la Concurrence n° 96-A-10 du 25 juin 1996.

L'intervention de la CRE et du Conseil de la Concurrence dans le contrôle de la justesse de la séparation comptable a été un élément essentiel pour éviter tout comportement discriminatoire des opérateurs.
La directive 03/54 du CE allège dorénavant leur travail en imposant la séparation juridique des entreprises électriques ainsi que la tenue de comptes séparés pour les activités de fourniture aux clients éligibles et aux clients captifs. Cet impératif est rappelé dans la délibération de la CRE du 10 juin 2004 qui, avant l'entrée en vigueur de la loi du 9 août 2004, imposait qu'au 1er juillet 2004 toutes les entreprises électriques tiennent des comptes séparés distinguant entre les fournitures d'électricité aux clients non éligibles et aux clients éligibles.

(ii) De la séparation de gestion à la séparation juridique

L'article 7 § 6 de la directive 96/92 du CE imposait à l'origine que le GRT, s'il est maintenu au sein d'une entreprise intégrée, soit indépendant, « au moins sur le plan de la gestion, des autres activités non liées au réseau de transport » exercées par l'entreprise. La séparation de gestion et la séparation juridique s'appliquent si l'activité de réseau fait partie d'une entreprise verticalement intégrée. La définition contenue à l'article 2 § 21 de la directive 03/54 dispose qu'est une entreprise intégrée « une entreprise ou un groupe d'entreprises dont les relations réciproques sont définies à l'article 3 § 3 du règlement CEE n° 4064/89 du Conseil du 21 décembre 1989 relatif au contrôle des opérations de concentration entre entreprises et qui assure une des fonctions suivantes : transport ou distribution, et au moins une des fonctions suivantes : production ou fourniture d'électricité ».
Il ressort de ces dispositions qu'une entreprise est verticalement intégrée quand l'entreprise assure en même temps la fourniture et/ou la production d'électricité et la gestion d'un réseau. Si l'on intègre la définition du règlement du Conseil précité, la dissociation s'applique dès que l'entreprise qui fournit et/ou produit de l'électricité fait exploiter le réseau par une entreprise juridiquement distincte, mais sous son contrôle ou par une société mère qui contrôle l'entreprise de production et/ou de fourniture[719].
Si ces conditions sont réunies, la dissociation de gestion et juridique doit être transposée de la sorte :

- une entreprise distincte chargée du réseau doit être constituée et
- l'entreprise chargée du réseau sous le contrôle de l'entreprise de fourniture et/ou de production doit être dissociée sur le plan de la gestion[720].

En transposant a minima les dispositions de la directive 96/92 du CE relative au statut du GRT, la loi du 10 février 2000 opère dans un premier temps une simple dissociation au niveau de la gestion de l'activité de transport au sein de l'opérateur historique[721] et dispose de façon laconique que le GRT « est indépendant sur le plan de la gestion des autres activités d'EDF »[722].

[719] Voir la définition du « contrôle » dans le réglement précité modifié par le règlement n° 1310/97, JO L 180 du 9 juillet 1997, p.1.
[720] Voir la note de la Commission sur les directives 2003/54 et 2003/55 relatives au marché intérieur de l'électricité et du gaz sur le régime de la séparation du 16 janvier 2004.
[721] La directive 96/92 du CE impose que le GRT soit « indépendant, au moins sur le plan de la gestion, des autres activités non liées au transport ».
[722] Article 12 de la loi du 10 février 2000.

Dans la pratique, cette séparation de gestion a conduit à recomposer entièrement l'effectif du GRT qui s'entend d'un GRT imposant. En effet, celui-ci se voit attribuer pas moins de quatre entités regroupant près de 8 000 collaborateurs.
Le service du GRT comprend ainsi deux divisions, l'une responsable de l'accès aux réseaux et du pilotage de l'équilibre entre l'offre et la demande d'électricité, et l'autre des activités d'exploitation, de maintenance et d'ingénierie[723]. La séparation au niveau de la gestion du GRT s'exprimait également dans le cadre de l'octroi au GRT d'un budget propre dont la gestion revenait à son directeur[724]. Le directeur du GRT pouvait ainsi engager librement toute dépense concernant la gestion du réseau public de transport. Il était également en mesure de négocier et signer toute convention relative à l'accès aux réseaux avec les utilisateurs[725]. L'autonomie juridique du GRT lui permettait d'agir dans tous les domaines de sa compétence, devant toutes les juridictions au nom du GRT, même si les effets des décisions de justice concernent l'EPIC[726].
Pourtant, malgré l'ensemble de ces dispositions, un doute planait quant à l'étanchéité de la séparation entre les activités relatives au transport et les autres activités d'EDF. Les lacunes de la loi alliées à la force de la pratique n'empêcheront pas les organes de direction et de contrôle d'EDF de s'immiscer dans sa gestion.
Il en est de même de la réalisation du programme d'investissement du GRT concernant le développement du réseau de transport, qui était soumis au Conseil d'administration d'EDF qui votait le budget du GRT avant qu'il soit approuvé in fine par le CRE. Dorénavant, il résulte de la directive 03/54 du CE qu'EDF est, certes, en mesure « d'approuver le plan financier annuel du GRT », mais ne saurait toutefois « donner des instructions au sujet de la gestion quotidienne » [727]. La CRE avait donc proposé d'interdire au directeur du GRT de soumettre ses décisions au contrôle ou à autorisation préalable d'EDF afin d'assurer une réelle indépendance du GRT[728]. Sous la pression de la CRE relativement aux doutes quant à la conformité de la séparation de gestion aux objectifs de la directive 96/92 du CE[729], EDF et le GRT avaient été contraints de formaliser au sein de 56 protocoles leurs relations techniques et financières. Ces contrats confidentiels seront, selon la CRE, conformes à la directive 96/92 du CE et à la loi du 10 février 2000. Ils garantissent alors « le principe d'autonomie de gestion du GRT, notamment l'interdiction de toute subvention croisée entre EDF et le GRT. Le principe de non-discrimination entre

---

[723] La division « système électrique » traite les demandes d'accès aux réseaux et adapte celles-ci aux besoins du marché. Pour ce faire, elle s'appuie sur le Centre national d'exploitation du système (CNES). La division transport est chargée de garantir la disponibilité des infrastructures et leur contribution à la sûreté du système électrique.
[724] Article 12 de la loi du 10 février 2000.
[725] Communication de la CRE du 12 octobre 2000, précisant les articles 12 et 14 de la loi du 10 février 2000.
[726] Communication de la CRE du 12 octobre 2000.
[727] Article 10 c) de la directive 03/54 du CE.
[728] L'ensemble des mesures préconisées par la CRE sont énumérées dans son relevé de conclusion de la séance du 12 octobre 2000.
[729] Article 7 § 6 de la directive 96/92 du CE.

utilisateurs des réseaux est mis en œuvre »[730]. L'opacité qui ressort du régime de la simple séparation de gestion ne fait de lui qu'un régime transitoire.

La directive 03/54 du CE en imposant la séparation juridique du GRT a pu s'appuyer sur l'imprécision des critères relatifs à la séparation de gestion retenus par les États membres pour justifier sa démarche.

Au titre de cette obligation de séparation juridique, la directive 03/54 du CE définit quatre critères minimaux auxquels doit répondre cette séparation pour garantir une réelle indépendance du gestionnaire de réseau[731] :

- le personnel du gestionnaire de réseau ne doit pas faire partie des structures de l'entreprise d'électricité intégrée, ce qui aurait été le cas du GRT intégré. Est visé ici l'ensemble du personnel, de la direction aux employés du réseau de transport ;
- les intérêts professionnels du personnel doivent leur permettre d'agir en toute indépendance ; cette mesure impose par exemple que les salaires des employés du réseau ne soient pas liés aux résultats de l'entreprise intégrée[732] ;
- le gestionnaire de réseau doit disposer d'un pouvoir de décision effectif, en particulier, dans la gestion quotidienne du réseau et des éléments d'actifs et
- le gestionnaire de réseau élabore un programme d'engagement, contenant des obligations spécifiques relatives à l'exclusion de toute discrimination, qui sera imposé aux employés et présenté tous les ans au régulateur.

La loi du 9 août 2004 ne se contente pas de procéder au changement de statut du GRT, elle prévoit également des mesures d'accompagnement nécessaires à la transposition de la directive 03/54 du CE.

La séparation juridique du gestionnaire de réseau doit être en effet accompagnée des mesures relatives à la séparation de gestion, celles-ci doivent être transposées en parallèle.

La loi du 9 août 2004 détermine dans un premier temps l'objet social de la société, lequel doit être contenu dans les statuts de la société[733].

Le GRT est donc a priori limité dans les activités qu'il peut prendre en charge. Seules des activités dites « régulées » de gestion de réseaux lui sont autorisées, ce qui n'exclut pas que le GRT gère des réseaux combinés d'électricité et de gaz.

En outre, la loi l'autorise expressément à intervenir dans ces activités en dehors des frontières nationales (sont visés ici les États membres de l'UE et de l'AELE).

Mais la disposition la plus zélée est incontestablement celle l'autorisant à participer à des activités de valorisation des infrastructures afin, par exemple, d'utiliser les lignes électriques pour l'acheminement de l'Internet.

Cette dernière disposition est cependant strictement encadrée, puisqu'elle doit :

- être accessoire ;
- être exercée par voie de filialisation ou participation et

---

[730] Communiqué de la CRE du 15 octobre 2001 qui souligne avoir accueilli avec « satisfaction ces protocoles dont elle a facilité la négociation » et rappelle que, par ces dispositions, EDF « se conforme aux conditions de droit commun, définies par la loi du 10 février 2000 ».

[731] Article 10 de la directive 03/54 du CE.

[732] Voir les mesures préconisées par la Commission dans ses notes relatives aux mesures d'Unbundling du 16 janvier 2004.

[733] Article 8 de la loi du 9 août 2004.

- respecter le droit de la concurrence, c'est-à-dire ne pas recevoir de concours financier[734].

Ces mesures sonnent définitivement le glas au sacro-saint principe de spécialité qui s'imposait jusque-là au GRT en tant qu'établissement public. Cet encadrement de l'objet social du GRT doit accompagner la séparation juridique en interdisant au GRT toute activité de production ou de fourniture d'électricité. Il doit, en outre, permettre au GRT de se concentrer sur son activité de transport d'électricité et éviter tout risque de subventions croisées.

La séparation juridique est accompagnée de mesures relatives à la séparation fonctionnelle du GRT. En effet, l'obligation d'indépendance fonctionnelle vaut vis-à-vis de toute entreprise appartenant au même groupe ou qui se trouve liée au GRT selon les modalités prévues par les articles L-233-1 à L-233-4 du Code de Commerce, l'article L-233-1 du Code de Commerce vise précisément la filialisation et renvoie ainsi à la situation du GRT filialisé.

L'article 10 de la directive 03/54 du CE énonce que la séparation juridique d'un GRT qui opère au sein d'une entreprise intégrée implique qu'il soit « indépendant [...] de l'organisation et de la prise de décision, des autres activités non liées au transport ». L'article 6 de la loi du 9 août 2004 transpose fidèlement les mesures préconisées et affirme :

- l'indépendance du GRT dans la gestion du réseau de transport vis-à-vis des intérêts des activités de production et de fourniture. Cette mesure vise l'indépendance du GRT dans sa politique d'investissement quant à l'exploitation, l'entretien et surtout le développement du réseau de transport ;
- la préservation des intérêts patrimoniaux des actionnaires, qui ne peuvent se voir imposer des décisions si la majorité de leurs représentants s'y oppose. Cette règle concerne le budget, la politique de financement, la création de société ou encore l'acquisition d'actifs.

L'indépendance fonctionnelle des dirigeants du GRT n'est dans un premier temps garantie qu'à travers l'intervention de la CRE pour avis en cas de révocation des dirigeants du GRT. Ceux-ci ne peuvent également pas avoir de responsabilités dans la gestion d'activités de production ou de fourniture d'électricité. Cette indépendance dite « managériale » est précisée dans un décret visant à garantir les intérêts professionnels des dirigeants mais apparait peu efficace. La loi du 13 juillet 2005 va compléter dans son article 64 ce dispositif et dispose en outre que la fonction de président du conseil d'administration ou de surveillance du GRT est incompatible avec l'exercice de toute responsabilité « en lien direct avec des activités concurrentielles au sein des structures dirigeantes d'autres entreprises du secteur de l'énergie ». Cette disposition assure ainsi une plus grande étanchéité de la société gestionnaire du réseau de transport considérant que celle-ci appartient toujours au groupe en position dominante dans les secteus de la production et du négoce d'électricité.

Le contrôle de l'adoption et du respect de ces mesures est assuré par la CRE, à qui il revient d'évaluer régulièrement la réalité de l'indépendance des gestionnaires de

[734] Article 8 de la loi du 9 août 2004.

réseaux et de proposer si nécessaire les mesures adéquates[735]. Le programme d'engagement ainsi que le rapport sur l'application de ce programme sont des instruments élaborés par l'entreprise intégrée qui permettra au régulateur de s'assurer de la conformité de la dissociation. Afin de garantir un accès non discriminatoire aux réseaux, ce programme d'engagement doit définir, entre autres :

- les mesures prises par l'entreprise intégrée pour transposer la dissociation juridique et la dissociation de gestion,
- les mesures imposées au personnel du réseau afin de garantir le respect du principe de non-discrimination des opérateurs n'appartenant pas à l'entreprise liée,
- les mesures imposées au personnel du réseau afin de garantir la confidentialité des informations sensibles,
- les sanctions prévues en cas de non-respect de ces mesures,
- la personne ou l'organisme responsable du contrôle de l'application de ces mesures dans l'entreprise,
- les droits de cette personne ou de cet organisme afin de procéder à tout contrôle nécessaire,
- les mesures contraignant le personnel du réseau et des autres branches de l'entreprise liée à collaborer avec cette personne ou cet organisme en cas de contrôle.

La mise en œuvre de cette séparation juridique est en principe irréversible. Elle peut toutefois être soumise à une procédure de révision mise en œuvre par la Commission selon l'article 27 de la directive 03/54 du CE, aux termes duquel l'État membre peut demander à la Commission d'être exempté de l'obligation de séparation juridique si celle-ci n'est pas proportionnelle aux objectifs visés, mais sous la condition que l'accès aux réseaux soit effectif, c'est-à-dire non discriminatoire, réel et sans entraves. Cette procédure ne constitue pas une véritable dérogation, car la Commission ne rend, en l'espèce, pas de décision individuelle. Elle joint, si elle l'estime fondée, la demande de l'État membre à sa proposition de modification de la directive au Parlement européen et au Conseil compétent pour se prononcer sur cette mesure.

Cette procédure extrêmement laborieuse n'aura que peu de résonance auprès des États membres, si ce n'est pour les réseaux de distribution d'électricité pour qui la dissociation juridique n'est souvent pas proportionnée au but recherché en raison de leur petite taille.

(b) La transparence dans la gestion du réseau public de transport

La transparence dans la gestion de l'infrastructure essentielle doit permettre, selon Lachaume, « à ceux qui entrent en contact avec le service public [usagers, entrepreneurs, fournisseurs...] d'être informés sur la façon dont le service public fonctionne et sur les motifs des décisions qu'il prend à leur égard »[736]. L'impératif de transparence dans la gestion d'un secteur ou d'une activité s'analyse comme un

---

[735] Article 6 § III de la loi du 9 août 2004.

[736] J.F. Lachaume, « De l'influence de la loi du 6 février 1992 relative à l'administration de la République sur les services publics locaux », *RFDA* 1993, p. 426 ; N. Belloubet-Frier, « Service public et droit communautaire », *AJDA*, 1994, p. 270.

nouveau principe de service public au même titre que le principe de continuité[737]. Il est issu du droit communautaire[738] et s'est déjà illustré dans le secteur électrique à travers la directive du 29 juin 1990 sur la transparence des prix de l'électricité au consommateur final industriel de gaz et d'électricité[739]. Mais c'est dans la directive « Transparence » du 26 juillet 2000 qu'il est explicité, laquelle impose aux États membres d'assurer la transparence des relations financières entre les pouvoirs publics et les entreprises publiques[740]. Elle présente la particularité de s'appliquer principalement aux « secteurs de l'économie exploités dans le passé en régime de monopole national qui sont en train d'être partiellement ou totalement ouverts à la concurrence »[741]. Ce principe est repris par la Commission dans sa communication sur les services d'intérêt général, laquelle impose que les services publics soient gérés dans une « transparence totale, notamment sur les tarifs, les clauses contractuelles, le choix et le financement des prestataires »[742].

Dans la directive 96/92 du CE, la transparence s'applique aux obligations de service public comme aux critères de mise en œuvre de l'accès aux réseaux[743] qui doivent être définis de manière « *transparente,* non discriminatoire et contrôlable »[744].

Son considérant 25 précise, en outre, que « l'action du gestionnaire - du réseau de transport - doit être objective, *transparente* et non discriminatoire ». Cette obligation de transparence a été transposée dans plusieurs dispositions de la loi du 10 février 2000 et se traduit, en particulier, dans diverses obligations de communication par le gestionnaire de réseau d'informations relatives au réseau public de transport.

L'article 9-f) de la directive 03/54 du CE insiste en particulier sur le fait que le GRT fournit aux utilisateurs des réseaux les informations « dont ils ont besoin » pour un accès efficace aux réseaux. Cette précision essentielle impose au GRT de ne pas se contenter de communiquer les informations que lui estime utiles aux opérateurs.

Afin de renforcer la transparence dans la communication d'information essentielle à l'exercice de l'accès aux réseaux, un décret du 27 juin 2003 commande aux gestionnaires de réseaux de publier un document d'information « précisant les

---

737 Mais à la différence des autres principes, celui de la transparence est le fruit de la législation nationale et non des tribunaux. Ainsi, le souci de « transparence du service public a été affirmé de manière générale dans la loi du 17 juillet 1978 relative à l'accès des usagers aux documents administratifs » et clairement repris dans la loi du 6 février 1992 imposant l'obligation de publicité des concessions de service public (art. 52), J.F. Lachaume, De l'influence de la loi du 6 février 1992 relative à l'administration de la République sur les services publics locaux, précité.

738 Conclusion de M. Fornacciari, Peut-on redéfinir le service public ?, Table ronde « La nouvelle donne des entreprises de service public », Les cahiers de la Fondation, n° 29, 1993, p. 131 ; M. Voisset, Le service public autrement, Sur la convergence du droit communautaire et du droit interne en matière d'égalité des usagers du service public et services publics locaux, RFDA, 1995, pp. 320 et 304 ; S. Duroy, La distribution d'eau potable en France, LGDJ, Paris, Tome 177, p. 204.

739 Directive 90/377 du Conseil du 29 juin 1990 transposée par la loi n° 93-814 du 19 juillet 1993, JO du 20 juillet 1993.

740 Directive Transparence 2000/52 du CE modifiant la directive 80/723 CE, JO L-193/75 du 29 juillet 2000, applicable uniquement à certains secteurs.

741 Considérant 2 de la directive 2000/52 du 26 juillet 2000.

742 Communication SIG du 19 janvier 2001, point 11 ; position reprise par la Commission dans son Livre vert sur les services d'intérêt général COM(2003)270 final du 21 mai 2003.

743 Article 16 de la directive 96/92 du CE, « conformément à des critères objectifs, transparents et non discriminatoires ».

744 Article 3 § 2 de la directive 96/92 du CE.

principes généraux de gestion et d'utilisation du réseau public de transport ».
Ces « référentiels techniques » doivent être publiés par les gestionnaires de réseaux afin que « l'utilisateur soit dûment informé de ses droits et obligations de résultat qui pèsent sur lui dans le cas de la mise en œuvre du droit d'accès qui lui est conféré par la loi auprès d'un gestionnaire de réseau en situation de monopole »[745].
Dans de nombreux Etats membres, ces référentiels ont été publiés dès l'entrée en vigueur de la directive 03/54 du CE et sont communément appelés « Grid Codes » ou « Best practice »[746].
En sus de ces référentiels, l'article 6 § III de la loi du 9 août 2004 impose au GRT de publier un code de bonne conduite dans lequel doivent être énumérées les mesures d'organisation interne pour prévenir les risques de discrimination dans l'accès aux réseaux, lequel est ensuite communiqué à la CRE[747]. Ces codes de bonne conduite sont les programmes d'engagement visés à l'article 10 § 2-d) de la directive 03/54 du CE. Ces codes ont un double but, à savoir :

- rendre compte de la confirmité de la transposition des mesures de dissociation juridique, de gestion et comptable et
- informer sur les mesures visant à assurer le respect du principe de non-discrimination dans la mise en oeuvre de l'accès aux réseaux par le GRT. Ces mesures sont appliquées par les employés du GRT et doivent être assorties de sanctions. Leur respect est contrôlé par une personne ou un organisme qui actualise régulièrement le contenu de ce code de conduite.

Pour répondre également à la directive « Transparence », les dispositions de la loi du 10 février 2000 relatives au budget et aux comptes du GRT doivent assurer la transparence de la gestion du réseau public de transport. Son article 12 impose que les comptes annuels du GRT soient tenus à la disposition du public[748].
La transparence imposée au GRT dans la tenue de ses comptes permet de déceler « les discriminations, les subventions croisées[749] et les distorsions de concurrence »[750]. Elle permet surtout de mettre en évidence la réalité de la séparation comptable dans les entreprises intégrées et de retracer la formation des coûts relatifs à l'accès aux réseaux[751].

---

[745] Décision de la CRE du 7 avril 2004 sur la mise en place des référentiels techniques des gestionnaires de réseaux publics d'électricité adoptée sur la base de l'article 37 de la loi du 10 février 2000 et qui propose un « Guide d'élaboration des référentiels techniques » dont elle impose la publication par chaque GRT ou GRD avant le 30 juin 2005.

[746] Voir le « Best practice Empfehlungen » élaboré par les gestionnaires de réseaux sous l'autorité du Ministre de l'Economie allemand, sous www.bnetza.de.

[747] Voir le Code de bonne conduite élaboré par le distributeur EDF de janvier 2005 sous : www.edf-distribution.fr , ainsi que les référentiels techniques de la SICAE de l'Oise sous : www.sicae-oise.de/referentiel_technique_doc.asp.

[748] Article 25 de la loi du 10 février 2000.

[749] La Commission a défini un concept de « coûts pertinents » afin d'isoler les subventions croisées, voir points 6 et 7 de sa décision « Deutsche Post AG » du 20 mars 2001, JO L-125/27 du 5 mai 2001, commentaire M. Karpenschif, « La notion d'aide d'État, application au secteur de l'énergie », *CJEG*, n° 595, février 2003, p. 51.

[750] Article 14 § 3 de la directive 96/92 du CE (article 19 de la directive 03/54 du CE).

[751] Article 14 § 3 de la directive 96/92 du CE (article 19 de la directive 03/54 du CE).

La transparence souhaitée par les directives électricité permet même d'attribuer un véritable droit d'accès à la comptabilité du GRT au profit des ministres chargés de l'économie et de l'énergie et de la CRE.
Ils ont accès à toute information « économique, financière et sociale nécessaire à leur mission de contrôle »[752].
Enfin, l'impératif de transparence qui s'impose au GRT lui est dicté par la jurisprudence de la CRE qui lui impose, par exemple, de communiquer à l'opérateur les conventions sur lesquelles reposent ses décisions lorsqu'il refuse de procéder à un regroupement tarifaire des points de livraison d'un opérateur.
Le GRT doit communiquer à l'opérateur le cahier des charges de la concession de distribution duquel il tire sa compétence pour accepter ou non un regroupement tarifaire. S'il ne s'exécute pas, il méconnaît « le principe de transparence »[753].
En outre, lorsque le GRT dispose d'un pouvoir discrétionnaire pour accepter ou non le regroupement tarifaire, la CRE lui impose de définir au préalable « des critères objectifs et non discriminatoires pour l'exercice de ce pouvoir »[754].
C'est aussi dans le respect de la transparence du mécanisme d'ajustement que la CRE impose au GRT de publier, entre autres, les indicateurs de tendance et de prix de l'ajustement du volume d'énergie[755].
La transparence doit permettre, selon la CRE, aux usagers d'accéder aux règles définies par le GRT avant la conclusion de toute relation contractuelle[756].
Mais cette obligation a une limite, la CRE souligne que cette obligation de communication s'apprécie en fonction du niveau de connaissance des opérateurs.
Ainsi, l'inexécution par le GRT de l'obligation contractuelle de communiquer l'ampleur des écarts de consommation à l'opérateur qu'il alimente, en l'espèce la SNET, n'est pas fautive, car ce dernier est « un producteur expérimenté, qui ne peut soutenir sérieusement ne disposer d'informations sur le volume de sa production » que sur la base des courriers du GRT pour facturer ses écarts[757].
Enfin, on soulignera que ces impératifs de transparence peuvent servir les entreprises électriques disposant de droits spéciaux ou exclusifs, car dans le cas où elles souhaitent bénéficier des dispositions de l'article 86 § 2 du Traité CE, elles doivent démontrer que l'application des règles de la concurrence qui entravent leurs missions de service public met leur équilibre financier en péril.
Pour y parvenir, elles doivent se baser sur une comptabilité analytique interne qui se doit d'être « transparente et détaillée »[758].

---

752 Article 27 de la loi du 10 février 2000.

753 Décision de la CRE du 27 juin 2002 opposant la Société SEMMARIS à EDF concernant les conditions de prise en compte de la multiplicité des points de livraison dans le dispositif contractuel d'accès aux réseaux électriques, voir commentaire de cette décision par P. Sablière, RFD, n° 1, 2003, p. 77.

754 Décision de la CRE du 27 juin 2002, précitée.

755 Décision de la CRE du 9 juin 2004 relative à l'approbation des règles relatives à la programmation, au mécanisme d'ajustement et au responsable d'équilibre du RTE du 15 juin 2004.

756 Elle soutient dans cette espèce que « la transparence et l'objectivité des critères applicables permettront de garantir le principe de non-discrimination issu de la loi du 10 février 2000 », décision de la CRE du 27 juin 2002, précitée.

757 Décision de la CRE du 6 février 2002, opposant la SNET au GRT, relative aux modalités d'exécution du contrat de responsable d'équilibre de la SNET.

758 Point 184 de la décision de la Commission du 25 juillet 2001 « Deutsche Post AG-Interception de courrier transfrontière », 2001/892/CE, JO L-331/40 du 15 décembre 2001.

(c) La confidentialité des informations ou la règle de la « Muraille de Chine »[759]

L'indépendance comptable et budgétaire ainsi que la transparence dans la gestion du réseau de transport sont les garanties nécessaires à la neutralité du GRT. Mais, afin de parfaire son indépendance par rapport à l'opérateur historique et aux opérateurs, la loi du 10 février 2000 transpose un garde-fou supplémentaire prévu à l'article 9 de la directive du CE 96/92 (repris à l'article 12 de la directive 03/54 du CE) et qui oblige le GRT à préserver « la confidentialité des informations commercialement sensibles dont il a connaissance au cours de l'exécution de ses tâches ».

Cette obligation impose au gestionnaire de réseau de préserver d'une part la confidentialité des informations commercialement sensibles et d'autre part de divulguer ces informations de manière non discriminatoire. La loi du 10 février 2000 complète les dispositions de la directive en imposant non seulement le respect de la confidentialité des informations commerciales, mais aussi des informations « d'ordre économique, industriel, financier ou technique »[760] communiquées au GRT par les opérateurs lors de la mise en œuvre de leurs contrats d'utilisation des réseaux.

Cette interdiction de divulgation s'impose à toute personne appartenant au service gérant le réseau public de transport quelle que soit sa fonction ou sa position au sein du service, ainsi qu'à toute personne indépendante du GRT qui se trouve être dépositaire de telles informations. La loi du 10 février 2000 procède à une énumération du cercle des personnes concernées par cette obligation de non-divulgation, ce sont entre autres les agents statutaires du GRT, les consultants extérieurs ainsi que tout agent d'un service d'EDF. Elle évite ainsi d'appliquer aux seuls agents du GRT un régime de sanction spécifique.

Les informations dites sensibles sont répertoriées dans un décret relatif à la « confidentialité des informations détenues par les gestionnaires de réseaux publics de transport et de distribution d'électricité »[761]. Elles concernent essentiellement les informations échangées lors de la mise en œuvre des contrats d'accès aux réseaux, mais s'appliquent aussi aux contrats de raccordement, aux programmes d'appel et d'approvisionnement, aux propositions d'ajustement, aux informations issues du comptage et à celles relatives aux écarts de consommation et à leur compensation financière. Le décret précité souligne que sont concernées, non seulement les dispositions contractuelles en elles-mêmes, mais également les « informations échangées en vue de leur préparation et de leur application »[762].

Dans une décision du 1er février 2001, la CRE avait considéré que de nombreux éléments contenus dans les contrats, voire préalables ou postérieurs à leurs conclusions, ne constituaient pas des informations « dont la communication serait dommageable à la libre concurrence ». Elle précise comme le lui permet l'article 37 de la loi du 10 février 2000 et considère que sont des informations confidentielles :

---

[759] Les dispositions relatives à la préservation par les gestionnaires de réseaux d'informations commerciales sensibles sont connues sous le nom de « Muraille de Chine », afin de représenter l'étanchéité parfaite du flux informationnel entre les opérateurs, voir SEC(2001)438 du 13 mars 2001.

[760] Article 16 de la loi du 10 février 2000.

[761] Décret n° 2001-630 du 16 juillet 2001 pris pour application des articles 16 et 20 de la loi du 10 février 2000, JO n° 165 du 19 juillet 2001, p. 11592.

[762] Article 1er du décret du 16 juillet 2001, précité.

- la courbe de charge ;
- les écarts de consommation et leurs modalités d'ajustement ;
- les clauses particulières des contrats et
- l'identité du fournisseur et les conditions commerciales d'approvisionnement[763].

En revanche, un producteur peut se voir communiquer par le gestionnaire de réseau, sans violer le respect de la confidentialité contenu à l'article 1er du décret du 16 juillet 2001, des informations concernant le raccordement et relatives :
- aux caractéristiques du réseau en termes de résistance électrique et réactance ;
- à la puissance à vide mesurée du départ et
- au choix d'EDF pour la puissance réactive[764].

Il est des cas où l'interdiction de communication d'informations par le gestionnaire de réseau aux opérateurs est levée par la nécessité de l'activité ou s'efface derrière le respect du principe de transparence. Dans la première hypothèse, c'est le cas lorsque la communication d'informations confidentielles est nécessaire à la bonne exécution des missions du gestionnaire de réseaux. Elle doit alors intervenir sous « forme agrégée et ne doit pas porter atteinte aux règles de la concurrence libre et loyale »[765]. Ce qui veut dire que l'ensemble des opérateurs doivent recevoir les informations dans les mêmes conditions, l'entreprise liée ne devant pas être avantagée. Le GRT détermine, en particulier, les informations communicables dans le respect du principe de proportionnalité[766].

De même, l'interdiction est également levée lorsque le GRT est dans l'obligation de communiquer des informations à des enquêteurs intervenant dans le cadre de l'article 33 de la loi du 10 février 2000 afin de constater des manquements à l'application de la loi du 10 février 2000[767].

Cette obligation de confidentialité a pour but d'empêcher le GRT et les GRD de communiquer, à l'opérateur historique auquel ils appartiennent, des informations commerciales ou autres dont ils ont connaissance lors de la mise en œuvre des contrats d'accès aux réseaux d'opérateurs concurrents. L'article 16 de la loi du 10 février 2000 insiste sur l'objectif de cette obligation qui est de garantir une concurrence libre et loyale ainsi que le respect de la non-discrimination entre les opérateurs[768].

En revanche, ce principe ne peut être utilisé par le gestionnaire de réseau pour refuser de communiquer des informations nécessaires à l'appréciation des conditions de raccordement d'une installation de production au réseau sous prétexte qu'elles sont confidentielles. En se retranchant derrière cet impératif, la CRE considère que

763 Avis de la CRE du 1er février 2001, visé dans sa décision en règlement des différends du 6 mai 2004 opposant la SAFHLOA de l'Ouzom de l'Arbéost à EDF.

764 Décision de la CRE du 6 mai 2004 opposant la SAFHLOA de l'Ouzom de l'Arbéost à EDF.

765 Articles 2, 3, 4 et 5 du décret du 16 juillet 2001, op.cit.

766 Sur le respect de la proportionnalité des informations sensibles communicables, voir l'arrêt de la CJCE « SEP/Commission » du 19 mai 1994, C-36/92 P, rec.p. I-1911.

767 Aux termes de l'article 33 de la loi du 10 février 2000, il revient au Ministre chargé de l'énergie et à la CRE d'habiliter des enquêteurs et des experts afin d'accéder « à toutes les informations utiles détenues par le GRT » afin de contrôler la conformité de l'application de la loi du 10 février 2000.

768 La directive 03/54 du CE impose dans son article 12 que le GRT mette à la disposition des opérateurs des informations sur ses activités de « manière non discriminatoire ».

le gestionnaire de réseau vide de sa substance le principe de transparence qui commande la réalisation de l'étude de raccordement d'une installation de production au réseau[769]. Dans une espèce condamnant EDF, la Cour d'Appel confirme l'approche de la CRE. Elle rappelle que l'étude de raccordement doit être menée dans un « cadre transparent et non discriminatoire »[770] et que le gestionnaire de réseau est « assujetti à une obligation de transparence ». Par conséquent, afin que l'opérateur puisse vérifier le bien-fondé de la proposition technique et financière de raccordement, EDF ne peut valablement invoquer « le risque de divulgation d'informations commercialement sensibles » pour ne pas lui transmettre ces informations. La Cour d'Appel considère comme n'étant pas protégées par le décret les informations concernant :

- le prix des contraintes de puissance court-circuit et
- le coût des équipements[771].

Les directives électricité ainsi que les lois de transpositions ne prévoient pas de dispositions relatives au respect de la confidentialité des informations dans le cas de services utilisés conjointement par le gestionnaire de réseau et l'entreprise à laquelle il est lié. Ces « shared services » utilisés conjointement par l'entité transport et production/négoce et qui peuvent assurer, entre autres, la gestion de solutions IT pour la facturation ou le personnel ne doivent pas porter atteinte au respect de ce principe. Pour cela, ces services s'engagent formellement à protéger l'accès aux informations sensibles des employés des services respectifs.

Enfin, afin de compléter ce dispositif et d'empêcher toute fuite d'informations du GRT vers EDF ou vers d'autres entreprises électriques, un agent ayant exercé au sein du GRT et ayant eu à connaître dans l'exercice de ses fonctions des informations sensibles est soumis à un strict régime d'incompatibilité[772]. Considérant qu'il est impossible de dresser une liste exhaustive et pérenne des activités interdites aux agents du GRT, la loi du 3 janvier 2003 relative au marché du gaz a prévu la mise en place d'une Commission chargée d'apprécier au cas par cas, la compatibilité des fonctions qu'envisagent d'exercer au sein du secteur électrique les agents du GRT avec celles assurées auparavant[773]. L'article 13 de la loi du 10 février 2000 relatif aux incompatibilités est entièrement réécrit pour remplacer le système des interdictions par un régime plus souple d'appréciation au cas par cas de

[769] Décision de la CRE du 30 octobre 2003 se prononçant sur un différend opposant la SARL Cogé de Kerverzet à EDF concernant le prix du raccordement d'une installation de production d'électricité.

[770] Décret n° 2003-229 du 13 mars 2003 relatif aux prescriptions techniques générales de conception et de fonctionnement auxquelles doivent satisfaire les installations en vue de leur raccordement aux réseaux publics de distribution.

[771] Arrêt de la Cour d'Appel de Paris du 8 juin 2004 « EDF/SARL Cogé de Kerverzet ».

[772] La liste des activités incompatibles est fixée par décret aux termes de l'article 13 de la loi du 10 février 2000.

[773] Cette proposition avait déjà été émise devant le Sénat, voir rapport Revol de 1999. Elle vise à introduire une procédure « voisine des commissions de déontologie » de la fonction publique, Rapport Poniatowski du 9 octobre 2002, Titre VII. « La Commission doit apprécier la compatibilité des nouvelles activités avec la nécessité que les informations connues par l'agent ne conduisent pas à fausser l'exercice de la concurrence », rapport n° 400 fait au nom de la Commission des affaires économiques du Sénat relatif aux marchés énergétiques et au service public de l'énergie, par François-Michel Gonnot, 6 décembre 2002, 2ème partie, p. 25, ci-après « Rapport Gonnot 2ème partie ».

la circulation d'informations confidentielles détenues par les agents du GRT[774].
Cette Commission est obligatoirement consultée par le directeur du GRT lorsqu'il a connaissance du départ d'un de ses agents qui envisage d'exercer des fonctions dans le secteur électrique. Elle rend un avis simple sur la compatibilité de la future fonction exercée par l'agent du GRT et peut même reclasser l'agent pendant un délai qu'elle estime nécessaire, si elle considère que la nouvelle fonction est incompatible.
On soulignera que la loi du 10 février 2000 vise en premier lieu les agents du GRT, mais pas seulement. Ceux-ci ne doivent pas, selon le Secrétaire d'État à l'Industrie, être les « boucs émissaires en la matière »[775]. Aussi, toute personne violant l'obligation de confidentialité se voit appliquer les sanctions prévues en matière de violation du secret professionnel à l'article 226-13 du Code pénal.
Considérant qu'ils représentent la « noblesse des noblesses », selon le sénateur Guy Fischer, il ne s'agit pas de « culpabiliser par avance les salariés du GRT », mais de mettre en place un système déterminant clairement les responsabilités ; il en va de la crédibilité du GRT et du bon fonctionnement de la concurrence.

c) Le GRT : opérateur du système de transmission et opérateur du marché

Après avoir mis en place le régime de la séparation de gestion, la loi du 10 février 2000 doit préciser si le GRT demeure un gestionnaire des infrastructures de réseau stricto sensu ou est plus largement un opérateur de l'accès aux réseaux[776].
Ayant fait le choix d'un GRT alors intégré à l'opérateur historique, la loi du 10 février 2000 se prononce pour un GRT qui centralise les fonctions de gestionnaire de l'infrastructure de transport et les fonctions commerciales propres à l'accès aux réseaux que la filialisation ne remet pas en cause.

(1) La gestion de l'infrastructure de transport

À travers la gestion du réseau de transport, le GRT intégré à EDF assume une responsabilité qu'il maîtrise déjà en ce qu'il assure par nature l'exploitation, l'entretien et le développement du réseau[777]. Dans le cadre de la loi du 10 février 2000, l'exercice de ces missions est empreint d'une importance particulière, car les mesures prises par le GRT ont des répercussions directes sur la concurrence.
Pour assurer l'efficacité de la gestion du réseau de transport, le GRT se voit attribuer une responsabilité plus lourde qu'auparavant, l'obligeant à assurer la sécurité et la qualité de fonctionnement du réseau de transport. Pour garantir le respect de ces principes, la loi du 10 février 2000 lui permet même de prendre des mesures pouvant jusqu'à refuser l'accès aux réseaux.

---

[774] La Commission visée à l'article 13 de la loi du 10 février 2000 tel que modifié par l'article 42 de la loi du 3 janvier 2003 relative au marché du gaz est présidée par un magistrat de l'ordre judiciaire et comprend un membre de la CRE, un représentant du GRT, un représentant du directeur du GRT et une personnalité compétente en matière énergétique.

[775] Débats du Sénat, séance du 6 octobre 1999. Cet argument est réitéré lors des discussions sur le projet de loi sur le gaz. La mise en place de cette Commission a été fortement critiquée, elle est considérée comme une « commission de discipline spéciale pour les agents du GRT au mépris de leurs droits à mutation », débats du Sénat, séance du 16 octobre 2002.

[776] Rapport Bataille, p. 129.

[777] Cette mission est contenue dans le cahier des charges du RAG.

(a) L'exploitation, l'entretien et le développement de l'infrastructure de transport

Aux termes du considérant 25) de la directive 96/92 du CE : « Il conviendrait de désigner un gestionnaire du réseau de transport qui en assurera l'exploitation, l'entretien et, le cas échéant, le développement ». Il souligne plus loin que le gestionnaire du réseau est le « responsable » de l'exploitation et de l'entretien du réseau de transport[778], ce qui ne sous-entend pas que le GRT exerce personnellement ces missions. Pourtant, la loi du 10 février 2000 attribue au seul GRT l'entière responsabilité, non seulement de l'exploitation et de l'entretien du réseau de transport, mais également de son développement[779]. Il assure ainsi la gestion physique du réseau de transport. Ce choix est dicté par le fait que le gestionnaire du réseau de transport est la seule entité à connaître le réseau et le seul à même de procéder aux adaptations nécessaires à la mise en œuvre de ses nouvelles missions.
Dans le cadre de la directive 03/54 du CE, le GRT est responsable de l'exploitation et de l'entretien du réseau afin surtout de « garantir la sécurité des approvisionnements »[780]. En revanche, dans la loi du 10 février 2000, les missions d'exploitation du réseau revenant au GRT ont un double objectif qui s'exprime techniquement. Elles doivent permettre l'accès des opérateurs aux réseaux et le raccordement aux réseaux des producteurs, des consommateurs et des réseaux publics de distribution ainsi que l'interconnexion avec les réseaux étrangers. Parmi ces missions, celle relative au développement du réseau de transport constitue la mesure sur laquelle reposent l'introduction et le développement de la concurrence. La loi du 10 février 2000 contraint le GRT, en faisant de lui le maître de l'infrastructure, à élaborer annuellement un programme d'investissement relatif au réseau de transport[781] transmis pour approbation à la CRE[782]. Ce programme de développement a une autre conséquence pour la concurrence, puisque la CRE s'appuie sur lui afin d'élaborer sa proposition sur les tarifs d'utilisation des réseaux publics[783]. Les programmes d'investissements annuels sont regroupés dans un schéma de développement du réseau public de transport réalisé, quant à lui, tous les deux ans par le GRT. Ce schéma global de développement du réseau de transport contient l'ensemble des propositions et perspectives de développement du réseau à long terme. La CRE émet également à son endroit un avis et contrôle, en particulier, si le développement du réseau s'effectue dans des conditions respectueuses de l'environnement[784] et de l'aménagement du territoire, mais surtout dans des

---

778 Article 7 § 1 de la directive 96/92 du CE (Article 8 de la directive 03/54 du CE).
779 Article 14 de la loi du 10 février 2000.
780 Article 8 de la directive 03/54 du CE.
781 Article 14 de la loi du 10 février 2000.
782 Article 36-X-2° en application de l'article 14 de la loi du 10 février 2000.
783 Ainsi, dans sa délibération du 27 novembre 2002 sur le programme d'investissement de RTE pour 2003, la CRE considère que la baisse des investissements pour cette année, n'ayant qu'un « caractère conjoncturel, ne justifie pas une révision du niveau du tarif d'accès aux réseaux ».
784 Dans le cadre des mesures contenues dans l'accord « Réseaux électriques et environnement » 2001-2003 intervenu entre le Ministère de l'aménagement du territoire, de l'économie et des finances, RTE et EDF conclu le 30 janvier 2002, consultable sous : http://www.rte-france.com/htm/fr/envirnmt/envirnmt.htm

conditions permettant le développement de la concurrence[785]. L'importance que revêt la mission du développement de l'infrastructure de transport a nécessité la collaboration de services extérieurs pour son élaboration afin de garantir son objectivité. Le schéma de développement s'appuie sur les schémas régionaux élaborés par les services collectifs de l'énergie. Il répond également aux impératifs déterminés par décret sur les prescriptions techniques générales pour le raccordement des opérateurs au réseau public de transport[786].

Ces mesures sont indispensables afin d'éviter que le GRT ne restreigne ou ne refuse l'accès des producteurs aux réseaux en raison d'éventuelles incompatibilités techniques de leurs installations. Prenant acte de l'importance de ces mesures, la directive 03/54 du CE intègre un article 5 obligeant dorénavant les États membres à définir les « prescriptions techniques » à imposer aux GRT afin d'assurer l'interopérabilité des réseaux et de garantir un accès non discriminatoire[787].

Le contrôle exercé par la CRE dans le cadre du développement du réseau de transport porte sur l'adéquation entre le programme d'investissement et les besoins réels du marché. Ils s'apprécient en fonction des difficultés rencontrées par les opérateurs dans la gestion et l'utilisation quotidienne du réseau public de transport, ce dont la CRE est informée en procédant auprès des opérateurs à des consultations et benchmarking régulier du marché électrique[788]. Le droit de regard de la CRE sur l'élaboration de ces schémas est, selon Henri Revol, « le seul moyen d'assurer l'effectivité de la concurrence, car il y a un monopole naturel du transport et il n'existe pas d'infrastructures alternatives ». Surtout, il présente l'avantage d'éviter que le GRT « limite ses investissements au minimum pour empêcher l'entrée des concurrents sur le réseau au motif que celui-ci ne dispose pas des capacités nécessaires »[789].

Lors de la présentation par le GRT de son premier programme d'investissement pour l'année 2001, la CRE a dans un premier temps approuvé les dépenses envisagées[790]. Mais, elle souligne toutefois qu'il serait souhaitable que le GRT « développe une approche de l'évolution du réseau à moyen/long terme en tenant compte des questions telles que l'évolution de la demande d'électricité [...], évolution des techniques de transport et du coût des ouvrages, compte tenu, par exemple, des contraintes d'environnement »[791]. En s'appuyant sur les dispositions générales de

---

[785] Voir à cet égard les problèmes de congestion gênant la fluidité du marché électricité en raison de l'insuffisance ou du mauvais entretien des réseaux électriques.

[786] Article 14 de la loi du 10 février 2000 précisé par le décret 2003-588 du 27 juin 2003, JO du 23 juillet 2003, relatif aux prescriptions techniques générales de conception et de fonctionnement auxquelles doivent répondre les installations en vue de leur raccordement aux réseaux publics de transport.

[787] Ces prescriptions sont notifiées à la Commission tel que le prévoit l'article 8 de la directive 98/34 du CE du 22 juin 1998 relatif à une procédure d'information dans le domaine des normes et réglementations techniques.

[788] La CRE invite régulièrement les opérateurs à faire part de leurs positions, voir la 1ère « consultation publique » lancée en mai-juin 2000 sur l'élaboration du tarif d'accès aux réseaux ainsi que le Guide pratique du client éligible établi par la CRE, version du 22 décembre 2000, p. 4.

[789] Débats du Sénat, séance du 6 octobre 1999.

[790] La proposition de programme d'investissement du GRT du 15 novembre 2000 et du 11 janvier 2001 prévoit les dépenses suivantes : 1. Grand transport : 810 millions de Frs(MF) ; 2. Réseaux régionaux développement : 1 655 MF ; 3. Réseaux régionaux renouvellement : 1 293 MF.

[791] Délibération de la CRE du 25 janvier 2001 sur les investissements de RTE en 2001. Avant de procéder à l'approbation du programme d'investissement, la CRE a lancé une concertation auprès des acteurs

l'article 12 de la loi du 10 février 2000 selon lequel le directeur du GRT « rend compte des activités » générales liées au réseau public de transport devant la CRE, elle impose aussi au directeur du GRT de l'informer dans le courant de l'année de la mise en œuvre du programme d'investissement.
La précision de son contrôle semble porter ses fruits. Dans sa délibération sur le programme d'investissement du GRT pour 2002, la CRE constate que, dans le cadre des méthodes d'évaluation des projets de développement du réseau, le processus de sélection est désormais plus explicite. Des lacunes demeurent relatives au développement des interconnexions et imposent à la CRE d'enjoindre au GRT de lui proposer un plan relatif à leur renforcement[792]. Sachant, par ailleurs, que le GRT est la seule entité à maîtriser les données essentielles sur l'infrastructure de transport, la CRE lui impose de fournir dans son programme d'investissement « des éléments d'intercomparaison avec les réseaux étrangers, notamment sur le plan des coûts »[793].
La décision de la CRE sur le programme adopté en 2003 démontre qu'elle procède plus que jamais à un examen circonstancié du programme d'investissement et réprouve l'imprécision quant au « coût réel des ouvrages construits et des investissements »[794] qui se répercute sur le tarif d'accès aux réseaux.
Au niveau communautaire, le développement des infrastructures électriques « reste et restera une priorité de la Commission »[795] qui en contrôle également la mise en œuvre en dressant systématiquement l'inventaire des difficultés constatées sur l'ensemble des réseaux nationaux dans le but d'augmenter la capacité disponible des lignes existantes[796]. La Commission n'entend pas laisser aux seuls États membres la responsabilité du développement des infrastructures essentielles et détermine les orientations dans des projets d'intérêt commun dont les priorités reposent sur :
- l'analyse des définitions et critères utilisés pour estimer les capacités disponibles au niveau national[797] ;
- les améliorations techniques comme le renforcement de certains tronçons de lignes nationales et

concernés que sont les consommateurs éligibles, les producteurs et les distributeurs, afin qu'ils fassent part de leurs attentes en matière de développement du réseau et de la qualité du service, délibération de la CRE du 19 octobre 2000 relative à la consultation dans le cadre de la préparation de l'approbation du programme d'investissement du réseau de transport d'électricité 2001.

792 Délibération de la CRE du 29 novembre 2001 sur le programme d'investissement de RTE pour 2002.

793 Délibération de la CRE du 25 janvier 2001 sur le programme d'investissement du RTE pour 2001.

794 Délibération de la CRE du 27 novembre 2002 sur le programme d'investissement de RTE pour 2003.

795 COM(2001)125 du 13 mars 2001, p. 18. Déjà, dans son Livre Vert sur la sécurité de l'approvisionnement énergétique, la Commission a insisté sur le frein que représente le déficit en infrastructures pour les échanges d'électricité et l'intégration des marchés électriques nationaux, COM(2000)769 du 30 mai 2001, p. 70.

796 La Commission envisage de présenter une proposition dans le cadre du réexamen des orientations relatives aux réseaux transeuropéens qui permettrait, selon elle, « de surmonter les divergences locales et nationales », COM(2001)125 du 13 mars 2001, p. 16. Voir la proposition de décision du Parlement et du Conseil du 18 décembre 2001, modifiant la décision 1254/96 du CE établissant un ensemble d'orientations relatives aux réseaux transeuropéens dans le secteur de l'énergie, ainsi que la communication de la Commission sur les infrastructures énergétiques européennes, COM(2001)775 final du 20 décembre 2001, COD(2001)311.

797 Mesure qui a toute son importance si l'on considère le conflit relatif à l'interconnexion France-Italie, dans lequel l'Italie s'estimait en mesure de n'octroyer que 2 400 MW de capacité disponible, laquelle estimation fut contestée par la France.

- les améliorations des interconnexions européennes[798]. Les interventions de la Commission doivent orienter les choix des GRT nationaux afin de réduire l'arbitraire dans le développement des réseaux. La Commission peut aussi intervenir de manière ponctuelle. Ainsi, dans le contentieux lié à la concentration entre EnBW/EDP/Hiberdrola/, la Commission a approuvé les termes de la concentration en contrepartie de l'engagement du GRT de renforcer l'Interconnexion entre la France et l'Espagne[799].
L'intervention de la CRE par l'approbation du programme d'investissement du GRT présente la nature d'un contrôle préalable du développement du réseau de transport et est un moyen efficace pour éviter toute mesure d'effet équivalante à un refus d'accès au réseau public de transport d'électricité. Il serait, en effet, difficile pour le GRT de réduire ou d'imposer des conditions particulières à l'accès aux réseaux, faute d'avoir ignoré le renforcement ou le développement de liaisons électriques et en prétextant un manque de capacité. Parallèlement, l'intervention de la CRE protège le GRT contre des actions qui pourraient invoquer la subjectivité du développement du réseau de transport, considérant que cette mission est une compétence partagée avec la CRE. La CRE peut, en outre, au delà de l'approbation du programme d'investissement du GRT, en préciser les contours[800].

(b) La sécurité et la qualité de l'infrastructure de transport

Dans le cadre de la gestion des infrastructures de réseaux, le GRT et les GRD assurent la sécurité et la qualité du réseau. Ces obligations ressortent des articles 7 § 3 et 11 § 1 de la directive 96/92 du CE (articles 9 et 14 de la directive 03/54 du CE) et sont transposées au sein des articles 15 et 19 de la loi du 10 février 2000.
La sécurité des réseaux impose aux gestionnaires de réseaux de gérer le réseau de manière à prendre en compte l'ensemble des flux d'énergie qui transitent sur le réseau, y compris les flux de bouclages et les pertes en lignes[801]. La sécurité visée ici s'entend de la « sécurité technique » et ne concerne pas directement la sécurité des approvisionnements et de la fourniture d'électricité visée à l'article 2-28) de la directive 03/54 du CE.
C'est au GRT qu'il revient, en particulier, de « veiller à la disponibilité et à la mise en œuvre des services et des réserves nécessaires au fonctionnement du réseau »[802].
La responsabilité qui repose sur le GRT et les GRD a pour but d'assurer l'accès des opérateurs aux réseaux, mais également le raccordement des producteurs, des distributeurs, des réseaux interconnectés ainsi que celui des lignes directes[803] et

[798] Voir la décision du Parlement européen et du Conseil n° 1229/2003 du 26 juin 2003 établissant un ensemble d'orientations relatives aux réseaux transeuropéens dans le secteur de l'énergie, JO L-176/11 du 17 juillet 2003.
[799] COMP/M. 2684 du 19 mars 2002 relative à la concentration entre EnBW, EDF, EDP, Hidrocantabrico, précité.
[800] Aux termes de l'article 37 § 1° de la loi du 10 février 2000, la CRE peut préciser les dispositions relatives aux missions des GRT et GRD concernant l'exploitation et le développement des réseaux électriques. La CRE a organisé une consultation en janvier et février 2002 sur les interconnexions et anime un groupe de travail du CEER sur le thème des interconnexions, rapport d'activité de la CRE du 30 juin 2003, p. 19.
[801] Article 15 § II et III de la loi du 10 février 2000.
[802] Article 15 § III de la loi du 10 février 2000.
[803] Article 14 de la loi du 10 février 2000.

comprend également la sécurité des interconnexions. Cette mission est accomplie par les gestionnaires de réseaux à l'aide des prescriptions techniques de conception et de fonctionnement pour l'accès aux réseaux et pour le raccordement des opérateurs précisées par décret.

Afin de garantir la non-discrimination entre les opérateurs, il revient au Comité technique de l'électricité et non pas au GRT de les proposer[804]. Institué auprès du Ministre chargé de l'énergie, le Comité technique de l'énergie « assure la veille technologique en ce qui concerne : la sécurité et la sûreté des réseaux publics de transport et de distribution ainsi que la qualité de leur fonctionnement »[805]. Il émet, en outre, des avis sur les mesures relatives à la sécurité des ouvrages[806]. Il intervient en amont dans la détermination des mesures relatives à la sécurité du réseau de transport qu'il revient au GRT d'appliquer. Parallèlement au GRT, le Ministre chargé de l'énergie est également compétent pour assurer la sécurité du réseau de transport, en cas « d'atteinte à la sécurité et à la sûreté des réseaux publics de transport et de distribution ». Il lui revient d'ordonner les mesures conservatoires nécessaires à la gestion des réseaux et, en particulier, de l'accès des opérateurs.

Il peut aller jusqu'à refuser aux opérateurs l'accès aux réseaux[807].

La directive 96/92 du CE ainsi que la loi du 10 février 2000 restent vagues sur les mesures à mettre en œuvre par le GRT pour assurer la sécurité du réseau de transport. La directive 96/92 du CE laisse aux États membres le soin de fixer les dispositions relatives à la définition et au contrôle des normes de sécurité, lesquelles doivent être définies dans un projet de Code de réseau européen. Un accord conclu entre l'État et le GRT tente précisement de dégager les mesures nécessaires afin d'assurer « la sécurisation du réseau de transport »[808].

La Commission rappelle que, devant ce vide juridique, si la sécurité des réseaux devait être mise à l'épreuve par des difficultés liées à la congestion des réseaux, les pouvoirs publics seraient autorisés à prendre les mesures conservatoires visées à l'article 23 de la directive 96/92 du CE, sans toutefois en préciser les conditions de mise en œuvre[809].

Quant à la « qualité » visée par les directives 96/92 puis 03/54 du CE, elle s'entend de l'efficacité des réseaux transposée dans la loi du 10 février 2000 à travers le précepte de la qualité de fonctionnement des réseaux[810]. La qualité de l'électricité est dorénavant liée à la qualité des réseaux mais aussi à leur sécurité. La loi du 10 février 2000 fait de cet impératif une obligation légale à la charge des

---

[804] Après avis du Comité technique de l'électricité institué par la loi du 15 juin 1906, article 14 de la loi du 10 février 2000 dont le statut fixé par décret du 17 juin 1987 est modifié par décret n° 2000-362 du 26 avril 2000 relatif au Comité technique de l'électricité.

[805] Article 1er du décret n° 2000-362 du 26 avril 2000, JO n° 100 du 28 avril 2000, p. 6401 relatif au Comité technique de l'électricité.

[806] Article 1er du décret n° 2000-362 du 26 avril 2000, précité.

[807] Article 21 de la loi du 10 février 2000 transposant l'article 23 de la directive 96/92 du CE.

[808] L'accord « Réseaux électriques et environnement » 2001-2003 conclu entre l'État, RTE et EDF le 30 janvier 2002 sur la sécurisation du réseau prévoit qu'en cas de danger l'alimentation de chaque poste soit effectuée par des lignes dites « sécurisées », p. 15, consultable sous : http://www.rte-france.com/htm/fr/envirnmt/htm

[809] La Commission contrôle cependant les mesures prises par les États membres pour rétablir la sécurité du réseau qui lui sont communiquées, voir SEC(2001)438 du 12 mars 2001, p. 48.

[810] Article 7 § 3, 11 § 1 de la directive 96/92 du CE et articles 14 et 15 § II de la loi du 10 février 2000.

gestionnaires de réseaux qui est renforcée par l'introduction d'un article 21-1 sur la qualité des réseaux[811]. Aux termes de cet article qui vise parallèlement la sécurité et la sûreté des réseaux, un décret pris après avis du comité technique de l'électricité, de la CRE et du Conseil supérieur de l'énergie fixe les niveaux de qualité ainsi que les prescriptions techniques en matière de qualité. Le gestionnaire de réseau est contraint d'assurer une qualité bien définie de la fourniture et est lié dans la motivation de ses décisions ce qui réduit l'arbitraire dans la gestion des réseaux.

(2) La gestion de l'accès aux réseaux

La loi du 10 février 2000 attribue au GRT et en partie aux GRD l'exercice de l'ensemble des activités liées à la gestion de l'accès au réseau de transport, en sus des missions qu'ils accomplissent dans le cadre de la gestion des infrastructures de réseaux. Cette attribution ne contredit pas les termes des directives électricité qui n'imposent pas la séparation entre ces activités mais en prévoit la possibilité[812].
En effet, une séparation entre ces activités imposerait que la gestion physique du réseau soit confiée à un « opérateur du système électrique » et la mise en œuvre des contrats d'accès aux réseaux et d'achat-vente d'électricité à un « opérateur du marché ». L'indivisibilité entre les activités d'exploitation du réseau de transport et celles relatives à la gestion des flux et des contrats d'accès aux réseaux a l'avantage de permettre une gestion centralisée de l'activité de transport. Elle garantit, dans la structure actuelle du réseau électrique, la sécurité et la qualité de fonctionnement de l'accès aux réseaux et évite un partage de responsabilité difficile à mettre en œuvre en cas de dysfonctionnement du réseau de transport.
En outre, accorder au GRT un périmètre d'action « élargi » permet, selon le rapport Bataille, d'éviter les risques de « sous-traitance », car une conception étroite des fonctions du GRT l'aurait contraint à recourir à « une procédure d'appel d'offres pour toute intervention sur le réseau »[813]. Mais c'est aussi pour des raisons de sécurité et d'efficacité qu'il revient au GRT de gérer la circulation des flux d'électricité sur le réseau par la mise en œuvre des programmes d'appel et d'approvisionnement. Les programmes d'appel concernent les entités productrices d'électricité et les programmes d'approvisionnement les entités consommatrices d'électricité.
Ces programmes matérialisent l'accès au réseau public de transport, tel que prévu à l'article 23 de la loi du 10 février 2000, qu'il revient aux opérateurs de déterminer et aux gestionnaires de réseaux de mettre en œuvre à l'aide d'instruments leur permettant d'assurer l'équilibre général des réseaux[814].

(a) La mise en oeuvre des programmes d'appel et d'approvisionnement

Sans viser précisément la mise en œuvre de ces programmes, la directive 96/92 du CE fait peser sur le GRT la responsabilité « de l'appel des installations de production situées dans sa zone et de la détermination de l'utilisation des

[811] Voir supra, chapitre (b) « La qualité de la desserte en électricité », p. 99.
[812] L'article 11 de la directive 03/54 dispose, en ce qui concerne la fonction de l'appel et de l'équilibrage, que le gestionnaire de réseau, « lorsqu'il assure cette fonction », en est responsable.
[813] Rapport Bataille, p. 130.
[814] Article 15 § II de la loi du 10 février 2000.

interconnexions avec les autres réseaux »[815]. La directive 03/54 du CE est plus précise, en l'espèce, elle dédie un article entier à « l'appel et l'équilibrage » à assurer par le GRT et les GRD. Les articles 15 et 19 § II de la loi du 10 février 2000[816] prévoient que, pour assurer techniquement l'accès aux réseaux, le GRT et les GRD mettent en œuvre les programmes d'appel et d'approvisionnement préalablement établis et reçus par les opérateurs. On notera que seul le GRT reçoit les programmes précités, alors que les GRD procèdent à l'appel des installations de production reliées au réseau de distribution « en liaison avec le GRT et dans le cadre des dispositions de l'article 15 »[817].

Les programmes d'appel sont établis par les producteurs et les importateurs d'électricité. La loi du 10 février 2000 distingue dans son article 15 § I les achats d'électricité selon qu'ils font l'objet d'un contrat « d'acquisition communautaire ou d'importation ». Elle entend par importation d'électricité tout achat d'électricité réalisé en dehors de l'Union européenne, alors que ceux réalisés en son sein sont des contrats d'acquisition d'électricité.

Les producteurs et les importateurs d'électricité établissent des programmes d'appel qui portent sur les quantités d'électricité qu'ils prévoient de livrer au cours de la journée suivante à leurs clients, avant de les soumettre au GRT. Ce dernier ne peut les mettre en œuvre qu'après en avoir vérifié l'équilibre global. C'est en fonction de ces programmes que les installations de production seront appelées à produire de l'électricité et que les acquisitions intracommunautaires ainsi que les importations franchiront la frontière aux interconnexions. Sur la base de ces programmes, le GRT appelle, en principe, la veille pour le lendemain, les installations des producteurs et les sources d'acquisition et d'importation en temps réel. Or, en raison de la dissociation de gestion, le GRT ne peut dorénavant plus avoir accès aux installations de production d'électricité et ne participe plus à la préparation des plans de gestion du parc de production d'EDF. Cette tâche incombait jusque-là au CNES qui est devenu l'organe central de dispatching attaché au GRT.

Les programmes d'approvisionnement sont, quant à eux, établis par les distributeurs, les propriétaires et gestionnaires de réseaux ferrés ou de transports collectifs urbains ainsi que par les fournisseurs d'électricité[818]. Ils concernent les volumes d'électricité qui leur seront livrés, ainsi que les volumes qu'ils prévoient de livrer à leurs clients au cours de la journée. Ces programmes confrontent l'offre et la demande en électricité pour ce qui concerne les consommateurs desservis par des entreprises de distribution. Les clients directement desservis par le réseau de transport ou ceux disposant d'une ligne directe ne sont pas pris en compte dans ces programmes.

La loi du 3 janvier 2003 relative au marché du gaz supprime les *programmes dits de*

[815] Articles 8 § 1 et 11 § 3 de la directive 96/92 du CE.

[816] Tels que modifiés par l'article 43 de la loi du 3 janvier 2003 et les articles 80 et 81 de la loi du 13 juillet 2005.

[817] Article 19 § II de la loi du 10 février 2000.

[818] L'article 15 § I de la loi du 10 février 2000 comprenait, parmi les entités chargées d'élaborer les programmes d'approvisionnement, les « producteurs autorisés à exercer l'achat pour revente ». Cette disposition est modifiée par l'article 43 de la loi du 3 janvier 2003 relative au marché du gaz qui supprime cette catégorie de fournisseurs pour la remplacer par celle des fournisseurs souhaitant exercer le négoce d'électricité, article 22 § IV également modifié par la loi du 3 janvier 2003 relative au marché du gaz.

consommation prévus à l'origine par l'article 15 § I de la loi du 10 février 2000, émanant des consommateurs finals et portant sur les quantités d'électricité qu'il était prévu de leur livrer[819]. C'est dans le contrat d'accès aux réseaux qu'il revient dorénavant au consommateur de déclarer au GRT l'ensemble « des fournitures fermes [dans un descriptif de fourniture] apportées au site de soutirage »[820].
Ces programmes de consommation sont centralisés au sein des services du GRT qui en est le destinataire. Avant de les mettre en œuvre, il s'assure de leur équilibre, c'est-à-dire de la mise en œuvre sûre et efficace des programmes sur le réseau de transport. Afin de permettre une meilleure visibilité des disponibilités et une meilleure gestion des offres et des demandes en électricité, le GRT met en place un système de « prévision de consommation d'électricité à J+1 » prévoyant les consommations la veille pour le lendemain[821].

(b) Les instruments de gestion des flux d'électricité

La directive 96/92 du CE impose au gestionnaire du réseau de transport de gérer les flux d'électricité afin d'assurer sa sécurité, sa fiabilité et son efficacité et laisse aux États membres le soin d'en définir les moyens[822]. La gestion des flux devient une des tâches naturelles du GRT dans la directive 03/54 du CE[823].
En s'appuyant sur les programmes établis par les opérateurs, le GRT gère en temps réel les flux d'électricité appelés à transiter sur le réseau de transport et garantit à tout instant l'équilibre des flux d'électricité[824]. Il doit non seulement s'assurer de l'équilibre des flux entre les contrats d'achat et de vente d'électricité qui lui sont remis par les opérateurs, mais également s'assurer de la gestion des interconnexions afin de répondre si nécessaire aux problèmes de congestions sur les réseaux.
Dans le cadre de la gestion des flux d'électricité, le GRT doit assurer en priorité la sécurité et l'efficacité du réseau. Pour y parvenir, la loi du 10 février 2000 lui impose de procéder à l'ajustement entre les productions et les consommations d'électricité, et de gérer les pertes en électricité lors de la mise en œuvre des programmes.

(i) Le mécanisme d'ajustement[825] entre l'offre et la demande d'électricité

Au sein du GRT, le centre national d'exploitation du système (CNES) est

---

[819] Article 43 de la loi du 3 janvier 2003 relative au marché du gaz, voir le rapport Poniatowski, n° 16, fait au Sénat, du 9 octobre 2002, p. 113.

[820] Voir le contrat d'accès aux réseaux « CART » consultable sous : www.rte-france.com

[821] Depuis le 13 février 2002, le GRT met en ligne sur son site Internet les prévisions de consommation d'électricité la veille pour le lendemain, sous : www.rte-france.com

[822] Article 7 § 3 de la directive 96/92 du CE (Article 9 de la directive 03/54 du CE).

[823] Aux termes de son article 9-c), le GRT gère les flux en tenant compte, en particulier, des échanges aux réseaux interconnectés.

[824] Article 15 § II de la loi du 10 février 2000 transposant l'article 7 § 3 de la directive 96/92 du CE selon lequel il est « chargé de gérer le flux d'énergie [...] et veille à la disponibilité de tous les services auxiliaires ».

[825] L'article 15 § II de la loi du 10 février 2000 utilise la terminologie de « propositions d'ajustement », alors que le Comité des utilisateurs du réseau de transport d'électricité (CURTE) et la Commission de fonctionnement du mécanisme d'ajustement (CFMA) se sont entendus sur le terme de « mécanisme d'ajustement » remplaçant celui de « marché d'ajustement » initialement utilisé, Synthèse de la réunion de la CFMA du 23 janvier 2002, consultable sous : www.cre.fr

responsable de l'ajustement en temps réel entre les volumes de production et les besoins des consommateurs. Il contrôle la demande en électricité qui varie au cours d'une journée et des saisons et qui est représentée par une « courbe de charge »[826]. Dans la mise en œuvre des programmes de consommation apparaissent, en raison de la qualité du bien transporté, des incidents pouvant perturber l'équilibre des flux auxquels le GRT doit répondre avec flexibilité[827]. La loi du 10 février 2000 attribue au GRT la possibilité de modifier les programmes d'appel qui lui sont soumis et met entre les mains du GRT un dispositif qui lui permet de restreindre la concurrence[828]. Aussi, les modifications qu'il effectue sur les programmes doivent être impérativement justifiées par des impératifs liés à la sûreté, à la sécurité et à la qualité du réseau public de transport et ne peuvent avoir pour but que de rétablir le niveau d'équilibre des flux d'énergie[829]. Cette prérogative laissée à la discrétion du GRT doit être exercée dans le respect des principes de transparence et d'équité. Leur application n'est alors garantie que par l'attribution parallèle aux opérateurs de la possibilité, lors de l'élaboration de leurs programmes de consommation, de prévoir eux-mêmes un programme complémentaire ou alternatif d'ajustement[830].

Cet ajustement entre la consommation souhaitée et la consommation réelle doit pallier le problème des écarts constatés dans la gestion des flux d'électricité qui représente la différence entre le total des volumes d'électricité injectés et le total des volumes d'électricité soutirés. Lors de la mise en œuvre de ces programmes d'appel, le GRT doit tenir compte de l'ordre de préséance économique entre les propositions d'ajustement soumises par les opérateurs[831]. Ces propositions doivent être prises, selon la loi du 10 février 2000, en fonction de critères « objectifs, publiés et non discriminatoires »[832].

Le précepte de préséance économique issu de la directive renvoie au principe anglo-saxon du « merit order » et consiste à établir un classement entre les programmes

---

[826] Il s'agit d'une représentation graphique qui présente les variations par « points demi-horaires de la consommation d'électricité de la journée en cours, ainsi que les prévisions estimées la veille », voir les courbes de charge journalière élaborées par le GRT sur lesquelles sont confrontées les consommations réalisées sur son site Internet : www.rte-france.com

[827] Ces défaillances sont dues, entre autres, à la défectuosité des unités de production, aux écarts de consommation ou à la mauvaise qualité des lignes de transport d'électricité.

[828] Article 15 § II de la loi du 10 février 2000.

[829] Article 15 § II de la loi du 10 février 2000.

[830] Article 15 § II de la loi du 10 février 2000.

[831] Une offre d'ajustement s'entend d'une « proposition d'un acteur d'ajustement de faire varier positivement ou négativement la quantité d'énergie qu'il injecte ou qu'il soutire ». Elle est à la hausse lorsqu'elle propose d'augmenter la quantité d'énergie injectée ou de diminuer la quantité d'énergie soutirée sur le réseau, elle est à la baisse dans le cas contraire, article 1.2 du Projet « Fonction d'ajustement-Principes de Code de marché d'ajustement » proposé par le RTE le 30 août 2001. Dans ce projet de « marché d'ajustement », le RTE, acheteur unique de ces offres en accord avec le CURTE et le CFMA, propose de mettre en place un marché permettant aux opérateurs de proposer des capacités d'ajustement accompagnées de leurs conditions techniques et financières. Un Code de marché d'ajustement réglant le fonctionnement du système auquel sera adjoint un Code d'ajustement et de règlement des écarts sera également proposé. Il revient cependant à la CRE d'adopter ces règles en vertu de son pouvoir réglementaire.

[832] Article 15 § II de la loi du 10 février 2000.

d'appel en fonction de leurs critères économiques[833]. L'élément déterminant pour que le candidat soit retenu en priorité est essentiellement le prix de la prestation, sachant que le volume d'électricité peut aussi être pris en compte. Le dispositif prévu par la loi du 10 février 2000 n'est pas suffisamment précis pour éviter un comportement discriminatoire du GRT dans le choix des programmes d'ajustement. Aussi, pour renforcer la neutralité et la transparence de ce mécanisme, la loi du 3 janvier 2003 relative au marché du gaz modifie l'article 15 § II en imposant à la CRE non seulement de « veiller » à la régularité du déroulement de cette procédure de sélection du GRT entre les propositions[834], mais également « d'approuver, préalablement à leur mise en œuvre, les règles de présentation des programmes et des propositions d'ajustement ainsi que les critères de choix entre les propositions d'ajustement »[835].

Pour mettre en œuvre cette nouvelle compétence et assurer la transparence de ce dispositif, la CRE a approuvé le mécanisme d'ajustement initialement proposé par le GRT[836]. Elle en précise cependant les composantes, nécessaires à la réalisation d'un véritable marché intérieur de l'électricité et insiste pour que ce mécanisme soit ouvert « à tout intervenant étranger »[837]. En outre, le GRT doit classer les offres « par ordre croissant [pour les offres à la hausse] et par ordre décroissant [pour les offres à la baisse] de leur prix d'offre afin de les accepter dans cet ordre ».

Ces propositions d'ajustement d'électricité ont pour but de combler la différence, sur une période de temps donnée, entre le volume total d'énergie soutirée par un site de soutirage et la somme de toutes les fournitures fermes pour ce site. La différence constatée entre les consommations est comptabilisée par le GRT qui est responsable du comptage[838]. Lorsque le comptage réalisé par le GRT indique un solde positif pour le producteur, ce dernier reçoit du GRT une compensation financière ; dans le cas contraire, le GRT reçoit des utilisateurs la compensation financière investie.

La prise en charge par le GRT du règlement des écarts dans la consommation d'électricité met en exergue un second problème, celui de l'équité et de la proportionnalité de leur règlement financier. Considérant que ce sont des quantités d'électricité appelées à n'être utilisées que dans le cas où un ajustement est nécessaire, leur coût est beaucoup plus élevé que celui des fournitures fermes. Or, si les conditions de leur règlement sont excessives, elles dissuadent les opérateurs d'utiliser le réseau et donc de changer de fournisseur. Le règlement des écarts

---

833 Voir article 2-13) de la directive 96/92 du CE dans laquelle « l'ordre de préséance économique » se définit comme étant « le classement des sources d'approvisionnement en électricité selon des critères économiques ».

834 Tel que le prévoit l'article 15 § II de la loi du 10 février 2000 dans sa version initiale.

835 Article 44 de la loi du 3 janvier 2003 relative au marché du gaz. Voir également l'article 4 § I de la loi du 9 août 2004 qui permet au GRT de disposer de la totalité de la puissance non utilisée et techniquement disponible des producteurs raccordés aux réseaux.

836 Délibération de la CRE relative à l'approbation des règles relatives au mécanisme d'ajustement du 23 janvier 2003, rendue suite à sa communication du 28 octobre 2002 relative au mécanisme d'ajustement.

837 À cet égard, la CRE souligne que le GRT « fera son possible pour assurer la participation d'opérateurs de Suisse, d'Allemagne et du Royaume-Uni au mécanisme d'ajustement », délibération de la CRE relative à l'approbation des règles du mécanisme d'ajustement du 23 janvier 2003, voir l'accord conclu par le GRT avec la Suisse relatif à sa participation au mécanisme.

838 Le comptage renvoie au mécanisme de la télérelève, article 15 § IV de la loi du 10 février 2000.

constitue alors une véritable entrave financière à l'accès aux réseaux. Les conditions d'accès aux réseaux initialement proposées par le GRT dans son contrat d'acheminement de l'électricité prévoyaient déjà une plage de « tolérance des écarts » dans les programmes de consommation. Au-delà de cette plage, les écarts de consommation étaient facturés aux consommateurs selon un barème différent et beaucoup plus élevé que celui prévu pour la fourniture ferme. Cette plage, fixée à l'origine par une décision arbitraire du GRT à 5 % de la consommation prévue, a contraint les opérateurs à saisir la CRE pour en contester le caractère inéquitable[839]. Sous la pression de la CRE, le GRT réajuste la plage de tolérance à hauteur de 10 % ; dans le cas contraire, considère-t-elle, il « pénalise les entreprises désireuses de choisir un fournisseur autre qu'EDF »[840].
Les dangers nés du vide juridique concernant la gestion des écarts de consommation imposent à la directive 03/54 du CE de s'y pencher. Elle y consacre un article entier relatif à l'appel et à l'équilibrage dans lequel elle dispose que les « règles adoptées par le GRT pour assurer l'équilibre (l'ajustement) du réseau électrique doivent être objectives, transparentes et non discriminatoires y compris les règles de tarification »[841]. Sur la base de cette attribution de compétence, le GRT a défini des règles relatives à la programmation, au mécanisme d'ajustement et au responsable d'équilibre entrées en vigueur le 1er juillet 2004[842].
Ce mécanisme a pour objet de préciser les règles de présentation des programmes et des propositions d'ajustement, ainsi que les critères de choix entre les propositions d'ajustement soumises au GRT et le règlement financier des écarts[843].
Les règles qu'il contient ont été approuvées par la CRE dans une délibération du 9 juin 2004. Afin de répondre au précepte d'équité et de transparence de la directive 03/54 du CE, le mécanisme précise les processus de gestion de la préséance économique des offres soumises au GRT et d'affectation du coût des appels, ainsi que les modalités de gestion du système en cas d'insuffisance d'offres.
La CRE a imposé au GRT de proposer de nouvelles plages de prix permettant aux acteurs de faciliter la modulation des prix de leurs offres, l'ouverture de nouveaux guichets et la possibilité à des opérateurs étrangers d'y participer[844]. Mais l'arbitraire de ce procédé et les entraves aux réseaux que présentent les compensations financières des écarts ont imposé une intervention législative. C'est l'article 80 de la loi du 13 juillet 2005 qui complète l'article 15 de la loi du 10 février qui permet dorénavant à la CRE d'approuver « les méthodes de calcul des écarts et des

[839] En vertu de l'article 38 de la loi du 10 février 2000, la CRE est compétente pour connaître des litiges relatifs à l'accès aux réseaux, notamment en cas de désaccord sur la conclusion, l'interprétation et l'exécution des contrats d'accès aux réseaux. Le Conseil de la concurrence est également compétent en la matière dès qu'une entrave à la concurrence est constatée, une telle mesure pouvant être, en l'occurrence, analysée comme un abus de position dominante de la part du GRT.
[840] Communication de la CRE du 6 septembre 2000 relative à de nouvelles mesures pour faciliter l'accès au réseau de transport. Il faut noter que le GRT prévoit également de reconnaître une marge d'erreur concernant les écarts attribuables aux périmètres d'équilibre inférieurs à 5 % non contestés par la CRE, délibération de la CRE du 23 janvier 2003 relative à l'approbation des règles du mécanisme d'ajustement.
[841] Article 11 § 7 de la directive 03/54 du CE.
[842] Voir le contenu des règles adoptées par le RTE le 15 juin 2004, sous : www.rte-france.com
[843] Consultable sous : www.rte-france.com
[844] Délibération de la CRE du 9 juin 2004 relative à l'approbation des règles du mécanisme d'ajustement.

compensations financières ». Parallèlement, afin d'assurer la sécurité du système électrique, le GRT peut conclure avec les consommateurs raccordés aux réseaux des contrats de réservation de puissance dont les coûts sont répartis entre les utilisateurs du réseau et les responsables d'équilibre dans le cadre du règlement des écarts[845].
Finalement l'article 81 de la loi du 13 juillet 2005 définit précisement les responsabilités et le mode de gestion du règlement des écarts de consommation. Chaque producteur raccordé aux réseaux et chaque consommateur est dorénavant responsable de ses écarts de consommation. Pour y remédier de manière transparente les utilisateurs des réseaux :

- définissent les modalités selon lesquelles ces écarts leur sont imputés de manière contractuelle avec le GRT ou
- mandatent un responsable d'équilibre chargé de leur prise en charge[846].

La maîtrise par le GRT des subtilités techniques et financières relatives aux écarts permet de réaliser l'importance de l'instrument dont il dispose pour procéder à des discriminations dans l'accès aux réseaux. C'est la raison pour laquelle les amendements apportés à la loi du 10 février 2000 ont à chaque fois contribués à préciser le régime de la gestion et du financement des écarts de consommation.

(ii) La gestion des pertes en lignes d'électricité

La gestion des flux d'électricité est également confrontée au problème de la perte en lignes d'électricité lors de son transport en haute et très haute tension (appelé : effet joules)[847]. Ces pertes d'énergie constituent la différence entre les « énergies mesurées aux points d'injection sur le réseau public de transport augmentées des importations et celles mesurées aux points de soutirage sur le réseau public de transport augmentées des exportations »[848]. Elles peuvent représenter jusqu'à 2 % de l'électricité transportée sur l'ensemble des réseaux haute et très haute tension.
Afin de compenser ces pertes, le GRT, qui s'est engagé à livrer un volume déterminé d'électricité à ses clients, doit les recouvrer en appelant des centres de production[849].
La loi du 10 février 2000 dispose que la gestion des pertes d'électricité est une mission qui revient au gestionnaire de réseau au titre de son obligation d'assurer et de garantir la sécurité et la sûreté des réseaux[850]. En revanche, la directive 96/92 du CE ne vise pas directement cette fonction, elle fait état de la mission du GRT de veiller à la disponibilité de tous les « services auxiliaires indispensables », dont fait partie la constitution d'une capacité de réserve pour compenser les pertes[851]. Suite

[845] Article 4 de la loi du 9 août 2004.
[846] Voir le régime mis en place par l'article 81 de la loi du 13 juillet 2005 complétant l'article 15 de la loi du 10 février 2000.
[847] Ces pertes représentent environ 11 TWh par an, soit 2 % de l'énergie électrique transitée sur le réseau de transport, bilan du RTE 2000-2001 dans sa communication du 14 mai 2001 ; C. Dévoré, Nouveaux problèmes de physique, Électricité, Tome I, Paris, 1977 ; G. Dubois, Qu'est-ce que l'électricité ? Paris, 1988, p. 30.
[848] Définition contenue dans le « contrat type d'achat d'énergie pour la compensation des pertes » élaboré par le GRT.
[849] Le GRT veille, aux termes de l'article 15 § III de la loi du 10 février 2000, « à la compensation des pertes liées à l'acheminement de l'électricité ».
[850] Article 15 § III de la loi du 10 février 2000.
[851] Article 7 § 3 de la directive 96/92 du CE.

aux déficits constatés dans le fonctionnement de certains systèmes électriques européens[852], la directive 03/54 du CE impose dorénavant au GRT, qui assure cette fonction, une double obligation, à savoir :

- maintenir une capacité de réserve dans leur réseau et
- acquérir l'électricité selon des procédures transparentes, non discriminatoires et reposant sur les règles du marché pour compenser ces pertes.

L'article 15 § III de la loi du 10 février 2000 prévoit que le GRT mette en place un système de compensation des pertes, précisé par la loi du 3 janvier 2003 relative au marché du gaz, qui lui permet dorénavant de « négocier librement avec les producteurs et les fournisseurs de son choix les contrats nécessaires à l'exécution de [ces] mission[s] […] »[853]. Ce faisant, la loi du 3 janvier 2003 relative au marché du gaz a élargi de manière conséquente les sources d'approvisionnement en électricité mises à la disposition du GRT en autorisant indirectement le négoce d'électricité et l'activité des bourses d'électricité. Elle impose cependant que la négociation de l'achat des pertes intervienne dans le respect des procédures concurrentielles, non discriminatoires et transparentes, comme le prévoit la directive 03/54 du CE.
Sont visés ici les achats d'électricité au terme de consultations publiques ou sur des marchés organisés tels que les bourses d'électricité.
La loi du 10 février 2000 ne prévoyait initialement que la possibilité pour le GRT de modifier les programmes de consommation des opérateurs afin de réduire les pertes en électricité, ces modifications intervenant sous le contrôle de la CRE et dans les mêmes conditions que celles permettant d'assurer l'ajustement des offres et l'équilibre des flux[854].
En raison de l'imprécision originelle de la loi du 10 février 2000, le GRT a, sur la base de l'habilitation législative de l'article 15 § III, mis en place un véritable système de compensation des pertes en achetant le volume d'électricité nécessité par la mise en concurrence de fournisseurs européens. Il organise, à cet effet, une consultation pour l'achat semestriel d'énergie électrique et élabore avec les candidats retenus des « contrats d'achat d'énergie pour la compensation des pertes »[855]. Au terme de cet appel d'offre, le GRT commande des fournitures fermes ainsi que des options hebdomadaires et/ou journalières dans des contrats de compensation de pertes.
Cette mise en concurrence des fournisseurs répond au précepte de transparence de la directive 03/54 du CE et a pour avantage de réduire le prix de l'achat d'électricité compensatrice. Le GRT peut ainsi obtenir un tarif préférentiel qui se répercute sur le

---

852 Tels que le système électrique de l'État de Californie aux États-Unis.

853 L'article 15 § III de la loi du 10 février 2000 disposait que le GRT « peut conclure les contrats d'achat d'électricité nécessaires avec les producteurs et les fournisseurs ».

854 Article 15 § II de la loi du 10 février 2000.

855 La consultation lancée par le GRT en novembre 2000 a conduit à retenir pour le 1er semestre 2001, **7 fournisseurs** européens dont ATEL (Suisse), EDF, EGL (Suisse), Electrabel, RWE Trading, SNET, TXU (Pays-Bas), lettre du directeur de la division système électrique relative à la soumission d'offre de vente d'électricité du 9 mai 2001. Pour le 2ème semestre 2001, le GRT a retenu **17 fournisseurs** suite à la consultation lancée le 14 mai 2001 portant sur la fourniture en électricité allant du 30 juin au 31 décembre 2001. La consultation a porté sur 3,1 TWh, lesquels ont été achetés sous forme de produits fermes et optionnels, communication du GRT du 18 juin 2001, source : www.rte-france.com

tarif global de l'accès au réseau de transport[856]. Une juste évaluation de ces fournitures a une grande importance sur le caractère équitable du tarif d'utilisation des réseaux.

Conclusion

Le statut originel du GRT est un compromis entre les propositions émises par les opérateurs et la position stratégique des pouvoirs publics. Les premiers, soutenus par le Sénat, conçoivent le GRT comme « un simple exécutant de leurs contrats, avec le minimum de pouvoir d'initiative possible s'agissant de la gestion des flux d'électricité entre les différents opérateurs économiques »[857]. En revanche, les pouvoirs publics ne souhaitent pas un GRT réduit « à jouer un simple rôle d'intermédiaire neutre entre les producteurs d'une part, et les industriels éligibles d'autre part, et [qui] se trouverait déchargé de l'obligation de veiller au bon accomplissement des missions de service public »[858].

La formule adoptée dans la loi du 10 février 2000 présente un gestionnaire de réseau qui doit, selon les rédacteurs de la loi, garantir en priorité des missions de service public. Le Secrétaire d'État à l'industrie souligne que « la gestion du réseau de transport étant elle-même une mission de service public, il est inutile et générateur de confusion d'inscrire expressément qu'elle tient compte des obligations de service public. On pourrait en déduire à tort que certains aspects de la gestion du réseau sont en dehors du service public, ce que ni les auteurs de l'amendement, ni le gouvernement ne souhaitent »[859]. Cette approche est, malgré la filialisation du GRT, de nouveau clairement confirmée dans la loi du 13 juillet 2005 qui dispose dans son article 1er que la conduite du service public de l'énergie « nécessite le maintien et le développement des entreprises publiques nationales ».

Mais, il convient de souligner que la formule d'un GRT intégré au sein de l'opérateur historique garant du respect des missions service public n'a pas été, dans un premier temps, perçue de manière critique. Cette forme de GRT semblait même convaincre la Commission qui concluait alors que le GRT agit « dans l'intérêt du réseau et considère tous les acteurs du marché comme ses clients et non comme ses concurrents »[860]. Toutefois, malgré cet enthousiasme, la Commission ne manque pas de rappeler les défauts inhérents à la qualité du GRT intégré et, en particulier, les intérêts croisés avec EDF. Dans sa décision sur la concentration d'EDF et Hidrocantabrico, elle souligne clairement que :

« it is not unreasonable to conclude in this regard that, without denying the functional autonomy and management independance of EDF-RTE, interconnection

[856] Les pertes participent au coût actuel du réseau de transport à hauteur de 10 %, Bilan du RTE 2000-2001 dans la communication du GRT du 14 mai 2001.

[857] Discussion concernant l'amendement n° 332 relatif à l'article 15 du projet de loi sur les missions d'intérêt général, débats du Sénat, séance du 6 octobre 1999.

[858] Débats du Sénat, séance du 6 octobre 1999.

[859] Débats du Sénat, séance du 6 octobre 1999, relatifs à l'article 15 du projet de loi. En outre, le président d'EDF critique les propositions de la Commission, car il est d'avis que « des progrès restent à faire sur le contenu des services universels », Intervention de François Roussely dans le cadre du Colloque « Le marché européen de l'énergie, Enjeux et conséquences de l'ouverture », rapport d'information du Sénat, H. Revol, n° 305 enregistré le 17 mai 2002, p. 46.

[860] SEC(2001)438 du 12 mars 2001, p. 10.

capacity between France and Spain will not be substantially increased if *this is likely to be clearly detrimental to EDF's interests* and, consequently, those of its owner, the French State, which holds the power to take the final decision on the issue ».
La Commission a donc proposé dans la directive 03/54 un GRT à la forme et aux missions nouvelles. Ses propositions de modifications reposent sur deux préceptes : un GRT indépendant au moins sur le plan de la forme juridique, de l'organisation et de la prise de décision des autres activités non liées au transport et une définition précise de ses tâches[861]. Mais cette séparation juridique n'est pas une fin en soi car elle doit être mise en oeuvre parallèlement à la séparation de gestion. Il reviendra à la CRE de contrôler la conformité de ce double unbundling (séparation), ce qu'elle ne pourra faire qu'en imposant, dans un premier temps, à EDF et au GRT de conclure des accords à l'exemple des protocoles. Ces accords devront préciser, entre autres, l'étendue des droits et les limites du contrôle de la société mère sur la filiale.
Afin d'éviter toute confrontation, considérant que ces mesures imposent des restructurations d'envergure dans les États membres, la Commission concède qu'en contrepartie de la séparation juridique : « l'instauration de niveaux le plus élevés possible de service public dans ces domaines [gestion du transport et de la distribution d'électricité] constitue un objectif primordial de la politique énergétique de la Communauté »[862].
La directive 03/54 du CE qui a pris acte de ces positions renforce les missions de service public ainsi que l'indépendance du GRT et procède à une redéfinition de ses tâches. Celles-ci devraient être dorénavant prises en charge par un GRT filialisé, c'est-à-dire plus indépendant d'EDF qu'un service intégré à EDF.
Le Conseil d'État a admis que la filialisation ne revenait pas à modifier la nature de l'établissement public qui aurait imposé, quant à elle, la consultation du Parlement en raison du transfert d'actifs publics au privé[863].
Dans ce cas, la filialisation (et pas nécessairement la participation minoritaire[864]) est soumise à deux conditions : d'une part au respect du « principe de spécialité » de l'EPIC par la filiale (l'activité doit être connexe) et l'activité doit avoir d'autre part un « intérêt général et être directement utile à l'EPIC »[865].
Malgré cette appréciation, la volonté collective entend faire du GRT une société privée qui ne soit plus soumise au principe de spécialité, mais appelée cependant à gérer un service public.

---

[861] Article 7 de la proposition de modification de la directive 96/92 du CE, COM(2002)304 final du 7 juin 2002, reprise dans la Position commune arrêtée par le Conseil du 3 février 2003.

[862] SEC(2001)438 du 12 mars 2001, p. 31.

[863] Arrêt du CE « Syndicat national du personnel de l'énergie atomique » du 24 novembre 1978, qui annule un article des statuts de la COGEMA lui permettant de participer librement à des sociétés par apport, fusion ou sociétés en participation.

[864] Voir l'arrêt « Syndicat CGT de la Société Clemessy » du 11 juillet 2001 aux termes duquel le CE impose, bien que cela ne soit pas nécessaire, à une participation minoritaire d'EDF à la société Clemessy le respect du principe de spécialité tel que dégagé par l'article 44 de la loi du 10 février 2000, commenté par P. Delelis, Le principe de spécialité et droit de la concurrence, DA, avril 2002, p. 15.

[865] Ce sont les conditions que le CE a imposées lors de la prise de participation ou de la création de filiales par les Houillères de Bassin (arrêt « Thiriez, Bavière et autres » du 13 juillet 1951) ou encore dans le cadre de la participation de Charbonnages de France à une entreprise de production d'électricité (arrêt « Maison Ballant Brugneaux » du 9 juillet 1997).

Toutefois, elle est encore confinée dans le giron public car son capital est réparti essentiellement entre des investisseurs publics. Une vision plus ambitieuse vers une entière indépendance du GRT impliquera, quelle que soit la forme envisagée, de modifier la loi du 9 août 2004.
En outre, les positions de la Commission relatives à une éventuelle séparation de la propriété des actifs du réseau, imposeraient, s'il elles devaient être adoptées, une réelle modification de la gestion du réseau mais aussi de l'opérateur historique.
La probabilité de l'adoption d'une telle mesure, adoptée entre autres aux Pays-Bas et au Royaume-Uni, semble renforcée par les déclarations de la Commission sur les insuffisances des mesures de séparation. Elle considère en effet que la transposition nationale «peu ambitieuse des dispositions des directives en matière de disscociation n'a pas eu l'effet désiré sur le terrain »[866].
Il importe toutefois de souligner qu'une telle mesure contredirait le principe de neutralité contenu à l'article 295 du Traité CE au terme duquel « Le présent Traité ne préjuge en rien le régime de la propriété dans les Etats membres ». Une séparation de la propriété serait aussi en contradiction avec un grand nombre de Constitutions européennes.
La Direction Générale Energie de la Commission est soutenue en l'espèce par la Direction Générale chargée de la Concurrence qui souligne, dans le cadre de son enquête sectorielle dans le secteur énergétique, qu'outre les tarifs d'accès aux réseaux, les mesures d'unbundling sont, dans leur forme actuelle, insuffisantes pour garantir une véritable transparence et développer la concurrence sur les marchés énergétiques[867].

---

[866] Rapport de la Commission sur l'état d'avancement de la création du marché intérieur du gaz et de l'électricité, COM(2005)568 final, du 15 novembre 2005.

[867] Rapport de la Commission, « Energy sector enquiry-issues paper » version de mars 2006, accessible sur le site Internet de la Direction Générale Concurrence.

[illegible] [illegible] [illegible] [illegible] [illegible] [illegible] [illegible] [illegible] [illegible] [illegible] [illegible] [illegible] particuliers.

Chapitre II La restructuration des réseaux publics de distribution

« Du fait de la séparation des opérations liées à la desserte en électricité, en séparant la fourniture, le transport et la distribution, il est introduit une notion nouvelle : la gestion de réseaux dont les collectivités doivent garantir l'existence »[868]. À la différence du réseau de transport, la gestion des réseaux de distribution revient aux collectivités locales et à leurs concessionnaires. L'activité de distribution d'électricité, qui prolonge celle de transport, est également une activité d'acheminement de l'électricité, qui s'en distingue en ce qu'elle délivre l'électricité au consommateur final, mais aussi en raison de la nature du support sur lequel elle s'appuie.
Les réseaux de la distribution d'électricité sont composés de lignes électriques de moindre tension que celles du transport d'électricité et sont situés dans un périmètre dont l'étendue est limitée à celui d'une ou plusieurs communes. Elle se distingue en cela de l'activité de transport d'électricité qui repose, quant à elle, sur une seule et même infrastructure d'envergure nationale - le réseau de transport - administrée de manière centralisée. La distribution d'électricité renvoie à une multitude de structures et fait appel à un grand nombre d'intervenants.
L'ouverture à la concurrence des activités de réseau prévue par la loi du 10 février 2000 ne remet pas en cause l'organisation globale de la distribution, qui continue d'être un monopole[869] administré par les mêmes entités et géré sur la base d'un régime juridique dégagé par la loi sur les distributions du 15 juin 1906 et la loi de nationalisation du 8 avril 1946[870]. La loi du 10 février 2000 se contente de définir les responsabilités et les missions revenant aux entités gestionnaires des réseaux de distribution, dans le but de garantir le prolongement de l'accès aux réseaux électriques. Elle innove également en renforçant les pouvoirs des autorités concédantes à travers le contrôle qu'il leur revient d'exercer sur la gestion de leurs réseaux de distribution et à travers l'extension des possibilités d'intervention des distributeurs dans la gestion de l'activité commerciale.

a) Le régime de la distribution publique d'électricité

La loi du 10 février 2000 n'entend procéder qu'à un aménagement de l'organisation des réseaux publics de la distribution. L'article 17, relatif à la distribution d'électricité[871], fait un rappel symbolique de l'ensemble des dispositions législatives applicables à la distribution d'électricité et n'amende que partiellement certaines dispositions du Code général des collectivités locales (ci-après CGCT) qui en organise le régime juridique. La rédaction de cet article exprime également le statu quo souhaité dans l'organisation de la distribution d'électricité, en particulier en ce

---

[868] Intervention d'André Bohl relative au service public de l'électricité, débats du Sénat, séance du 5 octobre 1999.
[869] L'article 5 § II de la loi du 10 février 2000 dispose que, dans le cadre du « *monopole de distribution* », les charges découlant de l'exécution du service public sont compensées par le Fonds de Péréquation.
[870] Articles 23 et 36 de la loi de nationalisation du 8 avril 1946.
[871] L'article 17 de la loi du 10 février 2000 introduit le Chapitre II du Titre II intitulé « La distribution d'électricité ».

qui concerne le statut et le régime de propriété applicables aux réseaux publics de la distribution d'électricité. Il élargit cependant la compétence des collectivités locales dans la gestion des réseaux de distribution et définit les nouvelles missions à mettre en œuvre par les concessionnaires de la distribution publique afin de garantir un accès équitable et transparent à leurs réseaux.
L'impératif de séparation juridique imposé par la directive 03/54 du CE est transposé dans la loi du 9 août 2004, qui ne revient pas sur l'organisation de la distribution d'électricité, mais modifie toutefois la gestion des réseaux de distribution.

(1) Les réseaux publics de distribution d'électricité : un domaine de compétence local

Le développement de l'électrification rurale a permis la mise en place de l'activité de distribution d'électricité qui concerne la desserte en électricité des consommateurs finals.
Elle repose sur des infrastructures qui prolongent le réseau de transport et constitue comme lui un monopole naturel « local ». Celui-ci est soumis à un régime public de propriété et de gestion qui fait intervenir l'action combinée des collectivités locales et des concessionnaires de la distribution d'électricité[872].

(a) Le réseau de distribution d'électricité localement délimité

Le réseau public de distribution d'électricité se définit, dans un premier temps, à travers deux composantes : la tension des ouvrages, d'une part, et l'aire géographique dans laquelle il doit être implanté, d'autre part. À l'origine, la distribution s'entend de l'activité de fourniture du client final en électricité, sans référence aux réseaux de distribution assimilés au réseau de transport. Ce n'est qu'avec l'apparition de la notion de « transport d'électricité » dans l'arrêté du 18 mai 1920 du Ministre des travaux publics[873] que se dégage la spécificité des réseaux de distributions La loi du 19 juillet 1922 qui complète la loi du 15 juin 1906 sur les distributions d'énergie électrique fait apparaître les « lignes de distribution » d'électricité en définissant le réseau de transport.
Il ressort de ces dispositions que le réseau de transport d'électricité comprend un ensemble de lignes électriques servant de support au transport de l'électricité à une tension élevée sur des distances dépassant le territoire d'une commune, voire pouvant couvrir l'ensemble du territoire grâce aux interconnexions. Par conséquent, le réseau de transport ne distribue qu'exceptionnellement de l'électricité au client final. L'activité de distribution prend également en charge le transport de l'électricité, mais en utilisant des lignes électriques de moindre tension et sur une aire géographique limitée constituant son « territoire de desserte ».
L'acheminement de l'électricité sur des lignes de distribution consiste essentiellement en la desserte de consommateurs finals et non pas en un transport d'électricité stricto sensu, tel qu'il est assuré par le réseau de transport. En procédant à la nationalisation des activités de transport et de distribution d'électricité, la loi du

[872] V. Delvolvé, Les problèmes posés par le monopole de distribution d'EDF, Mémoire de DEA, Paris II, septembre 1996.
[873] Blavoet, Recueil des lois, Tome I, p. 283.

8 avril 1946 attribue aux pouvoirs publics le réseau de transport ainsi que sa gestion et garantit parallèlement le maintien des droits des collectivités locales pour la gestion de la distribution d'électricité[874]. Elle ne propose pourtant aucun élément de distinction entre le réseau de distribution et de transport et ne tente pas non plus de les définir. La définition du réseau de distribution est contenue dans le cahier des charges de la concession du RAG[875] qui, en définissant le réseau de transport, permet d'appréhender par déduction les réseaux de distribution. Il confirme la définition esquissée dans le modèle de cahier des charges de la distribution publique d'électricité[876], élaboré conjointement par EDF, en tant que concessionnaire de la majorité des réseaux de distribution, et la Fédération Nationale des Collectivités Concédantes et Régies, représentant les autorités concédantes[877].

Ce modèle type de cahier des charges, sur la base duquel il est procédé aux révisions des concessions de distribution, définit le réseau de distribution comme étant :

« l'ensemble des installations affectées à la distribution publique [...] dans le périmètre de la concession, ainsi que toutes celles de tension strictement inférieure à 63 000 volts (63 kV) dans la concession RAG »[878].

La distinction entre le réseau de distribution et le réseau de transport se fait par la prise en compte de la tension des lignes électriques. Aux lignes électriques de basse et moyenne tension sont rajoutés les branchements, tels que les « canalisations ou parties de canalisations en basse tension ayant pour objet d'amener l'énergie électrique du réseau à l'intérieur des propriétés desservies »[879]. La fonction du réseau de distribution est de desservir le client final, tel que les petites et moyennes entreprises, le secteur tertiaire en moyenne tension et les particuliers en basse tension[880].

Mais, comme c'est le cas pour le réseau de transport, l'affectation du réseau de distribution en raison du niveau de tension n'est pas exhaustive, car des reclassements d'ouvrages du réseau de distribution vers le réseau de transport sont possibles lorsque les lignes électriques inférieures à 63 kV ont une fonction de répartition, voire desservent plusieurs concessions. En outre, le Ministre chargé de l'énergie peut décider de la nature et de l'étendue des ouvrages transférés d'un

---

[874] Les articles 23 et 36 de la loi de nationalisation du 8 avril 1946 confirment l'organisation de la distribution telle qu'instituée par la loi du 15 juin 1906 sur les distributions publiques.

[875] Cahier des charges de la concession du RAG approuvé par décret du 23 décembre 1994.

[876] P. Sablière, « Le nouveau modèle de cahier des charges pour la concession à EDF de la distribution d'énergie électrique », *CJEG* janvier 1993, chronique, p. 1, et l'instruction ministérielle du 17 juillet 1993 relative à la révision de ces concessions, *CJEG* novembre 1993, législ. p. 528.

[877] La FNCCR est une association de type loi 1901 de collectivités locales et de leurs syndicats, de régies et de sociétés d'économie mixte, qui a pour objet de représenter les intérêts de ses adhérents dans le domaine de la distribution d'énergie.

[878] Article 2 du modèle de cahier des charges de concession pour le service public de la distribution d'énergie électrique.

[879] Article 15 du modèle de cahier des charges de concession pour le service public de la distribution d'énergie électrique.

[880] Les réseaux de distribution se situent en aval du réseau de transport ; les réseaux de distribution en moyenne tension (dite HTA = à 20 kV) alimentent les postes de transformation qui alimentent à leur tour les réseaux de basse tension (380 et 220 Volts), voir Notice d'information pour l'expérimentation du déploiement des fibres optiques sur les réseaux publics d'électricité, Direction générale de l'énergie et des matières premières, 2001, p. 6.

réseau vers un autre, après avis des parties concernées et contre dédommagement[881]. Un essai de définition exhaustive du réseau de distribution est dorénavant contenu à l'article 35 § 2 de la loi du 9 août 2004. Comme c'est le cas pour le réseau de transport, la définition du réseau de distribution reprend l'ensemble des données précitées sans nécessairement éclairer la version définitive. Elle dispose que le réseau de distribution a pour fonction de desservir les consommateurs finals et les producteurs raccordés en basse et moyenne tension et est constitué par :
- les ouvrages de tension inférieure à 50 kV situés sur le territoire du DNN ;
- les ouvrages de tension supérieure non exploités par le GRT.
Le décret du 25 février 2005 apporte une définition des postes de transformation et tranche sur la question de l'appartenance des ouvrages au réseau de distribution[882].
La distribution se distingue du transport en ce qu'elle est une activité parcellisée. L'étendue d'un réseau de distribution est déterminée dans les conventions de concession de distribution électrique qui énumèrent les territoires de la ou des communes desservies par le concessionnaire. La gestion de l'accès aux réseaux de distribution d'électricité va mettre en exergue la double compétence de la collectivité concédante et du concessionnaire distributeur dans la gestion des réseaux de distribution dont les rôles sont confirmés par la loi du 10 février 2000.

(b) Le régime de propriété du réseau de distribution d'électricité

L'ensemble des ouvrages composant un réseau de distribution d'électricité fait partie du domaine public dont l'État et les collectivités locales peuvent être propriétaires. Ces dernières disposent en l'occurrence d'un domaine public propre[883]. Pourtant, la question du régime des biens concédés dans le cadre de la distribution d'électricité demeure longtemps inabordée, alors que, comme pour le réseau de transport, la question impose d'être résolue afin de mettre en œuvre un accès non discriminatoire aux réseaux. Surtout que la loi du 10 février 2000 opère un partage de responsabilité entre le concédant et le concessionnaire au regard de la mise en œuvre du droit d'accès aux réseaux sur les réseaux de distribution. En outre, alors que la directive 96/92 du CE impose aux entités propriétaires des réseaux de distribution une séparation comptable, la directive 03/54 du CE impose à long terme une séparation juridique qui imposera de distinguer entre les biens des concessionnaires et ceux du concédant[884].
La loi de nationalisation du 8 avril 1946 laisse subsister les droits et obligations des collectivités locales lors de la nationalisation en tant qu'autorités concédantes des réseaux de distribution d'électricité sans jamais aborder leur régime de propriété[885].

---

[881] Article 2 du cahier des charges RAG approuvé par décret du 23 décembre 1994.
[882] Décret n° 2005-172 du 22 février 2005 définissant la consistance du réseau public de transport d'électricité et fixant les modalités de classement des ouvrages dans les réseaux publics de transport et de distribution d'électricité, J.O du 25 février 2005 p. 3259.
[883] J. Dufau, Le domaine public, Le Moniteur 1977, p. 44.
[884] Aux termes de l'article 25 de la loi du 10 février 2000 « EDF et les DNN [...] tiennent, dans leur comptabilité interne, des comptes séparés au titre, respectivement, de la production, du transport et de la distribution ».
[885] Aux termes de l'article 36 de la loi de nationalisation « l'État, les collectivités locales [...] conservent tous les droits résultant des cahiers des charges [des concessions de distribution d'électricité] » en vigueur.

L'article 36 de la loi de nationalisation dispose que, « sauf convention contraire, les collectivités locales restent propriétaires des installations qui leur appartiennent ». De cette disposition il ressort que les réseaux de distribution d'électricité font partie, dans les limites géographiques inscrites dans la convention de concession, des biens du domaine public des collectivités locales[886]. Qu'en est-il cependant des constructions réalisées sur le réseau de distribution par l'autorité concédante de la distribution et le concessionnaire et dont le régime n'est pas visé dans les cahiers des charges de la distribution publique ?

Le Conseil d'État distingue, en l'espèce, entre les ouvrages construits par l'autorité concédante avant ou pendant la concession et ceux construits par le concessionnaire. Pour les premiers, dès que les constructions interviennent avant la conclusion du contrat de concession, ces biens sont et restent la propriété de l'autorité concédante. Ils doivent lui être retournés en fin de concession par le concessionnaire qui en a seulement la jouissance[887]. Pour les seconds, le régime est identique lorsque les constructions interviennent pendant le déroulement de la concession, elles demeurent la propriété de l'autorité concédante et font partie des ouvrages concédés[888].

En revanche, lorsque le concessionnaire est l'auteur des constructions, la jurisprudence considère qu'il s'agit de biens de retour qui doivent revenir à l'autorité concédante en fin de concession. Les cahiers des charges des concessions de la distribution considèrent aussi que les constructions « comme telles sont considérées dès le début de la concession, comme la propriété de l'autorité concédante »[889]. L'article 7 du modèle de cahier des charges repris dans l'ensemble des cahiers des charges des conventions de concession de la distribution d'électricité précise que, pour les ouvrages sur le réseau concédé dont le concessionnaire est maître d'ouvrage, « les terrains et locaux [acquis par la construction] feront partie du domaine concédé et constitueront des biens de retour ». En revanche, les biens de reprise constituent les biens que l'autorité concédante a la *faculté* de reprendre en fin de concession ; ils sont, par conséquent, la propriété du concessionnaire[890].

La loi du 10 février 2000 confirme le régime de propriété des réseaux de distribution d'électricité[891] en ce qu'elle n'amende pas le régime juridique dégagé en 1906 par la loi sur les distributions d'énergie. La propriété des réseaux de distribution revient

---

[886] En vertu de l'article L. 1311-1 du Code des collectivités locales, ces biens sont, en outre, « inaliénables et imprescriptibles », disposition reprise à l'article L. 52 du Code du domaine de l'État et confirmée par la jurisprudence du CE dans un arrêt « Syndicat des paludiers » du 7 octobre 1977, rec. p. 380.

[887] En ce sens déjà, l'arrêt du CE « Société du Gaz franco-belge » du 10 janvier 1938, rec. p. 1.

[888] À titre d'exemple, les circuits aériens d'éclairage public situés sur les supports du réseau de distribution ainsi que les branchements font partie des ouvrages concédés dont la maintenance et le renouvellement reviennent au concessionnaire, mais dont l'établissement et le renforcement sont de la compétence de l'autorité concédante, article 2 du modèle de cahier des charges de concession pour le service public de la distribution d'énergie électrique.

[889] P. Sablière, « La loi du 8 avril 1946 sur la nationalisation de l'électricité et du gaz », *CJEG* février 1993, n° hors série, p. 286.

[890] Arrêt du TC « EDF/Dame Vve Faucher et Commune de Port-Louis » du 2 décembre 1968, rec. p. 803, note J. Dufau, *CJEG*, 1969, p. 462.

[891] Son article 17 sur la distribution d'électricité est, à cet égard, sans ambiguïté : « sans préjudice des dispositions de l'article 23 de la loi du 8 avril 1946 […], les collectivités locales […] en tant qu'autorités concédantes de la distribution publique […] en application de l'article 6 de la loi du 15 juin 1906 sur les distributions publiques, […] négocient les contrats de concession ».

aux collectivités locales qui, tout en restant propriétaires, en confient la gestion à un concessionnaire. Sur la base de ce régime, la loi du 10 février 2000 se contente de partager les responsabilités et les missions relatives à la gestion et à la mise en œuvre de l'accès aux réseaux entre les concédants et les concessionnaires. Elle n'aborde pas le régime de propriété.
La directive 03/54 du CE prend acte de la nécessité d'encadrer l'activité des entreprises de distribution en précisant leur régime de propriété afin de préparer la séparation juridique à intervenir au plus tard au 1er juillet 2007 pour les réseaux de distribution[892]. La loi du 9 août 2004 répond à cette logique et, tout en définissant les réseaux de distribution, précise le régime de propriété des réseaux de la distribution d'électricité. Dans un article 36 § III, elle énonce clairement que « les ouvrages des réseaux publics de distribution appartiennent aux collectivités locales ou à leurs groupements ». En outre, dans le but de préciser les frontières entre le réseau de transport et ceux de la distribution, la loi prévoit que les ouvrages appartenant à EDF qui relèvent des réseaux de distribution doivent être reclassés et transférés à titre gratuit aux collectivités territoriales ou à leurs établissements publics.

(2) Les réseaux publics de distribution d'électricité : une gestion locale

En ce qui concerne le régime de la distribution d'électricité, la loi du 10 février 2000 renvoie à la loi de nationalisation qui maintient les collectivités locales dans leurs prérogatives et leur rôle d'autorités concédantes de la distribution[893]. Rôle que confirme l'article 35 § 2 de la loi du 9 août 2004 modifiant l'article L-2224-31 du Code des collectivités territoriales en disposant que :
« l'autorité organisatrice d'un réseau public de distribution, exploité en régie ou concédé, est la commune ou l'établissement public de coopération ».
Le régime de gestion des réseaux de distribution recèle cependant une particularité du fait qu'EDF est l'unique concessionnaire de la quasi-totalité des réseaux de distribution. La loi de nationalisation met ainsi en place un régime particulier de concession de service public de la distribution d'électricité appelé à répondre aux impératifs de la politique énergétique. La distribution d'électricité n'est toutefois pas un monopole attribué entièrement à EDF, car, à côté du concessionnaire obligé, la loi de nationalisation du 8 avril 1946 maintient un nombre infime de distributeurs « non nationalisés » qui sont les premiers concurrents de l'opérateur historique.

(a) Une concession « sur mesure » de la distribution d'électricité au profit d'EDF

La loi du 15 juin 1906 sur les distributions d'énergie officialise le procédé de la concession de service public et celui de la permission de voirie pour la gestion de la distribution d'électricité[894]. Tous deux reposent sur une autorisation délivrée par les

---

[892] Articles 15 § 1 et 30 § 2 de la directive 03/54 du CE.

[893] Travaux préparatoires de la loi du 8 avril 1946 et de la loi du 2 août 1949, annexe I dans CJEG, février 1993, n° hors série, p. 457. Le développement de ce que l'on appelle « le socialisme municipal » se retrouve dans de nombreux pays d'Europe où la critique des grands trusts conduit au passage de la concurrence vers le « service public local », Bouttes, Lederer, Les réseaux et la théorie économique, Annales des Mines, avril 1991, p. 91.

[894] La permission de voirie fut notamment utilisée pour les petits industriels locaux. En fait, le régime des concessions locales « s'assimile à celui des « concessions de voirie », c'est-à-dire à la permission

municipalités propriétaires des réseaux de distribution à des personnes privées ou publiques afin de gérer, sous leur contrôle, les réseaux de distribution et assurer ainsi la desserte en électricité contre la perception d'une redevance sur les usagers.
Confirmées dans leur droit de propriété sur les infrastructures de la distribution, les collectivités locales vont néanmoins se voir imposer un système particulier de gestion de leurs réseaux avec la loi de nationalisation [895].
Ce système présente les caractéristiques d'une concession de service public aménagée de telle sorte que l'opérateur historique se voit attribuer un véritable monopole sur la distribution d'électricité que la loi du 10 février 2000 ne remet pas en question.
Cette organisation constitue un frein à l'introduction d'une véritable concurrence dans la distribution d'électricité que le régime d'accès aux réseaux n'a pas pour conséquence de bouleverser.

(a) Des acteurs imposés

La délégation de service public de la distribution d'électricité, telle que proposée par le Conseil d'État[896], suppose qu'une personne publique, l'État ou une collectivité territoriale[897], *choisisse librement un délégataire*, personne publique ou privée, pour gérer le service public, à charge pour lui de se rémunérer en percevant sur les usagers une rémunération[898]. Les parties concluent un contrat de concession de service public de la distribution d'électricité, contrat administratif, auquel est annexé un cahier des charges de la concession, contenant, entre autres, le détail de leurs domaines d'intervention ainsi que leurs compétences.
Or la loi de nationalisation ne permet plus aux autorités concédantes de choisir librement leurs concessionnaires et défigure le régime de la concession en imposant aux collectivités locales de ne contracter qu'avec un concessionnaire nommé, à

---

d'occuper la voie publique par les ouvrages de réseaux électriques », C. Stoffaes, Entre monopole et concurrence, 1994, p. 28.

[895] Aux termes de l'article 2 de la loi de nationalisation (jamais entré en vigueur) est prévue la création d'établissements publics régionaux pour la gestion de la distribution d'électricité jouissant d'une personnalité juridique distincte d'EDF. Pendant le délai de mise en œuvre de cet article, les services nationaux d'EDF devaient prendre en charge les services de distribution. Cette disposition, à l'origine provisoire, est devenue définitive et a entraîné la création « d'EDF-GDF, Services » responsable de la distribution d'électricité, P. Sablière, CJEG, février 1993, n° hors série, p. 52 ; B. Couroux, De la faculté d'adaptation d'un établissement public à son milieu, L'exemple d'EDF, Thèse janvier 1991, p. 395.

[896] Arrêt du Conseil d'État « Compagnie d'électricité de Bordeaux » du 30 mars 1916, rec. p. 125. La définition de la concession de service public est, selon le Commissaire du gouvernement Chardenet, « un contrat qui charge un particulier ou une société d'exécuter un ouvrage public ou d'assurer un service public à ses frais, avec ou sans subvention, [...] et qui les rémunère en lui confiant l'exploitation du service public avec le droit de percevoir des redevances sur les usagers ».

[897] Les services publics de réseaux délégués relèvent en grande partie de la compétence des collectivités locales, ce sont des services publics comme la gestion de l'eau, l'assainissement, les réseaux de chaleur ou le transport, O. Raymundie, Gestion déléguée des services publics en France et en Europe, 1995, p. 48. Les Collectivités locales sont en mesure de gérer ces services en vertu du principe de libre administration issu des articles 34 et 72 de la Constitution du 4 octobre 1958 repris à l'article L. 1111-1 du CGCT et à l'article 5 de la loi du 2 mars 1982 sur la décentralisation.

[898] Sur la nécessité d'une rémunération pour définir les contrats de concession, voir les discussions de la doctrine à ce sujet, O. Raymundie, Gestion déléguée des services publics en France et en Europe, 1995, p. 86.

savoir : EDF. L'opérateur historique se substitue aux entreprises de distribution d'électricité (essentiellement privées) ayant assumé la distribution d'électricité jusque-là, et devient le concessionnaire unique et obligé face aux collectivités locales. L'article 1er de la loi du 8 avril 1946 nationalise dans un premier temps la distribution d'électricité et en confie ensuite la gestion dans son article 2 à EDF.
En revanche, la distribution d'électricité prise en charge par les collectivités locales par le biais de régies ou services analogues n'est pas nationalisée, les gestionnaires de la distribution non nationalisés que sont les DNN sont autorisés à continuer leur activité de distribution d'électricité[899]. L'article 36 de la loi de nationalisation opère un véritable transfert vers EDF des concessions de distribution d'électricité accordées jusque-là aux entreprises de distribution privées[900].
Les DNN sont des services pris en charge ou créés directement par les communes et que le législateur ne souhaite pas nationaliser considérant qu'ils sont déjà gérés par des personnes publiques. En ôtant ainsi aux collectivités locales le choix de leur concessionnaire pour assurer la distribution d'électricité, la loi de nationalisation du 8 avril 1946 les réduit à un rôle d'exécutants des décisions des pouvoirs publics en matière de distribution d'électricité. Jusqu'à l'adoption de la loi du 9 août 2004, même à l'expiration du terme de la concession, les collectivités locales ne pouvaient disposer de la liberté de choix du concessionnaire.
Le Conseil Supérieur de l'Électricité et du Gaz est intervenu alors pour interpréter la loi de nationalisation du 8 avril 1946 dans un sens restrictif et confirmer l'impossibilité pour les collectivités territoriales de choisir leur concessionnaire[901]. La décision issue de cet arbitrage fut confirmée par une décision du tribunal administratif qui permit aux collectivités locales de prendre elles-mêmes en charge la distribution d'électricité en constituant une régie de distribution à la fin de la concession[902].
Les collectivités locales étaient alors seulement en mesure de modifier le statut juridique du service de distribution concédé à un DNN, et de passer tout au plus d'un régime de régie à celui de société d'économe mixte[903].
Sans modifier ce régime, la loi du 9 août 2004 va toutefois desserrer l'étau autour des collectivités locales en charge de la distribution de manière conséquente et

---

[899] Aux termes de l'article 23 de la loi de nationalisation du 8 avril 1946, ce sont les « entreprises de distribution à économie mixte dans lesquelles l'État ou les Collectivités publiques possèdent la majorité : les régies ou services analogues constitués par les collectivités locales sont maintenus dans leur situation actuelle ».

[900] « Les établissements publics (EDF) auxquels sont transférées les concessions d'électricité ou de gaz nationalisés [...] devront observer les dispositions des cahiers des charges en vigueur », article 36 de la loi de nationalisation du 8 avril 1946.

[901] Le Conseil supérieur de l'électricité et du gaz intervient comme arbitre en dernier ressort pour les conflits qui surviennent entre les établissements publics et les autorités concédantes, article 45 de la loi de nationalisation repris dans les articles L. 374-3 et L. 375-3 du Code des communes.

[902] Décision du Tribunal administratif de Grenoble « GDF/Commune de Bonneville » du 16 mai 1990.

[903] Ces changements sont rendus possibles par l'adoption, dans un premier temps, du décret du 20 mai 1955, puis par l'adoption de la loi n° 83-597 du 7 juillet 1983 relative aux sociétés d'économie mixte telle que modifiée par la loi n° 2002-1 du 2 janvier 2002 ; voir à cet égard l'arrêt du CE « Syndicat du personnel des industries électriques et gazières du centre de Grenoble » du 28 juin 1989, *RFDA* novembre-décembre 1989, p. 929 et l'arrêt du CE « SICAE de la région de Péronne » du 27 novembre 2002 qui autorise la SICAE à adopter le régime de la régie à l'expiration de la concession, *note CJEG*, n° 597, p. 233.

modifie l'article 23 de la loi de nationalisation de manière à leur permettre de :
- constituer entre elles des GIE ou de participer à des GIE avec EDF ;
- fusionner au sein d'une régie, d'une société d'économie mixte ou d'une société d'intérêt collectif agricole, même si leurs zones de desserte ne sont pas limitrophes. Ce faisant, elle réduit l'impact du principe de territorialité qui limitait l'intervention des collectivités locales aux frontières de leurs communes. Elle permet surtout aux distributeurs de créer des sociétés commerciales ou d'entrer dans le capital de telles sociétés afin d'assurer la fourniture ou la production d'électricité.

Ces dispositions révolutionnent le secteur de la distribution électrique considérant qu'elles lèvent les obstacles incontournables jusque-là présentés par les principes de territorialité et de spécialité auxquels les DNN étaient soumis. La loi du 9 août 2004 répond ainsi aux attentes formulées par les DNN, à savoir tirer profit de la concurrence en participant à des sociétés commerciales de fourniture d'électricité. Une autre nouveauté, tout aussi révolutionnaire, apparaît dans le creux de l'article 36 de la loi du 9 août 2004. Il prévoit que, dorénavant, EDF n'est tenu à aucune obligation financière liée aux provisions pour renouvellement du réseau de distribution lorsque la date de renouvellement est postérieure au terme de la concession. Cette disposition incidente annule l'obligation pour EDF de faire, en tant que gestionnaire du réseau de distribution, des provisions pour renouvellement du réseau au-delà du terme d'échéance de la concession du fait de la reconduction systématique d'EDF comme concessionnaire. Selon le rapporteur de la loi du 9 août 2004, « cette pratique, qui pouvait être acceptée lorsque l'Établissement public EDF était presque assuré de bénéficier du renouvellement du contrat de concession, ne saurait perdurer dans le cadre de l'ouverture à la concurrence de la distribution et du changement de statut [...] ». La réalisation de telles provisions « [constitue] de fait une entrave à la possibilité pour ses concurrents de se porter candidats pour la gestion de ces réseaux de distribution d'électricité »[904]. Si cette réflexion novatrice est pertinente, elle doit, pour être valable, être accompagnée de l'abrogation des articles 1 et 2 de la loi de nationalisation, lesquels servent encore de base légale au monopole de la distribution d'électricité et à la désignation d'EDF en tant que concessionnaire unique des réseaux de distribution.

Les collectivités locales sont donc maintenues dans leurs droits en tant qu'autorités concédantes de la distribution. En revanche, les responsabilités en ce qui concerne la gestion des réseaux de distribution, sont partagées entre EDF[905] et, dans une moindre mesure, les DNN, à l'égard desquels la loi du 9 août 2004 aménage finalement de véritables perspectives concurrentielles.

(b) Une liberté contractuelle confisquée

La concession de service public pour la distribution d'électricité est, jusqu'à l'entrée en vigueur de la loi de nationalisation, le plus souvent octroyée par les collectivités

---

[904] Voir commentaire de l'article 36 dans le Rapport Lenoir, p. 155.

[905] Dans ce cas, le régime de la concession est inutile dès lors que l'établissement public créé dispose de la personnalité morale et des prérogatives de puissance publique lui permettant de mettre en œuvre le service public de la distribution d'électricité. À l'expiration de la concession d'État concernant la SNCF, celle-ci devient un établissement public intervenant selon un cahier des charges prévu par la loi.

locales[906], les communes ou leurs regroupements constitués en syndicat[907] et, dans une moindre mesure, par des départements. Le concessionnaire, librement choisi par l'autorité concédante, agit selon un cahier des charges dans lequel l'autorité concédante prend l'initiative de déterminer les modalités d'exercice de la concession et les contrôles qu'elle exerce sur la gestion des réseaux de distribution[908].
La gestion du service public de la distribution d'électricité, telle que dégagée dans la loi du 15 juin 1906 sur les distributions publiques d'énergie, impose au concessionnaire d'assurer la gestion du service public selon les principes d'égalité, de continuité et d'adaptabilité et de procéder aux investissements nécessaires à son exploitation. En raison de l'importance des investissements à réaliser et des longs délais d'amortissement, le contrat de concession de la distribution d'électricité est conclu pour une très longue durée[909]. En contrepartie, le concessionnaire bénéficie souvent d'un monopole d'exploitation assorti de prérogatives de puissance publique[910] et d'un domaine d'action protégé de toute concurrence, système qui, en droit communautaire, renvoie au régime des droits spéciaux[911].
Le cahier des charges précise les droits et obligations des parties et confère au

---

[906] L'État peut toutefois intervenir dans deux cas. Lorsqu'il y a un manquement des collectivités locales à organiser la distribution d'électricité, son intervention est dans ce cas substitutive, voir la circulaire du Ministre chargé de l'électricité, n° 1432 du 26 décembre 1960. L'État peut aussi intervenir afin d'attribuer des concessions « aux services publics » (concession transport) dès lors que la distribution concerne des territoires allant au-delà de la compétence territoriale des collectivités locales, P. Sablière, « La loi du 8 avril 1946 sur la nationalisation de l'électricité et du gaz », *CJEG*, février 1993, p. 285.

[907] Aux termes de l'article 6 de la loi du 15 juin 1906 sur les distributions publiques d'énergies, « la concession d'une distribution publique d'énergie est donnée, soit par la commune ou par le syndicat formé entre plusieurs communes si la demande de concession ne vise que le territoire de la commune ou du syndicat, ou par le département dans l'étendue de celui-ci, soit par l'État dans les autres cas ». C'est le cahier des charges type annexé au décret du 17 mai 1908 qui prévoit l'intervention du syndicat de communes. La relation contractuelle entre collectivités locales s'est en sus développée avec l'adoption de la loi du 7 janvier 1983 portant transfert de compétences (Article L. 5111-1 du CGCT). Elle dispose que les collectivités locales peuvent conclure entre elles des conventions pour la gestion d'un service ou des contrats permettant la prise en charge par une collectivité publique de la gestion d'un service public relevant d'une autre collectivité, article L. 1111-2 du CGCT. Cet article permet aux communes de régler par délibération les affaires de leur compétence dans le respect de l'article 72 de la Constitution, selon lequel il appartient à la loi de définir les compétences des collectivités locales, F.P. Benoît, « Les attributions des collectivités locales, la répartition des attributions, Collectivités locales », *Dalloz*, IV, n° 4012-15 ; J.M. Peyrical, « Les contrats de prestation entre collectivités publiques », *AJDA*, juillet-août 2000, p. 581.

[908] La concession de service public est alors « le principal mode de gestion de distribution d'électricité », P. Sablière, « La loi du 8 avril 1946 », *CJEG*, février 1993, p. 278.

[909] L'ensemble des contrats de concession arrivés à expiration sont prorogés tacitement, voir P. Sablière, « La loi du 8 avril 1946 », *CJEG*, février 1993, p. 277.

[910] Le concessionnaire dispose du droit d'expropriation pour raison d'utilité publique, J.M. Auby, « La notion de concession et les rapports des collectivités locales et des établissements publics de l'électricité et du gaz dans la loi du 8 avril 1946 », *CJEG*, 1949, p. 2. Il bénéficie aussi du droit d'occupation du domaine public, pour le domaine public routier, article L. 113-3 et 4 intégré au Code de la voirie par la loi n° 89-413 du 22 juin 1989 et du décret du 4 septembre 1989.

[911] Aux termes de l'article 2 de la directive Transparence 2000/52 du CE du 26 juillet 2000, des droits spéciaux sont « des droits qui, sur un territoire donné [...], [confèrent] [...] des avantages légaux ou réglementaires qui affectent substantiellement la capacité de toute autre entreprise de fournir le même service ou de se livrer à la même activité sur le même territoire dans des conditions substantiellement équivalentes ».

concessionnaire le droit de distribuer l'électricité sur l'ensemble du territoire de la concession. Il peut également disposer du droit d'exécuter, sur les voies publiques et leurs dépendances, tous les travaux nécessaires à l'établissement des ouvrages de distribution et se rémunérer auprès des consommateurs finals avec lesquels il conclut des contrats de fourniture en électricité.

En contrepartie, l'autorité concédante perçoit une redevance pour occupation du domaine public et contrôle l'exécution du service public de la distribution ainsi que le déroulement des ouvrages réalisés par le concessionnaire[912]. Jusqu'en 1982, la soumission des collectivités locales aux pouvoirs publics s'illustre dans l'obligation pour les parties de se conformer aux dispositions d'un cahier des charges type élaboré par les pouvoirs publics. Cette pratique supprimait toute possibilité de négociation du cahier des charges avec les collectivités locales[913].

Les lois sur la décentralisation du 2 mars 1982 ont fait disparaître l'obligation de conformité des cahiers des charges à ce modèle fixé par les pouvoirs publics[914], si bien que, dorénavant, un modèle de cahier des charges[915] est élaboré conjointement par la Fédération Nationale des Collectivités Concédantes et des Régies (FNCCR) et EDF. Il doit permettre aux collectivités locales de peser un tant soit peu sur les dispositions qui les lient à EDF et laisse une « grande place à la concertation »[916], jusque-là inexistante. Des clauses témoignent d'un certain pouvoir retrouvé des collectivités locales face à EDF. Il s'agit, en particulier, des obligations pour EDF de leur fournir un rapport annuel d'activité, de répondre de la qualité de la fourniture proposée, ou encore de l'élargissement des droits de regard des collectivités locales sur la gestion des infrastructures de distribution[917]. Malgré ces avancées, Jean-Marie Auby considère que la concession de distribution d'électricité doit plutôt s'analyser comme un « accord relatif à la gestion d'un service public », considérant que les collectivités locales ne peuvent « ni déterminer le mode d'organisation, ni choisir le gérant, ni contrôler effectivement l'exécution de la concession »[918].

Bien que dans son article 17 elle confirme que les autorités concédantes « négocient et concluent les contrats de concession », la loi du 10 février 2000 affaiblit cependant leur position. En effet, elle renvoie aux pouvoirs publics la compétence de fixer, après approbation du Conseil d'État, les procédures et prescriptions particulières applicables aux cahiers des charges des concessions et aux règlements de service des régies, ainsi que les règles et les indicateurs de performances techniques relatifs à la sécurité et à la qualité de l'électricité. La loi du 10 février

[912] L'article L. 2333-84 du CGCT renvoie à la loi n° 53-661 du 1er août 1953 fixant le régime des redevances.

[913] La loi du 15 juin 1906 avait prévu dans son article 6 § 2 qu'un cahier des charges type soit approuvé par décret en Conseil d'État. La loi est reprise par l'article 37 de la loi de nationalisation qui impose qu'un « règlement d'administration publique » établisse de nouveaux cahiers des charges types.

[914] L'article 22 de la loi n° 82-213 du 2 mars 1982 supprime cette obligation de conformité ainsi que celle relative à l'approbation préfectorale du cahier des charges.

[915] P. Sablière, « Le nouveau modèle de cahier des charges pour la concession à EDF de la distribution d'énergie électrique », *CJEG*, janvier 1993, p. 1, intervenu en juin 1992.

[916] L. Pierru, L'évolution d'Électricité de France, maîtrise en droit, Paris I, 1995-1996, p. 13.

[917] Articles 21, 25 et 32 du modèle de cahier des charges de la concession pour le service public de la distribution d'énergie électrique, juin 1992.

[918] J.M. Auby, « La notion de concession et les rapports des collectivités locales et des établissements publics de l'électricité et du gaz dans la loi du 8 avril 1946 », *CJEG*, 1949, p. 2.

2000 veut éviter, par le biais de cette disposition, que des règles différentes en ce qui concerne la qualité et la sécurité des réseaux de distribution soient adoptées par les autorités concédantes. L'importance des matières devant être fixées par décret réduit la liberté contractuelle entre les autorités concédantes et le concessionnaire à une véritable peau de chagrin. Pourtant, selon les termes de la loi du 10 février 2000, les décrets en question ne devaient fixer que le cadre général des procédures et prescriptions particulières applicables aux cahiers des charges, en vertu des amendements présentés au Sénat par Pierre Micaux et Alain Cacheux sur le projet de loi sur l'électricité[919].

La nationalisation de l'activité de la distribution a déformé la concession de service public de la distribution d'électricité au détriment des prérogatives des collectivités locales puis des distributeurs. Quant à la loi du 10 février 2000, elle encadre leur activité de telle manière qu'une ouverture à la concurrence de la distribution d'électricité est impossible dans l'état de ses dispositions. Le souhait des collectivités locales de « bénéficier d'une capacité de négociation qu'elles ne trouvaient pas dans la procédure de renouvellement de la concession », et dont le Rapport Dumont s'est fait l'écho, reste inassouvi[920]. Le régime juridique de l'activité de la distribution d'électricité met en scène des collectivités locales responsables, mais dépossédées de leurs compétences concernant leurs réseaux de distribution. En revanche, EDF dispose de toute latitude dans la gestion de la distribution et du transport à travers le monopole qui lui est légalement attribué et des droits conventionnellement et réglementairement confirmés. Or la concurrence ne peut être introduite dans l'activité de la distribution d'électricité que si les collectivités locales recouvrent leur liberté de choix du concessionnaire et des dispositions conventionnelles à travers l'abrogation de l'article 2 de la loi de nationalisation[921]. Cela permettrait aux collectivités locales de se « réapproprier le service public de la distribution » ainsi que l'entrée de nouveaux opérateurs sur le marché électrique pour renforcer le rang des concurrents face à l'opérateur historique[922].

(b) La concession de service public de la distribution d'électricité au profit des DNN

Ayant pour but de *déprivatiser le secteur électrique,* la loi de nationalisation du 8 avril 1946 laisse subsister les DNN. En effet, parallèlement aux entreprises privées de la distribution d'électricité, les collectivités locales ont pris en charge la gestion

---

[919] Débats du Sénat, séance des 6 et 7 octobre 1999.

[920] Rapport Dumont, p. 53. Il en fut ainsi lors de la renégociation du modèle de cahier des charges de la concession de service public, Poppe déclarait alors que « for the state-owned company (EDF), it was also a good way to appear open-minded and closer to the expectation of municipalities, which are also his customers, and a good way to reinforce his position in the local public service market », Poppe, Cauret, "The French electricity regime, dans European electricity systems in transition", p. 34.

[921] Le régime de la concession de service public se développe au niveau communautaire, la Commission considère que « la concession et autres formes analogues de partenariats publics » peuvent, en particulier, constituer la pierre angulaire du programme de construction du RTE-T [le réseau transeuropéen de transport] », COM(1997) 453 du 10 septembre 1997 relative au financement de projets du réseau transeuropéen de transport par des partenariats public-privé, à ce sujet, voir D. Linotte, B. Cantier, « Shadow Tolls : le droit public français à l'épreuve des concessions à péages virtuels », *AJDA*, novembre 2000, p. 863.

[922] Rapport Dumont, p. 25.

du service public de la distribution d'électricité en créant des régies ou des services analogues ou encore en participant au capital de sociétés d'économie mixte.
Le régime de la société d'intérêt collectif agricole d'électricité est également une variante du régime de la gestion des réseaux de distribution d'électricité.
Ce sont essentiellement sous ces régimes juridiques que sont gérées les entreprises de distribution dites « non nationalisées », dont le statut est confirmé par la loi du 10 février 2000[923]. Il importe d'en présenter le régime et les particularités, car ce sont encore les seuls opérateurs dans le secteur de la distribution autorisés à concurrencer EDF à travers l'introduction de l'accès aux réseaux et donc appelés à jouer un rôle fondamental dans l'ouverture du marché électrique à la concurrence. Ce rôle va s'accroître, d'autant plus que la loi du 9 août 2004 prévoit l'intervention d'autres acteurs dans la distribution d'électricité.

(i) La distribution d'électricité assurée en régie

La régie est un mode de *gestion directe* du service public par une collectivité locale et permet à la commune ou à un syndicat de communes la prise en charge directe de l'organisation et du fonctionnement du service public de la distribution d'électricité[924] et par conséquent de la gestion des réseaux de distribution.
Son régime est issu des dispositions des décrets du 8 octobre 1917 fixant les conditions de l'exploitation en régie des distributions d'électricité et du décret-loi du 28 décembre 1926 relatif à l'exploitation de services d'intérêt public à caractère industriel et commercial[925]. En outre, cette compétence des collectivités locales est codifiée aux articles L. 2221-1 s. du CGCT, qui permettent aux communes « d'exploiter directement des services d'intérêt public à caractère industriel et commercial »[926]. Créée par une décision du Conseil municipal, général ou régional en fonction des accords entre collectivités locales[927], la régie est concessionnaire de la commune pour la distribution d'électricité sur son territoire. Elle peut être dotée de la personnalité morale et de l'autonomie financière, voire être un simple service communal[928]. Elle assure la gestion du service de la distribution d'électricité à l'aide de règlements de service définis par les conseils municipaux et approuvés par décret en Conseil d'État[929].

---

[923] Article 17 de la loi du 10 février 2000.

[924] Ce que le Conseil d'État a autorisé de manière générale dans une décision du 6 avril 1900 « Commune de Saint-Léonard » où il reconnaît la légalité de l'intervention de la commune dans le domaine économique et il admet dans un avis du 2 décembre 1917 la création de régies, sur le régime des régies en droit administratif, J. Gosset, « Distributeurs d'électricité et usagers », p. 45 ; G. Vedel, P. Delvolvé, Droit administratif, PUF, Paris, 1990, p. 1128 ; Laubadère, Gaudemet, Traité élémentaire de droit administratif, LGDJ, Paris, 1988, p. 676.

[925] JO du 31 décembre 1926, p. 13742 ; J.F. Lachaume, « Décentralisation et régies locales », *RFDA*, 1989, p. 432.

[926] L'article 23 de la loi de nationalisation du 8 avril 1946 confirme le maintien des régies ou services analogues pour la gestion de la distribution d'électricité.

[927] Article L. 2221-3 du CGCT, J. Viguier, Les régies des collectivités locales, Économica, p. 71.

[928] Article L. 2221-4 du CGCT, voir le fascicule « Régies personnalisées », J.F. Lachaume, *Jurisclasseur Collectivités locales*, 1995, fascicule 742.

[929] L'organe délibérant de la collectivité locale - Conseil municipal - est compétent pour édicter toutes mesures juridiques et matérielles nécessaires à la gestion en régie du service public, article 1er de la loi du 7 janvier 1983, article L. 323-3 du Code des communes et L. 2221-3 du CGCT, ainsi que la

La loi du 10 février 2000 renforce le contrôle des pouvoirs publics sur les régies, car elle prévoit l'adoption de décrets en Conseil d'État relatifs aux procédures et aux prescriptions particulières applicables aux règlements de service des régies[930].

En revanche, la loi du 9 août 2004 élimine certaines rigidités de son organisation et permet à des régies de fusionner au sein d'une régie, même si leurs zones de desserte ne sont pas limitrophes. On aurait pu penser que le principe de territorialité était devenu obsolète jusqu'à ce que l'article 58 de la loi du 13 juillet 2005 rappelle que les distributeurs ne peuvent exercer une activité d'achat pour revente d'électricité que dans leur zone de desserte.

La loi du 9 août 2004 permet surtout aux régies dotées de la personnalité morale et de l'autonomie financière de créer une société commerciale ou d'entrer dans le capital d'une société commerciale appelée à assurer la fourniture en électricité de ses clients éligibles[931], ce qui n'était jusque-là possible que sous les conditions très restrictives de l'article L-2253-1 du CGCT.

La régie communale est le mode de gestion public de la distribution d'électricité indépendant le plus usité et c'est à elle qu'il reviendra d'endosser la responsabilité d'assurer l'accès des tiers aux réseaux de distribution.

(ii) La distribution d'électricité assurée par la société d'économie mixte

Le régime de la société d'économie mixte propose, quant à lui, la création d'une entité mêlant des intérêts privés et publics. Dans l'hypothèse où les collectivités locales ne disposent pas des capitaux nécessaires aux investissements à réaliser pour la gestion des réseaux de distribution, elles peuvent créer des sociétés d'économie mixte. Ce sont des sociétés commerciales qui leur permettront de gérer la distribution d'électricité aux côtés de partenaires privés[932].

Les SEM électriques sont soumises pour leur fonctionnement à la loi du 24 juillet 1966 sur les sociétés commerciales. Leur statut présente cependant une double originalité, étant soumises aux règles du marché, les sociétés commerciales doivent assurer l'efficacité économique de leur gestion. Mais, gérant cependant une activité de service public, elles assurent des missions d'intérêt général. En cas de conflit, les missions de service public doivent primer sur l'application des préceptes économiques.

Ce mode de gestion du service public a été réorganisé au niveau local par la loi du 7 juillet 1983[933] et codifié aux articles L-1521 s. du CGCT. La création d'une SEM est une initiative qui émane également des communes, des départements ou de leurs

---

jurisprudence du Conseil d'État, à travers les arrêts « Guanter » du 1er avril 1960 et « Commune de St-Maure-de-Touraine » du 24 février 1971. rec. pp. 155 et 249.

930 Article 17 § 2 de la loi du 10 février 2000.

931 L'objet statutaire de la société doit être limité aux activités de production et de fourniture d'électricité, article 29 de la loi du 4 août 2004 modifiant l'articles 23 de la loi de nationalisation et l'article L-2253-1 du CGCT.

932 Ci-après « SEM », les premières formes de sociétés à capitaux mixtes sont soumises aux décrets du 5 novembre 1926 et du 28 décembre 1926 et continuent à bénéficier d'un régime particulier et ne sont pas soumises à l'obligation de participation majoritaire des collectivités locales dans la SEM, article L. 1522-1 du CGCT.

933 Loi n° 83-597 du 7 juillet 1983 sur les sociétés d'économie mixte locales, JO du 8 juillet 1983, p. 2099, modifiée par la loi n° 2002-1 du 2 janvier 2002.

groupements[934] dans le cadre des compétences légales et a pour objet l'exploitation « des services publics à caractère industriel et commercial »[935]. Une gestion conforme aux principes du service public est garantie par l'obligation pour les collectivités locales de détenir plus de la moitié du capital de ces sociétés et des voix dans les organes délibérants[936]. L'ensemble des missions à accomplir par la SEM est contenu dans une « convention » qui détermine, outre son objet et sa durée, les obligations des parties et les modalités de rémunération envisagées. La loi du 9 août 2004 place les SEM sur un pied d'égalité avec les autres entités distributrices en ce qu'elles peuvent également créer des groupements d'intérêt économique ou des sociétés commerciales pour assurer la fourniture en électricité de leurs clients éligibles. Elles sont également en mesure de fusionner avec d'autres SEM en dehors de leur zone de desserte. Comme la régie communale, la SEM distributrice d'électricité est concessionnaire de la distribution d'électricité sur le territoire de la ou des communes qui l'ont créée. Elle est également, aux termes de la loi du 10 février 2000, l'entité responsable de la gestion du réseau de distribution dans son domaine de compétence territoriale et donc de l'accès aux réseaux de distribution[937].

(iii) La société d'intérêt collectif agricole d'électricité[938]

Le régime de la SICAE issu de la loi du 5 avril 1920 permet à une coopérative agricole de prendre en charge la distribution d'électricité à l'intérieur d'un territoire déterminé. Mais, à la différence des précédents concessionnaires de la distribution d'électricité, la SICAE dispose d'une concession de distribution d'électricité accordée directement par l'État et non par la collectivité locale. Cette particularité repose sur le fait que la concession dont dispose la SICAE couvre un territoire qui dépasse les limites territoriales d'une ou plusieurs communes, voire recouvre tout un département[939]. Ces distributeurs d'électricité doivent obligatoirement être constitués sous la forme d'une société anonyme à capital variable et dépendent essentiellement d'un régime de droit privé qui diffère en de nombreux points de ceux de la régie et de la SEM[940].

En raison de l'étendue de leur concession et du grand nombre de clients qu'elles desservent, les SICAE sont appelées à avoir une plus grande importance que les précédentes dans la mise en œuvre des règles dégagées par la loi du 10 février 2000 relatives à l'accès aux réseaux[941].

---

934 La loi du 7 juillet 1983 est codifiée aux articles L. 1521 s. du CGCT ; aux termes de l'article L. 1521-1, les collectivités locales « créent des SEM locales qui les associent à une ou plusieurs personnes privées ».

935 La SEM a aussi pour objet la « réalisation des opérations d'aménagement, de construction [...] ou toute autre activité d'intérêt général » article L. 1521-1 du CGCT.

936 Article L. 1522-1 du CGCT qui impose également que la SEM prenne la forme d'une société anonyme.

937 Article 18 de la loi du 10 février 2000.

938 Ci-après « SICAE ».

939 Les communes desservies par les SICAE sont situées dans 10 régions et 17 départements, parmi les plus importantes voir les SICAE de l'Oise et de Ray-Cendrecourt sous www.fnsicae.fr .

940 Articles R. 531 et s. du Code rural.

941 Parmi les 7 distributeurs déclarés alors partiellement éligibles sur la liste publiée par le Ministère de l'énergie, 4 SICAE étaient déjà représentées, parmi lesquelles les SICAE de l'Oise, de Roisel, de

En effet, dans leur zone de desserte, un nombre important de consommateurs d'électricité ont été reconnus éligibles, ce qui les contraint à adapter leurs coûts de fourniture afin d'être concurrentielles dans la desserte de leurs clients.
Devenant elles-mêmes éligibles, les SICAE sont libres de s'approvisionner auprès des fournisseurs de leur choix, mais elles doivent parallèlement mettre leurs réseaux à la disposition des concurrents souhaitant desservir leur clientèle historique.
La loi du 9 août 2004 leur donne également les moyens de concurrencer EDF-distribution en fusionnant avec d'autres SICAE ou en créant des groupements d'intérêt économique.

b) Le régime de l'accès aux réseaux de distribution d'électricité

L'introduction de la concurrence dans le secteur de la distribution d'électricité à travers le régime de l'accès aux réseaux impose de repenser l'approche de l'activité de distribution tout en prenant en compte la cristallisation de son organisation et ses rigidités intrinsèques.
La loi du 10 février 2000 masque maladroitement ce paradoxe en ce qu'elle maintient l'ensemble des dispositions applicables au régime de la distribution, mais en aménage les éléments nécessaires à la gestion de l'accès aux réseaux.
Considérant que l'accès aux réseaux de distribution s'entend comme une prolongation de l'accès au réseau de transport, les distributeurs doivent définir les entités responsables de la gestion des réseaux et les règles assurant la transparence de leur gestion.
Il s'agit de garantir un accès aux réseaux publics de distribution équitable et non discriminatoire dans les mêmes conditions que pour le réseau de transport. À cette fin, la loi du 10 février 2000 opère un partage des tâches et des responsabilités calqué sur l'organisation de la distribution d'électricité.
Elle attribue aux autorités concédantes un droit de regard sur l'exécution des missions de service public dans la mise en œuvre de l'accès aux réseaux et aux entreprises de distribution la responsabilité de gérer et d'exploiter les réseaux de distribution ainsi que de mettre en œuvre l'accès aux réseaux.

(1) Les garanties d'un accès non discriminatoire aux réseaux publics de distribution

À la différence du réseau public de transport, les réseaux publics de distribution ne peuvent être gérés par une entité centralisant l'ensemble des missions relatives à l'accès aux réseaux.
De la sorte, chaque concession de distribution publique devra mettre en place un gestionnaire responsable de l'exploitation des réseaux et de l'accès aux réseaux.
En revanche, malgré le grand nombre d'intervenants, les règles qui permettent de garantir un accès non discriminatoire et transparent aux réseaux publics s'appliquent de la même manière à l'ensemble des gestionnaires de réseaux, indépendamment de leur régime, de leur forme juridique ou de leur compétence territoriale.

Santerre, de Ray-Cendrecourt, Liste consolidée des distributeurs s'étant déclarés éligibles au titre de l'article 7 du décret du 29 mai 2000 mise à jour le 9 avril 2002.

(a) La détermination des gestionnaires des réseaux publics de distribution d'électricité

Aux termes de l'article 18 de la loi du 10 février 2000, « Électricité de France et les distributeurs non nationalisés [...] sont les gestionnaires des réseaux publics de distribution d'électricité ». La loi transpose l'article 10 § 2 de la directive 96/92 du CE qui impose aux États membres de désigner « ou [demande] aux entreprises propriétaires ou responsables de réseaux de distribution de désigner un gestionnaire du réseau ». La loi procède à la désignation des gestionnaires des réseaux de distribution et ôte là encore aux autorités concédantes toute compétence pour le faire. L'article 18 de la loi du 10 février 2000 renvoie à l'article 23 de la loi de nationalisation afin de préciser ce qu'il entend par DNN : ce sont les concédants des collectivités territoriales que sont les régies, les SEM et les SICAE, ou tout service analogue créé par les communes ou les départements[942].

À la différence des dispositions applicables au réseau de transport, la directive 96/92 du CE n'impose pas, dans un premier temps, aux entreprises de distribution de procéder à une dissociation au niveau de la gestion du service appelé à prendre en charge l'accès aux réseaux. En pratique, toutefois, les DNN les plus importants (en particulier les SICAE) ont devancé la directive 03/54 du CE et créé, pour la plupart en leur sein, des services chargés exclusivement de la mise en œuvre de l'accès aux réseaux pour leurs clients éligibles dans leur « zone exclusive de desserte »[943].

Il en va de même pour l'opérateur historique en tant que distributeur qui est contraint dans la directive 96/92 du CE de procéder à la séparation de gestion du service assurant l'accès aux réseaux de distribution.

EDF a donc anticipé les dispositions de la directive 03/54 du CE en créant en son sein un service similaire à celui du réseau de transport, responsable de l'accès aux réseaux de distribution et appelé bureau de l'« accès aux réseaux de distribution » (ARD). L'obligation de séparation juridique au sein des entreprises de distribution ne se justifiait pas lors de l'adoption de la directive 96/92 du CE en raison de la petite taille des distributeurs et de leur inéligibilité.

Le Conseil de la concurrence souligne la pluridisciplinarité des DNN, qui interviennent en tant que « productrices d'électricité, gestionnaires de réseau de distribution et fournisseurs d'électricité aux clients non éligibles et éligibles »[944].

Il considère pourtant que la dissociation comptable peut être suffisante pour assurer un accès non discriminatoire aux réseaux. Selon lui, le principe de spécialité doit les empêcher d'étendre leur intervention à la prise en charge d'activités n'étant pas strictement complémentaires à leur objet[945]. Il conclut que la séparation de gestion entraîne à leur égard des contraintes qui ne sont pas nécessaires. Toutefois, avec la possibilité qui leur est dorénavant reconnue de participer au capital de sociétés

---

[942] Les départements ont été rajoutés dans la loi du 9 août 2004.

[943] Article 18 de la loi du 10 février 2000.

[944] Avis du Conseil de la concurrence n° 00-A-29 du 30 novembre 2000 relatif à la séparation comptable entre les activités de production, de transport et de distribution d'électricité, BOCCRF n° 1 du 23 janvier 2001.

[945] Les régies, les SEM ainsi que les SICAE ont un objet défini dans les règlements de service, les conventions de concession et leurs statuts. Aussi, les activités prises en charge par les DNN doivent être des « activités complémentaires » à l'activité de distribution d'électricité, articles R. 2221-42 du CGCT pour les régies, L. 1521-1 du CGCT pour les SEM et article L. 523-5 du Code rural.

commerciales pour exercer l'activité d'achat pour revente d'électricité, cette séparation n'est plus suffisante pour prévenir des risques de subventions croisées et de discrimination.

(b) La gestion transparente des réseaux publics de distribution

Considérant que l'accès aux réseaux publics de distribution assure la continuité de l'accès au réseau de transport[946], celui-ci doit être assuré selon les mêmes principes de non-discrimination et d'équité. Les principes déterminés par la loi du 10 février 2000 imposent aux gestionnaires des réseaux de distribution, comme au GRT, le respect de l'obligation de séparation comptable ainsi que l'obligation de non-divulgation d'informations sensibles. La loi du 9 août 2004 a quant à elle renforcé les obligations de dissociation.

(i) La transparence comptable

L'entreprise dans laquelle la gestion des réseaux publics de distribution est intégrée et qui exerce d'autres activités électriques, telles que la production ou la fourniture d'électricité, ne supporte dans un premier temps que des contraintes minimes quant à l'obligation de dissociation entre les activités exercées. En effet, la directive 96/92 du CE ne lui imposait qu'une obligation de dissociation comptable. Cette obligation est maintenue et précisée dans la directive 03/54 du CE[947].
La loi du 10 février 2000 ne prévoit à l'encontre des entreprises de distribution aucun régime de dissociation comptable spécifique. Elle se contente de renvoyer aux dispositions relatives à la dissociation et à la transparence comptable qui sont applicables aux entreprises électriques gestionnaires de réseaux et qui exerçent parallèlement d'autres activités électriques[948]. Il faut se reporter aux dispositions générales du titre V de la loi du 10 février 2000 relatif à la dissociation comptable et à la transparence de la comptabilité pour y trouver les obligations pesant, en particulier, sur les GRD[949]. Elle imposait dans son article 25 à EDF et aux DNN de tenir dans leur comptabilité interne « des comptes séparés au titre, respectivement, de la production, du transport et de la distribution d'électricité ainsi que, le cas échéant, un compte séparé regroupant l'ensemble de leurs autres activités »[950]. Comme EDF, les DNN sont des entreprises électriques intégrées, près de 43 organismes de distribution sur 177 exercent une activité de production d'électricité[951].
Le principe de dissociation comptable doit permettre d'assurer la non-discrimination entre les différents utilisateurs du réseau et empêcher que les GRD n'appliquent un

[946] Sauf s'il s'agit de clients desservis directement par le réseau de transport.
[947] Article 14 de la directive 96/92 du CE et article 19 de la directive 03/54 du CE.
[948] Titre V de la loi du 10 février 2000.
[949] De la même manière, aucune disposition dans le chapitre V de la directive 96/92 du CE relatif à la distribution d'électricité ne mentionne d'obligation de séparation entre les activités électriques à l'égard des entreprises de distribution. Il faut, là aussi, se reporter au chapitre VI relatif à la dissociation comptable et à la transparence de la comptabilité, lequel impose la séparation comptable à l'ensemble des « entreprises d'électricité intégrées », article 14 § 3 de la directive 96/92 du CE.
[950] Article 25 de la loi du 10 février 2000.
[951] Cette activité de production des DNN concerne une puissance de près de 62 000 kW d'énergie hydraulique et 271 000 kW d'énergie thermique, rapport Bataille, p. 156.

traitement plus favorable aux entités de production ou de négoce qui leur appartiennent ou qui leur sont liées. La dissociation comptable est un instrument permettant aux autorités de régulation de déceler toute subvention croisée entre la clientèle captive et éligible, ou toute autre forme de distorsion de concurrence[952].
La directive 03/54 du CE souligne, en particulier, que le GRD doit s'abstenir de toute discrimination entre les utilisateurs des réseaux et ses entreprises liées[953].
La définition des périmètres comptables, des règles d'imputation et des principes proposés par les opérateurs pour procéder à la dissociation comptable est contrôlée par la CRE, puis approuvée après avis du Conseil de la Concurrence. Afin de permettre aux opérateurs d'établir des comptes dissociés dès l'exercice 2000, la CRE a invité les opérateurs à faire leurs propositions quant aux principes applicables[954]. Les DNN ont fait part de leurs observations par le biais de leurs fédérations, à savoir l'Association Nationale des Régies de services publics et des organismes constitués par les collectivités locales (ANROC), la FNCCR et la Fédération nationale des SEM (FNSEM).
Sur la base de ces observations, la CRE a adopté une délibération à valeur réglementaire relative aux principes de séparation comptable applicables aux DNN[955]. Elle détermine un périmètre comptable de l'activité de distribution qui inclut les activités d'exploitation, de développement et de gestion des infrastructures du réseau public de distribution[956]. Sur la base des considérations émises par le Conseil de la concurrence dans son avis précité[957], la CRE allège l'obligation légale de dissociation comptable imposée aux DNN en autorisant ceux ne desservant qu'un client éligible à ne pas opérer de dissociation comptable[958]. À l'origine, les DNN, sur les réseaux desquels transitent moins de 250 GWh par an, pouvaient établir leurs comptes dissociés de manière « extracomptable »[959].
Cette souplesse doit être révisée, considérant que la directive 03/54 du CE impose aux entreprises de distribution une séparation comptable qui ne comporte pas d'exception et ne tient pas compte de la taille des distributeurs. Cette obligation de séparation comptable est d'autant plus nécessaire depuis que les DNN sont, dans la loi du 3 janvier 2003 relative au marché du gaz, en mesure d'exercer une activité

[952] Article 14 § 3 de la directive 96/92 du CE et 25 de la loi du 10 février 2000.

[953] Article 14 de la directive 03/54 du CE.

[954] Recommandation de la CRE du 12 juillet 2000 sur la dissociation comptable.

[955] Délibération de la CRE du 15 février 2001 relative aux principes de la dissociation comptable, prise sur la base de l'article 37 § 6 de la loi du 10 février 2000 qui l'autorise à préciser en tant que de besoin les « périmètres de chacune des activités comptablement séparées, les règles d'imputation comptables appliquées pour obtenir les comptes séparés conformément aux articles 25 et 26 ».

[956] Aux termes de l'article 1er de la délibération de la CRE du 15 février 2001, le périmètre comptable contient, en outre, la conduite et la maintenance des ouvrages, la relève des compteurs, les relations avec la clientèle et les autorités concédantes et les prestations de service liées au réseau.

[957] Avis du Conseil de la concurrence n° 00-A-29 du 30 novembre 2000 relatif à la séparation comptable entre les activités de production, de transport et de distribution d'électricité, précité.

[958] Selon le Conseil de la concurrence, les DNN n'ayant pas de clients éligibles et n'exerçant que des activités sous monopole (distribution et fourniture d'électricité aux clients non éligibles) ne doivent pas procéder à une séparation comptable de leurs activités, car il n'y a aucun danger de subventions croisées. Il souligne aussi que les petits DNN « doivent trouver, en liaison avec le régulateur, des solutions adaptées à leur taille afin que les obligations comptables mises à leur charge ne soient pas disproportionnées par rapport au but poursuivi », avis n° 00-A-29 du 30 novembre 2000.

[959] Article 5 de la délibération de la CRE du 15 février 2001.

d'achat pour revente d'électricité[960]. Les DNN ont également une clientèle captive, ce qui rend possible la pratique des subventions croisées. Pour éviter cet écueil, la directive 03/54 du CE impose en plus une séparation spécifique entre les comptabilités relatives aux clients éligibles et celles relatives aux clients non éligibles. Afin de transposer ces impératifs et dans le cadre des compétences qui lui sont reconnues aux termes de l'article 25 de la loi du 10 février 2000 pour déterminer les règles relatives à la séparation comptable, la CRE a abrogé le régime mis en place précédemment. Elle distingue dorénavant entre :

- les DNN qui acheminent une quantité d'électricité supérieure à 250 GWh : ils doivent tenir des comptes dissociés et répartir les charges entre les clients éligibles et non éligibles dans les comptes annuels ;
- les DNN qui acheminent une quantité d'électricité comprise entre 150 et 250 GWh : ils peuvent tenir des comptes de bilan de manière extracomptable et
- les DNN qui acheminent une quantité d'électricité inférieure à 150 GWh : ils peuvent établir un document simplifié comportant le chiffre d'affaires de chaque activité[961].

La loi du 9 août 2004 impose dorénavant que les DNN et EDF, en tant que distributeurs, tiennent des comptes séparés dans leur comptabilité interne « au titre de la gestion des réseaux de distribution ». Cette comptabilité doit impérativement distinguer entre la fourniture d'électricité aux clients éligibles et celle aux clients captifs et elle doit identifier les revenus provenant de la propriété des réseaux[962].
Parallèlement à la dissociation comptable, le précepte de transparence de la comptabilité prescrit aux entreprises de distribution de communiquer à la CRE leur comptabilité interne. Si cette obligation n'est pas satisfaite, la CRE dispose d'un droit d'accès à la comptabilité[963]. La transparence dans la gestion des réseaux de distribution impose également aux entreprises de distribution de tenir à la disposition du public leur comptabilité, que les entreprises soient légalement tenues de publier leurs comptes ou non[964]. La transparence dans la gestion du GRD doit être renforcée par l'élaboration d'un code de bonne conduite concernant les mesures d'organisation interne prises par le GRD pour prévenir les pratiques discriminatoires en matière d'accès aux réseaux. Ce code est transmis pour contrôle à la CRE qui procède à une évaluation des mesures adoptées et, en particulier, de celles relatives à l'indépendance du GRD[965].

(ii) La non-divulgation des informations sensibles détenues par les GRD

L'obligation de confidentialité qui pèse sur les gestionnaires de réseaux publics de distribution doit contribuer à garantir une concurrence libre et loyale et empêcher toute discrimination à l'égard des nouveaux entrants sur le marché de l'électricité.

---

960 Article 42 et s. de la loi du 3 janvier 2003 relative au marché du gaz.
961 Pour le détail de ces dispositions, voir la délibération de la CRE du 10 juin 2004 relative aux principes comptables applicables aux entreprises exerçant une ou plusieurs activités dans le domaine de l'électricité.
962 Article 25 de la loi du 10 février 2000 tel que modifié par l'article 33 § 9 de la loi du 9 août 2004.
963 Article 25 de la loi du 10 février 2000 révisé par les articles 18 et 19 de la directive 03/54 du CE.
964 Article 25 de la loi du 10 février 2000 transposant l'article 14 § 2 de la directive 96/92 du CE.
965 Voir le code de bonne conduite élaboré par EDF-distribution, sous www.edf-distribution.fr.

Cette obligation s'applique avec encore plus d'acuité dans le cas des GRD et du GRT appartenant à l'opérateur historique. Les agents des GRD, comme ceux du GRT, doivent préserver la confidentialité des informations dont ils ont connaissance pendant l'exercice de leurs fonctions. Ils préservent l'ensemble des « informations commercialement sensibles » d'ordre économique, commercial, industriel, financier ou technique, comme le précise le décret d'application[966].
Ce décret, qui a pour but de préciser l'article 16 de la loi du 10 février 2000 relatif aux informations détenues par le GRT et l'article 20 relatif aux informations détenues par les GRD, précise le contenu des informations détenues indifféremment par le GRT ou les GRD. Les informations reçues par les gestionnaires de réseaux sur lesquelles pèse une obligation de non-divulgation concernent essentiellement les dispositions contractuelles d'accès aux réseaux ou de fourniture d'électricité de leurs clients éligibles, ainsi que les informations transmises entre les utilisateurs et les GRD/GRT pour la formation des contrats d'accès aux réseaux. Quant aux échanges d'informations entre le GRT et les GRD, ils ne sont autorisés que tant qu'ils tendent à assurer « le bon accomplissement de leurs missions respectives » de l'accès aux réseaux[967].
La loi du 3 janvier 2003 relative au marché du gaz a élargi les possibilités de circulation interne d'informations entre les agents des collectivités locales dans le cadre de leur contrôle de la gestion des réseaux[968]. La loi du 10 février 2000 condamnait à un emprisonnement d'un an et à une amende de 15 000 euros[969] la divulgation d'informations sensibles à toute personne étrangère au service du GRD[970] ainsi que la divulgation d'une information « à caractère secret par une personne qui en est dépositaire, soit par état ou par profession, soit en raison d'une fonction ou d'une mission temporaire ». Elle renvoie dorénavant directement à l'article 226-13 du Code pénal qui prévoit les mêmes peines[971].
Parallèlement au régime mis en place par la loi du 10 février 2000, la divulgation d'informations sensibles relatives à l'accès aux réseaux entre opérateurs peut être sanctionnée par le Conseil de la concurrence si elle constitue une entorse aux règles de la concurrence. Des échanges d'informations entre des opérateurs et le GRD, ou entre le GRT et les GRD, peuvent aussi être sanctionnés dans le cadre de l'article L. 420-1 du Code de commerce. Ces échanges peuvent, en effet, constituer une entente ayant pour but de restreindre ou d'empêcher la concurrence sur le marché de l'électrique, surtout si le GRT et le GRD appartiennent à la même entreprise.
L'obligation de non-divulgation est particulièrement renforcée lorsque les entités actives dans un secteur parallèle sont directement ou indirectement liées au GRD[972].

---

966 L'article 20 dispose que la liste des informations, dont la teneur doit être préservée, est fixée par décret. Ce décret a été adopté le 16 juillet 2001, décret n° 2001-630 relatif à la confidentialité des informations détenues par les gestionnaires de réseaux publics de transport ou de distribution d'électricité, JO du 19 juillet 2001.

967 Article 4 du décret du 16 juillet 2001.

968 Article 46 de la loi du 3 janvier 2003 relative au marché du gaz modifiant l'article 20 de la loi du 10 février 2000.

969 Article 226-13 du Code pénal tel que modifié par l'ordonnance n° 2000-916 du 19 septembre 2000.

970 Aux termes de l'article 20 de la loi du 10 février 2000, le montant de l'amende est fixé à 15 000 euros.

971 Article 16 de la loi du 10 février 2000 tel que modifié par l'article 33 § 7 de la loi du 9 août 2004.

972 Dans le cas d'un DNN ayant la forme d'une SEM, un actionnaire privé, actif dans un domaine complémentaire à la distribution (la production d'électricité), pourrait recevoir des informations du

De tels comportements sont précisément visés par la directive 03/54 du CE lorsqu'elle impose que le GRD s'abstienne de « toute discrimination entre les utilisateurs du réseau [...], notamment en faveur de ses entreprises liées »[973].

(iii) La séparation de gestion des réseaux de distribution

L'ouverture du marché à l'ensemble des consommateurs professionnels change la donne dans le secteur de la distribution. Les réseaux de distribution deviennent des infrastructures dont l'accès doit être assuré dans les mêmes conditions que dans le transport, considérant que nombre de clients éligibles se retournent vers leurs distributeurs locaux pour leurs approvisionnements en électricité. La directive 03/54 du CE impose donc que le GRD soit, comme le réseau de transport, juridiquement séparé de l'entité dans laquelle il est intégré[974]. La séparation juridique comme la séparation de gestion ne doivent être transposées que si les activités de réseau font partie d'une entreprise verticalement intégrée telle que définie à l'article 2 § 21 de la directive 03/54 du CE[975]. Elle ne laisse pas aux États membres le soin de préciser le contenu de cette séparation et impose « qu'en plus de la séparation juridique », l'État membre prenne toute mesure utile afin que :

- les personnes chargées de la gestion du réseau de distribution n'appartiennent pas aux structures de l'entreprise ;
- les intérêts professionnels du personnel du GRD soient pris en compte de manière à assurer son indépendance et que
- le GRD dispose d'un pouvoir de décision effectif.

En outre, le GRD doit élaborer un programme d'engagement où doivent être précisées les mesures adoptées par l'entreprise intégrée pour garantir le respect du principe de non-discrimination de l'accès des réseaux. Ce programme est communiqué à la CRE avant d'être publié et il est contrôlé par une personne ou un organisme nommé par l'entreprise en charge de la distribution[976].

À la différence du réseau de transport, certaines entreprises de distribution peuvent cependant être exemptées de cette obligation si elles n'approvisionnent pas plus de 100 000 clients[977]. Cette dérogation n'est pas limitée dans le temps, en revanche si le distributeur devait passer au-dessus de la barre des 100 000 clients, il serait contraint de procéder à la dissociation.

La loi du 9 août 2004 vise indirectement cette dérogation en son article 13 qui dispose qu'une entreprise de distribution d'électricité qui dessert « plus » de 100 000 clients et exerce une ou plusieurs activités dans le même secteur « constitue en son sein un service chargé de la gestion du réseau de distribution, indépendant, sur le plan de l'organisation et de la prise de décision, des autres activités ». Ne sont donc pas soumis à cette obligation les distributeurs ayant moins de 100 000 clients.

Il importe de préciser que cette restructuration n'emporte pas modification des

---

GRD à propos des conditions de fourniture d'électricité des clients éligibles desservis et proposer des offres plus concurrentielles.

[973] Articles 11 § 2 et 14 § 2 des directives 96/92 du CE et 03/54 du CE.

[974] Article 15 de la directive 03/54 du CE.

[975] Pour la notion d'entreprise verticalement intégrée, voir plus haut « De la dissociation de gestion à la dissociation juridique », p. 142.

[976] Article 15 d) de la directive 03/54 du CE.

[977] Article 15 d) de la directive 03/54 du CE qui ne vise que les réseaux de distribution.

contrats de concession. Toutefois ni la directive, ni les lois électricité ne définissent ce qu'il faut entendre par « client raccordé » au réseau de distribution. Sans une définition précise de la notion de client, les distributeurs restent libres d'apprécier les critères de définition, qu'en sera-t-il par exemple d'une maison d'habitation avec plusieurs familles, prendra-t-on en compte un seul ou plusieurs raccordements ?
Un début de réponse transparaît dans la note de la Commission du 16 janvier 2004 qui dispose que « par 100.000 client raccordés, il faut entendre 100.000 raccordements ». Un ménage est considéré comme un raccordement indépendamment du nombre de personnes qui résident au lieu du raccordement. Mais la difficulté demeure en ce qui concerne la détermination du nombre de raccordements d'un édifice comprenant plusieurs ménages. Il reviendra à la CRE de préciser cette notion en concertation avec les opérateurs afin d'éviter que cette obligation de dissociation ne soit contournée par les distributeurs. La Commission conseille en l'espèce de procéder en commun à « une évaluation raisonnable » du nombre de raccordements[978].
Outre les difficultés quant à l'évaluation du nombre de raccordements, se pose la question des rapports avec l'entreprise liée. En effet, cette dérogation ne s'applique pas si le gestionnaire du réseau de distribution est sous le contrôle d'une entreprise dont le chiffre global de raccordement est supérieur à 100 000 clients. Dans le cas de l'appartenance du distributeur à une entreprise verticalement intégrée tous les clients raccordés des entreprises de distribution contrôlées par l'entreprise mère sont additionnés et ce même si le distributeur concerné a moins de 100 000 clients. Cette règle doit éviter là encore que les règles de dissociation ne soient contournées par les entreprises verticalement intégrées à travers la création de plusieurs entités de distribution de moins de 100 000 clients.
Enfin ce nombre de 100 000 clients n'est pas d'application stricte, les Etats membres peuvent en fonction de l'organisation de leur marché l'abaisser. Ils ne peuvent cependant pas l'augmenter car le but de cette mesure est de faire en sorte que la dissociation soit effective.
Pour les réseaux de distribution ayant plus de 100 000 clients, la transposition de la dissociation est contenue à l'article 13 de la loi du 9 août 2004. Il impose la création d'un « service juridique au sein de l'entreprise intégrée ». Cette disposition ne transpose pas la séparation juridique mais la séparation de gestion du réseau de distribution. Cette approche diffère de celle relative au GRT pour lequel une « personne morale distincte » de celle assurant la production ou la fourniture est créée pour la gestion du réseau de transport.
Cette liberté dans la transposition est autorisée par l'article 30 § 2 de la directive 03/54 du CE qui permet aux États membres de surseoir à la mise en œuvre de la séparation juridique des réseaux de distribution jusqu'au 1er juillet 2007 et ce sans justification spécifique. Au plus tard à cette date, la séparation juridique des réseaux de distribution ayant plus de 100 000 clients devra toutefois être réalisée.
Si l'on se reporte à l'article 15 § 4 de la directive 03/54 du CE, on constate que le GRD ne doit pas nécessairement être une personne morale distincte de la société

---

978 La Commission propose également de prendre en compte le critère de la « facturation » du client, c'est-à-dire de prendre en compte le nombre de clients facturés, note de la Commission du 16 janvier 2004 sur le régime de séparation.

exerçant une activité de production ou de fourniture d'électricité. Cette faculté ressort du dernier alinéa de l'article 15 aux termes duquel : « en cas de création d'une société gestionnaire de réseau de distribution, l'ensemble des contrats relatifs à l'activité de gestionnaire de réseau de distribution peut être transféré à la société nouvellement créée ».

En revanche, le régime devant assurer la séparation sur le plan de l'organisation et de la prise de décision doit, quant à lui, être transposé dès l'entrée en vigueur de la directive 03/54 du CE. La Commission considère en effet qu'en raison des dérogations possibles, les exigences de séparation de gestion sont applicables indépendamment de la séparation juridique.

Cette séparation de gestion des réseaux de distribution est transposée dans la loi du 9 août 2004 à travers des mesures éparses, qui imposent que les personnes responsables du GRD :

- ne doivent pas avoir de responsabilité dans la gestion d'activité de production ou de fourniture d'électricité, pour ne pas subir de pression morale et afin d'être protégées des pressions relatives aux intérêts commerciaux de la fourniture d'électricité ;
- reçoivent un mandat d'une durée déterminée ;
- reçoivent les moyens nécessaires à l'exécution de la direction générale du GRD et
- assurent l'exploitation du réseau de distribution de manière indépendante vis-à-vis des intérêts défendus dans les activités de production et fourniture, transposant l'indépendance du GRD dans la politique d'investissement.

Dans le cas où une société est créée pour gérer le réseau de distribution, des mesures visant à protéger les droits des actionnaires du GRD doivent être adoptées afin de répondre à la directive 03/54 du CE. Celles-ci doivent interdir à la société mère de donner des instructions au sujet de la gestion quotidienne ou de prendre des décisions individuelles relatives à la construction ou à la modernisation des lignes de transport. La loi du 9 août se limite à transposer une séparation fonctionnelle et managériale dans les entreprises intégrées de distribution d'électricité, la séparation juridique doit quant à elle intervenir avant le 1er juillet 2007. À moins que les DNN n'aient demandé à bénéficier de la procédure de révision prévue à l'article 27 de la directive 03/54 du CE. Selon cette procédure, la demande d'exemption ayant trait à l'obligation de dissociation juridique relative aux réseaux de distribution est adressée à la Commission. La procédure devrait en principe aboutir s'il est démontré que l'accès aux réseaux est effectif même sans transposition de la dissociation juridique. C'est le cas si le réseau de distribution a au moins transposé les règles suivantes :

- création d'un service distinct pour gérer l'activité de distribution au sein de l'entreprise intégrée,
- nomination d'un directeur pour le service réseau disposant d'un contrat de travail avec l'entreprise énumérant les raisons d'un éventuel licenciement,
- interdiction pour le membre du conseil d'administration de l'entreprise réseau d'être responsable de la branche production et/ou fourniture,
- interdiction pour le personnel dirigeant du secteur réseau d'avoir des responsabilités au sein de la branche production et/ou fourniture,

- restriction, voire si nécessaire interdiction des transferts de personnels entre les branches réseau et production,
- interdiction pour le personnel dirigeant du réseau de détenir des parts dans l'entreprise liée de même que le salaire du personnel dirigeant du réseau doit être exclusivement lié aux résultats de la branche réseau,
- respect par les services communs aux réseaux et à la production des principes de transparence de non-discrimination et de non-communication d'informations sensibles.

Le contrôle de la conformité de la dissociation se fera au cas par cas en fonction des mesures adoptées par les entreprises verticalement intégrées. Toutefois, le programme d'engagement ainsi que le rapport annuel élaborés par l'entreprise intégrée sont un instrument qui doit aussi permettre, en particulier au régulateur, de contrôler la conformité de la transposition des impératifs de dissociation.

(2) La gestion duale des réseaux publics de distribution d'électricité et de l'accès aux réseaux

Les collectivités locales assurent, en tant que propriétaires des infrastructures de la distribution d'électricité et responsables de l'exécution des missions de service public[979], une mission de contrôle sur la gestion des réseaux publics de distribution. La gestion des réseaux de distribution proprement dite est, quant à elle, de la compétence des GRD. La loi du 10 février 2000 va contribuer à renforcer le contrôle des collectivités territoriales sur les activités de service public prises en charge par les GRD. C'est le cas pour ce qui concerne les activités d'exploitation et de développement des réseaux de distribution d'électricité.

Garants, par ailleurs, de l'accès des opérateurs aux réseaux publics de distribution, les GRD doivent mettre leurs infrastructures à la disposition des opérateurs dans le cadre de l'accès aux réseaux dont ils garantissent parallèlement la transparence du fonctionnement.

(a) Les autorités concédantes et la gestion des réseaux publics de distribution

Aux termes de l'article 1er de la loi du 10 février 2000, les communes organisent le service public de l'électricité. C'est à elles de garantir dans le cadre de leur contrôle le bon accomplissement par les GRD des missions de service public[980].

Les collectivités locales vérifient, en particulier, le bon accomplissement des missions de service public qui ont un impact sur l'accès aux réseaux, telles que les mesures relatives au développement équilibré de l'approvisionnement en électricité et celles relatives au développement et à l'exploitation des réseaux publics de distribution. Elles interviennent aussi a posteriori pour garantir une gestion transparente et concurrentielle des réseaux.

---

[979] Article 1er de la loi du 10 février 2000, sur la propriété des réseaux voir J.C Videlin, « Les biens des établissements publics de coopération intercommunale », *AJDA*, 20 octobre 2001, p. 829.

[980] Les collectivités locales ont présenté un projet comprenant 35 amendements au projet de loi sur le service public de l'électricité. Elles y expriment leur souhait de voir leur rôle « d'orientation et de coordination des réseaux de distribution d'électricité [...] affirmé dans la loi, au niveau local comme au niveau régional », déclaration des associations Amorec, CLER, RARE et Énergie-Cités, Enerpresse, n° 7259, 9 février, 1999, p. I.

(i) Le contrôle préalable du développement des réseaux publics de distribution

Les dispositions de la loi du 10 février 2000 relatives à la maîtrise d'ouvrage et à la demande d'électricité permettent aux autorités concédantes d'intervenir en amont dans la gestion des réseaux publics de distribution et renforcent ainsi leur mainmise sur les réseaux de distribution. Les mesures prises dans le cadre de la maîtrise d'ouvrage ont une importance particulière sur la garantie d'un accès non discriminatoire aux réseaux. En effet, les collectivités locales gérant elles-mêmes la distribution d'électricité peuvent être tentées de développer leur réseau de manière à favoriser leur distributeur. Pour y parvenir, elles peuvent volontairement ne pas développer les capacités des réseaux et rendre l'accès aux réseaux des fournitures concurrentes impossible.

La maîtrise d'ouvrage

Il s'agit, en l'espèce, de déterminer la responsabilité de l'entité qui doit prendre en charge les travaux d'extension ou de renforcement des réseaux de distribution.
La loi du 10 février 2000 renvoie aux dispositions de la loi de nationalisation du 8 avril 1946 qui permet aux autorités concédantes de décider de l'exécution de travaux « d'extension, de renforcement et de perfectionnement des ouvrages de distribution »[981], ces travaux étant exécutés en tout ou partie à leur charge[982]. L'autorité concédante est, si elle le souhaite, seule « maître d'ouvrage » des travaux de développement de son réseau de distribution. Elle peut aussi s'allier avec le concessionnaire pour les raccordements nécessaires à l'alimentation des nouveaux usagers et les ouvrages de renouvellement du réseau de distribution. Le cahier des charges de la concession, auquel renvoie la loi du 10 février 2000, précise les modalités d'exécution de cette prérogative des autorités concédantes et du concessionnaire[983]. L'autorité concédante est donc responsable du renforcement des ouvrages, c'est-à-dire des travaux effectués sur le réseau existant et nécessités par l'accroissement de la demande d'électricité, afin de garantir la qualité des réseaux. Par conséquent, les collectivités locales sont aussi responsables de la qualité, de l'entretien et du développement des réseaux de distribution[984].
Cette intervention de l'autorité concédante est confortée par la loi du 10 février 2000, qui opère un partage de responsabilité diffus entre les GRD et les autorités concédantes quant au développement des réseaux publics de distribution. Selon la loi du 10 février 2000, les GRD disposent d'une compétence exclusive pour exploiter et entretenir le réseau de distribution, alors qu'ils ne disposent que d'une compétence subsidiaire pour assurer le développement du réseau de distribution. Mais les GRD sont, aux termes de l'article 18 de la loi du 10 février 2000,

---

[981] Article 36 de la loi de nationalisation auquel renvoie l'article 17 de la loi du 10 février 2000.
[982] Article 36 de la loi de nationalisation.
[983] Aux termes de l'article 17 de la loi du 10 février 2000, « en application des dispositions du 4ème alinéa de l'article 36 de la loi n° 46-628 du 8 avril 1946, les collectivités et établissements précités peuvent assurer la maîtrise d'ouvrage des travaux de développement des réseaux publics de distribution d'électricité ».
[984] Les communes assurent ainsi les compétences contenues aux articles 1 et 2 de la loi du 10 février 2000 en ce qui concerne le développement des réseaux publics de distribution.

responsables du développement du réseau de distribution « sous réserve des dispositions de l'article 36 de la loi de nationalisation du 8 avril 1946 et des dispositions des règlements de services des DNN »[985]. Par conséquent, en cas de dysfonctionnement du réseau de distribution lors d'un accès aux réseaux causé par un défaut de renforcement ayant pour conséquence d'empêcher, de gêner ou de restreindre l'accès des opérateurs au réseau, on se trouve face à une responsabilité partagée, contenue dorénavant dans la loi.

Il appartient aux collectivités locales, en premier lieu, de pourvoir au développement du réseau de distribution et, en second lieu, de se retourner vers la responsabilité légale des GRD visée dans la loi du 10 février 2000. La loi du 9 août 2004 rajoute à cette confusion en prévoyant qu'EDF puisse créer un service commun avec tout DNN pour « la construction des ouvrages, la maîtrise d'œuvre de travaux, l'exploitation et la maintenance des réseaux et les opérations de comptage »[986].

Il s'agit, selon les termes du Rapport Lenoir, « d'encourager la mise en commun des travaux entre EDF et ces distributeurs (DNN), afin de favoriser la réalisation de gains de productivité, ces distributeurs n'étant pas toujours dotés de la main-d'œuvre nécessaire ». L'optimisme de cette formulation ne doit pas occulter le danger de l'immixtion de l'opérateur historique dans la gestion des réseaux qui lui sont concurrents. C'est pourquoi il importe de préciser que les travaux de maîtrise d'ouvrage, tels que les choix relatifs au développement des lignes qui sont de la compétence exclusive du GRD, doivent être exclus de ces services communs.

En outre, le relationnel avec la clientèle et la facturation des services relèvent des activités commerciales qui entrent dans le champ concurrentiel et doivent également être exclus de ces services communs.

La maîtrise de la demande d'électricité

Aux termes de l'article L. 2224-34 intégré dans le CGCT par l'article 17 de la loi du 10 février 2000, les collectivités locales peuvent prendre en charge des actions visant à encourager la maîtrise de la demande en électricité des consommateurs domestiques. Le but de cette mesure étant « d'éviter ou de différer » l'extension ou le renforcement des réseaux publics de distribution. Les communes ou leurs regroupements concluent à cet égard des conventions avec les bénéficiaires afin de prendre en charge, entre autres, des travaux d'isolation, de régulation thermique, voire l'acquisition par les consommateurs d'appareils domestiques à faible consommation[987]. Cette mesure ne concerne que les clients desservis en basse tension et non les clients industriels.

Cette disposition doit éviter un développement inopportun des réseaux et réduire les coûts d'extension des réseaux de distribution si le nombre de consommateurs raccordés est restreint[988]. Elle répond en partie aux attentes des collectivités locales

[985] Article 18 de la loi du 10 février 2000.

[986] Article 2 de la loi du 9 août 2004 modifiant l'article 5 de la loi de nationalisation.

[987] Un décret pris en Conseil d'État devant fixer les modalités d'application de cet article, article L. 2224-34 du CGCT dans l'article 17 de la loi du 10 février 2000.

[988] Voir les arguments développés contre cette mesure lors des débats du Sénat, en ce qu'elle constitue un frein à l'augmentation des capacités des réseaux, débats du Sénat, séance du 6 octobre 1999.

qui souhaitent développer leur rôle « d'orientation et de coordination des réseaux de distribution »[989]. Mais cette mesure illustre aussi la mainmise des pouvoirs publics sur la stratégie de développement des infrastructures essentielles ; d'autant qu'à la différence du régime applicable au sein du réseau de transport, les collectivités territoriales ne doivent pas soumettre à la CRE le programme d'investissement de leurs réseaux de distribution[990]. Elles ne sont également soumises à aucun contrôle externe quant aux investissements à réaliser sur les réseaux de distribution qui sont pourtant essentiels au développement de la concurrence.

(ii) Le contrôle a posteriori de la gestion des réseaux publics de distribution

La loi du 10 février 2000 conforte et renforce les contrôles exercés par les collectivités locales sur les infrastructures de réseaux, mais également sur la gestion des réseaux. Ces contrôles permettent d'introduire la transparence dans la gestion des réseaux, car ils se font au détriment de la distribution prise en charge par EDF.

Le contrôle sur les infrastructures de la distribution d'électricité

Dans le cadre de la concession de distribution d'électricité, les collectivités locales vérifient l'état des installations qu'elles concèdent en procédant à des inspections techniques des ouvrages de la distribution. Le détail de ce contrôle est prévu dans le cahier des charges de la concession qui autorise des agents de contrôle désignés par l'autorité concédante de procéder à tout moment « à toutes vérifications utiles pour l'exercice de leurs fonctions »[991]. Ce contrôle consiste, entre autres, à effectuer des « essais et mesures [sur la qualité de l'énergie distribuée], à prendre connaissance sur place de tous documents techniques ou comptables [...], à vérifier les plans de tout ou une partie du réseau basse ou haute tension »[992].
Or, dans la pratique, les communes de petite taille confrontées à des pressions budgétaires font souvent appel à des agents de contrôle envoyés directement par EDF qui contrôle alors les installations qu'elles gèrent, ou encore à des fonctionnaires des directions départementales de l'équipement « qui ne sont pas censés être compétents pour ce type de mission »[993]. Ces conditions d'exercice du contrôle du fonctionnement des réseaux de distribution ne sauraient respecter le principe d'une gestion transparente des réseaux de distribution que ces collectivités locales doivent assurer[994]. Aussi la loi du 10 février 2000 a-t-elle adopté à l'article 17 une mesure qui empêchera les GRD d'attribuer à leurs propres agents la prise en charge de ce contrôle. Aux termes de cet article, la mission de contrôle

---

[989] Enerpresse, Les entreprises locales d'électricité, n° 7264, 16 février 1999, p. 6 ; Enerpresse, Premières assises nationales de l'énergie : les collectivités locales face à la libéralisation, n° 7428, 12 octobre 1999, p. 7.

[990] Le GRT est contraint aux termes de l'article 14 de la loi du 10 février 2000 de soumettre pour approbation à la CRE un programme des investissements à réaliser au sein du réseau de transport.

[991] Article 32 du modèle de cahier des charges de concession pour le service public de la distribution d'énergie électrique, juin 1992.

[992] Article 32 du modèle de cahier des charges de concession pour le service public de la distribution d'énergie électrique, juin 1992.

[993] Rapport Bataille, p. 137.

[994] Contrairement à l'article 18 de la loi du 10 février 2000 qui renvoie au GRD la seule mission de gestion des réseaux de distribution.

demeure la compétence des collectivités locales, mais elles doivent à cet effet désigner « un agent de contrôle distinct du gestionnaire du réseau public de distribution »[995].
Cette fonction de contrôle doit être assurée par une entité indépendante des parties et, en particulier, des GRD afin de garantir un véritable contrôle relatif à la sécurité, la sûreté et la fiabilité du réseau public de distribution. Cette obligation répond aux impératifs de transparence et contribue à réduire les risques de développement arbitraire des réseaux de distribution dans l'intérêt d'opérateurs locaux.

Le contrôle sur les activités des GRD

Afin d'assurer la sécurité, la fiabilité, mais aussi la non-discrimination dans l'accès aux réseaux de distribution, les autorités concédantes disposent de prérogatives leur permettant de contrôler les GRD dans l'accomplissement de leurs missions relatives à l'accès aux réseaux. Le préalable nécessaire pour accomplir cette mission commande aux collectivités locales de pouvoir « s'appuyer sur une information complète de la gestion du réseau »[996]. À cet effet, l'article 17 de la loi du 10 février 2000 contraint les GRD à tenir à la disposition des autorités concédantes « les informations d'ordre économique, commercial, industriel, financier ou technique utiles à l'exercice de leurs compétences ». Ce contrôle sur la gestion des réseaux introduit par la loi du 10 février 2000 est plus étendu que celui prévu dans le cahier des charges de la concession, lequel ne prévoyait jusque-là que l'obligation pour le concessionnaire de fournir annuellement « un compte-rendu d'activité »[997].
L'inscription dans la loi d'une telle obligation fait des autorités concédantes les entités régulatrices de la gestion des réseaux de distribution afin de garantir le respect non seulement des missions de service public, mais également de celles permettant d'introduire la concurrence.
La pertinence de ce contrôle s'exprime surtout par rapport à l'opérateur historique en tant que concessionnaire des réseaux de distribution, car les communes ont plus facilement accès aux informations des régies ou des SEM auxquelles elles participent, qu'à celles d'EDF en tant que distributeur[998]. Ce contrôle a cependant ses limites, puisqu'il ne tient à la disposition des autorités concédantes que les informations utiles « à l'exercice des compétences » de ces dernières[999]. Pour plus de précisions, les cahiers des charges de la concession de distribution d'électricité reprennent les informations contenues dans les comptes-rendus annuels, élaborés d'un commun accord par l'autorité concédante et le concessionnaire[1000]. En cas de

995 Article 17 de la loi du 10 février 2000 intégré à l'article L. 2224-31 du CGCT.

996 Débats du Sénat, Intervention de X. Pintat, débats du Sénat, séance du 6 octobre 1999, relatifs à l'article 17 du projet de loi sur le service public de l'électricité.

997 Article 32 du modèle de cahier des charges de concession pour le service public de la distribution d'électricité, juin 1992.

998 Cette mesure « élargit leur droit [aux collectivités locales] à l'information sur la gestion du réseau exploité par EDF », débats du Sénat, séance du 6 octobre 1999, relatifs à l'article 17 du projet de loi sur le service public de l'électricité.

999 Article L. 2224-31 du CGCT inséré par l'article 17 de la loi du 10 février 2000.

1000 Les informations à transmettre par le concessionnaire concernent les indicateurs de résultats (CA en électricité, achat d'électricité, impôts, charges...), les indicateurs de qualité du produit (les pourcentages acceptables ou indemnisables des chutes de tension, des coupures), les indicateurs de

non-transmission de ces comptes-rendus et après mise en demeure, le concessionnaire peut être amené à payer une pénalité égale à un pourcentage de la redevance de concession par jour de retard[1001]. Les manquements du concessionnaire aux obligations relatives à la gestion du réseau de distribution peuvent entraîner la saisine du Préfet, pour conciliation, du Conseil supérieur de l'électricité et du gaz, voire en dernier ressort des tribunaux administratifs[1002].
En renforçant les compétences des collectivités locales, la loi du 10 février 2000 fait peser sur le GRD une responsabilité supplémentaire en cas de non-transmission d'informations sur la gestion du réseau de distribution. La sévérité de ce régime tient au fait qu'à la différence du dispositif applicable au réseau de transport, le contrôle du développement de l'infrastructure essentielle n'est pas soumis préalablement à un contrôle du régulateur CRE.

(b) Les GRD et la gestion des réseaux publics de distribution

Parallèlement aux compétences revenant aux autorités concédantes, la gestion stricto sensu des réseaux publics de distribution, afin de mettre en œuvre l'accès aux réseaux, revient essentiellement aux GRD.
Les missions qu'il leur revient de prendre en charge se rapprochent de celles du GRT, mais sont limitées à leur zone de desserte exclusive. Toutefois, pour permettre un fonctionnement sûr et efficace de l'ensemble du système électrique, les GRD assurent la gestion des infrastructures de la distribution et gèrent les flux électriques sous les mêmes contraintes et dans les mêmes conditions que le GRT.

(i) La gestion des infrastructures de distribution d'électricité

Le GRD est compétent pour assurer la gestion du réseau de distribution à l'intérieur de la « zone de desserte exclusive » visée dans la convention de concession de la distribution. Celle-ci énumère la ou les communes sur lesquelles s'étend la desserte en électricité. Aux termes de l'article 18 de la loi du 10 février 2000, le GRD est l'entité responsable de l'exploitation et de l'entretien du réseau public de distribution[1003]. Les dispositions légales posent ainsi un principe de base et renvoient pour le détail aux cahiers des charges de concession et aux règlements des régies.
Le cahier des charges dispose à cet égard que « le concessionnaire exploite à ses risques et périls ; la responsabilité résultant de l'existence des ouvrages et de l'exploitation du service concédé lui incombe »[1004].
L'exploitation du réseau public de distribution s'entend de l'accomplissement des travaux de maintenance nécessaires au bon fonctionnement du réseau, responsabilité que le GRD partage avec la collectivité concédante. Elle doit également être conforme aux dispositions fixées dans le décret définissant les prescriptions techniques générales de conception et de fonctionnement pour le « raccordement aux

---

qualité des services (taux de rendez-vous tenus, délai moyen entre demande et achèvement d'une intervention...), les indicateurs de développement, les indicateurs tarifaires, etc., voir le modèle de cahier des charges de concession pour le service public de la distribution électrique, juin 1992.

1001 Article 32 du cahier des charges de la convention de concession intervenue entre le SIGEIF d'Ile de France et EDF du 16 décembre 1994.

1002 Articles 37 et 45 de la loi de nationalisation du 8 avril 1946.

1003 Article 18 de la loi du 10 février 2000 transposant l'article 10 § 2 de la directive 96/92 du CE.

1004 Modèle de cahier des charges de concession pour le service public de l'énergie électrique, juin 1992.

réseaux publics de distribution auxquels doivent satisfaire les installations des producteurs et des consommateurs, les interconnexions et les lignes directes »[1005]. À la différence du GRT, le GRD est dans une moindre mesure responsable du développement du réseau de distribution. Il exerce cette compétence à titre substitutif afin de pallier la non-intervention des autorités concédantes. Son intervention a pour but de « permettre le raccordement des installations des consommateurs et des producteurs, ainsi que l'interconnexion avec d'autres réseaux »[1006]. Devant les compétences diffuses des intervenants, les cahiers des charges de concession et les règlements de régies aideront nécessairement à préciser le détail des interventions réciproques des GRD et des autorités concédantes. On ne peut ici que regretter la clarté qu'auraient introduite les amendements présentés lors de l'examen du projet de loi visant à intégrer la notion de gestionnaire de réseau de distribution dans les contrats de concession[1007] et à préciser la compétence de la collectivité concédante par rapport au développement du réseau de distribution[1008].

(ii) La gestion des flux d'électricité

Alors que jusque-là les missions relatives à la gestion physique des réseaux de distribution d'électricité imposent l'intervention combinée des GRD et des collectivités locales, le régime de la gestion des flux d'électricité sur les réseaux de distribution présente une responsabilité indivisible. Pour des raisons techniques et de sécurité, la gestion des flux d'électricité dans la mise en œuvre de l'accès aux réseaux revient exclusivement aux GRD. En vertu du principe de continuité du service public de la distribution d'électricité, le GRD assure « à tout instant »[1009] l'équilibre des flux d'électricité qui transitent sur son réseau, afin de garantir la sécurité et l'efficacité du réseau de distribution ainsi que la « fiabilité du réseau »[1010]. La responsabilité du GRT est cependant limitée par les contraintes intrinsèques du réseau, à savoir les « contraintes techniques du réseau ». Afin de gérer les flux sur le réseau de distribution, le GRD doit mettre en œuvre les contrats d'accès aux réseaux :

- que le GRT lui communique ou
- que ses clients éligibles lui communiquent lorsque le centre de production et le lieu de soutirage de l'électricité sont situés dans sa zone de desserte.

L'accès des opérateurs aux réseaux impose au GRD de procéder à l'appel des infrastructures de production pour acheminer l'électricité jusqu'au lieu de soutirage, conjointement et en temps réel avec le GRT, si nécessaire. Lors de l'accomplissement de cette mission, le GRD peut agir de manière discriminatoire envers les opérateurs, si les organismes de distribution sont aussi producteurs d'électricité. Le GRD est dans ce cas en mesure de favoriser l'accès aux réseaux publics de distribution des productions d'électricité issues de ses propres installations en les appelant en priorité, ou d'accorder un accès prioritaire aux

[1005] Article 18 de la loi du 10 février 2000.
[1006] Article 18 de la loi du 10 février 2000.
[1007] Rapport Bataille, p. 139.
[1008] Amendements présentés par M. Bouvard, A. Lepercq et C. Birraux, rapport Bataille, p. 139.
[1009] Article 19 § I de la loi du 10 février 2000.
[1010] Article 11 § 1 de la directive 96/92 du CE.

réseaux d'installations desservant ses clients éligibles. L'article 19 § II de la loi du 10 février 2000 doit empêcher cela en imposant au GRD d'assurer l'appel des centrales « de manière non discriminatoire », lequel est précisé par l'article 11 § 2 de la directive 96/92 du CE qui interdit aux gestionnaires de réseaux de distribution de procéder à des discriminations entre les utilisateurs du réseau ou les catégories d'utilisateurs du réseau et ses entreprises liées. La gestion des flux d'électricité sur les réseaux de distribution impose, par ailleurs, la collaboration du GRT et des GRD afin que les contrats de fourniture transportés par le GRT atteignent le consommateur final. Cette collaboration impose que les GRD communiquent au GRT les programmes d'approvisionnement en électricité, lesquels tiennent compte des programmes de consommation[1011] et des programmes d'appel reçus respectivement par leurs consommateurs et leurs fournisseurs. La directive 03/54 du CE aligne le régime de gestion des réseaux de la distribution sur celui de transport. Dans son article 14, elle précise les tâches du GRD et son obligation de gérer les pertes de manière non discriminatoire, de mettre en place une capacité de réserve et de tarifer les écarts de manière équitable. Le GRD est également responsable du comptage des quantités d'électricité reçues du GRT et à livrer aux consommateurs la journée suivante[1012]. Ce comptage doit être accessible aux utilisateurs des réseaux qui doivent pouvoir prendre connaissance des caractéristiques détaillées de leur consommation à tout instant[1013]. Les dispositions de la directive 03/54 du CE imposent aux GRD le respect du principe de transparence et leur commandent de fournir aux utilisateurs du réseau les informations dont ils ont besoin pour un accès efficace aux réseaux[1014]. La communication des comptages effectués par les appareils de mesure et du contrôle des consommations d'énergie ne peut être faite qu'aux consommateurs concernés, ces informations étant leur propriété. La CRE souligne l'importance de cette communication pour le développement de la concurrence et rappelle que la « parfaite connaissance par les utilisateurs de réseaux des paramètres de leur consommation est nécessaire à l'exercice du libre choix de leurs fournisseurs d'électricité »[1015]. Elle plaide aussi pour que les conditions d'accès aux données de comptage soient intégrées dans le Code de réseau à adopter[1016].

[1011] Ces programmes sont supprimés en tant que tels par la loi du 3 janvier 2003 relative au marché du gaz.

[1012] Article 19 § III de la loi du 10 février 2000.

[1013] L'accès au comptage doit être rendu possible par le GRT et les GRD. Ces données comprennent les informations relatives aux courbes de charges, dépassements de puissance, durée des coupures. La CRE oblige les gestionnaires de réseaux à permettre aux utilisateurs d'accéder aux données de comptage, communication de la CRE du 5 juillet 2001 sur l'accès aux données du comptage électrique.

[1014] Article 14 § 3 de la directive 03/54 du CE.

[1015] Communiqué de la CRE du 27 novembre 2000 demandant aux GRD de garantir l'accès des utilisateurs au comptage suite aux difficultés rencontrées par des utilisateurs ayant saisi la CRE pour accéder à distance (procédé de la télérelève) aux résultats des comptages enregistrant leur consommation. Le GRT prévoit dans les contrats MADE, déjà, la possibilité pour le consommateur de « télérelever » les puissances moyennes en se connectant au « bornier consommateur » ou en procédant à la télérelève à l'aide de programmes conçus à cet effet, conditions particulières du contrat MADE aux points de livraison, obligation contenue également à l'article 13 du cahier des charges de la concession RAG approuvé par décret du 28 décembre 1994.

[1016] Rapport annuel de la CRE du 30 juin 2001, p. 24 ; Communication de la CRE du 5 juillet 2001 sur l'accès aux données du comptage électrique.

Conclusion

L'ouverture du marché électrique par l'introduction de l'accès aux réseaux ne permet, en pratique, que d'adapter l'organisation des réseaux publics de distribution à son régime, dans un souci réitéré de respecter les compétences des intervenants historiques. En raison de leur titre de propriété sur les infrastructures de la distribution, les collectivités locales renforcent leur contrôle sur l'exploitation et la gestion des réseaux et interviennent ainsi comme un régulateur local.

Par ailleurs, malgré l'introduction de l'accès aux réseaux publics de distribution, l'activité de la distribution d'électricité demeure un monopole réservé à EDF qui contrôle la majorité des réseaux de distribution et ne supporte que la concurrence insignifiante des DNN. Une véritable ouverture à la concurrence de la distribution d'électricité ne peut reposer que partiellement sur l'introduction de l'accès aux réseaux. En effet, elle doit être complétée par l'abrogation du monopole d'EDF et la possibilité pour les collectivités locales de choisir librement leur concessionnaire. De telles réformes permettraient l'entrée sur le marché de nouveaux gestionnaires des réseaux. D'autant plus que le choix du concessionnaire peut également s'orienter vers un candidat européen depuis qu'un décret modifiant le Code des communes a abrogé la disposition qui réservait aux Français la possibilité d'être concessionnaire d'un service public[1017]. Mais, jusque-là, la concession de la distribution d'électricité et du gaz ne peut être consentie qu'à EDF ; « les ressortissants communautaires ne sont pas mieux traités à cet égard que les Français eux-mêmes »[1018].

Cette démonopolisation permettrait pourtant de contribuer à développer la concurrence dans la distribution d'électricité. Mais même avec l'adoption d'une telle mesure, les DNN qui bénéficieraient de cette mesure sont trop peu nombreux pour présenter une véritable concurrence face à l'opérateur historique.

La loi du 10 février 2000 aurait dû également renforcer le pouvoir décisionnel des collectivités locales dans l'élaboration des contrats de concessions afin de permettre le recul de l'emprise d'EDF dans la gestion des réseaux de distribution. Dans la pratique, les collectivités locales contrôlent de moins en moins les clauses imposées par un concessionnaire unique et obligé d'envergure. Les dispositions, telles que celles adoptées en 1992 dans l'accord entre EDF et l'État sur les réseaux et l'environnement et qui prévoyaient que « les départements, communes et structures de regroupement seront plus fortement impliqués à l'avenir dans l'évolution des réseaux de distribution publique, et ce tout particulièrement pour les autorités concédantes »[1019], restent des déclarations de principe[1020].

La Commission qui n'a, dans un premier temps, pas réussi à démanteler les monopoles d'importation et d'exportation d'électricité ne semble pas directement motivée à lancer l'assaut contre le monopole de la distribution d'électricité, alors

[1017] Décret n° 70-410 du 15 avril 1970 modifiant l'article L. 324-6 du Code des communes, JO du 17 mai 1970, CJEG, 1970, p. 117.

[1018] G. Maleville, « L'application des directives du Conseil des communautés européennes dans le domaine des activités électriques et gazières », *GJEG*, 1970, p. 53.

[1019] Accord entre l'État et EDF « Réseaux électriques et environnement » associé au contrat d'entreprise 1997-2000 signé le 8 avril 1997, p. 5, consultable sous : www.rte-france.com

[1020] Voir commentaire de H. Courivaud, « Les Collectivités locales confrontées à la libéralisation des activités de réseaux électriques », *CJEG*, n° 581, novembre 2001, p. 411.

que celui-ci ne répond pas nécessairement à la théorie du monopole naturel et que ses effets ne sont plus nécessairement cantonnés au marché interne.
Toutefois, en raison des interventions de la Cour de Justice des Communautés Européenes dans le domaine des marchés publics et des concessions, une obligation de mise en concurrence semble dorénavant être imposée aux procédures d'attributions des concessions de services. Cette obligation qui est visée dans les arrêts de la Cour Coname et Brixen pourrait révolutionner l'organisation de la distribution nationale. En outre, un projet de législation européenne sur les concessions pourraient voir le jour d'ici peu reprenant en les spécifiant les principes de mise en concurrence dégagés lesquels trouveraient à s'appliquer aux concessions de la distribution d'énergie[1021].
Jusque-là, la Commission se contente de faire reculer le niveau d'intégration des réseaux publics de distribution dans la gestion communale et a réussi à faire accepter la « séparation juridique » des GRD intégrés. Une vision d'ensemble du réseau européen, ainsi que la reconnaissance d'un nombre croissant de clients éligibles ont imposé d'aligner le régime de gestion des réseaux de distribution sur celui du transport. L'indépendance du GRD étant « aussi importante que l'indépendance de la gestion du réseau de transport pour l'introduction de la concurrence »[1022]. Toutefois, le régime de la distribution et donc de la gestion des réseaux de distribution reste soumis à de nombreuses exceptions dans les directives.
Le recul du niveau d'intégration des activités de distribution au sein d'EDF imposera nécessairement une restructuration de l'entreprise publique à défaut de l'abolition du monopole de la distribution d'électricité. Cette restructuration va aboutir à la création d'une entité juridique indépendante d'EDF, prenant en charge la gestion des réseaux de distribution et du transport d'électricité. Cette modalité de gestion est introduite par la directive 03/54 du CE dans son article 17 et transposée en partie dans la loi du 9 août 2004. Il s'agit d'un régime de gestionnaire de réseau dit « combiné ».
L'article 2 de la loi du 9 août 2004 prévoit déjà la création de « services communs » entre EDF et Gaz de France. De tels services sont d'ailleurs obligatoires dans le secteur de la distribution pour la construction des ouvrages, l'exploitation et la maintenance des réseaux, ils peuvent, en outre, prendre en charge des prestations pour le compte des DNN.

[1021] Arrêt « Coname » C-231/03 du 21 juillet 2005 ; arrêt « Brixen » C-458/03 du 13 octobre 2005.
[1022] Article 10 de la COM(2002)304 final du 7 juin 2002, p. 29 ; reprise par l'article 15 de la Position commune arrêtée par le Conseil du 3 février 2003.

2ème Partie : L'accès aux réseaux publics électriques et la concrétisation de l'introduction de la concurrence

La mise en place d'un régime d'accès aux réseaux électriques doit permettre d'introduire la concurrence dans le secteur électrique. Il doit cependant se réaliser sous les conditions suivantes, à savoir : le maintien du monopole dans la gestion des réseaux et le maintien d'opérateurs historiques temporairement inamovibles. Les directives électricité aménagent les droits et obligations de ces opérateurs, détenteurs ou gestionnaires des infrastructures essentielles, afin de permettre à des opérateurs autorisés d'utiliser leurs infrastructures pour les concurrencer.

La présentation des entités responsables des infrastructures essentielles, leur régime juridique ainsi que les principes qui s'imposent à leur gestion, ont permis de mesurer les *aménagements* apportés à l'organisation du système électrique préexistant.

En revanche, les règles mettant en œuvre l'accès aux réseaux posent, quant à elles, les bases d'une nouvelle organisation du système électrique. Les mesures transposant le régime de l'accès aux réseaux sont à cet égard entièrement novatrices.

Le système de l'accès aux réseaux de transport et de distribution d'électricité repose sur la combinaison de divers éléments dont la directive 96/92 du CE détermine les contours et les finalités et que la directive 03/54 du CE adapte aux évolutions intervenues depuis l'ouverture du marché électrique. Les dispositions à transposer permettent aux États membres de procéder à une ouverture totale de leur marché électrique ou proposent, pour les plus frileux, les éléments d'une ouverture permettant une concurrence praticable.

La loi du 10 février 2000 transpose seulement le « nécessaire » et pose les pierres d'une nouvelle organisation du système électrique. Elle réorganise l'ensemble des activités électriques en ouvrant la production d'électricité à la concurrence et en définissant les mesures relatives à l'accès aux réseaux publics qu'un grand nombre de décrets d'application précisent. La loi du 10 février 2000 transpose les instruments grâce auxquels l'accès aux réseaux est mis en œuvre. Ces mesures reposent sur la reconnaissance préalable d'une catégorie définie et limitée d'opérateurs que sont les clients éligibles. Ces clients éligibles se voient attribuer un droit d'accès aux réseaux. Parmi les régimes d'accès aux réseaux proposés par la directive 96/92 du CE, la loi du 10 février 2000 fait le choix du système de l'accès réglementé aux réseaux. Ce régime repose sur la détermination de tarifs d'utilisation des réseaux par les pouvoirs publics sous le contrôle de la CRE.

Le droit d'accès aux réseaux n'est toutefois pas absolu ; des refus d'accès aux réseaux peuvent être opposés aux opérateurs pour des motifs qu'il incombe de préciser, considérant que ces dispositions peuvent entraver l'ouverture réelle du marché électrique à la concurrence. Ces refus peuvent enfin être contournés par la possibilité de construire des lignes d'approvisionnement en électricité directes entre fournisseurs et consommateurs.

Titre I Les composantes de l'accès aux réseaux publics

Le régime de l'accès aux réseaux électriques repose sur la définition des acteurs autorisés et sur les moyens mis à leur disposition pour mettre en œuvre leur liberté de choix dans l'approvisionnement en électricité.
L'accès aux réseaux des fournitures électriques négociées par les opérateurs est matérialisé à travers les dispositions législatives et réglementaires encadrant les dispositions contractuelles d'accès aux réseaux.
Au sein de ces dispositions, la tarification de l'utilisation des réseaux tient évidemment une place de choix.
Mais garantir l'introduction et le maintien de la concurrence dans le secteur électrique à l'aide des seules dispositions organisant l'accès aux réseaux est insuffisant, c'est pourquoi la loi du 10 février 2000 doit également prévoir les conditions dans lesquelles un refus d'accès opposé aux opérateurs est envisageable.
Parallèlement, les opérateurs ont aussi la possibilité de construire une ligne directe pour répondre à un refus d'accès aux réseaux.
Enfin, la mise en œuvre de l'ensemble des instruments précités est soumise aux principes de transparence, de non-discrimination et d'équité[1023].
Ces principes reviennent comme un leitmotiv dans les lois du 10 février 2000 et du 3 janvier 2003 qui les définissent et, dans une moindre mesure, par les lois du 9 août 2004 et du 13 juillet 2005 qui les complètent.

Chapitre I Un secteur électrique ouvert à une clientèle éligible restreinte

L'ouverture du marché électrique national à la concurrence est fonction du degré d'ouverture du secteur électrique contenu dans la loi du 10 février 2000. Ce degré d'ouverture s'apprécie en fonction du nombre de consommateurs d'électricité autorisés à choisir librement leurs fournisseurs en électricité. La définition de ces consommateurs autorisés appelés « clients éligibles » a été l'objet des plus âpres discussions lors de l'élaboration de la directive 96/92 du CE puis lors de sa transposition dans la loi du 10 février 2000[1024].
Alors que le vœu émis par la Commission reposait sur une ouverture significative du marché de l'électricité, les États membres et, en particulier, la France n'entendent alors ouvrir leur marché électrique aux opérateurs que de manière limitée et évolutive. C'est cette approche qui sera tranposée dans la directive 96/92 du CE qui dispose que « le marché intérieur de l'électricité doit être mis en place progressivement pour que l'industrie électrique puisse s'adapter à son nouvel

[1023] « Considérant qu'en raison de la diversité des structures et de la spécificité des systèmes dans les États membres, il conviendrait de prévoir des options différentes d'accès aux réseaux qui seront gérés selon des critères objectifs, transparents et non discriminatoires », point 34 de la directive 96/92 du CE.

[1024] Voir à cet égard « Une seconde phase dans la réalisation du marché intérieur de l'électricité », dossier, n° spécial, *CJEG*, mai 1997, p. 174 ; La législation sur l'électricité et la préparation de la transposition de la directive dans les États membres de l'Union européenne, dossier n° spécial, *CJEG*, mai 1997, p. 182.

environnement »[1025]. La directive 03/54 du CE constitue une étape supérieure dans l'ouverture du marché électrique.
La directive 96/92 du CE ne garantit, dans un premier temps, un accès aux réseaux électriques qu'à de « grands » consommateurs d'électricité. Elle fixe un seuil minimum d'ouverture du marché électrique qui s'impose aux États membres et en dessous duquel ils ne sauraient aller.
N'ayant pas caché son manque d'ambition à cet égard, la loi du 10 février 2000 transpose la directive a minima en permettant à un nombre restreint de clients de devenir éligibles et de choisir librement leurs fournisseurs. Par opposition aux clients éligibles, les consommateurs domestiques d'électricité ou « clients captifs » ne sont pas concernés par l'ouverture du marché électrique en raison de leur faible niveau de consommation d'électricité. Ils ne disposent pas du droit d'accès aux réseaux et continuent d'être alimentés par l'opérateur historique.
La détermination de l'éligibilité d'un client repose sur un système complexe de calcul qui est fonction des seuils et des sites de consommation d'électricité et sur une véritable procédure de reconnaissance applicable jusqu'à l'entrée en vigueur de la directive 03/54 du CE. Cette dernière abolit définitivement ce système au 1er juillet 2004 et définit un autre critère de définition du client éligible.
Le compromis contenu dans la directive 96/92 du CE présente l'inconvénient de voir coexister des États membres dans lesquels tous les consommateurs sont éligibles, alors que, dans d'autres, seule une part infime bénéficie de ce statut. Pour rétablir l'équilibre concurrentiel souhaité par les États membres ayant attribué l'éligibilité à l'ensemble de leurs consommateurs, une clause de réciprocité est introduite dans la directive 96/92 du CE. Elle n'est pas transposée dans la loi du 10 février 2000 qui a retenu un seuil minimum d'ouverture à la concurrence, mais elle a des conséquences sur les exportations d'électricité des fournisseurs d'électricité installés en France.

a) Le régime progressif mis en place par la directive 96/92 du CE

Afin de concilier des conceptions antinomiques sur l'ouverture du marché de l'électricité, la directive retient un critère de définition de la clientèle éligible qui prend en compte les différences de structures de la consommation dans chaque État membre. Dans un premier chapitre consacré aux définitions, la directive 96/92 du CE définit les « clients » comme étant des « clients grossistes ou finals d'électricité et les compagnies de distribution»[1026], le client final étant défini comme celui « achetant de l'électricité pour sa consommation propre »[1027]. Une définition plus précise du client éligible ressort indirectement des articles 17 et 18 de la directive, relatifs aux systèmes d'accès aux réseaux, desquels on peut déduire que le client éligible est l'entité autorisée à utiliser les réseaux de transport et de distribution d'électricité afin de mettre en œuvre des contrats de fourniture en électricité.
La définition du client éligible ne brille cependant pas par sa clarté dans la directive et ne recouvre souvent aucune réalité juridique dans les États membres.
Il en est ainsi pour les clients « grossistes » qui sont dans la directive « toute personne, *si son existence est reconnue par les États membres*, qui achète ou vend

[1025] Point 5 de la directive 96/92 du CE.
[1026] Article 2 § 7 de la directive 96/92 du CE.
[1027] Article 2 § 9 de la directive 96/92 du CE.

de l'électricité et qui n'assure pas de fonction de transport, de production ou de distribution à l'intérieur ou à l'extérieur du réseau où elle est installée »[1028].
Le client grossiste est une personne, physique ou morale, que l'on désigne sous le vocable plus courant de « négociant » en électricité[1029]. Il se définit en fonction de son activité : le négoce d'électricité. Il a pour fonction d'acheter de l'électricité pour la revendre et n'est ni producteur, ni consommateur final d'électricité. Il est un intermédiaire entre les opérateurs sur le marché électrique.
L'impossibilité de procéder à une énumération exhaustive des opérateurs autorisés dans les États membres impose à la directive 96/92 du CE de dégager une notion du client éligible liée à son taux de consommation d'électricité. Ainsi, indépendamment de sa fonction, le client est, selon la directive, éligible en fonction du volume de sa consommation d'électricité ou de celle des clients qu'il dessert en électricité.
Le consommateur d'électricité est un client éligible quand il est autorisé, en fonction de sa consommation, à acheter de l'électricité au fournisseur de son choix[1030].
L'article 19 § 1 de la directive 96/92 du CE témoigne de la complexité de la tâche et considère que la part de chaque marché national à ouvrir à la concurrence doit être supérieure à une part d'électricité consommée par les consommateurs finals, laquelle doit être supérieure à un seuil appelé à évoluer[1031]. En pratique, la Commission s'appuie sur les statistiques qu'elle reçoit des États membres et calcule annuellement :
- la consommation totale d'électricité de l'ensemble des États membres;
- la part que représente dans ce total l'électricité fournie aux clients finals consommant plus de 40 GWh (ce seuil a été abaissé en 2000 à 20 GWh, et ne représentait en 2003 que 9 GWh).
Par ce calcul, la Commission déterminait la part communautaire moyenne de la consommation d'électricité qui correspondait au degré minimal, mais obligatoire, d'ouverture du marché à laquelle les États membres devaient se conformer[1032]. Afin d'assurer la transparence dans le calcul effectué, la Commission est alors tenue de publier au JOCE, outre la part communautaire moyenne, « toutes les informations requises pour la compréhension du calcul » [1033]. Selon les calculs réalisés par les

[1028] Article 2 § 8 de la directive 96/92 du CE.
[1029] Personne assurant le négoce en électricité, ou encore le « trading » qui est, selon la définition donnée par la CRE, « l'activité d'achat d'électricité pour revente », glossaire joint au rapport d'activité de la CRE du 30 juin 2000.
[1030] La Position Commune arrêtée par le Conseil du 3 février 2003 précise la notion de client éligible libre de toute contrainte de consommation : c'est un client qui est « libre d'acheter de l'électricité au fournisseur de son choix », article 2 § 12.
[1031] Aux termes de l'article 19 § 2 de la directive 96/92 du CE, la part du marché national sera « progressivement augmentée sur une période de six ans », après quoi la directive sera renégociée.
[1032] Les États membres fournissent à la Commission les informations nécessaires au calcul de la part communautaire moyenne qui est publiée au JO avant le 1er novembre de chaque année, article 19 § 1 de la directive 96/92 du CE.
[1033] Dans sa communication du 17 janvier 2002, la Commission dispose que « ce chiffre [la part communautaire = 29,56 %] a été obtenu en calculant, d'une part, la consommation d'électricité des consommateurs de plus de 20 GWh pour l'ensemble des États membres et, d'autre part, la consommation nette totale d'électricité pour l'ensemble des États membres, puis en divisant le premier total par le second », communication relative au calcul de la part communautaire moyenne d'ouverture du marché de l'électricité, JO 2002, C-15/03 du 18 janvier 2002. La Commission adopte

services de la Commission, le seuil applicable a représenté 29,56 % de la consommation totale d'électricité de l'Union européenne en 2002[1034] et 34,53 % en 2003[1035]. Ce pourcentage minimal d'ouverture du marché électrique déterminait un seuil de consommation flexible et égal à 40 GWh au-delà duquel tout client était éligible et en dessous duquel les États membres ne pouvaient descendre.
Parallèlement à cette ouverture à la carte du marché électrique liée au calcul des parts de consommation, la directive imposa que, dès son entrée en vigueur, tous les clients finals consommant plus de 100 GWh par an et par site de consommation (autoproduction comprise) soient directement éligibles[1036].
Les dispositions relatives à l'éligibilité des opérateurs se réfèraient à « l'effectivité » de l'ouverture du marché électrique. C'est la raison pour laquelle l'article 3 de la directive 96/92 du CE ne prévoyait pas de dérogation possible à leur égard.
Le principe d'effectivité en droit communautaire s'illustre à travers l'obligation pour les États membres « de ne pas rendre en pratique impossible l'exercice de droits que les juridictions nationales ont l'obligation de sauvegarder »[1037]. Les États membres ne pouvaient pas remettre en cause le degré d'ouverture minimal prévu par la directive, car ils auraient remis en cause le sens même de l'ouverture du marché intérieur de l'électricité[1038]. La définition et l'ampleur de l'éligibilité telles qu'elles étaient fixées dans la directive 96/92 du CE faisaient partie des « intérêts de la Communauté » et ne supportaient par conséquent aucune dérogation.
Aux termes de la directive 96/92 du CE, l'ouverture progressive du marché électrique à la concurrence devait être redéfinie en 2003 dans le cadre d'une directive modificative. Le système précité est demeuré en vigueur jusqu'au 1er juillet 2004, date à laquelle la définition des clients éligibles devait répondre à des critères indépendants de la consommation. La définition du client éligible, dans la directive 03/54 du CE, repose dorénavant seulement sur la fonction du consommateur.
Elle rend éligible, à partir du 1er juillet 2004, l'ensemble des « clients non résidentiels », à savoir les personnes physiques ou morales qui achètent de l'électricité non destinée à leur usage domestique, auxquelles appartiennent les producteurs et les clients grossistes[1039].
Cette seconde étape dans l'ouverture à la concurrence n'est pas exempte d'exceptions, puisque la directive 03/54 du CE prévoit que les États membres, confrontés à des problèmes techniques importants pour ouvrir leurs marchés à « certains groupes limités » de clients non résidentiels, peuvent déroger à cette

---

la même motivation dans sa communication publiée au JO du 29 octobre 2002 relative à la part communautaire applicable en 2003, JO 2002, C-262/06.

1034 Communication de la Commission du 17 janvier 2002 relative au calcul de la part communautaire moyenne d'ouverture du marché de l'électricité pour l'année 2002, telle que visée dans la directive 96/92 du CE, JO 2002, C-15/03 du 18 janvier 2002.

1035 Communication de la Commission relative au calcul de la part communautaire moyenne d'ouverture du marché de l'électricité définie dans la directive 96/92 du CE, JO 2002, C-262/06.

1036 Cette disposition prend en compte le fait que, dans certains pays, l'application de ces règles exclurait les consommateurs de cette importance, c'est le cas lorsqu'un petit nombre de très gros consommateurs industriels couvrent une part proche de 25 % de la consommation, article 19 § 3 de la directive 96/92 du CE.

1037 Arrêt de la CJCE « REWE » du 16 décembre 1976, 33/76, rec.p. 1989.

1038 Article 3 § 3 de la directive 96/92 du CE.

1039 Article 2-11) de la directive 03/54 du CE.

obligation sur décision de la Commission[1040]. Mais, là encore, l'ouverture du marché représentant l'intérêt de la Communauté, elle ne saurait remettre en cause l'étape finale de l'ouverture du marché électrique fixée au 1er juillet 2007, date à laquelle « tous les clients » devront être éligibles.

b) Le régime de l'éligibilité minimale mis en place par la loi du 10 février 2000 et ses décrets d'application

Sur l'exemple de la directive 96/92 du CE, la loi du 10 février 2000 ne définit pas la notion de client éligible. En revanche, en sus des critères visés dans la directive, elle attribue le statut d'éligible à des opérateurs en fonction de critères autres que celui relatif à la consommation d'électricité. Le calcul de la part communautaire moyenne avait pour but de fixer le volume minimum de clients devant obligatoirement accéder à l'éligibilité. La directive 96/92 du CE laissa aux États membres une entière liberté pour déterminer, au-delà des seuils fixés, l'éligibilité des clients dont la définition n'était « contrainte que par le degré d'ouverture »[1041] qu'elle devait assurer.

Sans aller au-delà du pourcentage d'ouverture imposé par la directive, la loi du 10 février 2000 précise dans son article 22, modifié par la loi du 3 janvier 2003 relative au marché du gaz et celle du 13 juillet 2005, les modalités générales de mise en œuvre du régime de l'éligibilité en fonction de la consommation d'électricité des clients. Elle prévoit également l'attribution du statut d'éligible à des clients non consommateurs finals d'électricité, tels que les distributeurs, les producteurs et les fournisseurs d'électricité. Bien que ce régime fût en grande partie modifié par les décrets d'application relatifs à l'éligibilité des consommateurs et en particulier celui du 23 juin 2004[1042], il importe d'en présenter les contours afin d'apprécier les étapes de l'ouverture du marché de l'électricité à la concurrence.

Les clients reconnus comme éligibles bénéficient de la capacité de conclure des contrats de fourniture d'électricité avec le fournisseur de leur choix. Suite à quoi, ils accèdent aux réseaux publics dans les conditions définies par un contrat d'accès aux réseaux.

(1) La détermination de l'éligibilité des clients

Dans un premier temps, la directive 96/92 du CE prévoit que plusieurs sortes de clients puissent se voir attribuer l'éligibilité. Alors qu'aux termes de l'article 19 § 3 de la directive, les consommateurs de plus de 100 GWh d'électricité sont de jure clients éligibles, pour les autres opérateurs, le statut d'éligible est lié tantôt à la

---

[1040] Article 26 de la directive 03/54 du CE, il s'agit d'une procédure de dérogation qui permet aux États membres de déroger pendant 18 mois au plus à cette obligation. Cette dérogation ne peut être appliquée que jusqu'au 1er juillet 2007, date de l'ouverture du marché à l'ensemble des consommateurs.

[1041] Rapport « Syrota » de la CRE de février 2000, Évaluation des missions du service public de l'électricité, p. 11 de l'annexe 4, Éléments de réflexion sur l'éligibilité.

[1042] Décret n° 2004-597 du 23 juin 2004 relatif à l'éligibilité des consommateurs d'électricité modifiant le décret n° 2000-456 du 29 mai 2000 relatif à l'éligibilité des consommateurs d'électricité, JO n° 146 du 25 juin 2004, p. 11524.

détermination de leurs seuils et sites de consommation, tantôt à leur activité[1043]. Mais, afin de conclure librement un contrat de fourniture électrique puis de mettre en œuvre leur droit d'accès aux réseaux publics, les opérateurs éligibles doivent en sus procéder à la reconnaissance de leur statut. Ce régime de l'éligibilité sera finalement profondément remodelé par la directive 03/54 du CE .

(a) Les clients éligibles consommateurs d'électricité

L'article 22 de la loi du 10 février 2000 qui transpose les dispositions de la directive 96/92 du CE relative aux clients éligibles ne précisant pas la notion de client éligible, il faudra attendre l'adoption de la loi du 3 janvier 2003, relative au marché du gaz, pour voir précisée la notion de client éligible ; il s'agit d'un « consommateur final -d'électricité- autre qu'un ménage »[1044]. La notion de ménage qui n'est pas mieux définie s'entend d'un consommateur d'électricité privé ou domestique[1045] différent du consommateur professionnel d'électricité, qui lui exerce une activité industrielle, tertiaire ou autre[1046]. La définition proposée par la loi du 3 janvier 2003 relative au marché du gaz[1047] anticipe ainsi l'article 21 de la directive 03/54 du CE et sa notion comparable de client « non résidentiel ». En effet, dans la définition de la directive 03/54 du CE, les ménages sont exclus de l'éligibilité, si bien que, même si un ménage atteint une consommation supérieure au seuil fixé par la directive initiale, seule une intervention législative lui permettrait de se voir attribuer l'éligibilité.

La loi du 3 janvier 2003 relative au marché du gaz ne modifie pas encore l'article 22 de la loi du 10 février 2000 quant à la prise en compte pour l'éligibilité des seuils et sites de consommation et reconnaît également une éligibilité fondée sur l'activité du consommateur d'électricité. La refonte du régime de l'éligibilité intervient avec l'adoption du décret du 24 juin 2004 puis la loi du 9 août 2004.

(i) L'éligibilité en fonction du seuil et du site de consommation d'électricité

Le seuil de consommation

Dans le régime initial mis en place par la directive 96/92 du CE, une part de la consommation nationale d'électricité devait être ouverte à la concurrence, ou encore

[1043] L'intitulé du décret n° 2000-456 du 29 mai 2000 relatif à l'éligibilité « des consommateurs d'électricité » ne fait pas de distinction, alors que les DNN et les producteurs ne sont pas nécessairement consommateurs de l'électricité qu'ils distribuent ou produisent.

[1044] Article 47 de la loi du 3 janvier 2003 relative au marché du gaz modifiant l'article 22 de la loi du 10 février 2000.

[1045] Dans son rapport, F.M. Gonnot se contente de souligner que le ménage doit être appréhendé selon le sens que lui donne l'économie et de préciser « qu'un célibataire est un ménage », rapport Gonnot 2ème partie, p. 27.

[1046] Cette dénomination est introduite dans l'amendement n° 99 du projet de loi relatif aux marchés énergétiques, rapport n° 16 fait au nom de la Commission des affaires économiques et du plan du Sénat concernant le projet de loi relatif aux marchés énergétiques du 9 octobre 2002 par L. Poniatowski, séance du 16 octobre 2002, ci-après « Rapport Poniatowski ».

[1047] Aux termes de son article 3 § 2, sont éligibles « les consommateurs finals -de gaz- à l'exception des ménages, pour chacun de leurs sites dont la consommation annuelle de gaz naturel est supérieure à un seuil fixé par décret en Conseil d'État ».

« être communautarisée »[1048]. Cette part était égale à 34,53 % de la consommation d'électricité nationale et concernait en 2003 les consommateurs d'au moins 9 GWh d'électricité. L'article 22 de la loi du 10 février 2000 précisait alors que la qualité de client éligible était reconnue au « consommateur final dont la consommation annuelle d'électricité sur un site est supérieure à un seuil fixé par décret en Conseil d'État ». Celui-ci s'appuyait sur le seuil de consommation dégagé par la part communautaire moyenne de consommation d'électricité. Quatre mois après l'entrée en vigueur de la loi du 10 février 2000, le Premier Ministre fixa par décret le seuil de consommation désignant tout client éligible, dès que sa consommation était égale à 16 GWh par an et par site[1049]. Alors que la loi du 10 février 2000 envisageait un seuil d'éligibilité devant permettre une ouverture du marché limitée aux valeurs de base des parts communautaires[1050], le décret est allé au-delà des espérances communautaires et baissa le seuil minimum fixé alors par la directive à 20 GWh.
Le pourcentage déterminé par la directive 96/92 du CE représentait une valeur en consommation qui pouvait être différente lorsque les calculs étaient adaptés dans les États membres. Ainsi, le calcul par la Commission du seuil pour 2003 déterminait un pourcentage de 34,53 %, qui, en France, concernait l'ensemble des consommateurs de plus de 7 GWh au lieu des 9 GWh prévus initialement dans la directive[1051].
Lors de la discussion du projet de loi de transposition de la loi du 10 février 2000, des amendements[1052] prévoyaient l'adoption d'un seuil de consommation modulable pour limiter les « distorsions de concurrence entre les entreprises d'un même secteur économique, en prenant en compte la part de la consommation d'électricité dans les consommations intermédiaires de ce secteur »[1053]. Ce système aurait permis de rendre éligibles des filières industrielles fortes consommatrices d'électricité quelle que soit la taille des entreprises. Mais cette proposition de modulation des seuils ou de « nivellement de l'éligibilité » en fonction des secteurs d'activité n'a pas satisfait, car elle aurait introduit une surévaluation du seuil dans un secteur économique donné et une sous-évaluation dans d'autres secteurs économiques, générant finalement des distorsions de concurrence entre les entreprises[1054].
La loi du 10 février 2000 imposa que le seuil de consommation fixé par décret « soit

[1048] La part de la consommation d'électricité nationale est fondée sur l'ensemble des consommations communautaires et fixée dans une communication de la Commission, voir le commentaire de B. Geneste, La libéralisation du marché de l'électricité, Revue des Affaires Européennes, 1997, p. 146.

[1049] Décret n° 2000-802 du 29 mai 2000 relatif à l'éligibilité des consommateurs d'électricité, JO n° 125 du 30 mai 2000, p. 8102.

[1050] C. Pierret insiste lors de son intervention au Sénat sur « le caractère très maîtrisé et très progressif de l'ouverture » du marché souhaité, débats au Sénat, séance du 6 octobre 1999, relatifs à l'article 22 du projet de loi sur le service public de l'électricité.

[1051] Décret n° 2003-100 du 5 février 2003 portant modification du décret n° 2000-456 du 29 mai 2000 relatif à l'éligibilité des consommateurs d'électricité et portant application de l'article 22 de la loi du 10 février 2000 relative à la modernisation et au développement du service public de l'électricité, JO n° 33 du 8 février 2003, p. 2425.

[1052] Amendements 339, 340, 341 et 342 relatifs à la modulation des seuils pour les clients éligibles, débats du Sénat, séance du 6 octobre 1999.

[1053] Débats au Sénat, séance du 6 octobre 1999. Le rapport Bataille conclut aussi à l'avantage de l'introduction de seuils modulables afin que « l'ouverture à la concurrence ait un sens », p. 143.

[1054] Voir l'opinion de P. Lefebvre sur la discussion de l'article 22 au Sénat, séance du 6 octobre 1999.

fonction des variations des consommations annuelles d'électricité »[1055]. Par ailleurs, le seuil était appelé à être réévalué et ne pouvait être fixé par avance, considérant que le législateur national n'était pas en mesure de prévoir la consommation d'électricité dans l'ensemble des pays de l'Union européenne. Le premier décret relatif à l'éligibilité des consommateurs prévoyait que la consommation de l'établissement à prendre en compte était celle intervenant sur une année civile.
Or, aux termes de son article 1er, le décret considérait que les établissements dont la consommation était égale ou supérieure à 16 GWh étaient éligibles « à compter du 1er janvier de l'année considérée et pour les deux années qui la suivent »[1056].
Le décret introduisait une rigidité dans la reconnaissance du statut qui ne permettait pas de prendre en compte des entreprises qui atteignaient ce taux de consommation au cours de l'année. Cette lecture portait le germe d'une incompatibilité avec les dispositions de la directive 96/92 du CE qui considérait le client éligible dès que sa consommation atteignait le taux précité. Par ailleurs, aux termes du décret sur l'éligibilité, la consommation à prendre en compte pour l'éligibilité du site était celle de l'année civile précédente. Le choix de l'année civile écoulée induisait nécessairement un retard par rapport au franchissement des seuils de consommation et excluait les entreprises ayant en pratique franchi le seuil, mais pas sur l'ensemble de l'année civile. Cette mesure avait alors pour conséquence de réduire le nombre de clients éligibles potentiels. Pour réduire les contraintes de cette mesure, la CRE proposa de prendre en compte les douze mois à venir à compter de la demande de reconnaissance de l'éligibilité ainsi que les douze mois précédents[1057]. Mais cette proposition ne reprenait pas les termes de la directive 96/92 du CE qui imposait que soit prise en compte l'électricité effectivement « consommée » par les opérateurs et excluait, en principe, l'intégration des douze mois de consommation prévisibles.
En revanche, la directive soulignait que la consommation d'électricité à prendre en compte était annuelle, elle était calculée « par an » sur un site[1058]. Cela s'entendait des douze derniers mois de consommation et non pas de l'année civile précédente comme le prévoyait limitativement le décret sur l'éligibilité.
En outre, la durée de l'octroi du statut d'éligibilité était fixée à trois ans par le décret nonobstant le fait que le client puisse, pendant cette période, descendre en dessous du seuil de consommation. Cette assurance n'empêchait pas le client éligible de renouveler tous les trois ans sa déclaration d'éligibilité, modifiant ainsi le décret qui prévoyait une déclaration annuelle[1059]. Ce changement permit de ne plus faire peser sur les clients la perspective de la perte du statut d'éligible. Il répondait également aux impératifs de la directive 96/92 du CE qui ne prévoyait pas de limitation

[1055] Article 22 § I de la loi du 10 février 2000.

[1056] Article 1er du décret 2000-456 du 29 mai 2000 relatif à l'éligibilité des consommateurs d'électricité, JO n° 125 du 30 mai 2000, p. 8102.

[1057] Avis de la CRE du 25 mai 2000 sur le projet de décret relatif à l'éligibilité en vertu de l'article 31 de la loi du 10 février 2000 qui prévoit que la CRE est préalablement consultée sur les projets de règlement relatifs à l'accès aux réseaux.

[1058] Article 19 § 1 de la directive 96/92 du CE.

[1059] Le client éligible adresse une déclaration au Ministre chargé de l'énergie « tous les trois ans avant le 15 janvier » au lieu de la déclaration annuelle prévue à l'origine par l'article 4 § I du décret du 29 mai 2000 modifié par l'article 2 du décret n° 2003-100 du 5 février 2003 ; pour le détail de la déclaration, voir le formulaire Cerfa n° 11749*01, téléchargeable sur le site Internet de la CRE : www.cre.fr

temporelle de l'éligibilité. La CRE a réussi à imposer la reconnaissance de l'irréversibilité de l'éligibilité d'un client en mettant en place des « mécanismes qui créent un effet de cliquet empêchant un éligible de redevenir brutalement inéligible »[1060]. Cette mesure présentait un double avantage pour le client éligible, celui de jouir de la stabilité de son statut et de pouvoir négocier des contrats de long terme à des tarifs plus intéressants.
La loi du 3 janvier 2003 relative au marché du gaz modifie l'article 22 § I de la loi du 10 février 2000 et supprime la référence à la part communautaire moyenne d'ouverture du marché. Celle-ci n'a plus lieu d'être prise en compte, considérant qu'elle fixait un échelonnement du seuil de consommation permettant une ouverture du marché jusqu'en 2003[1061]. Le seuil dorénavant fixé par décret en Conseil d'État est défini de manière à permettre une « ouverture à la concurrence du marché de l'électricité »[1062] sans précision quant au niveau de la part de consommation à prendre en compte. La loi du 3 janvier 2003 relative au marché du gaz s'est orientée sur les termes de la directive 03/54 du CE qui n'est plus basée sur la part communautaire. Elle n'ouvre plus le marché électrique en fonction d'un seuil de consommation d'électricité, mais en fonction de la nature du consommateur.
Aux termes du décret du 23 juin 2004 abrogeant le décret du 29 mai 2000 relatif à l'éligibilité des consommateurs, tout consommateur final d'électricité est dorénavant reconnu éligible sur un site de consommation « dès lors que tout ou partie de l'électricité consommée sur ce site est destinée à un usage non résidentiel »[1063].
C'est l'article 61 de la loi du 13 juillet 2005 qui supprime définitivement la référence à la consommation du client. On ne parle dorénavant plus de seuil de consommation, mais de l'usage résidentiel de l'électricité qui s'entend de la consommation d'électricité d'un ménage pour un usage domestique.

Le site de consommation

Aux termes du décret du 29 mai 2000, parallèlement au taux de consommation du client, le critère du lieu de consommation est déterminant, car il définit le périmètre concerné par la consommation appelé le « site de consommation ». La directive 96/92 du CE dispose que la consommation d'électricité concernée est celle enregistrée sur « un site de consommation et autoproduction comprise »[1064].
La Commission précise, en outre, ce qu'elle entend par site de consommation en ces termes :

[1060] La CRE propose également qu'un client soit éligible pour une durée égale à celle durant laquelle il a dépassé le seuil des 16 GWh. Ainsi, si le seuil a été dépassé durant les 6 dernières années, il continue d'être éligible pour 6 ans, rapport Syrota sur l'évaluation des missions du service public de l'électricité, février 2000, annexe 4, p. 14.

[1061] Aux termes de l'article 19 § 2 « la part du marché national sera progressivement augmentée sur une période de six ans. Cette augmentation sera calculée en réduisant le seuil de la consommation communautaire [...] à un niveau de 9 GWh de consommation annuelle d'électricité, six ans après l'entrée en vigueur de la présente directive ».

[1062] Article 22 § I de la loi du 10 février 2000 tel que modifié par l'article 47 de la loi du 3 janvier 2003 relative au marché du gaz.

[1063] Article 1er du décret n° 2004-597 du 23 juin 2004 relatif à l'éligibilité des consommateurs d'électricité et modifiant le décret n° 2000-456 du 29 mai 2000, JO n° 146 du 25 juin 2004, p. 11524.

[1064] Article 19 § 1 et § 3 de la directive 96/92 du CE.

« un site de consommation peut être l'objet de plusieurs contrats de fourniture. Les consommations relatives à ces différents contrats seront additionnées pour déterminer la consommation totale. Lorsque plusieurs sites sont alimentés par un autoproducteur, seuls les sites consommant plus de 40 GWh seront comptabilisés comme site de plus de 40 GWh. Par exemple : lorsqu'un autoproducteur de 90 GWh utilise 5 GWh pour usage propre, et fournit à ses filiales respectivement 45 GWh, 35 GWh, et 5 GWh, seule la consommation de 45 GWh sera comptabilisée comme site de plus de 40 GWh[1065]».

L'article 22 § I de la loi du 10 février 2000 transpose la directive de manière incomplète. Il dispose que la consommation annuelle d'électricité à prendre en compte est celle constatée sur un site, sans y intégrer l'autoproduction. Or une définition aussi restrictive du site de consommation entraîne une distorsion de concurrence qui a pour effet d'exclure de l'éligibilité un grand nombre de clients potentiels. Le décret d'application de l'article 22 § 1 relatif aux clients éligibles rectifie la définition légale et dispose que le calcul de la consommation annuelle d'électricité sur un site s'effectue en prenant en compte la totalité de l'électricité consommée par un établissement, en y intégrant l'électricité « produite pour son propre usage, quel que soit le nombre de points de livraison et de contrats de fourniture d'électricité de cet établissement »[1066].

Les services du Ministère chargés de l'énergie ont rectifié la transposition imcomplète de la directive dans le calcul du seuil pour l'année 2003 et soulignent combien « la tâche est relativement complexe dans la mesure où les données doivent être retraitées pour tenir compte de l'autoproduction [qui ouvre droit à l'éligibilité] »[1067].

Il ressort de cette définition que l'éligibilité n'était pas attribuée à une société ou à un groupe de sociétés dans son ensemble, mais aux seuls établissements qui remplissaient de manière nominative la condition d'une consommation égale à 7 GWh par an. Cette appréciation a eu pour conséquence de voir au sein d'une société ou d'un groupe de sociétés certains sites éligibles et d'autres non, sans que cela soit constitutif d'une discrimination.

La notion de site de consommation est maintenue et précisée dans le décret du 23 juin 2004, il s'agit de « l'établissement identifié par son numéro d'identité au répertoire national des entreprises et des établissements, tel que défini par le décret du 14 mars 1973 »[1068]. L'INSEE considère, sur les bases du règlement communautaire du 15 mars 1993, que l'établissement est une « entreprise ou une

---

[1065] Rapport Revol, p. 74. Par ailleurs, le règlement CEE n° 696-93 du Conseil européen du 15 mars 1993 définit le concept « d'unité locale » comme étant « une entreprise ou une partie d'entreprise [atelier, usine, bureau, etc.] sise en un lieu topographiquement identifié, dans laquelle sont exercées des activités pour lesquelles une ou plusieurs personnes travaillent pour le compte d'une même entreprise ». La Commission s'appuiera sur cette approche pour calculer le degré d'ouverture des marchés.

[1066] Article 1er du décret du 29 mai 2000 relatif à l'éligibilité des consommateurs d'électricité, précité.

[1067] Communication du Ministère chargé de l'énergie sur le seuil d'éligibilité consultable sous : www.industrie.gouv.fr (version de novembre 2002).

[1068] Décret n° 73-314 du 14 mars 1973 portant création d'un système national d'identification et d'un répertoire des entreprises et de leurs établissements (n° SIRET), dont la gestion est confiée à l'Institut national de la statistique et des études économiques (INSEE). Le décret n° 2004-597 du 23 juin 2004 relatif à l'éligibilité des consommateurs d'électricité consacre cette définition dans son article 1er.

partie d'entreprise sise en un lieu topographiquement identifié par son adresse, quel que soit le nombre des activités qui y sont exercées ». Pour bénéficier de l'éligibilité, un site doit être nécessairement déclaré en tant qu'établissement et disposer d'un numéro de Siret, preuve de son enregistrement[1069]. La CRE est d'avis que le site de consommation doit être appréhendé de manière plus souple[1070] et propose de n'utiliser les critères juridiques de l'établissement que pour trancher dans des cas qui l'imposent. Le site doit être, selon elle, « un lieu sur lequel une personne morale a une consommation finale, intégrant tous les moyens d'approvisionnement et autoconsommation comprise »[1071]. Cette souplesse est introduite dorénavant à l'article 1er du décret du 23 juin 2004 relatif aux clients éligibles. Il prévoit qu'à défaut d'un établissement identifié par un numéro de Siret, le site de consommation peut être tout simplement « le lieu de consommation de l'électricité » si le site en question n'est ni industriel, ni commercial.

(ii) L'éligibilité en fonction de l'activité du consommateur d'électricité

Un amendement à l'article 22 § 1 du projet de loi sur l'électricité envisageait d'octroyer l'éligibilité à un « groupement d'entreprises situées sur des zones industrielles »[1072]. Cette disposition a été rejetée car elle aurait créé une « très grande inégalité entre les entreprises situées dans les zones industrielles et les entreprises isolées »[1073]. La loi du 10 février 2000 n'abandonne cependant pas l'approche qui consiste à accorder l'éligibilité à des consommateurs d'électricité selon des critères autres que celui de leur niveau de consommation d'électricité. Bien que cette possibilité ne soit pas prévue par la directive 96/92 du CE, la loi du 10 février 2000 a accordé l'éligibilité à des consommateurs en fonction de leurs activités, ce sont :
- la SNCF[1074] : son éligibilité est fonction de sa consommation annuelle d'électricité de traction sur l'ensemble du territoire national.
La consommation à prendre en compte est celle consommée par le matériel roulant assurant le service de transport exploité sur le territoire national et l'électricité de traction produite pour son propre usage[1075]. Le décret du 23 juin 2004 souligne qu'elle est dorénavant éligible pour la totalité de l'électricité de traction consommée et,
- les propriétaires et gestionnaires de réseaux de transports collectifs urbains s'ils sont interconnectés en aval des points de livraison d'EDF ou d'un DNN[1076]. Alors qu'ils étaient jusque-là éligibles pour l'électricité nécessitée pour leur propre consommation sur leurs réseaux et l'électricité de traction mise à disposition des utilisateurs non éligibles de leurs réseaux, ils sont dorénavant éligibles pour la

---

1069 La notion de site n'est pas relevante dans le cas des réseaux ferroviaires et des transports collectifs.
1070 Rapport Syrota sur l'évaluation des missions du service public de l'électricité, février 2000, p. 14.
1071 Rapport Syrota précité, p. 14.
1072 Amendement n° 280, débats du Sénat, séance du 7 octobre 1999.
1073 Réponse de C. Pierret, débats du Sénat, séance du 7 octobre 1999.
1074 X. Matharan, P. Pintat, « La libéralisation du secteur de l'électricité et la mise en concurrence des contrats de fourniture », *CJEG*, n° 581, novembre 2001, p. 431 ; rapport Bataille, p. 134.
1075 Article 2 du décret n° 2000-456 du 29 mai 2000, précité.
1076 L'éligibilité est donc reconnue à la RATP, rapport Bataille, p. 136 ; mais également à des établissements tels que la SEMITAG à Grenoble, la SEMITAN à Nantes ou encore la SEMVAT à Toulouse, P. Pintat, X. Matharan, « La libéralisation du secteur électrique et la mise en concurrence des contrats de fourniture », *CJEG*, n° 581, novembre 2001, p. 432.

totalité de l'électricité consommée sur le réseau électriquement interconnecté en aval de livraison[1077].

(b) Les clients éligibles non consommateurs finals d'électricité

La loi du 10 février 2000 reconnaissait, en plus des catégories de clients éligibles précitées, l'éligibilité partielle des distributeurs d'électricité et des producteurs d'électricité qui « achètent de l'électricité pour la revendre ».
La loi du 3 janvier 2003 relative au marché du gaz modifie ce dispositif en attribuant l'éligibilité à l'ensemble des opérateurs qui exercent l'activité d'achat pour revente d'électricité.

(i) Les distributeurs d'électricité

La question de l'éligibilité des distributeurs d'électricité s'est posée avec intensité lors des débats sur le projet de loi de l'électricité et, en particulier, au sein de la représentation nationale des collectivités locales. Beaucoup plaidaient contre une éligibilité totale des entreprises locales de distribution en raison du danger qu'elle aurait engendré par l'abandon du système de la péréquation géographique des tarifs[1078]. Ce dernier permet une application uniforme des tarifs de l'électricité sur le territoire national. Il ressortait de ces débats que l'éligibilité des distributeurs créerait une discrimination entre les consommateurs. En effet, les consommateurs résidant dans des communes bien desservies pourraient payer une électricité moins chère que ceux résidant dans des communes plus difficiles d'accès. Ce traitement serait contraire aux principes de la péréquation des tarifs et d'égalité dans l'aménagement du territoire[1079].
Aussi, la loi du 10 février 2000 se contentait, dans un premier temps, de reconnaître une « éligibilité partielle » aux entreprises de distribution d'électricité comme l'y autorisait la directive 96/92 du CE[1080]. Selon l'article 22 § II de la loi du 10 février 2000, les entreprises de distribution ne pouvaient être éligibles que pour assurer l'approvisionnement en électricité des « clients éligibles situés dans leurs zones de desserte ». Afin d'approvisionner leurs clients éligibles, les distributeurs s'alimentaient auprès de fournisseurs nationaux ou étrangers de leur choix et avaient accès aux réseaux pour alimenter leurs clients éligibles aux conditions du marché. Mais la conséquence de ce régime était que la perte par le client éligible de son statut se répercutait directement sur le distributeur. Aussi, la loi du 3 janvier 2003 relative au marché du gaz a modifié le statut précaire des distributeurs d'électricité qui est renforcé dans les lois du 9 août 2004 et du 13 juillet 2005. Le statut d'éligible du distributeur n'est alors plus rattaché à celui des clients éligibles installés sur son

---

[1077] Article 2 du décret n° 2000-456 du 29 mai 2000 modifié par l'article 2 du décret du 23 juin 2004 sur l'éligibilité des consommateurs.

[1078] Débats du Sénat du 6 octobre 1999.

[1079] Article 2 § III de la loi du 10 février 2000. En effet, l'éligibilité des distributeurs peut avoir pour conséquence de favoriser les secteurs rentables et négliger les secteurs difficiles d'accès et coûteux à desservir.

[1080] La formulation de l'article 22 § II de la loi du 10 février 2000 ne retient pas le terme « d'éligibilité partielle », elle reconnaît les clients qui sont éligibles « en vue de l'approvisionnement effectif des clients éligibles » et paraphrase l'article 19 § 3 de la directive 96/92 du CE aux termes duquel les entreprises de distribution sont éligibles « en vue d'approvisionner ces clients ».

territoire de desserte, mais il est rattaché dans un premier temps au seuil de consommation d'électricité sur son territoire. Le distributeur devenait éligible pour desservir l'ensemble des consommateurs d'électricité installés sur son territoire de desserte, dès que la somme des consommations en électricité de ses clients éligibles et non éligibles était égale au seuil inscrit dans le décret relatif à l'éligibilité, à savoir 7 GWh[1081]. Par ailleurs, les distributeurs sont, indépendamment des clients desservis, éligibles pour leurs achats d'électricité appelés à compenser leurs pertes dans la gestion des flux d'électricité sur le réseau de distribution. En intégrant cette disposition, la loi du 3 janvier 2003 relative au marché du gaz alignait le régime de l'électricité sur celui du gaz dans lequel tous les distributeurs non nationalisés sont éligibles[1082].

L'avantage de cette attribution est qu'elle permit aux distributeurs de desservir leurs clients non éligibles avec de l'électricité acquise non pas au tarif de cession de l'électricité, c'est-à-dire réglementé par les pouvoirs publics, mais dans le cadre de l'exercice de l'activité d'achat pour revente auprès de l'ensemble des fournisseurs nationaux ou étrangers. Cette éligibilité permit aux clients finals de bénéficier indirectement de l'ouverture du marché électrique à la concurrence, même s'ils demeurent encore non éligibles et ne peuvent choisir librement leur fournisseur.

Le distributeur d'électricité a ainsi le choix, soit de se fournir auprès du fournisseur de son choix soit de continuer à s'approvisionner en électricité auprès d'EDF au tarif de cession de l'électricité[1083]. Avec l'entrée en vigueur de la directive 03/54 du CE, le distributeur est, à partir du 1er juillet 2004, un client non résidentiel et est dorénavant éligible sans égard à sa consommation d'électricité. Les distributeurs ont pu se prévaloir de cette mesure dès le 23 juin 2004, date d'entrée en vigueur du décret relatif à l'éligibilité des consommateurs qui ne vise plus les distributeurs en tant que tels, mais dispose de manière générale que tout consommateur non résidentiel est éligible indépendamment de sa consommation[1084]. Toutefois, l'activité d'achat pour revente du distributeur est encore limitée à l'approvisionnement des clients éligibles et non éligibles situés dans sa zone de desserte ; le principe de territorialité continue de s'appliquer à leur endroit.

(ii) Les fournisseurs exerçant l'activité d'achat pour revente d'électricité

L'activité d'achat pour revente d'électricité est une activité de négoce que ni la directive ni la loi du 10 février 2000 ne définissent. Elle est une nouvelle catégorie d'activité dans la gestion du secteur électrique parallèlement à la production, à la distribution et au transport. L'achat pour revente d'électricité consiste pour une entité à acheter de l'électricité auprès d'un tiers producteur et à la revendre à un

---

1081 Article 22 § II de la loi du 10 février 2000 tel que modifié par l'article 48 de la loi du 3 janvier 2003 relative au marché du gaz.

1082 Il faut cependant souligner que le seuil d'éligibilité est maintenu dans le secteur de l'électricité en raison de la présence de nombreux distributeurs de petite taille à la différence du secteur du gaz. La petite taille des distributeurs d'électricité est aussi la raison pour laquelle l'article 22 § II modifié leur reconnaît la possibilité de bénéficier, sous certaines conditions, du tarif de cession de l'électricité fixé par décret des Ministres de l'économie et de l'énergie (article 4 de la loi du 10 février 2000), voir à cet égard le rapport Gonnot 2ème partie, p. 27.

1083 Article 48 de la loi du 3 janvier 2003 relative au marché du gaz.

1084 Article 1er du décret du 23 juin 2004 relatif à l'éligibilité des consommateurs d'électricité.

consommateur. Le négociant n'est par conséquent ni le producteur, ni le transporteur de l'énergie qu'il vend, il est en principe un intermédiaire.
Pourtant, l'article 22 § II de la loi du 10 février 2000 attribuait, dans sa version initiale, la qualité de client éligible à une catégorie supplémentaire d'opérateurs, à savoir les producteurs d'électricité et leurs filiales autorisés à exploiter des installations électriques en vertu de l'article 7 de cette même loi[1085]. L'éligibilité leur était attribuée dans le but d'alimenter leurs clients éligibles lorsque leur production d'électricité était insuffisante. Les producteurs concernés pouvaient ainsi alimenter leurs clients éligibles en électricité librement acquise sur le marché électrique[1086].
La loi du 10 février 2000 était alors plus généreuse que la directive 96/92 du CE qui ne prévoyait cette possibilité pour les producteurs qu'afin d'alimenter leurs propres établissements et filiales[1087]. Mais cette éligibilité était conditionnée par l'obligation imposée au producteur de n'acquérir qu'un volume d'électricité limité à une partie de sa production[1088]. Le décret du 30 octobre 2000 relatif à l'activité d'achat d'électricité pour revente aux clients éligibles fixe alors à 20 % la quantité d'électricité « susceptible d'être achetée pour être revendue au cours d'une année par le titulaire d'une autorisation d'achat pour revente »[1089]. L'éligibilité inscrite dans la loi n'était activée que si le producteur concerné en faisait la demande formelle auprès du Ministre chargé de l'énergie, qui attribuait une autorisation nominative « d'acheter pour revendre » de l'électricité. Ces opérateurs se distinguaient des distributeurs en ce qu'ils exerçaient une activité de négoce d'électricité pour laquelle ils recevaient une autorisation. Cette procédure donnait à penser que le négoce d'électricité n'était autorisé que sous ces strictes conditions d'éligibilité.
Ces limitations ont été fortement critiquées, car cela revenait, selon les termes du rapport Revol, « à instituer un monopole [du négoce] au profit d'EDF, et tous ses concurrents iront alors faire du négoce à l'étranger[1090] ». La pratique a illustré cette prédiction, si bien que la loi du 3 janvier 2003 relative au marché du gaz a supprimé la catégorie des producteurs autorisés à acheter et revendre de l'électricité[1091].
Elle réécrit l'article 22 § IV de la loi du 10 février 2000 qui encadrait de manière très restrictive l'exercice d'achat pour revente d'électricité et introduit un régime plus souple, autorisant tout « fournisseur » à s'installer sur le territoire national afin d'exercer l'activité d'achat pour revente aux clients éligibles[1092]. La loi du 13 juillet 2005 n'impose dorénavant plus que ceux-ci soient installés sur le territoire national pour être éligibles.

[1085] Le Ministre chargé de l'énergie délivre à toute personne qui en fait la demande une autorisation d'exploiter une installation de production d'électricité, article 6 § I, II et 7 § I de la loi du 10 février 2000.
[1086] Article 22 § III de la loi du 10 février 2000.
[1087] Article 20 § I et II de la directive 96/92 du CE.
[1088] Article 22 § IV de la loi du 10 février 2000.
[1089] Article 2 du décret n° 2000-1069 du 30 octobre 2000 relatif à l'activité d'achat d'électricité pour revente aux clients éligibles, JO n° 255 du 3 novembre 2000, p. 17432.
[1090] Rapport Revol, p. 77. Dans son rapport à l'Assemblée Nationale, F.M. Gonnot souligne qu'il est « éclairant de constater que même EDF est allé créer une filiale de négoce, EDF Trading, à Londres », rapport Gonnot, p. 29.
[1091] Article 22 § IV de la loi du 10 février 2000 dans sa rédaction initiale.
[1092] Article 22 § IV tel que modifié par l'article 50 de la loi du 3 janvier 2003 relative au marché du gaz.

Ces fournisseurs ne sont pas directement visés dans la loi du 3 janvier 2003 relative au marché du gaz comme étant des clients éligibles bien qu'ils disposent des mêmes droits, à savoir le droit d'accès aux réseaux pour la mise en œuvre de leurs contrats de fourniture. En revanche, les fournisseurs en électricité apparaissent sous le terme de « clients grossistes » dans la directive 03/54 du CE et sont, à ce titre, des clients non résidentiels, c'est-à-dire éligibles sans égard à leur consommation[1093]. Dorénavant, les négociants en électricité peuvent exercer l'activité d'achat pour revente de l'électricité sans égard à leur consommation et sans être nécessairement installés sur le territoire national. Si bien qu'une entreprise de négoce installée en dehors du territoire national est en mesure d'exercer une activité dite de « trading » d'électricité en France afin d'y desservir des clients éligibles. La seule condition à remplir étant d'adresser une déclaration au Ministre de l'énergie. L'activité de négoce est dorénavant soumise au régime de la déclaration préalable.

(c) L'abolition de la procédure de reconnaissance de l'éligibilité

La loi du 10 février 2000 a été précisée par des dispositions réglementaires qui liaient l'exercice par le client éligible de son droit d'accès au réseau à une procédure formelle et préalable de reconnaissance de son statut. La loi du 10 février 2000, qui se contentait d'énumérer les bénéficiaires de l'éligibilité, renvoyait à un décret le soin de fixer le détail de la procédure d'attribution ou de « reconnaissance » du statut d'éligible[1094]. Ce dernier a introduit un système de déclaration préalable selon lequel il revenait à tout client qui estimait être éligible d'adresser une déclaration relative à son statut au Ministre chargé de l'énergie[1095]. La déclaration devait comporter des informations générales relatives à l'identité du client en fonction de sa qualité (personne physique ou morale), à sa consommation d'électricité par site, à l'électricité produite pour son propre usage, ainsi que l'identification de la compagnie de distribution compétente pour sa zone de desserte[1096]. Les services du ministère de l'énergie contrôlaient l'adéquation entre les informations fournies par les demandeurs et les conditions d'éligibilité inscrites dans la loi du 10 février 2000 et son décret d'application et prenaient acte de la déclaration faite par l'opérateur sans exercer un quelconque contrôle d'opportunité. Et, sans pouvoir attester de la conformité des informations fournies, le Ministre chargé de l'énergie délivrait au demandeur « un récépissé » de la déclaration, comme preuve de son enregistrement en tant que client éligible[1097]. Un exemplaire de cette déclaration devait être préalablement adressé au GRT et aux GRD compétents dès qu'un raccordement aux réseaux était effectif ou envisagé.
Une procédure presque similaire était également imposée aux distributeurs qui

---

1093 Le client grossiste est toute personne physique ou morale qui achète de l'électricité pour la revendre à l'intérieur ou à l'extérieur du réseau où elle est installée, article 2 § 7) de la directive 03/54 du CE. Par ailleurs, le décret du 23 juin 2004 relatif à l'éligibilité ne vise plus spécialement les producteurs d'électricité comme c'était le cas dans le décret précédent du 29 mai 2000.

1094 Aux termes de l'article 22 § I, le décret qui détermine le seuil de la consommation en électricité « détermine la procédure de reconnaissance de l'éligibilité ».

1095 Article 4 § I du décret n° 2000-456 du 29 mai 2000 relatif à l'éligibilité des consommateurs d'électricité, JO n° 125 du 30 mai 2000, p. 8102, ci-après « décret du 29 mai 2000 ».

1096 Article 4 § I du décret du 29 mai 2000.

1097 Article 4 § II et III du décret du 29 mai 2000.

établissaient et adressaient au Ministre chargé de l'énergie une déclaration relative à la reconnaissance de leur statut d'éligible. Cette déclaration était, initialement, accompagnée en sus de leurs contrats d'achat d'électricité pour revente lesquels précisaient le volume d'électricité acheté et l'identification des clients éligibles à approvisionner[1098]. Ce régime a été modifié par la loi du 3 janvier 2003 relative au marché du gaz, qui imposa au distributeur de n'indiquer que le niveau de la consommation d'électricité dans sa zone de desserte.
En cas de refus du Ministre chargé de l'énergie d'attribuer le récépissé de la déclaration, le demandeur pouvait faire un recours en annulation devant le Tribunal administratif ; ce refus étant un acte administratif.
L'impératif de transparence imposé par la directive 96/92 du CE[1099] obligeait également le Ministre chargé de l'énergie à publier au Journal Officiel la liste des clients reconnus éligibles pour l'année en cours, soit avant le 31 mars de chaque année[1100]. Avant l'adoption de la loi du 3 janvier 2003 relative au marché du gaz, les listes qui devaient être publiées étaient[1101] :
- la liste des consommateurs s'étant déclarés éligibles au titre de l'article 1er du décret du 29 mai 2000 (les consommateurs de + de 7 GWh par an et par site) ;
- la liste des consommateurs s'étant déclarés éligibles au titre de l'article 2 du décret précité, à savoir les entreprises exploitant des services ferroviaires, ou des réseaux de transports collectifs urbains ;
- la liste des consommateurs s'étant déclarés éligibles au titre de l'article 6 du décret précité, à savoir les sites de consommation mis en exploitation en cours d'année ou les sites qui connaissent un changement d'exploitant et d'activité et
- la liste des distributeurs s'étant déclarés éligibles au titre de l'article 7 du décret précité.
Dès leur publication au Journal Officiel, les listes de clients éligibles devenaient opposables aux parties et aux tiers et les opérateurs voyaient leur éligibilité publiquement déclarée. La loi du 3 janvier 2003 relative au marché du gaz a supprimé l'obligation de publication des listes de clients éligibles ainsi que de celles des producteurs et n'impose dorénavant que la publication de la liste des opérateurs qui achètent de l'électricité pour la revendre[1102].
L'absence de contrôle a priori des informations transmises par les clients éligibles avait pour conséquence la mise en place d'un strict régime de sanctions pour fausses déclarations[1103]. Le décret du 29 mai 2000 sur l'éligibilité des consommateurs renvoyait à l'article 41 de la loi du 10 février 2000 aux termes duquel le Ministre chargé de l'énergie prononce une amende pécuniaire ou administrative à l'encontre

---

1098 Article 7 du décret du 29 mai 2000.
1099 Article 19 § 4 de la directive 96/92 du CE. Quant à la Commission, elle publie au JOCE la liste des critères de la définition des clients éligibles.
1100 Article 22 § V de la loi du 10 février 2000
1101 La liste des consommateurs ayant effectué leur déclaration d'éligibilité annuelle avant le 15 janvier 2002 apparaît dans la liste publiée par le Secrétaire d'État à l'Industrie.
1102 Article 22 § V de la loi du 10 février 2000 tel que modifié par l'article 51 de la loi du 3 janvier 2003 relative au marché du gaz.
1103 L'article 8 du décret n° 2000-456 du 29 mai 2000 relatif à l'éligibilité des consommateurs d'électricité trouve à s'appliquer à l'encontre des opérateurs qui « achètent de l'électricité en se prévalant des droits conférés par l'article 22 § III de la loi du 10 février 2000 ».

des opérateurs, en cas de non-respect des « dispositions législatives ou réglementaires relatives à l'éligibilité »[1104]. Le régime de la déclaration préalable imposé aux opérateurs était, certes, la procédure administrative de reconnaissance la moins contraignante et répondait aux impératifs de la directive 96/92 du CE. Dans le cas contraire, la Commission peut toujours « demander à l'État membre de modifier ce dispositif, s'il fait obstacle à l'application utile de la directive »[1105]. Mais cette procédure, par trop laborieuse, est finalement supprimée par le décret du 23 juin 2004 sur l'éligibilité des consommateurs. Aucune procédure de déclaration ne doit à présent être mise en œuvre par les clients qui estiment être éligibles, sauf pour le consommateur dont la puissance souscrite est inférieure à 36 kVA. Il lui revient d'adresser à son fournisseur une déclaration écrite attestant qu'il est un consommateur non résidentiel. En outre, le seuil de consommation ayant été abandonné, le consommateur peut être éligible pour tout ou « partie » de sa consommation d'électricité. Le régime des sanctions demeure similaire à celui visé dans le décret du 29 mai 2000, les consommateurs qui se prévalent injustement de l'éligibilité sont passibles des amendes visées à l'article 41 de la loi du 10 février 2000, alors que les fournisseurs sont passibles des mêmes sanctions s'ils livrent « sciemment » de l'électricité à un client non éligible. Par conséquent, le décret libère, semble-t-il, le fournisseur qui méconnaissait réellement la situation du consommateur.

(2) Les compétences reconnues aux clients éligibles

La reconnaissance du statut d'éligible à un opérateur lui permet dans un premier temps de conclure un contrat d'approvisionnement en électricité auprès du fournisseur de son choix[1106]. Mais pour mettre en pratique cette liberté encore faut-il que le marché soit suffisamment concurrentiel, c'est-à-dire que le marché de l'électricité propose un nombre suffisant d'offres de fourniture. Le régime de l'accès aux réseaux impose, afin de ne pas rester lettre morte, l'adoption de mesures parallèles, telles que l'ouverture à la concurrence du secteur de la production d'électricité et/ou la reconnaissance du négoce d'électricité. L'accès aux réseaux s'exprime dans la directive à travers la liberté d'approvisionnement en électricité et dispose que les opérateurs doivent pouvoir négocier des « contrats de fourniture entre eux, sur la base d'accords commerciaux volontaires »[1107]. La directive 03/54 du CE semble élargir les sources d'approvisionnement en électricité en intégrant dans son champ d'application, à côté de la production, « la fourniture d'électricité »[1108].

1104 Le Ministre chargé de l'énergie peut prononcer une amende proportionnelle au manquement constaté qui peut être égale à 3 % du chiffre d'affaires du dernier exercice de l'opérateur ou à une amende égale à 1 million de francs, article 40 de la loi du 10 février 2000.

1105 Aux termes de l'article 19 § 4 de la directive 96/92 du CE, si l'État membre ne satisfait pas à la demande de la Commission dans un délai de 3 mois, celle-ci décide des mesures d'exécution adéquates en vertu de la décision 83/373 du CEE du 13 juillet 1987 relative aux modalités d'exercice des compétences d'exécution conférées à la Commission.

1106 C'est la raison pour laquelle le droit pour les clients éligibles de conclure des contrats d'approvisionnement est intégré dans les dispositions relatives à l'éligibilité, titre IV de la loi du 10 février 2000 et à l'article 17 de la directive 96/92 du CE.

1107 Article 17 § 1 et 19 § 1 de la directive 96/92 du CE.

1108 Article 1er de la directive 03/54 du CE.

Le préalable à l'accès aux réseaux impose l'aménagement, voire l'abandon des monopoles de production, d'importation et d'exportation d'électricité. La loi du 10 février 2000 répond en partie à ces attentes. Elle aménage le régime de la production afin d'y introduire la concurrence et abolit les monopoles d'exportation et d'importation d'électricité réservés jusque-là à l'opérateur historique. La tentative de la loi du 10 février 2000 d'encadrer strictement l'exercice du négoce d'électricité n'étant pas conforme à la directive, elle a été abolie par la loi du 3 janvier 2003 relative au marché du gaz. Par ailleurs, les limites initialement posées par la loi du 10 février 2000, relatives à la liberté de choix et à la liberté contractuelle des clients éligibles, sont également en grande partie supprimées par la loi du 3 janvier 2003.

(a) La liberté de choisir entre des fournisseurs d'électricité

Les clients éligibles sont, aux termes de l'article 22 § III de la loi du 10 février 2000, libres de choisir leurs fournisseurs afin de conclure avec eux des contrats de fourniture en électricité[1109]. Afin que les clients éligibles puissent appliquer cette disposition dès l'entrée en vigueur de la loi, celle-ci leur permet de résilier les contrats de fourniture en cours conclus par eux avec EDF ou un DNN[1110] et règle ainsi le sort des contrats en cours. Le projet de loi initial prévoyait une résiliation « réciproque » des contrats de fourniture en cours, ce qui aurait permis non seulement aux clients éligibles, mais aussi à EDF, de résilier les contrats de fourniture. Or cette disposition aurait eu pour effet de renforcer la position dominante d'EDF en mettant en échec la liberté de résiliation des clients éligibles[1111]. Les clients éligibles qui souhaitent user de leur éligibilité et changer de fournisseur ne doivent pas être gênés par leurs contrats de fourniture antérieurs et disposent d'un droit de résiliation de plein droit. Les producteurs d'électricité bénéficient de la même liberté, sauf à respecter, dans leur cas, un préavis de trois mois[1112].

Les contrats de fourniture en électricité qui n'auront pas été résiliés doivent, quant à eux, être mis en conformité avec les dispositions légales et réglementaires, afin de prendre en compte les ajustements des tarifs d'utilisation des réseaux publics et les tarifs de l'électricité. Aux termes de cette mesure soit les clients éligibles mettent en œuvre cette disposition et résilient leurs contrats de fourniture avec EDF ou un DNN, soit ils profitent de cet avantage pour renégocier leurs contrats de fourniture avec les mêmes fournisseurs. La CRE considère que cette disposition n'est pas destinée à pénaliser l'opérateur historique, mais qu'il s'agit de permettre aux opérateurs de ne pas être contraints de « maintenir en vigueur des conditions de

---

[1109] Le terme de fourniture est issu de « l'Electricity Act » de 1989 entré en vigueur le 1er avril 1990, libéralisant le marché électrique anglais et qui utilise la terminologie du « supply » (fourniture) pour faire une différence entre la vente d'électricité et la livraison à l'aide des réseaux électriques, A. Lolli, La privatisation du système électrique en Grande Bretagne et l'évolution du système italien, CJEG, mars 1993, p. 205 ; Numéro spécial des CJEG, La législation sur l'électricité et la préparation de la transposition de la directive dans les États membres de l'Union européenne, CJEG, mai 1997, p. 183.

[1110] Article 49 de la loi du 10 février 2000.

[1111] Ces pratiques sont condamnées par la CJCE, voir ses arrêts « United Brands » du 14 février 1978, C-27/76, rec.p. 207 ; Arrêt « Commercial solvent » du 6 mars 1974, C- 6-7/73, rec.p. 223 ; pour un commentaire, N. Charbit, Le nouveau droit de l'électricité, Dalloz, 2000, n° 30, p. 474.

[1112] Article 50 de la loi du 10 février 2000.

fourniture qui ne correspondent plus aux circonstances résultant de l'ouverture des marchés »[1113]. Afin que cette possibilité soit exercée sans retenue par les opérateurs, la loi du 10 février 2000 n'envisage pas le paiement d'une indemnité de résiliation, qui constituerait une double entrave à la mise en œuvre par les opérateurs de leur éligibilité et à l'entrée sur le marché de nouveaux opérateurs[1114]. À cet égard, la CRE condamne le comportement d'EDF qui, à l'occasion de la résiliation d'un contrat de fourniture, exige le paiement d'une « prime fixe au prorata de la durée restant à couvrir du contrat »[1115]. Cette mesure, qui avait été proposée dans le projet de loi électrique, a été supprimée, car elle conduisait « à faire payer par le client le coût pour EDF de l'application de la directive à son contrat » et était, en outre, contraire aux principes de l'effet utile et de la sécurité juridique.
La CRE considère en l'espèce que ce paiement, tout en étant illégal, aurait en plus pour conséquence de faire payer au client éligible deux fois la prime fixe du tarif réseau, qui est également perçue dans le contrat d'accès aux réseaux[1116].
La directive 96/92 du CE n'énumère pas de manière exhaustive les opérateurs autorisés à fournir de l'électricité aux clients éligibles. Elle vise les fournisseurs d'électricité traditionnels, tels que les producteurs d'électricité, mais souligne qu'il s'agit de toutes les entités chargées de la fourniture d'électricité « dès qu'elles sont autorisées dans les États membres »[1117]. En effet, la fourniture d'électricité, telle qu'elle s'entend aux termes de la directive 96/92 du CE, est « la livraison et/ou la vente d'électricité à des clients »[1118] et permet alors de concevoir l'approvisionnement en électricité à travers l'activité du négoce d'électricité.
La fourniture en électricité doit être suffisamment diversifiée pour proposer un véritable choix aux clients éligibles. Dans cet esprit, la directive 96/92 du CE ouvre la production d'électricité à la concurrence[1119] et assouplit les monopoles d'importation et d'exportation d'électricité nécessaires à l'ouverture des marchés internes de la fourniture et à la mise en place d'un marché intérieur de l'électricité[1120]. La loi du 10 février 2000 transpose étroitement cette approche en énumérant les entités auprès desquelles les clients éligibles sont autorisés à se fournir et sera complétée par la loi du 3 janvier 2003 relative au marché du gaz.

(i) L'approvisionnement en électricité par des producteurs d'électricité

L'interdépendance entre les activités électriques implique, par conséquent, leur ouverture parallèle à la concurrence. La loi du 10 février 2000 traduit cette imbrication entre la production, le transport et la distribution d'électricité et

---

1113 Communication de la CRE du 28 mai 2000 sur l'ouverture du marché français de l'électricité.

1114 Article 17 de la directive 96/92 du CE.

1115 Délibération du 22 mai 2003 sur les conditions de résiliation des contrats intégrés conclus avec les fournisseurs historiques d'électricité par les clients éligibles.

1116 Délibération de la CRE du 22 mai 2003 sur les conditions de résiliation des contrats intégrés conclus avec les fournisseurs historiques d'électricité par les clients éligibles.

1117 Les fournisseurs d'électricité renvoient aux « négociants » en électricité, article 17 § 1 de la directive 96/92 du CE.

1118 Article 2-16) de la directive 96/92 du CE.

1119 Le chapitre III de la directive 96/92 du CE propose le choix entre la mise en place d'un régime d'appel d'offres et une procédure d'autorisation pour la construction par quiconque d'une nouvelle installation de production d'électricité.

1120 Article 3 § 1 de la directive 96/92.

introduit, parallèlement à l'accès aux réseaux, le droit des clients éligibles de se fournir auprès de producteurs nationaux ainsi qu'auprès de producteurs et fournisseurs installés en dehors des frontières nationales[1121].

Si les monopoles du transport et de la distribution de l'électricité sont confirmés, en revanche, les dispositions relatives à la fourniture d'électricité abolissent les monopoles de production, d'exportation et d'importation d'électricité dont EDF bénéficiait jusque-là.

(a) L'approvisionnement en électricité par les producteurs nationaux

Le premier interlocuteur vers lequel se tourne le client devenu éligible pour assurer son approvisionnement en électricité est souvent le producteur d'électricité géographiquement le plus proche de son site de consommation.

Considérant que la concurrence dans le secteur de la production d'électricité est très limitée voire insignifiante, le client éligible a dans la pratique peu de possibilités de changer de producteur sur le territoire national. La Commission consciente de l'intégration des marchés nationaux et de la domination d'opérateurs historiques sur certain d'entre eux va intervenir en utilisant les instruments mis à sa disposition dans la directive mais aussi dans le Traité CE.

La directive 96/92 du CE prévoit l'ouverture à la concurrence de la production d'électricité à travers la possibilité de construire de nouvelles installations de production[1122]. Cette disposition est la conséquence de la prise en compte du fait que le marché de la fourniture est organisé autour de monopoles de production. En France, la production d'électricité est assurée par l'opérateur historique, lequel supporte une concurrence insignifiante de la part des « producteurs indépendants » maintenus après la nationalisation[1123].

Depuis l'entrée en vigueur de la loi du 10 février 2000, seuls les producteurs tels que la Compagnie Nationale du Rhône[1124] et la SNET[1125] sont en mesure de présenter des offres concurrentes à celles de l'opérateur historique. Mais la situation ne change que peu « par rapport à la position écrasante d'EDF en termes de production, le rôle que les trois fournisseurs indépendants potentiels pourraient jouer pour la fourniture

---

[1121] Aux termes de l'article 22 § III, un client éligible « peut conclure un contrat d'achat d'électricité avec un producteur de son choix ou un fournisseur de son choix installé sur le territoire d'un État membre de la Communauté européenne ou, dans le cadre de l'exécution d'accords internationaux, sur le territoire d'un autre État ».

[1122] Article 4 de la directive 96/92 du CE.

[1123] L'article 8 de la loi de nationalisation du 8 avril 1946 non abrogé par la loi du 10 février 2000 permet le maintien d'installations d'autoproduction de petite taille qui ne peuvent pas vendre leur production librement sur le marché, mais qui bénéficient toutefois d'une obligation d'achat de leur production principalement à la charge d'EDF.

[1124] EDF détient cependant 1/6ème du capital de la CNR, nomme un de ses trente administrateurs et en assure la gestion depuis l'entrée en vigueur de la loi de nationalisation du 8 avril 1946, bien qu'elle ait négocié les conditions de son retrait sur la base de l'article 50 de la loi du 10 février 2000.

[1125] La SNET, dont EDF détient près de 19 % du capital, se détache d'EDF pour se rapprocher de l'électricien espagnol Endesa, voir l'analyse du marché français faite par la Commission dans sa décision du 7 février 2001 déclarant une opération de concentration entre EDF/EnBW compatible avec le marché commun, C-2001/335, JO L-59/1 du 28 février 2002.

aux clients éligibles est insignifiant »[1126]. Aussi, pour maintenir et développer cette ébauche de concurrence, la Commission a, dans sa décision relative à la concentration intervenue entre EDF et l'entreprise électrique allemande EnBW[1127], imposé à EDF de faire de la CNR « un producteur d'électricité totalement indépendant ». La concentration entre ces entreprises n'a été déclarée compatible que sous réserve de permettre, entre autres, à la CNR d'assurer « elle-même l'exploitation de ses centrales électriques et la commercialisation de l'électricité produite ». Afin de s'y conformer, EDF s'engage à renoncer à ses droits de vote au sein de la CNR et à retirer son représentant du conseil d'administration »[1128].
Parallèlement à ces mesures ponctuelles, la loi du 10 février 2000 élargit le cercle des producteurs en ouvrant la production à la concurrence par l'abolition du monopole de production dont profite EDF[1129]. L'ouverture à la concurrence de la production d'électricité doit intervenir par le biais de deux alternatives proposées par la directive 96/92 du CE[1130] à savoir :
- la procédure d'attribution d'une autorisation d'exploitation ;
- complétée, en tant que de besoin, par une procédure d'appel d'offres[1131].
Dans la première alternative, la construction et l'exploitation d'une installation de production d'électricité sont subordonnées à la délivrance d'une autorisation administrative délivrée après examen des besoins et des capacités exploitables par le Ministre chargé de l'énergie. L'autorisation d'exploiter est attribuée en fonction de critères, dont la directive 96/92 du CE souligne qu'ils « *peuvent porter sur* la sécurité et la sûreté des réseaux et des installations, la protection de l'environnement, l'occupation des sols et le choix des sites »[1132].
Or, si la loi du 10 février 2000 paraphrase la directive dans son article 6, pour ce qui est des critères d'autorisation, son décret d'application, en revanche, s'en éloigne en introduisant un élément subjectif. Il impose que la demande d'autorisation émise par l'opérateur comporte, « *pour information*, la ou les destinations prévues de l'électricité produite, il s'agit notamment :
- de l'utilisation pour les besoins propres du producteur de l'électricité produite ou
- de la vente à des consommateurs finals éligibles, *à EDF* ou à un distributeur non

[1126] Décision de la Commission du 7 février 2001, relative à la concentration entre EDF/EnBW, dans laquelle elle précise les termes de la position dominante d'EDF sur le marché de la production et de la fourniture d'électricité.
[1127] Décision de la Commission du 7 février 2001, précitée.
[1128] Point 91 de la décision de la Commission du 7 février 2001. Ces mesures vont permettre à la CNR, selon la Commission, « de devenir une force concurrentielle active dans le secteur français de l'électricité [...]. EDF ne sera plus impliquée dans la politique commerciale de la CNR, ni dans son comportement sur le marché », point 106 de la décision.
[1129] Article 53 § 1 de la loi du 10 février 2000.
[1130] La directive 96/92 du CE permet, dans son Chapitre III, aux États membres d'ouvrir leur production d'électricité à la concurrence à l'aide d'un régime d'autorisation et/ou d'appel d'offres.
[1131] Article 7 de la loi du 10 février 2000 complété par l'article 8 selon lequel, « lorsque les capacités de production ne répondent pas aux objectifs de la programmation pluriannuelle des investissements de production [...], le Ministre chargé de l'énergie peut recourir à la procédure d'appel d'offres ».
[1132] Aux termes de l'article 5 § 1 de la directive 96/92 du CE, les critères peuvent porter, en outre, sur « l'utilisation du domaine public, l'efficacité énergétique, la nature des sources primaires, les caractéristiques particulières du demandeur telles que les capacités techniques, économiques et financières, et les dispositions de l'article 3 ».

nationalisé »[1133]. Cette disposition réglementaire ne saurait être conforme à l'esprit de la directive 96/92 du CE qui impose que les critères d'autorisation et donc la procédure d'attribution répondent au principe d'objectivité[1134]. Il est, en effet, à redouter qu'en fonction de la réponse fournie, les demandeurs souhaitant fournir EDF en électricité soient avantagés. Cette situation risque de créer une discrimination dès que les demandeurs souhaitent desservir des clients éligibles. Par ailleurs, à travers ces informations, l'autorité en charge du contrôle, qui est aussi la tutelle d'EDF, est informée des débouchés des concurrents de l'entreprise publique, en violation du principe de non-discrimination inscrit à l'article 4 de la directive 96/92 du CE.

C'est toutefois sur la base des éléments fournis par le demandeur que l'autorisation d'exploitation est accordée par le Ministre chargé de l'énergie dans les quatre mois qui suivent la réception de la demande. La durée de l'autorisation est fixée dans le titre administratif[1135] sous forme d'un arrêté du Ministre chargé de l'énergie[1136].

Le demandeur ne peut se voir opposer un refus d'autorisation qu'en cas de non-adéquation de sa demande avec les critères d'autorisation fixés dans la loi et encadrés par la directive. L'obligation de motivation du refus permet au demandeur de s'assurer de l'objectivité de l'examen de sa requête. En outre, la communication du refus d'autorisation à la Commission aura pour effet d'éviter les refus arbitraires[1137]. Le refus d'autorisation peut également faire l'objet d'un recours juridictionnel devant les tribunaux administratifs, répondant ainsi à l'obligation posée par la directive 96/92 du CE qui impose que des voies de recours soient ouvertes au demandeur[1138].

L'ouverture à la concurrence de la production d'électricité supporte cependant une restriction notable prévue par la directive elle-même. En effet, elle reconnaît aux États membres la possibilité de « mettre en œuvre une planification de long terme » dans le cadre de la production d'électricité[1139]. La directive 96/92 du CE exige que les mesures prises dans ce cadre soient objectives, transparentes, non discriminatoires et contrôlables et, à cette fin, publiées et communiquées à la Commission[1140].

L'option ouverte par la directive est aussitôt traduite dans la loi du 10 février 2000, et s'entend comme le préalable nécessaire à l'ouverture à la concurrence de la

---

1133 Article 2- 7° du décret du 7 septembre 2000 relatif à l'autorisation d'exploiter les installations de production d'électricité, JO n° 210 du 10 septembre 2000, p. 14214.

1134 Article 5 de la directive 96/92 du CE.

1135 Article 14 du décret du 7 septembre 2000 relatif à l'autorisation d'exploiter les installations de production d'électricité.

1136 Voir les arrêtés du Secrétaire d'État à l'Industrie du 22 août 2001 autorisant la S.A. SETE à exploiter une installation de production d'électricité de 10,7 MW, JO du 5 septembre 2001, p. 14233 ; Arrêté du 7 février 2003 autorisant la Société Cogestar 2 à exploiter une installation de production d'électricité de 7,5 MW, JO du 19 février 2003, p. 2075 ; Arrêté du 6 février 2003 autorisant la Société Clydel à exploiter une installation de production d'électricité de 21,65 MW, JO du 15 février 2003, p. 2783.

1137 La directive 96/92 du CE impose dans son article 5 § 2, relatif à la procédure d'autorisation, que la motivation du refus soit, en outre, « détaillée ».

1138 Article 5 § 3 de la directive 96/92 du CE.

1139 Article 3 § 2 de la directive 96/92 du CE.

1140 Article 3 § 2 de la directive 96/92 du CE.

production d'électricité. L'ouverture à la concurrence est ainsi « tempérée par un encadrement étatique des besoins de la Nation »[1141]. L'article 6 de la loi du 10 février 2000 ouvre la production d'électricité à la concurrence par la définition de la « PPI ». En ayant pour but de déterminer les objectifs de développement de la production d'électricité[1142], elle assure une place prépondérante aux productions utilisant la cogénération et les technologies nouvelles. La PPI répond aussi aux attentes de la directive 2001/77 du CE qui impose le soutien des techniques de production d'électricité, en favorisant une augmentation de la contribution des sources d'énergie renouvelables dans la production d'électricité sur le marché intérieur de l'électricité[1143]. À cet égard, la PPI adoptée doit être modifiée afin de prévoir que la production d'électricité soit assurée en 2010 à hauteur de 21 % de la consommation intérieure nationale brute par de l'énergie renouvelable[1144].

La procédure d'élaboration de la PPI impose l'intervention de plusieurs autorités, puisqu'il revient au Ministre chargé de l'énergie d'élaborer un rapport sur la PPI, lequel est soumis au Parlement[1145]. Le premier rapport, daté du 29 janvier 2002 et présenté au Parlement, forme le cadre de référence pour la PPI[1146]. Il est transposé dans l'arrêté du 7 mars 2003 qui contient les objectifs de développement du parc de production électrique en prenant en considération les contraintes dégagées par la directive 2001/77 du CE[1147].

Les mesures qui y sont proposées ne sont pas de simples orientations, mais des dispositions ayant une nature réglementaire et sur lesquelles doit s'appuyer le régime des autorisations d'exploitation (mais aussi le régime des appels d'offres).

On soulignera que ces autorisation ne peuvent être attribuées que dans le cadre de la PPI et donc dans le respect de la nature et de la localisation des besoins en

---

1141 P. Sablière, Droit de l'électricité, Dalloz, 2003, p. 20.

1142 Article 6 § I de la loi du 10 février 2000, la PPI fixe les énergies exploitables et pourrait considérer que les besoins en installation nucléaire sont atteints. L'ouverture à la concurrence de la production ne concernera pas, selon F. Hamon, « la construction de nouvelles installations de production nucléaire, qui devrait rester l'apanage d'EDF », Le marché intérieur de l'énergie, AJDA, 20 novembre 1998, p. 855.

1143 L'article 2 de la directive dispose qu'il faut entendre par sources d'énergies renouvelables : les sources d'énergies non fossiles renouvelables (énergie éolienne, solaire, géothermique, houlomotrice, marémotrice et hydroélectrique, biomasse, gaz de décharge, gaz des stations d'épuration d'eaux usées et biogaz) ; la biomasse, issue de la fraction biodégradable des produits, déchets et résidus provenant de l'agriculture (comprenant les substances végétales et animales), de la sylviculture et des industries connexes, ainsi que la fraction biodégradable des déchets industriels et municipaux, directive 2001/77 du Parlement européen et du Conseil du 27 septembre 2001 relative à la promotion de l'électricité produite à partir de sources d'énergies renouvelables sur le marché intérieur de l'électricité, JO L-283/33 du 27 octobre 2001.

1144 Cette modification est prévue dans l'arrêté du 7 mars 2003 relatif à la PPI, voir les objectifs de développement du parc de production électrique en annexe de l'arrêté, JO n° 65 du 18 mars 2003, p. 4692.

1145 L'article 6 de la loi du 10 février 2000 prévoit l'élaboration de trois documents distincts : un rapport sur la PPI à présenter au Parlement en 2001, une décision ministérielle approuvant la PPI et qui « constitue la PPI proprement dite » et enfin une loi d'orientation sur l'énergie à adopter avant le 31 décembre 2002.

1146 Rapport au Parlement du Ministère chargé de l'énergie sur la PPI de production électrique du 29 janvier 2002, ci-après « Rapport sur la PPI ».

1147 Arrêté du 7 mars 2003 relatif à la PPI, JO n° 65 du 18 mars 2003, p. 4692.

production d'électricité qui y sont recensés[1148]. Ainsi, en sus du respect des critères visés par l'article 9 de la loi du 10 février 2000 et de son décret d'application, une demande d'autorisation est réputée ne pas répondre aux objectifs de la PPI « si la puissance autorisée pour de nouvelles installations de cette filière dépasse l'objectif de puissance maximale »[1149].

Il ressort du régime mis en place par la loi du 10 février 2000 et complété par la directive 2001/77 du CE que les productions d'énergies renouvelables bénéficient d'une priorité et créent, par conséquent, une discrimination par rapport aux autres techniques de production. La prise en compte de contraintes environnementales dans l'appréciation de l'autorisation de production fait écho au critère introduit par l'article 6 de la directive 03/54 du CE, aux termes duquel les demandes sont dorénavant appréciées en fonction de la protection de la santé et de la sécurité publiques.

Par ailleurs, on soulignera que la PPI, qui était jusque-là élaborée par EDF sous le contrôle de l'État, est dorénavant une prérogative d'État[1150] en raison de la libéralisation de la production d'électricité. La loi d'orientation solennise enfin les objectifs définis dans la PPI afin de leur attribuer une valeur législative[1151].

(b) L'approvisionnement en électricité par les producteurs étrangers

La mise en œuvre du marché intérieur de l'électricité implique la libre circulation de l'électricité au sein de l'Union européenne et doit permettre aux clients éligibles de s'approvisionner au-delà des frontières nationales, c'est-à-dire auprès de producteurs d'électricité installés sur le territoire de l'Union européenne[1152] ou sur le territoire d'un autre État[1153]. La directive 03/54 du CE insiste à cet égard dans son 4ème considérant sur le respect des libertés de circulation des marchandises (l'électricité) et des services (fourniture en électricité).

L'article 22 § III de la loi du 10 février 2000, en prévoyant la possibilité pour les clients éligibles de s'approvisionner en électricité auprès de fournisseurs installés en dehors du territoire national, a pour conséquence d'abolir les monopoles d'importation et d'exportation d'électricité d'EDF. L'article 1er de la loi de nationalisation est modifié de telle sorte que les « activités d'importation et d'exportation d'électricité ainsi que les conditions de fourniture aux clients éligibles

---

[1148] Article 6 § II de la loi du 10 février 2000. Le Rapport sur la PPI précise que « la délivrance des autorisations d'exploiter des installations de production d'électricité devra être compatible avec la PPI. Si les capacités de production s'écartent des objectifs de cette programmation, le gouvernement pourra décider de ne plus accorder temporairement d'autorisations pour certains types d'installations », p. 2.

[1149] Article 5 de l'arrêté du 7 mars 2003 relatif à la PPI.

[1150] Rapport sur la PPI, précité p. 2.

[1151] Loi n° 2005-781 du 13 juillet 2005 de programme fixant les orientations de la politique énergétique, J.O. n° 163 du 14 juillet 2005, p. 11570. Depuis l'entrée en vigueur de la loi du 10 février 2000, 55 autorisations d'exploitation ont été délivrées pour des exploitations d'une puissance de 1,4 à 807 MW, dont la majorité est constituée par des installations éoliennes : http://www.industrie.gouv.fr/.

[1152] Par ailleurs, l'ensemble des grands producteurs d'électricité européens ont leur représentation en France, tels que RWE, E.on, Endesa, TXU, voir la liste des fournisseurs déclarés élaborée par la CRE sous : www.cre.fr

[1153] Dans la liste des fournisseurs établie par la CRE, plus de 8 fournisseurs sont d'origine suisse sur un total de 46 prétendants, situation en février 2003.

sont exercées dans les conditions déterminées par cette même loi [du 10 février 2000] »[1154]. Dans le cadre de ces dispositions, la nationalité du producteur d'électricité n'est pas prise en considération, c'est le lieu d'installation de l'entité productrice d'électricité qui importe. Le client éligible peut ainsi importer de l'électricité d'une entité installée dans un État membre ou dans un État tiers en vertu d'accords internationaux. Cette compétence reconnue aux clients éligibles n'est pas soumise au respect d'une procédure intermédiaire d'autorisation d'importation ou d'exportation d'électricité, comme ce fut le cas au préalable pour les importations effectuées par EDF. Elle ne prévoit pas non plus de procédure de déclaration préalable auprès des services du Ministère de l'Industrie. La mise en œuvre pratique des livraisons d'électricité, dans le cadre des contrats d'importation et d'exportation d'électricité, impose toutefois de prendre en compte le problème des disponibilités aux interconnexions entre les frontières concernées par l'import-export d'électricité.
Outre les problèmes de capacités, se pose aussi la question du rattachement du fournisseur à un responsable d'équilibre installé en France. La possibilité reconnue aux opérateurs d'importer et d'exporter de l'électricité dépend donc entièrement des capacités attribuables aux frontières. Si bien que la possibilité de conclure un contrat d'approvisionnement en électricité en dehors des frontières nationales impose d'être informé au préalable sur les capacités des réseaux appelés à acheminer l'électricité. Ainsi, si la conclusion d'un contrat d'approvisionnement en électricité est exempte de conditions, l'accès aux réseaux des importations et exportations d'électricité est, en revanche, conditionné par les capacités aux interconnexions.

On ne peut que regretter que ni la directive 96/92 du CE, ni la loi du 10 février 2000 n'abordent la problématique de la méthode d'attribution des capacités aux frontières et de leur financement, pourtant essentielle à la réalisation du marché intérieur de l'électricité. Les procédures mises en place depuis l'entrée en vigueur de la loi du 10 février 2000 sont donc en grande partie issues de négociations bilatérales engagées par les GRT concernés sous le contrôle des régulateurs nationaux. C'est pourtant ce vide juridique qui facilite les entraves au développement du commerce d'électricité intracommunautaire[1155].

C'est la raison pour laquelle un règlement relatif aux conditions d'accès aux réseaux des échanges transfrontaliers d'électricité est finalement adopté, bien que 7 ans après l'entrée en vigueur de la directive 96/92 du CE, pour poser les bases du régime des échanges transfrontaliers d'électricité.

Afin de permettre aux opérateurs de mettre en œuvre leurs contrats d'importation ou d'exportation d'électricité, deux systèmes d'attribution des capacités aux frontières ont été mis en place par les GRT sous le contrôle des régulateurs, à savoir :

- la vente aux enchères de capacité et
- l'attribution au prorata des demandes de capacités.

Ces régimes d'attribution de capacités, qui ne sont prévus ni par la directive 96/92 du CE, ni par la loi du 10 février 2000, imposent aux opérateurs l'accomplissement d'une procédure supplémentaire afin de pouvoir importer et exporter de

---

[1154] Article 53 § I -1° de la loi du 10 février 2000.

[1155] Point 6 du règlement 1228/2003 du CE du 26 juin 2003 sur les conditions d'accès aux réseaux des échanges transfrontaliers d'électricité, JO L-176/1 du 15 juillet 2003.

l'électricité[1156]. Mais ces régimes ne traitent pas le problème à la source et ignorent la problématique qui devrait être à l'origine du processus à savoir la méthode de calcul des capacités disponibles aux frontières.
Celle-ci reste de la compétence unique des gestionnaires de réseaux, l'arbitraire est réduit tant bien que mal par les autorités de régulation.

(ii) La fourniture en électricité par des entités intermédiaires

La fourniture en électricité s'entend traditionnellement d'une alimentation en électricité du consommateur directement par le producteur d'électricité. Ce lien entre le producteur et le consommateur d'électricité domine encore les relations contractuelles d'approvisionnement en raison, d'une part, de l'organisation monopolistique des activités électriques et, d'autre part, de la nature du bien électrique qui ne se stocke pas. Pourtant, l'ouverture du marché électrique à la concurrence doit permettre l'intervention d'intermédiaires entre le producteur et le consommateur d'électricité. Cet intermédiaire entre dans la définition générique du « fournisseur d'électricité » qui est, selon la définition proposée par la CRE, « une entité qui alimente au moins un consommateur final soit à partir d'une énergie qu'il a produite lui-même, soit à partir d'une énergie qu'il a achetée sur un marché » [1157].
La directive 96/92 du CE vise, quant à elle, l'activité de fourniture comme étant « la livraison et/ou la vente d'électricité à des clients »[1158]. La directive 03/54 du CE est finalement plus précise et dispose qu'il s'agit de « la vente, y compris la revente d'électricité, à des clients »[1159]. C'est en l'espèce une activité d'achat pour revente d'électricité ou plus clairement de négoce d'électricité.
Les seuls intermédiaires prévus en tant que tels par la loi de nationalisation du 8 avril 1946 sont les distributeurs d'électricité qui, le plus souvent, ne produisent pas l'électricité avec laquelle ils approvisionnent le consommateur final[1160]. La loi du 10 février 2000 ne vise pas encore la notion de négoce d'électricité, c'est la loi du 3 janvier 2003 relative au marché du gaz qui reconnaît la possibilité à des opérateurs d'acheter de l'électricité pour la revendre aux consommateurs finals. Elle autorise de manière générale l'activité d'achat pour revente d'électricité telle qu'exercée par des négociants en électricité. Parallèlement à ces négociants en électricité, et bien qu'elle ne soit pas prévue par la loi du 10 février 2000, la plateforme intermédiaire entre les producteurs et les consommateurs la plus informelle est constituée par la bourse d'électricité. La reconnaissance, bien que tardive, de ces entités sur le marché électrique concrétise le « choix » inscrit dans la loi du 10 février 2000 pour les clients éligibles de se fournir en électricité auprès de divers fournisseurs[1161].
Ces intermédiaires assurent la liquidité du marché et, par extension, l'effectivité de l'accès aux réseaux.

[1156] Article 16 de la directive 96/92 du CE et 23 de la loi du 10 février 2000, voir supra pour une présentation de ces procédures.
[1157] Annexe au rapport d'activité de la CRE du 30 juin 2000, p. 28.
[1158] Article 2 § 16 de la directive 96/92 du CE.
[1159] Article 2-19) de la directive 03/54 du CE.
[1160] L'article 23 de la loi de nationalisation du 8 avril 1946 prévoit la présence des DNN face aux services de distribution d'EDF.
[1161] Article 17 § 1 de la directive 96/92 du CE et 22 § III de la loi du 10 février 2000.

(a) La fourniture en électricité par les DNN

Face aux services de la distribution d'électricité d'EDF, les DNN assurent près de 5 % de la distribution d'électricité sur l'ensemble du territoire. Ils approvisionnent leurs clients dans leur zone de desserte avec l'électricité qu'ils achètent auprès d'EDF ou des producteurs indépendants, voire encore avec l'électricité produite par leurs propres installations de production. Avec l'entrée en vigueur de la loi du 10 février 2000, le distributeur ne se contente plus de distribuer l'électricité achetée par le consommateur auprès de lui, mais il doit dorénavant acheminer l'électricité achetée par le consommateur final éligible auprès d'un fournisseur tiers dans le cadre de l'accès aux réseaux qu'il garantit[1162]. Considérant que le DNN est également un client éligible, il est aussi en mesure d'acheter de l'électricité auprès d'un fournisseur de son choix pour la revendre à ses consommateurs finals[1163].

La loi du 10 février 2000 permettait jusque-là aux DNN de se livrer à l'activité de négoce d'électricité en tant que distributeur partiellement éligible[1164], puisque les DNN étaient autorisés à s'approvisionner en électricité auprès de fournisseurs de leur choix, mais ne devaient desservir que leurs clients éligibles[1165].

Le Ministre chargé de l'énergie contrôlait l'approvisionnement par les DNN de la seule clientèle éligible à travers la déclaration d'éligibilité que le distributeur lui adressait, à la signature des contrats d'achat d'électricité[1166].

Avec la loi du 3 janvier 2003 relative au marché du gaz, les DNN sont en mesure, avec l'électricité achetée sur le marché libre, d'approvisionner également leurs clients non éligibles[1167]. La loi du 3 janvier 2003 relative au marché du gaz aligne leur régime sur celui des DNN actifs sur le marché du gaz et les autorise à pratiquer du négoce d'électricité.

Les DNN sont ainsi en mesure de présenter de véritables offres concurrentielles à leurs consommateurs finals d'électricité grâce à l'augmentation des volumes négociables d'électricité.

La loi du 3 janvier 2003 relative au marché du gaz élimine la discrimination entre les DNN créée par le régime de l'éligibilité partielle, tout en leur permettant, s'ils le souhaitent, de continuer à s'approvisionner auprès d'EDF au tarif de cession de l'électricité[1168].

La loi du 9 août 2004 laissait croire que les DNN étaient dorénavant en mesure de desservir des clients éligibles non seulement dans leur zone de desserte, mais également au-delà par le biais de groupements entre DNN ou par la prise de

[1162] Article 22 § II de la loi du 10 février 2000.

[1163] L'article 48 de la loi du 3 janvier 2003 relative au marché du gaz étend la possibilité pour les DNN d'acheter de l'électricité pour la revendre à l'ensemble des clients installés dans leurs zones de desserte.

[1164] Article 22 § II de la loi du 10 février 2000 transposant l'article 19 § 3 de la directive 96/92 du CE, aux termes duquel les entreprises de distribution ont « la capacité juridique de passer des contrats dans les conditions - des articles 17 et 18 - pour le volume d'électricité consommé par leurs clients éligibles ».

[1165] Article 22 § II de la loi du 10 février 2000 et article 7 du décret n° 2000-456 du 29 mai 2000 relatif à l'éligibilité des consommateurs d'électricité.

[1166] Décret n° 2000-456 du 29 mai 2000, précité.

[1167] Article 48 de la loi du 3 janvier 2003 relative au marché du gaz.

[1168] Article 48 de la loi du 3 janvier 2003 relative au marché du gaz.

participation dans des sociétés commerciales de fourniture d'électricité[1169]. La loi du 13 juillet 2005 fait le deuil de cette lecture, le DNN ne peut exercer l'activité d'achat pour revente que pour desservir des clients dans sa zone de desserte.
Pour ce faire, il doit répondre aux critères contenus dans la procédure de déclaration pour l'exercice du négoce d'électricité.
Outre le fait que le Ministre chargé de l'énergie peut interdire l'exercice de cette activité, le non-respect par le DNN de cette procédure peut dorénavant justifier un refus d'accès aux réseaux.

(b) La fourniture en électricité exercée par les négociants en électricité

Aux termes de la directive 96/92 du CE, les États membres permettent aux clients éligibles de se fournir auprès des producteurs d'électricité de leur choix et, « lorsque leur existence est autorisée par les États membres, auprès des entreprises de fourniture d'électricité »[1170]. Ces entreprises exercent du négoce d'électricité. L'activité de négoce d'électricité est la fourniture en électricité par des « entités non productrices d'électricité » qui sont dorénavant qualifiées de clients grossistes par la directive 03/54 du CE.
La définition du négociant en électricité dégagée par la CRE s'entend du « fournisseur, qui achète de l'électricité pour la revendre »[1171]. Cette définition porte cependant à confusion en ce qu'elle vise l'activité d'achat pour revente d'électricité, réservée initialement par l'article 22 de la loi du 10 février 2000 aux seuls producteurs d'électricité[1172]. En effet, le régime initialement mis en place par la loi du 10 février 2000 permettait aux clients éligibles de se fournir auprès des fournisseurs de leur choix, dès lors que ceux-ci étaient *installés sur le territoire d'un État membre ou d'un État lié par un accord international*[1173]. Afin d'alimenter un client éligible installé en France, la loi du 10 février 2000 imposait alors que le fournisseur dispose d'un établissement au sein d'un État membre[1174], si bien que la définition du fournisseur telle que prévue par la loi du 10 février 2000 ne s'entendait pas du fournisseur installé sur le territoire national[1175] et rendait impraticable le négoce en électricité par des intermédiaires installés en France[1176]. La CRE interprètera les dispositions légales de manière à conclure que, tant qu'aucune disposition ne l'interdit expressément[1177], le négoce est implicitement autorisé par la

[1169] Article 23 bis de la loi de nationalisation du 8 avril 1946 inséré par l'article 29 de la loi du 9 août 2004.
[1170] Article 17 § 1 de la directive 96/92 du CE.
[1171] Annexe au rapport d'activité de la CRE du 30 juin 2000, p. 28.
[1172] Article 22 § IV de la loi du 10 février 2000 et article 1er du décret d'application n° 2000-1069 du 30 octobre 2000 relatif à l'activité d'achat d'électricité pour revente aux clients éligibles.
[1173] Article 22 § III de la loi du 10 février 2000.
[1174] Article 22 § III de la loi du 10 février 2000.
[1175] Tel que le prévoit la directive 96/92 du CE dans son article 17 § 1.
[1176] Cette approche ressort des débats du Sénat dans ses séances des 6 et 7 octobre 1999.
[1177] Voir l'argumentation de la CRE dans sa communication relative à la liberté du négoce d'électricité du 6 septembre 2001, position qu'elle reprend ultérieurement en disposant que des « initiatives ont été prises ou encouragées par la CRE pour affirmer les droits des consommateurs et soutenir l'activité de négoce en France », communication de la CRE du 27 juin 2002 relative à son rapport d'activité du 30 juin 2002 ; selon certains commentateurs, la loi du 10 février 2000 « n'a fait qu'une place très restreinte au négoce », N. Charbit, L'ouverture du négoce d'électricité, exercice d'interprétation constructive, Recueil Dalloz, 2001, p. 2962.

loi du 10 février 2000[1178]. Le Conseil d'État qui intervient sur la question s'en tient dans son interprétation au texte de la loi du 10 février 2000 et considère dans un avis du 15 octobre 2002 que « les seuls opérateurs établis en France qui peuvent exercer une activité d'achat pour revente aux clients éligibles [...] sont les producteurs ou leurs filiales ». Il souligne, cependant, que « cette situation crée une forme de discrimination à l'encontre des opérateurs français et pourrait les inciter à s'établir hors de France pour se livrer à des activités de négoce ». Il conclut que « seule une modification législative pourrait remédier à cette discrimination »[1179]. Celle-ci ne se fait pas attendre, puisque la loi du 3 janvier 2003 relative au marché du gaz abolit cette discrimination entre les fournisseurs installés en France et ceux installés en dehors du territoire national et réécrit l'article 22 § IV de la loi du 10 février 2000.

(i) L'abrogation de l'activité d'achat pour revente d'électricité des producteurs autorisés

Le régime introduit initialement par la loi du 10 février 2000 permettait aux producteurs autorisés d'acquérir de l'électricité afin d'alimenter leurs clients éligibles, mais seulement pour combler l'insuffisance de leur offre en électricité[1180]. Ainsi, seuls les producteurs d'électricité autorisés à exploiter une installation de production en vertu de l'article 7 de la loi du 10 février 2000, ainsi que leurs filiales, disposaient de cette possibilité. À travers un régime d'autorisation, les producteurs étaient en mesure, parallèlement à la vente de l'électricité qu'ils produisaient, d'acheter de l'électricité pour la revendre à leurs clients éligibles en cas de besoin. L'électricité achetée ne devait avoir pour but que de « compléter l'offre » du producteur[1181] ; l'activité de négoce ne lui était permise que pour pallier une déficience de sa capacité d'approvisionnement.

La loi du 3 janvier 2003 relative au marché du gaz abolit cette disposition et rend ainsi caduque la procédure du décret d'application de l'article 22 § IV[1182].

Aux termes de l'article 22 § IV tel que modifié, les producteurs autorisés ne bénéficient plus du statut de client éligible. Si bien que les producteurs autorisés qui envisagent d'exercer parallèlement à leur activité de production une activité de négoce d'électricité peuvent adresser au ministre de l'Énergie la déclaration prévue à cet effet pour bénéficier du statut de fournisseur[1183]. La loi du 3 janvier 2003 relative au marché du gaz permet désormais aux producteurs autorisés d'exercer l'activité d'achat pour revente sans la limitation précitée, mais dans les conditions d'exercice du négoce d'électricité.

[1178] La CRE considère qu'aucun « texte n'interdisant directement ou indirectement le négoce, la liberté de cette activité doit s'exercer pleinement au nom de la liberté du commerce et de l'industrie », délibération de la CRE du 6 septembre 2001.

[1179] Avis du Conseil d'État du 15 octobre 2002 concernant l'exercice de l'activité de négoce d'électricité sur le territoire national sur saisine du Secrétaire d'État à l'Industrie.

[1180] Aux termes de l'article 22 § II de la loi du 10 février 2000, les DNN sont également autorisés en pratique à exercer une activité d'achat pour revente d'électricité, même si la loi ne vise que l'activité d'approvisionnement en électricité des clients éligibles.

[1181] Article 22 § IV de la loi du 10 février 2000.

[1182] Article 49 de la loi du 3 janvier 2003 relative au marché du gaz.

[1183] Article 22 § IV de la loi du 10 février 2000 tel que modifié par les articles 49 et 50 de la loi du 3 janvier 2003 relative au marché du gaz.

(ii) L'exercice de négoce d'électricité

L'activité de négoce d'électricité est autorisée en tant que telle dans la loi du 3 janvier 2003 relative au marché du gaz, sans être limitée aux seuls producteurs. Cette reconnaissance clarifie le débat sur la possibilité attribuée aux opérateurs de se fournir auprès de négociants installés sur le territoire national. L'exercice du négoce d'électricité est autorisé mais il est soumis à une procédure de déclaration préalable. Le régime du négoce d'électricité est aussi une activité exercée dans le cadre des marchés organisés, tels que les bourses d'électricité.

Le négoce d'électricité

Malgré la restriction législative préexistante, la pratique n'a pas empêché les nombreux opérateurs d'exercer une activité de négoce d'électricité sur le territoire national. La CRE a soutenu ce mouvement en interprétant le silence de la loi du 10 février 2000 comme une reconnaissance implicite du négoce. Elle met d'ailleurs au service des consommateurs une liste de fournisseurs en électricité dans laquelle se retrouvent des négociants installés tant en France qu'en dehors du territoire national[1184]. L'activité de négoce n'est pourtant pas une inconnue, on notera que, bien que la loi du 10 février 2000 ne les vise pas expressément, les obligations de dissociation comptable s'imposent aussi aux entités intégrées exerçant une activité de négoce d'électricité dès lors qu'il s'agit d'une activité distincte de la production et de la distribution. La directive 96/92 du CE impose, en effet, que des comptes séparés soient mis en place pour les activités de production, de distribution ou de transport, mais également pour la prise en charge « d'autres activités »[1185].
Le régime du négoce appelé « achat pour revente d'électricité » est mis officiellement en place par la loi du 3 janvier 2003. Elle dispose que les fournisseurs « souhaitant s'installer sur le territoire national pour exercer l'activité d'achat pour revente » doivent se soumettre à une procédure de déclaration préalable auprès du Ministre chargé de l'énergie[1186]. Le décret d'application du 30 avril 2004 parle du « négociant » en électricité[1187]. La loi du 13 juillet 2005 supprime la mention qui imposait la présence des négociants sur le territoire national pour être soumis à la procédure de déclaration. Dorénavant les négociants installés hors du territoire national doivent pour fournir de l'électricité aux clients éligibles français faire une déclaration auprès du Ministre de l'énergie. Quelle que soit la nationalité du fournisseur, la déclaration doit être rédigée en français et doit être accompagnée de

[1184] Communication de la CRE du 6 septembre 2001 relative à la liberté du négoce d'électricité.
[1185] Article 14 de la directive 96/92 du CE.
[1186] La loi du 3 janvier 2003 relative au marché du gaz propose un simple *régime de déclaration* pour le négoce d'électricité alors qu'elle met en place dans le secteur du gaz un *régime d'autorisation préalable* à l'exercice du négoce de gaz. Ce régime plus restrictif est justifié par la nécessité de garantir la sécurité des approvisionnements en gaz et, en particulier, la diversification des sources d'approvisionnement, rapport Gonnot du 26 novembre 2002, 2ème Partie, pour un commentaire voir P. Lombart, « Le secteur du gaz entre liberté et contrôle -La loi du 3 janvier 2003-, *CJEG*, n° 598, mai 2003, p. 278.
[1187] Article 2 du décret n° 2004-388 du 30 avril 2004 relatif à l'exercice de l'activité d'achat pour revente aux clients éligibles et aux obligations des fournisseurs relatives à l'information des consommateurs d'électricité, JO n° 104 du 4 mai 2004, p. 7932.

l'ensemble des documents permettant de contrôler la crédibilité du négociant au regard surtout de la sécurité de l'approvisionnement et de la protection du consommateur.

Cette déclaration préalable répond à un double but ; elle doit attribuer aux demandeurs :

- le statut de fournisseur en électricité à l'aide duquel ils peuvent conclure des contrats de fourniture en électricité avec des clients éligibles et
- le statut de client éligible qui leur permet d'accéder aux réseaux afin de mettre en œuvre les contrats de fourniture conclus.

Un décret d'application précise le contenu des informations à transmettre par le demandeur au Ministre chargé de l'énergie. Tout opérateur souhaitant exercer l'activité de négoce d'électricité adresse, entre autres, une déclaration comportant son nom ou sa raison sociale, une copie de son inscription au registre du commerce et des sociétés, le bilan annuel ou tout document justifiant des capacités financières du déclarant[1188]. Le décret impose surtout au déclarant de fournir à l'appui de sa demande une « note détaillée faisant état des sources d'approvisionnement en électricité, existantes ou envisagées, telles que la conclusion de contrats à long terme [...] ». Cette dernière obligation est appelée à garantir la sécurité et la continuité des approvisionnements. Au terme de cette procédure, le Ministre chargé de l'énergie délivre au déclarant un récépissé de sa déclaration. Pendant une période de deux mois après la délivrance du récépissé, le Ministre peut encore s'opposer à l'exercice de l'activité s'il considère que ce dernier ne présente pas les garanties suffisantes au niveau technique, financier ou commercial, pour autant que ces lacunes aient des conséquences sur la continuité de l'approvisionnement. Passé ce délai, le déclarant est autorisé à exercer du négoce d'électricité pendant une durée de 5 ans, renouvelable après nouvelle déclaration. Cette dernière ne doit pas s'entendre comme une limitation temporelle de l'exercice du négoce d'électricité, laquelle serait incompatible avec les termes de la directive 04/53 du CE. Le Ministre doit se limiter à vérifier que les obligations précédentes sont encore remplies par le déclarant. On peut cependant douter de la nécessité de cette disposition, considérant que le déclarant fournit au Ministre chargé de l'énergie une mise à jour annuelle de la note détaillée concernant ses sources d'approvisionnement[1189]. Le décret d'application du 30 avril 2004 démontre, par ailleurs, que cette procédure n'est pas seulement déclarative, car il fixe aussi les conditions d'exercice de l'activité de négoce. Son article 5 impose aux fournisseurs une obligation d'information des consommateurs finals sur l'origine de l'électricité. Ces informations concernent les différentes sources d'énergies primaires utilisées dans la production d'électricité commercialisée par le négociant, la contribution de chaque source d'énergie primaire dans son offre globale et la référence à des publications informant sur les quantités de CO_2 ou de déchets radioactifs générée par la production d'électricité[1190].

[1188] Article 1 du décret n° 2004-388 du 30 avril 2004 relatif à l'exercice de l'activité d'achat pour revente aux clients éligibles et aux obligations des fournisseurs relatives à l'information des consommateurs d'électricité.

[1189] Article 2-I du décret n° 2004-388 du 30 avril 2003.

[1190] Ces dispositions s'imposent, en outre, aux DNN et aux producteurs d'électricité, article 5-I du décret n° 2004-388 du 30 avril 2004.

Les opérateurs, dont la déclaration n'a pas fait l'objet d'oppositions de la part du Ministre chargé de l'énergie, sont inscrits sur une liste publiée d'opérateurs autorisés à exercer l'activité d'achat pour revente d'électricité aux clients éligibles[1191].
Au terme de cette procédure, les clients éligibles sont en mesure de conclure des contrats d'approvisionnement en électricité avec tout fournisseur d'électricité installé ou non sur le territoire national ayant accompli la formalité de la déclaration préalable et étant inscrit sur la liste.
Quant aux opérateurs titulaires d'une autorisation délivrée en vertu du décret du 30 octobre 2000 relatif à l'activité d'achat d'électricité pour revente aux clients éligibles, ils continuent d'exercer leur activité de négoce dans les termes de leur autorisation pendant un délai de 6 mois après l'entrée en vigueur du décret du 30 avril 2004 qui abroge le décret précité. Avant l'expiration de ce délai, les titulaires de l'autorisation fournissent les informations précitées au Ministre chargé de l'énergie pour recevoir le récépissé de leur déclaration sans interruption de leur activité. Pour ces opérateurs, le régime de la déclaration se substitue à celui plus exigeant de l'autorisation alors en vigueur.
En cas de manquement de l'opérateur à ces dispositions, le Ministre chargé de l'énergie est en mesure de prononcer une sanction pécuniaire ou administrative[1192]. Aux termes du décret relatif à l'éligibilité, cette sanction est applicable lorsque les fournisseurs livrent de l'électricité à des clients qui ne figurent pas sur les listes de clients éligibles ou en cas de fausse déclaration du client éligible[1193]. Le Ministre chargé de l'énergie peut même jusqu'à prononcer une interdiction d'exercice du négoce sur le territoire national. Celle-ci n'est prononcée que si le comportement du déclarant compromet :
- le bon fonctionnement, la sécurité et la sûreté des réseaux ;
- la protection des consommateurs contre les défaillances des fournisseurs ou
- la continuité des approvisionnements[1194].
Parallèlement au Ministre de l'énergie, le gestionnaire du réseau peut aussi tirer les conséquences du non-respect par le fournisseur de la procédure de déclaration en lui refusant l'accès aux réseaux[1195]. Cette mesure devra pour être conforme à l'esprit de la directive être justifiée et surtout proportionnelle au manquement constaté.
Le régime mis en place par la loi du 3 janvier 2003 relative au marché du gaz permet finalement d'abolir un régime dont la conformité à la directive 96/92 du CE a toujours été douteuse. Elle légalise surtout la pratique du négoce qui s'exerça malgré les restrictions légales, lesquelles auraient, à terme, été déclarées non conformes à la directive 96/92 du CE.

[1191] Article 22 § IV de la loi du 10 février 2000 modifié par l'article 50 de la loi du 3 janvier 2003 relative au marché du gaz.

[1192] Article 41, lequel renvoie également à l'article 40 de la loi du 10 février 2000, qui permet à la CRE de sanctionner les manquements aux obligations contenues dans la loi du 10 février 2000 qu'elle constate d'office ou sur demande du Ministre chargé de l'énergie ou de toute personne ayant un intérêt.

[1193] Article 8 du décret n° 2000-456 du 29 mai 2000 relatif à l'éligibilité des consommateurs d'électricité, JO n° 125 du 30 mai 2000, p. 8102. Ce décret est applicable aux clients éligibles parmi lesquels se trouvent les fournisseurs d'électricité jusqu'à l'adoption du décret d'application de ces dispositions.

[1194] Article 50 de la loi du 3 janvier 2003 relative au marché du gaz et article 2 du décret n° 2004-388 du 30 avril 2004.

[1195] Article 23 de la loi du 10 février 2000 modifiée par l'article 62 de la loi du 13 juillet 2005.

Le marché organisé : la bourse de l'électricité

La loi du 10 février 2000 ne prévoit pas expressément la possibilité de se fournir en électricité auprès d'un marché organisé sous la forme d'une bourse de l'électricité, ni sa création dans le système électrique[1196]. Toutefois, elle ne l'exclut pas. En effet, aucune disposition de la loi du 10 février 2000 ne présente un « obstacle de principe à une initiative que les opérateurs habilités à l'achat-revente d'électricité voudraient prendre en ce sens ; par ailleurs, les règles communautaires laissent aux clients éligibles français la possibilité de choisir des grossistes étrangers comme fournisseurs »[1197]. Dans son rapport au Premier Ministre sur le projet de loi de l'électricité, Jean-Louis Dumont a soutenu la création d'une bourse de l'électricité afin « d'assurer la fluidité des échanges, et de faciliter le secours en électricité en cas de problème ». Il a de plus proposé un marché d'ajustement « qui publierait des prix spot par tranche horaire, qui est le prix égal au prix affiché par la dernière tranche appelée »[1198].

La fourniture en électricité au sein d'une bourse de l'électricité offre une alternative d'approvisionnement en électricité qui, par rapport aux contrats d'approvisionnement bilatéraux, est plus flexible en raison des contrats de court terme dits « forwards » qu'elle propose. Elle présente surtout l'avantage, grâce à la confrontation des offres et des demandes en électricité à court terme (la veille pour le lendemain)[1199], de créer un prix de référence[1200] fiable de l'électricité[1201].

Ce marché sur lequel se confrontent les offres et demandes d'énergie sur de longues échéances permettra, selon la CRE qui l'approuve, de renforcer la sécurité et l'optimisation de l'approvisionnement en électricité en limitant le recours à des contrats de court terme[1202]. La CRE a, dès l'entrée en vigueur de la loi du 10 février 2000, soutenu que ses dispositions légales permettaient la mise en place « d'un marché spot de l'électricité dès lors qu'elle autorise l'achat pour revente d'électricité, même si elle en encadre la pratique »[1203]. Par ailleurs, le développement du marché d'ajustement géré par le GRT sous le contrôle de la CRE afin d'assurer l'équilibre des flux électriques est une plateforme sur laquelle se côtoient aussi les offres et les demandes des opérateurs et dont la base légale n'a pas

---

1196 A. Le Gall, « Dans le silence de la loi : à propos de la prise de participation de RTE dans Powernext », *Recueil Dalloz*, 2002, p. 1058.

1197 J. Batail, « Sens et portée de la nouvelle organisation électrique française », *Revue de l'Énergie*, n° 514, février 2000, p. 79.

1198 Rapport Dumont, p. 16.

1199 Le marché spot doit servir de « référence à des contrats bilatéraux de gré à gré, de plus ou moins longue durée et complété par des marchés à termes », J. Bergougnoux, Service public en réseau, Rapport au Commissariat Général du Plan, avril 2000, p. 44.

1200 J. Bergougnoux soutient la mise en place d'un tel marché, mais impose de prévoir une « bonne couverture des risques résultant de la volatilité des prix », Service public en réseau, Rapport au Commissariat général du Plan, avril 2000, p. 44.

1201 À ce sujet, voir la délibération de la CRE du 14 décembre 2000 sur les conditions de création d'une bourse de l'électricité reprises par sa délibération sur le projet de règles du marché de Powernext du 21 septembre 2001.

1202 Communication de la CRE du 25 mars 2004 sur le projet de règles du marché de contrats d'échanges d'électricité à terme fermes standardisés (Powernext Futures) de Powernext.

1203 Délibération de la CRE du 14 décembre 2000 sur les conditions de création d'une bourse d'électricité.

été contestée par les pouvoirs publics[1204]. Une interprétation extensive des articles 15 § III et 22 § III , relatifs aux propositions d'ajustement et à l'activité de fourniture d'électricité, a permis la création d'une bourse de l'électricité sur le territoire national appelée « Powernext »[1205].
Cette plateforme permet aux opérateurs de négocier des contrats horaires, puis des contrats de long terme standardisés de fourniture en électricité dont il revient au GRT d'assurer la livraison physique[1206]. Parallèlement aux négoces de court terme, la bourse de l'électricité a élargi sa palette de produits et propose un projet de contrats d'échanges d'électricité à terme fermes standardisés. Les parties doivent, en plus de leur contrat de fourniture, conclure avec le GRT un contrat de responsable d'équilibre, dont la participation à la bourse garantit la bonne articulation du marché avec le fonctionnement du réseau[1207]. Powernext communique au GRT l'ensemble des informations relatives aux volumes nets d'électricité par opérateur[1208].
Cette communication doit impérativement intervenir dans le respect du principe de non-divulgation des informations confidentielles.
Le GRT assure également la confidentialité des informations transmises par Powernext sur les opérateurs, les volumes d'électricité achetés et les conditions contractuelles qui les concernent[1209].
La CRE exerce un contrôle sur l'exécution de ces contrats de fourniture lors de leur mise en œuvre sur les réseaux dans le cadre de son contrôle des contrats d'accès aux réseaux[1210]. Elle s'assure que les clients éligibles et, en particulier, les fournitures qu'ils acquièrent au sein de la bourse de l'électricité bénéficient d'un accès équitable et non discriminatoire aux réseaux et dans des conditions similaires aux contrats bilatéraux de fourniture. Si nécessaire, elle peut toujours préciser les règles de fonctionnement de la bourse dès que celles-ci ont un effet sur l'utilisation des réseaux[1211]. Ce mécanisme, visé dans la directive 03/54 du CE[1212], a été légitimé a posteriori par la loi du 3 janvier 2003 relative au marché du gaz qui permet aux opérateurs et, en particulier, au GRT de s'approvisionner au sein d'un marché dit « organisé »[1213].

1204 La création du mécanisme d'ajustement repose sur l'article 15 § III de la loi du 10 février 2000.

1205 Il s'agit d'une société anonyme opérationnelle depuis le 26 novembre 2001. Elle est dotée d'un capital de 10 millions d'euros et regroupe les gestionnaires de réseaux européens, des actionnaires particuliers. Pour le détail de la constitution de la société, voir : www.powernext.fr

1206 L'électricité est négociée le jour pour le lendemain. Les opérateurs passent leur ordre dans une procédure de pré-fixing sur des volumes d'électricité devant être des MWh entiers. La livraison s'effectue sur le système électrique géré par le GRT de manière transparente.

1207 Délibération de la CRE saisie par la Société Powernext SA sur le projet de règles du marché de Powernext du 21 septembre 2001.

1208 Un contrat régissant les relations entre le GRT et Powernext SA a été conclu et est contrôlé par la CRE. Il organise l'articulation de la livraison physique à l'échéance du terme des contrats négociés sur Powernext.

1209 Article 16 de la loi du 10 février 2000 repris dans le contrat conclu entre Powernext et le GRT, précité.

1210 Article 38 de la loi du 10 février 2000.

1211 Article 37 de la loi du 10 février 2000.

1212 L'article 3 § 5 vise l'utilisation des données fournies par la « bourse de l'électricité » lorsque l'électricité est obtenue par son intermédiaire dans un État membre.

1213 Article 45 de la loi du 3 janvier 2003 relative au marché du gaz, modifiant l'article 15 § III de la loi du 10 février 2000.

Finalement, l'article 51 de la loi du 13 juillet 2005 permet à la CRE de « surveiller les transactions effectuées sur les marchés organisés ». Un décret est apellé à préciser les moyens mis à la disposition de la CRE pour intervenir dans le cadre des transactions realisées sur les marchés boursiers. Les compétences de la CRE devront en l'espèce être organisées de manière à compléter celles de l'Autorité des Marchés Financiers pour la surveillance des marchés.

(iii) La fourniture en électricité à travers le régime des enchères imposé à EDF

L'ouverture à la concurrence du marché de l'électricité repose principalement sur la transposition du droit dérivé mais elle est aussi la conséquence de l'application parallèle des dispositions du Traité CE. Ainsi, dans certains cas le contrôle du respect des dispositions du Traité CE relatives à la concurrence peut contribuer au renforcement de la libéralisation d'un secteur. Ce parallélisme n'est pas l'effet du hasard car l'autorité qui contrôle les pratiques restrictives de concurrence, à savoir la Commission, est aussi celle qui contrôle la mise en œuvre des directives.

Dans le cadre de son contrôle sur les concentrations communautaires, la Commission est ainsi intervenue dans celle mettant en scène l'opérateur historique, EDF, et l'électricien encore allemand EnBW dans le cadre de leur prise de contrôle d'Hidrocantabrico. La Commission va profiter de sa compétence en matière de concentration pour renforcer de manière incidente l'ouverture du marché de l'électricité à la concurrence. Tout en se prononçant positivement sur ce rapprochement, la Commission va contraindre EDF à mettre à la disposition de ses concurrents une quantité d'électricité sur le marché électrique que ceux-ci pourront librement acquérir.

La mesure prise en l'espèce par la Commission a pour but de rétablir l'équilibre rompu par la concentration qui renforce la position dominante d'EDF sur le marché électrique national. Elle s'appuie sur le constat contesté[1214] de l'insuffisance de l'ouverture du marché français à la concurrence. Dans sa décision, la Commission n'autorise la concentration qu'en contrepartie de la mise à disposition par EDF d'une capacité de production issue de ses installations[1215]. Elle considère que les conditions actuelles du transport d'électricité sont complexes et qu'il est difficile pour les « fournisseurs étrangers d'approvisionner des clients éligibles en électricité importée par les interconnexions ». Afin de permettre une concurrence équitable entre les opérateurs et en raison de l'ouverture restreinte du marché national, « un accès à la capacité de production en France » doit en contrepartie être organisé[1216].

[1214] C. Barthélemy critique la description statique et dépassée du cadre légal français qui figure dans la notification des griefs et qui ne correspond pas à la réalité, « L'ouverture du marché français de l'électricité à la fin de l'an 2000 : état d'avancement du processus de transposition de la directive du 19 décembre 2000 », *CJEG*, n° 577, juin 2001, p. 225.

[1215] La Commission peut assortir la décision qu'elle prend en matière de concentration de conditions et de charges destinées à assurer que « les entreprises concernées respectent les engagements qu'elles ont pris à son égard en vue de rendre la concentration compatible avec le marché commun », article 6 du règlement CE n° 1310/97 du 30 juin 1997 modifiant le règlement n° 4064/89 relatif au contrôle des opérations de concentration entre entreprises du 21 décembre 1989, JO L-180 du 9 juillet 1997. Elle considère, dans le cas de cette concentration, que seuls des engagements d'EDF peuvent rétablir un équilibre concurrentiel rompu par la « position dominante écrasante d'EDF », point 43 de la décision de la Commission du 7 février 2001, précitée.

[1216] Points 34 et 40 de la décision de la Commission du 7 février 2001, précitée.

La Commission souhaite ainsi organiser le « même degré de concurrence qui, selon elle, aurait été introduit par EnBW ». Cette mesure se présente alors comme une compensation concurrentielle[1217].
Au regard du droit communautaire, la Commission est toujours en mesure de subordonner son accord à la concentration à l'acceptation par les parties de mesures correctrices. C'est ainsi qu'a procédé la Commission lorsqu'EDF entendait créer la société EDF-Trading avec la Société Louis Dreyfus. La concentration n'a été autorisée qu'à la condition qu'EDF-Trading s'engage à n'apporter, « directement ou indirectement, aucune assistance à EDF pour l'établissement des prix ou la structuration des contrats pour les clients éligibles en France et n'assume pas les risques liés à ces offres complexes jusqu'à l'ouverture du marché français »[1218].
Pour ce qui concerne la concentration entre EDF et EnBW, EDF s'est engagé à donner accès à ses concurrents à des capacités de production d'un total égal à 6 000 MW situées en France, parmi lesquelles 5 000 MW sous forme de centrales électriques virtuelles (CEV) et 1 000 MW sous forme de contrats subsidiaires d'achat d'énergie de cogénération. La durée des contrats CEV est égale à trois mois, six mois, un an, deux et trois ans, et EDF s'engage à organiser des enchères tous les trois mois[1219]. Les contrats précités sont attribués au moyen d'une vente aux enchères publique, ouverte et non discriminatoire, aux concurrents étrangers d'EDF, en particulier aux entreprises de services collectifs d'énergie et aux négociants en énergie. Les soumissionnaires se voient attribuer une capacité en fonction de leur classement à concurrence de la capacité mise aux enchères.
Pour éviter toute discrimination dans le fonctionnement des ventes aux enchères, l'acheteur doit payer un prix pour l'électricité consommée qui reflète les coûts variables d'une centrale nucléaire telle qu'exploitée par EDF en France, pour ce qui concerne les centrales virtuelles de charge, de base et de pointe. En outre, un mandataire est appelé à vérifier le niveau des prix de l'énergie fixé par EDF[1220].
S'il constate que le prix de vente aux enchères est anormalement bas par rapport aux prix du marché et qu'il ne couvre pas les coûts d'EDF, celui-ci peut demander à la Commission de suspendre le mécanisme ou prévoir un prix plancher.
Sur la base de cette décision de la Commission, EDF a émis un Mémorandum relatif au projet de vente aux enchères de 6 000 MW de capacité de production[1221].
Il ressortait du projet initial qu'EDF excluait les sociétés françaises de négoce du régime des enchères, car elles ne contribuaient pas, selon lui, au fonds du service public de la production d'électricité (FSPPE)[1222], à la différence des producteurs livrant à un client final ou des importateurs. Or la CRE, qui contrôle

[1217] Rapport d'activité de la CRE du 30 juin 2003, p. 14.
[1218] Bulletin de l'Union Européenne, 9-1999, point 1.2.38.
[1219] Points 94 et 99 de la décision de la Commission du 7 février 2001, précitée.
[1220] Le prix de la capacité est déterminé par l'offre individuelle, alors que le prix de l'électricité prise sur la capacité acquise est fixé par EDF sur la base de ses coûts variables, point 98 de la décision de la Commission du 7 février 2001.
[1221] Mémorandum d'information du 10 juillet 2001 relatif au projet de vente aux enchères de 6 000 MW, consultable sous : www.edf.fr
[1222] L'article 5 de la loi du 10 février 2000 tel que modifié par la loi du 3 janvier 2003 relative au marché du gaz détermine la contribution au FSPPE des consommateurs finals d'électricité installés sur le territoire national afin de compenser les coûts de production supportés par les opérateurs au titre de l'accomplissement de certaines missions de service public.

l'accomplissement de ces ventes aux enchères, a considéré que cette mesure était discriminatoire envers les négociants nationaux, car les négociants étrangers ne participent pas plus au FSPPE que ceux installés sur le territoire national[1223].
La décision de la Commission vise les négociants parmi les entités autorisées à participer aux enchères, sans viser exclusivement les négociants étrangers, bien que sa motivation souligne que cette mesure doit permettre au plus de fournisseurs « étrangers » possible de faire des offres aux clients éligibles sur le marché français[1224]. La CRE est intervenue, aux termes des compétences qui lui sont reconnues par l'article 37 de la loi du 10 février 2000, pour préciser les détails de la mise en œuvre de ce processus. Elle souligne, entre autres, la nécessité de protéger la confidentialité des informations commerciales, qui ressortent du programme d'appel fourni par les soumissionnaires, afin qu'elles ne soient pas utilisées par les services de négoce d'EDF[1225].
Cette procédure de vente aux enchères s'entend comme une source supplémentaire d'électricité mise à la disposition des fournisseurs et producteurs d'électricité.
Elle contribue à assurer la liquidité du marché électrique. Ce régime doit s'appliquer pendant une durée de 5 ans après l'entrée en vigueur de la décision de la Commission. Passé ce délai, la Commission décide si les conditions visées ont été remplies par l'engagement d'EDF[1226]. Dans le cas où EDF ne respecte pas intégralement les engagements visés dans la décision de la Commission, celle-ci peut remettre en cause l'approbation de la concentration en la révoquant et ce dès que l'entreprise concernée « contrevient à l'une des charges » dont est assortie la décision relative à la concentration[1227].
Dans un autre cas de prise de contrôle concernant la société d'électricité Hidrocantabrico par EDF-EnBW-EDP (Électricité du Portugal) et Cajastur, la Commission parvient à la même conclusion, à savoir que cette concentration de dimension communautaire crée une entrave à la concurrence en ce qu'elle renforce la position dominante collective existant sur les marchés de gros de l'électricité en Espagne[1228]. Cette concentration aboutit, en effet, à mettre en place un duopole dirigé par le groupe précité et le groupe électrique Endesa/Iberdrola. Or, considérant, d'une part, la position dominante d'EDF sur le marché espagnol qui en découlera et,

[1223] Communication de la CRE du 10 juillet 2001 sur les enchères de capacité de production organisées par EDF.
[1224] Point 107 de la décision de la Commission du 7 février 2001, précitée. Elle souligne, en particulier, que les « fournisseurs allemands pourront prendre pied en France » grâce à la mise en place de ce système, point 108.
[1225] Dans sa communication du 1er mai 2002 relative à la vente aux enchères par EDF de capacités de production, la CRE souhaite, pour que le processus de vente aux enchères soit concurrentiel, intégrer les améliorations comme, par exemple, favoriser les enchères sur les produits de longue durée, accélérer le rythme des enchères ou encore assouplir les règles de la nomination pour les produits achetés.
[1226] Point 110 de la décision de la Commission du 7 février 2001, aux termes duquel EDF ou son mandataire peut, après trois ans de fonctionnement, remettre une demande motivée à la Commission afin de mettre fin à cette procédure.
[1227] Article 6 du règlement n° 1310/97 du 30 juin 1997 modifiant le règlement n° 4064/89 relatif au contrôle des opérations de concentration entre entreprises du 21 décembre 1989.
[1228] Décision de la Commission de non-opposition à une concentration entre Hidrocantabrico, EnBW, EDP, Cajastur sur la base du règlement 4064/89 du 19 mars 2002, COMP/M.2684, JO C-114/23 du 15 mai 2002.

d'autre part, le fait qu'EDF est responsable des interconnexions avec la France, le marché espagnol sera, du fait de cette concentration, isolé de la concurrence.
En outre, les capacités aux frontières sont réduites et il n'est pas dans l'intérêt d'EDF de les renforcer[1229]. La Commission conclut que « the operation will result in the consolidation of Spain as an "electricity Island" »[1230]. Dans ces conditions, la Commission est prête à autoriser la concentration prévue, seulement si EDF et, en particulier, son gestionnaire de réseau, le RTE, s'engagent à augmenter la capacité commerciale de l'interconnecteur qui transporte l'électricité à travers les Pyrénées[1231]. Le GRT s'engage à prendre les mesures nécessaires et à exécuter les travaux fixés par les autorités compétentes pour augmenter la capacité commerciale d'interconnexion France-Espagne. Cette augmentation des capacités techniques doit être progressive et réévaluable par la Commission. Le RTE s'oblige à améliorer les lignes existantes et à dégager 300 MW fin 2002, puis 1 200 MW par la construction d'une ligne nouvelle et enfin 1 200 MW supplémentaires par la construction d'une ligne alternative[1232].
Ces « mesures correctrices acceptées permettront de dynamiser les importations d'électricité vers le marché espagnol de gros provenant d'autres producteurs européens et de contribuer dans une large mesure à améliorer la situation concurrentielle locale et à avantager la clientèle »[1233].
Bien que ces mesures incidentes de la Commission ne s'entendent pas directement d'une source d'approvisionnement en électricité à court terme, elles créent néanmoins, pour les clients éligibles, une véritable perspective à long terme de pouvoir s'approvisionner en électricité sur les marchés européens. Les sources d'approvisionnement en électricité ne sont pas exclusivement à rechercher dans les dispositions des directives électricité, elles le sont également dans les mesures renforçant la concurrence prises par la Commission dans le cadre de son contrôle du respect par les opérateurs des règles de la concurrence du Traité CE.

(b) La liberté sous conditions de conclure des contrats de fourniture en électricité

Le régime de l'accès aux réseaux doit mettre en œuvre les contrats d'approvisionnement en électricité, lesquels doivent pouvoir être librement conclus entre les opérateurs autorisés. La liberté d'action, reconnue en principe aux clients éligibles, est contenue à l'article 17 § 1 de la directive 96/92 du CE transposé aux articles 22 § III et 23 de la loi du 10 février 2000, selon lesquels le client éligible peut conclure un contrat d'achat d'électricité avec un producteur ou un fournisseur

---

1229 Point 40 de la décision COMP/M.2684.
1230 Point 42 de la décision COMP/M.2684.
1231 Cette mesure reproduit les conditions posées par la Commission dans la concentration entre EnBW/Grupo Villar Mir/Hidracantabrico, COMP/M.2434.
1232 Annexe à la décision COMP/2684 du 19 mars 2002, précitée.
1233 Press Release de la Commission, IP/02/438 du 20 mars 2002. Les points 57 et 58 de la décision précitée concluent que « The increase of interconnection capacity will make possible an increase in the exports of electricity into the spanish market, which will positively affect both the level of prices in the pool and the ability of the members of the existing duopoly to determine them. Therefore the undertakings offered by EDF-RTE and EDF are adequate to prevent the reinforcement of the dominant position of Endesa/Iberdrola ».

de son choix. Alors que la loi a souhaité encadrer le contenu et la forme des contrats d'accès aux réseaux, les contrats de fourniture d'électricité sont, en revanche, librement négociables entre les opérateurs. Il en ressort une constellation de nouvelles relations contractuelles mises en place par le GRT sous le contrôle de la CRE, mais soumises à plusieurs conditions quant à leur mise en œuvre et à la qualité des opérateurs.

(i) La liberté de conclure des contrats d'approvisionnement en électricité

L'ouverture à la concurrence des activités de production, d'exportation et d'importation d'électricité permet aux parties de négocier librement des contrats d'approvisionnement en électricité. La directive 96/92 du CE dispose que les parties soient en mesure de conclure des contrats de fourniture entre eux « sur la base d'accords commerciaux volontaires »[1234]. Si bien que la loi de transposition ne saurait imposer aux opérateurs une quelconque procédure d'autorisation ou de déclaration préalable à la conclusion des contrats de fourniture. La loi du 10 février 2000 dispose qu'un client éligible peut conclure « un contrat d'achat d'électricité avec un producteur ou fournisseur de son choix », liberté reconnue aux seuls clients éligibles, c'est-à-dire à ceux qui répondent à la définition de l'article 22 § II de la loi du 10 février 2000 tel que modifié par la loi du 3 janvier 2003 relative au marché du gaz et par le décret du 23 juin 2004. Par ailleurs, les fournisseurs auxquels cette disposition s'applique sont ceux limitativement énumérés par l'article 22 § III et IV modifié par la loi du 3 janvier 2003 relative au marché du gaz.
Ces conditions sont le préalable nécessaire à la conclusion d'un contrat d'approvisionnement. Leur non-respect est sanctionné par le Ministre chargé de l'énergie ou par la CRE dans le cadre de leurs pouvoirs de sanction[1235].
Les opérateurs ayant la capacité de conclure des contrats d'approvisionnement disposent donc entre eux librement sur :
- le prix de la fourniture ;
- les volumes d'énergie électrique ;
- la période et le lieu de livraison de l'énergie électrique et
- le prix des compléments de fourniture et des fournitures de secours.

L'article 22 de la loi du 10 février 2000 illustre le principe de l'autonomie de la volonté en matière de fourniture en électricité des clients éligibles et abolit le régime de l'approvisionnement en électricité visé dans le cahier des charges du RAG applicable jusque-là. Il prévoyait que les contrats d'approvisionnement soient conformes à des contrats types élaborés par les services du Ministère chargé de l'électricité[1236].
Les consommateurs d'électricité éligibles peuvent donc en principe conclure des contrats d'achat d'électricité avec un fournisseur national, ainsi que des contrats d'importation d'électricité avec des fournisseurs installés en dehors du territoire national. Mais cette faculté ne peut être exercée en pratique que si les clients éligibles peuvent disposer des données relatives à leur consommation d'électricité.

[1234] Article 17 § 1 de la directive 96/92 du CE.
[1235] Articles 40 et 41 de la loi du 10 février 2000.
[1236] Article 25 du cahier des charges du RAG approuvé par décret du 23 décembre 1995, aux termes duquel chaque contrat de fourniture est également tenu à la disposition de l'ingénieur en chef.

Or l'accès à ces informations est contraignant, car les relevés des appareils de mesure de consommation d'électricité sont installés et gérés par les gestionnaires de réseaux[1237]. Devant le silence de la loi du 10 février 2000 à cet égard, la CRE considère que « la parfaite connaissance, à tout instant, par les utilisateurs de réseaux, des paramètres de leur consommation est nécessaire à l'exercice du libre choix de leurs fournisseurs d'électricité »[1238]. Il en découle une obligation de communication de ces informations aux clients éligibles.

Cette obligation est également contenue dans le cahier des charges du RAG[1239] avant d'être finalement intégrée dans les contrats types d'accès aux réseaux des gestionnaires de réseaux. Les informations issues des relevés de consommation ont, en outre, un caractère commercialement sensible et sont protégées par l'obligation de confidentialité qui pèse sur le GRT et les GRD[1240].

Ce n'est qu'en maîtrisant ces données que le client éligible peut mettre en œuvre sa liberté d'approvisionnement et changer de fournisseur pour tout ou partie de son approvisionnement, voire de s'approvisionner auprès de plusieurs fournisseurs. Cette obligation de communication s'impose dorénavant aux fournisseurs dans le cadre de la « protection du consommateur » inscrite dans la directive 03/54 du CE[1241].

Aux termes de son article 3 § 5, les États membres « garantissent un niveau de protection élevé des consommateurs, notamment en ce qui concerne la transparence des conditions contractuelles ».

C'est aussi pour parfaire les relations contractuelles de fourniture en électricité que la loi du 9 août 2004 impose aux fournisseurs de communiquer aux clients éligibles qui souscrivent une puissance égale ou inférieure à 36 kV « les barèmes de prix ainsi que la description des offres commerciales auxquelles s'appliquent ces prix »[1242]. Elle précise également que les contrats de fourniture prévoient pour cette puissance une facturation en fonction de l'électricité réellement consommée.

Ces dispositions doivent permettre d'assurer un fonctionnement transparent du marché ouvert à la concurrence et garantir l'absence de discrimination géographique de la part des fournisseurs d'électricité envers les petits clients éligibles.

(ii) La conclusion des contrats d'approvisionnement en électricité : une liberté encadrée

La reconnaissance aux clients éligibles de la capacité de conclure des contrats d'approvisionnement d'électricité doit être relativisée face aux diverses limites introduites dans la loi du 10 février 2000. Bien que certaines de ces contraintes aient

---

1237 Aux termes de la directive 96/92 du CE, les gestionnaires de réseaux sont responsables des comptages, articles 7 et 10 de la directive transposés aux articles 15 § IV et 19 § III de la loi du 10 février 2000.

1238 Communication de la CRE sur l'accès aux données du comptage électrique du 5 juillet 2001.

1239 Article 13 du cahier des charges du RAG approuvé par décret du 23 décembre 1995.

1240 En divulguant de telles données, les gestionnaires de réseaux seraient coupables d'un manquement aux articles 16 et 19 de la loi du 10 février 2000 relatifs à la confidentialité des informations qu'ils doivent garantir envers les clients éligibles.

1241 Article 3 de la directive 03/54 du CE relatif aux « Obligations de service public et protection des consommateurs ».

1242 Article 22 § VI et VII tel que modifié par l'article 33 § 8 de la loi du 9 août 2004.

été supprimées par la loi du 3 janvier 2003 relative au marché du gaz, celles qui demeurent concernent l'élaboration des clauses contractuelles, la mise en œuvre des contrats d'approvisionnements et la capacité des parties.

(a) Des limites temporelles et quantitatives qui ne sont plus

L'abrogation de la limite temporelle

L'article 22 § III de la loi du 10 février 2000 avait intégré une disposition selon laquelle « le cadre contractuel dans lequel s'effectue la fourniture d'électricité ne peut avoir une durée inférieure à trois ans ». Cette mesure était calquée sur la durée des contrats d'approvisionnement contenue dans le cahier des charges du RAG[1243]. Or la directive 96/92 du CE prévoyait que les clients éligibles puissent négocier des contrats de fourniture d'électricité sur la base d'accords commerciaux « volontaires »[1244]. Elle indique ainsi que la volonté des parties prime dans la négociation de l'ensemble des dispositions du contrat de fourniture et la durée n'en est pas exclue. Aussi, la limitation introduite dans la loi du 10 février 2000 était contraire à la directive 96/92 du CE qui ne contenait pas une telle limitation.
Elle était également contraire à l'esprit de la directive qui dispose qu'« un marché concurrentiel et compétitif » impose aux États membres de s'abstenir de toute discrimination pour ce qui est « des droits et obligations des entreprises électriques»[1245]. Par ailleurs, la loi, en imposant aux entreprises d'électricité de conclure des contrats d'approvisionnement d'une durée minimum de trois ans[1246], rend impossible l'approvisionnement sur les marchés spot de l'électricité, dont la particularité repose sur des relations contractuelles de court terme[1247]. Le but de cette contrainte était donc de privilégier les relations contractuelles de long terme, dans l'intérêt de l'opérateur historique, et devait s'analyser comme une mesure de protection au bénéfice d'EDF, car elle créait une discrimination envers les opérateurs souhaitant s'approvisionner dans des conditions de flexibilité sur le marché électrique. Le législateur expliquait le bien-fondé de cette mesure qui était motivée par la nécessité de garantir l'efficacité de la programmation pluriannuelle des investissements de production et des missions de service public[1248]. Or l'entrave qu'elle crée à l'entrée de nouveaux concurrents est fortement

---

1243 Article 25 du cahier des charges du RAG approuvé par décret du 23 décembre 1994.

1244 Article 17 § 1 de la directive 96/92 du CE.

1245 Article 3 § 1 de la directive 96/92 du CE.

1246 La Commission met le 13 juin 2000 la France en demeure de transposer correctement la directive 96/92 du CE. Elle considère que la durée minimum de trois ans constitue « un obstacle manifeste à la libre circulation de l'électricité et à la prestation de services d'électricité » et dispose que « toute limitation de temps est un obstacle à l'ouverture à la concurrence ». Afin d'éviter toute condamnation, le Secrétaire d'État à l'Industrie, C. Pierret, répond que « la durée minimale de 3 ans fixée par la loi pour les contrats de fourniture n'était qu'un cadre général qui laissait toute liberté aux contractants jusqu'aux propositions de la Commission attendues en automne », Europe Énergie, n° 562 du 30 juin 2000, p. 16.

1247 « Ce mode d'organisation [marché de court terme - Bourse -], tout à fait adapté à l'exercice d'une concurrence saine et bien structurée, finira par s'imposer sur la durée ; aucun acteur n'ayant intérêt à se tenir à l'écart des opportunités qu'il offre. » J. Bergougnoux, Services publics en Réseaux, Rapport au Commissariat Général du Plan, avril 2000, p. 45.

1248 Débats du Sénat, séance du 6 octobre 1999, relatifs à l'article 22 de la loi du 10 février 2000.

critiquée par la CRE qui précise, dans une communication qu'elle intitule symboliquement « la liberté commerciale », que[1249] : « l'exigence législative de conclure des contrats de fourniture dans un cadre contractuel d'une durée minimum de 3 ans doit être interprétée comme imposant que les clauses contractuelles essentielles [conditions générales de vente, caractéristiques techniques...] soient garanties pour 3 ans. En aucun cas, elles n'imposent que les parties soient contraintes à une clause d'exclusivité pour 3 ans et soient empêchées de résilier le contrat durant ces 3 années, ou obligées de se fournir pour cette durée, ou que les conditions de prix ou de quantité soient déterminées pour cette période[1250] ».
La CRE interprète l'article 22 § III de telle sorte qu'il ne saurait empêcher un client éligible de conclure un contrat de fourniture d'une durée inférieure ou supérieure à cette durée et rend cette exigence caduque. Ce faisant, elle exprime clairement l'incompatibilité de la loi du 10 février 2000 à la directive 96/92 du CE et en tire les conséquences en conseillant aux opérateurs de laisser les dispositions légales inappliquées. Le directeur juridique d'EDF doit finalement rassurer les clients éligibles. Il ne s'agit, dit-il, que « d'un cadre général » dans lequel ni le prix, ni les caractéristiques de la fourniture, « ni la faculté pour le client de sortir du contrat avant l'expiration de ce délai, par exemple, au bout d'un an » ne sont déterminés[1251]. Les opérateurs suivent l'interprétation de la CRE, alors qu'elle contredit les termes de la loi du 10 février 2000. Les pouvoirs publics n'ont pas réagi, bien qu'aux termes de l'article 41 de la loi du 10 février 2000, le Ministre chargé de l'énergie est en mesure d'activer la procédure en manquement contre des opérateurs pour non-respect des dispositions législatives. La Commission conteste également la validité de toute obligation imposant aux opérateurs de s'engager dans des contrats de fourniture à long terme. Elle désapprouve déjà les accords intervenus entre les opérateurs allemands relatifs à la fixation des prix de l'électricité. Selon la Commission, ces accords ont pour conséquence de « limiter le développement d'un approvisionnement à court terme »[1252]. Elle contrôle, en particulier, « les dispositions imposées par un opérateur dominant pour empêcher un consommateur de changer de producteur »[1253]. Or le maintien de cette pratique en France, mais aussi en Espagne (contrats de fourniture d'un an minimum), a contraint la Commission a lancer une enquête afin de contrôler les dispositions qui « réduisent non seulement la liberté de choix du consommateur, mais dissuadent également les nouveaux venus de faire leur entrée sur le marché »[1254]. Sans attendre le résultat de cette procédure, la loi du 3 janvier 2003 relative au marché du gaz tire toutes les conséquences de cette mesure et prend acte de la non-conformité de cette disposition

[1249] La CRE dispose du pouvoir de « préciser en tant que de besoin » les règles relatives aux compétences qui lui sont dévolues dans la loi du 10 février 2000, article 37 de la loi.
[1250] Communication de la CRE sur l'ouverture du marché français de l'électricité, 18 mai 2000, interprétation reprise par la CRE dans le « Guide pratique du client éligible » du 22 décembre 2000.
[1251] C. Barthélemy, « L'ouverture du marché français de l'électricité à la fin de l'an 2000 : État d'avancement du processus de transposition de la directive du 19 décembre 1996 », *CJEG*, n° 577, juin 2001, p. 229.
[1252] Intervention de A. Schaub, alors directeur général de la DG Concurrence enquêtant sur les « Verbändevereinbarung », Europolitique, n° 289, 10 mars 1999.
[1253] M. Alberts, "View and expectation on the competition developments in the EU electricity market", *Conférence Eurelectric*, Bruxelles, 25 mars 1999.
[1254] Europolitique, n° 289, 10 mars 1999.

à la directive 96/92 du CE. Elle supprime l'obligation de la durée minimum des contrats d'approvisionnement en électricité, considérant que cette disposition était « autant inappliquée qu'inapplicable » et donc inadaptée à un marché libéralisé[1255].

L'abrogation de la limite quantitative

La liberté contractuelle des producteurs autorisés à acheter de l'électricité pour revente était soumise par décret à une limite quantitative, à savoir que l'électricité acquise par les producteurs devait avoir pour but de compléter leur offre et était limitée à 20 % de la quantité d'électricité produite[1256]. Aussi, le producteur autorisé n'était en mesure de conclure un contrat d'approvisionnement en électricité que dans un volume d'électricité ne dépassant pas 20 % de sa production annuelle.
Un amendement originel entendait lier l'exercice de ce droit à des nécessités techniques, telles que « l'arrêt provisoire d'une installation pour son entretien ou pour le renouvellement d'un équipement »[1257]. Or une telle mesure aurait réduit la liberté de fourniture à une simple mesure de secours à la disposition des producteurs. Le producteur aurait été contraint de fournir chaque année au Ministre chargé de l'énergie les informations nécessaires pour le calcul de la quantité d'électricité de référence que le producteur était en mesure de négocier librement[1258]. Le décret relatif aux conditions d'achat pour revente est indirectement abrogé par la loi du 3 janvier 2003 relative au marché du gaz qui réorganise le régime d'achat pour revente d'électricité et n'impose plus aux opérateurs l'obligation d'acheter un volume prédéterminé d'électricité.

(b) Une limite technique

La possibilité pour les opérateurs de conclure des contrats d'approvisionnement en électricité impose également que leur mise en œuvre soit techniquement possible et sûre. Si cela ne pose pas de difficultés pour les contrats d'approvisionnement conclus avec des fournisseurs nationaux, en revanche, la mise en œuvre des contrats d'importation et d'exportation d'électricité renferme une contrainte technique liée au manque de capacité aux interconnexions.
Le problème des saturations, dites « congestions », sur les réseaux électriques présente une limite technique dans la liberté pour les opérateurs de conclure des contrats d'approvisionnement en électricité en dehors des frontières nationales.
Sur certaines interconnexions[1259], il peut même empêcher la mise en œuvre de contrats d'approvisionnement transfrontaliers. Cette contrainte impose aux opérateurs de disposer sur l'interconnexion concernée[1260] d'une capacité de transit

---

[1255] Rapport Gonnot 2ème Partie, p. 28.
[1256] Article 2 du décret n° 2000-1069 du 30 octobre 2000, JO du 3 novembre 2000, p. 17432.
[1257] Amendement n° 346 concernant l'activité d'achat pour revente d'électricité des producteurs autorisés, débats du Sénat, séance du 7 octobre 1999.
[1258] Article 3 § III et 4 § I du décret, op.cit.
[1259] La congestion étant « l'état d'une ligne ne permettant pas de satisfaire aux exigences du réseau compte tenu des caractéristiques et performances des équipements du réseau », définition de la CRE, glossaire joint au rapport d'activité de la CRE du 30 juin 2001, p. 44.
[1260] Certaines lignes de transit sont continuellement congestionnées, c'est le cas de la liaison France-Italie ou France-Espagne alors que d'autres interconnexions européennes sont fluides.

d'électricité avant de négocier leurs contrats d'approvisionnement[1261].
Par conséquent, les opérateurs ne peuvent négocier un volume d'électricité que dans les limites de ces volumes prédéterminés par les GRT nationaux. La directive 96/92 du CE, qui prône la réalisation du marché intérieur de l'électricité, n'aborde pas la principale difficulté liée à son accomplissement, bien qu'elle compte au nombre des missions des GRT la garantie d'assurer un accès non discriminatoire aux interconnexions[1262]. Cette disposition permet du moins de se retourner vers les GRT afin de remédier à cette difficulté technique. Les gestionnaires de réseaux européens doivent donc être en mesure de déterminer objectivement la capacité réelle de leurs interconnexions sous le contrôle des autorités de régulation nationales et de la Commission. Suite à la détermination de ces volumes, il leur revient de définir le procédé d'attribution de ces capacités aux opérateurs qui en font la demande.
Sur la base des responsabilités que la loi du 10 février 2000 lui attribue, le GRT a mis en place deux procédures d'attribution des capacités d'interconnexions, ce sont :
- le régime de l'attribution au prorata des capacités et
- le régime de la mise aux enchères des capacités[1263].
Ces mécanismes ont été développés sur la base de l'article 14 de la loi du 10 février 2000, qui commande au GRT d'assurer l'interconnexion avec les autres réseaux, et de l'article 23, aux termes duquel le GRT est garant de l'accès aux réseaux des importations et exportations d'électricité. La CRE contrôle la mise en place de ces régimes d'attribution qu'elle peut préciser aux termes de l'article 37 de la loi du 10 février 2000[1264].
Le procédé de l'attribution au prorata des capacités d'interconnexion a été mis à l'épreuve avec l'interconnexion France-Italie sur laquelle, le GRT a dégagé une capacité à l'interconnexion égale à 2 400 MW qu'il lui revient d'attribuer au prorata des demandes présentées par les opérateurs. En revanche, dans la procédure de mise aux enchères des capacités à l'interconnexion, la capacité d'interconnexion est attribuée aux fournisseurs ou aux consommateurs qui en font la demande par un système d'enchères. Ainsi, pour la liaison France-Angleterre régie par ce système, un volume de 650 MW de capacité de transport a été alloué à deux clients pour trois ans suite à l'appel d'offres[1265].
Mais, afin de garantir aux clients éligibles un accès effectif aux réseaux de leurs fournitures acquises en dehors de leurs frontières, le règlement 1228/2003 impose aux GRT de calculer la « capacité totale de transfert à partir des caractéristiques électriques et techniques du réseau » dans un « plan général » soumis à l'approbation de la CRE[1266]. Ces dispositions permettent aux clients éligibles de

[1261] Les transits d'électricité sont les « flux traversant un réseau de transport sans y être injectés ou soutirés », définition de la CRE, glossaire joint au rapport d'activité de la CRE du 30 juin 2001, p. 46.
[1262] La loi du 10 février 2000 reprend cette obligation dans son article 14.
[1263] Pour une analyse en détail de ces systèmes, voir supra (2) « Les systèmes de définition et d'attribution de capacités aux interconnexions », p. 267.
[1264] Délibération de la CRE du 14 décembre 2000.
[1265] L'interconnexion France-Angleterre (IFA) a fait l'objet d'une attribution de 323 MW à 5 opérateurs par enchère d'un an dans le sens France-Angleterre et 100 MW dans le sens opposé. Depuis le 1er avril 2001 ont lieu des mises aux enchères journalières, rapport d'activité de la CRE du 30 juin 2000, p. 11.
[1266] Articles 5 et 6 du règlement 1228/2003 du CE concernant les conditions d'accès au réseau pour les échanges transfrontaliers d'électricité, JO L-176/1 du 15 juillet 2003.

conclure leurs contrats d'approvisionnement sur la base de données transparentes et en limitant l'arbitraire dans la gestion des capacités. Avant de conclure des contrats d'approvisionnement en dehors du territoire national, ces contraintes techniques imposent aux opérateurs de rédiger un contrat d'adhésion avec le GRT afin d'obtenir une capacité d'interconnexion au prorata, ou d'être soumissionnaire dans le cas d'un appel d'offres. En sus, quel que soit le système d'attribution, les opérateurs ne sont jamais assurés de recevoir une capacité pour mettre en œuvre leurs contrats d'approvisionnement et ce même si les effets de cette limite technique sont réduits par l'entrée en vigueur du règlement communautaire sur les échanges transfrontaliers d'électricité.

c) La clause de sauvegarde : la conséquence d'une définition restrictive de l'éligibilité

La directive 96/92 du CE permet aux États membres, en raison du principe de subsidiarité, mais dans le respect des minima d'ouverture du marché électrique, de décider du degré d'ouverture de leur marché. Celui-ci doit intervenir de « manière souple et rationnelle afin de tenir compte de la diversité actuelle de l'organisation des réseaux électriques »[1267]. Si l'ouverture du marché électrique repose sur la reconnaissance d'un quota minimum de clients éligibles, elle n'empêche cependant pas les États membres d'ouvrir leur marché en fonction de quotas plus larges, voire même d'ouvrir leur marché de telle sorte que tous les opérateurs sur le marché de l'électricité deviennent éligibles[1268].
La transposition de la directive 96/92 du CE dans les États membres rend compte de cette diversité et, avec elle, des asymétries de concurrence qui en résultent entre les États membres[1269]. Ainsi, les États membres ayant entièrement ouvert leur marché à la concurrence permettent aux fournisseurs étrangers de concurrencer leurs fournisseurs nationaux auprès de leur clientèle, alors que la situation inverse n'est pas possible, considérant que la clientèle à desservir dans le second cas est plus restreinte. Afin « d'éviter ce déséquilibre dans l'ouverture des marchés de l'électricité », la directive du CE 92/96 prévoit au sein de son article 19 § 5 (a) une « clause de sauvegarde »[1270]. Une telle clause est également prévue dans la directive relative à la libéralisation du marché du gaz[1271].
La transposition de cette clause n'intervient que dans les États membres ayant

1267 Point 5 de la directive 96/92 du CE.

1268 De nombreux États membres sont d'ores et déjà allés au-delà des minima issus du calcul de la part communautaire moyenne, COM(2001)124 final, du 13 mars 2001. La France fait partie, avec la Grèce, le Portugal et l'Irlande, des pays qui ont décidé d'ouvrir leur marché sans aller au-delà des taux fixés par la Commission, voir les statistiques de la CRE dans son rapport d'activité du 30 juin 2001, p. 4.

1269 Si, en France, environ 30 % des consommateurs sont éligibles (elle est proche des États tels que la Grèce : 34 % et du Danemark : 35 %), le Luxembourg, les Pays-bas et l'Espagne ont ouvert leur marché respectivement à 57,63 % et 55 %. De leur côté, l'Allemagne, le Royaume-Uni, la Suède, la Finlande et l'Autriche ont ouvert leur marché à 100 %, 2ème Rapport d'étalonnage sur la mise en œuvre de l'ouverture des marchés de l'électricité et du gaz, SEC(2002) 1038 du 1er octobre 2002 ; rapport d'activité de la CRE du 30 juin 2002, pp. 5 et 6.

1270 Point 36 de la directive 96/92 du CE.

1271 Article 19 a) de la directive 98/30 du CE du 22 juin 1998 concernant les règles communes pour le marché intérieur du gaz naturel, JO L-204 du 21 juillet 1998, pp. 1-12.

reconnu comme éligible une part des consommateurs d'électricité supérieure aux minima imposés par la directive. De sorte que la France qui a ouvert son marché dans les limites des parts communautaires n'a pas besoin de la transposer[1272].
Cette clause, dite aussi de réciprocité, repose sur le principe selon lequel les contrats de fourniture d'électricité conclus entre un fournisseur et un client éligible appartenant à des États membres différents doivent être mis en œuvre seulement si le client éligible approvisionné est considéré comme éligible dans l'État membre du fournisseur. En d'autres termes, les clients desservis doivent être éligibles dans les marchés respectifs des opérateurs concernés.
Ainsi, un opérateur est en mesure de refuser la mise en œuvre d'une importation d'électricité si le client éligible desservi par cette fourniture n'est pas éligible dans le pays exportateur d'électricité. « La partie refusante »[1273], c'est-à-dire celle qui interdit la fourniture au sens de la directive 96/92 du CE, s'entend du gestionnaire du réseau de transport ou de distribution, car c'est à lui qu'il revient d'assurer la livraison d'électricité à travers son réseau. Bien qu'elle n'apparaisse pas dans l'ordonnancement juridique français, cette clause de sauvegarde n'est pas sans effet sur les droits des clients éligibles nationaux et sur leurs contrats de fourniture d'électricité transfrontaliers. Elle a, en particulier, des conséquences sur les contrats d'approvisionnement conclus par des fournisseurs installés en France et ceux nouvellement autorisés à exploiter des installations de production aux termes de l'article 7 de la loi du 10 février 2000.
En effet, les opérateurs qui concluent des contrats d'exportation d'électricité avec des clients éligibles installés dans un autre État membre doivent au préalable vérifier si le pays concerné a transposé la clause de sauvegarde. Dans le cas où le client desservi ne bénéficie pas du statut d'éligible, en vertu des dispositions de la loi du 10 février 2000 et de ses décrets d'application, le fournisseur national court le risque de voir ses exportations d'électricité interdites d'acheminement sur les réseaux de transport par les gestionnaires[1274]. Les exportations d'électricité d'un fournisseur installé en France ne supportent cependant aucun risque d'interdiction sur les réseaux étrangers tant que les clients desservis dans l'État membre sont en fonction des nouvelles dispositions de la directive 03/54 du CE des clients résidentiels.
De nombreux États membres ont transposé cette clause dans la pratique. La loi allemande du 24 avril 1998[1275] relative à l'Économie de l'électricité et transposant la directive 96/92 du CE avait introduit dans son article 4 § 2 une « Clause protectrice » (*Schutzklausel*). Cette clause permettait aux entreprises de distribution d'électricité gestionnaires des réseaux de distribution et de transport d'électricité de refuser, non pas les contrats d'importation d'électricité, mais l'accès aux réseaux à l'électricité importée si le client desservi en Allemagne ne peut l'être en France par

1272 Elle est transposée dans les législations de l'Autriche, la Belgique, du Danemark, de l'Allemagne, de l'Italie, de l'Espagne, du Luxembourg et des Pays-Bas.
1273 Il s'agit de la « partie refusante à exécuter la fourniture », article 19 § 5-b) de la directive 96/92 du CE.
1274 Article 22 de la loi du 10 février 2000 et son décret d'application n° 2000-456 du 29 mai 2000 relatif à l'éligibilité des consommateurs d'électricité.
1275 « Gesetz zur Neuregelung des Energiewirtschaftsrechts » vom 24 April 1998, BGBl. 1998 I S. 730, pour un commentaire de la loi et de la clause de réciprocité, Kellerhoff, Rinze, *RIW* 1999, p. 738.

un tiers[1276]. Malgré l'extrême concision de l'article 4 § 2, il en ressort que le refus émanait des entreprises gestionnaires des réseaux de distribution et de transport et s'analysait comme un refus d'accès aux réseaux[1277].
L'article 19 § 5 de la directive 96/92 du CE permet toutefois de tenir cette clause en échec. Il autorise à l'État membre destinataire des exportations de saisir la Commission afin que cette dernière « oblige » le gestionnaire du réseau à « appeler » la fourniture d'électricité.
C'est ainsi l'État dans lequel est installé le client éligible destinataire de la fourniture qui est à même de venir en aide au fournisseur transfrontalier en demandant à la Commission que le gestionnaire de réseau soit contraint d'exécuter la fourniture. L'État membre intervient dans l'intérêt du consommateur installé sur le territoire de la partie refusante et rend caduque le refus d'accès aux réseaux opposé par le gestionnaire du réseau. La Commission, qui ne peut intervenir qu'à la demande expresse d'un État membre, doit cependant tenir compte de la situation du marché et de l'intérêt commun[1278].
Elle n'est donc pas contrainte d'obliger la partie refusante à s'exécuter et dispose d'un pouvoir d'appréciation. Sa décision s'appuie sur l'évolution du marché et sur les conclusions qu'elle tire du rapport relatif aux déséquilibres constatés dans l'ouverture des marchés qu'il lui revient de rédiger [1279].
Le choix opéré par la loi du 10 février 2000 de procéder à une ouverture minimum du marché électrique touche ici les limites de son efficacité.
En effet, la clause de sauvegarde restreint l'activité d'approvisionnement exercée par des fournisseurs nationaux vers des clients éligibles installés dans les États membres. Quant aux clients éligibles installés sur le territoire national, ils ne risquent pas de voir leurs importations d'électricité refusées par le GRT. La pratique a, certes, démontré qu'une telle clause ne permettait pas toujours de prendre en compte « tous les aspects liés à la mise en place de conditions de concurrence équitables entre les États membres et les opérateurs »[1280].
Bien que la Commission n'ait pas eu à intervenir en ce sens, elle s'oppose à toute modification de cette clause qui continue d'assurer, selon elle, « un équilibre adéquat entre les objectifs de concurrence et d'ouverture des marchés »[1281]. Elle est reprise dans les mêmes termes au sein de l'article 21 de la directive 03/54 du CE.

1276 Article 4 § 2 de la loi allemande du 24 avril 1998, précité.

1277 La loi précitée présente des lacunes importantes quant à la définition des conditions du refus, de l'origine de l'électricité ou encore de la mise en œuvre de cette mesure, sur les compétences des entreprises gestionnaires des réseaux, Kasper, Durchleitung, p. 72 ; Scholz, *RdE* 1999, p. 744.

1278 Article 19 § 5 (b) de la directive du CE 92/96.

1279 Article 19 § 5 de la directive 96/92 du CE, voir les similitudes de ce contrôle avec celui exercé par la Commission dans le cadre des clauses de sauvegarde adoptées relativement à l'article 95 du Traité CE, N. De Sadeleer, Les clauses de sauvegarde prévues à l'article 95 du Traité CE, RTDE, n° 38 (1), janvier-mars 2002, p. 53.

1280 La Commission considère à ce sujet qu'il est dans les faits extrêmement complexe de déterminer l'origine exacte de l'électricité dans les relations contractuelles, communication de la Commission du 13 mars 2001, COM(2001)125 final, p. 6.

1281 COM(2002)304 final du 7 juin 2002, pp. 14 et 32 telle que confirmée par le Conseil le 29 janvier 2003, 15528/02, ENER 315. Elle s'est fortement engagée dans l'intégration d'une telle clause dans la directive 98/30 du CE du 22 juin 1998 concernant les règles communes pour le marché intérieur du gaz naturel qui l'inscrit à son article 19.

Conclusion

La définition de la clientèle éligible constitue le préalable nécessaire à la mise en œuvre de l'accès aux réseaux, surtout dans les États membres n'ayant pas ouvert leurs marchés à l'ensemble des consommateurs d'électricité. La loi du 10 février 2000 a rebondi sur le régime progressif proposé par la directive 96/92 du CE, car elle entend assurer à l'opérateur historique la réserve que constitue la clientèle captive. En effet, selon les débats sur le projet de loi électrique, une ouverture plus importante du marché électrique à la concurrence, voire une ouverture totale, aurait déstabilisé EDF en lui ôtant la rente qui lui permet de financer les investissements effectués dans le secteur électrique[1282].

Mais il ressort des conclusions du rapport d'activité de la CRE que l'ampleur de la reconnaissance des clients éligibles ne garantit pas à elle seule l'introduction d'une véritable concurrence. La CRE considère que « l'ouverture légale des marchés est différente de l'ouverture réelle »[1283], la libéralisation du marché électrique s'appuie sur de multiples facteurs tout aussi essentiels, tels que « le nombre et la compétitivité des opérateurs historiques et les règles du marché qui y sont instituées [forme d'accès aux réseaux] »[1284]. Selon elle, des marchés ayant ouvert en droit leur marché à 100 % ne sont en réalité pas plus ouverts à la concurrence que ceux qui se sont limités aux minima de la directive 96/92 du CE et visent le cas de l'Allemagne.

Cette approche ne doit cependant pas occulter le fait que des marchés qui s'ouvrent à des rythmes différents limitent nécessairement les avantages que les consommateurs pourraient tirer de la concurrence. La Commission souligne, à cet égard, que ce décalage soumet :

« les petites entreprises et les ménages à une tarification anormalement élevée [...], favorise également les distorsions de la concurrence entre les compagnies d'énergie, en rendant possibles les subventions croisées alors que ces entreprises sont en train de se restructurer pour devenir des fournisseurs paneuropéens »[1285].

Cette approche semble décrire assez fidèlement la situation du marché électrique français. Mais là encore, lier le manque de concurrence au faible nombre de clients éligibles est simplificateur, car, comme le souligne la CRE, « la limite évidente de cet indicateur est qu'un droit est sans portée si les dispositions pratiques qui permettent de l'exercer sans difficultés excessives, ne sont pas en place »[1286].

Parmi ces dispositions pratiques, celles relatives au système de l'accès aux réseaux et, en particulier, à la tarification de l'accès aux réseaux sont fondamentales pour apprécier la pertinence de l'ouverture du marché électrique à la concurrence.

[1282] Rapport Bataille, p. 20.

[1283] Rapport d'activité de la CRE du 30 juin 2003, p. 5.

[1284] Rapport d'activité de la CRE du 30 juin 2003, p. 5.

[1285] Deuxième rapport d'étalonnage sur la mise en œuvre du marché intérieur de l'électricité et du gaz, SEC(2003)448, du 7 avril 2003, p. 3.

[1286] Rapport d'activité de la CRE du 30 juin 2003, p. 6.

Chapitre II Un système d'accès aux réseaux équitable et non discriminatoire

L'introduction de la concurrence au sein de l'activité de fourniture d'électricité impose de distinguer entre celle-ci et celle consistant à la livraison de l'électricité à travers les réseaux électriques, même si l'interdépendance existante entre la conclusion de contrats d'approvisionnement en électricité et leur mise en œuvre sur les réseaux est incontestable.
Aussi, la libre négociation des contrats d'approvisionnement est-elle intimement liée aux conditions dans lesquelles l'accès aux réseaux électriques est organisé.
La directive 96/92 du CE pose en préalable à la définition des systèmes d'accès aux réseaux que, quelle que soit la forme retenue par les États membres, cet accès aux réseaux doit être équitable, non discriminatoire et transparent[1287]. Sur cette base, elle propose deux options d'accès aux réseaux qui se distinguent quant à leur nature, mais se ressemblent dans la mesure où elles doivent aboutir aux mêmes résultats concernant l'introduction de la concurrence.
En raison des réticences des États membres face au système de l'accès des tiers aux réseaux initialement proposé par la Commission, un système « d'acheteur unique » est introduit par la directive 96/92 du CE. Alors que le premier système confie aux parties la négociation des modalités de l'accès aux réseaux, le système de l'acheteur unique donne à une entité sur le marché la qualité d'intermédiaire obligé entre les opérateurs.
La loi du 10 février 2000 attribue aux opérateurs autorisés un véritable droit d'accès aux réseaux à travers la formule de « l'accès réglementé aux réseaux ». Celui-ci laisse aux parties la liberté de négocier les dispositions relatives à l'accès aux réseaux avec les GRT et GRD, mais attribue aux pouvoirs publics la définition des tarifs d'utilisation des infrastructures.

a) Le droit à un accès non discriminatoire aux réseaux électriques

Le droit d'accès aux réseaux impose d'en définir le contenu, ce que ni les directives électricité, ni les lois de transposition n'effectuent. Elles ne visent laconiquement qu'un droit d'accès aux « réseaux de transport et de distribution d'électricité ainsi qu'aux interconnexions ».
Ce silence n'est pourtant pas chose courante dans les secteurs organisés en réseaux.
Ainsi, la directive permettant l'ouverture du réseau ferroviaire à la concurrence, plus prolixe en la matière, le définit ainsi : « l'accès aux réseaux ferroviaires s'entend de la faculté d'emprunter les sillons de circulation attribués et l'accès à l'ensemble des infrastructures et services essentiels pour exercer l'activité de transport ferroviaire »[1288]. Le décret qui transpose l'accès des tiers au réseau ferroviaire en droit national présente aussi l'avantage d'être extrêmement détaillé. En sus de prestations minimales, il précise que le droit d'accès comprend le « droit au traitement des demandes de capacités ou le droit d'utiliser les branchements et

[1287] Article 16 de la directive 96/92 du CE sur l'organisation de l'accès aux réseaux.
[1288] Annexe II de la directive 2001/14 du CE du 6 février 2001, JO L-75/1 du 15 mars 2001.

aiguilles du réseau et des équipements inventoriés, tels que les gares et les infrastructures techniques »[1289]. Une définition précise du contenu du droit d'accès aux réseaux renforce nécessairement la sécurité juridique au profit des opérateurs, mais elle souffre alors d'un manque de flexibilité face à l'évolution du contenu des activités organisées en réseaux.
Face au silence des directives relativement à la définition de l'accès aux réseaux, les principes de non-discrimination et d'objectivité, qui l'accompagnent, reviennent, quant à eux, comme un leitmotiv dans les directives 96/92 et 03/54 du CE.
Le principe d'un accès non discriminatoire aux réseaux électriques doit empêcher le gestionnaire de réseau de favoriser l'accès de ses filiales ou actionnaires aux réseaux. La CJCE rappelle à cet égard que, quelles que soient les entraves à l'accès aux réseaux, même un régime d'autorisation administrative préalable à l'accès imposé par les États membres ne prive pas le pétitionnaire d'une liberté communautaire d'accès[1290].
C'est sur cette base que les deux systèmes d'accès aux réseaux proposés par la directive 96/92 du CE doivent œuvrer à la promotion d'un accès équitable et non discriminatoire aux réseaux électriques. Les dispositions qui en organisent le régime modèlent l'ouverture à la concurrence des marchés électriques européens.
Ainsi, bien qu'ils se distinguent sur la forme, ces systèmes d'accès aux réseaux ne présentent pas de différences fondamentales sur le fond et poursuivent le même but. La loi du 10 février 2000 fait le choix d'un accès réglementé aux réseaux que les lois postérieures ne remettent pas en cause.

(1) Les alternatives proposées par la directive 96/92 du CE

L'accès aux réseaux électriques impose la mise à disposition, par les opérateurs, détenteurs ou gestionnaires, des infrastructures de transport et de distribution d'électricité au profit de tiers. Il est abordé pour la première fois dans le cadre de la directive « Transit »[1291]. Mais, à la différence du transit d'électricité, l'accès aux réseaux est une étape supplémentaire dans la reconnaissance à des tiers d'un droit d'utilisation des infrastructures[1292]. Le droit d'accéder aux infrastructures essentielles se rémunère soit par le biais d'un péage négocié entre le gestionnaire du réseau et son utilisateur, soit par un prix préalablement fixé par les pouvoirs publics.
Sous prétexte que le système de l'accès des tiers aux réseaux ne permet pas de garantir l'exécution par les gestionnaires de réseaux de leurs missions de service public, le système de « l'acheteur unique » a été intégré dans la directive 96/92 du CE. Présenté comme une alternative aux systèmes de l'accès négocié ou réglementé aux réseaux, il doit permettre la prise en compte des obligations de service public et

[1289] Décret n° 2003-194 du 7 mars 2003 relatif à l'utilisation du réseau ferré national, voir commentaire de L. Gauthier, « L'accès des tiers au réseau ferroviaire français », *AJDA*, août 2003, p. 1441.
[1290] Arrêts de la CJCE « Bordessa » du 23 février 1995, C-358/83, rec.p. I-361 ; « Analir » du 20 février 2001, C-205/99, rec.p. I-1271.
[1291] Ces réflexions ont abouti, dans un premier temps, à l'adoption des directives 90/377 du Conseil sur la transparence des prix du 29 juin 1990, 90/547 du 29 octobre 1990, 91/296 du 31 mai 1991 relatives au transit d'électricité, rapport Bataille, p. 19.
[1292] Pour une vue d'ensemble des mesures prises par la Commission, voir les dossiers du CJEG, Une seconde phase dans la réalisation du marché intérieur de l'électricité, *CJEG*, mai 1997, p. 174.

la réaffirmation du rôle de l'opérateur historique[1293]. La nécessité d'un consensus s'exprime finalement dans la directive 96/92 du CE[1294] qui prend en compte cette formule d'accès aux réseaux dont elle estime la coexistence compatible avec les buts de l'ouverture à la concurrence dès qu'elles aboutissent à une ouverture similaire du marché électrique à la concurrence[1295]. Les options introduites par la directive concèdent une grande marge de manœuvre aux États membres dans la transposition des systèmes d'accès aux réseaux. Ces systèmes illustrent aussi les différences conceptuelles dans le régime de l'accès aux réseaux défendues par la Commission et certains États membres. Il s'épanouit dans la concurrence pour les uns et dans le contrôle des infrastructures à travers l'accès aux réseaux pour les autres[1296].

(a) Le système de l'acheteur unique

Conçu comme une simple modalité d'accès aux réseaux alors que les propositions du Rapport Mandil le concevaient plutôt comme un véritable « mode d'organisation et de fonctionnement du système », le régime de l'acheteur unique retenu par la directive 96/92 du CE s'éloigne du modèle français pour se rapprocher du système de l'accès des tiers aux réseaux. Le régime initial de l'acheteur unique comme moyen d'accès aux réseaux doit reposer sur une organisation du marché électrique différente de celle envisagée par la Commission, car il n'impose d'introduire la concurrence que dans l'activité de production d'électricité[1297]. Dans cette forme d'accès aux réseaux, il revient à une entité sur le marché, qui intervient en tant qu'acheteur unique, de mettre en concurrence les producteurs d'électricité installés sur le territoire national ou en dehors de celui-ci, auprès desquels elle a le choix de se fournir afin d'approvisionner des grands consommateurs éligibles. L'acheteur unique exerce une activité d'achat pour revente d'électricité. Il est le « revendeur unique » d'électricité aux clients éligibles.
La directive 96/92 du CE adapte la formule française de l'acheteur unique au régime général de l'accès des tiers aux réseaux, car elle a pour ambition de mettre en place un système devant permettre une large ouverture à la concurrence de l'ensemble des

[1293] Voir à cet égard les positions françaises sur le rejet du système de l'accès des tiers aux réseaux et leurs propositions relatives au régime de l'acheteur unique, Dossier, numéro spécial du CJEG, Une seconde phase dans la réalisation du marché intérieur de l'électricité, *CJEG*, mai 1997, p. 174.

[1294] Le point 13 de la directive 96/92 du CE est révélateur du malaise. Il prend acte de la position de certains États membres qui considèrent que le fait d'imposer des obligations de service public aux opérateurs « peut être nécessaire » pour assurer la sécurité d'approvisionnement et la protection des consommateurs et de l'environnement, la concurrence à elle seule ne pouvant pas, « selon eux », les assurer.

[1295] Point 12 de la directive 96/92 du CE repris à l'article 3 § 1 de la directive 96/92 du CE.

[1296] Pour une approche similaire, M.A. Frison-Roche, « La directive relative au marché intérieur de l'électricité en elle-même », *Économies et Sociétés*, Économies de l'énergie, Série EN n° 7, 5-6/1997, p. 147.

[1297] Le système de l'acheteur unique est contenu dans le Rapport Mandil rendu public en décembre 1993. Une Commission présidée par Claude Mandil sur demande du gouvernement français est chargée de lui présenter un rapport sur l'évolution du système électrique français, *CJEG*, avril 1994, p. 155. Il est caractérisé par « l'introduction de procédures de mise en concurrence pour les nouveaux besoins de production, le rejet de l'ATR, un assouplissement des monopoles d'importation et d'exportation », *CJEG*, mai 1997, p. 169.

activités électriques[1298]. Elle propose une variante de l'acheteur unique qui repose sur la désignation d'une « entité intermédiaire » entre les fournisseurs d'électricité et les clients éligibles[1299]. Cet intermédiaire est une personne morale désignée par l'État membre et doit être compétent à l'intérieur du territoire couvert par le gestionnaire du réseau. Dans son article 2, la directive 96/92 du CE définit l'acheteur unique comme étant « toute personne morale qui, dans le réseau dans lequel elle est établie, est responsable de la gestion unifiée du système de transport et/ou de l'achat et de la vente centralisés de l'électricité » [1300]. L'acheteur unique s'entend donc du gestionnaire du réseau de transport ou de distribution auquel est attribuée, en plus de la fonction de transport, une fonction d'achat pour revente d'électricité. Il centralise les achats d'électricité en provenance de producteurs ou fournisseurs d'électricité nationaux ou internationaux pour les revendre à ses clients éligibles[1301]. La concurrence entre producteurs s'exerce non plus auprès des consommateurs finals, mais auprès de la « centrale d'achat » que représente l'acheteur unique. Ce dispositif impose cependant à l'acheteur unique d'acheter l'électricité ayant fait l'objet d'un contrat entre un client éligible et un producteur installé à l'intérieur ou à l'extérieur du territoire couvert par le réseau, à un prix d'achat qui doit être « égal au prix de vente offert par l'acheteur unique aux clients éligibles, auquel est soustrait le prix du tarif pour l'utilisation du réseau»[1302] .
En application de la clause dite du « client le plus favorisé »[1303], les coûts de transports ne doivent pas être pris en compte dans le calcul du prix d'achat considérant que le tarif de rachat d'électricité est celui appliqué par l'acheteur unique aux autres clients éligibles. L'article 18 § 1 et 3 de la directive 96/92 du CE prévoit également une version de l'acheteur unique sans obligation d'achat, dans laquelle l'acheteur unique doit seulement assurer la réalisation des contrats de fourniture et autoriser l'accès aux réseaux de ces contrats de fourniture sur la base d'un tarif d'utilisation des réseaux publié ou négocié entre les parties[1304].
La constellation commerciale créée entre ces trois intervenants (fournisseur-acheteur unique-client éligible) n'a pas pour conséquence de substituer l'acheteur unique au client éligible auprès du fournisseur, puisque la loi du 10 février 2000 lui impose d'approvisionner le client éligible à travers l'obligation d'achat qui pèse sur l'acheteur unique. En outre, les relations commerciales entre le client et son fournisseur demeurent confidentielles[1305]. Le système de l'acheteur unique est, tel qu'il est organisé par la directive, une version aménagée de l'accès des tiers aux

---

[1298] La Commission rend un rapport le 22 mars 1995 en estimant que le système de l'acheteur unique est compatible avec l'ouverture à la concurrence et le système de l'ATR, Chronique de A. Goehring-Crinon dans *CJEG*, juin 1995, p. 213.
[1299] Article 18 § 1 de la directive 96/92 du CE.
[1300] Article 2 § 22 de la directive du CE 92/96.
[1301] Article 18 §1 ii) et iii) de la directive 96/92 du CE.
[1302] Article 18 § 1-i) et 18 § 2 de la directive du CE 92/96.
[1303] B. Geneste, La libéralisation du marché de l'électricité, Revue des affaires européennes, 1997, p. 150.
[1304] Lorsque le tarif d'utilisation des réseaux est négocié entre les parties, une fourchette indicative des prix pour l'utilisation des réseaux de transport et de distribution doit être publiée, article 17 § 3 auquel renvoie l'article 18 § 3 de la directive 96/92 du CE.
[1305] Aux termes de l'article 9 de la directive du CE 96/92, le GRT préserve la confidentialité des informations commercialement sensibles dont il a connaissance. Il en va de même pour le GRD aux termes de son article 12.

réseaux. La mutation du régime de l'acheteur unique initialement proposé par la France vers celui finalement adopté dans la directive 96/92 du CE a eu pour conséquence qu'aucun des États membres n'a fait le choix de le transposer à part entière[1306]. Ce rapprochement des systèmes s'explique par la motivation de la Commission, qui considère que seul le « libre choix du client final permet d'organiser la concurrence dans la fourniture à côté de la concurrence dans la production »[1307]. C'est la raison pour laquelle le système de l'acheteur unique disparaît dans la directive 03/54 du CE qui ne prévoit désormais qu'un système d'accès des tiers aux réseaux[1308].

(b) Le système de l'accès aux réseaux garant de l'introduction de la concurrence

La version de l'acheteur unique finalement retenue dans la directive 96/92 du CE démontre le manque d'enthousiasme de la Commission envers ce système. Elle ne cache pas ses préférences qui vont vers le système de l'accès des tiers aux réseaux. Bien qu'elle estime nécessaire de « prévoir des options différentes d'accès aux réseaux » [1309], le système de l'accès des tiers aux réseaux apparaît comme le principe général d'accès aux réseaux électriques alors que celui de l'acheteur unique se conçoit comme une exception. Le système de l'accès aux réseaux permet aux clients autorisés de disposer des infrastructures, moyennant le paiement d'un péage. Aucune entité intermédiaire ne doit intervenir pour gérer l'accès aux réseaux.
Ce système se présente également sous deux options distinctes ; il peut être négocié entre les parties ou réglementé par les pouvoirs publics ou une autorité de régulation.

(i) L'accès négocié aux réseaux électriques

Le système de l'accès négocié aux réseaux repose sur la libre négociation de l'utilisation des infrastructures de transport et de distribution d'électricité entre les opérateurs. Les clients éligibles autorisés négocient l'accès aux réseaux avec les détenteurs ou gestionnaires des réseaux de distribution ou de transport d'électricité en fonction du réseau utilisé[1310].
La négociation doit permettre la conclusion d'accords commerciaux librement consentis portant sur les conditions d'utilisation des réseaux. Les clauses négociables entre les opérateurs concernent principalement la fixation des volumes à transporter, la détermination de la distance séparant le point d'injection du point de soutirage et les conditions techniques du transport. L'élément essentiel de la négociation, qui doit son nom à ce système, est la libre détermination entre les parties du tarif de l'utilisation des réseaux électriques.

[1306] L'Allemagne est le seul État membre à avoir transposé la formule de l'acheteur unique (Alleinabnehmer) dans le paragraphe 7 de la loi du 24 avril 1998 transposant la directive 96/92 du CE. Mais il est conçu comme une alternative à l'accès réglementé aux réseaux « Netzzugangsalternative » et est limité jusqu'au 31 décembre 2005 (§ 8 de la loi précitée), voir à ce sujet K.P. Horstmann, Netzzugang in der Energiewirtschaft, 2001, p. 173.

[1307] Dossiers des CJEG, Une seconde phase dans la réalisation du marché intérieur de l'électricité, *CJEG*, mai 1997, p. 175.

[1308] Article 20 de la directive 03/54 du CE.

[1309] Point 34 de la directive 96/92 du CE.

[1310] Article 17 § 1 de la directive 96/92 du CE, système d'accès aux réseaux retenu en Allemagne.

Bien que le principe de l'autonomie de la volonté imprègne ce dispositif, la directive 96/92 du CE impose cependant aux États membres de contrôler que « les parties négocient de bonne foi et qu'aucune d'entre elles n'abuse de sa position en entravant la bonne fin des négociations »[1311].
Afin d'éviter toute discrimination entre les utilisateurs et « promouvoir la transparence permettant de faciliter les négociations d'accès au réseau »[1312], la directive 96/92 du CE impose aux gestionnaires de réseaux d'établir et de publier une fourchette indicative des prix pour l'utilisation de leurs réseaux de transport et de distribution.
Cette fourchette est une moyenne des prix d'utilisation des réseaux appliqués l'année précédente et doit se fonder sur « les prix moyens négociés »[1313]. Seule la publication des prix d'utilisation des infrastructures du transport et de distribution de l'électricité est imposée, les autres clauses du contrat d'accès aux réseaux demeurent confidentielles.
Cette obligation ne doit pas s'analyser comme visant à remettre en cause la liberté de négociation du tarif d'utilisation des réseaux. En aucune manière les gestionnaires des réseaux ne sont liés aux prix indiqués. La publication doit simplement servir le principe de transparence et permettre aux opérateurs d'estimer les coûts des réseaux dans leurs contrats de fourniture. Cette obligation de publication du prix moyen d'accès aux réseaux rapproche le système de l'accès négocié du système de l'accès réglementé. Ce dernier sera finalement le système retenu dans la directive 03/54 du CE et transposable au plus tard au 1er juillet 2004[1314].

(ii) L'accès réglementé aux réseaux électriques

La directive 96/92 du CE prévoit un système d'accès réglementé aux réseaux qui permet aux opérateurs d'utiliser les réseaux moyennant le paiement au gestionnaire d'un péage préalablement fixé et publié[1315]. Dans le cadre de l'accès réglementé aux réseaux, seul le tarif d'utilisation de l'infrastructure doit être réglementé. Les clauses relatives aux conditions techniques et commerciales d'accès aux réseaux continuent d'être librement négociées entre les parties. Le péage à acquitter par les opérateurs pour accéder aux réseaux ne se négocie cependant pas, il est préalablement fixé et applicable à l'ensemble des utilisateurs. La directive ne détermine pas l'autorité compétente pour fixer le prix d'utilisation des réseaux bien que la détermination de ce tarif soit essentielle pour l'exercice d'une véritable concurrence[1316]. Toutefois, afin de répondre aux impératifs d'équité et de non-discrimination, le tarif doit être fixé par des entités indépendantes des opérateurs[1317]. La formulation de la directive 96/92 du CE exclut ainsi les GRT et GRD de la détermination des tarifs et laisse penser que les entités répondant le mieux à l'impératif de neutralité sont les autorités

[1311] Article 20 § 2 de la directive 96/92 du CE.
[1312] Article 17 § 3 de la directive 96/92 du CE.
[1313] Article 17 § 3 de la directive 96/92 du CE.
[1314] Article 20 de la directive 03/54 du CE.
[1315] Article 17 § 4 de la directive 96/92 du CE.
[1316] Elle dispose seulement dans son article 17 § 4 que les États membres peuvent opter pour un système d'accès au réseau réglementé « sur la base de tarifs publiés ».
[1317] Article 16 de la directive 96/92 du CE.

régulatrices du marché ou les autorités régulatrices de la concurrence, voire, en dernier ressort, les pouvoirs publics.

Il faut attendre la directive 03/54 du CE pour avoir une indication sur les autorités compétentes pour déterminer le tarif d'utilisation des réseaux. Elle consacre le système de l'accès des tiers aux réseaux qui, « pour le bon fonctionnement de la concurrence, doit être non discriminatoire, transparent, disponible et au *juste prix* »[1318]. Ce juste prix doit être dorénavant garanti par l'intervention du régulateur appelé à « fixer ou approuver au moins la méthodologie utilisée pour calculer ou établir les conditions de connexion et d'accès aux réseaux nationaux ».

La pratique sur le marché électrique a permis de constater l'inefficience du système de l'accès négocié au réseau qui est la source de contentieux importants et est de nature à entraver le développement de la concurrence[1319]. La directive 03/54 du CE en tire les conséquences, elle souligne dans son considérant 15 que le tarif doit être publié « afin de lever l'incertitude et des litiges coûteux et longs ». L'accès réglementé aux réseaux est la seule option à même d'assurer un accès non discriminatoire aux réseaux dans la mesure où la tarification de l'accès aux réseaux est contrôlée par des entités indépendantes des pouvoirs publics. En outre, la directive 96/92 du CE reprise par la directive 03/54 du CE impose, afin de répondre à l'obligation de non-discrimination, que le tarif d'utilisation des réseaux soit identique pour tous les opérateurs ayant les mêmes caractéristiques et exclut ainsi le tarif d'utilisation des réseaux progressifs ou lié aux volumes d'électricité transportés. Un tarif d'utilisation des réseaux transparent et objectif doit aussi permettre aux opérateurs d'identifier avec précision les coûts liés à la gestion du réseau et les coûts mis à leur charge[1320]. Outre les coûts de réseaux stricto sensu, ces coûts comprennent dorénavant les « coûts marginaux évités de long terme grâce à la production distribuée et les mesures de gestion de la demande »[1321].

(2) La loi du 10 février 2000 et le choix d'un accès réglementé aux réseaux

Au fur et à mesure des débats parlementaires relatifs à l'adoption de la loi de transposition de la directive 96/92 du CE, le système de l'acheteur unique, défendu par la France, perdait de son attrait au bénéfice du régime de l'accès des tiers aux réseaux. Le premier avant-projet de loi sur l'électricité disposait déjà que « l'utilisation des réseaux publics de transport et de distribution est rémunérée sur la base de tarifs fixés par les pouvoirs publics dans le cadre de l'ordonnance du 1er décembre 1986 »[1322]. Fidèle à cette position, la loi du 10 février 2000 fait le choix d'un accès réglementé aux réseaux électriques, même si elle n'utilise jamais cette

[1318] Considérant 6 de la directive 03/54 du CE.

[1319] L'autorité de la concurrence allemande (Bundeskartellamt) a conclu à l'inefficience de ce système et aux entraves qu'il introduit dans la réalisation du marché intérieur de l'électricité, Bericht des Bundeskartellamtes, Jahre 2001/2002, Drucksache 15/1226, du 27 juillet 2003, p. 161 ; 14ème rapport de la Commission des monopoles, Concurrence dans les activités de réseaux à travers la régulation, 2001, 8 juillet 2002, p. 45.

[1320] Aux termes de l'article 16 de la directive 96/92 du CE, les systèmes d'accès aux réseaux sont mis en œuvre « conformément à des critères objectifs, transparents et non discriminatoires ».

[1321] Considérant 18 de la directive 03/54 du CE.

[1322] Avant-projet de loi sur la modernisation et le développement du service public de l'électricité du 16 septembre 1998, précité.

dénomination. Le régime de l'accès réglementé aux réseaux ressort de la combinaison des articles 23 et 4 de la loi du 10 février 2000. L'article 23 reconnaît aux opérateurs un « droit d'accès » aux réseaux publics de transport et de distribution d'électricité. Il est mis en œuvre par des « contrats conclus entre les GRT et GRD concernés et les utilisateurs de ces réseaux » sur la base d'un tarif d'utilisation des réseaux fixé par les pouvoirs publics[1323].

Un régime d'accès aux réseaux électriques existait déjà dans le cadre du décret du 20 mai 1955, qui même s'il était très limité permettait à EDF d'« assurer, à la demande du producteur sur les réseaux qu'il exploite, le transport de l'énergie produite dans les installations du producteur »[1324].

Le système de l'accès réglementé aux réseaux repose sur une motivation inédite, à savoir permettre l'introduction de la concurrence sur le marché de l'électricité, et s'exprime dans la reconnaissance à certains opérateurs d'un véritable « droit d'accès aux réseaux ».

(a) Les destinataires du droit d'accès aux réseaux électriques

La reconnaissance législative d'un droit d'accès aux infrastructures essentielles permet à ses bénéficiaires de s'en prévaloir auprès des GRT et GRD pour la mise en œuvre de leurs contrats d'approvisionnement. Ce droit d'accès aux réseaux est un droit de nature civile, matérialisé par la conclusion du contrat d'accès au réseau.

En cas de contestation quant à sa mise en œuvre, les tribunaux civils sont, en principe, compétents en appel. C'est l'autorité de régulation qui est l'autorité compétente en première instance comme le prévoit l'attribution de compétence visée à l'article 38 de la loi du 10 février 2000. La Cour d'Appel de Paris étant compétente en appel[1325]. Certains commentateurs n'hésitent pas à considérer que, même en l'absence d'une consécration législative, un droit d'accès aux réseaux peut être reconnu aux opérateurs en vertu des règles de la concurrence issues du Traité CE et, en particulier, de son article 82[1326].

Le droit d'accès aux infrastructures de réseaux permet aux clients éligibles de mettre en œuvre leurs contrats de fourniture en électricité. Mais il est, parallèlement à cette fonction, attribué à un vaste cercle d'opérateurs déterminés ayant pour tâche d'assurer des missions de service public.

(i) Un droit d'accès aux réseaux pour les clients éligibles

Les principaux bénéficiaires du droit d'accès aux réseaux sont les clients éligibles consommateurs finals ou non d'électricité déterminés par la directive 03/54 du CE et

---

[1323] Article 4 de la loi du 10 février 2000.

[1324] Article 2 du décret n° 55-662 du 20 mai 1955 réglant les rapports entre les établissements visés par les articles 2 et 23 de la loi du 8 avril 1946 et les producteurs autonomes d'énergie électrique, abrogé par l'article 54 de la loi du 10 février 2000.

[1325] Aux termes de l'article 38 de la loi du 10 février 2000, la CRE reçoit une compétence exclusive pour régler les différends entre les gestionnaires et les utilisateurs de réseaux relatifs auxdits réseaux ou à leur utilisation.

[1326] L'article 82 du traité CE condamne les abus de position dominante au titre desquels est compris le refus opposé par un gestionnaire ou propriétaire d'une infrastructure essentielle aux utilisateurs d'accéder à ses infrastructures essentielles. À ce sujet, P.A. Trepte, L. Hancher, « Competition and the international Energy Market », *European Competition Law Review*, 1992/4, p. 149. À ce sujet, voir le paragraphe « les réseaux électriques : des infrastructures essentielles ».

repris à l'article 22 de la loi du 10 février 2000[1327] ; ce sont :
- les consommateurs résidentiels ;
- les distributeurs non nationalisés pour la desserte de l'ensemble de leurs clients ;
- les propriétaires ou les gestionnaires de réseaux ferroviaires ou de réseaux de transports collectifs urbains et
- les fournisseurs exerçant l'activité d'achat pour revente d'électricité[1328].

Le droit d'accès aux réseaux se comprend pour ces utilisateurs comme le prolongement des prérogatives que leur attribue la loi du 10 février 2000 dans le droit de conclure des contrats d'approvisionnement.

(ii) Un droit d'accès pour des opérateurs élus

En réponse aux attentes formulées dans la directive 96/92 du CE, la loi du 10 février 2000 accorde parallèlement un droit d'accès aux réseaux à des opérateurs selon des critères indépendants de la consommation d'électricité ou de leur nature[1329]. Il s'agit des producteurs d'électricité utilisant le charbon indigène et des collectivités locales, le régime des producteurs autorisés ayant quant à lui été abrogé par la loi du 3 janvier 2003 relative au marché du gaz.

(a) Les producteurs d'électricité utilisant le charbon indigène

Parmi les installations de production d'électricité éligibles, celles utilisant le charbon indigène se voient indirectement reconnaître un droit d'accès prioritaire aux réseaux. La directive 96/92 du CE autorise les États membres, aux termes de son article 8 § 4, à accorder la priorité dans l'appel des centrales fonctionnant au charbon dans une proportion ne devant pas dépasser 15 % de la production totale d'énergie sur une année. Cette clause vise à protéger la production d'électricité à partir de charbon indigène et est transposée dans de nombreux États membres où la production d'électricité est encore empreinte de son utilisation[1330].

Cette mesure est intégrée au sein des dispositions relatives à la production d'électricité et non au sein de celles relatives à l'accès aux réseaux, car elle a pour but d'assurer la sécurité des approvisionnements. L'article 10 de la loi du 10 février 2000 attribue un droit d'accès aux réseaux aux installations de production de charbon qui peuvent être « appelées par le service gestionnaire du réseau public de transport » sur ordre du Ministre chargé de l'énergie. Elles bénéficient, en outre, d'un droit d'accès « prioritaire » aux réseaux, cette priorité devant être motivée par des raisons de sécurité d'approvisionnement. Cet accès aux réseaux n'est possible que pour une quantité d'électricité égale à « 10 % de la quantité totale d'énergie primaire nécessaire pour produire l'électricité consommée en France »[1331]. Le droit

---

[1327] Tel que complété par les décrets n° 2000-456 du 29 mai 2000, n° 2003-100 du 5 février 2003 et n° 2004-597 sur l'éligibilité des consommateurs.

[1328] Article 1er du décret n° 2004-597 du 23 juin 2004 relatif à l'éligibilité des consommateurs et article 22 de la loi du 10 février 2000 tel que modifié par la loi du 3 janvier 2003 relative au marché du gaz.

[1329] Articles 20 § 1 et 8 § 4 de la directive 96/92 du CE.

[1330] Il en est ainsi dans la loi allemande du 24 avril 1998 transposant la directive où il est prévu à l'article 4 § 3 (1) une clause de protection du charbon « Braunkohleschutzklausel » permettant la prise en compte des installation de production au charbon, sur la conformité de cette clause avec la directive, Lukes, ET 1999, p. 82, Büdenbender, Energierechts-Reform, Rn. 198.

[1331] Article 10 de la loi du 10 février 2000.

d'accès prioritaire attribué en l'espèce aux producteurs utilisant le charbon n'est pas lié à leur consommation. Elle s'apprécie comme une mesure traduisant le service public de l'électricité pour garantir la sécurité des approvisionnements et, en particulier, la diversification des approvisionnements[1332]. C'est la raison pour laquelle les surcoûts qui découlent de l'obligation qui pèse sur les gestionnaires de réseaux peuvent être compensés dans le cadre de la contribution aux charges du service public visée à l'article 5 de la loi du 10 février 2000.

(b) Les collectivités locales et leurs établissements de coopération

Aux termes de l'article 11 de la loi du 10 février 2000, un droit d'accès aux réseaux était octroyé aux producteurs d'électricité tels que les collectivités locales et leurs établissements publics de coopération intercommunale. Les communes et leurs établissements publics de coopération autorisés à exploiter des installations électriques d'une puissance maximale de 8 000 kVA[1333], ou utilisant des énergies renouvelables de valorisation énergétique de déchets ménagers ou de cogénération, pouvaient accéder aux réseaux pour desservir des consommateurs autres que des clients éligibles[1334]. Les autorités concédantes de la distribution pouvaient aussi être autorisées à exploiter des installations de production d'électricité dites « de proximité » afin d'éviter l'extension ou le renforcement du réseau existant[1335].
Dans cette hypothèse, un droit d'accès aux réseaux de distribution était aménagé pour les productions locales dans le but de désengorger les réseaux qui alimentent ces consommateurs.
L'attribution aux collectivités locales du droit d'accéder aux réseaux publics doit leur permettre d'approvisionner les services publics locaux qu'elles gèrent directement à l'aide de leur production d'électricité. Aux termes de ces dispositions, les collectivités locales productrices d'électricité se retrouvent de la sorte indirectement en concurrence avec EDF et l'ensemble des fournisseurs d'électricité pour assurer la fourniture en électricité des clients captifs, mais aussi des clients éligibles. Cette disposition, vivement critiquée en raison du risque de voir les collectivités locales entrer « dans une concurrence accrue entre elles pour bénéficier d'un accès aux réseaux dans les meilleures conditions et pour une tarification minimale », n'a cependant pas été modifiée par la loi du 3 janvier 2003 relative au marché du gaz[1336]. Au contraire, la loi du 10 février 2000 a quant à elle été modifiée de sorte à renforcer la position des DNN qui peuvent dorénavant exploiter des installations de production d'électricité sans les limitations précédentes. Pour cela, les DNN doivent disposer de la personnalité morale et de l'autonomie financière et

---

[1332] Les articles 8 § 4 de la directive 96/92 du CE et 10 de la loi du 10 février 2000 appliquent l'article 1er de la loi du 10 février 2000 aux termes duquel « le service public de l'électricité a pour objet de garantir l'approvisionnement en électricité ».

[1333] Tel que le prévoit la procédure d'autorisation de l'article 7 de la loi du 10 février 2000.

[1334] Ces entités peuvent, comme le leur permettait déjà la loi de nationalisation, exploiter et aménager ces installations lorsqu'elles sont bénéfiques pour l'environnement et qu'elles se traduisent par une économie d'énergie. Elles peuvent désormais être autorisées à exploiter des installations utilisant des énergies renouvelables, quelle que soit leur puissance, article 11 § I de la loi du 10 février 2000.

[1335] Les collectivités locales autorisées peuvent en confier l'exploitation à EDF ou aux DNN, article 11 § I de la loi du 10 février 2000.

[1336] Débats du Sénat, séance du 7 octobre 1999 relative à l'article 23 du projet de loi sur le service public de l'électricité.

se limiter à desservir des clients dans leur zone de desserte. La loi ne distingue pas entre les dessertes de clients éligibles ou pas.

(iii) Un droit d'accès pour assurer des missions de service public

La prise en charge de missions de service public pour assurer une fourniture de secours aux clients éligibles et aux producteurs qui le demandent et à tout client éligible qui ne trouve pas de fournisseur relève, aux termes de l'article 2 § III de la loi du 10 février 2000, de la compétence d'EDF et des DNN[1337]. Cette mission de service public qui revient aux gestionnaires de réseaux fait peser sur eux une véritable obligation d'accorder l'accès aux réseaux et donc de conclure des contrats d'accès aux réseaux. À cette fin, EDF et les DNN concluent, à la demande des clients éligibles et des producteurs, des contrats de fourniture d'électricité de secours.
Ces offres doivent pallier « les défaillances imprévues de fourniture » et ne doivent pas simplement se contenter de compléter une offre de fourniture d'électricité partielle[1338]. Les DNN ne peuvent conclure ces contrats de secours que dans la mesure où ils disposent des capacités nécessaires et qu'ils facturent cette fourniture de manière à couvrir l'ensemble des coûts qu'elle génère[1339]. Ces fournitures de secours utilisent les réseaux dans les mêmes conditions que toute autre fourniture. Les coûts de réseaux doivent être précisément identifiés dans la facture et similaires à ceux facturés aux autres clients éligibles.

b) L'encadrement du droit d'accès aux réseaux électriques

Le droit d'accès aux réseaux se matérialise, pour les opérateurs qui en bénéficient, par la conclusion d'un contrat d'accès aux réseaux. Il se distingue matériellement du contrat de fourniture en électricité, car il est négocié librement entre les gestionnaires des réseaux de transport et de distribution et les opérateurs autorisés. Cependant le fournisseur peut proposer au client éligible un contrat unique recoupant la fourniture et l'accès aux réseaux.
La directive 96/92 du CE impose seulement aux États membres de permettre aux utilisateurs et aux gestionnaires des réseaux de transport et de distribution de « négocier un accès aux réseaux [...] sur la base d'accords commerciaux volontaires », qu'il s'agisse d'un accès négocié ou réglementé au réseau ou encore du système de l'acheteur unique[1340]. La nature réglementée de l'accès aux réseaux introduit par la loi du 10 février 2000 doit se limiter en principe à la détermination des tarifs d'utilisation des infrastructures de transport et de distribution.
L'article 23 de la loi du 10 février 2000 se contente, en effet, de rappeler que les utilisateurs et les gestionnaires des réseaux de transport et de distribution concluent des contrats d'accès aux réseaux sans apporter plus de précisions. La pratique va

[1337] Article 2 § III de la loi du 10 février 2000.
[1338] Article 2 § III-2°) de la loi du 10 février 2000.
[1339] Les contrats conclus par EDF et les DNN doivent, en outre, tenir compte dans leurs conditions financières des coûts liés à la faible utilisation des installations de production mobilisées en l'espèce, article 2 § III-3°) de la loi du 10 février 2000.
[1340] Article 17 § 1 de la directive du CE 92/96 relatif à l'accès négocié au réseau ; article 18 § 1 iv) de la directive du CE 92/96, relatif au système de l'acheteur unique.

combler ce vide et une vaste constellation de relations contractuelles concrétisant le droit d'accès aux réseaux des opérateurs va être mise en place. La loi du 10 février 2000, qui renvoie aux parties le soin de régler entre elles les modalités de l'accès aux réseaux, prévoit toutefois des imposés et contrôle leur élaboration. Les formes contractuelles qui en sont issues entendent garantir la transparence de l'accès aux réseaux.

(1) Le principe : la liberté contractuelle

La liberté pour les opérateurs de conclure des contrats d'accès aux réseaux électriques repose, d'une part, sur la capacité des parties à négocier directement leurs contrats d'accès aux réseaux et, d'autre part, sur la liberté dans la rédaction des clauses. Mais on notera que cette liberté n'est pas une constante dans un régime d'accès des tiers aux réseaux.

Ainsi, dans le secteur ferroviaire, le droit d'accéder aux réseaux est soumis à des formalités préalables.

Les opérateurs souhaitant accéder aux réseaux ferroviaires doivent par exemple être titulaires d'une « licence d'entreprise ferroviaire ainsi que d'un certificat de sécurité »[1341], tous deux délivrés par le Ministre des transports.

(a) Les parties à la négociation

Aux termes de l'article 23 de la loi du 10 février 2000, l'accès aux réseaux électriques implique une négociation individuelle entre les clients éligibles ou autorisés à accéder aux réseaux, le gestionnaire du réseau de transport et, si nécessaire, le ou les GRD concernés en fonction du territoire à desservir[1342].

Les négociations relatives à l'utilisation du réseau de transport sont facilitées par le fait que la gestion du réseau de transport est centralisée autour d'un seul intervenant. Le service responsable de l'accès aux réseaux au sein du GRT est celui de la « division du système électrique » intégré au sein du RTE. En revanche, en ce qui concerne les GRD, le régime est différent, car les intervenants sont nombreux et divers suivant que l'on est confronté aux DNN ou à EDF-Distribution. La séparation juridique imposée dorénavant par la directive 03/54 du CE permettra d'identifier plus facilement l'intervenant responsable de l'accès aux réseaux, surtout lorsque le distributeur est également producteur d'électricité.

L'accès aux réseaux de distribution géré par EDF est facilité par la gestion centralisée des activités de distribution d'électricité. Il est assurée par un seul service, celui de l'« accès au réseau de distribution » (ARD) créé au sein d'EDF-GDF services. Il centralise l'ensemble des demandes d'accès aux réseaux de distribution dont EDF est concessionnaire sur l'ensemble du territoire national.

En revanche, les DNN n'étant à l'origine pas contraints de créer un service distinct au sein de leurs structures, c'est le plus souvent un service interne non dissocié qui gère l'accès aux réseaux.

Parallèlement à l'intervention des clients éligibles et des gestionnaires de réseaux, la

[1341] Articles 5 à 9 du décret n° 2003-194 du 7 mars 2003, précité.

[1342] La directive 96/92 du CE distingue le cas où le client éligible est raccordé au réseau de distribution dans lequel la négociation doit être engagée avec le GRD ou avec le GRT si ce dernier est concerné, article 17 § 2.

CRE a permis l'intervention d'un tiers dans la conclusion du contrat d'accès aux réseaux électriques. En effet, dans le but de faciliter les modalités de traitement des écarts de consommation qui pénalisent les opérateurs envisageant de changer de fournisseurs, la CRE a soutenu l'intervention d'un « responsable d'équilibre »[1343].
Il est un intermédiaire entre les gestionnaires de réseaux de transport et de distribution et les utilisateurs des réseaux. Le responsable d'équilibre qui mutualise les écarts individuels de production et de consommation des utilisateurs doit en minimiser le coût[1344]. Il garantit auprès du GRT le règlement financier des écarts de consommation pour l'ensemble des consommateurs et des fournisseurs qui l'ont choisi. Il prend ainsi en charge les risques liés aux ajustements que le GRT doit effectuer pour compenser les écarts entre les programmes d'approvisionnement et les programmes de consommation des utilisateurs.
C'est aux utilisateurs du réseau qu'il revient de choisir le responsable d'équilibre qui les représentera dans la mise en œuvre de l'accès aux réseaux. Ce responsable d'équilibre peut être un fournisseur d'électricité national ou installé en dehors du territoire national, un consommateur (le site d'un groupe ou une entreprise désignée par un groupe d'entreprises) ou encore un tiers (une banque ou un courtier)[1345].
La mise en place d'un responsable d'équilibre dans le système électrique n'est pas directement visée dans la loi du 10 février 2000, alors que l'activité dont il est chargé, à savoir l'ajustement entre les programmes d'approvisionnement et de consommation des utilisateurs, est directement visée à l'article 15 § II de la loi du 10 février 2000. Pour la CRE, la création d'un responsable d'équilibre constitue « une modalité d'application de l'article 15 de la loi du 10 février 2000 »[1346]. Il est donc indirectement prévu par les dispositions légales que la CRE se contente d'interpréter ou de préciser[1347].
La loi du 3 janvier 2003 relative au marché du gaz reconnaît également la possibilité aux DNN d'intervenir comme intermédiaires entre les parties au contrat d'accès aux réseaux. Elle introduit une disposition aux termes de laquelle le contrat d'accès aux réseaux de distribution peut être conclu directement par le DNN avec le fournisseur d'électricité, sans la nécessaire intervention du client éligible desservi. Ce dernier, expose-t-elle explicitement, n'est pas « tenu de conclure lui-même un contrat d'accès aux réseaux pour ce site »[1348]. En cas de doute relatif à la qualité des signataires du contrat d'accès aux réseaux, la CRE peut être saisie en vertu de

---

[1343] Communication de la CRE du 14 novembre 2000 selon laquelle elle est autorisée, aux termes de l'article 37, à préciser les dispositions légales et réglementaires relatives à l'ajustement des programmes d'appel et d'approvisionnement.
[1344] Appelé « foisonnement des écarts », communication de la CRE du 14 novembre 2000 sur la première version du contrat de « responsable d'équilibre ».
[1345] Communication de la CRE du 16 novembre 2000 annonçant de nouvelles mesures pour faciliter l'accès au réseau de transport.
[1346] Communiqué de la CRE du 14 novembre 2000 sur la première version du contrat de « responsable d'équilibre ».
[1347] Aux termes de l'article 23 de la loi du 10 février 2000, les contrats sont « conclus » entre les utilisateurs et les gestionnaires de réseaux selon le guide pratique du client éligible édité par la CRE qui prévoit que le client peut « mandater un de ses fournisseurs, un courtier ou tout autre acteur » pour l'assister dans la réalisation de ce contrat, version n° 1 du 22 décembre 2000.
[1348] Article 23 de la loi du 10 février 2000 tel que modifié par l'article 52 de la loi du 3 janvier 2003 relative au marché du gaz.

l'article 38 afin de déterminer si la qualité du signataire est conforme aux dispositions légales et réglementaires sur l'éligibilité. En cas de difficultés ou de doute, la CRE considère qu'elle ne peut toutefois pas se « substituer » au GRT qui le lui demandait, pour désigner les parties signataires du contrat d'accès aux réseaux, cette tâche lui revient naturellement aux termes de l'article 23 de la loi du 10 février 2000[1349].

(b) Les clauses négociables

La loi du 10 février 2000 distinguait entre les contrats conclus entre les utilisateurs et les gestionnaires des réseaux suivant qu'ils appartenaient à la même personne morale ou non. Si les parties n'appartenaient pas à la même personne morale, le contenu des clauses contractuelles était librement négocié entre elles. En revanche, si l'utilisateur était intégré dans la même personne morale que le GRT ou le GRD, la loi du 10 février 2000 imposait que des « protocoles d'accès aux réseaux », et non des contrats d'accès aux réseaux, déterminent les conditions d'utilisation des réseaux[1350]. La séparation juridique du gestionnaire de réseau de transport fait disparaître la pertinence des protocoles d'accès aux réseaux, considérant que l'article 5 de la loi du 9 août 2004 dispose que la gestion du réseau de transport est assurée par une « personne morale distincte » de celle qui assure la production ou la fourniture d'électricité.

La question s'est posée avant la séparation juridique de savoir quelle était la nature juridique des contrats d'accès aux réseaux. Ces relations contractuelles sont des contrats de droit privé, même lorsqu'ils étaient conclus entre un EPIC, à savoir le GRT appartenant à EDF, et l'usager du service public de l'électricité, à savoir le client éligible. Cette solution ressort d'une jurisprudence constante du CE et, en particulier, de son arrêt de principe « Campanon-Rey », qui dispose que « les rapports entre le SPIC et ses usagers sont des rapports de droit privé, qu'il n'appartient dès lors qu'à l'autorité judiciaire de connaître des litiges auxquels ils peuvent donner lieu, *quelles que soient d'ailleurs les clauses insérées* par le service dans les contrats passés par les intéressés »[1351]. Le CE confirme dans un arrêt du 14 novembre 1964 cette appréciation et dispose alors que « la liberté de contracter ou de ne pas contracter est au nombre des principes essentiels qui régissent les contrats de droit privé »[1352]. Or les clients éligibles sont libres de conclure des contrats d'accès aux réseaux dès qu'ils entendent mettre en œuvre leurs contrats de fourniture en électricité, dans la mesure où ils respectent le principe de l'autonomie de la volonté propre au droit privé des contrats.

Cette solution n'était pas exempte de critiques. Certains plaidaient pour la reconnaissance de la qualification publique du contrat en raison du caractère exorbitant du régime juridique auquel il est soumis sur la base de l'arrêt du CE « Société d'exploitation électrique de la rivière du Sant » du 19 janvier 1973[1353].

[1349] Décision de la CRE du 23 juin 2004 concernant un différend opposant le RTE à la SNCF et au Réseau Ferré de France.

[1350] Ces protocoles règlent essentiellement les rapports entre le GRT et EDF, et entre les GRD et les DNN.

[1351] Arrêt du CE « Campanon-Rey » du 13 octobre 1961, rec.p. 567.

[1352] Arrêt du CE « Sté agricole de stockage de la région d'Ablis », rec.p. 866.

[1353] Rec.p. 48 ; G. Chavrier, « Électricité », fascicule n° 154, *Jurisclasseur*, 2002, p. 20.

Dans cet arrêt, le CE conclut que les contrats d'achat d'électricité entre EDF et les producteurs autonomes d'électricité, dans le cadre du décret de 1955, sont des contrats administratifs parce qu'ils sont soumis à un régime « exorbitant du droit commun ». Dans le cadre des contrats d'accès aux réseaux, le principe d'autonomie de la volonté est aussi parfois malmené, car les obligations pesant sur le GRT de conclure des contrats d'accès aux réseaux selon un tarif d'utilisation des réseaux prédéterminé s'entendent comme des clauses exorbitantes du droit commun et appelant la qualification administrative. Le GRT se trouverait dans la loi du 10 février 2000 et ses dispositions réglementaires « sans liberté contractuelle »[1354].
Il importe pourtant de rappeler que l'obligation de contracter imposée au GRT est issue de la directive 96/92 du CE et se présente comme une mesure de protection pour les clients éligibles face aux restrictions ou refus que peut leur opposer l'opérateur public. Si cette éventualité se réalisait, elle aurait pour conséquence de laisser le client sans alternatives pour mettre en œuvre ses contrats de fourniture en électricité.
Elle aurait surtout l'effet inverse de celui souhaité par la directive qui est d'achever le marché intérieur de l'électricité sans démanteler les monopoles de transport et de distribution. Par ailleurs, la nature privée du contrat d'accès aux réseaux ressort de son objet, celui de satisfaire des intérêts privés. Les dispositions qu'il contient n'ont pas pour but de mettre en œuvre le « service public de l'électricité », mais avant tout des contrats commerciaux d'achat d'électricité.
Ainsi, les conditions d'accès aux réseaux librement négociables entre les parties sont relatives aux conditions techniques et commerciales de l'accès aux réseaux.
Les dispositions techniques visent la définition des points d'injection et des points de soutirage, la puissance et la tension de raccordement, la détermination des installations du consommateur, ainsi que les mesures et le contrôle de l'énergie et de la puissance[1355]. En revanche, les clauses commerciales renvoient aux déclarations journalières des fournitures fermes soutirées par le consommateur et aux services proposés par le gestionnaire de réseaux relatifs à la qualité, la continuité et la sécurité de l'acheminement de la fourniture[1356].
Enfin, parmi les éléments qu'il revient aux parties de négocier se trouvent les mesures relatives à la gestion des frais d'exploitation, d'entretien et de renouvellement d'ouvrages, qui apparaissent souvent à travers une prime fixe ou complémentaire au tarif d'utilisation des réseaux. A cet égard, il importe de préciser qu'aux termes des décisions de la CRE rendues le 14 avril 2005, considérant qu'EDF ne dispose pas d'un monopole légal de l'entretien des compteurs, la facturation des prestations d'entretien des compteurs électriques doit être négociée entre les parties. EDF ne saurait en l'espèce imposer aux parties des prestations

[1354] V. Faure-Tronchet, « Le problème de la qualification des contrats d'accès aux réseaux passés par EDF », *DA*, juin 2001, p. 4.
[1355] Les parties doivent s'entendre sur les instruments de mesure des flux électriques et sur l'accès à ces appareils dont la gestion permet au consommateur de connaître précisément ses consommations et ses écarts de consommation.
[1356] L'assurance de la qualité de la fourniture est un service que le gestionnaire de réseau doit déterminer. Les gestionnaires de réseaux doivent tenir compte des perturbations qui affectent la qualité de la continuité de la desserte et déterminer une « performance standard » du réseau. Sur cette base, il est possible aux gestionnaires de réseaux de négocier avec les utilisateurs des engagements réciproques.

d'entretien sans leur accord exprès[1357]. Les mesures relatives à la facturation des dépassements de la puissance souscrite par l'utilisateur, ses modalités de paiement et la gestion financière du règlement des écarts peuvent également être librement négociés entre le gestionnaire du réseau et le client éligible[1358].

(2) L'exception : la supervision des dispositions contractuelles

Le principe de l'autonomie de la volonté dans la conclusion des contrats d'accès aux réseaux est limité par la loi du 10 février 2000 qui prévoit l'intervention des pouvoirs publics pour encadrer ces relations contractuelles. Son article 23 dispose qu'un décret en Conseil d'État peut préciser les modalités d'application des contrats et protocoles d'accès aux réseaux et, plus précisément, les « procédures d'établissement » des contrats d'accès aux réseaux. Outre l'éventuelle supervision des pouvoirs publics, la CRE exerce, quant à elle, en tant que destinataire de ces contrats, un strict contrôle sur leur contenu.
Enfin, sur la base de ces dispositions, le GRT a mis en place, au profit des opérateurs et sous le contrôle de la CRE, des contrats types d'accès aux réseaux afin de répondre au précepte de transparence de l'accès aux réseaux.

(a) Le contrôle a priori des clauses contractuelles

L'article 23 de la loi du 10 février 2000 attribue une compétence d'intervention aux pouvoirs publics afin de définir la procédure d'établissement des contrats et protocoles d'accès aux réseaux. Un décret d'application est appelé à en préciser le contenu dont l'opportunité est appréciée par les pouvoirs publics. Aux termes de cette disposition, les pouvoirs publics doivent se limiter à préciser la procédure d'établissement des contrats et protocoles. Le décret ne pourra donc définir que les grandes lignes directrices relatives à la forme des contrats, mais ne saurait concerner le contenu des dispositions contractuelles sans aller à l'encontre de la directive 96/92 du CE qui n'exclut de la négociation que la détermination du tarif d'utilisation des réseaux. Si la directive 96/92 du CE n'exclut pas l'intervention des pouvoirs publics pour préciser les contours des contrats d'accès aux réseaux, elle impose toutefois que les critères relatifs soient « objectifs, transparents et non discriminatoires »[1359].
Une autre limite à la liberté des parties dans la négociation des clauses d'accès aux réseaux ressort de l'article 23 qui prévoit l'intervention de la CRE dans la procédure de conclusion de ces contrats. En effet, il impose aux parties de communiquer à la CRE les contrats d'accès aux réseaux conclus, sans spécifier toutefois la nature du contrôle qu'elle doit exercer à leur égard, ni les conséquences qu'elle doit tirer de clauses qu'elle estimerait contraires à la directive 96/92 du CE et à la loi du 10 février 2000. L'article 40 de la loi du 10 février 2000 confie, par ailleurs, à la CRE le contrôle des manquements des opérateurs aux dispositions légales relatives à l'accès aux réseaux. Par conséquent, la CRE est en mesure de proposer aux parties les modifications nécessaires à apporter aux contrats d'accès aux réseaux, voire d'en

[1357] Voir les 3 décisions de la CRE du 14 avril 2005 se prononçant sur un différend relatif à la facturation des frais d'entretien de compteurs d'électricité.
[1358] Les parties conviennent alors des frais de raccordement, de la fourniture réactive consommée et des redevances annuelles de location des appareils de mesure.
[1359] Article 16 de la directive 96/92 du CE.

suspendre la mise en œuvre. Cette compétence est confirmée par l'article 37 de la loi du 10 février 2000, en vertu duquel la CRE précise les conditions d'accès aux réseaux et leur utilisation dans une décision[1360]. Dès l'entrée en vigueur de la loi du 10 février 2000, la CRE a clairement manifesté son intention d'user de son pouvoir réglementaire « pour clarifier les difficultés qui pourraient résulter de la mise en œuvre de l'article 23 » et préciser les règles applicables à la conclusion des contrats et protocoles[1361]. Elle a, dans le cadre de ses compétences, étroitement collaboré à la mise en place de contrats types d'accès aux réseaux élaborés par le GRT, en le contraignant à apporter les modifications nécessaires à l'assurance d'un accès non discriminatoire et équitable pour les opérateurs. Elle lui demande par exemple d'assurer dans le contrat d'accès aux réseaux de transport[1362] et dans les contrats d'accès aux réseaux de distribution[1363] :

- l'accès aux données de comptage comme un droit des utilisateurs considérant qu'ils sont propriétaires de ces données[1364] (ce droit d'accès aux données de comptage doit être inscrit dans le contrat, ainsi que le maintien de l'accès par télé-relève aux données[1365].) ;
- un niveau de qualité des réseaux similaire à la qualité prévue dans les contrats dits « Émeraude »[1366] ainsi que de prévoir une offre modulaire et
- le contrôle des engagements et de la responsabilité des gestionnaires de réseaux afin que le gestionnaire s'engage non seulement pour les travaux réalisés, mais aussi pour la qualité de l'ensemble des services proposés dans le cadre de l'accès aux réseaux[1367].

Les contrats d'accès aux réseaux de transport et de distribution (dits contrats CART et CARD) mis en place par le GRT et les GRD sont entrés en vigueur le 1er novembre 2002 en même temps que les tarifs d'utilisation des réseaux. Ils garantissent, selon la CRE, « un droit d'accès non discriminatoire aux réseaux » après l'intégration des aménagements proposés[1368]. La CRE en contrôle surtout

---

[1360] Article 37 § 3° de la loi du 10 février 2000. En outre, la CRE est obligatoirement consultée sur les projets de décrets relatifs à l'accès aux réseaux et à leur utilisation en vertu de l'article 31 de la loi.

[1361] Communication de la CRE du 18 mai 2000 sur « l'ouverture du marché français de l'électricité ».

[1362] Contrat d'accès au réseau de transport, ci-après « CART », et contrat d'accès aux réseaux de distribution, ci-après « CARD », remplaçant les contrats de mise à disposition d'électricité dits « MADE », consultables sous : http://www.rte-france.com/htm/fr/offre/offre_acces_comment.htm

[1363] Note de consultation de la CRE relative aux « contrats d'accès aux réseaux de transport et de distribution » du 7 juin 2002, confirmée dans sa communication du 24 octobre 2002 sur les nouveaux contrats d'accès aux réseaux.

[1364] Communication de la CRE du 5 juillet 2001.

[1365] Les points 4.1.2 et 4.3.2 du CART ont intégralement intégré ces mesures. Ils disposent que « tous les composants concourant à la mesure [...] sont la propriété du client » et que les « données de comptages appartiennent au client », conditions générales du CART, version du 6 septembre 2002, p. 9.

[1366] Les contrats « Émeraude » sont des contrats souscrits entre EDF et de gros consommateurs dans lesquels EDF s'engage à fournir une qualité et une continuité dans l'alimentation en électricité supérieures aux autres fournitures, moyennant une prise en charge des clients. Pour le détail des obligations contenues dans ces contrats : www.edf.fr

[1367] Communication de la CRE du 24 octobre 2002 sur les nouveaux contrats d'accès aux réseaux.

[1368] Communication de la CRE du 24 octobre 2002. L'adéquation des contrats d'accès aux réseaux aux résolutions de la CRE est assurée, considérant qu'ils intègrent de nouvelles mesures contenant l'obligation de transmission des données de comptage, précisant la qualité des réseaux et le régime de responsabilité des gestionnaires.

l'application, ce qui la conduit à contraindre un utilisateur à conclure un contrat d'accès aux réseaux dès lors que celui-ci ne peut avancer un motif légitime de refus. Dans une décision opposant le GRT à la société Cerestar relativement à un contrat d'accès aux réseaux, la CRE impose à la société Cerestar de conclure un contrat d'accès aux réseaux considérant que le refus de signer opposé par elle intervient « sans justification valable ». La société Cerestar se trouve, selon elle, dans une « situation irrégulière au regard des dispositions de l'article 23 », car l'accès aux réseaux ne peut être attribué qu'après conclusion d'un contrat d'accès. Le refus de conclure peut avoir une conséquence néfaste pour l'utilisateur, car le GRT est fondé dans ce cas à suspendre l'accès aux réseaux[1369]. La CRE souligne que cette conséquence peut être mise en œuvre sans son intervention et être décidée par le GRT directement. Enfin, la mesure la plus à même de contredire le principe de la libre détermination par les parties des conditions d'accès aux réseaux est celle relative au tarif d'utilisation des réseaux. En faisant le choix d'un accès réglementé aux réseaux, la loi du 10 février 2000 soustrait aux parties la négociation du tarif d'utilisation des infrastructures et en attribue la compétence à la CRE et aux pouvoirs publics.

Pendant la période transitoire, le tarif d'utilisation des réseaux n'était pas fixé par les pouvoirs publics, mais par les gestionnaires de réseaux sous le contrôle de la CRE[1370]. Or l'approbation par la CRE du tarif d'utilisation des réseaux ne permettait pas aux utilisateurs d'en contester utilement la légitimité, car le tarif d'utilisation des réseaux, comme le rappelle la CRE, « n'avait pas, dans ces conditions, à faire l'objet de négociation »[1371], l'accès aux réseaux étant réglementé.

La garantie du droit d'accès aux réseaux est, certes, mise en œuvre par les gestionnaires de réseaux, mais elle est consolidée par l'intervention combinée des pouvoirs publics et de la CRE qui tracent le cadre des conditions d'accès aux réseaux. Cette collaboration introduite par la loi du 10 février 2000 réduit, selon les termes de la CRE, « la part du pouvoir discrétionnaire des gestionnaires dans la négociation des contrats »[1372] qui constitue « un obstacle à l'achèvement d'un marché intérieur tout à fait opérationnel et compétitif »[1373].

(b) Les formes contractuelles d'accès aux réseaux

Les contrats « types » d'accès aux réseaux ont été mis en place par les gestionnaires de réseaux et présentent l'avantage de garantir à tous les opérateurs les mêmes conditions commerciales et techniques d'accès aux réseaux. Les dispositions qu'ils contiennent peuvent être rapprochées des anciens contrats intégrés entre EDF et les

1369 Décision de la CRE du 25 mai 2004 opposant le RTE à la société Cerestar concernant un différend relatif à la tarification de l'accès au réseau de transport et à la signature d'un contrat d'accès au réseau.

1370 Le prix de l'acheminement devant être conforme aux principes tarifaires visés à l'article 4 de la loi du 10 février 2000 et dans le décret du 26 avril 2001 relatif aux principes tarifaires relatifs à l'utilisation des réseaux.

1371 Décision de la CRE du 4 juin 2004 concernant un différend opposant la Société Clariant Huningue à la SAEML Hunélec relatif aux conditions financières d'acheminement de l'énergie dans laquelle elle signale que la « transmission à l'autorité administrative [de son barème provisoire] a constitué une publicité suffisante de nature à rendre le barème en cause opposable à la Société concernée ».

1372 Communication de la CRE du 14 octobre 2002, précitée.

1373 Point 5 de la directive 03/54 du CE.

producteurs autonomes[1374], à la différence que les contrats types d'accès aux réseaux sont régulièrement adaptés aux demandes des opérateurs dans le cadre des consultations publiques organisées par la CRE[1375]. Ainsi, le premier contrat type d'accès aux réseaux élaboré par le gestionnaire de réseaux appelé « contrat de mise à disposition d'électricité » a été adopté peu après l'entrée en vigueur de la loi du 10 février 2000 et reposait sur le barème provisoire d'accès aux réseaux fixé par les gestionnaires de réseaux. Il sera profondément remodelé pour répondre aux aménagements inspirés par la CRE qui entend redéfinir « les clauses contractuelles ouvertes à la négociation de ces modèles de contrats »[1376]. Ces modifications ont été motivées par l'introduction du tarif d'accès aux réseaux, l'abaissement du seuil d'éligibilité et par l'obligation pesant sur les gestionnaires de réseaux d'assurer un accès aux réseaux transparent et non discriminatoire[1377]. Trois formes contractuelles principales d'accès aux réseaux sont finalement adoptées afin de faciliter l'accès aux réseaux, l'une précisant les conditions de raccordement des producteurs aux réseaux publics et les deux autres précisant les conditions d'accès aux réseaux de transport et de distribution d'électricité. Enfin, si la mise en place du régime contractuel de l'accès aux réseaux à l'intérieur des frontières nationales n'a présenté que peu de difficultés de mise en forme, l'accès aux interconnexions repose, quant à lui, sur l'innovation dont font preuve les gestionnaires de réseaux afin de garantir l'accès aux interconnexions des importations et des exportations d'électricité.

(i) Les contrats de raccordement aux réseaux publics

Le raccordement des installations de production d'électricité aux réseaux publics de transport et de distribution d'électricité est une forme d'accès aux réseaux dont les conditions sont négociées par les gestionnaires de réseaux et les producteurs concernés. Aux termes de la directive 96/92 du CE, les États membres adoptent les mesures nécessaires afin de permettre aux producteurs indépendants et aux auto-producteurs d'accéder aux réseaux électriques[1378]. À ce titre, ils élaborent et publient les prescriptions techniques minimales de conception et de fonctionnement pour le raccordement aux réseaux électriques des installations de production[1379].

La mise en œuvre du raccordement aux réseaux électriques des installations de production est, aux termes des articles 14 et 18 de la loi du 10 février 2000, la responsabilité du GRT pour le réseau de transport et la responsabilité des GRD pour les réseaux de distribution. Des décrets d'application, ainsi que des arrêtés ministériels, précisent les prescriptions techniques auxquelles doivent répondre les installations de production pour être raccordées aux réseaux de distribution et de

[1374] Des contrats d'accès aux réseaux ont été, par exemple, conclus entre EDF et les producteurs d'électricité autonomes sur la base du décret n° 55-662 du 20 mai 1955 réglant les rapports entre les établissements visés par les articles 2 et 23 de la loi du 8 avril 1946 et les producteurs autonomes d'énergie électrique.

[1375] La dernière consultation publique de la CRE est intervenue dans le cadre d'une note de consultation émise le 7 juin 2002 visant à modifier les contrats MADE.

[1376] Note de consultation de la CRE sur les contrats d'accès aux réseaux de transport et de distribution (MADE) du 7 juin 2002.

[1377] Article 16 de la directive 96/92 du CE et 23 de la loi du 10 février 2000.

[1378] Article 20 § 1 de la directive 96/92 du CE.

[1379] Les exigences ainsi dégagées doivent assurer l'interopérabilité des réseaux, être objectives et non discriminatoires avant d'être notifiées à la Commission, article 7 § 2 de la directive 96/92 du CE.

transport[1380]. Mais le respect par les producteurs des prescriptions fixées par décret ne résout pas, loin de là, les difficultés techniques rencontrées par les producteurs dans le cadre de leur raccordement. L'ouverture de la production d'électricité à la concurrence a entraîné une saturation des capacités d'accueil des installations de production sur les réseaux, cette saturation est liée au nombre croissant de demandes de raccordement des installations de production aux réseaux publics.
La loi du 10 février 2000, qui impose au GRT et aux GRD de garantir aux producteurs un accès aux réseaux publics dans le cadre du raccordement[1381], permet toutefois de limiter la responsabilité des gestionnaires de réseaux lorsque des « contraintes intrinsèques aux réseaux » telles que les limites de capacité le justifient. Tout en limitant la responsabilité des gestionnaires de réseaux, la loi du 10 février 2000 et ses décrets d'application n'apportent toutefois pas de réponse à la question de l'attribution des capacités pour le raccordement des producteurs.
Dans le silence de la loi, le GRT, en collaboration avec la CRE et les syndicats professionnels des professions électriques, a mis en place un système de « traitement des demandes de raccordement des installations de production décentralisées »[1382] afin de garantir « l'efficience de l'accès aux réseaux » par raccordement des producteurs. Ce dispositif prévoit un système de files d'attente géré en commun par les services d'accès aux réseaux de distribution des centres EDF-GDF services et les unités régionales du GRT[1383]. En fonction de ce système, le GRT ou le GRD, qui reçoit du producteur la demande de raccordement, l'inscrit sur une liste des demandes de raccordement chronologique.
Considérant que les conditions du raccordement de l'installation peuvent faire apparaître de nouvelles contraintes sur les réseaux ou aggraver celles existantes, les contraintes sont inventoriées et l'ensemble des demandes associées à une même contrainte constituent une file d'attente. Le positionnement dans la file d'attente et le partage de la capacité d'accueil sur les réseaux sont alors attribués selon le principe du premier arrivé-premier servi. Outre le problème de l'attribution des capacités, celui du raccordement en lui-même n'est organisé ni dans la loi du 10 février 2000, ni dans ses décrets d'application.
La responsabilité du GRT, aux termes de l'article 14 de la loi du 10 février 2000 en matière de raccordement des installations de production, lui impose de gérer cette contrainte et, en particulier, de mettre en place un régime permettant le raccordement aux réseaux des installations de production décentralisées de tension

---

[1380] Décret n° 2003-229 du 13 mars 2003 relatif aux prescriptions techniques générales de conception et de fonctionnement auxquelles doivent satisfaire les installations en vue de leur raccordement aux réseaux publics de distribution, JO n° 64 du 16 mars 2003, p. 4589 ; Pour le raccordement au réseau de transport, décret 2003-588 du 27 juin 2003, JO L-151 du 2 juillet 2003, p. 11110.

[1381] Articles 14 et 18 de la loi du 10 février 2000 précisés par le décret n° 2003-229 du 13 mars 2003 pour les réseaux de distribution.

[1382] Voir le dossier complet de la procédure de traitement des demandes de raccordement sous : www.rte-france.comhtm/offre/offre_raccord_prod.htm

[1383] Le GRT est divisé en 7 centres : à savoir, les systèmes électriques Nord-Est, Ouest, Sud-Ouest, Sud-Est, Rhône-Alpes-Auvergne, Normandie-Paris et Est. Il gère le raccordement des installations de puissance supérieure ou égale à 10 MW alors que les GRD d'EDF gèrent le raccordement des installations de puissance inférieure à 10 MW et sont au nombre de 8 : ce sont les ARD Manche-Mer du Nord, Ouest, Ile de France, Sud-Ouest, Est, Sud-Est, Méditerranée et Centre, voir le dossier mis en ligne par le RTE : www.rte-france.comhtm/offre/offre_raccord_prod.htm

inférieure à 100 kV. Afin de pallier à ce vide juridique, le gestionnaire de réseau procède en pratique au raccordement par la conclusion entre lui et le producteur de plusieurs contrats développés par le GRT et approuvés par la CRE[1384].
Les clauses contenues dans ces formes contractuelles ont été reprises dans le décret et l'arrêté relatifs au raccordement des installations de production au réseau de transport et de distribution[1385].
Dorénavant, les opérateurs doivent conclure deux contrats :

- une convention de raccordement[1386] et
- une convention d'exploitation[1387].

Ces contrats déterminent les conditions techniques et financières du raccordement.
Les incertitudes relatives au régime du raccordement et la participation financière du producteur au raccordement aux réseaux sont en partie levées par l'article 63 de la loi du 13 juillet 2005 qui introduit un article 23-1 au sein de la loi du 10 février 2000. Au terme de cet article, le raccordement d'un utilisateur comprend la création d'ouvrages d'extension, d'ouvrages de branchement en basse tension et si nécessaire le renforcement de réseaux existants. Les ouvrages de raccordement appartiennent en outre aux réseaux de transport et de distribution. Les coûts d'extension du réseau sont, en partie, couverts par les tarifs d'utilisation des réseaux. Lorsque ce n'est pas le cas, cette part peut être couverte par une contribution versée au maître d'ouvrage des travaux d'extension.
Cette contribution qui est due par le demandeur du raccordement est proposée par la CRE et arrêtée par les Ministres chargés de l'économie et de l'énergie[1388].
Enfin, sous réserve de l'accord du maître d'ouvrage, en ce qui concerne l'entreprise chargée d'effectuer le renforcement, le demandeur du raccordement peut prendre en charge l'ensemble des frais de raccordement.
Les précisions apportées par la loi doivent dorénavant être transposées dans les contrats types de raccordement aux réseaux.
Elles ne lèvent certes pas toutes les difficultés techniques de mise en œuvre du raccordement, mais elles permettent aux producteurs de bénéficier d'une « garantie » renforcée d'accès aux réseaux, contenue dorénavant dans la loi.

1384 Avis de la CRE du 6 juin 2002.

1385 Décret n° 2003-229 du 13 mars 2003 relatif aux prescriptions techniques générales de conception et de fonctionnement auxquelles doivent satisfaire les installations en vue de leur raccordement aux réseaux publics de distribution, JO n° 64 du 16 mars 2003, p. 4589 ; Arrêté du 17 mars 2003 relatif aux prescriptions techniques de conception et de fonctionnement pour le raccordement à un réseau public de distribution d'une installation de production d'énergie électrique.

1386 La convention de raccordement au réseau de distribution est « le document contractuel liant, le cas échéant, l'utilisateur au gestionnaire du réseau public de distribution. Elle précise les modalités techniques, juridiques et financières du raccordement », définition contenue dans le décret n° 2003-229 du 13 mars 2003, précité.

1387 La convention d'exploitation est « le document contractuel liant, le cas échéant, l'utilisateur au gestionnaire du réseau public de distribution. Elle précise, en particulier, les règles nécessaires pour permettre l'exploitation de l'installation de l'utilisateur en cohérence avec les règles d'exploitation du réseau électrique », décret n° 2003-229 du 13 mars 2003, précité.

1388 Des règles spécifiques sont prévues pour les raccordements aux réseaux de distribution, voir l'article 18 de la loi du 10 février 2000 modifié par l'article 61 de la loi du 13 juillet 2005.

(ii) Les contrats d'accès aux réseaux des clients éligibles

Dans l'attente de l'adoption de la loi de transposition, le GRT avait mis en place un contrat d'accès aux réseaux à l'intention des clients devenus automatiquement éligibles avec l'entrée en vigueur de la directive 96/92 du CE[1389]. Le contrat type d'accès aux réseaux initial, dit contrat « MADE », fut développé par le GRT pour permettre l'accès aux réseaux des opérateurs. Il a servi de modèle dans un système sans références. Après un retour d'expérience, renforcé par la collaboration des opérateurs et du régulateur, le contrat de mise à disposition d'énergie électrique devient le contrat type d'accès au réseau de transport ou de distribution.

(a) Le contrat MADE

Afin d'assurer la transparence de l'accès aux réseaux et permettre aux clients éligibles de faire jouer leur éligibilité, le GRT avait proposé aux opérateurs une forme contractuelle type d'accès aux réseaux. La non-discrimination et l'équité de ces dispositions ont été contrôlées par la CRE. Elle s'est fixée pour double mission de regrouper les mesures techniques et commerciales imposées par les dispositions légales et d'orienter celles laissées à la libre négociation entre les parties afin de garantir une véritable transparence de l'accès aux réseaux.
Pour l'élaboration du contrat MADE, le GRT s'est inspiré du contrat modèle de transport d'énergie qu'EDF devait alors conclure avec les producteurs autonomes d'électricité dans le cadre du décret du 20 mai 1955 sur la production autonome d'électricité[1390].
Ce contrat devait contenir l'ensemble des conditions relatives au transport d'électricité et au raccordement des producteurs autonomes aux réseaux publics. Seul le tarif était exclu de la négociation et fixé par une décision des Ministres chargés de l'électricité et de l'économie[1391].
À la différence de ce dispositif, l'article 23 de la loi du 10 février 2000 reconnaît aux parties et, en particulier, au GRT une plus grande liberté dans l'aménagement des contrats d'accès aux réseaux, mais il prévoit cependant l'intervention de la CRE[1392]. Celle-ci doit renforcer les pouvoirs de négociation des opérateurs dans le cadre des contrats d'accès aux réseaux et permettre l'entrée sur le marché de nouveaux opérateurs.
Elle entérine le premier contrat type d'accès aux réseaux proposé par le GRT en disposant que « l'acheminement de l'électricité dans le nouveau paysage organisé par la loi pour les clients éligibles fait l'objet d'un contrat d'accès aux réseaux dit « contrat MADE » »[1393].
Elle précise dans son « guide du client éligible » les éléments que les parties doivent

---

[1389] Ce sont les consommateurs de plus de 100 GWh d'électricité par an, article 19 § 3 de la directive 96/92 du CE.
[1390] Aux termes de l'article 28 du cahier des charges du RAG approuvé par décret du 23 décembre 1994, un modèle de contrat de transport d'énergie est mis en place par le GRT et approuvé par le Ministre chargé de l'électricité.
[1391] À la différence du système retenu par l'article 4 § II de la loi du 10 février 2000, le tarif de transport exclut alors « les coûts de réseaux » que le concessionnaire répercutait dans le tarif de vente d'électricité, article 28 du cahier des charges du RAG approuvé par décret du 23 décembre 1994.
[1392] Articles 36 et 23 de la loi du 10 février 2000.
[1393] Guide pratique du client éligible de la CRE, version du 22 décembre 2000, p. 3.

retrouver dans ces contrats, ce sont :
- le ou les points de livraison à desservir afin de permettre le raccordement des sites aux réseaux ;
- la puissance de raccordement déterminée en fonction de la puissance que le client prévoit d'appeler en son point de livraison ;
- la tension physique, ainsi que la classe de tension de la fourniture et la puissance limite[1394].

Les dispositions essentielles du contrat MADE sont composées par les déclarations de fournitures fermes soutirées par le consommateur et définies par le client éligible dans ses programmes de consommation.

Le client éligible déclare quotidiennement au GRT l'ensemble des fournitures fermes qui doivent être apportées au site de soutirage dans un descriptif de fourniture[1395]. Le GRT prend connaissance, grâce à ce contrat du ou des fournisseurs du client éligible, des quantités d'énergie électrique à délivrer au client éligible, sans jamais disposer d'informations sur les conditions contractuelles liant ces derniers, telles que le prix de la fourniture électrique[1396].

(b) Les contrats CART et CARD[1397]

L'approbation par la CRE du contrat MADE ne l'empêche pas de chercher à améliorer « avec le GRT la mise au point du cadre contractuel de l'accès des tiers aux réseaux »[1398]. Le contrat MADE étant une forme évolutive et perfectible, une version revisitée du contrat d'accès aux réseaux est entrée en vigueur avec l'adoption du tarif d'utilisation des réseaux qui distingue le contrat CART du contrat CARD selon qu'il s'agit d'un accès au réseau de transport ou de distribution. Le CART est un contrat conclu entre un client éligible et le GRT pour un site et il détermine l'accès au réseau de transport dans les conditions définies par le cahier des charges du RAG[1399].

Il se distingue du précédent dans la mesure où il intègre des éléments nécessaires à une meilleure introduction de la concurrence, tels que :
- la prise en compte des modalités de regroupement ;
- la possibilité, pour le client éligible disposant sur son site de plusieurs points de livraison au même niveau de tension, d'opter pour un regroupement tarifaire de ces points de livraison[1400] ;
- l'assurance de la qualité de la fourniture en électricité : le CART précise la qualité

[1394] Guide pratique du client éligible de la CRE, version du 22 décembre 2000, p. 3.

[1395] Le descriptif de fourniture concerne la description des quantités d'énergie déclarées correspondant à une puissance prédéterminée, sous la forme de « blocs » fournis au site de soutirage par les fournisseurs, voir le modèle de contrat type MADE.

[1396] Le contrat MADE reprend les interdictions visées aux articles 16 et 19 de la loi du 10 février 2000 relatifs à l'obligation de confidentialité imposée aux GRT et aux GRD.

[1397] Le CART organise l'accès au réseau de transport, alors que le CARD organise l'accès aux réseaux de distribution. Ils sont dans le fond et la forme presque similaires, ils diffèrent pour prendre en compte les particularités des réseaux de distribution. La présentation qui ne vise que le contrat CART est aussi transposable aux CARD.

[1398] Lettre de la CRE du 24 avril 2002 relative aux modifications à apporter aux contrats MADE.

[1399] Conditions générales du CART, version du 6 septembre 2002, p. 7.

[1400] Comme le permet la section 3 du décret n° 2002-1014 du 19 juillet 2002 fixant les tarifs d'utilisation des réseaux publics de transport et de distribution d'électricité, JO du 23 juillet 2002, p. 12580.

de la fourniture qui comprend précisément la continuité de la fourniture ainsi que la qualité de l'onde de tension[1401] et

- la définition de la responsabilité du GRT en cas de non-respect de ses engagements : hormis les cas de force majeure et de faute du client[1402], le RTE doit réparer l'ensemble des préjudices « réels avérés causés au client [...] lorsqu'il en est à l'origine »[1403].

Le CART prévoit d'engager la responsabilité du GRT en cas de non-exécution, de report ou de dépassement de l'intervention programmée, voire en cas de non-respect des engagements pris dans le cadre du service optionnel, de la qualité de la fourniture ou des interruptions de services. La responsabilité du GRT était jusque-là difficile à mettre en œuvre en cas de défaillance dans l'accès aux réseaux, les dispositions légales et réglementaires étant soit incomplètes, soit désuètes[1404].

Le CART prévoit qu'en cas de non-respect par le GRT de ses engagements, sa responsabilité est mise en cause et qu'il supporte, en outre, la charge de la preuve de la faute ou de la négligence du client. Il énumère les cas dans lesquels le GRT peut résilier le contrat de plein droit et sans indemnités, à savoir en cas d'inéligibilité du client, d'interruption de l'activité du site, du prononcé par la CRE d'une interdiction temporaire d'accès aux réseaux ou encore dans le cas du non-règlement par le client des sommes dues au GRT[1405]. Cette dernière éventualité ne doit pas s'analyser comme une entrave à l'accès aux réseaux, mais comme la contrepartie de l'accès aux réseaux, à savoir le paiement du tarif d'utilisation des réseaux.

(iii) Les contrats d'importation et d'exportation d'électricité

La directive 96/92 du CE a pour objectif la mise en place d'un marché intérieur de l'électricité et attribue aux opérateurs un droit d'importer et d'exporter de l'électricité. Le 12ème considérant de la directive souligne que l'accès aux réseaux doit aboutir dans tous les États membres à un niveau comparable « d'ouverture des marchés » et « d'accès aux marchés de l'électricité »[1406].

Cette disposition permet aux opérateurs autorisés de choisir leurs fournisseurs en dehors du territoire du réseau dans lequel ils sont établis. Le territoire ici visé est celui des États membres de l'Union européenne, mais il peut être aussi celui d'un État tiers si des accords commerciaux le prévoit. La possibilité d'importer et d'exporter de l'électricité ressort également de la clause de réciprocité qui vise la possibilité pour les opérateurs de conclure des « contrats pour la fourniture

---

[1401] Voir note de consultation de la CRE du 7 juin 2002, précitée, ainsi que le compte-rendu de l'Atelier-Débat organisé par la CRE avec les clients éligibles du 25 septembre 2002 qui conclut que « les nouveaux contrats n'apportent pas d'améliorations immédiates du niveau de qualité de la fourniture, mais [qu'] il faut souligner plusieurs évolutions essentielles : le maintien du niveau de qualité atteint, si un niveau de qualité supérieur est souhaité par le client, il peut demander au GRT un service personnalisé [avec surcoût], le GRT s'engage à faire bénéficier le client des évolutions dans la performance du réseau, une plus grande transparence », version du 17 octobre 2002.

[1402] La force majeure s'entend d'un « évènement irrésistible, imprévisible et extérieur », point 8.5 des conditions générales du CART version du 6 septembre 2002.

[1403] Point 6.2.4. des conditions générales du CART, version du 6 septembre 2002.

[1404] Les dispositions du cahier des charges du RAG ne prennent pas toujours en compte les particularités liées à l'accès aux réseaux.

[1405] Point 11.3 des conditions générales du CART, version du 6 septembre 2002.

[1406] Articles 17 et 18 de la directive 96/92 du CE.

d'électricité [...] avec un client éligible du réseau d'un autre État membre »[1407]. Bien qu'elle prévoie cette possibilité, la directive 96/92 du CE ne réglemente pas les conditions de mise en œuvre technique relatives à l'acheminement de ces fournitures. Elle ne précise ni le régime d'attribution des capacités aux interconnexions, ni celui de l'accès en lui-même[1408]. La loi du 10 février 2000 n'est en l'espèce pas plus prolixe que la directive, elle ne pallie pas ce vide juridique.
Si bien que les opérateurs sont livrés à eux-mêmes pour organiser le régime de l'acheminement des importations et des exportations d'électricité. Ce sont encore une fois les gestionnaires de réseaux, en particulier, ceux du transport sous le contrôle des régulateurs qui définiront les règles d'accès aux réseaux de ces fournitures[1409]. La pratique qui se dégagera de ces relations sera en partie cristallisée dans le règlement 1228/2003 du CE déterminant les conditions d'accès au réseau pour les échanges transfrontaliers d'électricité.

(a) Le contrat d'importation d'électricité

La reconnaissance du droit pour les opérateurs d'importer de l'électricité ressort de l'article 22 de la loi du 10 février 2000. Il autorise les clients éligibles à s'approvisionner auprès des producteurs ou fournisseurs d'électricité « installés sur le territoire d'un État membre de la Communauté européenne » ou en dehors de celle-ci s'ils sont liés avec l'État membre concerné par un accord[1410].
Cette disposition, qui abroge indirectement le monopole d'importation dont bénéficiait l'opérateur historique en vertu de la loi de nationalisation[1411], ne précise cependant pas ce qu'il faut entendre par importation d'électricité. Elle se contente d'attribuer un droit d'accès aux réseaux des importations qu'il incombe au GRT, aux termes de l'article 23 de la loi du 10 février 2000, de garantir[1412].
Sur la base de ces dispositions et des articles 14 et 15 de la loi du 10 février 2000, qui désignent le GRT comme responsable de l'interconnexion des réseaux, sera aménagé le régime de l'accès des importations aux réseaux. L'ensemble du dispositif qui en est issu est détaillé par la CRE qui, en vertu de l'article 37 § 3, peut préciser les « conditions d'accès aux réseaux et de leur utilisation, en application de l'article 23 » (lequel impose d'assurer l'accès aux réseaux des importations d'électricité). Le régime des importations d'électricité est donc fixé dans le cadre d'un contrat type d'importation développé par le GRT et approuvé par la CRE, pour

1407 Article 19 § 5 de la directive 96/92 du CE.
1408 Une interconnexion « désigne un ensemble de lignes reliant le RPT (GRT) avec le réseau d'un ou plusieurs exploitants de systèmes limitrophes », définition contenue dans les règles d'accès au réseau public de transport français pour des importations et des exportations d'électricité proposées par le GRT, version 1.2 applicable au 7 octobre 2002, ci-après « Règles relatives aux importations et exportations d'électricité », sous : http//www.rte-france.com/htm/fr/offre/offre_acces_comment.htm
1409 Les GRT visés sont les exploitants des systèmes de transport d'électricité visés à l'annexe de la directive n° 90/547 du CEE du 29 octobre 1990 relative au transit sur les grands réseaux. Elle désigne les entités en charge de l'exploitation d'un grand réseau électrique à haute ou très haute tension et disposant d'une capacité de réglage propre, ainsi que les GRT des pays situés en dehors de l'UE et interconnectés aux réseaux des États membres.
1410 Article 22 § III de la loi du 10 février 2000.
1411 Article 53 § I-1° de la loi du 10 février 2000 modifiant l'article 1er de la loi de nationalisation du 8 avril 1946.
1412 Article 23 de la loi du 10 février 2000.

être utilisé par les clients éligibles souhaitant importer de l'électricité sur le réseau français. Les dispositions qu'il contient s'appuient aussi sur les impératifs adoptés par les GRT européens dans le cadre de l'accord proposé par l'ETSO[1413]. Ce dernier définit les conditions d'accès aux réseaux des importations et des exportations d'électricité de manière multilatérale. Il réglemente, en particulier, la tarification de l'utilisation des interconnexions.

Le contrat type d'importation d'électricité vise, d'une part, les règles relatives à l'accès aux réseaux des importations et exportations d'électricité et, d'autre part, celles relatives à l'allocation de capacités aux interconnexions. En effet, les contraintes techniques d'accès aux interconnexions imposent la conclusion préalable par le client éligible d'un accord de participation avec le GRT[1414]. On soulignera que la définition de l'importation d'électricité visée dans l'accord de participation diffère de celle contenue dans le contrat initial d'accès aux réseaux pour des importations, dans lequel l'importation d'électricité était définie comme « tout transfert physique d'énergie électrique à partir du réseau exploité par un exploitant de système autre que NGC[1415] vers le réseau public de transport d'électricité, y compris les livraisons intracommunautaires ». Cette définition distingue les contrats d'acquisition communautaire (livraisons d'électricité intracommunautaires) et les importations (transferts d'électricité provenant de pays situés en dehors de l'UE)[1416].

Les importations d'électricité entre le GRT et le National Grid Company Plc. (GRT anglais) sont dorénavant définies au sein de l'accord spécifique d'utilisation de « l'Interconnexion France-Angleterre Access rules »[1417]. Cet accord cristallise une procédure d'attribution spécifique des capacités et d'accès aux réseaux entre la France et l'Angleterre.

L'importation d'électricité est donc, dans la forme révisée de contrat type d'importation d'électricité, un « transfert physique d'énergie électrique à partir du réseau exploité par un exploitant de système limitrophe vers le GRT, y compris les livraisons intracommunautaires »[1418]. Sur la base de ce contrat type d'importation, l'opérateur qui a souscrit auprès du GRT un accord de participation doit établir et notifier son programme d'importation d'électricité. Il détermine son programme d'importation par exploitant de système d'origine[1419]. Ces programmes sont soit des

---

1413 Le « European Transmissions System Operators » est une association créée en 1999 à Frankfort qui regroupe les gestionnaires de réseaux de l'UCTE (Union pour la coordination du transport de l'électricité), de l'ATSOI (association des gestionnaires de réseaux irlandais), de l'UKTSOA (regroupant les TSO du Royaume-Uni) et du NORDEL (regroupant les gestionnaires de réseaux des pays nordiques). Le 29 juin 2001 l'ETSO devient une association internationale avec la participation de 32 entreprises gestionnaires de réseaux, dont 15 issues de l'UE, plus la Norvège et la Suisse.

1414 Les utilisateurs du réseau comprennent : le producteur autorisé en vertu de l'article 6 de la loi du 10 février 2000 et les clients éligibles visés dans son article 22, règles relatives aux importations et aux exportations d'électricité rendues publiques le 7 octobre 2002, liste consultable sous : www.rte.france.com

1415 Le NGC est le « National Grid Company plc. », entité gestionnaire des infrastructures de réseaux anglais.

1416 Les articles 15 § I, 22 et 23 de la loi du 10 février 2000 utilisent ces terminologies indifféremment.

1417 Ci-après « IFA » telles que publiées sur le site Internet du RTE et du NGC dans leur version du 12 décembre 2000, www.rte-france.com

1418 Règles relatives aux importations et aux exportations d'électricité du 7 octobre 2002.

1419 Le programme d'importation est une « demande de mise en œuvre des importations établie par l'utilisateur. Cette demande précise la capacité par pas horaire, ainsi que les exploitants de systèmes

programmes types négociés une seule fois entre les parties, soit des programmes journaliers ou hebdomadaires. Quant à la mise en œuvre des programmes d'importation, celle-ci diffère en fonction des interconnexions utilisées, car certaines connaissent des manques de capacité entraînant des congestions. Dans ce cas, le GRT n'assure aux programmes d'importations présentés un accès aux réseaux que dans la mesure où la capacité disponible de l'interconnexion est supérieure à la somme des programmes d'importations. Si tel n'est pas le cas, le GRT réduit chaque programme au prorata de la capacité disponible.

On doit distinguer, en ce qui concerne l'importation d'électricité, si les interconnexions sont saturées ou pas. En cas de saturation, les importations ne peuvent accéder aux réseaux qu'après avoit pris part à des mécanismes d'allocation de capacités. Ces mécanismes doivent, considérant le silence des directives et des dispositions nationales, être définis et organisés par les GRT sous le contrôle des régulateurs nationaux concernés[1420].

Pour ce qui est des importations d'électricité utilisant des interconnexions libres de toute congestion, elles sont appelées sur les interconnexions en vertu de la règle du « premier arrivé, premier servi ». La directive 96/92 du CE impose le respect de l'ordre de préséance économique de l'électricité provenant de transferts par interconnexion[1421]. Toutefois, ce système présente l'inconvénient d'autoriser les GRT à imputer un surcoût aux contrats considérés comme étant responsables de la congestion. Il crée ainsi une forme de discrimination entre les opérateurs, car les derniers arrivés sur l'interconnexion supportent les frais d'une congestion pour laquelle l'ensemble des opérateurs est, en principe, responsable[1422].

En ce qui concerne la détermination du coût d'utilisation de l'interconnexion, la directive 96/92 du CE renvoie au principe de subsidiarité auquel la loi du 10 février 2000 ne répond pas. Cet élément est donc laissé à la libre négociation entre les GRT concernés, à qui il revient de déterminer le montant du coût d'utilisation de l'interconnexion. Depuis l'entrée en vigueur de la directive 96/92 du CE, le gestionnaire de l'interconnexion percevait un droit d'entrée lors du passage de l'électricité à l'interconnexion, voire plusieurs si plusieurs frontières étaient traversées[1423]. Cette tarification dissuasive a été remplacée par un mécanisme transitoire de tarification des transits internationaux par l'ETSO[1424].

Ce système crée un régime de compensation entre les GRT par le biais d'une

---

d'origine associés », règles relatives aux importations et aux exportations d'électricité du 7 octobre 2002.

1420 La détermination des capacités aux interconnexions a été très opaque et donc contestable, voir à cet égard la décision unilatérale du régulateur italien du 3 août 2000 d'attribuer 2 100 MW sur l'interconnexion France-Italie, alors que le GRT français appuyé par la CRE estimait cette capacité à 2 400 MW, délibération de la CRE du 14 décembre 2000.

1421 Article 8 § 2 de la directive 96/92 du CE.

1422 Le GRT impute aux utilisateurs d'une capacité supplémentaire (qui est une capacité non garantie au-delà de la capacité affichée et que l'opérateur utilise à ses risques) la totalité des coûts qu'ils génèrent, si bien que la capacité allouée n'est pas limitée « ex ante », rapport d'activité de la CRE du 30 juin 2001, p. 12.

1423 Cette tarification est appelée le « pancaking ».

1424 Lors de son conseil du 19 février 2002, l'ETSO a approuvé un mécanisme transitoire de tarification des transits internationaux, ce sont les « Cross Border Tariff » (CBT) applicables du 1er mars 2002 au 31 décembre 2002 et renouvelables pour un an.

contribution aux coûts de transport d'électricité aux interconnexions. Les pays qui participent au mécanisme ne règlent aucun péage lors du franchissement de l'interconnexion mais appliquent un barème d'1 euro/MWh à chaque programme d'importation d'électricité provenant d'autres pays[1425]. Les règles dégagées par l'ETSO s'imposent au GRT qui est signataire du contrat multilatéral ETSO. Parallèlement, la loi du 10 février 2000 impose au GRT dans son article 15 § II de « veiller au respect des règles relatives à l'interconnexion des différents réseaux nationaux de transport ». Ce système permet de mettre fin aux décisions unilatérales, discriminatoires et non équitables des GRT relatives à l'accès des importations d'électricité aux interconnexions[1426]. Il conduit à réduire l'arbitraire qui pourrait naître des dispositions de la loi du 10 février 2000 et qui permettrait au GRT de remettre en cause, voire de refuser les programmes d'importation d'électricité si les capacités aux interconnexions sont insuffisantes[1427].

(b) Le contrat d'exportation d'électricité

La loi du 10 février 2000 attribue un droit d'accès aux réseaux aux producteurs et aux fournisseurs d'électricité installés sur le territoire national afin d'assurer « l'exécution des contrats d'exportation d'électricité »[1428]. Contrairement à l'activité d'importation d'électricité, l'activité d'exportation d'électricité est expressément visée par la loi du 10 février 2000, dont l'article 22 § III abolit le monopole d'exportation d'électricité dont bénéficiait EDF[1429]. Cette distinction de régime entre les exportations et les importations peut s'expliquer par la volonté des pouvoirs publics de dissimuler les possibilités existantes pour les opérateurs de concurrencer l'opérateur historique sur le territoire national à travers les importations d'électricité. Alors que les exportations d'électricité ne mettent pas directement en danger les parts de marché de l'opérateur historique.

On entend par exportation d'électricité « un transfert physique d'énergie électrique à partir du Réseau Public de Transport vers le réseau exploité par un exploitant de système limitrophe, y compris les livraisons intracommunautaires »[1430].

Comme c'est le cas pour les importations d'électricité, un contrat type d'exportation a été adopté. Il répond aux mêmes conditions et suit une procédure similaire.

1425 Aux termes de l'accord de participation ETSO, le barème retenu (2005) est le suivant :

Pays limitrophe partie à l'accord de participation	Importations	Exportations
Allemagne, Belgique, Italie, Espagne, Suisse	0,00 euro/MWh	0,00 euro/MWh
Angleterre	0,00 euro/MWh	1 euro/MWh

1426 L'Allemagne avait introduit une « taxe à l'exportation » sur chaque transaction, cette taxe a été contestée par la Commission qui considérait qu'elle était incompatible avec les règles du droit de la concurrence, SEC(2001)438, p. 83.

1427 Articles 17 § 5 et 18 § 4 de la directive 96/92 du CE transposés à l'article 23 de la loi du 10 février 2000.

1428 Article 23 de la loi du 10 février 2000.

1429 Le monopole d'exportation d'EDF qui résultait de l'article 1er de la loi de nationalisation du 8 avril 1946 est aboli par l'article 53 § I-1° de la loi du 10 février 2000.

1430 Définition contenue dans les règles relatives aux importations et aux exportations d'électricité, version du 7 octobre 2002, http//www.rte-france.com/htm/fr/offre/offre_acces_comment.htm

Les opérateurs souhaitant exporter de l'électricité, tels que les producteurs autorisés et les fournisseurs d'électricité, doivent conclure au préalable un accord de participation avec le GRT. Les utilisateurs établissent et notifient leur programme d'exportation, lequel se décline sous plusieurs formes de programmes d'exportation, à savoir un programme d'exportation type[1431], hebdomadaire ou journalier.
Les programmes d'exportation d'électricité vers l'Angleterre sont soumis, quant à eux, à « l'IFA access rules ». Le GRT garantit aux exportations d'électricité un accès aux réseaux[1432] et veille à leur mise en œuvre et à leur équilibre[1433]. Toutefois, pour mettre en œuvre le programme d'exportation d'électricité, le GRT s'en remet aux informations de l'exploitant du système de l'État de destination, ainsi qu'aux capacités que ce dernier entend octroyer aux clients éligibles. Le programme d'exportation peut donc être modifié à la demande de l'exploitant du système avec lequel le GRT coordonne les capacités exportées. Ce dernier reçoit la liste de l'ensemble des transactions de l'opérateur exportateur d'électricité. À partir de cette liste, il procède à un classement des transactions en leur accordant un ordre de priorité par ordre décroissant d'importance. Cet ordre de priorité tient compte du taux d'utilisation des transactions[1434], de la date de réception du contrat d'exportation par le GRT et de la réception des nouvelles demandes.
Le contrat d'exportation suit également la règle du « premier arrivé, premier servi ».
La tarification de l'accès aux réseaux pour la mise en œuvre des programmes d'exportation d'électricité relève, comme c'est le cas pour le régime des importations, du barème élaboré par ETSO[1435] qui crée un régime de compensation pour prendre en compte les coûts supplémentaires de congestion[1436].
Une définition des coûts qui n'est pas précise manque de transparence et empêche le développement du marché intérieur de l'électricité. Ainsi, les exportations

---

[1431] Dans le contrat d'exportation type, l'exportateur définit les transactions concernées, les valeurs de consigne de puissance pour chaque point horaire, la durée de validité des contrats et les exploitants de système destinataires des exportations, contrat d'exportation d'électricité type élaboré par le GRT. http//www.rte-france.com/htm/fr/offre/offre_acces_comment.htm

[1432] Article 23 de la loi du 10 février 2000.

[1433] Article 15 § I, II et III de la loi du 10 février 2000.

[1434] Cet ordre décroissant tient compte du « taux d'utilisation des transactions », de la date de réception du contrat par le GRT et de la date de réception des nouvelles demandes de transaction. Le taux d'utilisation des transactions permet de les classer en fonction de leur date de réception. Le GRT s'engage alors à conserver l'ordre de priorité des transactions dont le taux d'utilisation est supérieur ou égal à 65 % pendant 4 mois. Les transactions dont le taux d'utilisation est inférieur perdent leur ordre de priorité sur la période suivante et sont reclassées après les transactions d'un taux d'utilisation de + de 65 %, règles relatives aux importations et aux exportations d'électricité du 7 octobre 2002.

[1435] Le barème qui était en vigueur depuis le 31 mai 2001 définissait des tarifs d'utilisation aux interconnexions beaucoup plus élevés que ceux retenus par le barème de l'ETSO applicable au 1er mars 2002. Le barème pour les exportations variait pour les heures creuses et pleines d'hiver de 1,20 à 2,44 euros/MWh et de 0,81 à 0,84 euro/MWh pour les heures creuses et pleines d'été. Le Cross Border Tarif entré en vigueur en juillet 2004 ne prévoit plus le paiement d'une taxe pour les exportations, celles-ci sont traitées dorénavant comme les importations. Pour le détail des principes de tarification aux interconnexions et de compensation mis en place par ETSO, voir : http//www.etso-net.org/upload/documents/ETSO2004CBTMechanism.pdf

[1436] Le problème de la congestion est inexistant des États membres vers la France. Les fournisseurs étrangers peuvent desservir des clients français sans craindre de surcoûts de congestion. En revanche, la situation diffère dans le sens France-Italie ou France-Espagne où les congestions limitent les échanges d'électricité, rapport d'activité de la CRE du 30 juin 2001, p. 10.

d'électricité qui ne font pas l'objet d'une allocation de capacité, mais subissent des congestions, sont facturées à l'exportateur selon une évaluation de leurs coûts faite par le GRT (jour J-2) et transmise avant la mise en œuvre de la transaction[1437]. Cette évaluation de la congestion est plafonnée et ne peut être revue à la hausse. La règle du « premier arrivé, premier servi » permet de répercuter un surcoût aux utilisateurs responsables des congestions, mais crée, selon la Commission, une discrimination. En effet, elle impute aux derniers utilisateurs les charges des congestions qui ne sont pas identifiables sur le réseau. La CRE considère à ce sujet que les coûts associés à des transactions engendrant des congestions sont parfaitement identifiables. Partant de là, leur imputation peut être effectuée sur les opérateurs responsables sans que cela soit discriminatoire ou constitue une taxe à l'exportation contraire au droit communautaire[1438]. Dans le cadre du processus de Florence et sur la base des principes dégagés par le règlement 1228/2003 du CE, ETSO a affiné le Cross Border Tarif de l'année précédente et met en place un régime de compensation équitable des coûts liés à l'utilisation par les échanges transfrontaliers d'électricité des réseaux nationaux. Il n'a toutefois pas pour but d'organiser le régime de l'accès aux interconnexions, ni celui de l'attribution de capacités. Ces régimes sont de la compétence des États membres dans le cadre de la transposition de la directive 03/54 du CE. Le système mis en place permet de réduire l'arbitraire auquel le silence de la directive 96/92 du CE avait donné blanc-seing.

(c) Les systèmes de définition et d'attribution de capacité aux interconnexions

Le considérant 6) de la directive 96/92 du CE dispose que l'établissement du marché intérieur de l'électricité « doit favoriser l'interconnexion et l'interopérabilité des réseaux » afin de mettre en œuvre le droit d'accès aux réseaux dans son intégralité[1439]. Or l'importation et l'exportation d'électricité sur le marché électrique européen sont confrontées aux difficultés issues des manques de capacités aux interconnexions. Pour résoudre ces entraves à l'accès aux réseaux, des mesures doivent préciser les capacités attribuables et le système d'allocation des capacités. Mais on ne peut que désespérément chercher les dispositions qui en organisent la gestion dans la directive 96/92 du CE. L'article 8 § 1 et 2 relatif aux interconnexions impose seulement au GRT d'assurer l'accès des opérateurs aux interconnexions sur la base de critères objectifs, publiés et non discriminatoires. Sur la base de cette disposition, les gestionnaires de réseaux européens se voient reconnaître une entière liberté pour définir progressivement les capacités disponibles aux interconnexions

---

[1437] La plupart des gestionnaires de réseaux européens allouent une « capacité nette d'interconnexion » (NTC) qu'ils garantissent « sans effet de congestion » et mutualisent entre tous les utilisateurs par l'application de leurs tarifs les éventuels coûts de redispatching apparaissant en cas de congestion. Par ailleurs, le GRT propose en plus de la NTC une capacité supplémentaire non garantie dont l'utilisateur supporte les frais d'utilisation.

[1438] Selon la CRE, le principe de faire payer les « contrats contribuant à l'apparition de la congestion ne peut être considéré comme discriminatoire, car il reflète les coûts (Cost reflective) », communication de la CRE du 26 juillet 2001 sur les conditions d'accès aux interconnexions faisant l'objet de congestions peu fréquentes.

[1439] Cette disposition s'appuie sur la décision n° 1254/96 du Parlement européen et du Conseil du 5 juin 1996 (plus en vigueur) établissant un ensemble d'orientations relatives aux réseaux transeuropéens dans le secteur de l'énergie et au développement d'infrastructures intégrées de transport d'électricité, JO L-161/147 du 29 juin 1996.

sous le contrôle des régulateurs nationaux. Ils ont ensuite déterminé les systèmes d'allocation des capacités qui permettent l'accès aux réseaux de ces échanges d'électricité. Les systèmes introduits sont différents dans la mesure où ils intègrent les spécificités des interconnexions qu'ils réglementent. Deux régimes d'allocation des capacités ont été mis en place, celui de l'allocation des capacités au prorata et celui de la mise aux enchères des capacités. Ces options sont autorisées seulement si elles « n'entraînent pas de distorsion de concurrence et ne gênent pas le développement de la concurrence »[1440]. Cependant, les lacunes constatées dans la mise en œuvre de ces systèmes ont conduit à l'adoption du règlement 1228/2003 qui met en place un « cadre harmonisé pour les échanges transfrontaliers d'électricité ». La Commission considère, en effet, que ces régimes ne peuvent pas être organisés de manière suffisamment effective par les États membres et qu'ils le sont beaucoup mieux au niveau communautaire[1441]. Sans réformer les régimes introduits par les GRT européens, le règlement précise les conditions dans lesquelles doivent être mis en œuvre les dispositifs de détermination et d'allocation des capacités aux interconnexions.

(i) La détermination des capacités allouables aux interconnexions

L'interconnexion entre les réseaux européens se définit dans la directive 96/92 du CE en fonction des équipements utilisés pour interconnecter les réseaux électriques[1442]. Ils sont représentés par les points de jonction entre des réseaux frontaliers[1443]. Le GRT les définit dans les règles relatives aux importations et aux exportations d'électricité comme « un ensemble de lignes électriques reliant le RTP [GRT] avec le réseau d'un ou de plusieurs exploitants de systèmes limitrophes »[1444].
Le règlement 1228/2003 du CE propose, quant à lui, une définition littéraire, à savoir : une interconnexion « est une ligne de transport qui traverse ou enjambe une frontière séparant des États membres et qui relie les réseaux de transport nationaux des États membres »[1445].
L'accès aux interconnexions des volumes d'électricité négociés impose aux opérateurs de connaître, au préalable, les volumes d'électricité pouvant y transiter en raison des limitations de capacité et afin d'éviter l'écueil des congestions.
Ces informations étant détenues par les GRT, c'est à eux qu'il revient de déterminer les quantités d'électricité qui peuvent transiter sur leurs réseaux afin de les attribuer aux opérateurs. Malgré le silence de la loi du 10 février 2000 sur le régime de détermination des capacités allouables aux interconnexions, son article 14 attribue au GRT la responsabilité du développement du réseau de transport afin de permettre « l'interconnexion avec les autres réseaux ». Son article 15 lui impose de respecter

[1440] Annexes de la Position commune arrêtée par le Conseil du 3 février 2003.
[1441] Point 22 du règlement 1228/2003 du CE, précité.
[1442] Article 2- 10) de la directive 96/92 du CE. Le glossaire de la CRE reprend cette définition. Elle y est abordée comme étant « un équipement utilisé pour relier deux réseaux électriques », rapport d'activité de la CRE du 30 juin 2000, p. 28.
[1443] La CRE utilise indifféremment le terme d'interconnexion ou d'infrastructure d'interconnexion dès qu'elles permettent les échanges d'électricité, communications de la CRE des 14 décembre 2000, 29 novembre 2001 et 15 avril 2002.
[1444] Règles relatives aux importations et aux exportations d'électricité version du 7 octobre 2002.
[1445] Article 2 § 1 du règlement 1228/2003 du CE.

les règles relatives à l'interconnexion des différents réseaux appelées à être fixées par les opérateurs[1446]. En outre, la CRE intervient en amont pour préciser, dans le cadre de son pouvoir quasi-réglementaire, les règles relatives aux contrats d'accès aux réseaux et à leur utilisation[1447]. Il ressort de ces dispositions que le GRT doit développer les interconnexions afin d'assurer l'accès aux réseaux des échanges transfrontaliers d'électricité et de respecter les règles dégagées par les opérateurs sous le contrôle des régulateurs européens[1448].
La CRE a ainsi imposé au GRT de déterminer une capacité de transit exprimée en termes de puissance et de la mettre à la disposition des clients éligibles[1449]. Dans le respect du principe de transparence souhaité par la directive 96/92 du CE, le GRT doit publier les capacités qu'il « estime pouvoir garantir et des conditions de recevabilité et de traitement des demandes d'allocation de capacité »[1450]. Il répond ainsi aux attentes de la Commission qui considère que, « pour garantir une utilisation optimale des capacités disponibles, les publications qui y sont afférentes doivent être plus régulières que cela, à plusieurs intervalles de temps avant le jour du transport »[1451]. Par ailleurs, lorsque des interconnexions présentent des congestions[1452], leur prise en compte technique et financière est définie par les régulateurs entre eux sur la base des données fournies par les GRT concernés.
Ainsi, l'interconnexion France-Italie est gérée par un accord conclu entre la CRE et le régulateur italien (AEEG) qui détermine annuellement les règles d'allocation de capacité sur la base des informations soumises par les GRT français et italien[1453].
La CRE et le régulateur belge (CREG) ont également mis en demeure les gestionnaires de réseaux français et belge d'adopter une méthode commune de calcul des capacités allouables permettant d'assurer la transparence de la gestion des

---

1446 Article 15 § II de la loi du 10 février 2000 auquel renvoie la CRE dans sa décision du 14 décembre 2000 relative à la définition des modalités d'attribution au prorata des capacités de transit entre la France et l'Italie.

1447 Sur la base de l'article 37 § 2 et 5 de la loi du 10 février 2000.

1448 Les régulateurs européens sont intervenus pour réduire, en fonction des interconnexions, l'arbitraire dans le calcul des volumes attribuables effectués par les GRT. La CRE est ainsi intervenue pour rehausser le volume des capacités attribuées par le GRT à l'interconnexion France-Italie de 2 100 MW à 2 400 MW, délibération de la CRE du 14 décembre 2000 dans laquelle la CRE demande au GRT de « mettre à disposition des opérateurs intéressés une capacité de transit garantie selon une procédure transparente et équitable ».

1449 Décision de la CRE du 14 décembre 2000 relative à la définition des modalités d'attribution au prorata des capacités de transit transfrontalier entre la France et l'Italie.

1450 Décision de la CRE du 14 décembre 2000, précitée.

1451 COM(2001)125 final, du 13 mars 2001.

1452 Les liaisons qui présentent fréquemment des congestions sont, en particulier, les interconnexions France-Italie, France-Belgique et France-Angleterre.

1453 Accord entre la CRE et l'Autorita per l'Energia Elettrica e il Gas (AEEG) sur les capacités d'interconnexion entre la France et l'Italie du 21 novembre 2001, consultable sous www.cre.fr
Pour l'année 2003, la capacité totale d'importation est estimée à 5 700 MW et est répartie de la manière suivante : 2 650 MW sens France-Italie et 3 050 MW sens Suisse-Italie. Des capacités sont déjà réservées : 2 000 MW pour les contrats de long terme, 100 MW pour le marché captif italien, 147 MW pour le Vatican, San Marin et la Corse, 1 200 MW alloués unilatéralement par les opérateurs suisses, 500 MW ont été attribués aux clients éligibles italiens dits « interruptibles » pour 3 ans. Enfin, 1 753 MW attribués selon le mécanisme d'attribution 2003, consultable sous : www.cre.fr

interconnexions « nécessaire à une libre concurrence »[1454]. Ceux-ci (GRT et le GRT belge (ELIA)) ont mis en place un mécanisme commun d'allocation des capacités sur l'interconnexion France-Belgique sur une base mensuelle et journalière.

Les mécanismes dégagés intègrent le principe « use it or loose it » qui contribue à maximiser les capacités mises à la disposition du marché par la réallocation de la capacité non utilisée sur la base journalière[1455]. La non-discrimination du dispositif repose sur la véritable transparence et l'équité du calcul des capacités attribuables aux opérateurs par le GRT. C'est la raison pour laquelle le doute s'est installé concernant la véracité des calculs présentés et a conduit le GRT à proposer une méthodologie de calcul des capacités attribuables. Le GRT a donc proposé « un plan général pour le calcul de la capacité de transfert »[1456] qui doit contribuer à dégager des capacités commerciales à partir des capacités physiques des réseaux et identifier précisément les congestions afin de définir un coût le plus proche possible de la réalité[1457]. Ce projet s'avère être plus précis que les orientations dégagées par le règlement 1228/2003 du CE. Le règlement ne fait que renforcer l'obligation pour le GRT de publier « une estimation » de la capacité de transfert disponible pour chaque jour, sans proposer de méthode de calcul de cette capacité, alors que la définition des capacités allouables a des conséquences significatives sur les systèmes d'allocation de capacités.

La définition des capacités commerciales constitue la première étape vers l'utilisation des interconnexions. Les opérateurs qui souhaitent les utiliser sont ensuite soumis à des procédures d'allocation des capacités différentes selon les interconnexions. Ces modalités ont été mises en œuvre de manière coordonnée entre les GRT pour ce qui concerne l'Italie, l'Angleterre et la Belgique, alors qu'elles sont déterminées de manière unilatérale lorsque l'interconnexion ne connaît pas de contraintes physiques, comme c'est encore le cas des interconnexions avec l'Allemagne, l'Espagne et la Suisse[1458].

[1454] Communication commune de la CRE et de la CREG du 29 novembre 2001, consultable sous : www.cre.fr

[1455] Les modalités communes proposées par le RTE et ELIA sont contenues dans les « Modalités d'accès à l'Interconnexion France-Belgique » et sont consultables sous : www.rte-france.com/htm/fr/offre/offre_inter_france_belgique.htm

[1456] Il impose cependant que les normes de planification, d'exploitation et de sécurité utilisées par les GRT soient rendues publiques, article 5 du règlement 1228/2003 du CE.

[1457] Forum interconnexion et congestion du RTE du 28 mai 2002, consultable sous : www.rte-france.com

[1458]

Pays	Mécanisme d'allocation	GRT concerné
Exportations		
Angleterre	Appel d'offre trisannuel (650 MW) Enchères explicites annuelles, trimestrielles et journalières au prix d'offre	NGC
Belgique	Allocation mensuelle selon une liste de priorités de transactions Allocation journalière selon une autre liste de priorités de transactions	ELIA
Italie	Allocation annuelle au prorata	GRTN

(ii) La procédure d'allocation de la capacité au prorata

Parmi les procédures d'allocation de capacité aux interconnexions, la méthode d'attribution au prorata a inauguré le régime de l'accès aux réseaux des échanges transfrontaliers d'électricité sur le marché électrique français. Selon la CRE, une procédure d'allocation de capacité aux interconnexions n'est envisageable que dans le cas « d'excédent du volume total des demandes recevables par rapport à la capacité qu'il [le GRT] estime pouvoir garantir en plus des contrats de long terme conclus avant l'entrée en vigueur de la directive 96/92 du CE »[1459]. Afin de procéder à l'allocation des capacités allouables, la CRE a dégagé, en collaboration avec le GRT et les GRT voisins[1460], une procédure d'allocation de capacité « au prorata des demandes recevables »[1461], complétée par un mécanisme quotidien de réallocation des capacités inutilisées[1462]. La procédure d'attribution est mise en place par décision de la CRE sur proposition du ou des GRT concernés aux interconnexions. Aux termes de la directive 96/92 du CE, le gestionnaire du réseau de transport doit fournir au gestionnaire de « tout autre réseau avec lequel son réseau est interconnecté des informations suffisantes pour garantir [...] l'interopérabilité du réseau interconnecté »[1463]. La procédure d'attribution au prorata s'appuie sur les informations ainsi communiquées et est précisée par des accords entre les régulateurs concernés.

Il ressort de ces accords que l'opérateur qui souhaite se voir attribuer une capacité à l'interconnexion gérée par un régime d'attribution au prorata indique, dans un formulaire de demande d'attribution de capacité, le volume de la capacité souhaitée ainsi que le prix du péage à payer pour cette capacité[1464]. Le GRT statue ensuite sur l'attribution au prorata de la capacité qui s'exprime sous la forme d'un ruban de

---

Importations		
Angleterre	Enchères explicites annuelles, trimestrielles et journalières	NGC
Belgique, Allemagne, Suisse, Espagne, Italie	Allocation journalière au prorata des demandes	Pas d'accord spécifique (situation début 2005)
Source : www.rte-france.com (2004)		

[1459] Article 3 de la décision de la CRE du 14 décembre 2000 relative à l'interconnexion France-Italie.

[1460] Aux termes de l'article 37 de la loi du 10 février 2000, la CRE précise les « conditions d'accès aux réseaux et de leur utilisation en application de l'article 23 » qui vise précisément l'accès aux réseaux des importations et exportations d'électricité.

[1461] Décision de la CRE du 25 janvier 2001 relative à la définition des modalités d'attribution au prorata des capacités de transit entre la France et l'Italie.

[1462] Voir la première communication de la CRE du 5 juillet 2001 sur le mécanisme journalier de réattribution de capacités sur l'interconnexion franco-italienne.

[1463] Article 7 § 4 de la directive 96/92 du CE.

[1464] La délibération de la CRE du 14 décembre 2000 dispose que « le GRT peut couvrir les coûts de gestion de l'interconnexion en recouvrant auprès de tous les utilisateurs un prix proportionnel à l'usage et permettant le financement de ces coûts ».

puissance sur la période d'attribution[1465]. La contestation du déroulement de la procédure ou de la validité du volume attribué est adressée à la CRE qui est compétente aux termes de l'article 38 de la loi du 10 février 2000 pour régler les différends entre les GRT et les utilisateurs relatifs aux contrats d'accès aux réseaux des importations ou exportations[1466]. Cette compétence n'est pas exclusive, la directive 96/92 du CE précise qu'en cas de litige transfrontalier, l'autorité de la régulation compétente est celle du litige couvrant le réseau du gestionnaire à l'origine de la décision ou de l'agissement contesté[1467].

Sur l'interconnexion France-Italie qui est gérée par un mécanisme d'attribution au prorata et administrée conjointement par le GRT et le GRTN (gestionnaire du réseau de transport italien), l'attribution annuelle de capacité se déroule en deux temps : pour l'année 2003 une première allocation de 450 MW est réservée aux clients éligibles italiens « interruptibles » au prorata des demandes de ces clients; puis 1 303 MW ont été également alloués au prorata des demandes aux clients éligibles italiens et à l'ensemble des « acteurs ayant des autorisations de commerce de l'énergie dans au moins un des pays de la Communauté Européenne ». Dans les deux cas, les demandeurs indiquent la frontière d'origine de leur importation (France ou Suisse), car deux prix de garantie de la capacité sont prévus[1468]. Les participants doivent être au préalable titulaires d'un « Exchange Contract » avec le GRTN et concluent, parallèlement avec le GRT, un Accord de participation aux Règles d'Accès au Réseau Public de Transport français pour des exportations ou des importations. Finalement, un opérateur souhaitant utiliser une interconnexion soumise à des contraintes de congestions doit effectuer le parcours suivant :

- adhérer aux règles d'accès aux réseaux pour des importations et exportations du GRT et
- adhérer aux règles du mécanisme d'allocation de capacités qui, en fonction des interconnexions, qui impose la conclusion de contrats avec l'ensemble des gestionnaires de réseaux concernés.

La Commission voit, dans ce processus d'attribution de capacités, un manque de transparence générateur de discriminations entre les opérateurs. Il paraît d'autant plus latent lorsque l'opérateur, comme c'est le cas pour le GRTN, est également partie sur le marché et donc concurrencé par les importations intracommunautaires[1469]. Afin de garantir la transparence et la non-discrimination du système d'attribution imposées par la directive 96/92 du CE, les régulateurs concernés par les interconnexions s'accordent pour superviser l'ensemble de la procédure[1470]. C'est dans ce but que la CRE a imposé que les décisions relatives aux capacités attribuables et au régime d'attribution soient publiées au *Journal*

[1465] Règles d'attribution de capacités sur l'interconnexion France-Italie élaborées par la GRT, version du 2 février 2001.

[1466] Aux termes de l'article 23 de la loi du 10 février 2000, la CRE reçoit communication des contrats d'accès aux réseaux élaborés dans le cadre des attributions de capacités.

[1467] Article 20 § 4 de la directive 96/92 du CE, le recours à cette autorité se faisant toujours sans préjudice de la saisine de la Commission, article 20 § 5.

[1468] Le prix de garantie de la capacité est de 0,3 euro/MW du côté italien et de 0,15 euro/MWh du côté français.

[1469] COM(2001)125 final du 13 mars 2001.

[1470] Communiqué commun de la CRE et de l'AEEG du 6 décembre 2001.

Officiel[1471], cette mesure doit permettre d'informer les opérateurs et de garantir la transparence de cette procédure[1472]. Afin de renforcer le contrôle de la CRE, l'article 51 de la loi du 13 juillet 2005 lui attribue une nouvelle compétence, celle de « surveiller les échanges aux frontières », un décret précisera l'intervention de la CRE en la matière.

(iii) L'accès aux interconnexions au terme des procédures d'enchères et d'appel d'offres

La particularité des interconnexions a imposé de mettre en place des procédures d'allocation de capacités. L'attribution de capacités sur l'interconnexion reliant la France et l'Angleterre, également limitée en capacité, intervient par la mise en place de règles spécifiques dégagées d'un commun accord entre le GRT et le NGC (gestionnaire du réseau anglais) [1473]. Sous le contrôle des autorités de la régulation, les deux gestionnaires du transport ont convenu d'un accord appelé à régir les règles d'accès à l'IFA qui s'impose aux opérateurs souhaitant importer ou exporter de l'électricité d'Angleterre. Une année après l'entrée en vigueur de la directive 96/92 du CE, la capacité totale de l'interconnexion, qui était accordée jusque-là intégralement à EDF, a été ouverte à la concurrence pour être acquise par les opérateurs autorisés au terme d'une procédure d'appel d'offres et de vente aux enchères[1474]. Cette vente de droit à des allocations de capacités sur l'IFA intervient sous la responsabilité combinée du GRT et du NGC. Selon la procédure de l'appel d'offres, des blocs de 50 MW d'une capacité totale de 650 MW ont été alloués pour 3 ans de la France vers l'Angleterre.

Les soumissionnaires ont déposé leurs offres auprès des gestionnaires de réseaux en indiquant un prix par unité, par bloc et par contrat annuel. Après clôture de l'offre et négociation des prix, les blocs ont été attribués en priorité à l'offre dont le prix est le plus élevé.

Le processus des enchères a, quant à lui, permis d'allouer 323 MW dans le sens producteur et 100 MW dans le sens inverse et se décompose en enchères annuelles. Les mises aux enchères sont réalisées sur une base ouverte, c'est-à-dire que le prix et le volume de l'enchère sont divulgués entre les phases de mise aux enchères.

En revanche, pour les enchères journalières, le prix et le volume des offres apparaissent sous forme d'unités de 1 MW et sont présentés ouvertement à tous les participants. Dans ces systèmes, ce sont des « unités », à savoir des droits portant sur la capacité par tranche de 1 MW, qui sont mises en vente. Plusieurs catégories d'unités sont vendues en fonction de leur direction[1475] et de leur durée[1476].

[1471] Communication de la CRE du 26 juillet 2001 du 5 mai 2002 sur les conditions d'accès aux interconnexions faisant l'objet de congestions peu fréquentes, délibération de la CRE relative à la définition des modalités d'attribution pour l'année 2002 des capacités de transit transfrontalier entre la France et l'Italie.

[1472] La CRE souligne positivement la « publication d'informations spécifiques sur les frontières disposant d'un mécanisme d'allocation des capacités [Interconnexion France-Italie] », communication de la CRE du 26 juillet 2001 sur les conditions d'accès aux interconnexions faisant l'objet de congestions peu fréquentes, précitée.

[1473] Ci-après « IFA » (Interconnexion France/Angleterre).

[1474] Mise en place de ce système le 1er avril 2001.

[1475] Dans le sens France ou dans le sens inverse.

Par ailleurs, une capacité de réattribution permet aux acquéreurs d'unités non utilisées de demander aux gestionnaires de procéder à leur réattribution. Celles-ci seront vendues au prix atteint à l'enchère postérieurement à la capacité non attribuée, mais avant la capacité perdue en vertu de la règle « use it or loose it »[1477].
L'opérateur souhaitant mettre en œuvre son droit d'accès à l'IFA doit prendre part aux appels d'offres ou aux enchères et conclure avec le GRT un « Accord d'Utilisateur IFA » qui n'octroie qu'un droit d'utilisation ou d'accès à l'interconnexion. Ce contrat doit mettre en œuvre le contrat d'exportation ou d'importation préalablement conclu qui permet l'accès aux réseaux de transport du GRT. En sus, l'utilisateur conclut un contrat d'accès aux réseaux anglais auprès du NGC au titre du « Use of system Agreement ». En contrepartie de l'utilisation de son réseau, le NGC perçoit une redevance à un double titre, celui de la connexion à son réseau de transport et celui de l'utilisation de l'Interconnexion de son réseau de transport[1478]. Le règlement 1228/2003 ne choisit pas entre les méthodes d'allocations précitées, même s'il indique sa préférence pour le système des « ventes aux enchères implicites et explicites »[1479]. En effet, afin de promouvoir la création de marchés électriques concurrentiels, toute la capacité disponible doit être, selon lui, soumise aux enchères et la capacité achetée doit être librement commercialisable jusqu'à son utilisation. Par ailleurs, la procédure des enchères doit être préparée en étroite collaboration entre l'autorité de régulation nationale et le GRT, comme c'est le cas du système retenu en France.

(d) Appréciation sur le régime des échanges transfrontaliers d'électricité

Le régime des importations et des exportations d'électricité met en exergue la situation des contrats de long terme conclus par EDF avant l'entrée en vigueur de la directive 96/92 du CE. Ces contrats ne doivent plus permettre à EDF de bénéficier d'une priorité d'accès aux réseaux ou de se voir attribuer une capacité prioritaire en raison de l'antériorité de ses contrats d'exportations. Les dispositions de la directive 96/92 du CE, ainsi que l'article 23 de la loi du 10 février 2000, soumettent EDF au régime applicable pour l'ensemble des opérateurs. Par conséquent, afin que ses contrats d'importations accèdent aux réseaux, EDF doit conclure des contrats d'accès aux réseaux (avant protocoles d'accès) pour leur mise en œuvre.
La conclusion par EDF d'un tel contrat lui permet d'obtenir ainsi un ordre de priorité dès sa réception par le GRT. Les « contrats à long terme existants n'ayant aucun droit de préemption au moment de leur renouvellement »[1480]. Le règlement 1228/2003 souligne, en outre, que les droits d'accès prioritaire à une capacité

[1476] Celle-ci repose sur l'élaboration de plusieurs contrats annuels, d'un seul contrat annuel ou d'un contrat journalier, guide Utilisateur IFA élaboré par le GRT, version du 11 décembre 2000, p. 5, consultable sous : http//www.rte-france.com/htm/fr/offre/offre_inter_2.htm

[1477] Cette règle, « utilisé ou perdu » (use it or lose it), impose aux utilisateurs d'indiquer les capacités d'électricité qu'ils n'utiliseront pas. Les opérateurs les mettent ensuite aux enchères et l'utilisateur d'origine reste redevable du paiement de la capacité, mais sans recevoir les produits de ces enchères, guide utilisateur IFA, version du 11 décembre 2000, p. 8.

[1478] Les perceptions de redevance pour la connexion et l'utilisation du réseau de transport sont publiées chaque année et approuvées par le Director General of Electricity Supply.

[1479] Annexe au règlement 1228/2003 du CE.

[1480] Annexe du règlement 1228/2003 du CE.

d'interconnexion ne sauraient être attribuables aux contrats qui méconnaissent les articles 81 et 82 du Traité CE[1481]. Cette mesure est essentielle pour éviter toute discrimination par rapport aux autres opérateurs et ne contredit pas, selon la CRE, le principe de « l'intangibilité des contrats »[1482].
Dans son arrêt du 7 juin 2005, la CJCE confirme cette approche de manière indiscutable. Elle dispose qu'à moins d'avoir invoqué la dérogation prévue à l'article 24 de la directive 96/92 du CE, l'Etat membre ne saurait justifier une réserve de capacité aux frontières à des contrats de longue durée et de ce fait refuser les capacités à des nouveaux entrants sans méconnaître le principe de non-discrimination. Le fait que la conclusion de ces contrats répondait à la prise en charge d'obligations de service public n'est en l'espèce pas pris en compte et ne sont pas exonérés au titre de l'article 86 § 2 du Traité CE comme le proposait l'avocat général dans cette affaire[1483].
Cet arrêt de principe fait primer la directive sur les dispositions du Traité CE, une interprétation différente n'aurait pas permis une application exhaustive de la directive et aurait contrarié son but, à savoir, la réalisation d'un marché intérieur de l'énergie. L'opacité des règles relatives à la gestion des importations et des exportations d'électricité doit être dorénavant réduite par l'entrée en vigueur du règlement 1228/2003. Son adoption, désapprouvée par de nombreux régulateurs[1484], doit préciser les règles d'utilisation des interconnexions comme complément de l'accès aux réseaux. On reproche toutefois au règlement 1228/2003 de ne fixer que les principes fondamentaux de la tarification et de l'attribution des capacités, alors que c'est précisément dans le détail de leur fonctionnement que se dissimulent les entraves à l'accès aux réseaux. Il met toutefois en place un mécanisme original de compensation entre les GRT, d'où les flux sont originaires, et les réseaux où ces flux aboutissent, afin que ceux-ci soient indemnisés pour les coûts engendrés par le passage des flux transfrontaliers sur leurs réseaux[1485]. Il revient à la Commission de déterminer, en l'espèce, le montant des compensations payables[1486].
En revanche, la définition de la redevance d'accès aux interconnexions est une tâche plus complexe. De son calcul dépend l'effectivité du marché électrique européen, car elle peut être discriminatoire si elle est dissuasive et entrave la libre circulation des flux électriques. Aussi, sous l'égide du Forum de Florence et sur la base des propositions de la Commission[1487], les principes de la tarification de l'utilisation des interconnexions ont été dégagés afin d'enrayer les contraintes de congestion.
Il renvoie aux États membres le soin de son calcul qui doit refléter les coûts engendrés par les échanges. Il impose que la part de la redevance supportée par les

[1481] Annexe au règlement 1228/2003 du CE.
[1482] Communication de la CRE du 26 juillet 2001 sur les conditions d'accès aux interconnexions faisant l'objet de congestions peu fréquentes.
[1483] Arrêt C-17/03 de la CJCE du 7 juin 2005, précité.
[1484] Rapport d'activité de la CRE du 30 juin 2001.
[1485] Le fond de compensation comprend une partie appelée « Declared export », calculée par l'application d'un péage de 1 euro/MWh au volume des exportations déclarées pour 2002, et une seconde partie appelée « Net Flow », composée des déclarations des volumes d'exportation et d'importation par les États membres ex ante, proposition de l'ETSO sur un mécanisme de CBT du 3 septembre 2001, www.rte-france.com
[1486] Article 3 du règlement 1228/2003 du CE.
[1487] COM(2001)125 final, du 13 mars 2001, p. 3.

producteurs soit inférieure à celle des consommateurs afin d'alléger les opérateurs qui exportent ou importent de l'électricité et qui sont tenus de prendre directement en charge les flux de transit. Elle doit aussi être indépendante de la distance[1488].
Pour compléter l'intervention communautaire, les régulateurs nationaux, étant particulièrement jaloux de leur compétence en la matière, s'investissent afin de préciser les règles aux interconnexions[1489]. La CRE a ainsi continuellement orienté la réflexion vers plus de transparence dans le règlement des difficultés de congestion et enjoint régulièrement au GRT de se pencher sur ces problématiques. Ses efforts ne restent pas sans effets, la copie la plus accomplie dans ce sens est la réflexion commune sur les interconnexions France-Belgique-Allemagne-Pays-Bas conduite par le GRT et ELIA (GRT Belge). Dans une étude comparative, ces derniers proposent une gestion coordonnée d'allocation des capacités aux interconnexions précitées. Ils se basent sur un système « d'enchères coordonnées » complété par un système de redispatching des capacités ainsi que sur les principes du « coordinated cost-plus » tels que définis par l'ETSO[1490]. Parallèlement aux réglementations européennes et aux interventions ponctuelles des gestionnaires de réseaux, la Commission souhaite également améliorer le fonctionnement des interconnexions. Elle intervient en amont et au cas par cas pour développer les échanges d'électricité entre États membres. Sur la base des dispositions du Traité CE[1491], elle définit des projets d'intérêt commun pour assister le développement des interconnexions dans le cadre de sa compétence en matière de réseaux transeuropéens d'énergie[1492].
Ces interventions multiples démontrent la fragilité de l'ouverture à la concurrence des activités électriques européennes, alors que la création d'un marché intérieur de l'électricité repose principalement sur la gestion des échanges transfrontaliers.
Le manque de clarté des règles applicables à ces échanges doit beaucoup à cette superposition de règles issues d'initiatives bi- ou multilatérales des gestionnaires de

[1488] Voir le détail de la tarification adoptée en janvier 2004 dans le Mécanisme Cross Border Tarif par ETSO sous : http//www.etso-net.org/upload/documents/ETSO2004CBTMechanism.pdf

[1489] Dans leur communication du 29 novembre 2001, la CRE et la CREG demandent à leurs GRT respectifs de proposer une méthode d'allocation commune et de rapprocher pour cela les GRT allemands et néerlandais concernés. Suite à quoi, le GRT et ELIA (GRT belge) ont proposé un programme commun d'évaluation et d'attribution des capacité, communiqué de la CRE du 15 avril 2002 sur la mise en œuvre du programme d'action des régulateurs belge et français pour améliorer les conditions d'échange d'électricité.

[1490] Conclusion de l'Étude comparative de différentes méthodes d'allocation des capacités de transport à l'interconnexion France-Belgique du 26 juillet 2002, consultable sous : www.rte-france.com

[1491] Aux termes de l'article 154 du Traité CE, « la Communauté contribue à l'établissement et au développement de réseaux transeuropéens [...] dans le domaine de l'énergie ». L'action de la Communauté « vise à favoriser l'interconnexion et l'interopérabilité des réseaux nationaux ainsi que l'accès à ces réseaux ». L'article 155 autorise, quant à lui, la Commission à dégager de grandes orientations pour assurer l'interconnexion des réseaux en déterminant les projets d'intérêt commun.

[1492] La Commission actualise les projets d'intérêt commun en la matière en modifiant la décision n° 1254/96 du CE relative aux réseaux transeuropéens. Elle énumère les liaisons électriques entre États membres à renforcer et sert ainsi d'orientation objective pour le programme d'investissement du GRT, décision de la Commission du 26 juin 2003 n° 1229/2003 établissant un ensemble d'orientations relatives aux réseaux transeuropéens dans le secteur de l'énergie et abrogeant la décision précitée, JO L-176/11 du 15 juillet 2003 ; voir également les motivations contenues dans le Livre vert de la Commission sur la sécurité de l'approvisionnement énergétique dans lequel la Commission souligne que le manque d'infrastructures freine l'intégration des marchés nationaux et compromet la sécurité d'approvisionnement, COM(2000)769, p. 70.

réseaux, des régulateurs et des instances européennes. On peut également douter de l'efficacité de la récente initiative du groupement des régulateurs (ERGEG) vers une régionalisation de la régulation.

(c) Le contrôle des contrats d'accès aux réseaux

La loi du 10 février 2000 attribue à la CRE le contrôle des contrats et protocoles d'accès aux réseaux et aux interconnexions, avant, pendant, puis après leur mise en œuvre. Son article 23 impose aux opérateurs et, en particulier, aux GRT et GRD de transmettre à la CRE l'ensemble des contrats et protocoles d'accès aux réseaux dès leur conclusion et avant leur mise en œuvre. À réception la CRE opère, dans le cadre de sa compétence d'attribution et à l'aide des instruments prévus par la loi du 10 février 2000[1493], un contrôle sur la conformité des contrats d'accès aux réseaux avec les dispositions légales et réglementaires, mais aussi avec ses propres décisions.

La CRE a pour tâche de s'assurer que le GRT attribue aux opérateurs un accès aux réseaux transparent, équitable et non discriminatoire. Aussi, une clause contractuelle dans le contrat d'accès aux réseaux en contradiction avec ces principes est constitutive d'un manquement aux termes de l'article 40 de la loi du 10 février 2000. Lorsqu'un manquement est constaté par la CRE, elle adresse à l'opérateur une décision dans laquelle elle propose tout changement utile dans le contrat d'accès aux réseaux[1494]. En cas d'inexécution, elle met l'opérateur en demeure de se conformer à la modification proposée avant de prononcer une sanction à son endroit pouvant aller jusqu'à une amende égale à 3 % de son chiffre d'affaires ou 150 000 euros[1495]. L'importance de ces amendes est en relation avec les dispositions du règlement 1228/2003 du CE qui exige dans son article 12 l'adoption par les États membres de sanctions « efficaces, proportionnées et dissuasives » pour empêcher les discriminations dans l'accès aux réseaux.

Dans le cadre de la procédure de règlement des différends, la CRE intervient également ex post, pour contrôler les contrats et les protocoles mis en œuvre. À la différence de la procédure précédente dans laquelle la CRE peut d'office sanctionner les manquements des opérateurs qu'elle constate, l'article 38 de la loi du 10 février 2000 impose, quant à lui, la saisine préalable de la CRE par le GRT ou l'utilisateur du réseau concerné. Cette procédure de règlement des différends permet à la CRE de contrôler les contrats et protocoles d'accès aux réseaux conclus entre le GRT et les utilisateurs des réseaux, pour autant que ces contrats soient relatifs à l'utilisation des réseaux ou au désaccord des parties sur la conclusion, à l'interprétation ou l'exécution des contrats et des protocoles. Saisie par l'une des parties au contrat, la CRE adopte toute mesure utile à l'aide de ses pouvoirs d'enquête et de saisie[1496] et prend une décision motivée devant contenir les mesures techniques et financières à mettre en œuvre pour régler le différend[1497]. Cette décision, qui est publiée au

---

[1493] Articles 33 à 40 de la loi du 10 février 2000.
[1494] Article 40 § 1° de la loi du 10 février 2000.
[1495] Article 40 § 1° de la loi du 10 février 2000.
[1496] Article 33 s. de la loi du 10 février 2000.
[1497] Article 38 de la loi du 10 février 2000, voir supra dans la 3ème Partie, le paragraphe « Le pouvoir de régler les différends entre les opérateurs et les GRT et GRD », p. 382.

Journal Officiel, est susceptible de recours en annulation ou en réformation devant la Cour d'Appel de Paris. En outre, dans l'hypothèse où le différend entraîne une atteinte grave et immédiate aux règles d'accès aux réseaux ou à son utilisation, la CRE peut prononcer toute mesure conservatoire afin d'assurer la continuité du fonctionnement des réseaux[1498].

La CRE se voit ainsi attribuer une compétence exclusive en matière de contrôle des contrats d'accès aux réseaux. Elle interprète sa compétence et l'étend à toute « difficulté technique, économique ou contractuelle » relative à l'accès aux réseaux[1499]. Cette exclusivité s'illustre aussi dans l'obligation de renvoi qui pèse sur le Conseil de la Concurrence lorsqu'il est saisi d'un différend qui implique le contrôle des contrats et protocoles d'accès aux réseaux[1500]. Celui-ci ne retrouve sa compétence que dans le cas où les clauses contractuelles constituent, entre autres, des abus de position dominante, des ententes, ou mettent en œuvre des pratiques de prix prédateurs[1501].

Outre un contrôle ex post, la CRE est toujours en mesure d'intervenir au cours des négociations des contrats d'accès aux réseaux si elle est saisie par l'une des parties et ce jusqu'à leur conclusion. Elle contrôle l'élaboration des contrats d'accès aux réseaux et peut demander aux parties communication de toute information sur l'exécution des contrats et protocoles[1502].

Les pouvoirs reconnus à la CRE afin d'assurer le respect des règles de la concurrence dans les contrats d'accès aux réseaux sont cependant moins étendus que ceux attribués à l'Autorité de Régulation des Télécommunications (ART) dans le domaine des télécommunications. En effet, la CRE ne dispose pas de la possibilité de modifier les contrats reçus en cas de non-conformité avec les dispositions légales et réglementaires. Alors que l'ART peut dans ce cas demander, « après avis du Conseil de la Concurrence, la modification des conventions ou des protocoles déjà conclus »[1503].

Par ailleurs, il n'est pas inintéressant de constater que le CART prévoit, en cas de contestation sur l'interprétation ou l'exécution du contrat, une procédure amiable de règlement des différends qui, si elle n'aboutit pas, autorise les parties à saisir « selon les cas » la CRE, le Ministre chargé de l'énergie ou la juridiction compétente (en l'espèce, le Tribunal de commerce). Cette disposition soulève de sérieux doutes quant à sa compatibilité avec l'article 38 de la loi du 10 février 2000 qui attribue une compétence exclusive à la CRE en matière d'interprétation et d'exécution des contrats d'accès aux réseaux.

Une compétence multiple n'aide pas à la création d'une jurisprudence uniforme et nuit par conséquent à la sécurité juridique.

1498 Article 38 § I de la loi du 10 février 2000.

1499 Guide du client éligible de la CRE du 23 décembre 2000.

1500 Aux termes de l'article 39 de la loi du 10 février 2000 le Conseil de la concurrence communique à la CRE toute saisine relative à un règlement des différends en vertu de l'article 38.

1501 Article L. 420-1 s. du Code de commerce.

1502 Article 40 de la loi du 10 février 2000.

1503 Articles L. 36 s. du Code des P et T.

c) La tarification de l'accès aux réseaux publics de transport et de distribution

Les dispositions relatives à la tarification de l'utilisation des réseaux publics de transport et de distribution d'électricité sont celles les plus à même de traduire les principes d'équité et de non-discrimination de l'accès aux réseaux. Alors que la directive 96/92 du CE n'aborde la question du « prix » ou du « tarif » de l'utilisation des réseaux de transport et de distribution d'électricité qu'indirectement dans le cadre des systèmes d'accès aux réseaux[1504], la directive 03/54 du CE se rattrape et l'aborde en détail dans le chapitre relatif à la régulation du secteur électrique.
Dans le cadre du système de l'acheteur unique, la directive 96/92 du CE disposait laconiquement que les États membres adoptent un tarif non discriminatoire pour l'utilisation du réseau de transport et de distribution[1505]. La fixation du tarif d'utilisation des réseaux est donc laissée aux États membres sous la condition que ce dernier soit mis en œuvre conformément à des critères « objectifs, transparents et non discriminatoires »[1506].
La définition et le mode de calcul du tarif d'utilisation des réseaux sont des éléments essentiels pour assurer la « contestabilité » du marché électrique et l'entrée de concurrents potentiels[1507]. La latitude laissée aux États membres pour le transposer est limitée par le fait qu'il doit être adopté sur une base « reflétant les coûts des réseaux »[1508].
La loi du 10 février 2000 ayant fait le choix d'un accès réglementé aux réseaux avait prévu que le tarif d'utilisation des réseaux soit défini in fine par les pouvoirs publics[1509]. Prévenante cependant, elle dispose qu'afin d'être transparent et équitable, le tarif d'utilisation des réseaux doit prendre en compte les caractéristiques et les contraintes intrinsèques aux réseaux, à savoir l'ensemble des coûts des réseaux, y compris ceux relatifs à la gestion du service public et des contrats de service public[1510]. Les dispositions relatives à sa nature, son calcul et ses modalités d'application sont contenues dans des dispositions réglementaires d'application adoptées près de deux ans après l'entrée en vigueur de la loi du 10 février 2000. Jusque-là, le tarif d'utilisation des réseaux consistait en un barème provisoire mis en place par le GRT avec l'approbation du régulateur. Il importe au préalable de présenter la structure du prix de l'électricité dont la détermination a des conséquences sur les tarifs d'utilisation des réseaux.

1504 Article 17 § 3 et 4 de la directive 96/92 du CE.
1505 Article 18 de la directive 96/92 du CE.
1506 Article 16 de la directive 96/92 du CE.
1507 La contestabilité du marché dépend des « conditions techniques et économiques d'accès aux réseaux ». Celles-ci jouent, en effet, un rôle déterminant, car selon les modalités de la tarification de l'utilisation du réseau retenues, elles peuvent constituer « un obstacle au bon fonctionnement du marché, ou au contraire être un facteur de sa contestabilité », rapport « Champsaur » sur la tarification des réseaux de transport et de distribution de l'électricité du 27 janvier 2000, p. 10.
1508 Ce qui signifie, selon la Commission, « que les propriétaires de réseaux ne doivent pas pouvoir retirer des bénéfices excessifs d'une situation de monopole et que, lorsque les GRT font partie d'une entreprise à intégration verticale, tous les utilisateurs, y compris ceux affiliés au gestionnaire de réseau, doivent se voir offrir les mêmes conditions », SEC(2001)1957, du 3 décembre 2001, p. 4.
1509 L'article 17 § 1 et 4 de la directive 96/92 du CE contient les options d'accès négocié et d'accès réglementé aux réseaux.
1510 Article 4 de la loi du 10 février 2000 tel que modifié par l'article 33 § 4 de la loi du 9 août 2004.

(1) La structure du prix de la fourniture et du tarif d'utilisation des réseaux

L'unique tarification que le système électrique connaissait jusqu'à l'entrée en vigueur de la loi du 10 février 2000 est celle relative au prix de l'électricité. Elle se présentait alors comme un prix global, intégrant le prix de la fourniture en électricité et celui de l'utilisation des infrastructures. Cette tarification du bien électrique est alors déterminée par les pouvoirs publics et adoptée par décret en Conseil d'État, sur la base des dispositions de l'Ordonnance du 1er décembre 1986 relative, pourtant, à la liberté des prix et à la concurrence[1511]. Cette ordonnance, sur la base de laquelle est adopté le 1er décret relatif au prix de l'électricité du 29 juillet 1988[1512], exclut cependant l'électricité du régime de la liberté des prix. Celui-ci n'est fondé alors que sur les orientations relatives à l'évolution des tarifs de l'électricité contenues dans le contrat d'entreprise conclu entre EDF et l'État[1513]. Une tarification spécifique de l'utilisation des réseaux de transport et de distribution d'électricité, indépendante de la fourniture électrique, n'apparaît qu'avec la transposition de la directive « Transit »[1514], qui impose aux États membres de prévoir une contrepartie financière équitable et transparente à l'utilisation des réseaux de grand transport et des interconnexions. De là, la directive 96/92 du CE imposera la définition d'une tarification spécifique des réseaux électriques et renverra aux États membres la compétence d'en définir la nature, les composantes et d'en garantir le caractère transparent et non discriminatoire[1515].
Afin de transposer la directive 96/92 du CE, la loi du 10 février 2000 doit repenser l'ensemble du système de tarification de la fourniture électrique en le scindant en deux étapes : déterminer le prix de la fourniture et isoler au sein de celle-ci le coût de l'utilisation des réseaux. La définition du premier influe nécessairement sur le second et, par conséquent, sur la concurrence, puisque sa définition fait apparaître les composantes des coûts à intégrer dans le tarif d'utilisation des réseaux.

(a) Le prix de la fourniture électrique dans la loi du 10 février 2000

En raison de l'ouverture du marché de l'électricité à la concurrence et de la libéralisation de la production d'électricité, en particulier, les prix de la fourniture électrique sont librement déterminés par les fournisseurs pour leurs clients éligibles. En revanche, les prix de la fourniture sont fixés par les pouvoirs publics pour les clients captifs, à savoir les clients qui n'ont pas encore le choix de leur fournisseur, la directive 96/92 du CE reconnaissant dans son article 10 § 1 que la « tarification de

[1511] Ordonnance n° 86-1243 du 1er décembre 1986 relative à la liberté des prix et de la concurrence, codifiée aux articles L. 410 s. du Code de Commerce.

[1512] Décret n° 88-850 du 29 juillet 1988, JO du 29 Juillet 1988 pris sur le fondement de l'Ordonnance du 1er décembre 1986, réglemente les prix hors taxes de l'électricité transportée et distribuée par les réseaux publics en France. Dans un avis du 18 septembre 1987, le Conseil de la Concurrence a justifié la réglementation par l'existence du monopole légal d'EDF, la faible élasticité de la demande des consommateurs par rapport aux prix de l'électricité et l'existence d'une gamme d'usages spécifiques pour lesquels la substitution d'autres énergies n'est pas possible.

[1513] En ce qui concerne l'évolution des prix, la baisse du niveau tarifaire devait être de 3,5 % en 1998, et de 2,25 % par an pour la période 1999-2000, annexe 2 du Contrat d'entreprise du 8 Avril 1997, période 1997-2000, p. 22.

[1514] Directive Transit 90/547 CE du 29 octobre 1990.

[1515] Article 18 § 1 i) de la directive 96/92 du CE.

ces fournitures peut être réglementée ». Elle dispose, en outre, que la réglementation peut avoir pour but d'assurer une égalité de traitement entre les clients concernés et conforte ainsi le principe de la péréquation des tarifs, cher à la philosophie française du contrôle des prix de l'électricité. Selon cette philosophie, ce serait pour assurer aux clients captifs une égalité de traitement entre eux que la loi du 10 février 2000 n'a pas reconnu l'éligibilité de l'ensemble des consommateurs et continue de contraindre leurs fournisseurs à les desservir en électricité à un prix fixé par lés pouvoirs publics.
La loi du 10 février 2000 confirme le rôle des pouvoirs publics dans la procédure d'adoption du prix de l'électricité. Elle leur adjoint cependant la CRE qui, en participant à l'élaboration du prix de l'électricité, dispose ainsi d'informations essentielles pour la constitution du tarif d'utilisation des réseaux.

(i) La procédure d'adoption du prix de la fourniture électrique dans la loi du 10 février 2000

La fourniture électrique demeure pour certains consommateurs, dans la loi du 10 février 2000, un service exclu des secteurs dans lesquels les prix peuvent être librement déterminés par le marché[1516]. En outre, la loi du 10 février 2000 conforte la procédure de détermination du prix de l'électricité sous l'autorité conjointe des Ministres chargés de l'économie et de l'énergie. La particularité de l'adoption du prix de fourniture électrique est l'intervention de l'opérateur historique qui a traditionnellement pour mission de proposer le prix de la fourniture[1517]. Le décret du 29 juillet 1988 précité fixait les taux d'évolution globale par classe de tarifs de l'électricité et renvoyait à un arrêté ministériel le soin de fixer le niveau des tarifs[1518]. Les catégories et les correctifs tarifaires proposés par EDF devaient être, quant à eux, approuvés par le Ministre chargé de l'énergie après consultation du Ministre chargé de l'économie[1519]. EDF est ainsi en mesure, à la demande des pouvoirs publics, d'effectuer l'analyse de tarifs intégrant les évolutions à prévoir des coûts de production, de transport et de distribution d'électricité[1520].
La structure tarifaire de la fourniture électrique d'EDF est traditionnellement basée sur les coûts marginaux de long terme de production, de transport et de distribution d'électricité. Les tarifs de la fourniture correspondent donc schématiquement à une agrégation de coûts marginaux reflétant les différences entre les niveaux de raccordement des clients, les périodes et les durées d'utilisation[1521].

[1516] En vertu de l'article L- 410-2 du Code de commerce, les prix des biens, produits et services sont en principe librement déterminés par le jeu de la concurrence. « Toutefois, dans les secteurs ou les zones où la concurrence par les prix est limitée en raison de situation de monopole [...], un décret en Conseil d'État peut réglementer les prix après consultation du Conseil de la Concurrence ».
[1517] Article 17 du cahier des charges du RAG du 10 avril 1995, P. Sablière, Droit de l'électricité, Dalloz, 2003, p. 135.
[1518] Aux termes de l'article 2 du décret du 29 juillet 1998, « la tarification de l'électricité traduit les coûts de production et de mise à disposition de cette énergie aux usagers. Pour chaque contrat, le tarif de l'électricité comporte une redevance forfaitaire d'abonnement et un prix de l'énergie effectivement consommée ».
[1519] Article 17 du cahier des charges du RAG du 10 avril 1995.
[1520] Articles 20 et 22 du cahier des charges du RAG du 10 avril 1995.
[1521] Les consommateurs payent les kWh consommés pendant les différentes périodes de l'année à des prix qui doivent, en principe, couvrir le coût total des moyens de production et de transport mis en œuvre.

Cette formule de tarification, qui est appelée à être appliquée après l'entrée en vigueur de la loi du 10 février 2000, a été validée par le Conseil de la Concurrence qui considère que cette tarification « fournit des outils tout prêts pour calculer les seuils de prédation [...] et permet, en appliquant aux clients éligibles un prix plafond, de vérifier l'absence de subventions croisées entre clientèle captive et clientèle éligible »[1522]. La loi du 10 février 2000 ne modifie pas cette organisation. Elle renvoie à la procédure d'adoption du tarif de l'électricité, telle que prévue à l'article L. 410-2 du Code de commerce[1523] et confirme la compétence des pouvoirs publics dans l'adoption du tarif d'utilisation des réseaux. La seule innovation qu'elle introduit en sus de « cette réglementation complexe »[1524] est la contribution de la CRE à ce processus. En effet, celle-ci intervient dorénavant pour formuler un avis sur la fixation du tarif et de ses évolutions[1525], comme le préconisait le rapport Champsaur[1526]. En permettant à la CRE d'intervenir dans le processus d'élaboration du tarif de l'électricité, la loi du 10 février 2000 lui permet de contrôler les coûts spécifiques intégrés dans ce tarif. Ce contrôle ayant pour conséquence d'empêcher le GRT de les faire valoir de nouveau dans le tarif d'utilisation des réseaux.
L'article 4 § I de la loi du 10 février 2000 énumère les tarifs réglementés du secteur électrique, ce sont :
- les tarifs de cession de l'électricité aux DNN[1527] ;
- les tarifs de la fourniture de secours aux consommateurs éligibles et
- les plafonds de prix qui peuvent être fixés pour la fourniture d'électricité aux clients éligibles dans des zones du territoire non interconnectées au réseau métropolitain continental.
Bien que l'article 4 de la loi du 10 février 2000 ne le mentionne jamais, les clients éligibles sont nécessairement exclus de cette énumération. Le prix de l'électricité vendue à des clients éligibles est en raison de l'ouverture à la concurrence du marché électrique librement négocié entre eux et leurs fournisseurs.
Il faut pourtant souligner ici l'exception prévue par la fixation d'un plafond de prix à

1522 Avis du Conseil de la concurrence 98-A-22 du 8 décembre 1998 relatif à deux demandes d'avis sur les principes devant guider et encadrer la politique tarifaire d'EDF.

1523 Article 4 de la loi du 10 février 2000.

1524 P. Sablière, Droit de l'électricité, Dalloz, 2003, p. 137.

1525 Le Conseil de la concurrence estime encore, dans son avis n° 00-A-20 du 6 septembre 2000 relatif aux tarifs de vente de l'électricité aux clients non éligibles, qu'il est « indispensable que les principes généraux de tarification, et non seulement les barèmes qui en découlent, soient soumis à la CRE ».

1526 « La confusion entre les intérêts de l'État en tant qu'actionnaire d'EDF et ceux de l'État en tant que régulateur du marché risque de jeter la suspicion sur le bien-fondé des décisions prises pour fixer la grille tarifaire d'EDF. La CRE devrait donc jouer un rôle plus important en matière de régulation tarifaire d'EDF-production », rapport Champsaur du 27 janvier 2000. Lors de la mise en place du nouveau régime électrique français, le Ministre de l'Économie et le Secrétaire d'État à l'Industrie ont confié à un groupe d'expertise indépendant l'étude, du point de vue économique, des modalités de tarification des réseaux de transport et de distribution de l'électricité, ainsi que des principes applicables à la tarification de la fourniture d'électricité aux consommateurs non éligibles. Leurs conclusions sont contenues dans le rapport Champsaur, consultable sous : http//www.industrie.gouv.fr/energie/electric/textes/rapch.htm

1527 Ces tarifs de cession se substituent aux conditions tarifaires figurant dans les contrats en cours entre EDF et les DNN qui n'ont pas exercé leur éligibilité dans un délai de 6 mois à compter de la publication du décret fixant ces tarifs, article 53 de la loi du 13 juillet 2005.

l'endroit des clients éligibles situés dans des zones difficiles d'accès[1528]. La loi du 10 février 2000 ne précise pas véritablement la zone de desserte concernée, elle souligne uniquement que le plafond de prix est applicable « dans les zones non interconnectées au réseau métropolitain continental »[1529]. Les autorités compétentes, ainsi que la procédure d'adoption de ces plafonds de prix, ressortent de l'article L.410-2 du Code de commerce. Cette disposition s'analyse comme une mesure de protection des clients éligibles contre la pratique de prix de l'électricité élevés en raison des difficultés de desserte liées aux contraintes géographiques. Afin d'éviter que cette disposition ne soit incompatible avec la directive 96/92 du CE qui impose que les clients éligibles négocient librement leur fourniture en électricité[1530], la loi du 10 février 2000 dispose qu'il ne s'agit que d'une alternative au profit des clients éligibles[1531].

Peu après l'entrée en vigueur de la loi du 10 février 2000, un arrêté sur le prix de l'électricité prévoyant une évolution à la baisse des tarifs de l'électricité, est adopté[1532]. Consultée selon la procédure de l'article 4 de la loi du 10 février 2000, la CRE critique toutefois l'urgence de la saisine qui ne lui permet ni de se prononcer sur l'arrêté soumis, ni d'exercer de contrôle « sur la structure tarifaire ou sur la bonne adéquation des tarifs aux coûts supportés par EDF et les DNN »[1533].

Consulté également sur l'adoption de ce décret, en vertu de l'article L. 410-2 du Code de commerce, le Conseil de la concurrence émet lui aussi des réserves sur l'annexion au décret du barème tarifaire mis en place par EDF sans qu'un contrôle préalable sur une allocation raisonnable des coûts comptables dans le tarif d'utilisation des réseaux ne soit effectué[1534]. Or ce contrôle est d'autant plus important qu'il doit dorénavant prévenir les subventions croisées entre les revenus issus de la clientèle captive vers la clientèle éligible[1535]. Et une « reconduction pure et simple des tarifs de l'électricité actuels pourrait entraîner des distorsions de

---

1528 Article 4 § I de la loi du 10 février 2000.

1529 Cet alinéa de l'article 4 est applicable, en particulier, à Mayotte par l'ordonnance n° 2002-1451 du 12 décembre 2002 relative à la modernisation et au développement du service public de l'électricité à Mayotte.

1530 Article 17 de la directive 96/92 du CE.

1531 L'article 4 § I dispose que les plafonds de prix « peuvent » être fixés pour la fourniture d'électricité aux clients éligibles, mais ne doivent pas obligatoirement l'être, ce qui implique que les clients éligibles en fassent la demande.

1532 Arrêté du 28 avril 2000 relatif au prix de l'électricité, JO n° 101 du 29 avril 2000, avis de la CRE du 26 avril 2000 relatif au mouvement tarifaire du 1er mai 2000, JO n°100 du 28 avril 2000.

1533 Avis de la CRE du 26 avril 2000 sur le mouvement tarifaire, dans lequel elle s'étonne du fait que le projet ne « modifie pas substantiellement la structure tarifaire préexistante » et n'est, par conséquent, pas incompatible avec la loi du 10 février 2000. Elle conclut en soulignant que son avis « ne préjuge pas pour l'avenir » et rend le 7 novembre 2001 un avis de compatibilité de l'arrêté proposé avec la loi et les décrets sur le projet d'arrêté relatif au prix de l'électricité, JO n° 260 du 9 novembre 2001.

1534 Avis n° 00-A-20 du Conseil de la concurrence du 6 septembre 2000 relatif aux tarifs de vente de l'électricité aux clients non éligibles.

1535 Le Conseil de la Concurrence a considéré dans un avis n° 98-A-22 que pour prévenir les subventions croisées, les tarifs du coût de développement d'EDF peuvent être liés à leur composante production pour autant que « des procédures précises et détaillées soient mises en œuvre sous le contrôle d'un audit externe pour [...] vérifier que les tarifs correspondent à une allocation raisonnable des coûts comptables ». Il conclut dans son avis n° 98-A-22 que le projet de décret sur le tarif de l'électricité qui lui est soumis reprend « intégralement la grille tarifaire d'EDF avant qu'aucune vérification de ce genre n'ait pu être entreprise », voir 14ème rapport d'activité du Conseil de la concurrence 2000, p. 52.

concurrence » s'ils n'identifient pas suffisamment les coûts de production et ceux liés aux réseaux électriques[1536]. Afin de vérifier la crédibilité de la dissociation opérée entre ces coûts, la CRE peut contrôler les coûts de référence de la production d'EDF à travers sa comptabilité analytique et les données techniques transmises par les producteurs indépendants et le GRT[1537]. Mais elle n'est pas tributaire des informations communiquées par les opérateurs, car elle peut toujours, afin d'accomplir ses missions, recueillir toute information nécessaire auprès des opérateurs[1538]. Toutefois, les avis qu'elle rend sur les tarifs de l'électricité n'ont qu'une portée consultative et ne lient pas le gouvernement dans sa décision, même si ces avis sont motivés et publiés.

(ii) Les coûts à intégrer dans le prix de la fourniture électrique

La définition des composantes du tarif d'utilisation des réseaux est une tâche fondamentale afin d'assurer la transparence et la non-discrimination d'un secteur à demi ouvert à la concurrence car elle a un effet direct sur l'utilisation d'une infrastructure essentielle. Pour garantir le respect de ces impératifs, la loi du 10 février 2000 précise que le tarif de vente de l'électricité doit, comme le tarif d'utilisation des réseaux, prendre en compte les qualités intrinsèques des fournitures, telles que la saisonnalité des consommations, en fonction des coûts qui sont liés à ces fournitures[1539].

La prise en compte de ces qualités intrinsèques permet de ne pas moduler les tarifs de l'électricité en fonction de l'usage qui en est fait et d'assurer un tarif unique pour l'ensemble des consommateurs. Le décret relatif au prix de l'électricité exige que les coûts marginaux du tarif de la fourniture soient basés sur un prix de la puissance et un prix de l'énergie[1540]. Les quantités d'électricité prises en compte pour le calcul sont celles effectivement consommées, en d'autres termes, la puissance souscrite par le client final à la tension à laquelle l'électricité est fournie, en fonction des saisonnalités et variations journalières de la consommation.

Enfin, le prix de l'électricité est différent selon le niveau de tension auquel le consommateur est raccordé et comprend, par conséquent, plusieurs gammes tarifaires[1541].

Le 1er décret relatif au prix de l'électricité, adopté après l'entrée en vigueur de la loi du 10 février 2000, précise les éléments composant le prix de l'électricité afin de

[1536] Avis n° 00-A-20 du Conseil de la concurrence du 6 septembre 2000, précité.

[1537] Article 4 § III de la loi du 10 février 2000.

[1538] La CRE peut être aidée pour cela par des fonctionnaires habilités par le Ministre chargé de l'énergie ou le Ministre chargé de l'économie ou être autorisée à accéder à toute information utile détenue par le GRT, article 33 § II de la loi du 10 février 2000.

[1539] Article 4 § II de la loi du 10 février 2000.

[1540] Sur la compétence des pouvoirs publics, voir l'arrêt du Conseil d'État « Société Anonyme/France Télécom » du 14 avril 1999. Dans cette espèce, le Conseil d'État est saisi d'une demande d'annulation d'un décret relatif à la détermination des coûts d'interconnexion des services de télécommunication. Le Conseil d'État conclut que le pouvoir réglementaire est fondé à définir les règles d'évaluation des coûts d'interconnexion.

[1541] Un niveau de tension de référence est lié à chaque gamme de tarifs d'utilisation des réseaux, article 17 du cahier des charges du RAG du 10 avril 1995, pour une analyse de la tarification, R. Leban, La tarification de l'électricité en France, Revue de l'énergie, n° 510, octobre 1999.

proscrire « les subventions en faveur des clients éligibles »[1542], il s'agit[1543] :

- des coûts de production ;
- des coûts d'utilisation des réseaux de transport et de distribution ;
- des coûts de commercialisation de l'électricité et
- des dépenses de développement du service public.

L'article 4 § II rappelle également que les tarifs de vente de l'électricité doivent couvrir l'ensemble des coûts supportés par EDF et les DNN pour l'accomplissement des missions de service public. La loi du 13 juillet 2005 rajoute à cette énumération les coûts issus des contrats de service public dont l'exécution revient essentiellement à EDF. Afin de contrôler les coûts des missions de service public prises en charge par EDF et les DNN, l'État membre doit, aux termes de la directive 96/92 du CE, les définir précisément, les publier et les communiquer dans les plus brefs délais à la Commission[1544]. Sans contrôle sur leur contenu, une identification de leurs coûts devient impossible et, avec elle, la garantie d'un prix de l'électricité et d'utilisation des réseaux transparent et non discriminatoire.

Les DNN se voient, dans un premier temps, contraints d'appliquer les tarifs de cession de l'électricité du barème d'EDF[1545], bien que la loi leur permette de moduler les évolutions du prix de l'électricité[1546]. Les charges supplémentaires et les déficits d'exploitation des DNN doivent être toutefois compensés par le fond de péréquation de l'électricité[1547]. La loi du 3 janvier 2003 relative au marché du gaz modifie ce régime et permet aux DNN d'alimenter leurs clients éligibles et non éligibles avec une électricité acquise à des prix de marché[1548]. La loi gaz précise que, s'ils le souhaitent, les DNN peuvent choisir de continuer de s'approvisionner au tarif de cession de l'électricité précité ou auprès d'un fournisseur de leur choix[1549].

1542 Article 4 § II de la loi du 10 février 2000.

1543 Décret n° 2001-678 du 26 juillet 2001 relatif aux tarifs de vente de l'électricité aux clients non éligibles, JO n° 175 du 31 juillet 2001, p. 12304. Il rappelle que les tarifs de vente de l'électricité aux clients non éligibles sont fixés par décret en CE après avis de la CRE et du Conseil de la Concurrence, alors que les évolutions des tarifs sont fixées par arrêtés conjoints du Ministre chargé de l'économie et du Ministre chargé de l'énergie après avis de la CRE.

1544 Article 3 § 2 de la directive 96/92 du CE.

1545 Selon le Conseil de la concurrence, il est paradoxal dans « une période d'ouverture du marché de contraindre les DNN à s'aligner sur le barème d'EDF et de priver ainsi les consommateurs de prix de fourniture plus compétitifs », 14ème rapport d'activité du Conseil de la concurrence, 2000, p. 53.

1546 Aux termes de l'article 2 du décret précité, les DNN peuvent, dans leurs zones de desserte, adopter des tarifs qui dérogent aux tarifs établis dans le présent décret, mais « sans leur être supérieurs ».

1547 Ce fonds a été créé par un décret-loi du 18 septembre 1956 modifiant l'article 33 de la loi du 8 avril 1946. Les charges ou coûts de distribution supportés par les DNN sont plus élevés que ceux d'EDF, car les DNN ont des réseaux plus étendus, en particulier en zone rurale. Ce fonds est alimenté par des prélèvements sur recette des organismes de distribution d'électricité bénéficiaires. Ils les reversent aux organismes déficitaires sous forme de dotation de péréquation, M. Colombier, J.C. Hourcade, Développement des réseaux et modulations spacio-temporelles des tarifs : l'équité territoriale revisitée, Revue Économique, juillet 1989, p. 25.

1548 Article 22 § II de la loi du 10 février 2000 tel que modifié par la loi du 3 janvier 2003 relative au marché du gaz.

1549 La loi du 3 janvier 2003 relative au marché du gaz reprend ici les propositions émises dans le rapport de J. Bergougnoux, Services publics en réseaux, Commissariat général du Plan, avril 2000, p. 54 et dans le rapport Dumont relatif à la modernisation et au développement du service public, IVème partie, p. 69 ; Voir les modifications apportées par l'article 53 de la loi du 13 juillet 2005 au régime des tarifs de cession.

En ce qui concerne les fournitures de secours dont bénéficient les clients éligibles afin de compenser une défaillance, elles doivent être, selon l'article 4 § II, tarifées de telle sorte que les coûts de revient de ces fournitures soient couverts[1550]. Cette orientation du prix de l'électricité vers les coûts, introduite par la loi du 10 février 2000, traduit l'impératif communautaire selon lequel, même si les États membres réglementent les prix des marchandises dans un secteur dominé par un fournisseur, ces prix doivent tout de même être orientés par les coûts engendrés par le service. Des prix réglementés sans relation avec les coûts engendrés peuvent constituer pour l'entreprise qui les applique un abus de position dominante[1551], alors que des prix anormalement bas peuvent remplir les conditions d'une aide d'État[1552], dans les deux cas sanctionnés respectivement par les articles 82 et 87 du Traité CE.
Le contrôle sur la formation des prix de l'électricité est une mesure que les États membres connaissent déjà, car elle est contenue dans la loi du 19 juillet 1993 transposant la directive sur la « transparence des prix » 90/377 du CE qui impose à EDF de communiquer à l'autorité administrative visée dans la directive les techniques de calcul et d'évaluation qui fondent les tarifs de l'électricité aux consommateurs industriels finals[1553].

(b) Les tarifs d'utilisation des réseaux de transport et de distribution d'électricité

La tarification du transport et de la distribution de l'électricité est, au regard de la concurrence, un élément déterminant qui doit permettre la possibilité pour tout nouvel opérateur d'entrer et de sortir du marché électrique sans contraintes.
Il est donc aussi « transparent, non discriminatoire et orienté par les coûts des réseaux »[1554]. Le Conseil de la Concurrence paraphrase en ce sens les impératifs posés par la directive 96/92 du CE, que le tarif d'utilisation des réseaux soit négocié ou réglementé. La directive ne s'épanche cependant pas sur le tarif d'utilisation des réseaux, puisque aucune disposition ne le concerne directement, elle laisse ainsi toute latitude aux États membres en la matière. Ce mutisme est cependant comblé par la directive 03/54 du CE qui souligne son importance pour la mise en place d'un marché de l'électricité concurrentiel et appelle à la détermination d'un « juste prix » d'accès aux réseaux[1555]. Pour y parvenir, l'accès des tiers aux réseaux doit reposer sur un tarif d'utilisation des réseaux réglementé dont au moins la méthodologie est proposée par le régulateur. Le régime retenu initialement par loi du 10 février 2000 est précurseur, car il répond en grande partie à ces exigences. Le tarif d'utilisation des réseaux est, en effet, réglementé et repose sur la stricte définition des coûts des

---

[1550] Article 2 § III-2° de la loi du 10 février 2000.

[1551] Voir l'arrêt de la CJCE « United Brands/Commission » du 14 février 1978, C-27/76, ECR 1978, p. 207 ; arrêt de la CJCE « Lucazeau/SACEM » du 13 juillet 1898, C-110, 241 et 242/88, ECR 1989, p. 2811.

[1552] Arrêts joints « Belgique contre Commission », C-56/93 et « Kwekerij Gebroeders van der Kooy », 67, 68 et 70/84 de 1988, commentés par P.J. Slot, Regulation of prices in the Energy Sector of the EC, Journal of Energy & Natural Resources Law, 1997, p. 263.

[1553] Loi n° 93-914, JO du 20 juillet 1993, transposant la directive qui institue une procédure assurant une transparence des prix au consommateur final industriel de gaz et d'électricité, JO C-185/16 du 17 juillet 1990.

[1554] 14ème rapport d'activité du Conseil de la concurrence 2000, p. 50.

[1555] Point 6 de la directive 03/54 du CE.

réseaux contrôlée par la CRE. La loi du 3 janvier 2003, puis celle du 9 août 2004, imposeront, en outre, que le tarif d'utilisation des réseaux prenne en charge les coûts des missions et des contrats de service public.

(i) Les autorités compétentes pour la détermination des tarifs d'utilisation des réseaux

Le régime de l'utilisation des réseaux de transport et de distribution d'électricité comprend plusieurs tarifs qui s'apparentent à des « péages » à acquitter par les utilisateurs aux gestionnaires des réseaux publics de transport et de distribution d'électricité. Contrairement aux prix de l'électricité acquise par les clients éligibles, les tarifs d'utilisation des réseaux ne sont pas librement négociés entre les clients éligibles et les gestionnaires des réseaux. Ils sont dans un premier temps déterminés par les pouvoirs publics et font de l'accès aux réseaux un accès « réglementé » aux réseaux.

Parmi les dispositions de la loi du 10 février 2000, aucune n'indique clairement que l'accès aux réseaux est attribué sur la base d'un tarif réglementé. La nature de l'accès aux réseaux ressort de la combinaison des alinéas I et III de l'article 4 de la loi du 10 février 2000. Le premier renvoie à l'article L. 410-2 du Code de commerce relatif à la procédure d'adoption des prix réglementés, alors que le second vise les autorités compétentes pour le définir. En renvoyant aux États membres le soin de « prendre les mesures nécessaires » pour qu'un tarif soit publié[1556], la directive 96/92 du CE ne précise ni l'autorité habilité à le faire, ni l'éventuelle collaboration du régulateur à son adoption. Il revient aux États membres de déterminer le dispositif de tarification. La loi du 10 février 2000 s'appuie à cet égard sur les dispositions du Code de commerce. Aux termes de l'article L. 410-2 du Code de commerce, le prix des biens, produits et services est librement déterminé par la concurrence, sauf dans les secteurs où la concurrence par les prix est limitée en raison « de dispositions législatives ou réglementaires ». Dans cette hypothèse, un décret en Conseil d'État réglemente les prix après consultation du Conseil de la concurrence. C'est le cas dans le secteur électrique aux termes de l'article 4 § III de la loi du 10 février 2000. Celui-ci désigne les autorités chargées d'adopter le décret relatif au tarif d'utilisation des réseaux, que sont les Ministres chargés de l'économie et de l'énergie. Mais, considérant que ces autorités exercent leur tutelle sur les gestionnaires de réseaux[1557], le risque de subjectivité et de discrimination exhorté par la directive 96/92 du CE[1558] a imposé la collaboration du régulateur au processus d'adoption du tarif d'utilisation des réseaux[1559]. Alors que le Conseil de la Concurrence n'émet qu'un simple avis, il revient à la CRE, qui est garante auprès des utilisateurs d'un accès équitable et transparent aux réseaux publics[1560], de « proposer » le tarif d'utilisation des réseaux publics. Contrairement au simple avis qu'elle émet dans le

[1556] Articles 17 § 4 et 18 § 1-i° de la directive 96/92 du CE.

[1557] L'amendement de J. Proriol visant à associer le GRT à la procédure de détermination des tarifs a été rejeté, car il aurait introduit un élément subjectif dans la définition du tarif, rapport Bataille, p. 102.

[1558] L'article 16 de la directive 96/92 du CE impose que l'accès aux réseaux négocié ou réglementé soit mis en œuvre conformément à des critères objectifs, transparents et non discriminatoires. En l'espèce, le tarif d'utilisation de l'infrastructure est un des critères de l'accès aux réseaux.

[1559] Article 4 § III de la loi du 10 février 2000.

[1560] Article 4 § II de la loi du 10 février 2000.

cadre de l'adoption du tarif de vente de l'électricité, la CRE émettait initialement une proposition pour le tarif d'utilisation des réseaux publics qui liait les Ministres de l'économie et de l'énergie. Ils ne pouvaient par conséquent pas amender la proposition tarifaire émise par la CRE et, en cas de désaccord entre la CRE et les pouvoirs publics, ces derniers ne pouvaient que repousser la proposition faite et demander à la CRE d'en formuler une nouvelle jusqu'à ce qu'un compromis soit trouvé.

La proposition émise par la CRE repose sur les informations qu'elle reçoit du GRT ou dont elle demande communication. Elle est motivée et publiée, si bien qu'il était en principe malaisé pour les pouvoirs publics de ne pas s'aligner sur ses orientations et l'immixtion de l'opérateur historique dans sa formation, comme c'est le cas pour le tarif de vente de l'électricité, semblait impossible. Mais malaisé n'est pas impossible. Dans le cadre d'une procédure de règlement des différends relatifs à la tarification des réseaux, la CRE a constaté a posteriori que les tarifs d'utilisation des réseaux, définis dans le décret relatif aux tarifs d'utilisation des réseaux du 19 juillet 2002[1561], n'étaient pas conformes à sa proposition. Elle conclut alors qu'après « confrontation de la proposition de la CRE, d'une part, et de l'annexe au décret précité, d'autre part, la classification des domaines de tension déterminant le tarif applicable à un client *n'est pas la même* »[1562]. Les pouvoirs publics ont modifié substantiellement sa proposition dans le décret en renommant les classes de tension et modifiant ainsi la tarification applicable aux installations raccordées à un niveau de tension compris entre 40 et 50 kV. En agissant de la sorte, ils ont commis une erreur de droit qui entache le décret d'illégalité. L'article 4 § II de la loi du 10 février 2000 prévoyait alors que les pouvoirs publics ne pouvaient qu'entériner la proposition de la CRE et que « toute modification qu'elle retranche, ajoute ou substitue aux dispositions, à laquelle ils prendraient l'initiative de procéder, aboutit à mettre en vigueur des dispositions qui par nature n'ont pas fait l'objet, *en violation de la loi*, d'une proposition de la CRE ». Par conséquent, la CRE ne saurait, en tant qu'autorité administrative indépendante, faire application de dispositions illégales, auquel cas c'est sa décision qui serait entachée « d'une illégalité fautive, susceptible d'engager la responsabilité de l'État »[1563]. Elle demande au GRT de laisser la disposition inappliquée en vertu d'une jurisprudence classique du CE et lui enjoint de proposer un contrat d'accès aux réseaux conforme aux données contenues dans sa proposition initiale[1564].

Elle profite aussi d'un litige opposant le GRT à Eurotunnel pour souligner que l'interprétation qu'elle fait des textes et souligner que la tarification s'effectue par point physique de connexion en accord avec sa proposition du 10 janvier 2002. Elle considère que « compte tenu du régime légal de fixation des tarifs d'utilisation des réseaux, le pouvoir réglementaire est *réputé avoir repris dans son intégralité, sans*

[1561] Décret n° 2002-1014 du 19 juillet 2002 fixant les tarifs d'utilisation des réseaux publics de transport et de distribution d'électricité, JO du 23 juillet 2002, p. 12580.

[1562] Décision de la CRE du 12 décembre 2002 sur un différend relatif à la tarification de l'utilisation des réseaux publics applicable aux consommateurs raccordés en tension 42 kV qui oppose la société Pemar au GRT.

[1563] Décision de la CRE du 12 décembre 2002, précitée.

[1564] Arrêt du CE « Ponard » du 14 novembre 1958, rec.p. 554.

en modifier ni le contenu, ni la portée »[1565]. La loi du 13 juillet 2005 va répondre à ces dysfonctionnements en modifiant l'article 4 § III de la loi du 10 février 2000. Elle impose dorénavant qu'une fois les propositions de la CRE envoyées aux ministres respectifs, la décision ministérielle est « réputée acquise sauf opposition de l'un des ministres dans un délai de deux mois suivant la réception des propositions ». Ce renforcement du rôle de la CRE dans la définition des tarifs ne doit occulter le fait qu'en cas d'opposition d'un ministre, la proposition devra être retravaillée jusqu'à ce qu'elle soit acceptée.

Cette modification procédurale permet surtout un gain de temps car l'équilibre décisionnel demeure ce qu'il était.

L'importance du rôle de la CRE dans la fixation du tarif d'utilisation des réseaux publics explique que le régulateur utilise à juste titre la formule de l'accès « régulé » des tiers aux réseaux et non plus celle d'un accès « réglementé »[1566].

Le rôle du régulateur dans la définition du tarif d'utilisation des réseaux est dans la forme prévue par la loi du 10 février 2000 modifiée par la loi du 13 juillet 2005 conforme à celui consacré par la directive 03/54 du CE. Aux termes de son article 23 § 2, la directive impose que le régulateur « fixe ou approuve, avant leur entrée en vigueur, au moins les méthodologies utilisées pour calculer ou établir les conditions de connexion et d'accès aux réseaux nationaux, y compris les tarifs de transport et de distribution ». Le régulateur doit au moins proposer la méthodologie pour calculer le tarif d'utilisation des réseaux et au mieux fixer le tarif d'utilisation des réseaux qui doit être approuvé par un organe compétent dans l'État membre.

La définition des méthodologies des tarifs d'utilisation des réseaux fait partie de « l'ensemble minimal de compétences » qu'il revient aux régulateurs d'exercer dans l'ensemble des États membres[1567].

(ii) Les coûts à intégrer dans les tarifs d'utilisation des réseaux publics

La question des coûts à intégrer dans le tarif d'utilisation des réseaux illustre la liaison entre le service public et le monopole et met en exergue « l'avantage que confère le second pour financer le premier »[1568]. L'obligation d'adopter un tarif d'utilisation des réseaux équitable et non discriminatoire s'entend d'un tarif qui repose sur les coûts de réseaux[1569]. Cela implique qu'outre les éléments des réseaux aisément évaluables, les particularités inhérentes des réseaux soient préalablement traduites en coûts. Afin de traduire cette réalité, la loi du 9 août 2004 qui modifie l'article 4 § II de la loi du 10 février 2000 dispose que le tarif d'utilisation des réseaux couvre non seulement les coûts des réseaux, mais plus largement les « coûts

[1565] Décision de la CRE du 11 septembre 2003 relative au différend qui oppose les sociétés France-Manche et The Channel Tunnel Group au RTE, consultable sous : www.cre.fr

[1566] Voir la proposition concernant les principes de tarification de l'utilisation des réseaux électriques publics du 25 mai 2000, rapport d'activité de la CRE du 30 juin 2000, p. 57.

[1567] Point 15 de la directive 03/54 du CE.

[1568] M. Lombard, Note sous l'arrêt de la CJCE « Commission/France » du 6 décembre 2001, C-146/00, « Le coût du service universel : la France condamnée pour l'avoir surévalué », *DA*, février 2002, p. 37.

[1569] L'article 4 § II de la loi du 10 février 2000 transpose les articles 16 et 18 § 1-i° de la directive 96/92 du CE et commande que les tarifs d'utilisation des réseaux soient « calculés de manière non discriminatoire à partir de l'ensemble des coûts de ces réseaux ».

supportés par les gestionnaires de réseaux ». Celui-ci identifie les coûts appelés à être intégrés dans le tarif d'utilisation des réseaux, à savoir :

- les surcoûts de recherche et de développement nécessaires à l'accroissement des capacités de transport des lignes électriques et
- les surcoûts relatifs aux lignes d'interconnexion avec les pays voisins et à l'amélioration de l'insertion esthétique des lignes électriques dans l'environnement, par exemple les frais d'enfouissement des lignes.

Ces coûts, dont on suppose qu'ils sont aisément identifiables, comprennent essentiellement les coûts liés aux personnels des réseaux, à la recherche, à l'exploitation, à l'enfouissement des lignes, et aux nouveaux investissements. L'énumération contenue dans la loi du 10 février 2000 n'est en aucun cas exhaustive ou limitative[1570]. Elle indique un plancher minimum des coûts à intégrer dans le tarif qui doit être respecté dans le décret définitif sur les tarifs d'utilisation des réseaux. Cette énumération s'est enrichie entre temps des « coûts résultant de l'exécution des missions et des contrats de service public »[1571]. En effet, la loi du 3 janvier 2003 relative au marché du gaz a modifié au 1er juillet 2003 la méthode de financement des charges de service public, lesquelles sont dorénavant financées par les consommateurs finals installés sur le territoire national[1572]. Pour les clients éligibles ayant conclu un contrat d'accès aux réseaux de transport ou de distribution, la collecte des charges de service public est effectuée par leur gestionnaire de réseau. Le GRT collecte cette contribution aux charges publiques auprès de ses clients consommateurs à partir des flux physiques d'électricité dans le tarif d'utilisation des réseaux. En ce qui concerne le contrôle de la définition des coûts, celui-ci comporte un vice rédhibitoire, à savoir le déficit informationnel concernant les coûts des réseaux de transport et de distribution. Les gestionnaires de réseaux ne doivent pas faire supporter aux utilisateurs des frais supérieurs à leurs charges effectives. Afin de lutter contre cet écueil, la CRE analyse « les coûts techniques et la comptabilité générale des opérateurs »[1573] et en vérifie la véracité à l'aide de plusieurs moyens. Elle accède à l'ensemble des comptabilités du GRT[1574] et contrôle la séparation comptable[1575] réalisée par l'opérateur historique entre ses activités de production, de distribution et de transport[1576]. La répartition et la définition des coûts de réseaux ressortent également des programmes d'investissement du GRT qu'elle approuve[1577].

En s'appuyant ainsi sur les données reçues par les opérateurs et celles récoltées par elle dans le cadre de ses contrôles ou dans le cadre de son pouvoir d'enquête[1578], la CRE devance les gestionnaires de réseaux et propose une énumération des coûts à

[1570] L'article 4 § II dispose que « Figurent notamment parmi ces coûts [...] »

[1571] Article 33 § 4 de la loi du 9 août 2004 complétant l'article 4 § II de la loi du 10 février 2000.

[1572] Article 37 de la loi du 3 janvier 2003 relative au marché du gaz modifiant l'article 5 de la loi du 10 février 2000.

[1573] Article 4 § III de la loi du 10 février 2000.

[1574] Article 27 de la loi du 10 février 2000 aux termes duquel la CRE dispose d'un droit d'accès renforcé par la directive 03/54 du CE.

[1575] En ce qu'elle permet d'établir « distinctement les charges à recouvrer au titre de chacune des activités », rapport d'étape Champsaur du 17 août 1999, consultable sous : www.cre.fr

[1576] Article 25 de la loi du 10 février 2000.

[1577] Aux termes de l'article 14 de la loi du 10 février 2000.

[1578] Article 33 de la loi du 10 février 2000.

intégrer dans le tarif d'utilisation des réseaux. Elle repose en partie sur le rapport élaboré par Champsaur relatif aux principes de la tarification de l'accès aux réseaux[1579] qui énumère les coûts du transport en fonction des activités du GRT, ce sont :

- les charges d'exploitation et de maintenance des réseaux ;
- les charges du capital installé (amortissement, frais financiers et investissement) et
- les coûts de commercialisation, tels que les coûts engendrés par les pertes d'exploitation.

Une distinction doit cependant être faite entre les coûts des réseaux de transport et ceux de la distribution. La structure des coûts basée sur les activités du GRT et des GRD est reprise par le 1er décret relatif aux tarifs d'utilisation des réseaux publics, ci-après « décret-cadre »[1580], qui n'a pas pour but de déterminer les tarifs définitifs d'utilisation des réseaux, mais se contente de poser les principes qui lui seront applicables. Il postule que les tarifs d'utilisation des réseaux sont calculés à partir de l'ensemble des coûts de ces réseaux, « tels qu'ils résultent de l'analyse des coûts techniques, de la comptabilité générale des opérateurs et des comptes séparés des activités de transport et de distribution »[1581]. Il s'agit[1582] :

- des coûts de gestion des flux d'électricité, lesquels comprennent les coûts de gestion, de constitution de réserves, de mise en œuvre des services de réglage et d'équilibrage, les coûts des pertes, des congestions et des transits d'électricité ;
- des coûts d'exploitation et de maintenance, tels que les coûts de développement, de renforcement, de sécurisation, de recherche et
- des coûts d'accroissement des capacités et d'insertion des lignes dans l'environnement.

A ces coûts, la directive 03/54 du CE rajoute :

- les coûts marginaux évités à long terme grâce à la production distribuée et auxmesures de gestion de la demande[1583].

Consulté avant l'adoption du décret, le Conseil de la Concurrence a confirmé le bien-fondé de cette énumération et conclut que « les coûts identifiés dans l'article 2 (du décret précité) correspondent bien aux différentes fonctions du GRT et qu'ils peuvent donc figurer dans la définition des coûts des réseaux de transport et de distribution »[1584]. Pourtant, les dispositions réglementaires prêtent à confusion, car elles semblent énumérer ces coûts de façon non exhaustive. Alors que l'article 2 de ce décret dispose que « ces coûts comprennent, en particulier, […] » l'article 3 indique plus loin que les tarifs permettent de répartir entre les opérateurs « les coûts mentionnés » au préalable. La formulation initiale laisse penser que d'autres coûts que ceux indiqués peuvent être intégrés dans le tarif d'utilisation des réseaux, alors que la seconde semble l'exclure. Seule cette dernière interprétation permet de lier le gestionnaire de réseau quant aux coûts qu'il peut intégrer dans les tarifs d'utilisation des réseaux. Selon le Conseil de la Concurrence, l'obligation faite à une entreprise

---

1579 Rapport Champsaur, p. 20.

1580 Décret n° 2001-365 du 26 avril 2001 relatif aux tarifs d'utilisation des réseaux publics de transport et de distribution d'électricité, JO n° 100 du 28 avril 2001, p. 6729.

1581 Article 2 du décret, précité.

1582 Article 2 du décret, précité.

1583 Point 18 de la directive 03/54 du CE.

1584 Avis du Conseil de la Concurrence n° 00-A-21 du 6 septembre 2000, p. 8.

d'orienter ses tarifs vers ces coûts a deux buts : elle permet aux régulateurs de s'assurer que l'accès à l'infrastructure essentielle intervient dans des conditions « équitables et non discriminatoires » et elle est un des « moyens privilégiés pour ouvrir à la concurrence des industries de réseaux »[1585]. Elle pose cependant un problème de méthode quant au contrôle, car les prix de référence dégagés par les opérateurs sur un marché (tel que celui des télécommunications) ne sont, en principe, pas transposables aux autres. Puis, elle rappelle que les analyses dégagées par les régulateurs sectoriels « guident l'analyse » pour l'ensemble des activités de réseaux[1586]. L'allocation des coûts à intégrer dans le tarif d'utilisation des réseaux constitue, selon la Commission, l'obstacle principal à la définition d'un tarif non discriminatoire. L'impossibilité de contrôler de manière exhaustive les informations reçues des GRT impose aux régulateurs d'être particulièrement vigilants et de « veiller à ce que les redevances reflètent effectivement les coûts »[1587].

Dans ces circonstances, l'initiative de la CRE qui consiste à procéder à un audit des comptes de l'opérateur historique est efficace pour remplir cette mission. On ne peut que s'étonner toutefois du rajout opéré par la loi du 3 janvier 2003 qui, en modifiant le mode de financement des charges de service public, rallonge la liste des coûts à intégrer dans le tarif d'utilisation des réseaux. Cette liste concerne la contribution aux charges de service public composée :

- des obligations d'achat en faveur des énergies renouvelables et de la cogénération ;
- des surcoûts de production dans les zones non interconnectées ;
- des pertes de recettes liées à l'application du tarif « produit de première nécessité » et
- des coûts de raccordement et d'approvisionnement des personnes en situation de précarité.

La loi du 9 août 2004 doit réécrire l'article 4 § II afin que les coûts à prendre en compte soient l'ensemble des coûts du gestionnaire de réseau comme le prévoit la directive 03/54 du CE qui dispose dans une formulation plus générique que le tarif d'utilisation des réseaux « reflète les coûts »[1588]. Pour être prises en compte dans le calcul des tarifs, les mesures de service public, ainsi que les conditions de leur financement, doivent être non discriminatoires, transparentes, contrôlables et soumises pour contrôle à la Commission qui vérifie leurs effets sur la concurrence nationale et internationale[1589]. La contribution aux charges de service public mise à la charge des réseaux ne semble pas être discriminatoire, car elle est également imposée aux producteurs qui la règlent, quant à eux, directement auprès de la Caisse

[1585] En effet, elle favorise « un niveau de prix bas sur les marchés aval, en faisant bénéficier les nouveaux entrants des avantages de coûts des opérateurs historiques », rapport d'activité du Conseil de la Concurrence, 2002, p. 88.

[1586] Rapport d'activité du Conseil de la Concurrence 2002, p. 89 ; voir à cet égard la méthode de contrôle par comparaison introduite par le conseil de la concurrence allemand dans les activités de réseaux, directive 96/92 du CE, M. Ungemach, « Zulässigkeit von Modellnetzen bei der zukünftigen Entgeltregulierung durch die REGTP, Regulierung und Unbundling », *EMW*, 4/04, p. 22.

[1587] La Commission considère que des « redevances de réseau trop élevées risquent de générer des profits monopolistiques et de permettre dans les entreprises à intégration verticale une distorsion de la partie concurrentielle », SEC(2001)1957, du 3 décembre 2001, p. 5.

[1588] Point 18) de la directive 03/54 du CE.

[1589] Article 3 § 9 de la directive 03/54 du CE.

des Dépôts et Consignations. La transparence dans la définition de son montant est garantie par l'intervention de la CRE qui en détermine l'assiette[1590]. Enfin, un dispositif est mis en oeuvre par la loi du 13 juillet 2005 qui doit inciter les clients à limiter leur consommation aux périodes ou celle-ci est la plus élevée.
Pour y parvenir plusieurs structures et niveaux de tarif doivent être adoptés afin que des prix différents suivant les périodes de consommation soient proposés aux consommateurs.
Les tarifs d'utilisation des réseaux servent à la réalisation de buts autres que celui du développement de la concurrence, que sont l'assurance de la sécurité des réseaux, la maîtrise de l'énergie et par voie de conséquence la sécurité des approvisionnements. Il n'est pas étonnant de trouver cette modification dans la loi d'orientation de la politique énergétique, dès lors qu'elle se pose pour but, non pas d'introduire la concurrence, mais de renforcer le rôle du service public dans le secteur électrique. Les tarifs d'utilisation doivent ainsi contribuer à réaliser ces objectifs.
Un décret précisera les conditions de prise en charge financière de ce dispositif, qui doit respecter les principes d'équité et d'efficience pour ne pas réduire à néant les perspectives d'introduction de la concurrence visées dans la directive.

(iii) Les spécificités des réseaux ayant des effets sur les tarifs d'utilisation des réseaux

En sus des coûts de réseaux précités, les tarifs d'utilisation des réseaux incorporent des coûts liés aux contraintes techniques et ponctuelles des réseaux. Celles-ci ont un impact sur la tarification et, en particulier, sur la forme qu'elle doit revêtir.
Ces particularités ne sont pas visées par la loi du 10 février 2000, elles ont été dégagées par le GRT et intégrées dans les tarifs d'utilisation des réseaux en fonction de leur pertinence.

La distance parcourue par l'électricité dans la tarification

Les flux physiques électriques sont soumis aux lois physiques de Kirchoff selon lesquelles le chemin pris par l'électricité d'un point d'injection à un point de soutirage ne peut être précisément déterminé. Une des conséquences de cette caractéristique est que les échanges d'électricité entre deux pays affectent les réseaux des pays non concernés par les échanges[1591].
En raison de ces particularités physiques de la circulation de l'électricité, les flux physiques enregistrés sur les réseaux ne peuvent être calqués sur les contrats commerciaux des utilisateurs. Une tarification basée sur les contrats commerciaux tient compte de la relation producteur-consommateur et intègre dans son calcul la distance qui les sépare. Pour sa part, la tarification fondée sur les flux physiques tarife les injections et les soutirages d'électricité indépendamment de la distance. Dans son rapport au Commissariat Général du Plan, Jean Bergougnoux insiste sur le fait qu'on ne saurait « associer de manière pertinente à une transaction commerciale des transits bien déterminés sur un réseau tant soit peu maillé [...]. Une tarification rationnellement fondée de l'accès à un réseau électrique ne peut donc s'appliquer

---

[1590] Pour l'année 2004, la contribution est fixée à 0,45 ct/KWh par l'arrêté du 28 février 2004.
[1591] Ces échanges sont appelés aussi « flux de bouclage » ou « loop flows ».

qu'aux injections et prélèvements de kWh »[1592].
Par ailleurs, une tarification basée sur les chemins fictifs empruntés par l'électricité présente le risque de cloisonner les marchés, car elle nuirait « à l'entrée de concurrents potentiels ». En effet, un fonctionnement efficace du marché électrique est lié à sa fluidité, que seule l'utilisation des installations par ordre de mérite peut combler[1593]. Dans le cadre des échanges transfrontaliers, la Commission a également jugé inopportun d'appliquer des tarifs liés à la distance[1594]. La CRE conclut aussi à l'inadaptabilité d'une tarification prenant en compte les distances entre les utilisateurs du réseau[1595]. Par conséquent, le décret sur le tarif d'utilisation des réseaux n'introduit pas dans les tarifs une composante rémunérant le flux d'électricité entre le fournisseur et le consommateur[1596].

La tarification des écarts de consommation

Le GRT doit répondre et gérer en temps réel l'offre et la demande en électricité sur le réseau en garantissant la sécurité des réseaux[1597]. À cet égard, il appelle en priorité les centrales dont les coûts de combustibles sont les plus faibles et les ajuste en redistribuant les capacités restantes. La tarification des réseaux doit intégrer les modalités de règlement de ces écarts de consommation que le GRT constate sur son réseau entre la prévision et la réalisation des programmes qui lui sont communiqués par les opérateurs. Ce sont des dépassements de puissance.
La directive 96/92 du CE et la loi du 10 février 2000 ne traitent pas ces particularités de la gestion physique des réseaux. Elles renvoient au GRT la responsabilité de gérer selon des critères transparents et non discriminatoires les éléments techniques de l'accès aux réseaux, sans jamais les nommer[1598]. C'est la loi du 13 juillet 2005 qui va finalement en préciser les contours et les conditions de leur prise en charge financière.
Les écarts de consommation, qui augmentent considérablement les coûts des réseaux, sont dus soit à des erreurs de prévisions, soit à des raisons techniques telles que la rupture d'une ligne électrique. Dans le système prévu par la loi du 10 février 2000, le GRT pouvait pour y faire face modifier les programmes d'appel des centrales pour assurer l'équilibre des flux d'électricité et choisir entre les propositions d'ajustement soumises par les opérateurs[1599]. Afin de préciser les règles de fonctionnement de ce mécanisme, un marché de l'ajustement créé sur la base de

[1592] J. Bergougnoux, «Services publics en réseau, Rapport au Commissariat général du Plan, Avril 2000, p. 46.
[1593] Ce système de tarification présente, en outre, le désavantage de protéger les producteurs historiques au détriment des concurrents plus éloignés, Rapport Champsaur, p. 96.
[1594] Point 13 transposé à l'article 4 de la directive 03/54 du CE.
[1595] Proposition de la CRE du 25 mai 2000 concernant les principes de tarification de l'utilisation des réseaux électriques publics, rapport d'activité de la CRE du 30 juin 2000, p. 54.
[1596] La Commission reprend cette approche dans sa proposition de modification de la directive 96/92 du CE. Elle plaide pour que la tarification de l'utilisation du réseau de transport soit « fondée sur les flux physiques d'électricité et pas sur la distance séparant les parties contractantes », COM(2001)125 final du 13 mars 2001, p. 12.
[1597] Article 15 de la loi du 10 février 2000.
[1598] Articles 8 et 16 de la directive 96/92 du CE, article 15 de la loi du 10 février 2000.
[1599] Article 15 § II de la loi du 10 février 2000.

l'article 15 § III de la loi du 10 février 2000 a été précisé par la loi du 3 janvier 2003 relative au marché du gaz. Il est ouvert à tous les fournisseurs et permet au GRT d'acheter l'électricité nécessaire pour combler les écarts de consommation même sur des marchés organisés, tels que les bourses de l'électricité. Afin de régler ces écarts de consommation, le GRT procède à une compensation entre le prix qu'il a dû payer à un producteur pour augmenter ou baisser sa production et le prix qu'il a reçu ou versé à des consommateurs pour rémunérer (ou non) la consommation finale supplémentaire (ou l'absence de consommation). Le GRT fixait dans ses CART une plage de tolérance des écarts au-delà de laquelle les écarts de consommation étaient facturés aux consommateurs selon un barème élevé. Cette plage de tolérance, fixée à l'origine à 5 % par le GRT, a été augmentée à 10 % après l'intervention de la CRE[1600].

Pour réduire le coût des écarts, les consommateurs peuvent les mutualiser. Cette pratique dite du foisonnement des écarts leur permet de se regrouper afin de déclarer un écart total de consommation inférieur à la somme des écarts. Ce système, réservé jusque-là à EDF, permet de réduire considérablement les coûts individuels de gestion. Pour cela, les parties désignent un responsable d'équilibre institué par la CRE pour prendre en charge l'ensemble des risques financiers liés aux ajustements effectués par le GRT. Ce mécanisme d'ajustement mis en place par le GRT contribuera à maintenir un tarif juste, équitable et non discriminatoire, car le responsable d'équilibre retient l'offre d'ajustement la plus économique[1601].

Cette fonction d'équilibrage, visée dorénavant à l'article 11 de la directive 03/54 du CE, est attribuée a posteriori au GRT qui doit définir les « redevances à payer par les utilisateurs du réseau en cas de déséquilibre ». Ces redevances devaient être basées sur les coûts et contrôlées par le régulateur jusqu'à l'adoption de mécanismes de marché transparents[1602].

Ces mécanismes ont été mis en place par le GRT à travers les règles relatives à la programmation, au mécanisme d'ajustement et au dispositif de responsable d'équilibre adopté le 15 juin 2004 pour entrer en vigueur le 1er juillet 2004. La CRE approuve alors le mécanisme proposé sous la condition, entre autres, de la modification des modalités de règlement des écarts. Le GRT doit modifier le facteur de calcul dit « K » pour le ramener de 0,20 à 0,18, cette valeur du facteur K étant fixée pour assurer l'équilibre du compte ajustement-écarts[1603].

L'article 15 de la loi du 10 février 2000 s'enrichit par la loi du 13 juillet 2005 des

---

[1600] Communiqué de la CRE du 16 novembre 2000 annonçant de nouvelles mesures pour faciliter l'accès aux réseaux électriques de transport.

[1601] En fonction de l'ordre de « préséance économique » prévu par l'article 15 § I de la loi du 10 février 2000. Cette option constituerait, selon les termes du rapport Carmona et de Fouchécour, sur le mécanisme d'ajustement des flux électriques, « une solution économiquement rationnelle, car le prix de règlement des écarts doit correspondre économiquement au coût réel de l'énergie qu'a dû vendre ou acheter le GRT en se substituant à l'acteur défaillant », rapport de la CRE sur le mécanisme d'ajustement des flux électriques par le GRT et sur la création en France d'un marché de l'électricité, septembre 2000, p. 21.

[1602] Article 11 et point 17 de la directive 03/54 du CE.

[1603] Pour le détail du calcul des écarts, voir les Règles relatives à la programmation, au mécanisme d'ajustement et au dispositif du responsable d'équilibre du RTE du 15 juin 2004, consultable sous : www.rte-france.com et la délibération de la CRE du 9 juin 2004 relative à l'approbation des règles du mécanisme d'ajustement.

paragraphes V et VI relatifs aux écarts de consommation. Ces paragraphes font la synthèse des règles précitées et permettent de poser dans la loi les responsabilités des parties. Pour la première fois, une définition des écarts de consommations est donnée, il s'agit « des écarts entre les injections et les soutirages d'électricité ». Les responsables de ces écarts sont les producteurs raccordés aux réseaux et les consommateurs d'électricité pour leurs sites de consommation. La prise en charge financière des écarts est soit définie contractuellement avec le GRT, soit attribuée à un responsable d'équilibre mandaté. Il convient d'ajouter que, sans plus de précision de la loi, le règlement financier des écarts sera proche de celui appliqué jusqu'à présent.
La loi prévoit qu'en cas de défaillance du responsable d'équilibre, un mécanisme pris en charge par le GRT assure une fourniture de secours au client. Puis, au delà d'un délai de 5 jours le GRT est remplacé par un fournisseur de dernier recours appelé à prendre en charge les écarts.

Le traitement financier des pertes d'électricité

À la différence des deux éléments précédents, les pertes d'électricité sont une donnée constante dans la gestion du réseau, dont le coût doit être intégré dans le tarif d'utilisation des réseaux. Ainsi, pendant le trajet parcouru par l'électricité du lieu d'injection vers le lieu de soutirage, des pertes d'énergie électrique sont constatées en raison des propriétés physiques des réseaux de transport et de distribution.
Pour gérer les pertes en lignes le GRT peut soit demander aux producteurs à la base d'injecter plus d'électricité que celle qui sera soutirée, soit faire l'acquisition de l'électricité nécessaire pour la compensation et en répercuter le prix d'achat sur le tarif de transport[1604]. Dans la première éventualité, le producteur injecte plus d'électricité que celle demandée par le consommateur. La différence représente alors le « coefficient de perte » qui est supporté par le consommateur même s'il a consommé moins d'électricité que le volume qu'il règlera en réalité. Le montant des coûts supplémentaires générés est inscrit dans le contrat de fourniture d'électricité conclu entre le producteur et le consommateur sans intervention du GRT.
Cependant, la difficulté de calculer de manière précise les coefficients de pertes fixés impose au GRT d'acquérir les volumes d'électricité nécessaires pour combler les pertes et d'en répercuter le coût dans les tarifs d'utilisation des réseaux. Selon les termes du Rapport Champsaur, cela permet d'optimiser le développement du réseau et de minimiser les pertes, mais à condition que le GRT soit soumis à un prix plafond pour traiter les pertes et éviter qu'elles ne soient ainsi surévaluées par le GRT[1605].
Afin de garantir un tarif d'utilisation des réseaux équitable pour les opérateurs, ces coûts doivent être minimisés. Dans ce but, le GRT a mis en place un régime d'acquisition de volumes d'électricité par la mise en concurrence de fournisseurs nationaux et internationaux. Ce régime qui n'est pas visé par la loi ou ses décrets d'application a été développé par le GRT sous le contrôle de la CRE, également

---

1604 Le GRT possède à cet effet un compte spécial « pertes » dans sa comptabilité.
1605 Le price-cap étant l'imposition à l'opérateur d'un prix maximum, rapport Champsaur sur la tarification des réseaux de transport et de distribution, p. 79.

compétente pour préciser les règles relatives à la compensation des pertes[1606].
Dans le cadre de cette option, le GRT procède à une consultation dans laquelle il indique le volume d'électricité souhaité et reçoit les offres des soumissionnaires. Celles-ci comportent les conditions de fourniture sous forme de produits fermes et de produits optionnels. Les candidats choisis concluent un contrat « d'achat d'énergie pour la compensation des pertes » avec le GRT pour le volume retenu[1607].
Mais, avant de mettre en œuvre cette option coûteuse pour l'utilisateur, le GRT doit utiliser les potentialités offertes par la loi du 10 février 2000 et, en particulier, la possibilité de modifier les programmes reçus par les opérateurs au regard des disponibilités des réseaux[1608].
L'achat des pertes par le GRT dans le cadre d'enchères permet cependant l'obtention d'une fourniture de moindre coût, comme l'impose l'article 1er de la loi du 10 février 2000 qui dispose que le service public de l'électricité soit géré dans les meilleures « conditions de coûts, de prix et d'efficacité économique ».

Le traitement financier des coûts de congestion des réseaux

Le phénomène de la congestion est lié aux limites physiques ou fonctionnelles des réseaux. Lorsque des lignes ou des transformateurs sont surchargés, ils gênent le maintien des fréquences ou des tensions de l'électricité et provoquent des surcharges qui paralysent le fonctionnement des réseaux[1609]. Ce phénomène, qui a pour conséquence d'empêcher le consommateur de recevoir l'électricité injectée par le fournisseur dans les réseaux, n'est pas abordé dans la directive 96/92 du CE. Pourtant, sa prise en compte peut alourdir de manière conséquente le tarif d'utilisation des réseaux. Il revient là aussi au GRT de remédier à cet inconvénient dans le cadre de son obligation d'assurer un accès sûr et efficace aux réseaux[1610].
Le rapport entre la gestion de la congestion et la sécurité des réseaux est finalement renforcé dans le règlement 1228/2003.
La gestion de la congestion commande au GRT d'appeler le centre de production le plus proche du consommateur et de réduire simultanément la production de la centrale éloignée. Cette manipulation a un coût spécifique qui doit être précisément défini afin d'être intégré dans les tarifs d'accès aux réseaux. Ainsi, les coûts de congestion de court terme sont liés à la modification en temps réel par le GRT des programmes d'appel qui créent une désoptimisation du parc de production et engendrent des coûts de « redispatching » [1611]. Parallèlement à la modification des

---

[1606] Article 37 § 4 de la loi du 10 février 2000.
[1607] La 1ère consultation organisée par le GRT pour les compensations des pertes du 1er semestre 2001 avait permis de retenir 7 fournisseurs pour une fourniture de 3,1 TWh. En 2003, le GRT a acheté près de 13 TWh auprès de 24 fournisseurs, source : www.rte-france.com
[1608] Article 15 § III de la loi du 10 février 2000.
[1609] La CRE définit la congestion comme « un engorgement sur le réseau électrique du fait d'une capacité inférieure à la demande », glossaire joint au rapport d'activité de la CRE du 30 Juin 2000, p. 28. Le règlement 1228/2003 du CE dispose qu'il s'agit « d'une situation dans laquelle une interconnexion reliant des réseaux de transport nationaux ne peut pas accueillir tous les flux physiques résultant d'échanges internationaux demandés par les opérateurs du marché, en raison d'un manque de capacité de l'interconnexion et/ou des réseaux nationaux de transport en cause », article 2-c).
[1610] Articles 7 § 4 de la directive 96/92 du CE et 15 de la loi du 10 février 2000.
[1611] Ces coûts étaient estimés à 150 millions de francs au sein du rapport Champsaur, p. 82.

programmes d'appel, qui constitue une mesure d'intervention ponctuelle du GRT, les problèmes de congestion imposent à long terme le développement des réseaux, c'est-à-dire leur duplication ou leur renforcement afin de désengorger les nœuds sensibles sur les réseaux. Cette mission revient, aux termes des articles 7 § 3 de la directive 96/92 du CE et 15 de la loi du 10 février 2000, aux gestionnaires de réseaux. La question des coûts impose de déterminer si les coûts de renforcement des réseaux entrent dans ceux de la congestion pour être supportés par l'ensemble des utilisateurs des réseaux. Dans le silence des dispositions légales et réglementaires quant à la prise en charge des coûts de congestion, la CRE a tenté d'en préciser le régime et considère qu'en vertu du principe de non-discrimination entre les consommateurs, l'utilisateur du réseau à l'origine de la congestion doit être responsable de son paiement[1612].

En revanche, Jean Bergougnoux propose de traiter ce problème, qu'il appelle les « goulets d'étranglement », en appliquant une « majoration ou un allègement de la tarification appliquée aux énergies instantanées injectées - ou prélevées - en fonction de l'impact marginal d'une modification de l'injection sur les contraintes se manifestant sur le réseau »[1613]. La traduction économique du traitement des congestions consiste pour le GRT à élaborer un mécanisme de marché sur lequel les utilisateurs indiqueraient le prix qu'ils envisagent de payer pour utiliser un segment de réseau congestionné[1614]. Mais, considérant que le problème des congestions est aggravé par les échanges transfrontaliers d'électricité, c'est au niveau européen que le problème doit être abordé[1615].

Sous l'égide de la Commission, les participants au Forum de Florence ont déterminé les contraintes issues de la congestion avec une tendance similaire à celle de la CRE, celle de ne pas intégrer les coûts de congestion dans le tarif d'utilisation des réseaux[1616].

Une telle retenue étant, selon eux, discriminatoire envers les utilisateurs à qui on ne peut objectivement imputer ces coûts.

C'est pourtant la solution que retient le décret du 26 avril 2001 sur les tarifs d'utilisation des réseaux, dans lequel les coûts de congestion sont compris dans la liste des coûts des réseaux prise en compte dans les tarifs d'utilisation des réseaux et qui fait supporter ainsi les frais de congestion à l'ensemble des consommateurs[1617].

1612 La CRE retient cette solution dans sa proposition concernant les principes de tarification de l'utilisation des réseaux électriques publics du 25 mai 2000, rapport d'activité du 30 Juin 2000, p. 55.

1613 J. Bergougnoux, rapport au Commissariat Général du Plan, avril 2000, p. 47.

1614 Plusieurs variantes économiques ont été élaborées pour traiter le problème des congestions, comme, par exemple, le mécanisme qui consiste pour le GRT à mettre aux enchères les droits d'accès à une interconnexion risquant d'être congestionnée. Pour ces produits, des mécanismes utilisent des droits d'accès physiques, mais aussi des droits de nature financière, avec compensation en cas d'impossibilité de transit (ce sont les « Financial transmission rights » appliqués sur les marchés américains).

1615 La définition de la congestion visée à l'article 2 de la Position commune arrêtée par le Conseil du 3 février 2003 illustre cette imbrication c'est, selon ses termes, une « situation dans laquelle une interconnexion reliant des réseaux de transport nationaux ne peut pas accueillir tous les flux physiques résultant d'échanges internationaux ».

1616 Ce point de vue est partagé par la Commission, SEC(2001)1957 du 3 décembre 2001.

1617 Article 2 du décret n° 2001-365 du 26 avril 2001 relatif aux tarifs d'utilisation des réseaux publics de transport et de distribution d'électricité.

En pratique, le GRT calcule les capacités d'échanges disponibles sur son réseau et, après avoir aménagé des plans de production, détermine une « capacité supplémentaire ». C'est précisément cet aménagement des plans de production afin de dégager des capacités supplémentaires qui génère des coûts de congestion, lesquels sont, dans un premier temps, évalués.
Un coût d'aménagement des installations de production est équitablement réparti sur les interconnexions considérées puis divisé par 24 heures et par le volume de capacité supplémentaire dégagé pour obtenir le coût moyen journalier en Euros par MWh. Le coût de congestion définitif sur lequel le GRT s'engage est alors au maximum entre 1,5 euro/MWh et le coût moyen précité.
Dans le cas où le coût de congestion dépasse 15 euros/MWh, l'aménagement n'est pas retenu et le GRT ne propose aucune capacité commerciale supplémentaire[1618].
C'est précisément afin de mutualiser les coûts issus des congestions liées aux interconnexions que le mécanisme de compensation entre les GRT a été mis en place dans le cadre du règlement 1228/2003 ; le système de reversement permettra aux GRT d'être dédommagés de ces coûts de congestion.

(2) Les systèmes de tarification de l'utilisation des réseaux publics

La directive 96/92 du CE, en proposant un choix entre un accès réglementé ou négocié aux réseaux, ne recommande aucune formule de tarification de l'utilisation des réseaux. La directive 03/54 du CE n'est guère plus prolixe, elle impose la transposition d'un accès réglementé aux réseaux sans toutefois préciser la méthodologie sur laquelle cette réglementation de l'accès doit s'appuyer. Il revient donc aux États membres de déterminer librement le système tarifaire qui s'adaptera le mieux à la structure de leurs réseaux.
Pour y parvenir, les États membres doivent choisir au préalable entre les critères à intégrer dans la tarification, tels que la puissance électrique, le volume d'énergie transporté, et/ou les caractéristiques physiques relevées aux points d'injection et de soutirage des réseaux.
Deux modèles de tarification de l'utilisation des réseaux permettant d'assurer un accès non discriminatoire aux réseaux sont généralement proposés. Il s'agit de la tarification nodale et du système du timbre-poste[1619].
Ces modèles représentent les formes les plus accomplies de tarification d'accès aux réseaux, car ils s'appuient sur des critères permettant de refléter les caractéristiques des services rendus par les réseaux de transport et de distribution.
C'est en combinant des éléments qui composent ces systèmes qu'EDF élabore sa tarification provisoire de l'accès aux réseaux de transport et de distribution qui a eu vocation à s'appliquer jusqu'à l'adoption de tarifs définitifs d'utilisation des réseaux.

[1618] Le GRT donne le coût de congestion journalier moyen maximal et par pas horaire ainsi que la probabilité de générer des congestions sur chaque interconnexion. Ces informations sont accessibles sur le site du GRT, ainsi que les capacités disponibles, leur utilisation et les coûts de congestion, consultables sous www.rte-france.com

[1619] R. Leban, « La tarification de l'électricité en France, De la réalité aux perspectives dans la concurrence », *Revue de l'énergie*, n° 510, octobre 1999, p. 633.

(a) La tarification nodale

La tarification nodale permet une rémunération de l'utilisation des réseaux publics qui correspond à l'octroi de droits d'injection et de droits de soutirage aux producteurs et aux consommateurs aux différents nœuds des réseaux[1620].
Cette tarification présente l'avantage de ne prendre en compte ni la destination, ni la provenance de l'électricité, ni la situation géographique des parties dans les transactions à l'origine des flux[1621]. Une injection ou un soutirage d'électricité en un nœud du réseau se traduit par un prix qui doit refléter le coût du transport de l'électricité de court terme, des coûts issus des pertes d'électricité et des réaménagements de production liés aux limites de capacité des lignes électriques.
Ce coût est différent suivant la localisation du nœud et la période prise en compte. On aboutit ainsi à une tarification de l'électricité instantanée à chaque nœud du réseau et c'est l'écart entre deux prix nodaux (entre deux nœuds du réseau) qui s'interprète comme un coût de transport même si ce coût ne reflète pas un trajet physique, mais seulement un écart entre les prix nodaux[1622].
Le rapport Champsaur vante les mérites de ce système qui, selon lui, permet de dégager un prix optimal de l'électricité, c'est-à-dire « égal au coût marginal de production à ce nœud, au surplus marginal des consommateurs, au coût marginal de la production sur le réseau et au surplus marginal de production sur le réseau[1623] ».
Cette tarification qui écarte la prise en compte de la distance ou du trajet fictif de l'électricité visé dans les contrats commerciaux a la particularité de refléter avec précision les coûts de production. Il traduit, en outre, lorsque le système électrique est exempt de toute congestion, l'impact des modifications de programmes de production ou de redispatching. Bien que la tarification nodale soit un système de tarification permettant une prise en compte précise et exhaustive des coûts, la tarification timbre-poste lui est cependant préférée en ce qu'elle est plus flexible.

(b) La tarification timbre-poste

Parallèlement à la tarification nodale, la tarification timbre-poste consiste en une rémunération du transit de l'électricité qui applique un prix à un transit d'électricité identifié en volume entre un producteur et un consommateur.
Aussi, le GRT doit adapter le prix facturé au producteur dès que celui-ci change de client, même si les coûts et les livraisons d'électricité demeurent les mêmes.
Ce système fait en sorte que toute utilisation des réseaux dans le cadre d'un contrat d'accès aux réseaux donne lieu au paiement d'un timbre-poste établi par les pouvoirs publics.
Le timbre-poste est payé soit au titre de l'injection par le producteur, soit au titre du soutirage par le consommateur, ou encore par les deux parties en fonction d'un pourcentage prédéterminé. Cette formule de tarification est, sans conteste, celle qui

---

[1620] Sur la tarification nodale, voir l'étude de Jacques Percebois, « Ouverture à la concurrence et régulation des industries de réseaux », *Cahiers du Creden* n° 03.11.40 du 5 novembre 2003, p. 10.

[1621] Pour un détail de cette tarification, voir « Point of connection tariffs », F. Schweppe, M. Caramanis, R. Tabors, R. Bohn, Spot pricing of electricity, Norwell, Kluwer, 1988.

[1622] D. Encoua, L. Flochel, « La tarification : du monopole à la concurrence régulée », *AJDA*, mars 1997, p. 254.

[1623] Rapport Champsaur, p. 86.

est la plus appréciée par les opérateurs pour la flexibilité qu'elle semble engendrer sur le marché électrique[1624].

Le Conseil de la concurrence s'est prononcé, dans son avis du 28 avril 1998[1625], en faveur de l'instauration d'un tarif d'utilisation des réseaux timbre-poste qui, en ne prenant pas en compte la distance séparant les opérateurs, est « transparent et non discriminatoire »[1626]. Cette approche est partagée par la Commission[1627] et la CRE[1628].

Le choix du timbre-poste par la CRE et donc d'un tarif d'utilisation des réseaux déconnecté des coûts réels s'explique par le fait qu'il opère une véritable péréquation géographique de l'utilisation des réseaux dont le principe est dorénavant inscrit à l'article 1er de la loi du 9 août 2004[1629].

Il importe d'en présenter les composantes, dont certaines peuvent avoir un effet néfaste sur la concurrence et conduire à l'adoption d'un tarif d'utilisation des réseaux discriminatoire et ne reflétant pas les coûts des gestionnaires de réseaux.

(i) La prise en compte de la distance dans le calcul du timbre-poste

Afin d'appréhender l'ensemble des coûts relatifs à chaque transaction, le timbre-poste peut intégrer la distance séparant le consommateur du producteur afin de moduler les tarifs. Cela a pour conséquence de voir le tarif augmenter en fonction de la distance physique entre les utilisateurs. Mais les particularités techniques de l'électricité empêchent de déterminer la distance réellement parcourue entre le point d'injection et le point de soutirage de l'électricité. Aussi, la prise en compte de la distance parcourue par l'électricité est liée à la manière dont le contrat commercial « rééquilibrera ou déséquilibrera le réseau, suivant si l'injection et le soutirage se font dans des zones exportatrices ou importatrices »[1630]. La difficulté de la prise en compte de cet élément impose de détacher l'élément distance séparant le point d'injection du point de soutirage non seulement de la tarification timbre-poste, mais également de la relation bilatérale entre le fournisseur et le client[1631].

1624 W. Varoqueux, Calcul économique et électricité, PUF, Paris, 1996, p. 36.

1625 Avis n° 98-A-05 du Conseil de la Concurrence du 28 avril 1998 relatif à une demande d'avis sur les principes à respecter ou les dispositions à prévoir pour assurer le fonctionnement concurrentiel du marché électrique dans le cadre tracé par la directive 96/92 du CE.

1626 Position reprise dans l'avis n° 00-A-21 du Conseil de la Concurrence du 6 septembre 2000 relatif aux tarifs d'utilisation des réseaux publics de transport et de distribution d'électricité. La Commission indique également que le système du timbre-poste n'a soulevé jusque-là aucune difficulté dans son application, SEC(2001)1957, du 3 décembre 2001, p. 5.

1627 SEC(2001)1957, du 3 décembre 2001, p. 4.

1628 Dès l'entrée en vigueur de la loi du 10 février 2000, la CRE pose comme principe initial de tarification « le principe du timbre-poste indépendant de la distance entre l'injection et le soutirage », proposition de la CRE concernant les principes de tarification de l'utilisation des réseaux électriques publics contenus dans la note de consultation de la CRE sur les principes de tarification du 18 mai 2000.

1629 Aux termes de cet article, EDF et GDF assurent la cohésion sociale au moyen de « la péréquation des tarifs d'utilisation des réseaux publics de la distribution ».

1630 Rapport Champsaur, p. 96 ; J. Laffont, J. Tirole, "Access Pricing and Competition", *European Economic Review*, 1994, n° 38, p. 1673.

1631 Proposition de la CRE concernant les principes de tarification de l'utilisation des réseaux électriques publics du 25 mai 2000, rapport d'activité de la CRE du 30 juin 2000, p. 54, qui renvoie à l'avis du Conseil de la Concurrence n° 98-A-05 du 28 avril 1998, lequel penchait également pour un tarif indépendant de la distance.

Avant d'être finalement concrétisée dans le décret relatif aux tarifs d'utilisation des réseaux publics, le Conseil de la Concurrence insistait sur le fait que le choix de cette tarification a des effets importants sur la concurrence selon que le prix du transport « intègre ou non une composante liée à la distance ». Il conclut alors qu'un tarif timbre-poste non lié à la distance présente « les meilleures garanties d'ouverture à la concurrence »[1632], car il ne crée pas de discriminations entre les opérateurs en fonction de leur localisation par rapport au lieu de production.
Le règlement 1228/2003 l'exclut expressément dans le calcul des coûts transfrontaliers.

(ii) La répartition du prix entre le producteur et le consommateur

La tarification timbre-poste implique de déterminer la partie appelée à prendre en charge le paiement du prix de l'accès aux réseaux publics de transport et de distribution. La tarification nodale ne connaît pas cette difficulté, car la distinction entre les deux termes de tarification apparaît clairement avec d'un côté l'injection d'électricité (consommateur) et de l'autre le soutirage (consommateur).
Peu nombreux sont les arguments tranchés sur la question, de même que les expériences étrangères n'informent guère sur l'intérêt et l'efficacité des partages retenus. Toutefois, une harmonisation des partages réalisés entre producteurs et consommateurs au niveau européen est essentielle afin d'éviter les distorsions de concurrence intracommunautaire[1633]. Ce partage doit toutefois être équitable, ce qui implique, selon les termes du rapport Champsaur, une prise en charge des coûts de transport à hauteur d'un tiers pour le producteur et de deux tiers pour le consommateur. La pertinence de ce partage s'exprime également dans le règlement 1228/2003 qui propose que le producteur règle une redevance d'accès aux réseaux (Interconnexions) inférieure à celle du consommateur[1634]. Le décret relatif aux tarifs d'utilisation des réseaux publics ne se prononce pas sur le régime d'imputabilité des tarifs. Il se contente de poser les grandes lignes des options tarifaires[1635], alors que la CRE fait supporter aux utilisateurs les charges d'utilisation des réseaux dans le but de ne pas fausser la concurrence entre les producteurs[1636].

(iii) Répartition entre les termes énergie et puissance

Les systèmes de tarification d'accès aux réseaux distinguent, dans la prise en compte de l'acheminement de l'électricité, un élément « puissance » souscrite ou réelle (kW) qui est payée, même si aucun échange d'énergie n'a lieu, et un élément « énergie » (kWh) proportionnelle à l'énergie effectivement injectée ou soutirée du

[1632] Avis n° 98-A-05 du Conseil de la Concurrence du 28 avril 1998, op.cit.

[1633] En Espagne, c'est au consommateur de payer l'ensemble des coûts de transport, alors qu'en Norvège ces coûts sont partagés à 50 % entre « producteur » et « consommateur » et qu'en Angleterre, selon un partage, respectivement 25-75 %. La répartition des charges donne des incitations précises sur le marché et un partage qui fait reposer l'ensemble des charges sur le consommateur exonère les exportations du financement du transport, rapport Champsaur, p. 97.

[1634] Article 4 du règlement 1228/2003 du CE.

[1635] Décret n° 2001-365 du 26 avril 2001 relatif aux tarifs d'utilisation des réseaux publics de transport et de distribution d'électricité.

[1636] Il s'agit, selon la CRE, de ne pas désavantager les producteurs nationaux par rapport aux fournisseurs étrangers qui sont, eux, exonérés du paiement de ces tarifs, proposition tarifaire de la CRE des 31 mai et 5 juin 2001 pour l'utilisation des réseaux publics de transport et de distribution d'électricité, p. 1.

réseau. Les pertes en réseau sont ainsi rattachées au poste « énergie » de la tarification, car elles sont fonction de l'énergie transitée sur le réseau.
À travers la tarification à la puissance, les coûts de développement du réseau sont indirectement reflétés, ce qui peut avoir pour conséquence de défavoriser les productions occasionnelles d'énergie et de créer une discrimination[1637]. La question qui se pose alors est celle de savoir si la puissance déclarée au GRT est une puissance souscrite ou une puissance réelle, la seconde étant déterminable par des appareils de mesure retraçant à chaque instant la puissance appelée ou injectée sur le réseau par un utilisateur[1638]. Sur la structure dite « binôme » des tarifs, le Conseil de la Concurrence souligne qu'une composante « des tarifs fonction de la puissance pouvait décourager les entrées sur le marché, et constituer pour les nouveaux opérateurs une barrière à l'entrée si elle est fixée à un niveau excessif et représente une part importante du tarif total »[1639]. Finalement, le décret relatif aux tarifs d'utilisation des réseaux publics a choisi une composante fonction de la puissance souscrite par l'utilisateur et une composante fonction de l'énergie injectée ou prélevée par ce même utilisateur, sans préciser cependant la part que doivent représenter ces composantes dans les tarifs d'utilisation des réseaux publics[1640].

(3) Le barème transitoire de tarification de l'utilisation des réseaux publics

Au regard des éléments précités et, en particulier, de la difficulté à déterminer les coûts à intégrer et le système de tarification à adopter, l'adoption des tarifs définitifs d'utilisation d'accès aux réseaux n'est intervenue que deux ans après l'entrée en vigueur de la loi du 10 février 2000[1641]. Or la directive 96/92 du CE imposait que, dès le 1er juillet 1997, un accès aux réseaux soit garanti afin de permettre l'effectivité de l'accès aux réseaux aux clients éligibles consommant plus de 100 GWh. Pour répondre à cet impératif et éviter une condamnation par la CJCE, des tarifs provisoires d'accès aux réseaux ont été adoptés par les pouvoirs publics sur la base combinée de l'article 4 § III de la loi du 10 février 2000 et de l'article 28 du cahier des charges du RAG, avant d'être précisés par le décret du 26 avril 2001 relatif aux tarifs d'utilisation des réseaux.
En vertu de l'article 28 du cahier des charges du RAG[1642], les pouvoirs publics

---

1637 Le rapport Champsaur rappelle qu'une part « puissance » trop importante peut pénaliser « les productions ou consommations occasionnelles et favoriser les productions ou consommations en bande, c'est-à-dire uniformes toute l'année ».

1638 En ce qui concerne une tarification basée sur la puissance réelle, il est nécessaire d'avoir un système de comptage élaboré, car les opérateurs doivent être en mesure d'anticiper et de réaliser en pratique les décisions que ce système permet.

1639 Avis n° 97-A-09 du Conseil de la Concurrence du 26 mars 1997, le rapport Champsaur aboutit à la même conclusion dans son analyse sur le partage entre énergie et puissance, p. 99, ainsi que l'avis du Conseil de la Concurrence n° 00-A-21 du 6 septembre 2000.

1640 Article 4 du décret n° 2001-365 du 26 avril 2001 relatif aux tarifs d'utilisation des réseaux publics de transport et de distribution d'électricité. Cette structure n'est également pas précisée dans le décret n° 2002-1014 du 19 juillet 2002 fixant les tarifs d'utilisation des réseaux publics de transport et de distribution d'électricité, JO du 23 juillet 2002, p. 12580.

1641 Décret n° 2002-1014 du 19 juillet 2002 fixant les tarifs d'utilisation des réseaux publics de transport et de distribution d'électricité.

1642 La procédure de l'article 28 est la seule qui permette une définition d'un coût de transport, elle repose sur le transport de l'énergie des producteurs autonomes tel qu'il était défini dans le décret n° 55-662 du 20 mai 1955 abrogé par l'article 54 § 4° de la loi du 10 février 2000.

fixent le prix « que le concessionnaire est autorisé à percevoir pour le transport » qui repose sur les coûts de réseaux définis par le concessionnaire dans le cadre du prix de vente de l'électricité. Parallèlement, l'article 4 § III de la loi du 10 février 2000 impose l'intervention de la CRE en amont de la procédure de définition de ces tarifs. Sur la base de ces dispositions, un barème provisoire a été mis en place par les pouvoirs publics pour permettre aux utilisateurs d'exercer leur droit d'accès aux réseaux. Ce barème déterminé par EDF fut approuvé par la CRE[1643]. Sous son contrôle et celui des autorités de tutelle, l'opérateur historique a dû isoler hâtivement les coûts de réseaux afin de déterminer le tarif transitoire d'utilisation des réseaux. Ce barème « provisoire » est entré en vigueur après l'adoption de la loi du 10 février 2000, pour une période de 3 mois, renouvelable pour la même durée[1644]. Le caractère provisoire du barème résulte du fait qu'il s'appliquait sous réserve de l'adoption d'un décret sur les tarifs d'utilisation des réseaux, lequel trouverait à s'appliquer de plein droit aux contrats en cours.

Le système retenu dans le barème était celui de type « droit d'injection - droit de soutirage ». Le GRT a procédé à une évaluation provisoire des charges liées aux réseaux de transport et de distribution dont il est concessionnaire et a réparti les coûts entre les réseaux par niveau de tension. Le détail de ces coûts de réseaux faisait apparaître la prise en compte de coûts dont la Commission et la CRE avaient rejeté l'intégration dans le tarif d'utilisation des réseaux, tels que les charges d'infrastructures, les pertes et les coûts de la congestion[1645]. Il comprenait également les coûts liés aux missions d'intérêt économique général, ceux des services systèmes ainsi que les coûts liés à la facturation et au comptage.

Quant à l'allocation des coûts, ils n'étaient pas répartis entre les producteurs et les consommateurs, car seuls les consommateurs les supportaient. La tarification provisoire retenait à la charge des consommateurs un empilement successif de coûts de réseau, du niveau de tension le plus élevé jusqu'au niveau de tension de raccordement. Les prix d'accès aux réseaux étaient modulés et variaient en fonction du niveau de tension auquel le client éligible était raccordé (compris entre 130 et 350 kV, 40 et 130 kV et 1 et 40 kV). Les tarifs provisoires d'accès aux réseaux reflétaient une forme binôme de la tarification et étaient fixés en fonction de la puissance. Ils étaient calculés dans le but de couvrir le solde des coûts d'infrastructure et de l'énergie.

Le tarif provisoire d'EDF présentait le désavantage de prévoir une évaluation incontrôlable des charges liées aux missions d'intérêt économique général ainsi qu'une répartition opaque de ces charges[1646]. Le rapport Champsaur relève à son égard que la prise en charge des infrastructures n'est pas basée sur « une analyse

---

[1643] Communication de la CRE du 18 mai 2000 sur l'ouverture du marché français de l'électricité ainsi que le guide du client éligible de la CRE, version n° 1 du 22 décembre 2000.

[1644] Barème de mise à disposition d'énergie électrique hors fourniture -régime général- applicable au 1er avril 2000, consultable sous : www.rte-france.com

[1645] Les pertes ne sont prises en compte dans le barème provisoire que jusqu'à la mise en place du système de la gestion financière des pertes.

[1646] EDF répartit les charges des missions de service public sur l'énergie transportée à raison de 1 ct/KWh, lesquelles comprennent les surcoûts liés aux obligations d'achats, aux conventions pauvreté-précarité, aux surcoûts de production dans les régions DOM et en Corse, pour un commentaire sur le barème provisoire, rapport Champsaur, p. 84.

économique précise » et que les frais liés aux missions de service public n'ont pas nature à être recouvrés dans le transport.
En effet, la loi du 10 février 2000 prévoyait que les charges afférentes et imputables aux producteurs devaient être recouvrées par un fonds du service public de la production d'électricité alimenté par les producteurs, les fournisseurs et les importateurs d'électricité.
Malgré le manque d'informations relatives à ce barème, la CRE avait approuvé le barème provisoire appliqué par les opérateurs jusqu'à l'adoption des tarifs d'utilisation des réseaux définitifs[1647].
Si le barème provisoire mis en place par EDF a constitué la référence, il n'est pas le seul à avoir été appliqué. Les gestionnaires de réseaux de distribution ont également déterminé leur propre barème.
Cette possibilité leur était implicitement reconnue si le barème provisoire d'EDF ne leur permettait pas de couvrir leurs charges et pour autant que les dispositions légales et réglementaires relatives aux tarifs étaient respectées, à savoir que le barème reflète l'ensemble des coûts du réseau.
La CRE confirme cette approche dans un différend opposant la Société Clariant Huningue à la SAEML Hunélec.
Elle considère que le gestionnaire du réseau de distribution, en l'espèce la SAEML, était fondé à mettre en place un barème différent de celui d'EDF, car les charges du réseau qui n'étaient pas couvertes par le barème n'auraient pas pu être financées par le fonds de péréquation de l'électricité[1648].
Ces barèmes provisoires sont devenus opposables aux utilisateurs « dès transmission à l'autorité administrative (Ministre chargé de l'énergie) ». Cette notification, prévue à l'article 1er de la loi du 19 juillet 1993 transposant la directive du 29 juin 1990 sur la transparence des prix au consommateur final industriel de gaz et d'électricité, constituait, selon la CRE, « une publicité suffisante de nature à rendre le barème opposable »[1649].
Enfin, afin de permettre un accès transparent et non discriminatoire aux réseaux, il était essentiel que le barème fixé par le gestionnaire de réseau et ses modifications ultérieures soient communiqués à l'utilisateur avant la conclusion du contrat d'accès aux réseaux.
Dans le cas contraire, le gestionnaire de réseau violait les dispositions de l'article 1134 du code civil qui impose aux parties de négocier de bonne foi.

(4) Les principes réglementaires applicables aux tarifs d'utilisation des réseaux publics

Les dispositions réglementaires relatives au tarif d'utilisation des réseaux tirent les conséquences des dysfonctionnements du barème provisoire et intègrent des éléments appelés à garantir le caractère transparent et non discriminatoire du tarif

[1647] Article 1er du décret n° 2002-1014 du 19 juillet 2002 fixant les tarifs d'utilisation des réseaux de transport et de distribution d'électricité.
[1648] Tel que le prévoit l'article 5 § II de la loi du 10 février 2000, décision de la CRE du 4 juin 2004 concernant un différend opposant la Société Clariant Huningue à la SAEML Hunélec relatif aux conditions financières d'acheminement de l'énergie électrique.
[1649] Décision de la CRE du 4 juin 2004 concernant un différend opposant la Société Clariant Huningue à la SAEML Hunélec.

d'utilisation des réseaux. Le tarif d'utilisation des réseaux doit donc répondre aux impératifs suivants ; il doit être :

- orienté vers les coûts afin d'éviter la création d'une rente trop élevée au profit du GRT qui risquerait de renforcer sa position dominante et de décourager les utilisateurs à changer de fournisseur. L'article 4 § II de la loi du 10 février 2000 tel que modifié par la loi du 9 août 2004 impose dorénavant que le tarif d'utilisation des réseaux prenne en compte les coûts des missions et contrats de service public[1650],
- non discriminatoire, c'est-à-dire être le même pour l'ensemble des utilisateurs et le prix payé par l'utilisateur doit être égal au coût qu'il engendre sur les réseaux ;
- indépendant des coûts de production d'EDF ou des DNN afin d'éviter les subventions croisées favorisant leurs productions et restreignant la concurrence entre fournisseurs.

Sur la base de ces éléments, un premier décret du 26 juillet 2001 pose les principes généraux auxquels les tarifs d'utilisation des réseaux de transport et de distribution doivent transposer. Il faut attendre l'adoption d'un second décret pour voir finalement précisées les formules tarifaires d'utilisation des réseaux[1651].

Ces dispositions réglementaires reprennent en partie les éléments de la tarification contenus dans le barème provisoire d'EDF. Alors que certains éléments issus des décrets doivent obligatoirement être traduits dans les tarifs, d'autres éléments sont laissés à l'appréciation des opérateurs.

(a) Les figures imposées dans la définition des tarifs d'utilisation des réseaux publics

La première disposition réglementaire relative aux tarifs d'utilisation des réseaux publics se présente comme un décret-cadre, car elle fixe les principes à respecter dans l'élaboration des tarifs définitifs d'accès aux réseaux[1652]. Elle a, en effet, pour objet de fixer « les tarifs hors-taxes d'utilisation des réseaux » sans proposer toutefois de formule tarifaire précise ; cet objectif sera réalisé par l'adoption du second décret du 29 juillet 2002[1653]. Le décret-cadre s'applique « nonobstant toute disposition contraire », telle que les dispositions relatives à l'utilisation des réseaux, des cahiers des charges des concessions des réseaux de transport et de distribution, des règlements des régies, ou de tout contrat entre gestionnaires de réseaux et utilisateurs[1654]. En d'autres termes, les principes relatifs aux tarifs d'utilisation des réseaux fixés dans ce décret se substituent à toute disposition contraire.

L'application exclusive du décret relatif au tarif d'utilisation des réseaux est confirmée par la CRE dans sa décision concernant un différend opposant le RTE à Eurotunnel relatif au raccordement au réseau de transport. Elle souligne que « quels que soient les engagements contractuels conclus entre EDF et Eurotunnel pour le raccordement avant l'entrée en vigueur de la loi du 10 février 2000, le tarif d'utilisation des réseaux d'utilisation applicable ne peut être déterminé que selon les

---

[1650] Article 33 § 4 de la loi du 10 février 2000.
[1651] Décret n° 2002-1014 du 19 juillet 2002, précité.
[1652] Décret n° 2001-365 du 26 avril 2001, précité.
[1653] Décret n° 2002-1014 du 19 juillet 2002 entré en vigueur le 1er novembre 2002, article 1er du décret.
[1654] Article 1er du décret du 26 avril 2001.

règles définies par le décret n° 2002-1014 du 19 juillet 2002 »[1655]. En outre, tant que le « nouveau » cahier des charges du réseau de transport appelé à remplacer l'ancien aux termes de l'article 12 de la loi du 10 février 2000 n'est pas adopté, « l'avenant du 10 avril 1995 à la convention du 27 novembre 1958 [...] est toujours applicable, pourvu toutefois que ses stipulations ne soient pas contraires, ni aux dispositions des décrets du 26 avril 2001 et du 19 juillet 2002, ni aux dispositions de la loi du 10 février 2000 ou d'un texte pris pour son application »[1656].

L'adoption de ce décret entend répondre aux impératifs combinés de procédure des articles 4 § III de la loi du 10 février 2000 et de l'ordonnance du 1er décembre 1986 (codifiée à l'article L. 410-2 du Code de commerce).

Le projet du décret-cadre a été soumis pour simple avis à la CRE[1657] et au Conseil de la Concurrence[1658]. En effet, considérant que ce décret se limite à fixer les principes de la future tarification et ne contient aucune formule tarifaire, les pouvoirs publics se sont abstenus de requérir un avis obligatoire de la CRE. Or l'intervention de la CRE, afin d'émettre un avis simple sur les tarifs d'utilisation des réseaux, n'est pas conforme à l'article 4 § III de la loi du 10 février 2000. Celui-ci impose que la CRE intervienne en amont du processus de définition des tarifs d'utilisation des réseaux et que le décret soit conforme aux propositions émises[1659].

La loi du 13 juillet 2005 impose dorénavant que les propositions de la CRE entrent en vigueur si les ministres de l'économie et de l'énergie ne s'y opposent pas dans un délai de deux mois après réception de ces propositions. Le Conseil de la Concurrence souligne alors que, même si le 1er décret présente une « grande adéquation » avec les dispositions dégagées dans son avis du 28 avril 1998[1660], « ce dispositif est cependant éloigné de la procédure réglementaire prévue initialement par la loi »[1661]. Le fait que les grands principes tarifaires dégagés par le décret-cadre rejoignent l'essentiel des propositions de la CRE dans sa consultation publique ne doit pas occulter la non-conformité de la procédure à la loi du 10 février 2000[1662].

Le décret-cadre ainsi adopté a eu pour but de déterminer « les » tarifs d'utilisation

---

1655 Décision de la CRE du 11 septembre 2003 relative au différend qui oppose les sociétés France-Manche et The Channel Group (Eurotunnel) au RTE, consultable sous : www.cre.fr

1656 Décision de la CRE du 11 septembre 2003.

1657 Aux termes de la procédure fixée à l'article 4 § III de la loi du 10 février 2000, la CRE a rendu, après avoir procédé à des consultations publiques d'opérateurs le 31 mai et le 5 juin 2000, une proposition tarifaire pour l'utilisation des réseaux publics de transport et de distribution d'électricité rendue publique le 5 juin 2001.

1658 Avis n° 00-A-21 du 6 septembre 2000 relatif aux tarifs d'utilisation des réseaux publics de transport et de distribution d'électricité.

1659 L'article 4 § III dispose que les décisions sur les tarifs d'utilisation des réseaux publics sont prises « conjointement par les Ministres chargés de l'économie et de l'énergie, sur proposition de la CRE [...] et sur son avis pour les autres tarifs ».

1660 Avis n° 98-A-05 du Conseil de la Concurrence du 28 avril 1998 relatif à une demande d'avis sur les principes à respecter ou les dispositions à prévoir pour assurer le fonctionnement concurrentiel du marché électrique dans le cadre tracé par la directive 96/92 du CE.

1661 Avis du Conseil de la Concurrence n° 00-A-21 du 6 septembre 2000 relatif aux tarifs d'utilisation des réseaux de transport et de distribution d'électricité.

1662 Consultations publiques de la CRE du 18 mai au 25 juin 2000 sur les principes tarifaires, consultables sous : www.cre.fr Les résultats de ces consultations sont pris en compte dans la proposition tarifaire de la CRE pour l'utilisation des réseaux publics de transport et de distribution des 31 mai et 5 juin 2001.

des infrastructures qui diffèrent en fonction des niveaux de tension utilisés par les opérateurs et des utilisations de l'électricité. Le tarif d'utilisation des réseaux publics s'entend, stricto sensu, de l'accès d'un utilisateur à la tension souhaitée, auquel sont ajoutées des charges en fonction des horaires d'utilisation, des dépassements de puissance et des prestations de comptage[1663]. Le principe selon lequel la tarification de l'utilisation des réseaux est calculée à partir de « l'ensemble des coûts de ces réseaux » est repris à l'article 2 du décret-cadre[1664]. Il souligne que les tarifs sont fondés sur l'analyse des coûts techniques et de la comptabilité générale des opérateurs tels qu'ils sont contenus dans les comptes séparés des activités de transport et de distribution[1665]. L'article 33 de la loi du 9 août 2004 élargit la formulation de l'article 4 § II et précise qu'il s'agit dorénavant des « coûts supportés par les gestionnaires de ces réseaux ».

Les coûts à intégrer dans les tarifs reflètent de manière exhaustive les activités des gestionnaires de réseaux dans la mesure où ils comprennent, entre autres, les coûts afférents à la gestion du système électrique et aux infrastructures de transport et de distribution, ainsi que les coûts relatifs à l'exploitation, l'entretien et la maintenance des réseaux[1666]. Seuls les coûts liés au transit en sont exclus[1667]. Les coûts liés aux missions de service public et aux contrats de service public seront intégrés plus tard dans les tarifs définitifs d'utilisation des réseaux[1668].

La définition des coûts intégrés dans le décret-cadre reprend fidèlement la proposition de la CRE qui s'est contentée, dans un premier temps, de recenser les données issues des comptes des opérateurs qu'elle a audités[1669]. Alors que certains utilisateurs des réseaux considèrent que les tarifs opèrent une mauvaise imputation de certaines charges dans la dissociation comptable[1670], EDF et les DNN ont souligné le fait que la CRE a omis d'intégrer dans les tarifs près de 20 % de leurs charges dans les coûts des réseaux. Le Conseil de la Concurrence, gêné face à ces revendications, rappelle qu'il n'a reçu aucun détail sur le calcul des coûts de réseaux et qu'il est donc contraint de s'en remettre « au savoir-faire de la CRE sur le point

---

1663 Le décret n° 2002-1014 du 19 juillet 2002 distingue entre 5 niveaux de tension de raccordement allant de 1 kV à 500 kV et prévoit des domaines de tensions allant de la basse tension (BT) à la haute tension (HTB). Il comprend également une tarification spéciale avec ou sans différenciation temporelle, une tarification spéciale pour les GRD, une tarification de secours, une tarification pour les dépassements de puissance, de l'énergie réactive, des prestations de comptage et enfin une tarification pour les utilisateurs raccordés en basse tension.

1664 Article 2 du décret du 26 avril 2001 repris dans le préambule de l'annexe du décret du 19 juillet 2002.

1665 Tel que l'impose l'article 4 § II de la loi du 10 février 2000.

1666 Ces coûts comprennent « les coûts de gestion et d'exploitation des réseaux publics, les coûts des pertes d'énergie, les coûts des éventuelles congestions sur les réseaux publics, les coûts liés aux comptages et à la facturation, les coûts de maintenance, de développement et de renforcement des réseaux publics, les coûts de transit d'électricité entre les États membres, la rémunération du capital investi et les coûts de recherche et de développement [y compris les lignes destinées à l'interconnexion avec les pays voisins] », article 2 du décret du 26 avril 2001 relatif aux tarifs d'utilisation des réseaux publics.

1667 Préambule de l'annexe au décret n° 2002-1014 du 19 juillet 2002.

1668 Article 33 § 4 de la loi du 9 août 2004 modifiant l'article 4 § II de la loi du 10 février 2000.

1669 La CRE actualise cependant les coûts visés en retenant à leur égard une hypothèse d'inflation et d'accroissement des coûts liés aux volumes transités égale à 2 %, proposition tarifaire de la CRE pour l'utilisation des réseaux de transport et de distribution d'électricité des 31 mai et 5 juin 2000, rendue publique le 5 juin 2001, ainsi que la proposition tarifaire de la CRE du 10 janvier 2002.

1670 Avis du Conseil de la Concurrence n° 02-A-05 du 18 avril 2002.

de savoir si le niveau tarifaire retenu conduira à des recettes qui n'engendreront pas pour les GRT et GRD de rente traduisant une absence d'orientation vers les coûts »[1671].

La loi d'orientation de la politique énergétique a, en définissant ses buts, imposé que dorénavant « la structure et le niveau des tarifs sont fixés afin d'inciter les clients à limiter leur consommation aux périodes où la consommation de l'ensemble des consommateurs est la plus élevée ». Ces contraintes dites de service public doivent assurer outre la maîtrise d'énergie, la sécurité des réseaux. Le montant du financement de ces contraintes sera défini par décret pris sur proposition de la CRE. Cette mesure a pour conséquence d'alourdir les tarifs d'utilisation des réseaux qui deviennent plus que jamais un instrument de la politique énergétique. Le poids de ces contraintes est pris en charge par l'ensemble des utilisateurs des réseaux et aura certainement des conséquences sur l'efficacité des tarifs d'utilisation des réseaux. On peut déjà se poser la question de la conformité de ces tarifs à l'impératif de la directive 03/54 du CE selon lequel « pour le bon fonctionnement de la concurrence, l'accès aux réseaux doit être disponible au juste prix »[1672].

Quant à la nature du tarif d'utilisation des réseaux, les pouvoirs publics se sont prononcés pour un tarif comprenant une composante fonction de la puissance souscrite et une autre fonction de l'énergie injectée ou soutirée selon la tension de raccordement[1673]. Le décret définitif relatif aux tarifs précise que l'énergie soutirée est celle qui correspond au flux physique soutiré du réseau tel que mesuré par les appareils de comptage du GRT ou des GRD[1674]. Le coût du réseau est supporté par les consommateurs qui s'acquittent d'un tarif d'utilisation des réseaux de soutirage, alors que la CRE avait souhaité, dans sa proposition, ne pas imposer de tarifs d'injection aux producteurs pour recouvrer les coûts des réseaux.

En ce qui concerne l'accès aux données de comptage, cet élément essentiel, afin de permettre aux opérateurs de connaître leur consommation et de faire ainsi jouer la concurrence entre les fournisseurs, est également visé dans le tarif d'utilisation des réseaux[1675]. Considérant que ces données sont la propriété des utilisateurs, la CRE impose aux gestionnaires de leur attribuer un accès à ces données contre le paiement d'une redevance comprise dans le tarif d'utilisation des réseaux[1676].

[1671] Avis du Conseil de la Concurrence n° 02-A-05 du 18 avril 2002.
[1672] Considérant 6) de la directive 03/54 CE.
[1673] Article 4 § I du décret précité repris dans le chapitre III de l'annexe du décret n° 2002-1014 du 19 juillet 2002 reprenant la proposition tarifaire de la CRE du 10 janvier 2002.
[1674] Chapitre II section 1 du décret du 19 juillet 2002.
[1675] Communication de la CRE du 27 novembre 2000 puis du 5 juillet 2001 sur l'accès aux données du comptage électrique. Elle précise, dans cette deuxième communication, les éléments composant l'accès aux données de comptage à assurer par les coûts et GRD.
[1676] Section 9 du décret du 19 juillet 2002 ; les tarifs en fonction de la tension sont :

Domaine tension	A1 (Euro/an)	A2 (Euro/kW/an)	B (Euro/kW/an)	C
HTB 3	810	9,56	14,01	0,818
HTB 2	810	13,72	18,96	0,796
HTB 1	810	19,23	40,94	0,732
HTA	810	11,63	76,12	0,566

Sources RTE – Offres et services, consultable sous : www.rte-france.com août 2004.

La tarification de l'accès aux réseaux retient parallèlement un tarif des dépassements de puissance par rapport à la puissance souscrite, selon les modalités visées dans la communication de la CRE du 16 novembre 2000. À cet égard, les utilisateurs peuvent se voir appliquer, pendant un temps limité, un tarif spécial si les dépassements de puissance sont ponctuels, programmés puis notifiés au GRT[1677]. Enfin, une tarification des alimentations de secours comprend la tarification de l'accès à la ligne principale, ainsi que les frais spécifiques d'investissement, d'entretien, d'exploitation et de renouvellement de la ligne dite de « secours ».

On constate que les termes du décret-cadre n'ont pas visé les gestionnaires des réseaux de distribution en tant qu'utilisateurs des réseaux comme ils le font pour les clients éligibles. Ce manque aurait eu pour conséquence d'empêcher la CRE d'intervenir pour contrôler les contrats d'accès aux réseaux conclus entre eux et le GRT en cas de différends relatifs à l'accès aux réseaux[1678]. Corrigeant cette discrimination, le décret définitif sur les tarifs précise que la tarification est applicable « aux consommateurs et aux GRD »[1679]. Cette discrimination à l'égard des GRD apparaissait déjà à travers l'impossibilité pour les GRD de bénéficier d'un abattement forfaitaire dû, selon le décret-cadre, par le GRT à l'ensemble des utilisateurs en cas de défaillance dans leur alimentation[1680]. Cette mesure était confortée par l'analyse du Conseil de la Concurrence qui considérait qu'une égalité de traitement entre les GRD et les clients éligibles n'était pas garantie par l'article 5 § II du décret-cadre[1681]. Or, aux termes de l'article 2 de la directive 96/92 du CE, les utilisateurs des réseaux s'entendent de toute personne physique ou morale alimentant un réseau de transport ou de distribution ou « desservie par l'un de ces réseaux », ce qui est le cas des distributeurs, à moins d'incompatibilité avec la directive[1682]. La CRE soulève finalement toute ambiguïté sur le statut des distributeurs et estime qu'aux termes du décret-cadre, les tarifs d'utilisation des réseaux s'appliquent à toutes les catégories d'utilisateurs des réseaux de manière « non discriminatoire ».

1677 Section 7 du décret du 19 juillet 2002 ; les tarifs des dépassements de puissance sont :

Domaine de Tension	Tarif des dépassements de puissance (Euro/kW)	Tarif du dépassement ponctuel de puissance non garanti (Euro/kW)
HTB 3	0,47	0,84
HTB 2	0,66	0,91
HTB 1	1,07	1,56
HTA	1,32	2,12

Sources RTE – Offres et services, consultable sous : www.rte-france.com août 2004.

1678 La CRE et le Conseil de la Concurrence ont critiqué cette exclusion, considérant qu'en n'accordant pas le statut d'utilisateur du réseau aux distributeurs leurs contrats d'accès aux réseaux avec le GRT ne doivent pas être transmis à la CRE comme le prescrit l'article 23 de la loi du 10 février 2000, avis de la CRE du 25 juillet 2000 sur le décret relatif aux tarifs d'utilisation des réseaux publics, JO du 28 avril 2000, p. 6791 ; avis du Conseil de la concurrence n° 00-A-21 du 6 septembre 2000 relatif aux tarifs d'utilisation des réseaux publics.

1679 Annexe, Chapitre II du décret du 19 juillet 2002.

1680 Article 6 § I du décret du 26 avril 2001.

1681 Avis du Conseil de la Concurrence n° 02-A-05 du 18 avril 2002.

1682 Délibération de la CRE du 11 avril 2003 sur les conditions de mise en œuvre du tarif d'utilisation des réseaux publics.

La tarification de l'utilisation des réseaux de distribution fait aussi l'objet d'un système de reversement. Les GRD reversent au GRT la part des recettes relatives à l'utilisation du réseau de transport ou des réseaux de distribution issus des contrats d'accès aux réseaux qu'ils mettent en œuvre[1683]. Ces reversements du GRD vers le GRT sont soumis au calcul des tarifs d'utilisation des réseaux et interviennent formellement sous la forme de contrats d'accès aux réseaux entre eux[1684].
Enfin, le décret définitif sur les tarifs a introduit une mesure souhaitée par les distributeurs, à savoir la prise en compte de la multiplicité des points de raccordement situés sur un même niveau de tension, ainsi que le regroupement tarifaire de ces points de raccordement[1685]. Cette disposition tire les leçons du contentieux né peu avant l'adoption du décret définitif sur les tarifs, entre la Régie de Transports Parisiens et le GRT, aux termes duquel la RATP demandait le regroupement tarifaire de ses points de livraison sur le réseau. Saisie du litige, la CRE a considéré qu'en l'état du droit, le refus du GRT de procéder au regroupement des points de livraisons de la RATP n'était pas un comportement discriminatoire et qu'il était en l'espèce fondé[1686]. Les dispositions réglementaires adoptées dans le décret définitif sur les tarifs auraient commandé la solution inverse[1687].
En tant qu'utilisateurs des réseaux, les producteurs bénéficient eux aussi explicitement de cette possibilité contre paiement de la redevance que le GRT est fondé à majorer de frais de raccordement d'une ligne directe à la tension où le regroupement est souhaité[1688]. Le décret distingue ainsi entre deux tarifications, l'une applicable aux producteurs et l'autre aux consommateurs et aux GRD[1689].
La tarification des échanges transfrontaliers d'électricité n'est pas visée dans le décret-cadre qui dispose que ces tarifs doivent tenir compte des « mesures adoptées dans le cadre de l'Union Européenne pour harmoniser les tarifs applicables aux échanges internationaux d'électricité ». Il précise toutefois qu'une répartition des charges doit faire supporter aux seuls utilisateurs concernés les charges créées par les flux transfrontaliers d'électricité[1690]. Le décret définitif relatif aux tarifs ne vise également pas les coûts de transit.
Mais il met, en revanche, à la charge des producteurs installés sur le territoire français un tarif d'utilisation des réseaux égal à 0,18 euro/Mégawattheure destiné à financer la quote-part qui est due par le GRT au fonds ETSO pour le financement des transits purs d'électricité.

[1683] Article 5 § II du décret du 26 avril 2001 relatif aux tarifs d'utilisation des réseaux publics.
[1684] Ces relations contractuelles sont celles visées au sein de l'article 23 de la loi du 10 février 2000, article 5 § II du décret du 26 avril 2001.
[1685] Cette possibilité est prévue par le chapitre II section 3 du décret n° 2002-1014 du 19 juillet 2002. Le regroupement tarifaire des points de raccordement dans le même niveau de tension n'est autorisé qu'en contrepartie du paiement d'une redevance de regroupement qui correspond à la tarification du réseau.
[1686] Décision de la CRE du 2 mai 2002 sur un différend relatif aux conditions de prise en compte de la multiplicité des points de livraison qui oppose le GRT et la RATP.
[1687] Chapitre II section 3 du Décret n° 2002-1014 du 19 juillet 2002.
[1688] Voir à cet égard la communication de la CRE du 20 mai 2003 sur les conditions de mise en œuvre du tarif d'utilisation des réseaux, consultable sous : www.cre.fr
[1689] Chapitres I et II du décret n° 2002-1014 du 19 juillet 2002.
[1690] Article 4 § II du décret du 26 avril 2001. Le décret n° 2002-1014 du 19 juillet 2002 souligne de manière laconique que les coûts de transit ne « sont pas couverts par le présent tarif ».

(b) Les figures libres dans la définition des tarifs d'utilisation des réseaux publics

Parallèlement aux éléments qui doivent composer le tarif d'utilisation des réseaux, les décrets précités relatifs aux tarifs d'utilisation des réseaux visent également des éléments complémentaires qui « peuvent » être intégrés dans les tarifs. Ces éléments rajoutent à la complexité et à l'opacité des tarifs d'utilisation des réseaux.
Les décrets de 2001 et 2002 introduisent la possibilité pour les « consommateurs et les gestionnaires de réseaux » de choisir un tarif d'utilisation des réseaux prenant en compte les modulations de consommation[1691].
Dans ce cadre, les utilisateurs peuvent opter pour un tarif avec ou sans « différenciation temporelle », c'est-à-dire qui prenne en compte les variations de consommation journalières, en fonction des heures creuses, des heures pleines et des variations annuelles entre les saisons estivale et hivernale. L'inefficacité de cette mesure a été soulignée par la CRE dans sa proposition initiale pour la fixation du tarif d'utilisation des réseaux[1692].
Elle considère que la « saisonnalisation » du tarif d'acheminement doit être liée aux prix d'achat des fournitures d'énergie compensant les pertes. En revanche, elle ne saurait concerner « la part fixe du tarif à infrastructure constante »[1693]. En outre, la saisonnalité du tarif impose que le GRT dispose d'informations suffisamment précises sur les périodes et les zones de saturation des capacités d'acheminement, ce qui n'est pas le cas [1694].
Toutefois, les utilisateurs ont manifesté tout l'intérêt qu'ils portent à cette mesure, si bien que la CRE prévoit dans sa seconde proposition la possibilité pour les utilisateurs de souscrire à des niveaux de puissance différents selon les classes temporelles[1695].
Parmi les mesures que les parties sont libres d'aménager dans les contrats d'accès aux réseaux relativement au tarif d'utilisation des réseaux se trouve aussi la prévision d'un abattement forfaitaire au tarif d'utilisation des réseaux.
En cas d'interruption de la fourniture liée à une défaillance du réseau, l'abattement doit cependant être proportionnel au temps d'interruption de la fourniture[1696].
Enfin, les parties peuvent aussi prévoir, dans les contrats d'accès aux réseaux, des prestations particulières relatives à la qualité de l'électricité ou aux modalités de comptage.
Les coûts issus de ces prestations ne sont pas compris dans le tarif d'utilisation des réseaux ; il revient aux parties de prévoir les conditions financières de leur règlement en sus du tarif d'utilisation des réseaux[1697].
Ainsi, dans plusieurs décisions du 14 avril 2005, la CRE souligne qu'EDF ne saurait

[1691] Section 2 du Chapitre II du décret du 29 juillet 2002 relatif à la tarification avec différenciation temporelle applicable en domaine de tension HTA ou HTB.
[1692] Proposition de la CRE du 18 mai 2000 concernant les principes de tarification de l'utilisation des réseaux électriques publics.
[1693] Proposition de la CRE du 18 mai 2000, précitée.
[1694] Propositions tarifaires de la CRE pour l'utilisation des réseaux de transport et de distribution des 31 mai et 5 juin 2000, rendues publiques le 5 juin 2001.
[1695] Proposition tarifaire de la CRE du 10 janvier 2002.
[1696] Article 6 § I du décret du 26 avril 2001.
[1697] Article 7 du décret du 26 avril 2001.

« imposer, ni facturer des prestations d'entretien des compteurs d'électricité » car elle ne dispose pas d'un « monopole légal de l'entretien des compteurs ».
Le financement de ces prestations est librement négociable entre les parties[1698].

Conclusion

Parmi les dispositions relatives à l'accès aux réseaux, celles encadrant la fixation des tarifs d'utilisation des réseaux présentent une importance particulière parce que ce sont les seules mesures expressément exclues de la négociation. C'est également sur leur pertinence que repose une véritable efficacité de l'ouverture du marché électrique à la concurrence.

En Allemagne, seul État membre à avoir dans un premier temps transposé le régime de l'accès négocié aux réseaux, on constate que la quasi-totalité du contentieux relatif à l'accès aux réseaux s'est focalisée sur la détermination du prix d'accès à l'infrastructure. En transposant un accès réglementé aux réseaux, la loi du 10 février 2000 fait, certes, l'économie de ce contentieux, mais la pratique révèle toutefois des difficultés liées à l'application du tarif réglementé. Ce ne sont pas seulement les gestionnaires de réseaux qui éprouvent des difficultés à accepter les tarifs réglementés mais aussi les utilisateurs. La CRE doit rappeler à l'ordre un utilisateur du réseau, en l'espèce la Compagnie Parisienne du Chauffage Urbain (CPCU), qui entend se soustraire à la réglementation tarifaire en invoquant qu'elle paye déjà des frais liés à l'utilisation du réseau. La CRE souligne avec fermeté que cette circonstance est « sans incidence sur son obligation de s'acquitter du tarif d'injection prévu par le décret du 19 juillet 2002 ». Elle considère en outre que, dans le cas contraire, « il en résulterait une violation du principe de non-discrimination visé dans la directive »[1699]. Par ailleurs, l'utilisation des réseaux publics de transport et de distribution d'électricité est soumise à une réglementation tarifaire qui est « d'ordre public ». Aux termes du décret du 26 avril 2001, les tarifs sont applicables « nonobstant toute disposition contraire des cahiers des charges des concessions, des règlements de service des régies, des contrats et des protocoles »[1700]. Si bien que les utilisateurs ne peuvent se retrancher derrière des dispositions contractuelles ou autre pour se soustraire au paiement des tarifs d'utilisation des réseaux.

On retiendra également de ces décisions que si la CRE peut contraindre, au moyen des instruments prévus dans la loi du 10 février 2000, les utilisateurs à payer les sommes demandées au titre de l'utilisation des réseaux, elle n'est, en revanche, pas compétente pour « autoriser le RTE à suspendre l'accès aux réseaux d'un utilisateur en cas de défaut de paiement des factures » d'utilisation des réseaux[1701]. En ce qui concerne les procédures mises en oeuvre dans l'adoption des décrets sur les tarifs d'utilisation des réseaux par les pouvoirs publics, on soulignera que la loi du

---

[1698] Décisions de la CRE du 14 avril 2005 relatives à des différends sur la facturation des frais d'entretien de compteurs d'électricité, qui opposent respectivement la Société des Chutes de l'Ain, Mr. Marc Pralong et l'Usine Hydroélectrique des forges de Lanouée à EDF.

[1699] Décisions de la CRE du 14 avril 2005, précitées.

[1700] Article 1er du décret du 26 avril 2001, précité.

[1701] Aux termes de l'article 38 de la loi du 10 février 2000 modifié par l'article 79 de la loi du 13 juillet 2005, la CRE est en mesure de « prononcer la suspension des pratiques portant atteinte aux règles régissant l'accès aux réseaux », puis de « fixer les modalités d'accès aux réseaux » et enfin d'assortir sa décision d'astreintes.

10 février 2000 ne prévoyait pas l'adoption de deux décrets distincts, d'autant plus que le décret-cadre n'a fait intervenir la CRE que d'une manière consultative. Le Conseil de la Concurrence, également irrité par la procédure utilisée, critique le décret-cadre en déclarant qu'il se « limite à fixer les principes de la tarification et ne comporte aucune formule tarifaire précise »[1702], avant d'estimer ce manque regrettable, considérant que les options tarifaires ont des effets directs sur la concurrence.

Sur le fond, les décrets transcrivent de manière complète les coûts des réseaux qui « correspondent bien aux différentes fonctions du gestionnaire de réseau »[1703], mais les détails de la tarification contiennent de potentielles entraves à la concurrence.

Le Conseil de la Concurrence considère ainsi que la modulation horosaisonnière des tarifs intégrée dans le tarif d'utilisation des réseaux s'analyse comme « une véritable dérogation au principe de tarification dite au timbre-poste »[1704]. Cette possibilité doit donc, afin d'être transparente et non discriminatoire, « indiquer avec précision les objectifs poursuivis par les éléments de la modulation, ainsi que ses conditions d'amplitude »[1705]. Il soutient également que la saisonnalité ne doit être maintenue que si elle est justifiée par « les différences technologiques entre les réseaux de transport et de distribution »[1706]. Tenant compte de ces recommandations, le tarif définitif d'utilisation des réseaux publics a dû préciser le régime des différenciations temporelles dans l'application des tarifs[1707]. Par ailleurs, le décret-cadre prévoyait qu'un tarif de proximité soit intégré afin de prendre en compte la proximité entre le producteur et le consommateur raccordés à un même niveau de tension sur le réseau[1708]. Or cette disposition a pour effet de dissuader la construction de lignes directes[1709] qui est l'une des modalités d'accès aux réseaux et d'introduction de la concurrence.

L'entrave que cette mesure présente lui vaut de ne pas figurer dans le décret définitif sur les tarifs. La question de l'imputabilité des tarifs met également en exergue le problème des subventions croisées. Dans le cadre d'un tarif d'utilisation des réseaux payé au soutirage, le GRT est en mesure de faire payer au consommateur une baisse de ses tarifs de fourniture par une surfacturation des coûts de transport.

En outre, l'absence d'un tarif d'injection pour les producteurs permettrait d'avantager l'opérateur historique « qui bénéficierait pour ses exportations d'une

---

[1702] Avis du Conseil de la Concurrence n° 00-A-21 du 6 septembre 2000 relatif aux tarifs d'utilisation des réseaux publics de transport et de distribution d'électricité.

[1703] Avis du Conseil de la Concurrence n° 00-A-21 du 6 septembre 2000. Le Conseil de la Concurrence avait dans sa décision n° 96-D-51 du 3 septembre 1996 « Heli Inter Assistance » sanctionné l'exploitant d'un Héliport dont le tarif d'accès à l'infrastructure essentielle n'était pas « orienté vers les coûts encourus relevant de critères objectifs ».

[1704] Avis du Conseil de la Concurrence n° 00-A-21 du 6 septembre 2000 relatif aux tarifs d'utilisation des réseaux publics de transport et de distribution d'électricité.

[1705] Avis du Conseil de la Concurrence n° 98-A-21 du 1er décembre 1998 et n° 97-A-09 du 26 mars 1997 du Conseil de la Concurrence.

[1706] Avis du Conseil de la Concurrence n° 02-A-05 du 18 avril 2002, précité.

[1707] La CRE s'estime ainsi exaucée, car cette mesure contribue à la « mise en œuvre de l'accès régulé au réseau électrique et favorise l'exercice d'une concurrence équitable et non discriminatoire », communiqué de la CRE du 23 juillet 2002.

[1708] Article 4 § III de la loi du 10 février 2000.

[1709] Cette position est également celle retenue dans le rapport Champsaur, proposition de la CRE du 18 mai 2000 concernant les principes de tarification de l'utilisation des réseaux électriques publics.

utilisation gratuite des réseaux de transport nationaux », les charges des réseaux étant mutualisées dans le tarif d'utilisation des réseaux de soutirage payé par les consommateurs nationaux[1710].
Il en résulte une contradiction avec la jurisprudence communautaire, dans la mesure où le décret définitif prévoit de faire payer aux consommateurs un transport d'électricité dont ils ne sont pas les destinataires[1711]. La CJCE insiste sur le fait que le tarif d'accès à une infrastructure corresponde aux coûts pour empêcher la pratique de « prix abusifs » à l'égard de particuliers ou de professionnels. Celle-ci apparaît, en particulier, dans le cadre d'un monopole « s'il existe une disproportion manifeste entre ce prix et la valeur du service correspondant »[1712].
Cette orientation vers les coûts apparaît dorénavant en droit communautaire à travers le respect du précepte de transparence auquel est soumis le tarif d'accès aux réseaux et qui s'entend comme un principe fondamental en matière de tarification des infrastructures essentielles[1713]. La directive 96/92 du CE l'introduit dans le secteur électrique et la directive 03/54 du CE le précise dans l'obligation qu'elle enjoint aux États membres de publier les tarifs, les méthodologies et ses modifications avec la décision formelle, ainsi que tout rejet formel d'un projet[1714]. Les directives relatives au secteur des télécommunications imposent également que les redevances d'interconnexion respectent « les principes de la transparence » et soient axées sur les coûts[1715]. Ces appels à la transparence sont la contrepartie nécessaire au déficit informationnel concernant les coûts des réseaux sachant que ces informations sont jalousement détenues par les gestionnaires de réseaux[1716].
Cette position de force des gestionnaires est équilibrée par la reconnaissance, entre autres, d'un pouvoir coercitif aux autorités de régulation afin de contraindre les gestionnaires de réseaux à communiquer les informations nécessaires et d'un accès des régulateurs aux données comptables des GRT[1717]. La directive 03/54 du CE franchit une étape supplémentaire dans ce sens en autorisant les régulateurs à

1710 Avis du Conseil de la Concurrence n° 02-A-05 du 18 avril 2002.

1711 Voir l'arrêt de la CJCE « Port de Gênes » du 10 décembre 1991, précité, aux termes duquel la Cour a considéré qu'une entreprise ayant des droits exclusifs commet un abus de position dominante si elle exige des utilisateurs le paiement de services non demandés et que l'État membre qui en est à l'origine crée une situation contraire à l'article 82 du traité CE.

1712 Arrêts de la CJCE « General Motors » du 13 novembre 1975 et « British Leyland » du 11 novembre 1986.

1713 La tarification de l'utilisation des réseaux électriques devant elle-même assurer « la transparence du marché de l'électricité », réponse donnée par Mme de Palacio le 3 mai 2000 à une question écrite du 17 mars 2000, E-0710/00, 2001/C46E/035 ; ce principe s'applique dans l'ensemble des secteurs organisés autour d'infrastructures essentielles, telles que les redevances aéroportuaires, voir à cet égard G. Borel, Assistance et redevances aéroportuaires, Revue des affaires européennes, Dix ans de politique aérienne commune, 1997/1, p. 58.

1714 Article 23 de la directive 03/54 du CE.

1715 Article 7 § 2 et § 3 de la directive 97/33 du CE relative à l'interconnexion dans le secteur des télécommunications, JO n° L-199 du 26 juillet 1997.

1716 Voir à cet égard l'étude réalisée pour la Commission, Competition Aspects of Access Pricing, décembre 1995, consultable sous : www.europa.int.eu/Comm.

1717 Article 13 de la directive 96/92 du CE (article 18 de la directive 03/54 du CE) relatif à l'accès des régulateurs à la comptabilité des entreprises transposé aux articles 27, 33 et 34 de la loi du 10 février 2000, D. Encoua, L. Flochel., « La tarification : du monopole à la concurrence régulée », *AJDA*, 20 mars 1997, p. 254 ; A. Perrot, « Ouverture à la concurrence dans les réseaux », *Économie et Prévision* n° 119, 1995/3, p. 59.

modifier à tout moment les tarifs et leurs méthodologies afin que ceux-ci soient proportionnés et non discriminatoires[1718]. La loi du 13 juillet 2005 a, dans cette logique, renforcé la position de la CRE dans le processus décisionnel sur les tarifs puisque, sans opposition des ministres compétents, les tarifs s'imposent à eux.
Le régulateur communautaire n'abdique pas, quant à lui, ses compétences en la matière, la Commission surveille et examine l'application des tarifs d'accès aux infrastructures afin de garantir le respect des règles de la concurrence et des dispositions de la directive 03/54 du CE[1719]. Les contrôles pluriels dans la détermination et l'application des tarifs d'utilisation des réseaux s'expliquent par l'importance de la matière pour la mise en place du marché intérieur de l'énergie.
Le Conseil de la Concurrence qui soutient le principe de l'orientation des tarifs vers les coûts[1720] rappelle que la démarche des régulateurs en matière de tarif d'utilisation des réseaux doit être « une démarche d'adaptation et de souplesse » considérant que la dissociation fonctionnelle et comptable est un « exercice nouveau » et que l'impact concret des tarifs sur les utilisateurs ne peut être « anticipé qu'avec des marges d'erreur »[1721].

1718 Article 23 § 4 de la directive 03/54 du CE.

1719 La Commission « considère qu'il lui appartient dans une large mesure de veiller au caractère non discriminatoire des tarifs », réponse donnée par Mme de Palacio le 3 mai 2000 à une question posée le 17 mars 2000, E-0710/00, 2001/C46E/035. Cette tâche lui revient dans le secteur électrique à l'article 28 de la directive 03/54 du CE.

1720 Orientation des prix vers les coûts, Étude thématique du rapport d'activité du Conseil de la Concurrence, 2002, p. 67.

1721 Avis du Conseil de la Concurrence n° 02-A-05 du 18 avril 2002.

Titre II Limites et alternatives au droit d'accès aux réseaux publics

Un fonctionnement transparent et non discriminatoire du secteur électrique impose que les éléments définissant l'accès aux réseaux soient clairement définis, mais il commande surtout que les limites à l'accès aux réseaux soient prévues dans la loi et qu'elles soient déterminées et exhaustives. Dans la directive 96/92 du CE et la loi du 10 février 2000, ces limites au droit d'accès aux réseaux publics s'illustrent à travers les possibilités reconnues, entre autres, aux gestionnaires de réseaux de refuser l'accès aux réseaux aux opérateurs. Mais cette possibilité est strictement encadrée, car l'accès aux réseaux demeure le principe et le refus d'accès aux réseaux publics une exception. Cette approche est confirmée par la mise en place d'un régime de construction de lignes directes d'électricité entre le producteur et le consommateur d'électricité. Elle est un moyen parallèle d'accès aux réseaux dont le régime ressort d'une législation et une jurisprudence exhaustive et applicable en sus des dispositions de la directive 96/92 du CE.
La construction de lignes directes peut être aussi mise en œuvre comme un moyen de dernier recours, c'est le cas lorsque l'opérateur se voit refuser l'accès aux réseaux, la loi du 10 février 2000 la présente alors comme une alternative au refus d'accès aux réseaux publics.

Chapitre I Les refus d'accès aux réseaux publics

La directive 96/92 du CE ne traite pas isolément d'une procédure relative au refus d'accès aux réseaux, ni ne traite des motifs auxquels un refus peut être opposé. Cette possibilité ressort de la combinaison de plusieurs dispositions éparses relatives aux systèmes d'accès aux réseaux.
La loi du 10 février 2000 a une approche similaire bien qu'elle précise que le refus d'accès aux réseaux doit intervenir dans le respect de procédures précises et sous le contrôle de l'autorité de la régulation. Les motifs de refus d'accès aux réseaux ne sont cependant pas laissés à la discrétion des entités appelées à le prononcer, ils sont limitativement énumérés et encadrés par la loi du 10 février 2000 même si, dans certains cas, leur imprécision laisse planer des doutes quant à leur contenu et leur mise en œuvre.

a) Les aspects procéduraux liés au refus d'accès aux réseaux publics

Le refus d'accès aux réseaux s'entend formellement d'une décision prise par une entité habilitée à refuser à l'utilisateur qui le demande l'accès aux réseaux de transport et de distribution d'électricité et aux interconnexions. Des motifs de refus d'accès aux réseaux sont visés dans la directive 96/92 du CE, qui dispose de manière lapidaire que le refus est opposé à l'opérateur soit lors de la demande d'accès aux réseaux, soit lors de la mise en œuvre d'un contrat d'acheminement d'électricité[1722].
La loi du 10 février 2000 est plus précise sur la définition du refus d'accès aux réseaux, puisqu'il s'agit d'un refus de « conclure un contrat d'accès aux réseaux

[1722] Articles 17 § 5 et 18 § 4 de la directive 96/92 du CE.

publics »[1723]. Dans ce cas, le refus est formellement signifié dans le refus opposé par le GRT ou le GRD de conclure avec un utilisateur qui en fait la demande un contrat CART, CARD, ou un contrat d'importation, d'exportation d'électricité. Le refus d'accès aux réseaux dans la loi du 10 février 2000 s'entend, stricto sensu, du refus de conclure un contrat d'accès aux réseaux publics et, lato sensu, du refus de mettre en œuvre un contrat d'accès aux réseaux publics conclus.

Quant aux entités compétentes pour prononcer un refus d'accès aux réseaux, ce sont, aux termes de la directive 96/92 du CE, les gestionnaires des réseaux de distribution et de transport. Une exception apparaît toutefois à l'article 3 § 3 de la directive 96/92 du CE qui permet aux « États membres » de ne pas appliquer les mesures relatives à l'accès aux réseaux afin de permettre aux entreprises électriques d'accomplir les obligations d'intérêt économique général dont ils ont la charge. Cette disposition, qui contient indirectement un motif de refus d'accès aux réseaux, ne précise toutefois pas l'entité appelée à le prononcer[1724]. Il ressort du renvoi aux articles 17 et 18 de la directive 96/92 du CE relatifs aux systèmes d'accès aux réseaux que seuls les gestionnaires de réseaux peuvent prononcer un refus d'accès aux réseaux.

La directive 03/54 du CE, qui reprend ces dispositions, indique clairement qu'il s'agit du gestionnaire du réseau de transport ou de distribution. Elle lui impose, en outre, de fournir, lors du prononcé du refus d'accès aux réseaux, des informations sur le renforcement du réseau qu'il prévoit d'effectuer comme mesure alternative[1725].

Cette attribution de compétence aux gestionnaires de réseaux pour prononcer le refus d'accès à l'encontre d'opérateurs garantit le parallélisme des formes, puisqu'il leur revient de mettre en œuvre l'accès aux réseaux par la conclusion de contrats d'accès aux réseaux[1726]. La loi du 10 février 2000 reconnaît également la compétence de principe des gestionnaires de réseaux en l'espèce, mais souffre une exception. Exceptionnellement, il peut revenir au Ministre chargé de l'énergie d'assurer cette prérogative sans préjudice des pouvoirs reconnus aux gestionnaires des réseaux en cas d'« atteinte grave et immédiate à la sécurité et à la sûreté des réseaux » [1727]. Dans ces circonstances, le Ministre chargé de l'énergie peut, d'office ou sur proposition de la CRE, prendre les mesures conservatoires qu'il estime nécessaires afin d'assurer la sécurité des réseaux. Parmi ces mesures et en fonction de la gravité de la situation, il pourrait opposer aux utilisateurs un refus d'accès aux réseaux.

Quant à la compétence de la CRE en la matière, elle est resolue dans sa décision du 10 février 2005, dans laquelle elle souligne qu'elle n'a reçu ni de la loi du 10 février, ni d'aucune autre loi la compétence pour autoriser le RTE « à suspendre l'accès aux réseaux d'un utilisateur »[1728].

Bien que la loi du 10 février 2000 ne prévoie pas de procédure particulière relative

---

[1723] Article 23 de la loi du 10 février 2000.

[1724] L'accomplissement d'obligations d'intérêt économique général est expressément visé comme étant un motif de refus d'accès aux réseaux aux articles 17 § 5 et 18 § 4 de la directive 96/92 du CE.

[1725] Article 20 de la directive 03/54 du CE.

[1726] Article 23 de la loi du 10 février 2000.

[1727] Article 21 de la loi du 10 février 2000.

[1728] Décision de la CRE du 10 février 2005 relative à un différend opposant le RTE à Compagnie Parisienne de Chauffage Urbain.

au prononcé du refus, elle fixe cependant des garanties procédurales afin de garantir la transparence et la non-discrimination de l'accès aux réseaux. Le refus d'accès opposé par un gestionnaire de réseau à l'utilisateur doit être une décision motivée[1729] et doit porter sur les motifs de refus d'accès énumérés dans la loi du 10 février 2000. La directive 03/54 du CE précise que l'énoncé de la décision doit être « dûment motivé » et assorti d'une justification[1730]. Cet impératif permet non seulement de contrôler l'adéquation de la décision avec les motifs de refus contenus dans la loi du 10 février 2000, mais d'en apprécier surtout l'opportunité et la proportionnalité. Ainsi, même si le refus est légalement motivé, encore faut-il qu'il soit nécessaire et proportionné par rapport au but recherché par le gestionnaire de réseau.
Les litiges relatifs aux refus d'accès aux réseaux sont de la compétence du régulateur national[1731], alors que les litiges transfrontaliers sont de la compétence de l'autorité de règlement des litiges de l'État membre du gestionnaire de réseau « qui refuse l'accès »[1732]. Il ressort de la combinaison des articles 23 et 38 § I de la loi du 10 février 2000 que la CRE est informée des refus opposés par le GRT qui a l'obligation de signifier sa décision de refus d'accès à l'opérateur concerné et à la CRE[1733]. La CRE contrôle ainsi le respect de l'obligation de motivation et de communication de la décision de refus. Elle examine, d'autre part, l'adéquation entre les motifs de refus d'accès contenus dans la décision et ceux énumérés dans la loi du 10 février 2000 ainsi que leur justification, à savoir la proportionnalité de la mesure par rapport au but recherché. Dans le cadre de son contrôle, si la CRE considère que le refus d'accès n'est pas fondé en droit ou n'est pas proportionnel au but à atteindre, elle enjoint au GRT d'accorder l'accès aux réseaux initialement refusé dans la décision contestée. En cas de non-exécution du GRT, elle ordonne toutes les mesures conservatoires nécessaires afin d'assurer l'accès aux réseaux de l'utilisateur et peut même le contraindre à conclure avec le demandeur un contrat d'accès aux réseaux[1734]. Au-delà des motifs expressément visés par la loi du 10 février 2000, certains comportements des gestionnaires de réseaux peuvent s'analyser comme un refus d'accès aux réseaux. La CRE exerce à cet égard un contrôle strict sur les mesures et agissements des gestionnaires de réseaux relativement à l'accès aux réseaux. C'est le cas lorsque le gestionnaire de réseau empêche le raccordement aux réseaux d'un producteur d'électricité en se comportant de manière manifestement dilatoire et non transparente. Son comportement peut, selon la CRE, « être regardé comme ayant constitué un refus d'accès au réseau public de distribution »[1735]. Les motifs de refus d'accès aux réseaux énumérés dans la loi ne sont pas limitatifs. La CRE dispose, dans le cadre du contrôle a priori qu'elle exerce sur la mise en forme des contrats d'accès aux réseaux et du contrôle

---

[1729] Article 23 de la loi du 10 février 2000.
[1730] Article 20 § 2 de la directive 03/54 du CE.
[1731] Aux termes de l'article 20 § 3 de la directive 96/92 du CE, les États membres désignent une autorité compétente pour régler les litiges concernant, entre autres, « le refus de l'accès [aux réseaux] ».
[1732] Article 20 § 4 de la directive 96/92 du CE.
[1733] Articles 23 et 38 § I de la loi du 10 février 2000.
[1734] Dans le cadre de l'article 40 de la loi du 10 février 2000, si le GRT n'exécute pas une décision prise par la CRE dans le cadre de la procédure de règlement des litiges, la CRE peut d'office prononcer à son égard une sanction pécuniaire ou administrative.
[1735] Décision de la CRE du 3 juin 2004 relative à un différend opposant la Société Pouchon Cogen à EDF.

postérieur relatifs aux différends nés de l'accès aux réseaux, de la possibilité de qualifier un comportement ou une mesure du gestionnaire du réseau comme constituant un refus d'accès aux réseaux. Le gestionnaire de réseau peut être alors contraint par la CRE de justifier son refus. Sans cela, le gestionnaire de réseau se rend coupable d'un manquement à la procédure visée dans la loi du 10 février 2000 et peut être sanctionné à payer une amende pour non-respect des dispositions légales ou encore à accorder l'accès aux réseaux.

b) Les cas de refus d'accès aux réseaux publics

Comme ce fut le cas dans la directive 96/92 du CE, la directive 03/54 du CE ne prévoit pas de motifs précis de refus d'accès aux réseaux. Elle laisse aux États membres le soin de préciser le contenu et de déterminer les critères du refus d'accès aux réseaux. Elle souligne cependant qu'un refus ne peut être opposé aux utilisateurs que s'il est objectif, non discriminatoire et publié[1736]. Cette obligation fait écho aux décisions de la Commission, selon lesquelles toute restriction d'accès aux infrastructures essentielles doit être « interprétée de façon stricte et reposer sur des critères non seulement non discriminatoires, mais aussi transparents, objectifs et constants sur une certaine période »[1737]. Cette approche est clairement confirmée par la CRE dans sa décision du 10 février 2005 opposant le RTE à la Compagnie parisienne des chauffages urbains. Elle souligne que « aucune disposition de la loi du 10 février 2000, ni aucun autre texte législatif ne donne compétence à la CRE pour autoriser RTE à suspendre l'accès aux réseaux ». La loi est d'interprétation stricte, si bien qu'aucun motif de refus d'accès aux réseaux ne peut être invoqué par le gestionnaire de réseau en dehors des cas qui y sont limitativement énumérés.
Afin d'assurer l'accès aux infrastructures essentielles ainsi que la sécurité juridique, la loi du 10 février 2000 détermine les cas dans lesquels l'accès aux réseaux peut être refusé aux utilisateurs. Elle reprend les impératifs fixés par la directive 96/92 du CE en les adaptant aux particularités de l'organisation du secteur électrique.
La loi du 13 juillet 2005 élargit cette énumération en tirant les conséquences du non-respect des procédures relatives à l'exercice de l'activité de négoce d'électricité.
Outre ces motifs de refus d'accès clairement énumérés, les dispositions législatives renferment en leur sein des mesures dont l'application peut constituer une mesure équivalente à un refus d'accès aux réseaux.

(1) Le refus d'accès aux réseaux publics fondé sur des impératifs liés au bon accomplissement des missions de service public

Aux termes de l'article 23 de la loi du 10 février 2000, le gestionnaire de réseau peut refuser l'accès aux utilisateurs le demandant, en invoquant des impératifs liés au bon accomplissement des missions de service public. Ce motif de refus d'accès aux réseaux transpose l'article 3 § 3 et § 2 de la directive 96/92 du CE, en vertu duquel les États membres peuvent laisser inappliquées les dispositions relatives à l'accès aux réseaux si leur mise en œuvre entrave l'accomplissement des obligations de

---

[1736] Articles 17 § 5 et 18 § 4 de la directive 96/92 du CE.
[1737] Décision de la Commission n° 94/291 du CE du 27 avril 1994 relative à une procédure d'application du règlement du Conseil n° 2408/92 du 23 juillet 1992 concernant l'accès des transporteurs aériens communautaires aux liaisons aériennes intracommunautaires, JO L-127/37 du 19 mai 1994.

service public imposées aux entreprises électriques, en l'occurrence, les entreprises électriques gestionnaires des réseaux[1738].

Un tel motif de refus d'accès aux réseaux se trouve dans la directive du 28 juin 1990 relative à l'établissement du marché intérieur des services de télécommunication, qui permet à la fourniture du réseau de prendre en considération des « exigences essentielles », telles que la sécurité du fonctionnement du réseau. Ces « raisons d'intérêt général de nature non économique peuvent amener un État membre à limiter l'accès au réseau public de télécommunications »[1739].

La loi du 10 février 2000 estime qu'afin d'assurer une « bonne » mise en œuvre des missions de service public par les gestionnaires des réseaux, ceux-ci sont en mesure de refuser aux utilisateurs qui le demandent l'accès à leurs réseaux électriques.

Cette mesure est complexe à mettre en œuvre ainsi qu'à contrôler, car elle exige au préalable que les missions de service public soient précisément explicitées, ce que ni la loi du 10 février 2000 ni ses dispositions d'application ne parviennent encore à faire de manière exhaustive. Mais, bien qu'une grande marge de manœuvre soit laissée aux États membres pour définir le contenu du refus d'accès aux réseaux fondé sur ce motif, la directive impose cependant que la décision de refus n'affecte pas le développement des échanges dans une mesure contraire à l'intérêt de la Communauté[1740].

Afin de satisfaire à cette disposition et à celle qui impose à l'État membre de préciser les mesures de service public qu'il entend mettre à la charge des gestionnaires de réseaux, la loi du 10 février 2000 procède, dans son article 2, à un recensement des missions de service public revenant aux GRT et GRD.

Ces missions concernent essentiellement le développement et l'exploitation des réseaux de transport et de distribution, ainsi que la fourniture en électricité.

Il incombe aux gestionnaires de réseaux d'assurer, en particulier, le développement équilibré de l'approvisionnement en électricité et la desserte de consommateurs dans le besoin par tout moyen[1741]. Par conséquent, si les gestionnaires de réseaux ne parviennent pas à assurer une desserte rationnelle du territoire, c'est-à-dire ne parviennent pas à desservir concurremment la clientèle captive et la clientèle éligible, ils peuvent refuser l'accès aux réseaux aux opérateurs éligibles pour privilégier l'accomplissement de leurs missions de service public. La Commission soutient en l'espèce cette approche en ce qui concerne la mise en œuvre du droit d'être approvisionné en électricité et dispose qu'« en cas de saturation, la priorité peut être accordée à l'envoi d'électricité pour approvisionner les clients captifs [...]. Cela peut également comprendre la possibilité de refuser l'accès aux réseaux pour des raisons de sécurité de l'approvisionnement pour les clients captifs »[1742].

Le refus opposé qui est ainsi justifié doit, en outre, être proportionné à l'atteinte

---

1738 Disposition reprise à l'article 3 § 2 de la directive 03/54 du CE.

1739 Directive du Conseil du 28 juin 1990, JO du 29 juillet 1990, relative à l'établissement du marché intérieur des services de télécommunications par la mise en œuvre de la fourniture d'un réseau ouvert.

1740 Celui-ci comprend « entre autres » la concurrence en ce qui concerne les clients éligibles, article 3 § 3 de la directive 96/92 du CE, la directive prend soin, en utilisant la formule « entre autres », de prévoir que l'intérêt de la Communauté est plus vaste que les formulations non exhaustives de l'article 3 § 3.

1741 Pour le détail des missions de service public, voir infra, 1ère Partie, (2) « Les missions et principes de service public au sein des activités de transport et de distribution d'électricité », p. 79.

1742 SEC(2001)438, p. 34.

portée aux échanges électriques sur le marché. Même s'il repose sur un motif de service public, le refus d'accès doit être la mesure la plus adéquate et donc la moins contraignante pour atteindre le but recherché. Ce n'est pas le cas si le même résultat peut être obtenu par une mesure d'ajustement ou une révision des quantités d'électricité à livrer. La Commission insiste sur le fait que le refus d'accès aux réseaux, justifié par des raisons d'intérêt général, n'est acceptable que si « le même résultat ne peut être obtenu par des règles moins contraignantes »[1743].

Le principe de proportionnalité illustré à l'article 3 de la directive 03/54 du CE rappelle que l'inapplication des dispositions relatives aux réseaux ne doit pas laisser le principe de l'ouverture du marché électrique vide de sens.

(2) Le refus d'accès aux réseaux publics fondé sur le manque de capacité

Le refus d'accéder aux réseaux opposé par le gestionnaire de réseau aux utilisateurs en raison du manque de capacité sur les réseaux est le seul motif de refus expressément visé en tant que tel par la directive 96/92 du CE[1744]. La loi du 10 février 2000 ne transpose pas directement cet impératif, bien qu'il soit cependant compris dans le motif renvoyant à la sécurité et à la qualité des réseaux inscrits à l'article 23 de la loi du 10 février 2000.

Ce motif repose sur des considérations techniques relatives aux réseaux.

Les capacités des réseaux, à savoir les volumes d'électricité que les réseaux peuvent transporter, varient en raison des flux qu'ils reçoivent ponctuellement des réseaux voisins. Le gestionnaire de réseau doit procéder à une évaluation des volumes d'électricité que ses réseaux peuvent acheminer. S'il estime, au regard des capacités définies, qu'il ne dispose pas de la capacité nécessaire pour mettre en œuvre le programme de consommation reçu d'un consommateur, il peut refuser de l'acheminer et donc refuser aux volumes d'électricité d'accéder aux réseaux.

Le bien-fondé de ce refus d'accès aux réseaux met en exergue les problèmes de la transparence et de la non-discrimination dans le calcul des capacités attribuables sur les réseaux. En effet, le gestionnaire de réseau peut refuser l'accès aux réseaux à des utilisateurs en invoquant un manque de capacité sur les réseaux dans le but d'attribuer ces capacités à l'opérateur auquel il est intégré, voire de les lui réserver. Certes, l'obligation de neutralité du GRT[1745] dans l'attribution des capacités lui interdit de faire bénéficier l'opérateur historique d'une quelconque priorité en refusant l'accès aux réseaux à d'autres opérateurs[1746], de même que le gestionnaire de réseau ne saurait refuser l'accès aux réseaux aux utilisateurs déjà titulaires d'un contrat d'accès aux réseaux, en procédant à une nouvelle répartition des capacités attribuables. La règle du « premier arrivé, premier servi » s'applique dans ce cas, sauf si un système préalable d'attribution au prorata ou aux enchères des capacités aux interconnexions est en vigueur[1747]. Le contrôle des capacités n'est plus laissé au

---

[1743] Décision de la Commission du 27 avril 1994, précitée.

[1744] Articles 17 § 5 et 18 § 4 de la directive 96/92 du CE.

[1745] Articles 7 § 5 (pour les GRT) et 11 § 2 (pour les GRD) de la directive 96/92 du CE.

[1746] Pour une analyse de la justification de ce refus, voir K.P. Horstmann, Netzzugang in der Energiewirtschaft, Carl Heymanns Verlag 2001, p. 64.

[1747] Au regard de la position commune des régulateurs français, italien et suisse relative à l'interconnexion France-Italie-Suisse, la capacité attribuée par enchère explicite doit être basée sur « l'ordre de mérite

seul gestionnaire de réseau. Le régulateur est dorénavant appelé à contrôler le plan général pour le calcul de la capacité, en particulier, aux interconnexions[1748].
En ce qui concerne les réseaux de transport et de distribution, la loi du 10 février 2000 permet également à la CRE de contrôler indirectement les capacités attribuées sur les réseaux internes par les gestionnaires, en fonction des données contenues dans leurs programmes d'investissement[1749].
Il devient, en effet, difficile au GRT d'invoquer un manque de capacité pour refuser l'accès aux réseaux sur une ligne dont le programme d'investissement prévoyait le développement ou le renforcement. En tant que responsable de l'entretien et du développement du réseau, il doit assurer le raccordement et l'accès des opérateurs suivant les objectifs fixés « à cet effet » dans le programme d'investissement approuvé par la CRE et qui le lie[1750].
La gestion des manques de capacité aux interconnexions peut exceptionnellement imposer au GRT d'opérer des réductions fortuites de capacité, voire même de suspendre l'accès aux réseaux à la demande d'un GRT étranger en difficulté.
Le GRT est, dans ce cas, fondé à refuser l'accès aux réseaux aux transactions en cours au prorata de leur utilisation de l'interconnexion dans les conditions prévues par les règles mises en place par l'UCTE[1751]. Cela implique que les transactions présentes, et pas seulement les derniers contrats dans l'ordre de classement, puissent être refusées. Les règles dégagées permettent ainsi aux GRT de « suspendre leur obligation de fournir un accès aux réseaux aux transactions sans encourir de responsabilité de quelque nature que ce soit » [1752], pour autant que le refus d'accès aux réseaux opposé aux opérateurs soit équitable et non discriminatoire[1753].

(3) Le refus d'accès aux réseaux fondé sur des motifs techniques

Le refus d'accès aux réseaux opposé par le GRT pour des motifs techniques comprend, outre le motif lié à la sécurité et la sûreté des réseaux, celui relatif à la

des prix offerts par unité dans l'ordre décroissant », position commune du 24 juillet 2001, consultable sous : www.cre.fr

1748 Article 5 du règlement 1228/2003 du CE.

1749 Article 14 de la loi du 10 février 2000.

1750 Article 14 de la loi du 10 février 2000.

1751 L'Union pour la Coordination de la production et du transport d'électricité (UCPTE) a été créée en 1951 par l'Organisation Européenne de Coopération Économique afin de garantir une gestion centralisée des interconnexions des systèmes électriques. Elle regroupe des représentants des gestionnaires de réseaux de la France, de l'Allemagne, des Pays-Bas, de la Belgique, de l'Italie, du Luxembourg et de la Suisse avant de s'étendre à l'Espagne, au Portugal, à la Grèce ainsi qu'à l'ensemble des pays de l'Est. En 1999, ses statuts sont modifiés et l'association devient dorénavant l'Union pour la Coordination de l'Électricité (UCTE) dont l'objet est la coordination synchrone des gestionnaires des réseaux de transport de la zone UCTE (les GRT présents sont, entre autres, le RTE, GRTN, ELIA, EON et RWE-Net) : les statuts adoptés par l'assemblée générale de l'UCTE le 17 mai 2001 soulignent que « chaque membre est responsable des conséquences d'une décision prise par un des organes de l'Association et affectant ses intérêts » relatifs à la gestion des systèmes électriques aux interconnexions, consultable sous : www.ucte-org

1752 Voir la communication de la CRE du 26 juillet 2001 sur les conditions d'accès aux interconnexions faisant l'objet de congestions peu fréquentes.

1753 Aux termes des articles 7 § 5 et 11 § 2 de la directive 96/92 du CE, le GRT et les GRD s'abstiennent de toute « discrimination entre les utilisateurs du réseau [...], notamment en faveur de leurs filiales ou actionnaires », et de manière plus générale son article 3 § 1.

qualité de leur fonctionnement[1754] qui peut également être la conséquence d'un manque de capacité sur les réseaux.

(a) Le refus d'accès aux réseaux fondé sur la sécurité et la sûreté des réseaux

L'assurance de la sécurité du réseau est mise en œuvre par le GRT dans le cadre de sa mission de gestion des flux d'énergie sur les réseaux et aux interconnexions[1755]. La sécurité et la sûreté du réseau consistent pour le GRT à procéder en temps réel à un équilibrage entre les flux électriques sur les réseaux, tout en tenant compte des contraintes intrinsèques aux réseaux, telles que les congestions[1756]. Il met également en œuvre les services auxiliaires qui sont à sa disposition et veille, en particulier, à la compensation des pertes en électricité[1757]. Outre la sécurité technique, cette acceptation comprend plus largement la sécurité d'approvisionnement et de fourniture de l'électricité[1758]. Le refus d'accès aux réseaux opposé par le GRT pour des motifs de sécurité ou de sûreté du réseau doit être lié à son impossibilité d'assurer le bon accomplissement des missions précitées.
Afin d'opérer un contrôle sur les motifs liés à la sécurité et à la sûreté des réseaux, la loi du 10 février 2000 prévoit l'adoption de paramètres de sécurité auxquels les réseaux doivent être conformes. Des prescriptions techniques générales de conception et de fonctionnement des réseaux de transport et de distribution pour le raccordement sont fixées par décret du Ministre de l'énergie et répondent ainsi à l'impératif fixé par l'article 5 de la directive 03/54 du CE qui impose dorénavant aux États membres de définir et publier les prescriptions techniques minimales de conception et de fonctionnement des réseaux[1759]. Les gestionnaires de réseaux doivent informer, en outre, la Commission des normes et réglementations techniques qu'ils adoptent[1760]. Le Conseil de la Concurrence a insisté sur le fait que la fixation des normes de sécurité peut entraîner des distorsions de concurrence majeures et qu'il importe, pour les éviter, de confier « au ministre compétent, le cas échéant après avis du Conseil de la Concurrence et du Conseil supérieur de l'électricité et du gaz, la responsabilité de fixer par voie réglementaire les normes en question »[1761].
La fixation par les pouvoirs publics des normes et réglementations techniques permet d'encadrer l'intervention du GRT et de contrôler de manière objective les motifs de refus qu'il oppose en le liant dans ses justifications.

1754 Article 23 de la loi du 10 février 2000.
1755 Article 7 § 3 de la directive 96/92 du CE.
1756 Article 15 § II de la loi du 10 février 2000.
1757 Article 7 § 3 de la directive 96/92 du CE et 15 § III de la loi du 10 février 2000.
1758 Article 2-28) de la directive 03/54 du CE.
1759 Aux termes des articles 14 et 18 de la loi du 10 février 2000, un décret doit être pris après avis du Comité technique de l'électricité institué par la loi du 15 juin 1906 sur les distributions d'énergie « afin d'assurer la sécurité et la sûreté du réseau ».
1760 Directive 98/34 du CE du 22 juin 1998 prévoyant une procédure d'information dans le domaine des normes et réglementations techniques, JO L-204/73 du 21 juillet 1998, modifiée par la directive 98/48 du CE, JO L-217/18 du 5 août 1998 précisé à l'article 5 de la directive 03/54 du CE.
1761 Avis du Conseil de la Concurrence n° 98-A-05 du 28 avril 1998 relatif à une demande d'avis sur les principes à respecter ou les dispositions à prévoir pour assurer le fonctionnement concurrentiel du marché électrique dans le cadre tracé par la directive 96/92 du CE. À la différence des propositions contenues dans l'avis du Conseil de la Concurrence, la loi du 10 février 2000 a préféré consulter pour avis le Comité technique de l'électricité pour l'élaboration du décret visé.

La nécessité de la détermination préalable et objective des normes et réglementations techniques relatives à la sécurité des réseaux s'est illustrée dans un cas d'accès aux réseaux soumis au Conseil de la Concurrence avant l'entrée en vigueur de la loi du 10 février 2000. Compétent alors dans le cadre des entraves à la concurrence en matière d'accès aux réseaux, le Conseil de la Concurrence a sanctionné le refus opposé par le GRT aux producteurs autonomes d'accéder aux réseaux en arguant de la non-conformité de leurs installations. Or les producteurs n'avaient pas été informés des conditions et des nouveaux critères techniques de raccordement aux réseaux fixés alors par le GRT[1762]. En agissant de la sorte, le gestionnaire de réseau (alors EDF) a abusé de sa position dominante.
L'encadrement dans la définition et le contrôle des normes de sécurité permet de limiter ces pratiques qui constituent, pour le Conseil de la Concurrence, « un frein au développement de la concurrence dans le secteur électrique ».
En renforçant les obligations de définition des critères de sécurité et de communication des prescriptions techniques, la directive 03/54 du CE réduit le risque de refus d'accès aux réseaux opposé aux opérateurs[1763].

(b) Le refus d'accès fondé sur la qualité de fonctionnement des réseaux

Il revient aux gestionnaires de réseaux d'exploiter et de gérer les réseaux afin d'en assurer la qualité[1764]. La directive 03/54 du CE vise à cet égard les impératifs d'efficacité et de fiabilité des réseaux[1765]. La qualité du fonctionnement du réseau repose principalement sur les obligations de continuité de la desserte en électricité. Son régime est précisé dans les cahiers des charges du RAG et ceux de la distribution publique. Pour les clients éligibles, ce sont les contrats d'accès aux réseaux qui en définissent les contours en déterminant les caractéristiques de la qualité de l'acheminement de l'électricité[1766]. La qualité du fonctionnement des réseaux s'apprécie en fonction d'éléments relatifs entre autres à l'intensité des variations de fréquence de l'électricité sur les réseaux, au nombre des interruptions de fourniture, aux surtensions ainsi qu'aux variations de tension de l'électricité. Le gestionnaire du réseau s'engage à fournir, par le biais de définitions mathématiques, une qualité de fonctionnement des réseaux. S'il considère que la mise en œuvre d'un contrat d'accès aux réseaux met en danger le niveau de qualité prédéterminé, le gestionnaire de réseau est en mesure de refuser au demandeur l'accès aux réseaux. Mais, étant lié par les standards de qualité visés dans les lois électriques et précisés dans les cahiers des charges et le contrat d'accès aux réseaux, le gestionnaire de réseau ne saurait en refuser l'accès en invoquant l'impossibilité pour lui d'assurer une qualité de fonctionnement autre que celle qui y est déterminée.

[1762] Décision du Conseil de la Concurrence n° 96-D-80 du 10 décembre 1996, le Conseil de la Concurrence considère que « ces pratiques ont eu pour effet de restreindre la concurrence, car elles ont augmenté et retardé le coût des projets. Par ailleurs, le choix du niveau de tension ainsi que l'allongement injustifié des délais de raccordement pourraient aussi constituer un frein au développement du secteur considéré ».

[1763] Article 5 de la directive 03/54 du CE relatif aux « Prescriptions techniques » imposant aux États membres de définir, entre autres, des critères de sécurité technique.

[1764] Article 15 § II et 18 de la loi du 10 février 2000.

[1765] Articles 8 et 14 de la directive 03/54 du CE.

[1766] Article 4 du cahier des charges du RAG approuvé par décret du 23 décembre 1994.

(4) Le refus d'accès aux réseaux opposé aux producteurs d'électricité

Aux termes de l'article 23 de la loi du 10 février 2000 modifié par la loi du 13 juillet 2005, le gestionnaire du réseau est tenu de refuser l'accès aux réseau au producteur qui ne peut justifier d'une autorisation ou d'un récépissé de déclaration.
Un producteur d'électricité est toute personne qui est autorisée en vertu de l'article 7 de la loi du 10 février 2000 à exploiter une installation de production d'électricité. L'autorisation d'exploitation est obligatoire pour :

- une nouvelle installation de production,
- une installation qui remplace une installation existante,
- une installation qui augmente la puissance installée d'une installation existante d'au moins 10%,
- une installation dont la source d'énergie primaire change.

Cette autorisation est délivrée par le Ministre chargé de l'énergie sur la base des objectifs visés dans la PPI. Parallèlement à ces producteurs autorisés, certains producteurs sont soumis à la procédure de la déclaration, ce sont :

- les producteurs dont la puissance installée par site de production est inférieure ou égale à 4,5 megawatts,
- les producteurs dont la puissance installée augmente de moins de 10%.

Le refus d'accès aux réseaux peut être opposé par le gestionnaire du réseau de transport ainsi que les gestionnaires des réseaux de distribution. La loi du 13 juillet 2005 définit pour la première fois un régime de refus d'accès aux réseaux. Jusque-là, le refus d'accès aux réseaux était une conséquence (innommée) du refus de conclure un contrat d'accès aux réseaux. Avec cette précision, la loi appréhende les cas dans lesquels l'utilisation des réseaux n'est pas subordonnée à la conclusion d'un contrat d'accès aux réseaux. En effet, le raccordement au réseau de l'installation de production n'impose pas la conclusion d'un contrat CART ou CARD. Il est à noter que la formulation de la loi ne laisse pas le choix au gestionnaire de réseau, ce dernier « est tenu » de refuser l'accès aux réseaux. Cette disposition a pour conséquence de faire du gestionnaire de réseau, à côté du Ministre de l'énergie, une autorité de contrôle du respect des dispositions sur l'autorisation de production.
On peut douter de la conformité de cette compétence avec la directive 03/54 du CE qui vise à renforcer la séparation des entités gestionnaires de réseaux de celles de la production. Le gestionnaire de réseau devrait se limiter à la gestion de l'infrastructure essentielle et se contenter de tirer les conséquences du non-respect par les opérateurs des dispositions relatives aux autres activités électriques après l'intervention des autorités compétentes.

(5) Le refus d'accès aux réseaux opposé aux fournisseurs d'électricité

Un fournisseur d'électricité qui n'exerce pas l'activité d'achat pour revente dans les conditions visées à l'article 22 § II et IV doit se voir refuser l'accès aux réseaux. Aux termes de cet article les fournisseurs qui achètent de l'électricité pour la revendre à des clients éligibles sont eux-même des clients éligibles. Par conséquent, ils ont un droit d'accès aux réseaux de transport et de distribution et concluent avec les gestionnaires de réseaux des contrats d'accès aux réseaux. Afin de pouvoir exercer leur éligibilité, les fournisseurs doivent cependant adresser une déclaration au Ministre chargé de l'énergie. Ce dernier peut cependant, après avoir contrôlé le

respect par le demandeur des dispositions légales et réglementaires, interdire l'activité d'achat pour revente d'électricité. En aucun cas, il conviendrait d'interpréter l'article 23 comme permettant au gestionnaire du réseau de contrôler le respect par le fournisseur des conditions d'exercice de l'achat pour revente.
Un refus d'accès aux réseaux n'est envisageable que si le fournisseur ne peut pas prouver qu'il s'est soumis à la procédure de la déclaration (en fournissant par exemple le récépissé de la déclaration) ou s'il s'est vu interdire l'exercice de l'activité d'achat pour revente. Le fait que le fournisseur ne soit pas inscrit sur la liste des fournisseurs qu'il revient au ministre de l'Énergie de publier ne saurait justifier un refus d'accès aux réseaux.

(6) Le refus d'accès aux réseaux fondé sur la clause de priorité en faveur du charbon

Aux termes de l'article 10 § 3° de la loi du 10 février 2000, le Ministre chargé de l'énergie peut ordonner au GRT d'appeler en priorité les installations de production utilisant le charbon indigène pour des raisons de sécurité d'approvisionnement, à hauteur de 10 % de la quantité totale d'énergie nécessaire pour la production d'électricité. Cette disposition transpose à l'identique l'article 8 § 4 de la directive 96/92 du CE, maintenu par la directive 03/54 du CE en raison du soutien communautaire à la production houillère intracommunautaire[1767].
En vertu de son pouvoir réglementaire, le Ministre chargé de l'énergie peut décider discrétionnairement de faire bénéficier les installations de production utilisant le charbon indigène d'une « priorité d'accès aux réseaux ».
La conséquence de l'application de cette priorité d'accès est que le GRT peut refuser l'accès aux réseaux à d'autres opérateurs dès lors que la mise en œuvre de ces programmes prioritaires ne peut être assurée conjointement. C'est le cas si leur mise en œuvre parallèle met en danger l'équilibre du réseau. La loi du 10 février 2000 ne tire pas comme conséquence de l'application de la clause d'accès prioritaire aux réseaux la possibilité du refus opposé par le GRT aux capacités concurrentes.
Ce motif du refus d'accès aux réseaux se déduit de cette disposition. Afin d'être justifié, le refus d'accès aux réseaux opposé par le GRT sur la base de cette clause prioritaire doit avoir pour base légale la décision du Ministre chargé de l'énergie imposant l'application de la clause de priorité. La mise en œuvre de cette clause est, en outre, contestable si le taux fixé par la loi et qui détermine la priorité d'accès des installations de charbon indigène excède 10 % de la production totale d'électricité fixée à 15 % dans la directive 03/54 du CE.
La CRE exerce en l'espèce un contrôle sur l'opportunité du refus afin de vérifier si la mise en œuvre de la clause de priorité crée une véritable impossibilité de mettre en œuvre parallèlement les programmes de consommation des opérateurs.

(7) Le refus d'accès aux réseaux en cas d'atteinte grave à la sécurité et à la sûreté des réseaux publics

Le paragraphe « sûreté et sécurité des réseaux » de la loi du 10 février 2000 met en place un régime d'intervention spécial afin de répondre à l'éventualité d'une crise

---

1767 Voir en ce sens le règlement n° 1407/2002 du Conseil concernant les aides d'État à l'industrie houillère du 23 juillet 2002, JO L-205/1 du 2 août 2002.

soudaine sur le marché de l'énergie ayant des conséquences sur l'intégrité, la sécurité et la qualité de fonctionnement du réseau. L'article 21 de la loi du 10 février 2000 autorise le Ministre chargé de l'énergie à prendre, en cas d'atteinte grave et immédiate à la sécurité et à la sûreté des réseaux, toutes « mesures conservatoires nécessaires » au rétablissement de la situation[1768]. La gravité des atteintes portées aux infrastructures doit perturber le fonctionnement et la sécurité de manière irréversible et constituer un cas de force majeure. Il revient au Ministre chargé de l'énergie de prendre, soit d'office, soit sur proposition de la CRE, les mesures d'urgence nécessaires pour protéger les personnes et assurer la continuité du service public de l'électricité. Considérant que ces mesures ne sont pas précisées dans la loi ou ses dispositions d'application, le Ministre a toute latitude pour intervenir et rien ne l'empêcherait a priori de prendre une disposition aussi radicale que celle de suspendre l'accès des opérateurs aux réseaux.

À la différence des autres cas de refus d'accès aux réseaux, c'est ici au Ministre chargé de l'énergie, et non au gestionnaire de réseaux, qu'il revient d'apprécier la situation et de décider de l'opportunité de la suspension de l'accès aux réseaux. Il ne se substitue toutefois pas, à proprement parler, au GRT pour prononcer le refus d'accès aux réseaux[1769], mais il le lui commande.

Considérant qu'il revient, en principe, aux GRT et GRD d'assurer la sécurité et la sûreté des réseaux électriques[1770], les mesures prises par le Ministre doivent se limiter à prévenir ou rétablir ponctuellement la situation de crise. Il lui revient de se prononcer en fonction de la gravité de la situation de crise, sachant que la mesure suspendant le refus d'accès aux réseaux est la mesure la plus contraignante.

Aussi, afin d'assurer la continuité du fonctionnement du marché intérieur de l'électricité et malgré les perturbations sur les réseaux interconnectés qui en sont issues, la directive 03/54 du CE impose aux États membres que ces mesures soient temporaires et proportionnées aux dommages. De même que l'État membre visé doit communiquer aux États membres concernés (interconnectés) et à la Commission les mesures envisagées afin de pallier la situation de crise. La Commission exerce un véritable contrôle de proportionnalité entre les mesures prises et la réalité de la situation. Elle peut contraindre l'État membre à modifier, voire supprimer les mesures qu'elle estime inadaptées à la situation et qui sont contraires à l'intérêt de la Communauté[1771]. L'intervention de la Commission est justifiée par le fait que la mesure de l'État membre qui refuse l'accès aux réseaux aux utilisateurs empêche le transit d'électricité entre les pays européens. Cette mesure présente les caractéristiques d'une entrave à la liberté de circulation de l'électricité et crée, en outre, des difficultés au titre de la sécurité de l'approvisionnement, dont la

---

[1768] Cette disposition transpose l'article 23 de la directive 96/92 du CE.

[1769] L'article 23 de la directive 96/92 du CE transposé par l'article 21 de la loi du 10 février 2000 renvoie aux « États membres », et non aux gestionnaires de réseaux, la possibilité de prendre les mesures de sauvegarde nécessaires.

[1770] En vertu des articles 15 § II pour le GRT et 19 § I, pour les GRD, de la loi du 10 février 2000.

[1771] Aux termes de l'article 23 de la directive 96/92 du CE, les mesures envisagées doivent provoquer le moins de perturbations possible pour le fonctionnement du marché intérieur et ne pas excéder « la portée strictement indispensable pour remédier aux difficultés soudaines ». Il s'agit, en l'espèce, non seulement d'un contrôle de proportionnalité, mais aussi d'un contrôle de l'opportunité des mesures prises.

Commission contrôle l'accomplissement[1772]. Une crise de cette importance est intervenue en France dans le cadre des tempêtes du mois de décembre 1999, qui a nécessité l'adoption d'importantes mesures d'urgence par les pouvoirs publics, telles que des refus d'accès temporaires aux réseaux pour la réfection de lignes endommagées. Ces mesures qui ont provisoirement suspendu l'accès aux réseaux ont été légalisées a posteriori par l'article 21 de la loi du 10 février 2000[1773].
La Commission a indirectement avalisé la suspension provisoire de l'accès aux réseaux opposée alors aux utilisateurs et considère que, dans le cas « d'une tempête analogue à celle qu'a connue la France fin 1999, des mesures d'urgence en matière d'approvisionnement s'avèrent nécessaires et peuvent prendre la forme de la suspension de l'accès au marché », à la condition que cette suspension de l'accès aux réseaux n'intervienne que pendant « une période limitée »[1774].

(8) Le refus d'accès aux réseaux des exportations d'électricité en raison de la clause de réciprocité de l'article 21 § 2 de la directive 03/54 du CE

L'article 19 § 5 de la directive 96/92 du CE devenu l'article 21 § 2 de la directive 03/54 du CE permet à un gestionnaire de réseau de refuser l'accès à ses infrastructures à des clients originaires d'États membres qui ne bénéficient pas dans leur pays du statut de client éligible[1775]. Les États membres qui ont reconnu l'éligibilité à l'ensemble des consommateurs d'électricité ont transposé cette disposition, avec pour conséquence d'empêcher un producteur ou un fournisseur d'électricité installé en France d'alimenter un consommateur se situant dans un État membre si ce dernier ne bénéficiait pas du statut de client éligible en France.
L'État membre qui transpose la clause de réciprocité impose aux exportateurs d'électricité installés en France de n'alimenter en électricité, sur leur territoire, que les clients résidentiels[1776]. Dans le cas contraire, les opérateurs courent le risque de se voir opposer un refus d'accès aux réseaux dans les États membres ayant transposé la clause de réciprocité.
La procédure de l'article 21 § 2 indique que le refus d'accès aux réseaux est opposé par « la partie refusante », dont on suppose qu'il s'agit du gestionnaire du réseau de l'État membre où l'électricité est exportée. En aucun cas, un refus d'accès aux réseaux ne peut être opposé à un utilisateur concerné par un transit pur d'électricité.
Parmi les États membres ayant transposé la clause de réciprocité, l'Allemagne a introduit dans sa législation un article 4 § 2 qui permet à toute entreprise de fourniture d'électricité (également gestionnaire des infrastructures de réseau) de refuser l'accès aux réseaux aux exportations d'électricité jusqu'en décembre 2006 si le client à alimenter sur le territoire allemand ne bénéficie pas en retour du statut de

[1772] Article 3 de la directive 96/92 du CE.
[1773] Les quatre derniers alinéas de l'article 21 de la loi du 10 février 2000 sont communément appelés « amendement tempête », car ils concernent la gestion de la situation de crise suite aux tempêtes intervenues en France en décembre 1999.
[1774] SEC(2001)438, p. 49.
[1775] Le consommateur doit être considéré comme éligible « dans les deux réseaux concernés », article 21 § 2 de la directive 03/54 du CE.
[1776] Article 21 de la directive 03/54 du CE.

client éligible dans le pays exportateur[1777]. Ce motif de refus n'est toutefois pas d'application stricte, car le gestionnaire du réseau qui refuse l'accès peut être contraint de l'accorder dans le cas où une décision de la Commission l'y oblige et quand bien même les conditions d'éligibilité du client à desservir ne seraient pas respectées[1778]. En cas de contestation du refus d'accès aux réseaux, l'autorité de régulation compétente pour régler le différend est celle du pays duquel ressort le gestionnaire de réseau qui refuse l'accès[1779].

Afin d'éviter de se voir opposer un refus d'accès aux réseaux dans des États membres ayant transposé cette clause, l'exportateur d'électricité doit apporter au gestionnaire de réseau qui le demande la preuve que le client à desservir dans l'État membre remplit les conditions d'éligibilité prévues par les décrets relatifs à l'éligibilité des consommateurs d'électricité en France. Enfin, les exportateurs d'électricité installés en France disposent toujours de la possibilité, lors d'un refus d'accès aux réseaux, de construire une ligne directe afin de desservir leurs clients, comme le permet l'article 22 de la directive 03/54 du CE[1780].

Conclusion

Il ressort des dispositions de la loi du 10 février 2000 que si les cas de refus d'accès aux réseaux sont limitativement énumérés, leur contenu est loin d'être suffisamment explicite. L'imprécision des dispositions légales et réglementaires laisse ainsi aux gestionnaires de réseaux une grande marge de manœuvre pour refuser l'accès aux réseaux que ni la directive 03/54 du CE, ni les précisions apportées par la loi du 13 juillet 2005 ne contribuent à clarifier.

Mais l'imprécision de ces dispositions permet aussi de proposer une définition des refus d'accès aux réseaux flexible et évolutive afin de prendre en compte les comportements, les décisions, voire les abstentions des gestionnaires de réseaux s'analysant comme des mesures équivalentes au refus d'accès aux réseaux.

Cette prédiction s'est déjà illustrée dans le différend soumis à la CRE et opposant la Société Pouchon Cogen à EDF. Dans cette espèce, la Société en question réclame d'EDF qu'elle examine la demande de raccordement de son installation de production au réseau public aérien existant. En vertu de la procédure visée dans le décret du 13 mars 2003 relatif au raccordement des installations de production aux réseaux de distribution, EDF est contraint de procéder à l'étude du raccordement qui lui est proposé. Or, en n'effectuant pas cet examen et gardant le silence sur la proposition émise par l'opérateur, EDF à méconnu l'obligation de procéder à l'étude de divers scénarios de raccordement qui lui incombe. Le comportement du GRT en

---

[1777] Gesetz zur Neuregelung des Energiewirtschaftsrechts du 24 avril 1998, BGBl. I.S. 730, transposant en droit allemand la directive 96/92 du CE sur la conformité de la transposition de la clause de réciprocité, Gundel, Recht der Energiewirtschaft, 2000, p. 85.

[1778] Cette procédure envisage l'intervention de la Commission pour obliger le GRT à accorder l'accès à son réseau sur demande de l'État membre où est installé le client éligible, article 21 § 2 de la directive 03/54 du CE.

[1779] Cette compétence n'exclut pas le recours aux procédures du droit communautaire, article 21 § 2 de la directive 03/54 du CE.

[1780] Cette possibilité ne restant économiquement envisageable que s'il s'agit de lignes directes devant desservir des clients situés à proximité des frontières ; à ce propos, voir l'analyse de K.P. Horstmann, Netzzugang in der Energiewirtschaft, p. 273.

l'espèce est assimilable à un refus d'accès aux réseaux[1781]. La CRE en tire toutes les conséquences en obligeant EDF à proposer une convention de raccordement correspondant à la demande de l'opérateur et impose, en outre, que les coûts de renforcement soient pris en charge par EDF. Le refus d'accès aux réseaux est caractérisé ici par le comportement dilatoire d'EDF, qui ignora la proposition de raccordement de l'opérateur afin de proposer une convention de raccordement plus coûteuse. Ce comportement répréhensible est d'autant plus caractérisé qu'EDF se trouve en situation de monopole et que le raccordement aux réseaux repose sur des dispositions éparses et techniquement difficiles à mettre en œuvre[1782].

Les gestionnaires de réseaux ne peuvent également pas invoquer, pour se dégager de leurs responsabilités, la nature confidentielle des informations contenues dans la proposition de raccordement. Un tel argument viderait de sa substance le principe de transparence auquel est soumis EDF dans la réalisation de l'étude de raccordement aux réseaux qu'il présente à l'opérateur.

Dans une espèce similaire, la CRE s'est appuyée sur l'article 23 de la loi du 10 février 2000 contenant les motifs de refus d'accès aux réseaux pour considérer qu'en refusant de donner suite à une demande de raccordement, sous prétexte « qu'aucun accord ne serait intervenu sur la proposition technique et financière » entre les parties, EDF impose une condition pour refuser le raccordement non prévu par les textes. En décidant de la sorte, elle formule une mesure équivalente à un refus d'accès aux réseaux[1783]. Il ressort de la jurisprudence de la CRE que le silence, voire le refus opposé par le gestionnaire de réseau d'instruire une demande de raccordement dans les termes formulés par l'opérateur, s'analyse comme décision de refus d'accès aux réseaux qui n'est prévue par aucun texte. Ces comportements sont constitutifs de manquements aux dispositions légales sanctionnés par le prononcé d'amende ou de mesures pratiques permettant l'accès aux réseaux[1784].

Si la loi du 10 février 2000 prévoit des possibilités pour refuser l'accès aux réseaux, elle met toutefois en place une alternative à l'accès aux réseaux par la possibilité reconnue aux opérateurs de construire une ligne directe d'électricité entre le consommateur et le fournisseur d'électricité.

[1781] Décision de la CRE du 3 juin 2004 concernant un différend opposant la Société Pouchon Cogen à EDF.

[1782] Voir le régime du raccordement traité au sein de la 2ème Partie, Titre I, b) relatif aux « Contrats de raccordement aux réseaux publics », p. 257.

[1783] Décision de la CRE du 6 mai 2004 concernant un différend opposant la SAFHLOA de l'Ouzom à l'Arbéost à EDF.

[1784] Article 40 et suivants de la loi du 10 février 2000.

Chapitre II Les lignes directes : une alternative à l'accès aux réseaux

Afin de mettre en œuvre leurs contrats de fourniture, les clients éligibles se voient reconnaître la possibilité de construire une ligne directe d'électricité afin d'être reliés directement à leurs fournisseurs. Les producteurs et les fournisseurs bénéficient du même droit dans le but d'approvisionner leurs filiales[1785]. En principe, le régime de l'accès aux réseaux publics a précisément pour but d'éviter la duplication, économiquement et environnementalement non viable, des lignes électriques. Toutefois, dans le cas où l'accès aux réseaux ne permet techniquement pas l'acheminement des fournitures électriques en raison de la saturation du réseau ou encore suite à un refus d'accès aux réseaux opposé par le GRT, les opérateurs se voient reconnaître une alternative pour approvisionner et s'approvisionner en électricité. C'est à cet objectif et à celui d'assurer la continuité de l'approvisionnement en électricité que répond la possibilité attribuée aux opérateurs de construire une ligne directe entre eux. La construction de lignes directes se conçoit tout d'abord comme une alternative à l'accès aux réseaux, dont le régime est déterminé par une combinaison de dispositions diverses relatives au régime général de la construction des lignes électriques, que la loi du 10 février 2000 adapte à l'usage des utilisateurs des réseaux publics. Mais, la ligne directe se présente surtout comme une alternative au refus d'accès aux réseaux opposé par le gestionnaire du réseau. Dans les deux hypothèses, les États membres déterminent des critères « objectifs et non discriminatoires » pour l'attribution des autorisations de construction de lignes directes[1786].

a) La construction de lignes directes : une alternative au droit d'accès aux réseaux publics

Les dispositions relatives à la construction de lignes électriques ignorent jusque-là le terme de « ligne directe ». Seule la desserte en électricité de « clients directs » est expressément visée dans le cahier des charges du RAG. Sous ce vocable sont compris les usagers autres que les entreprises et services de distribution qui, en raison de leurs besoins spécifiques, doivent être alimentés par une ligne électrique connectée directement au réseau de transport[1787]. Il ne s'agit ici toutefois que de renforcement ou d'extension des réseaux par la construction de lignes électriques. La loi du 10 février 2000 détermine les spécificités du régime de la ligne directe dans le nouveau régime de l'accès aux réseaux et renvoie pour l'essentiel aux réglementations générales en vigueur relatives à la construction des lignes électriques.

La ligne directe n'étant pas définie dans la loi du 10 février 2000, c'est la construction des lignes électriques qui est visée ici et qui repose sur la notion de

---

1785 Article 22 § 1 de la directive 03/54 du CE.

1786 Article 22 de la directive 03/54 du CE.

1787 Le client direct est raccordé au RAG seulement si l'installation de distribution locale n'existe pas à la tension souhaitée et si la construction d'une telle installation est contraire à l'intérêt économique général, article 10 du cahier des charges de la concession du RAG approuvé par décret du 23 décembre 1994.

renforcement ou d'extension du réseau public par la construction « d'ouvrages en vue de fournir de l'électricité »[1788].

Le renforcement du réseau correspond à une « modification des ouvrages existants nécessitée par l'accroissement de la demande d'électricité, ou par l'amélioration de la qualité du service »[1789].

La ligne directe s'entend donc d'une extension du réseau et se définit par la fonction qu'elle remplit, à savoir « faire face aux besoins nouveaux de manière à satisfaire au mieux l'ensemble des intérêts en cause »[1790]. La loi du 10 février 2000 lui attribue une nouvelle fonction, celle de permettre un développement concurrentiel du marché électrique.

(1) Le régime spécifique mis en place par la loi du 10 février 2000

Jusqu'à l'entrée en vigueur de la loi du 10 février 2000, seul EDF, en tant que propriétaire du réseau d'alimentation générale, était compétent pour envisager une extension ou un renforcement de son réseau de transport par la construction de lignes électriques, cette compétence étant partagée entre EDF et les DNN pour les réseaux de distribution. La loi du 10 février 2000 va élargir le cercle des bénéficiaires et attribuer cette prérogative à tout opérateur autorisé souhaitant mettre en œuvre ses contrats de fourniture en électricité.

Le régime mis en place dans la loi du 10 février 2000 doit être combiné avec l'arsenal législatif et réglementaire applicable à la construction, à l'exécution des travaux et à la mise en service des lignes électriques auxquelles il renvoie.

Parallèlement, le régime de la construction des lignes directes est précisé par le régime issu de l'article 24 de la loi du 10 février 2000 et son décret d'application du 26 avril 2001[1791]. Ceux-ci déterminent le régime de la construction des lignes directes, leurs bénéficiaires, la procédure d'attribution et les cas de refus de délivrance de l'autorisation de construire une ligne directe.

(a) La ligne directe : un complément des réseaux publics ?

La ligne directe n'est pas une infrastructure autonome par rapport aux réseaux auxquels elle est raccordée, puisqu'elle est, aux termes de la loi du 10 février 2000, une ligne « complémentaire aux réseaux publics de transport et de distribution d'électricité »[1792]. Cet élément constituait l'une des conditions d'attribution de l'autorisation de construction de ligne directe[1793]. Cette conception ressortait de la définition de la directive 96/92 du CE dans laquelle la ligne directe s'entendait

---

[1788] Article 5 du cahier des charges du RAG approuvé par décret du 23 décembre 1994.

[1789] Article 9 du modèle de cahier des charges de concession pour le service public de la distribution d'énergie électrique de juin 1992.

[1790] Article 8 du cahier des charges RAG approuvé par décret du 23 décembre 1994.

[1791] Décret n° 2001-366 du 26 avril 2001 relatif aux lignes directes mentionnées à l'article 24 de la loi du 10 février 2000, JO n° 100 du 28 avril 2001, p. 6731.

[1792] Article 24 de la loi du 10 février 2000. Le rapport Bataille justifie cette mesure afin d'éviter « un développement anarchique de lignes échappant aux réseaux publics de transport et de distribution », p. 149.

[1793] Article 2 du décret du 26 avril 2001 relatif aux lignes directes, modifiant le décret d'application de la loi du 15 juin 1906 sur les distributions d'énergie du 29 juillet 1927.

d'« une ligne d'électricité complémentaire au réseau interconnecté »[1794]. Cette définition se distingue quelque peu de celle, plus étroite, de la ligne électrique qui est, quant à elle, « constituée par l'ensemble des ouvrages électriquement reliés destinés à l'acheminement de l'énergie électrique, sans transit par les réseaux publics de transport et de distribution »[1795].
La notion de « complémentarité » à laquelle renvoie le décret ressort également des termes du décret qui dispose que la construction d'une ligne directe ne peut être envisagée que si « les ouvrages des réseaux publics, existants ou en cours de réalisation ne permettent pas de remplir, dans des conditions équivalentes ou meilleures au regard du bon fonctionnement du service public de l'électricité, les mêmes fonctions que la ligne directe projetée »[1796]. Cette disposition a une double conséquence, d'une part elle impose au bénéficiaire de l'autorisation de construction de la ligne directe de respecter l'ensemble des impératifs s'imposant aux réseaux publics, d'autre part, considérant que la ligne directe est une extension du réseau, elle doit répondre aux impératifs de sécurité, de sûreté et être en adéquation avec les dispositions techniques et environnementales. Dans le cadre de ces dispositions, la construction d'une ligne directe s'analyse non pas comme un droit que les opérateurs peuvent librement mettre en œuvre, mais comme une alternative applicable seulement si la preuve de la défaillance du réseau existant est apportée. La conséquence du caractère accessoire de la ligne directe par rapport aux réseaux publics est que la loi ne crée pas une automaticité entre la demande de construction de la ligne directe et son attribution. Si le réseau existant est en mesure de remplir les fonctions devant revenir à la ligne directe dans des « conditions équivalentes », sa construction ne sera pas autorisée[1797]. Les pouvoirs publics exercent en l'espèce un véritable contrôle de l'opportunité sur son attribution.
La notion de complémentarité attachée à la ligne directe peut cependant être discriminatoire lorsqu'un producteur d'électricité se voit refuser la construction d'une ligne directe afin d'alimenter ses établissements, alors que l'opérateur historique est en mesure de le faire en tant que détenteur des infrastructures existantes. On observe, dans ce cas, une restriction à l'égard des producteurs dans la mise en œuvre d'un élément essentiel de leur compétitivité[1798]. La conformité de cette disposition avec la directive 96/92 du CE est suspecte, car celle-ci reconnaissait un droit objectif de construire une ligne directe aux utilisateurs qui en faisaient la demande selon des critères fixés par les États membres de manière « non discriminatoire »[1799]. Par ailleurs, on notera que la demande d'autorisation fixée par décret impose que la complémentarité par rapport aux réseaux s'apprécie en fonction

[1794] Article 2 § 12) de la directive 96/92 du CE, voir P. Sablière, Les lignes directes dans le secteur de l'électricité, Petites affiches, n° 8, 2002, p. 4.

[1795] Article 1er du décret n° 2001-366 du 26 avril 2001 relatif aux lignes directes.

[1796] Article 2 du décret n° 2001-366 du 26 avril 2001 relatif aux lignes directes.

[1797] Article 2 du décret du 26 avril 2001 sur les lignes directes modifiant le chapitre II du décret du 29 juillet 1927.

[1798] La construction de lignes directes pour la desserte de clients éligibles reste un élément majeur pour assurer la compétitivité des producteurs ou fournisseurs électriques par rapport à l'opérateur historique, voir à cet égard les débats du Sénat, séance du 7 octobre 1999 et l'amendement n° 413 visant à supprimer la notion de « complémentarité des lignes directes » par rapport aux réseaux publics.

[1799] Article 21 § 2 de la directive 96/92 du CE.

de l'état du réseau existant, mais aussi du réseau en cours de réalisation[1800]. Or, la durée de l'accomplissement des extensions ou modifications des réseaux étant souvent très longue, les opérateurs sont ainsi empêchés de mettre en œuvre pendant ce temps cette alternative pour assurer leurs contrats d'approvisionnement. Afin d'éviter toute restriction supplémentaire dans la mise en œuvre de cette prérogative, il faut interpréter strictement la notion de « réseau en cours de réalisation »[1801] et exclure les projets de construction de lignes contenus dans le programme d'investissement du GRT non encore approuvé par la CRE.
Ces difficultés d'appréciation de la notion de complémentarité de la ligne directe ont incité à en modifier l'approche. La directive 03/54 du CE en élargit la définition et en supprime le caractère de complémentarité. Aux termes de son article 2-15), la ligne directe est une ligne d'électricité reliant un « producteur isolé à un client isolé ou une ligne d'électricité reliant un producteur d'électricité et une entreprise de fourniture d'électricité pour approvisionner directement leurs propres établissements, filiales et clients éligibles ». Cette définition rend caduque l'approche restrictive de la ligne directe retenue dans la loi du 10 février 2000 et le décret d'application précité. Le client éligible qui souhaite être desservi par la voie d'une ligne directe ne doit plus faire la preuve de la saturation du réseau et les pouvoirs publics ne disposent plus de la même liberté d'appréciation. En revanche, le client éligible doit prouver que le site d'approvisionnement pour lequel la construction d'une ligne directe est demandée est « isolé ». Il reviendra aux dispositions nationales de transposer cet impératif et de préciser, en particulier, les conditions qui permettent de déterminer quand un site est isolé du réseau principal de transport ou de distribution.
Il importe enfin de souligner que, constituant une partie des réseaux publics, la ligne directe est soumise à la responsabilité du gestionnaire de réseau qui peut en disposer si nécessaire afin de procéder à l'équilibrage des flux électriques ou en cas de secours.

(b) Les bénéficiaires de l'autorisation de construire une ligne directe

La construction d'une ligne supplémentaire, et non plus complémentaire, aux réseaux de transport et de distribution est visée à l'article 24 de la loi du 10 février 2000 complété par le décret du 26 avril 2001[1802]. La ligne directe doit permettre la mise en œuvre :
- des contrats de fourniture d'électricité tels que visés à l'article 22 § III ;
- des contrats d'importation d'électricité et d'exportation d'électricité[1803] et
- des contrats d'approvisionnement d'un producteur envers ses établissements, ses filiales et sa société mère.
La loi du 10 février 2000 ne vise pas nommément les bénéficiaires de l'autorisation. Elle dresse, au contraire, un inventaire des finalités que la construction de la ligne directe doit atteindre, avec pour conséquence de restreindre le cercle des bénéficiaires. Pour sa part, la directive 03/54 du CE énumère les opérateurs autorisés

---

[1800] Décret n° 2001-366 relatif aux lignes directes du 26 avril 2001.
[1801] Article 2 du décret n° 2001-366 relatif aux lignes directes du 26 avril 2001.
[1802] Article 1er du décret n° 2001-366 relatif aux lignes directes du 26 avril 2001.
[1803] Visés à l'article 23 de la loi du 10 février 2000.

à construire une ligne directe afin d'alimenter en électricité leurs clients éligibles, leurs établissements et leurs filiales, il s'agit :

- des producteurs d'électricité ;
- des entreprises de fourniture d'électricité et
- des clients éligibles[1804].

Depuis l'entrée en vigueur de la loi du 3 janvier 2003 relative au marché du gaz, le client éligible s'entend également d'un fournisseur d'électricité et est intégré dorénavant au nombre des candidats à l'obtention d'une autorisation de construction de ligne directe. En revanche, les collectivités locales sont exclues de la liste des bénéficiaires. La ligne directe s'entend comme une prérogative réservée en priorité aux fournisseurs et aux producteurs afin d'assurer l'approvisionnement de leurs clients[1805].

La loi du 10 février 2000 restreint indirectement le cercle des bénéficiaires en imposant une condition supplémentaire liée au régime de propriété des terrains où les travaux de ligne directe sont envisagés. Le demandeur de l'autorisation de construction doit, en effet, avoir « la libre disposition des terrains où doivent être situés les ouvrages projetés »[1806]. Cette condition n'impose cependant pas que le demandeur ait la propriété des sols sur lesquels la construction est envisagée, il doit simplement présenter un titre l'autorisant à effectuer sur ces sols la construction d'une ligne électrique. À défaut de ce titre, le demandeur doit bénéficier d'une permission de voirie sur les terrains concernés par l'autorité administrative compétente[1807].

(c) La procédure d'attribution de l'autorisation de construire une ligne directe

Aux termes de la loi du 10 février 2000, l'autorité administrative compétente pour délivrer une autorisation d'exploiter une ligne directe est celle visée dans les législations relatives à l'attribution d'une autorisation pour la construction d'une ligne électrique[1808]. La directive 03/54 du CE pose comme préalable qu'il revient, certes, aux États membres de fixer la procédure d'attribution de l'autorisation de construction de ligne directe, mais cette procédure doit répondre à des critères « objectifs et non discriminatoires » et ne doit pas affecter la possibilité pour les opérateurs d'accéder aux réseaux selon les règles dégagées précédemment[1809].

Aux termes du décret du 29 juillet 1927 applicable en la matière, tel que modifié par le décret du 26 avril 2001 relatif aux lignes directes, l'autorité administrative compétente pour l'attribution d'une autorisation de construction est, en principe, le Préfet[1810], bien que l'autorité compétente et le contenu de la décision dépendent en

---

[1804] Aux termes de l'article 21 de la directive 96/92 du CE, le droit de construire une ligne directe est attribué à « tous les producteurs d'électricité, à toutes les entreprises de fournitures, [...] et à tout client éligible ».

[1805] Amendement proposé par Pierre Micaux et Yvon Montané, rapport Bataille, p. 152.

[1806] Article 24 de la loi du 10 février 2000 et article 2 du décret n° 2001-366 relatif aux lignes directes du 26 avril 2001.

[1807] Article 24 de la loi du 10 février 2000.

[1808] Article 24 de la loi du 10 février 2000.

[1809] Article 22 § 3 de la directive 03/54 du CE.

[1810] Article 11-3 du décret du 29 juillet 1927 tel que modifié par l'article 2 du décret n° 2001-366 relatif aux lignes directes du 26 avril 2001.

réalité de l'envergure des travaux envisagés. Ainsi, si le projet de construction de ligne directe traverse plusieurs départements, la décision d'autorisation émane de l'ensemble des préfets concernés[1811]. Les dispositions réglementaires d'application de la loi du 10 février 2000 associent, en outre, les GRT et GRD, concernés au processus décisionnel, qui émettent un simple avis sur le projet de construction de la ligne directe. La procédure d'instruction de la demande s'effectue dans les conditions et délais visés à l'article 50 du décret du 29 juillet 1927 et s'appuie sur des impératifs relatifs à la construction, à l'urbanisme et à l'environnement.

Parallèlement au régime général, la loi du 10 février 2000 et le décret du 26 avril 2001 relatif aux lignes directes posent des critères supplémentaires auxquels doivent répondre les demandes de construction de ligne directe. L'autorisation de construction est attribuée en prenant en compte des critères relatifs :

- aux prescriptions environnementales applicables à la zone concernée ;
- aux impératifs d'intérêt général ou au bon accomplissement des missions de service public et
- aux dispositions concernant l'intégration visuelle des lignes électriques dans l'environnement, contenues dans les cahiers des charges et des règlements des régies.

La ligne directe projetée doit respecter la sécurité et la sûreté des réseaux publics, ainsi que les conditions techniques réglementaires auxquelles ils sont soumis. Sur la base des dispositions du décret du 29 juillet 1927, la demande d'autorisation est assortie d'un dossier comprenant les données concernant le demandeur, un mémoire descriptif des caractéristiques de la ligne directe, ses conditions d'utilisation et les utilisateurs raccordés. Un dossier technique doit préciser, entre autres, le tracé complet de la ligne, ainsi que l'emplacement des exploitants, des études ou notices d'impact du projet sur l'environnement[1812]. Le demandeur doit également s'engager à déposer les parties aériennes des lignes électriques inexploitées pendant plus de trois ans[1813]. La décision d'attribution de l'autorisation de construire une ligne directe intervient sous la forme d'un arrêté préfectoral, voire interpréfectoral si plusieurs départements sont concernés par la construction de la ligne directe.

La mise en service de la ligne intervient dès que le titulaire de l'autorisation déclare formellement au Préfet la garantie du fonctionnement des lignes conformément aux documents joints et, en particulier, aux impératifs environnementaux[1814].

L'autorisation est délivrée pour une durée de 20 ans et est renouvelable dans les mêmes conditions. Elle est nominative et incessible, même si elle peut toutefois être transférée à une autre personne qui répond aux mêmes critères que le demandeur initial[1815].

[1811] Article 2 du décret relatif aux lignes directes du 26 avril 2001.

[1812] Article 24 de la loi du 10 février 2000, article 2 du décret relatif aux lignes directes du 26 avril 2001.

[1813] Le délai de 3 ans est un compromis entre le délai de 18 mois et celui initialement proposé d'une durée de 5 ans, considérant que ce dernier est excessif « eu égard à la nécessité de protéger l'environnement », débats du Sénat, séance du 7 octobre 1999, relatifs à l'article 24 du projet de loi sur le service public de l'électricité.

[1814] Article 2 du décret relatif aux lignes directes du 26 avril 2001.

[1815] Le préfet dispose d'un délai de deux mois pour faire part de ses observations relatives à ce changement, article 11-4 du décret du 29 juillet 1927 tel que modifié par l'article 2 du décret du 26 avril 2001.

(d) Les cas de refus d'attribution de l'autorisation de construction

Tout comme les refus d'accès aux réseaux, le refus d'autorisation de construction d'une ligne directe est une entrave à la libre circulation de l'électricité, ce qui a pour effet de restreindre la concurrence sur le marché électrique. La directive 03/54 du CE impose alors que le refus soit motivé et justifié et précise que seules des justifications « objectives et non discriminatoires » de refus d'octroi d'autorisation de construction de lignes directes peuvent être opposées aux demandeurs[1816].

Alors que la directive 03/54 du CE ne prévoit qu'une seule raison pouvant entraîner le prononcé d'un refus d'attribution de l'autorisation, à savoir le cas dans lequel la construction de la ligne directe contredit l'accomplissement des obligations de service public visées dans son article 3[1817], la loi du 10 février 2000 est plus prolixe en la matière et envisage des causes diverses permettant de rejeter la demande d'autorisation de construction d'une ligne directe. L'article 24 de la loi du 10 février 2000 reprend explicitement le motif visé à l'article 3 de la directive, en permettant à l'autorité administrative de refuser au demandeur l'octroi de l'autorisation de construire une ligne directe si cela s'avère « incompatible avec des impératifs d'intérêt général ou le bon accomplissement des missions de service public ».

Si l'on se reporte à l'article 2 de la loi du 10 février 2000 relatif aux missions de service public, pour pallier à l'imprécision et à la brièveté de cet énoncé, le refus d'octroyer une autorisation peut être rattaché aux « impératifs d'intérêt général » liés à la notion d'« intérêt économique général » visée dans le cahier des charges du RAG. Il en ressort que les constructions de lignes de desserte des clients directs et des réseaux de distribution doivent être conformes à l'intérêt économique général qui exige la non-duplication des ouvrages relevant de la concession si cela n'est pas économiquement viable[1818]. Or cet argument économique s'apprécie différemment dans le cadre de la loi du 10 février 2000, puisque les constructions de lignes directes sont à la charge du demandeur et non du gestionnaire de réseaux comme dans le cahier des charges.

Les autres impératifs d'intérêt général visés par la loi seront transposés dans des mesures relatives à l'approvisionnement en électricité sur l'ensemble du territoire, la sécurité de l'approvisionnement et la cohésion sociale dans le respect des dispositions relatives à l'environnement. Or, là encore, l'imprécision de leur contenu laisse aux autorités compétentes une grande marge de manœuvre pour refuser l'autorisation de la construction d'une ligne directe. La même incertitude s'applique au contenu des missions de service public dont les difficultés d'accomplissement peuvent motiver un refus d'autorisation. La définition de ces missions à l'article 2 de la loi du 10 février 2000 laisse penser que la construction d'une ligne directe, qui contredit les projets d'extension des réseaux approuvés dans la programmation des investissements du GRT ou qui entrave la desserte rationnelle du territoire, pourrait être refusée.

La « formulation particulièrement vague de cette disposition » a été critiquée lors des débats du projet de loi au Sénat. De plus, sa conformité à la directive 03/54 du

---

[1816] La directive 03/54 du CE impose que les obligations d'intérêt général soient « clairement définies, transparentes, non discriminatoires et contrôlables », article 3 § 2.

[1817] Article 22 § 5 de la directive 03/54 du CE.

[1818] Articles 2 et 10 du cahier des charges du RAG approuvé par décret du 23 décembre 1994.

CE est douteuse en ce qu'elle impose l'adoption de critères de refus précis et prévisibles[1819]. L'approche du Secrétaire d'État à l'Industrie à cet égard ne rassure guère, dès lors qu'il conclut laconiquement que : « les critères d'intérêt général sont soumis à l'appréciation des juridictions administratives [...], ce qui assure toute garantie quant à l'objectivité de la démarche ».

Parallèlement à ces motifs de refus explicitement énoncés dans la loi du 10 février 2000, l'autorisation de construction de lignes directes peut également être refusée si celle-ci est incompatible avec les impératifs environnementaux de la zone de construction concernée. Le respect des dispositions environnementales imposé à travers le renvoi aux législations sur l'environnement exige du demandeur qui ne veut pas se voir opposer un refus de réaliser les notices ou études d'impact lors de la soumission du dossier de construction. L'intégration dans la loi, et non dans le décret d'application, du critère liant l'octroi d'autorisation au respect par la demande des « prescriptions environnementales applicables »[1820] souligne l'importance accordée à l'environnement dont la protection constitue un but d'intérêt général[1821]. L'objectivité de ce critère est garantie considérant que cette obligation incombe également au GRT qui doit, pour tout renforcement, renouvellement ou extension de ligne, assurer « la préservation des paysages en améliorant l'intégration des ouvrages dans l'environnement »[1822]. Enfin, dans la décision de refus d'autorisation, l'arbitraire doit être tempéré par l'intervention de la CRE qui n'intervient cependant que pour contrôler les refus fondés sur le bon accomplissement des missions de service public. La CRE est associée à la prise de décision, car elle émet, sur saisine du Préfet, un avis simple sur la demande de l'opérateur qui est joint à la décision de refus[1823].

(2) Le régime général régissant la construction des lignes électriques

L'ensemble des nouvelles dispositions législatives et réglementaires qui encadrent la construction des lignes directes doit assurer le développement de la concurrence. Mais le régime de fond relatif à la construction de lignes directes reste soumis à des dispositions générales variées et éparses qui ont une importance sur la mise en œuvre non discriminatoire de cette prérogative. Afin de pallier le silence de la loi du 10 février 2000 et de son décret d'application concernant la transposition des critères relatifs à l'attribution d'une autorisation, il importe de présenter succinctement les différentes étapes procédurales liées à la construction des lignes directes, lesquelles ont le mérite d'informer sur certains critères d'attribution des autorisations de construction. Les procédures applicables à la construction des lignes directes

[1819] Débats du Sénat, séance du 7 octobre 1999, relatifs à l'article 24.

[1820] Article 24 de la loi du 10 février 2000.

[1821] C'est d'ailleurs afin d'éviter cette lourdeur procédurale qui superpose procédures de concertation, de contrôles administratifs préalables et d'enquêtes en tout genre que la loi du 10 février 2000 a intégré un amendement dit « tempête » à l'article 21 qui permet de reconstruire les parties détruites des réseaux en suivant une procédure allégée, sur la constitutionnalité de cet amendement, voir chronique de C. Barthélémy, « l'amendement « Tempête » à la loi de modernisation et de développement du service public de l'électricité », *CJEG*, juin 2000, p. 235.

[1822] Article 8 du cahier des charges de la concession du RAG, approuvé par décret du 23 décembre 1994.

[1823] Article 24 de la loi du 10 février 2000 précisé à l'article 2 du décret n° 2001-366 relatif aux lignes électriques du 26 avril 2001.

intéressent le régime des déclarations d'utilité publique sur les propriétés privées et le régime des servitudes d'ancrage, d'appui, de passage et d'abattage d'arbres[1824]. Parallèlement à ces procédures, des éléments comprenant des impératifs environnementaux ou d'urbanisme sont dorénavant intégrés dans la prise en compte de l'autorisation de construction de lignes électriques.

(a) Les procédures relatives à la construction des lignes électriques

Sans entrer dans le détail des procédures à mettre en œuvre dans la construction des lignes électriques, trois étapes procédurales présentent cependant une importance particulière. Il s'agit de la déclaration d'utilité publique, de l'autorisation d'exécution des travaux et de la procédure relative aux servitudes[1825].
La diversité des autorités appelées à s'exprimer sur la construction de lignes électriques met en exergue les lourdeurs procédurales auxquelles la construction d'une ligne directe est soumise et donc les difficultés qui peuvent en résulter dans le développement de la concurrence.

(i) La déclaration d'utilité publique[1826]

La déclaration d'utilité publique peut être un préalable à la procédure de construction de lignes électriques si les lignes concernées doivent se situer sur un terrain public, qu'elles soient raccordées au réseau de transport ou aux réseaux de distribution. Elle est définie dans un décret du 11 juin 1970[1827] modifié par le décret du 26 avril 2001 relatif aux lignes directes[1828]. Des procédures distinctes sont applicables en fonction de l'importance des ouvrages afin d'obtenir la déclaration d'utilité publique. Pour les lignes électriques d'une tension inférieure à 63 kV (lignes appartenant aux réseaux de distribution et qui devront être réduites dorénavant à une tension de 50 kV tel que prévu par la loi du 9 août 2004), la demande de déclaration d'utilité publique est adressée par le demandeur au(x) Préfet(s) du (ou des) département(s) où les ouvrages doivent être implantés[1829].
La demande doit être accompagnée du dossier d'instruction comprenant le plan indiquant le tracé précis des lignes électriques projetées et l'identité des exploitants. Il comprend aussi le mémoire décrivant les dispositions générales des ouvrages, leurs conditions d'utilisation et l'identité des utilisateurs. L'instruction du dossier revient au Préfet assisté des services civils et militaires, des maires et des entreprises de distribution concernés[1830]. Une enquête publique pour cause d'utilité publique est

---

[1824] H. Cardon, R. Coin, « Les ouvrages de transport et de distribution d'électricité et de gaz dans le Code de la voirie routière », *CJEG*, mars 1990, p. 1.

[1825] R. Coin, « La réglementation de la construction des lignes de transport et de distribution d'électricité », *CJEG*, avril 1988, p. 122.

[1826] Ci-après « DUP ».

[1827] Le décret précité portant application des dispositions de l'article 35 modifié de la loi de nationalisation ; G. Maleville, « La nouvelle procédure concernant la DUP des travaux d'électricité et de gaz relative à l'établissement des servitudes et leurs conditions d'établissement », *CJEG*, août 1970, p. 59.

[1828] Décret n° 2001-366 du 26 avril 2001 relatif aux lignes directes.

[1829] Article 5-I inséré dans le décret du 11 juin 1970 par le décret n° 2001-366 du 26 avril 2001 relatif aux lignes directes.

[1830] Les parties consultées ont un délai de 2 mois pour faire part de leurs observations, article 5-II du décret du 11 juin 1970 tel que modifié par le décret du 26 avril 2001 ; Hagelsteen, « La réforme de la

lancée sur la base des dispositions du Code de l'expropriation[1831] afin que soient pris en compte les attentes des personnes concernées ainsi que les impératifs environnementaux visés dans l'étude d'impact[1832].
Sur les bases des observations du demandeur et de la commission d'enquête chargée d'étudier le projet de construction, il revient au Préfet de prononcer ou non la DUP par arrêté préfectoral ou interpréfectoral[1833]. La construction d'une ligne électrique supérieure ou égale à 63 kV est, en fonction de son importance, soumise à une procédure de DUP plus complexe que la précédente et prononcée par le Ministre chargé de l'énergie. Cependant, si la décision est ministérielle, le dossier de déclaration d'utilité publique reste instruit par les autorités préfectorales et, plus précisément, par les agents de la DRIRE[1834]. Une enquête publique ainsi qu'une étude d'impact imposent que les impératifs d'urbanisme, de la propriété privée et environnementaux soient pris en compte[1835]. En raison de l'importance de la construction, le Préfet saisit le président du tribunal administratif qui désigne un commissaire enquêteur, voire une commission d'enquête si nécessaire[1836], afin d'établir un rapport sur le caractère d'utilité publique du projet. L'enquête publique met le projet à la connaissance du public afin que les personnes intéressées y portent leurs observations[1837]. Le commissaire enquêteur formule ses conclusions à la fin de l'enquête, lesquelles sont transmises au Préfet qui y intègre son rapport afin de le soumettre au Ministre chargé de l'énergie. Sur la base des avis formulés et des rapports présentés, le Ministre prononce ou pas l'arrêté déclaratif d'utilité publique sur lequel s'appuiera la décision autorisant la construction de la ligne électrique.
Le contentieux de la contestation de l'ensemble de ces DUP est de la compétence du tribunal administratif qui applique la théorie du bilan « Coût-Avantage » au contentieux des lignes électriques[1838] depuis l'arrêt « Gorlier et Bonifay »[1839]. Toutefois, dans le cadre de ce contrôle, la juridiction administrative ne saurait contrôler l'opportunité du tracé de la ligne électrique opéré, lequel revient au seul demandeur. En revanche, elle contrôle si le projet qui lui est soumis repose sur un équilibre entre les atteintes à la propriété privée, le coût financier et les

---

procédure d'enquête préalable à la déclaration d'utilité publique », *CJEG*, 1976, p. 38 ; Givaudan, « Progression des enquêtes publiques et régression de l'État de droit », *RFDA*, 1986, p. 247.

1831 Articles R. 11-4 à R. 11-14 du Code de l'expropriation pour cause d'utilité publique.

1832 Cette étude d'impact est imposée par le décret du 12 octobre 1977.

1833 Décret du 26 avril 2001 relatif aux lignes directes.

1834 Les dossiers relatifs à des lignes électriques à intégrer dans le réseau de transport sont instruits par la Direction régionale de l'Industrie et de la Recherche (DRIRE), alors que les lignes de la distribution le sont par les agents de la direction départementale de l'équipement (DDE), P. Sablière, Les branchements électriques, CJEG, juillet 2000, p. 265.

1835 Loi du 12 juillet 1983, JO du 13 juillet 1986, p. 2156 et son décret d'application du 23 avril 1985, n° 85-453, JO du 24 avril 1985, p. 4753.

1836 Article 9 du décret du 23 avril 1985, précité.

1837 La durée d'enquête est de 2 mois, l'ensemble de cette procédure est fixé dans le décret du 23 avril 1985 précité.

1838 Théorie dégagée par le Conseil d'État dans son arrêt « Ville Nouvelle-Est » du 28 mai 1971, CJEG, 1972, p. 38.

1839 Arrêt du CE « Gorlier et Bonifay » du 25 janvier 1975, CJEG, 1975, p. 191.

inconvénients d'ordre social ainsi que les intérêts qu'il présente[1840].

(ii) L'autorisation d'exécution des travaux consécutive à l'approbation du projet

Outre la procédure de DUP, la construction d'une ligne électrique est également soumise à la procédure d'approbation des projets d'exécution prévue aux articles 49 et 50 du décret du 29 juillet 1927[1841]. Cette procédure d'approbation qui s'impose au concessionnaire doit permettre à l'administration de formuler son accord sur la réalisation technique du projet. La réalisation des travaux doit intervenir avec l'approbation préalable du projet d'exécution qui est un contrôle de l'opportunité des terrains choisis[1842]. Le projet relatif aux lignes de tension supérieure ou égale à 63 kV est adressé, accompagné d'un mémoire descriptif et d'un plan précis des lignes électriques projetées, par son responsable à la DRIRE ou à la DDE pour demande d'approbation du projet[1843].
Les services concernés, tels que les PTT et la direction de l'agriculture et des forêts, sont consultés pour donner leur avis sur le projet. Si le projet ne rencontre aucune opposition, l'approbation du projet d'exécution est délivrée en fonction de l'ouvrage soit par le président de la DDE, soit par celui de la DRIRE. En cas de désaccord, il est soumis au Ministre chargé de l'électricité qui décide en dernier ressort. Cet acte n'étant qu'une mesure préparatoire à l'acte administratif, il ne peut être déféré devant le juge administratif pour excès de pouvoir[1844].
En ce qui concerne les lignes électriques de tension inférieure ou égale à 63 kV, la procédure les concernant est simplifiée. Le dossier relatif au projet comprenant un descriptif ainsi qu'un plan d'exécution est contrôlé par les services. Ceux-ci se prononcent dans les 21 jours sur le projet soumis. Si aucune objection n'est formulée à l'expiration de ce délai, l'exécution des travaux devient possible sans autre avis. Toutefois, le demandeur n'est pas au bout de ses peines, car la réalisation des travaux n'est concrètement mise en œuvre qu'après l'obtention de documents administratifs, tels que le permis de construire.

(iii) La procédure d'établissement des servitudes

L'établissement des servitudes est l'ultime étape procédurale mise en place par le législateur dans le marathon de la construction d'une ligne électrique. Elle clôt la procédure de construction de la ligne électrique et, en particulier, les multiples consultations et accords nécessaires à sa construction. Cette procédure ressort de la loi du 15 juin 1906 et doit permettre la recherche d'un « dialogue entre le

---

[1840] Arrêt du CE « EDF/Marioni » du 5 décembre 1980, rec. p. 729 ; Arrêt du CE « Ministre de l'Industrie/Michaud » du 1er février 1985, CJEG, 1986, p. 266 ; Arrêt du CE « Comité de défense contre le déplacement d'une ligne à haute tension » du 9 juillet 1986, CJEG, 1987 p. 483.

[1841] C. Blavoet, Recueil des lois, décrets, arrêtés, circulaires et cahiers des charges relatifs à la production et à la distribution de l'énergie électrique, Tome I, 1938.

[1842] L'inobservation de ces formalités est pénalement sanctionnée par l'article 25 de la loi du 15 juin 1906, sur la question, voir R. Coin, « La réglementation de la construction des lignes de transport et de distribution d'électricité », *CJEG*, avril 1988, p. 122.

[1843] Article 50 du décret du 29 juillet 1927.

[1844] Décision du T.A. Orléans « Epoux Habert-Desloges » du 26 octobre 1982.

responsable du projet et le propriétaire ou l'occupant de la propriété »[1845]. En effet, la construction d'une ligne électrique qui traverse une propriété privée doit recevoir l'accord du propriétaire par la signature d'une convention expresse[1846].

Avant de déclencher toute procédure de mise en servitude des terrains convoités pour les lignes électriques, le demandeur doit rechercher au préalable une solution amiable avec les propriétaires concernés[1847]. Si ce préalable n'aboutit pas et sous réserve de l'obtention préalable de la DUP, les dispositions légales prévoient de procéder à la mise en servitude[1848]. Cette procédure ne distingue pas les ouvrages en fonction de leur tension ou de leur finalité. Le demandeur notifie le projet de ligne électrique aux propriétaires concernés ainsi qu'au Commissaire de la République et assortit son projet des mémoires, exposés et tracés qui y sont relatifs. Ce dernier prend un arrêté afin d'ouvrir une enquête publique dans les lieux où les personnes intéressées sont appelées à formuler leur avis. À la clôture de l'enquête, le commissaire enquêteur envoie le projet au Commissaire de la République pour examen, à la suite duquel il prend un arrêté préfectoral instituant les servitudes nécessaires à la construction de la ligne électrique si aucune objection n'est signifiée. Ce n'est qu'avec ce titre que le demandeur est autorisé à exercer les servitudes d'appui, de passage, d'ancrage ou d'abattage prévues par la loi du 15 juin 1906[1849] avec l'aide de la force publique en cas d'opposition du propriétaire.

(b) Les éléments d'intérêt public introduits dans la procédure de construction des lignes électriques

Corrélativement aux procédures visant à assurer l'information du public, et donc le respect des droits des personnes privées, des éléments relevant de l'intérêt public sont intégrés dans la procédure générale de construction de lignes électriques.

Ces impératifs se présentent sous la forme de critères supplémentaires pour l'octroi de l'autorisation de construction de lignes directes et répondent à des contraintes d'ordre environnemental, d'urbanisme et de construction.

(i) Les considérations environnementales

Depuis l'adoption de la loi du 16 juillet 1976 relative à la protection de la nature[1850], les impératifs environnementaux doivent être pris en compte dans les constructions et travaux d'aménagement de toute nature. Cette loi pose une obligation préalable à la réalisation de tous travaux et impose au demandeur de réaliser une « étude d'impact » qui se présente sous la forme d' « un rapport scientifique qui envisage de manière globale les conséquences futures d'un projet d'équipement ou d'ouvrage sur

---

[1845] R. Coin, « La réglementation de la construction des lignes électriques de transport et de distribution d'électricité », *CJEG*, avril 1988, p. 133.

[1846] Arrêt de la CA de Paris « FDSEA et Cuypers/EDF » du 29 avril 1987, article 12 de la loi du 15 juin 1906.

[1847] Décret du 11 juin 1970 portant règlement d'administration publique pour l'application de l'article 35 modifié de la loi de nationalisation du 8 avril 1946.

[1848] Article 11 du décret du 11 juin 1970 et article 12 de la loi du 15 juin 1906.

[1849] Article 12 de la loi du 15 juin 1906 sur les distributions publiques.

[1850] Loi n° 76-629 du 10 juillet 1976 ; Huglo, Lepage, L'impact écologique selon la loi du 16 juillet 1976 sur la protection de la nature et le décret d'application, Gazette du Palais, 1978 II, p. 524.

l'environnement »[1851]. Aux termes du décret du 12 octobre 1977, la réalisation de cette étude d'impact est d'ailleurs obligatoire pour tout ouvrage de transport d'électricité dont la tension est supérieure ou égale à 225 kV[1852].

Cette étude d'impact, qui s'insère dans les procédures réglementaires parallèles, doit comporter une analyse de l'état initial du site envisagé et de son environnement, ainsi qu'une autre analyse sur les effets du projet sur l'environnement. Elle contient, en outre, les raisons qui ont motivé l'adoption du tracé retenu et impose au demandeur de proposer des mesures afin de réduire les dommages qui peuvent être causés à l'environnement par le projet de construction. Ce document est joint au dossier d'enquête publique préalable à la DUP et rendu public. Etant qu'une étude, et donc préparatoire à la décision administrative, il ne peut faire l'objet d'un recours en annulation devant le juge administratif[1853].

En revanche, les insuffisances graves décelées dans l'étude d'impact peuvent être de nature à « entacher d'illégalité la décision prise au vu des résultats de l'enquête »[1854].

La procédure de l'étude d'impact ne concerne que les lignes dont la tension est supérieure ou égale à 225 kV, les lignes inférieures faisant l'objet d'une simple « notice d'impact »[1855] qui se contente de montrer dans quelle mesure le projet répond aux préoccupations environnementales. Les lignes électriques traversant des zones protégées, telles que les parcs nationaux ou les réserves naturelles et susceptibles de modifier l'état ou l'aspect de ces lieux, requièrent l'accord explicite du Ministre chargé de la protection de la nature.

La loi du 10 février 2000 fait du respect des impératifs environnementaux un objectif de service public fondamental. Elle impose l'observation à l'ensemble des opérateurs[1856]. Ils doivent contribuer à assurer la qualité de l'air et la lutte contre l'effet de serre[1857]. Il faut souligner cependant que les impératifs environnementaux imposés aux constructeurs de lignes directes se limitent à ceux « applicables dans la zone concernée » par le projet de construction[1858]. Cela empêche les autorités publiques d'imposer au demandeur de respecter des dispositions environnementales adaptées à un relief particulier ne concernant pas sa demande ou n'ayant pas de rapport direct avec la construction projetée[1859].

1851 R. Coin, « La réglementation relative aux lignes de transport et de distribution d'électricité », *CJEG*, avril 1988, p. 136.

1852 Elle est, en outre, précisée par la circulaire ministérielle du 12 mai 1978 relative au contenu et à la procédure d'impact concernant les ouvrages non-souterrains de transport d'électricité.

1853 Pour une étude des décisions administratives à ce propos, S. Hebrard, « Les études d'impact dans la jurisprudence administrative », *RJE*, 1981, p. 103 ; J.F. Struillon, « L'implantation des lignes électriques et le droit de l'environnement », *CJEG*, n° 525, octobre 1996, p. 331.

1854 R. Coin, « La réglementation de la construction des lignes de transport et de distribution d'électricité », *CJEG*, avril 1988, p. 137. Le juge ne sanctionne que les omissions graves et grossières, arrêt du CE « Ministère de l'Industrie/Comité de défense contre les couloirs de lignes à très haute tension » du 9 juillet 1982, CJEG, 1980, p. 82.

1855 Décret du 12 octobre 1977, précité.

1856 Elle place cet impératif au centre de préoccupations telles que la sécurité et l'indépendance de l'approvisionnement, ainsi que de la gestion optimale des ressources, article 1er al. 2 de la loi du 10 février 2000.

1857 Articles 1er al. 2 et 3 de la loi du 10 février 2000

1858 Article 24 de la loi du 10 février 2000.

1859 Voir à cet égard le contrat intervenu entre EDF et l'État relatif à l'intégration visuelle des lignes dans l'environnement, du 5 février 1992.

L'accord intervenu entre EDF, le RTE et les pouvoirs publics sur les réseaux publics et l'environnement permet ainsi d'orienter les opérateurs sur les objectifs environnementaux à considérer dans la gestion des réseaux publics et introduit un début de transparence dans leur définition[1860]. Le Conseil d'État, qui contrôle en dernier ressort la décision d'autorisation de construction, est particulièrement vigilant à ce que les lignes électriques ne portent aucune atteinte « aux paysages et aux sites ainsi qu'au patrimoine culturel, à la flore et à la faune ou au cadre de vie et au développement touristique de la zone intéressée »[1861]. Il est en mesure de refuser la construction d'une ligne électrique s'il estime les inconvénients du tracé excessifs. Cette position se retrouve dans le refus d'octroi d'autorisation fondé sur le non-respect de dispositions relatives à l'environnement, expressément visé dans la directive 03/54 du CE, qui intègre, pour mieux la protéger, la protection de l'environnement au sein des obligations de service public[1862].

(ii) Les considérations d'urbanisme

L'article 24 de la loi du 10 février 2000 associe la délivrance d'une autorisation de construction de ligne directe aux dispositions « relatives à la construction et à l'exécution des travaux »[1863]. Sont visés ici les impératifs d'urbanisme, lesquels commandent le respect du schéma de cohérence territoriale (SCT)[1864] et des plans locaux d'urbanisme (PLU) par les constructions autorisées[1865]. Les travaux nécessitant une DUP ne peuvent être exécutés s'ils ne sont pas en conformité avec les schémas et les plans d'urbanisme. Il ressort de ces impératifs que les autorités administratives sont à même de prononcer une interdiction de construire dans le cadre de la demande du permis de construire afin de garantir le respect des objectifs fixés dans les PLU[1866]. La délivrance de l'autorisation de construire doit donc être compatible avec ces dispositions d'urbanisme.
Au regard de la jurisprudence en matière d'urbanisme, les refus partiels, voire les interdictions de construire des lignes électriques en raison de leur incompatibilité avec les SCT et les PLU, font l'objet d'un contrôle strict. L'incompatibilité résulte souvent du passage d'une ligne directe de haute tension sur un terrain classé ou sur une zone naturelle à sauvegarder en raison de ses sites et paysages[1867].

[1860] Accord « réseaux électriques et environnement » 2001-2003, entre le RTE, EDF, le Ministère de l'environnement et le Secrétaire d'État à l'Industrie, du 30 janvier 2002, consultable sous : www.rte-france.com

[1861] Rejet d'un recours en annulation d'un arrêté de DUP d'une ligne de 225 kV, CJEG, Jurisprudence, août-septembre 2000, p. 334.

[1862] L'article 22 § 5 de la directive 03/54 du CE prévoit que les États membres peuvent refuser la construction d'une ligne directe « si l'octroi d'une telle autorisation va à l'encontre des dispositions relatives à l'article 3 » relatif aux obligations de service public imposées aux entreprises électriques.

[1863] Voir à cet égard, F. Moderne, « Les projets d'intérêt général dans le droit de l'urbanisme », *CJEG*, 1986, p. 301.

[1864] Le SCT a pour but de prévoir la destination des sols, comprenant si nécessaire le tracé et la nature des grands projets d'équipement, article L. 122-1 du Code de l'urbanisme.

[1865] En s'appuyant sur les orientations du SCT, le PLU détermine les endroits prévus pour les ouvrages publics et définit les règles et servitudes d'utilisation des sols, article L. 123-1 du Code de l'urbanisme.

[1866] Article L. 123-1 du Code de l'urbanisme.

[1867] Arrêt du CE « Jean-Paul Haon » du 29 janvier 1982, CJEG, Jurisprudence 1982, p. 181 ; arrêt du CE « Commune de Roumare » du 13 octobre 1982, CJEG, Jurisprudence 1983, p. 53.

Ainsi, en raison de son envergure, la construction d'une ligne électrique peut imposer de modifier le PLU. Cette modification intervient par l'édiction d'un arrêté du Maire ou du Préfet, et doit être précédée d'une enquête publique[1868] portant sur l'utilité publique de l'opération et sur la modification du PLU[1869]. L'arrêté de DUP modifiant le PLU est, quant à lui, adopté par le Ministre chargé de l'énergie et le Ministre de l'urbanisme[1870].
Enfin, face aux règles générales de la construction de lignes électriques, la spécificité de certains terrains impose le respect de procédures particulières. Il en est ainsi des constructions de lignes près de monuments historiques, de sites classés, ou de zones naturelles de protection.

(iii) Les considérations issues du droit de la construction

En raison de l'envergure et de la tension des lignes directes à construire, celles-ci sont soumises à l'obtention d'un permis de construire ou au régime de la déclaration préalable. Les constructions de moindre envergure ne sont soumises à aucune de ces procédures, leur construction intervient sans formalité préalable, car ce sont des ouvrages qui, « en raison de leur nature ou de leur très faible dimension, ne peuvent être qualifiés de constructions ».
Le Code de l'urbanisme précise que « les ouvrages qui ne sont pas soumis au permis de construire »[1871] sont les lignes électriques aériennes qui reposent sur des pylônes de moins de 12 mètres de hauteur. Un pylône qui dépasse cette hauteur est donc soumis au permis de construire pour les seules portions de lignes au-delà des 12 mètres prévus. Certains travaux ou constructions exemptés du permis de construire sont cependant soumis au régime de la déclaration préalable, considérant que « la faible importance [des lignes électriques] ne justifie pas l'exigence d'un permis de construire »[1872]. Les exemptions instituées ne dispensent néanmoins pas du respect des dispositions législatives ou réglementaires relatives à l'occupation du sol qui sont visées à l'article L. 421-3 du Code de l'urbanisme. Il est précisé par un décret qui fixe la nature et l'importance des constructions, travaux et installations concernés. Sont concernés les pylônes de plus de 12 mètres et les « installations qu'ils supportent », ainsi que l'ensemble des ouvrages et accessoires des lignes dont la tension est inférieure à 63 kV et d'une longueur de 1 km maximum[1873].
Afin de pouvoir être exécutée, la déclaration relative à ces constructions fait l'objet d'une déclaration auprès du Maire de la commune concernée qui se prononce sur le projet dans un délai d'un mois[1874].
Quant au régime du permis de construire, il trouve à s'appliquer à la construction de lignes électriques aériennes s'appuyant sur des pylônes d'une hauteur supérieure à

[1868] Articles R. 123-11 du Code de l'urbanisme.
[1869] Article R. 123-19 du Code de l'urbanisme.
[1870] Voir l'arrêté du 15 février 2001 du Ministre de l'équipement et du Secrétaire d'État portant DUP pour les travaux d'une ligne de 400 kV, JO du 10 mars 2001, p. 3840 ; arrêté du 2 janvier 2001 du Secrétaire d'État à l'Industrie, portant DUP pour les travaux d'une ligne de 225 kV, JO du 19 janvier 2001, p. 995.
[1871] Article L. 421-1 du Code de l'urbanisme.
[1872] Article L. 422-2 du Code de l'urbanisme.
[1873] Article R. 422-2 du Code de l'urbanisme.
[1874] Article L. 422-2 du Code de l'urbanisme.

12 mètres, d'une longueur supérieure à 1 km et d'une tension supérieure ou égale à 63 kV. La demande du permis de construire d'une ligne électrique est également adressée au Maire de la commune concernée par la construction projetée[1875].
Elle comprend, entre autres, un plan de situation du terrain, les plans des façades et des vues en coupe précisant l'implantation de la construction par rapport au terrain naturel et indiquant le traitement des espaces extérieurs[1876]. Le Maire ou le Préfet est compétent pour statuer sur la demande et se prononce par voie d'arrêté[1877].
La décision relative à l'approbation et à l'autorisation d'exécution des travaux de réalisation de lignes électriques est juridiquement distincte de la DUP et procède de législations distinctes[1878]. La décision est notifiée directement au demandeur et est motivée, surtout si la demande est rejetée[1879]. Le demandeur dispose d'un délai de deux ans pour commencer ses travaux et joint une déclaration de fin de travaux lorsque ceux-ci sont achevés.
La procédure relative à la construction des lignes électriques ne s'achève qu'avec l'obtention de l'autorisation de mise sous tension des ouvrages, qui permet de mettre la ligne en exploitation sur autorisation de l'ingénieur en chef chargé du contrôle.
L'ensemble du dispositif relatif à la construction des lignes directes fait apparaître la complexité et la lourdeur de la procédure que l'opérateur doit mettre en œuvre. L'accès aux réseaux doit leur permettre justement d'éviter cet écueil. Cependant, il est des cas dans lesquels la construction d'une ligne directe demeure la seule alternative pour mettre en œuvre les contrats de fourniture. C'est le cas lorsque l'accès aux réseaux est refusé aux opérateurs qui le demandent.

b) La construction de lignes directes : une alternative au refus ou au silence opposé par le GRT ou GRD relatif à l'accès aux réseaux publics

La directive 03/54 du CE reprend les dispositions de la directive 96/92 du CE et prévoit la possibilité pour les opérateurs de construire une ligne directe afin d'assurer entre eux la fourniture en électricité, lorsqu'un refus d'accès aux réseaux leur a été opposé par le gestionnaire du réseau ou lorsque qu'une procédure de règlement des litiges est mise en œuvre[1880]. La possibilité de construire une ligne directe sur la base de ces motivations permet de contourner les contraintes des réseaux afin de mettre en œuvre les contrats de fourniture électrique et de repousser les limites du cloisonnement du marché électrique. La construction d'une ligne directe s'entend ici comme une extension du droit d'accès aux réseaux publics.

(1) Le refus ou le silence opposé par les gestionnaires des réseaux publics

L'article 24 de la loi du 10 février 2000 s'appuie sur les dispositions de la directive 96/92 du CE, reprises par la directive 03/54 du CE, pour permettre aux opérateurs

---

[1875] Article R. 421-9 du Code de l'urbanisme.
[1876] L'article R. 421-2 du Code de l'urbanisme impose, en outre, pour répondre aux impératifs environnementaux, qu'un document graphique indique de quelle manière le projet de construction s'insèrera dans l'environnement, son « impact visuel », puis une notice d'impact devant décrire l'impact visuel du projet et son insertion dans le paysage.
[1877] Article R. 421-29 du Code de l'urbanisme.
[1878] CJEG, Législation, août-septembre 2000, p. 335.
[1879] Articles R. 421-29 et 30 du Code de l'urbanisme.
[1880] Procédure de règlement des litiges visée à l'article 21 § 4 de la directive 96/92 du CE.

précédemment concernés de bénéficier de la possibilité de construire une ligne directe dans le cas où le gestionnaire de réseau :
- refuse de leur accorder l'accès aux réseaux publics ou
- ne rend pas de réponse à leur demande d'accès aux réseaux publics.

La loi introduit un élément que la directive ne vise pas, à savoir le cas dans lequel le gestionnaire de réseau ne rend pas de réponse à la demande d'accès aux réseaux formulée par l'opérateur. Le silence s'analyse ici comme un refus d'accès aux réseaux. En revanche, elle ne transpose qu'incorrectement la directive en ne permettant pas à l'opérateur de mettre en œuvre cette procédure après le déclenchement d'une procédure de règlement des litiges. En effet, l'article 22 de la directive prévoit qu'une demande de construction de ligne directe peut être émise par un opérateur qui a saisi concurremment la CRE d'un différend relatif à l'accès aux réseaux[1881]. Les opérateurs peuvent prétendre à l'application de cette disposition, bien qu'elle n'apparaisse pas dans la législation nationale, en vertu de l'effet direct des directives.

Il ressort d'une jurisprudence constante de la CJCE que « l'effet utile d'un tel acte se trouverait affaibli si les justiciables étaient empêchés de s'en prévaloir en justice et les juridictions nationales empêchées de le prendre en considération en tant qu'élément du droit communautaire ».

La Cour conclut que l'État membre qui n'a pas transposé une obligation contenue dans une directive « ne peut opposer aux particuliers le non-accomplissement par lui-même des obligations qu'elle comporte », surtout si l'obligation en cause est « inconditionnelle et suffisamment précise »[1882].

La demande d'autorisation articulée sur la base de cette disposition doit donc s'appuyer sur un refus formellement opposé par le gestionnaire du réseau, qui prend la forme d'un refus de conclure un contrat d'accès aux réseaux publics.

Le refus prononcé par le gestionnaire de réseau est, en outre, notifié au demandeur ainsi qu'à la CRE. Un refus hypothétique ou envisagé par le gestionnaire du réseau ne saurait suffire à autoriser l'opérateur à demander une autorisation de construire une ligne directe.

Le droit ouvert aux opérateurs à l'article 24 de la loi du 10 février 2000 est indépendant des motifs et des justifications du refus prononcé par le gestionnaire de réseau. Il est applicable, quel que soit le motif du refus opposé.

La demande d'autorisation peut également être mise en œuvre dans le cas où le gestionnaire de réseaux ne répond pas à la demande d'accès aux réseaux émise par l'opérateur. La loi du 10 février 2000 impose que le silence du gestionnaire de réseau couvre une période égale à trois mois à partir du dépôt de la demande de conclusion d'un contrat d'accès aux réseaux auprès du gestionnaire.

Le recours de l'opérateur à cette procédure est laissé à son entière discrétion.

En outre, que la décision de la CRE, puis en dernier ressort de la Cour de Cassation, confirme ou infirme le refus d'accès opposé par le gestionnaire de réseau[1883] est

[1881] L'article 21 de la directive 96/92 du CE subordonne l'autorisation à « l'ouverture » d'une procédure de règlement des litiges.

[1882] Points 21, 22 et 23 de l'arrêt de la CJCE « Ratti » du 5 avril 1979, C-148/78, arrêt de la CJCE « Becker » du 19 janvier 1982, 8/81, précité.

[1883] Aux termes de la procédure de règlement des litiges de l'article 38 de la loi du 10 février 2000.

indifférent quant à l'exercice par l'opérateur de son droit de construire une ligne directe sur la base de l'article 24 de la loi du 10 février 2000.

(2) Les conditions d'attribution d'une autorisation de construction d'une ligne directe

Une procédure spécifique relative à la construction d'une ligne électrique est mise en place lorsque la demande de construction est consécutive à un refus d'accès aux réseaux. La procédure générale de construction vue préalablement étant dissuasive dans sa mise en œuvre, la loi du 10 février 2000 prévoit que la demande de construction de ligne électrique consécutive à un refus d'accès aux réseaux soit traitée dans les meilleurs délais afin de garantir l'efficacité de l'accès aux réseaux publics. Le demandeur qui se voit refuser l'accès aux réseaux ne doit pas être découragé par la durée de la procédure d'autorisation de construction.

À cet effet, la loi du 10 février 2000 écourte les procédures à suivre et fait bénéficier le demandeur d'une déclaration d'utilité publique. Ce privilège ne l'épargne pas de l'accomplissement préalable d'une enquête publique[1884].

La DUP facilite ainsi l'obtention des servitudes nécessaires à la construction dont le respect est imposé par l'article 24 de la loi du 10 février 2000. Il reprend les dispositions relatives aux servitudes[1885], mais les adapte en exigeant que les servitudes octroyées soient exclusives :

- de toute expropriation et
- de toute possibilité pour les agents du bénéficiaire de la servitude de pénétrer dans les locaux d'habitation privée.

Il s'agit cependant d'une procédure exorbitante du droit commun qui est précédée d'une enquête publique au cours de laquelle les propriétaires concernés doivent faire part de leurs observations.

Le propriétaire, ainsi que l'exploitant du fonds, peuvent bénéficier d'une indemnisation consécutive au préjudice subi[1886].

Le juge judiciaire, compétent en l'espèce, a considéré que la construction d'une ligne électrique n'entraîne aucune dépossession pour le propriétaire[1887].

En revanche, contre une atteinte disproportionnée à la propriété privée, le Conseil d'État déclare « qu'une opération relative à l'établissement d'une ligne électrique [...] ne peut être légalement déclarée d'utilité publique que si les atteintes à la propriété privée, les coûts financiers et éventuellement les inconvénients d'ordre social ou l'atteinte à d'autres intérêts publics qu'elle comporte ne sont pas excessifs

---

[1884] Article 24 de la loi du 10 février 2000, sur les procédures de concertation, C. Wiltzer, Acceptabilité des ouvrages et concertations, l'exemple des lignes électriques d'EDF, Mémoire de DESS Paris I, septembre 1996.

[1885] Le régime des servitudes est également visé à l'article 35 de la loi du 8 avril 1946 auquel renvoie l'article 24 de la loi du 10 février 2000. Aux termes du décret n° 70-492 du 11 juin 1970, les servitudes concernées ; ce sont « les servitudes d'ancrage, d'appui, de passage, d'abattage d'arbres, d'aqueduc, de submersion et d'occupation temporaire qui s'appliquent dès la déclaration d'utilité publique des travaux ».

[1886] Article 24 de la loi du 10 février 2000.

[1887] Arrêt de la Cour de Cassation « Bergeron/EDF » du 26 mai 1999, voir Chronique de P. Sablière, « Le juge peut-il, en cas de voie de fait, ordonner l'enlèvement d'une ligne électrique ? », *CJEG*, février 2000, p. 73.

eu égard à l'intérêt qu'elle présente »[1888]. Hormis les particularités introduites afin d'alléger la procédure de construction de lignes directes, les dispositions générales d'urbanisme, de construction et d'environnement ainsi que les critères dégagés par les dispositions législatives et réglementaires conservent leur pertinence dans le cadre de l'instruction de cette demande d'autorisation de construction.

Conclusion

Alors que la présentation du régime de la construction des lignes directes, issu d'une combinaison de la loi du 10 février 2000, de ses décrets d'application et des législations préexistantes, est loin d'être exhaustive, l'impression qui en ressort est que la construction de lignes directes est une alternative à l'accès aux réseaux très laborieuse à mettre en œuvre. Et cela, même dans le cas d'un refus d'accès aux réseaux. La réglementation à laquelle elle est soumise est abondante et diffuse et ses délais de mise en œuvre sont extrêmement longs. Cela est renforcé par le développement des impératifs environnementaux à respecter dans le régime général de la construction et dans celui des lignes électriques, en particulier.

La possibilité de construire des lignes directes est intégrée dans le régime de l'accès aux réseaux, car elle permet, parallèlement au régime de l'accès aux réseaux, d'ouvrir le marché électrique à la concurrence. Celle-ci n'est effective que si les opérateurs accèdent « par tous moyens » aux infrastructures essentielles. Pourtant le fait qu'à ce jour aucune autorisation de construire une ligne directe n'ait été attribuée impose de mettre le doigt sur la complexité, voire parfois la contradiction des dispositions légales qui y sont relatives et qui ne traduisent qu'imparfaitement l'esprit des directives électriques[1889].

Au-delà des dispositions en elles-mêmes relatives aux conditions d'octroi d'une autorisation, la méthode de transposition est tout aussi critiquable. On peut ainsi « reprocher au décret du 26 avril 2001 d'avoir instauré une méthode spécifique pour les lignes directes et d'avoir très maladroitement inséré celles-ci dans le décret du 29 juillet 1927 et dans celui du 11 juin 1970 », ce qu'en outre la loi du 10 février 2000 n'imposait pas[1890].

[1888] Arrêt du Conseil d'État « Association intercommunale Morbihan sous très haute tension » du 28 juillet 1999, voir note F. Martin, *CJEG*, janvier 2000, p. 32.

[1889] Voir à cet égard les informations réclamées aux opérateurs demandant une autorisation de construire une ligne directe contenue dans le décret du 26 avril 2001.

[1890] Pour une approche très critique de la transposition des impératifs de la directive 96/92 du CE dans la loi du 10 février 2000 et ses décrets d'application, P. Sablière, Droit de l'électricité, Dalloz, 2003, p. 942.

3ème Partie : Le contrôle de la mise en oeuvre de l'accès aux réseaux publics

Avant la libéralisation du secteur électrique, l'ensemble des activités électriques était géré sous la forme de monopoles contrôlés par l'État, à travers la tutelle qu'il exerce sur les entreprises publiques. Le contrôle du secteur électrique revenait ainsi principalement aux pouvoirs publics sous la forme d'un contrôle ex ante. Quant aux agissements anticoncurrentiels dont l'opérateur historique peut se rendre coupable, ceux-ci sont contrôlés par le Conseil de la Concurrence et par la Commission européenne, en fonction de la nature et de l'étendue des entraves engendrées.
Or l'introduction d'une concurrence partielle dans le secteur électrique doit aboutir à développer un environnement dans lequel l'opérateur historique peut continuer à exercer ses activités, mais doit parallèlement permettre à d'autres opérateurs de le concurrencer. La complexité de la situation impose de redéfinir, pour la limiter, l'intervention de l'État qui devient juge et partie face à des intervenants qui, l'opérateur historique mis à part, ne sont que parties dans la nouvelle organisation du marché électrique. La crédibilité d'un marché électrique dominé par un opérateur historique entre les mains des pouvoirs publics et apte à développer une concurrence loyale a commandé l'instauration de mécanismes de contrôle spécifiques et indépendants de ceux déjà en place. Le contrôle de la mise en œuvre équitable et non discriminatoire de l'accès aux réseaux doit permettre la réalisation des buts suivants :
- la mise en place progressive de règles équilibrant les impératifs de concurrence et de service public ;
- la maîtrise des zones de monopole pour permettre aux opérateurs un accès équitable aux infrastructures essentielles et
- la promotion d'une concurrence loyale entre les nouveaux et anciens opérateurs sur le marché interne et communautaire de l'électricité.
L'introduction de mécanismes de contrôle a priori et a posteriori, en particulier de l'accès aux réseaux, modèle la « régulation du marché électrique» dont il importe de définir l'objet, de préciser le contenu et de présenter les entités appelées à la prendre en charge. Le changement de statut de l'opérateur historique est opéré par la loi du 9 août 2004 et fait du gestionnaire du réseau de transport une entreprise soumise au droit privé et dorénavant séparée des autres activités électriques. Cette modification devrait en principe alléger la tâche des régulateurs.

Titre I Les enjeux de la régulation de l'accès aux réseaux

Le titre VI de la loi du 10 février 2000 introduit l'ensemble des règles appelées à garantir un accès équitable et non discriminatoire aux réseaux sous le titre de « la régulation ». La loi fait ainsi écho à la directive 96/92 du CE qui soutient la création de « mécanismes appropriés et efficaces de régulation »[1891]. La directive 03/54 du CE, en consacrant un article spécifique aux « autorités de régulation », renforce l'importance de la régulation du secteur électrique pour le développement de la concurrence. Elle précise, en outre, les objectifs qu'elle doit poursuivre et les principes à respecter. Avant de poursuivre la présentation des modes de régulation du secteur électrique, il importe d'en définir les objectifs et la forme.

Chapitre I Définition de la régulation

La régulation pourrait se définir de manière neutre par : « le fait d'agir sur un système complexe et d'en coordonner le fonctionnement »[1892]. Elle consiste, selon l'approche économico-juridique qui l'a créée, à « encadrer de manière fine et constamment modulée les comportements économiques pour que la logique de marché ne se substitue pas à celle des intérêts supérieurs de la société »[1893].
La régulation d'un secteur économique est donc paradoxalement un phénomène pendant de la déréglementation de ce secteur. Si bien que l'introduction de la concurrence dans un secteur n'implique pas nécessairement moins de réglementation, mais, au contraire, l'adoption d'une réglementation basée sur de nouveaux objectifs et sur un contrôle de leur application[1894]. Réguler consiste à user de pouvoirs de réglementation et de contrôle pour accompagner l'introduction de la concurrence dans un secteur de l'économie géré jusque-là, principalement, sous la forme du monopole. Cette notion est issue du droit anglo-saxon et a fait son apparition dans le cadre du mouvement de « dérégulation »[1895] des secteurs clés de l'économie[1896]. Elle a pour but d'accroître la liberté des opérateurs sur le marché en

---

1891 Article 22 de la directive 96/92 du CE.

1892 Définition du dictionnaire historique de la langue française, édition du Petit Robert, 1992, p. 1753.

1893 Pour le détail de ces théories, L. Rapp, P. Terneyre, Lamy droit public des affaires, 2001, n° 1 à 10.

1894 Les économistes abordent le phénomène de la régulation dans un secteur sous monopole à l'aide de la régulation « price-cap » ou « cost-plus ». Dans la première formule, le régulateur (L'État, la tutelle ou un régulateur indépendant) propose aux entreprises une formule de prix de vente de leur produit selon un barème à prix plafonné qui est déterminé en fonction des gains escomptés. Ce plafonnement du prix moyen empêche l'opérateur d'abuser de sa position dominante. La régulation en cost-plus prend en compte, quant à elle, les coûts de revient dans la fixation du tarif d'utilisation des réseaux. Elle permet un contrôle efficace du profit de l'opérateur ainsi que sa viabilité. On pourrait conclure que la régulation en économie renvoie essentiellement à des mécanismes de « contrôle des prix de l'opérateur historique », M. Walrave, Les réseaux de services publics dans le monde, ASPE, 1995, p. 98 ; J.P. Bouttes, R. Leban, « Concurrence et réglementation dans les industries de réseau en Europe », *CEREM*, p. 41.

1895 Selon P. Delaporte, « ce n'est pas le moindre des paradoxes que l'organisation de la concurrence, que certains assimilent, à tort, à moins d'État, exige une redéfinition du rôle des pouvoirs publics », « La dérégulation des systèmes électriques », *Revue de l'Énergie*, n° 509, septembre 1999, p. 543.

1896 Suite à leur politique de déréglementation dans les années 1970-1980, les États-Unis ont créé des commissions de régulation pour faire un contrepoids aux monopoles locaux. En Europe, c'est d'abord

allégeant les règles existantes afin « d'instaurer une autre façon de réguler, généralement plus indépendante », libre d'entraves légales, économiques et administratives[1897].
Elle doit apparaître dans le droit des États membres à travers l'introduction par le droit communautaire de la concurrence dans des secteurs économiques gérés sous la forme de monopoles publics[1898]. La régulation s'y définit alors par rapport à ses buts qui consistent, d'une part, à accroître la liberté des opérateurs sur le marché « par une diminution du volume et du poids des contraintes normatives »[1899] et, d'autre part, à déterminer un strict encadrement de l'action des pouvoirs publics sur le marché pour permettre « le passage de l'État gérant à l'État garant »[1900].
La « réglementation » doit donc s'entendre comme l'une des fonctions ex ante de la régulation. Elle consiste à produire des normes destinées à « discipliner un secteur déterminé »[1901] et est soutenue, ex post, par la fonction de contrôle.
Dans son rapport sur les autorités administratives indépendantes, le Conseil d'État souligne également cette double perspective dans l'approche qu'il propose de la régulation. Selon lui, elle se trouve à mi-chemin entre « une action intermédiaire entre la détermination des politiques elles-mêmes et la gestion proprement dite [...] et une action des mécanismes correcteurs qui maintiennent un système en existence »[1902].
L'approche économique du phénomène de la régulation éclaire sur la nature de tampon de la régulation entre l'interventionnisme d'état et la concurrence. Elle se situe, selon certains économistes, entre la suspension du marché et le jeu spontané du marché.
Elle se conçoit comme une « réponse aux problèmes créés par le jeu spontané des

---

en Grande Bretagne qu'apparaissent les premiers organes de régulation suite à la vague de privatisation des entreprises de service public. Chaque secteur est régulé par un office indépendant (l'OFFER pour l'électricité) dirigé par un directeur général responsable, protégé légalement par tout risque d'immixtion des pouvoirs publics ou privés. Cette forme de régulation est issue de la théorie de S. Littlechild, selon laquelle la régulation doit avoir pour but de favoriser le jeu de la concurrence par l'entrée de nouveaux opérateurs sur le marché, passant par un contrôle des abus de position dominante et par la détermination des prix d'utilisation des infrastructures essentielles restées sous monopole public, M. Armstrong, S. Cowan, J. Vickers, « Regulatory reform : Economic analysis and british experience », Cambridge, *MIT Press*, 1994 ; Henney, Grisp, « Lessons for the US Transmission pricing and gaming in England and Wales », *The electricity journal*, janvier-février 1997.

1897 C. Martinand, « La régulation des services publics », *ASPE*, 1995, p. 45.

1898 Les directives libéralisant les secteurs de l'économie organisés en réseau (télécommunications, services postaux, transport et énergie) imposent toutes la mise en place de mécanismes institutionnels devant assurer la « régulation » de ces secteurs au niveau national par la mise en place d'entités indépendantes.

1899 C. Martinand, « La régulation des services publics », *ASPE*, 1995, p. 44.

1900 L. Rapp, « Les nouvelles régulations économiques », *AJDA*, 20 juin 2001, p. 560.

1901 Selon A. Buzelay, « la dérégulation n'exclut pas la régulation par le marché. Elle n'exclut pas davantage le renforcement et/ou la création de certaines règles qui, loin de constituer de nouvelles entraves à la concurrence, en sont les conditions d'efficacité, d'équité et de stabilité », « De la dérégulation des télécommunications dans l'Union », *Revue du Marché Commun*, n° 434, janvier 2000, p. 26.

1902 Conseil d'État, rapport public 2001 n° 52, la documentation française, Paris, 2001, p. 279 ; B. Lasserre, « Régulation mode d'emploi », *Sociétal*, n° 30, 2000, p. 77.

marchés »[1903], particulièrement pour les marchés sur lesquels le « défaut de concurrence est la position dominante ou le monopole »[1904].

La directive 96/92 du CE ne propose aucune définition de la régulation qu'elle ne vise d'ailleurs pas directement et laisse aux États membres le soin, en vertu du principe de subsidiarité, d'en déterminer les contours et le domaine d'intervention. La directive 03/54 du CE fait preuve de la même modestie, bien qu'à la différence de la directive précédente, elle organise l'intervention des « autorités de régulation ».

[1903] H. Dumez, A. Jeunemaître, « Les institutions de la régulation des marchés, étude de quelques modèles de références », *Revue Internationale de Droit Économique*, 1999/1, p. 13.

[1904] Department of Trade and Industry, A fair Deal for consumers, modernising the framework for utility regulation, London, HMSO, march 1998.

Chapitre II Objet de la régulation

La régulation s'impose dans ce processus de déréglementation du secteur électrique dans lequel les monopoles ne sont pas abolis mais continuent de prendre en charge la plus grande partie des activités du secteur et, en particulier, celles qui entrent dans la définition du monopole naturel sur lequel repose l'ouverture à la concurrence. Contrairement au secteur des télécommunications, qui ne comporte plus de zones d'activités gérées en monopole public[1905], le secteur de l'électricité a maintenu des sphères d'activités exclues de la concurrence comme le transport et la distribution d'électricité. Ce maintien rend la régulation nécessaire en raison du caractère hybride du secteur où les monopoles, alors publics, dominent les infrastructures essentielles.

L'objet de la régulation se calque alors sur la forme et l'étendue de l'ouverture à la concurrence du secteur électrique. Il doit assurer un fonctionnement non discriminatoire et transparent de l'accès aux réseaux des opérateurs, tout en arbitrant constamment entre les activités soumises au monopole et celles libéralisées.

Selon la directive 96/92 du CE, l'objet de la régulation était essentiellement fondé sur les aspects de la concurrence. Les mécanismes efficaces de régulation devaient permettre « d'éviter tout abus de position dominante, au détriment notamment des consommateurs, et tout comportement prédateur »[1906]. Cette régulation garantit aux opérateurs un fonctionnement du marché électrique respectueux des règles de la concurrence et entend jouer son rôle essentiellement dans le cadre d'une intervention ex post afin de « régler les litiges concernant les contrats, les négociations et le refus d'accès »[1907]. La directive 03/54 du CE ne renie pas cette conception, mais elle l'entend de manière plus large. Les autorités de régulation ont pour but d'assurer, aux termes de son article 23 : « la non-discrimination, une concurrence effective et le fonctionnement effectif du marché ». La régulation, telle qu'elle est visée dans cet article, démontre que la régulation s'entend d'actions de contrôle ex ante comme ex post.

Considérant qu'elle a opté pour une déréglementation à géométrie variable, la loi du 10 février 2000 attribue déjà à la régulation un vaste objet. À travers des missions de réglementation et de contrôle, la régulation doit assurer le respect par les opérateurs des règles du marché, mais aussi des missions de service public[1908].

À la différence de la régulation garante de l'ouverture du marché à la concurrence visée dans la directive 96/92 du CE, la loi du 10 février 2000 transpose une régulation garante de l'équilibre à assurer entre l'application des règles de la concurrence et celle des règles du service public de l'électricité.

L'approche de la directive 03/54 du CE semble tirer les leçons de cette transposition.

1905 Voir l'aboutissement de ce processus de libéralisation dans la directive 96/19 du 13 mars 1996 modifiant la directive 90/388 relative à la réalisation de la pleine concurrence sur les marchés des télécommunications, JO L-74 du 22 mars 1996.

1906 Point 37 et article 22 de la directive 96/92 du CE.

1907 Article 20 § 3 de la directive 96/92 du CE.

1908 Voir la critique formulée à propos de la rupture d'équilibre dans l'exercice de cette mission par la CRE qui sert les intérêts du marché plus que ceux du service public, G. Chavrier, « Le service public de l'électricité est-il menacé ? », *DA*, octobre 2002, p. 10.

En effet, la régulation du secteur électrique est nécessaire parce qu'il s'agit d'un secteur appelé à être gouverné par la concurrence et « autre chose que la concurrence »[1909]. Mais c'est une branche qui appelle aussi une nécessaire coexistence entre le droit, l'économie et la gestion des missions de service public.
Partant de ce préalable, la particularité de la régulation est précisément d'élaborer et de maintenir la concurrence sur le marché électrique, là où le droit de la concurrence la maintient en l'état. Alors que les règles de la concurrence ont pour but de contrôler la bonne application des règles concurrentielles ex post, les règles assurant la régulation d'un secteur doivent accompagner les opérateurs exerçant sur un marché clos vers la concurrence. La régulation a pour objet « de construire un marché concurrentiel, en favorisant les nouveaux entrants sur le marché »[1910].
Cet équilibre doit être maintenu par la régulation entre un marché « ouvert à la concurrence et un marché non abandonné à la concurrence ». La doctrine se rejoint, en effet, pour affirmer que la régulation, quel que soit le secteur d'activité concerné, recherche l'équilibre « soit entre valeurs marchandes [Conseil de la Concurrence], soit entre valeurs marchandes et non marchandes [ART, CNL] »[1911].
En outre, les règles auxquelles le secteur est soumis ne sont pas exclusivement celles du droit de la concurrence, mais plus largement celles qui sont spécifiques à sa gestion et qui relèvent généralement du droit public. Si bien que la régulation est dans « l'entre-deux du droit de la concurrence et du droit public ». Selon M.A. Frison-Roche, l'objet de la régulation repose sur le principe selon lequel « l'État n'a plus les moyens de conserver dans sa sphère le secteur en question, il est dépassé par la tâche ».
Définir l'objet de la régulation demeure donc un exercice malaisé si l'on considère que la régulation est à la fois « morcelée et en expansion »[1912].
La directive 03/54 du CE qui conforte l'approche transposée dans la loi du 10 février 2000 et innove en affirmant que le rôle du régulateur est de garantir l'application des règles de la concurrence, mais aussi celles du service public. Elle élargit ainsi l'objet de la régulation sans en préciser les contours.

[1909] M.A. Frison-Roche, « Le droit de la régulation, Recueil », *Dalloz*, 2001, p. 610.
[1910] M.A. Frison-Roche, précité.
[1911] L. Boy, « Réflexions sur « le droit de la régulation », *Recueil Dalloz*, 2001, p. 3031.
[1912] M.A. Frison-Roche, précité.

Chapitre III Forme et nature de la régulation

Les États membres désignent, selon la directive 96/92 du CE, des mécanismes appropriés et efficaces de régulation[1913] et « une autorité compétente qui doit être indépendante des parties »[1914]. Toutefois, en raison des « différences structurelles dans les États membres et des systèmes différents de régulation du secteur de l'électricité »[1915], la directive renvoie au principe de subsidiarité quant à la détermination de la forme à revêtir par la régulation. De plus, elle n'impose pas, dans un premier temps, la création d'une nouvelle entité pour réguler le marché électrique. Pourtant, les termes de la directive ainsi que les communications de la Commission postérieures à son entrée en vigueur indiquent leur penchant pour la mise en place d'une autorité spécifique au secteur électrique. Finalement, la directive 03/54 du CE impose la désignation, elle entend en réalité la création, d'une autorité de régulation indépendante du secteur électrique. Ces dispositions laissent une certaine latitude aux États membres quant à la définition de la régulation et elles soulèvent la question de savoir si une entité préexistante dans l'ordre juridique français est à même de remplir ce rôle. Après moult débats, la loi du 10 février 2000 anticipe la directive 03/54 du CE et fait le choix de créer une autorité administrative indépendante et sectorielle. Mais cette option lui impose de coordonner l'intervention de cette autorité avec celles disposant de pouvoirs de régulation applicables au secteur électrique ou intervenant par nature sur ce marché[1916].

a) Les doutes quant à l'efficacité d'une régulation supranationale du secteur de l'électricité

Lors des discussions relatives à l'adoption de la directive 96/92 du CE, la Commission a émis une proposition suivant laquelle la prise en charge de la régulation du secteur électrique par ses services serait plus efficace que d'avoir dans chaque État membre une autorité de régulation sectorielle. Elle considère que l'efficacité de la régulation du secteur électrique impose une régulation supranationale en raison de sa dimension européenne.
Cette approche est issue du Rapport du groupe Bangemann fait au Conseil européen dans le domaine des télécommunications qui propose que la régulation de ce secteur soit assurée par la Commission[1917]. L'avantage de cette régulation supranationale, qu'elle soit exercée par la Commission ou un organe qui lui est assimilable, est qu'elle peut garantir pour les opérateurs la crédibilité d'un marché électrique fonctionnel et sans discrimination. Mais, avant tout, une autorité de régulation supranationale est mieux à même de traduire les principes d'indépendance et d'impartialité qui s'imposent au régulateur.

[1913] Article 22 de la directive 96/92 du CE.

[1914] Article 20 § 3 de la directive 96/92 du CE.

[1915] Point 10 de la directive 96/92 du CE.

[1916] R. Coin, « Les instances de régulation dans la loi du 10 février 2000 », *CJEG*, n° 572, janvier 2001, p. 6.

[1917] Rapport du groupe Bangemann au Conseil européen, European and the global information society, recommendations to the European council, mai 1994.

Or le vœu de la Commission s'est vite heurté à l'opposition des États membres, pour qui la régulation est une activité qui appartient à l'exercice de la souveraineté nationale. Finalement, l'entrée en vigueur de la directive 96/92 du CE et la création d'autorités de régulation dans la plupart des États membres semblent réduire rapidement tout espoir de création d'une autorité de régulation supranationale.
Les régulateurs en place sont, en outre, jaloux des prérogatives nouvellement acquises. La CRE souligne dans son rapport d'activité du 30 juin 2002 que « l'exercice des fonctions de régulation [par la Commission] ne répond ni aux principes de construction du marché européen, ni aux besoins des opérateurs ».
Elle rajoute, à juste titre, que l'intention exprimée par la Commission dans le règlement 1228/30 du CE de prendre en charge la régulation du secteur électrique est « éminemment contestable. Il est [selon la CRE] paradoxal d'exiger au plan national que le régulateur soit indépendant des gouvernements, pour simultanément confier à la Commission, assistée par les représentants des gouvernements, la charge de l'assurer à l'échelle européenne »[1918]. Selon la CRE, la Commission peut toujours définir les objectifs et principes du secteur, voire, au plus, mettre en demeure les régulateurs de donner une solution à un problème et, à défaut (seulement), de le régler elle-même.

b) Les limites d'une régulation interne du secteur de l'électricité

Jusqu'à l'adoption de la directive 96/92 du CE, le secteur de l'électricité est géré comme un monopole public local pour la distribution d'électricité et national pour la production et le transport d'électricité. Aussi, le contrôle exercé sur ces activités se situe naturellement à ces deux niveaux. La régulation interne dont il s'agit est prise en charge respectivement par les autorités concédantes de la distribution et les autorités de tutelle de l'entreprise publique. Elle est exercée sur les entreprises électriques exerçant les activités de transport et de distribution d'électricité[1919]. L'objet de la régulation est alors différent de l'acception précédente puisqu'il concerne essentiellement le contrôle par les pouvoirs publics de la bonne application des dispositions légales et réglementaires par les entreprises publiques électriques et présente les caractéristiques d'un contrôle ex ante.
En revanche, les agissements anticoncurrentiels constatés entre l'opérateur historique et les opérateurs, tels que les producteurs non nationalisés ou les DNN, imposent, quant à eux, l'intervention a posteriori du Conseil de la Concurrence ou du Tribunal de commerce. Le contrôle de l'État sur l'opérateur historique, EDF, qui présente la forme d'un contrôle préalable a évolué en fonction de l'évolution du secteur. Il consistait, jusqu'à la période des grands investissements hydrauliques et nucléaires, à déterminer les délais de mise en œuvre et la maîtrise des coûts issus de paramètres centralisés. La tutelle contrôlait alors la gestion des activités électriques par EDF à l'aide de la méthode dite du « cost-plus », selon laquelle EDF devait couvrir ses frais sans chercher la rentabilité dans la gestion des activités électriques.
L'introduction progressive d'enjeux concurrentiels stratégiques modifie l'approche de la régulation qu'exerce l'autorité de tutelle. Son contrat d'entreprise relatif à la

---

[1918] Rapport d'activité de la CRE du 30 juin 2003, p. 18.
[1919] R. Leban, La régulation du secteur électrique et gazier français dans la concurrence, Rapport au Commissariat Général du Plan, Énergie 2010-2020, p. 427.

période 1997-2000 témoigne, en particulier, de ce changement. Il impose dorénavant à EDF que la tarification des fournitures et services, élément essentiel de la concurrence, soit « équitable [...] et adaptée au développement d'une concurrence loyale et effective dans le secteur électrique lié à la perspective d'ouverture du marché »[1920]. Les pouvoirs publics entendent ainsi démontrer que les objectifs qu'ils fixent contractuellement avec EDF sont en parfaite osmose avec les préceptes de l'ouverture du marché électrique qu'ils entendent garantir en maintenant l'opérateur historique au centre du système électrique.
La conséquence de ces évolutions impose à l'autorité de tutelle qui prend acte de l'évolution du marché électrique, non plus de « réguler une entreprise, mais les rapports entre des entreprises, certaines publiques, d'autres privées, et entre celles-ci et les pouvoirs publics »[1921]. Cette orientation se traduit dans le Livre blanc sur l'ouverture du marché électrique à la concurrence, puisqu'il envisageait de confier à l'autorité de tutelle la fonction régulatrice du secteur électrique. Cette position a ses partisans et parmi eux le Conseil Économique et Social qui se prononce pour une « agence de régulation de l'énergie électrique »[1922] placée auprès du Ministre chargé de l'énergie. Les arguments contre une telle option sont cependant plus nombreux, car l'immixtion directe de l'État en tant qu'« actionnaire et arbitre »[1923] du secteur électrique nuit à la crédibilité du système. Déjà, dans son rapport sur le service public, Denoix de Saint-Marc soulignait les dangers d'un « État en position d'édicter des règles qui s'appliquent à sa propre entreprise [...], car un problème peut surgir lorsque l'État reste propriétaire d'un exploitant qui se trouve en concurrence avec des exploitants privés ». Il conclut que, dans ce cas, il est nécessaire « de confier la tutelle de l'exploitant et la régulation à des autorités différentes »[1924].
Cette attribution de compétence à l'autorité de tutelle aurait été, en outre, contraire à la directive 96/92 du CE, car celle-ci impose que l'autorité de régulation soit indépendante des parties. En outre, selon les termes de l'arrêt « Taillandier » de la CJCE, « des directions différentes d'une même administration ne sauraient être considérées comme indépendantes l'une de l'autre »[1925].
La loi sur les nouvelles régulations économiques se prononce également pour une régulation des activités économiques indépendante des pouvoirs publics[1926] pendant que les commentateurs accueillent favorablement la tendance de l'État « à abdiquer

[1920] Contrat d'entreprise pour la période 1997-2000, entre EDF et l'État, signé le 8 avril 1997, p. 10.
[1921] P. Sablière, « Libre propos sur les notions de réglementation, tutelle et régulation dans les rapports entre les pouvoirs publics et les entreprises publiques », *CJEG*, janvier 1997, Chronique, p. 1 ; D. Finon, « Les nouvelles fonctions du régulateur et du Gouvernement dans les industries électriques libéralisées : les leçons des expériences européennes », *RF Énergie*, n° 477, 1996, p. 225.
[1922] Cette agence serait composée de 3 personnes, dont un président nommé dans des conditions statutaires garantissant son indépendance et disposant d'une fonction d'arbitrage entre les opérateurs, voir avis du Conseil Économique et Social, Hadas-Lebel Raphaël, La future organisation électrique française, 12-13 mai 1998, p. 43.
[1923] J. Bergougnoux, Services publics en réseau, Rapport au Commissariat Général du Plan, avril 2001, p. 210.
[1924] Rapport de R. Denoix de Saint-Marc, Le service public à la française, précité, B. Laguerre, D. Haag, « Quelques remarques sur la régulation du secteur électrique », *Économies et Sociétés*, n° 7, 5-6, 1997, p. 177.
[1925] Arrêt de la CJCE C-92/91 « Taillandier » du 27 octobre 1993, rec.p. I- 5398.
[1926] Dans laquelle les pouvoirs du Conseil de la Concurrence sont particulièrement renforcés face au déclin de l'intervention des pouvoirs publics, articles L. 464-2 s. du Code de commerce.

ses pouvoirs d'intervention au profit d'agences sectorielles indépendantes »[1927]. Toutefois, si l'intervention coordonnée du Ministre compétent et d'un régulateur devait être prévue, le Conseil de la Concurrence souligne dans un avis relatif à l'organisation de la régulation du secteur postal que « seule une nette distinction entre la réglementation du service postal universel relevant du seul ministre et la régulation du secteur relevant de la seule ARTP (régulateur du secteur des télécommunications et des postes) est de nature à assurer un développement de la concurrence dans des conditions répondant aux directives »[1928].
Depuis la transposition de la séparation juridique dans la loi du 9 août 2004, la question de la tutelle comme régulation devient moins pertinente, car l'opérateur historique prend la forme de la société anonyme et n'est plus directement soumis au contrôle d'un Ministre de tutelle.
L'exclusion de l'autorité de tutelle en tant que régulateur du secteur électrique implique donc de se tourner vers d'autres entités ayant également une compétence de régulateur dans le secteur électrique, comme le Conseil Supérieur de l'Électricité et du Gaz devenu *Conseil Supérieur de l'Energie*[1929].
Cet organisme créé par l'article 45 de la loi du 8 avril 1946 est composé, entre autres, de représentants du Parlement, des ministères concernés, des collectivités locales, des consommateurs, des entreprises énergétiques et du personnel des industries électriques et gazières[1930].
Il se voit confier la régulation du secteur électrique à travers l'accomplissement de missions essentiellement consultatives.
Il est, en effet, consulté pour tout projet de décret et règlement sur l'électricité et le gaz, sur l'orientation de la politique énergétique. Il peut aussi émettre des avis sur demande des pouvoirs publics sur des mesures visant les énergies renouvelables ou les économies d'énergie[1931].
Jusque-là, le CSE prenait en charge des missions de régulation en intervenant en tant qu'arbitre en dernier ressort pour tout litige survenant entre l'opérateur historique et les autorités concédantes. Aux termes de l'article 37 de la loi du 8 avril 1946, c'est principalement en matière de concession de service public qu'il était compétent pour statuer en dernier ressort sur tout différend relatif au déroulement de la concession[1932].
Le CSE s'acquittait de sa mission de régulateur surtout à travers cette médiation préalable qui était réglée en dernier ressort par le Ministre chargé de l'énergie.

1927 L. Rapp, « Les nouvelles régulations économiques », *AJDA*, 20 juin 2001, p. 561 ; L. Cohen-Tanugi, « L'émergence de la notion de régulation », *Petites affiches*, n° 82, juillet 1998 ; M.A. Frison-Roche, « Le droit de la régulation », *Dalloz Sirey*, février 2002, n° 7, p. 615.

1928 Avis n° 03-A-06 du 16 mai 2003 relatif au projet de loi modifiant le Code des postes et télécommunications et portant création d'une autorité de régulation pour le secteur postal, rapport d'activité du Conseil de la Concurrence 2003, p. 122.

1929 Ci-après « CSE ».

1930 Décret n° 82-923 du 28 octobre 1982, JO du 30 octobre 1982. Pour une présentation détaillée du CSE, voir : P. Sablière, « Les organismes consultatifs en matière d'électricité », *CJEG*, 1988, Chronique, p. 32. L'article 45 de la loi de nationalisation relatif au CSE est entièrement modifié par l'article 70 de la loi du 13 juillet 2005.

1931 Article 70 de la loi du 13 juillet 2005.

1932 L'article 31 du cahier des charges du RAG du 10 avril 1995 renvoie à l'article 37 de la loi du 8 avril 1946 pour le renouvellement de la concession.

Ses avis et interventions sont appréciés par les opérateurs pour leur impartialité, cette dernière est également garantie par sa composition. Toutefois, il n'est pas doté d'un véritable pouvoir juridictionnel comme l'avait souhaité la section des travaux publics du Conseil d'État lors de la discussion sur l'adoption de la loi de nationalisation[1933].

De plus, ses arbitrages étaient des décisions administratives préalables susceptibles de recours devant le juge administratif[1934].

Ainsi, tout en ressemblant à une autorité de régulation, le CSE n'est en fait que très rarement intervenu pour régler des différends entre les opérateurs[1935].

Malgré sa compétence et sa maîtrise des données du secteur électrique, il est demeuré un organe consultatif, bien qu'il présente les qualités d'indépendance requises par la directive.

Le CSE ne saurait être en mesure d'assumer les missions du régulateur dans la nouvelle organisation électrique considérant, par ailleurs, qu'il ne s'est pas imposé comme une autorité opérative dans le secteur électrique.

Parallèlement au CSE, le choix du *Conseil de la Concurrence* en tant que régulateur du secteur électrique est tout aussi problématique. En effet, son domaine d'intervention est limité par l'ordonnance du 1er décembre 1986 aux pratiques constituant, entre autres, des abus de position dominante, des ententes entre entreprises et de prix prédateurs.

Par ailleurs, c'est un régulateur adapté à un marché déjà ouvert à la concurrence, alors que le secteur électrique s'ouvre progressivement à la concurrence et doit répondre à des règles qui ont un impact qui dépasse les frontières nationales.

La Commission souligne également que « l'autorité de concurrence tend à s'occuper plutôt des affaires relevant du droit national de la concurrence »[1936] et précise dans une autre communication que les autorités de la concurrence ne peuvent se pencher sur les problèmes de concurrence qu'a posteriori et selon des procédures inadéquates, en particulier en ce qui concerne la fixation des prix d'accès aux infrastructures[1937].

La disqualification du Conseil de la Concurrence pour le poste de régulateur du secteur électrique semble, quant à lui, intervenir sans hésitation. Ainsi l'inadaptation des autorités internes pour exercer la régulation du secteur électrique relativise l'optimisme de la proclamation du Conseil d'État, qui se réfère à une « vaste palette de choix théoriquement offerte au gouvernement » pour organiser la régulation du secteur électrique[1938].

Le vide ainsi laissé par l'État ne pouvant être rempli par les bons offices du marché ou de son régulateur, il ne peut l'être que par un mécanisme de régulation spécifique au secteur électrique.

[1933] La loi de nationalisation du 8 avril 1946, CJEG, n° spécial, février 1993.
[1934] Décision du Conseil d'État du 27 mai 1955, Sur les compétences juridictionnelles du CSEG, CJEG, 1951, Jurisprudence et notes, p. 289.
[1935] Décision du 6 juin 1979, CJEG, 1979, information, p. 39.
[1936] SEC(2001)438, p. 10.
[1937] COM(2001)125 final, p. 7.
[1938] Conseil d'État, Rapport public 2001, n° 52, p. 272.

Conclusion : Les avantages d'une régulation externe propre au secteur électrique

Dès qu'un corpus spécifique de règles définit l'ouverture des marchés, il est, selon le Conseil d'État, « naturel de confier son application à une entité spécialisée »[1939]. Mais, au-delà du naturel, le choix d'une régulation sectorielle se présente comme une nécessité que la Commission impose dorénavant dans sa directive 03/54 du CE. Ce choix s'imposait surtout considérant que la loi du 10 février 2000 avait désigné un gestionnaire de l'infrastructure essentielle intégré à l'opérateur historique.

La loi du 10 février 2000 met en place une « Commission de Régulation de l'Électricité » compétente exclusivement pour assurer la régulation du secteur électrique[1940], sans toutefois la définir précisément. Elle est rebaptisée en « Commission de Régulation de l'Énergie » par la loi du 3 janvier 2003 relative au marché du gaz qui lui attribue, en sus de la régulation de l'électricité, la régulation du gaz[1941]. Elle est constituée sous la forme juridique d'une autorité administrative indépendante avec pour fonction de garantir un fonctionnement transparent et impartial du marché de l'électricité et du gaz.

Le choix de la loi du 10 février 2000 répond aux avis émis et aux consultations menées auprès des organismes et institutions intéressés. Le CSE, potentiel candidat, a lui-même soutenu l'idée selon laquelle « la régulation doit connaître l'intervention d'une instance spécialisée [...] distincte de celle chargée de la tutelle d'EDF »[1942]. Il se garde alors de plaider pour une attribution des compétences de régulation à ses propres services. Cette frilosité n'est pas le fait du Conseil de la Concurrence qui souligne dans son avis que l'activité de régulation pourrait revenir à une formation spécialisée en son sein, à l'image du système retenu en Allemagne[1943]. Finalement, il conclut à la pertinence d'un régulateur sectoriel, car les missions de régulation du marché électrique dépassent le cadre de ses compétences. La position du Conseil de la Concurrence est la même que celle de son homologue allemand qui, après de longues tergiversations et devant la technicité de la matière, en arrive aux mêmes conclusions avant de soutenir le projet de loi transposant la directive 96/92 du CE qui a attribué à l'autorité de régulation des postes et télécommunications la régulation du secteur électrique[1944].

1939 Conseil d'État, Rapport public 2001, n° 52, p. 273.

1940 Article 28 de la loi du 10 février 2000 qui ne définit cependant pas ce qu'elle entend par « régulation ».

1941 Article 13 de la loi du 3 janvier 2003 relative au marché du gaz.

1942 Avis du Conseil Supérieur de l'Électricité et du Gaz du 5 mai 1998, Vers la future organisation électrique française, Les contributions, Tome 2, p. 69.

1943 Avis du Conseil de la Concurrence n° 98-A-05 du 28 avril 1998 relatif à une demande d'avis sur les principes à respecter ou les dispositions à prévoir pour assurer le fonctionnement concurrentiel du marché électrique dans le cadre tracé par la directive européenne 96/92 du CE. Le Conseil de la Concurrence allemand (Bundeskartellamt) demeure l'autorité de règlement des litiges pour le secteur de l'électricité et du gaz, ce que modifiera la loi sur l'Économie de l'Énergie transposant la directive 03/54 du CE et appelée à entrer en vigueur en 2005.

1944 Aux termes de la deuxième loi sur la régulation de l'économie de l'énergie du 7 juillet 2005, l'autorité de régulation des postes et télécommunications a pris en charge la régulation du secteur de l'électricité et du gaz, Gesetzentwurf zur Neuregelung des Energiewirtschaftsrechts, pour un commentaire : P.J. Tettinger, J.C. Pielow, Zum neuen Regulator für den Netzzugang in der

On se retourne dès lors vers l'autorité administrative indépendante. Celle-ci présente la particularité d'être intégrée au sein de l'administration publique et d'être un démembrement de l'État. Elle exerce, à ce titre, des fonctions administratives, de réglementation et de contrôle d'un secteur spécifique en toute indépendance.
Leur création qui intervient par la loi est soutenue par le Conseil Constitutionnel qui valide, en particulier, l'attribution à ces entités de pouvoirs de réglementation et de sanction[1945]. Mais les autorités administratives sont, depuis la création de la Commission Nationale de l'Informatique et des Libertés (CNIL)[1946], créées essentiellement pour gérer ou contrôler des activités financières (Commission des opérations de bourse ou Conseil de la concurrence) ou administratives (CNIL, Médiateur de la République). Mises en place à l'origine principalement dans le secteur des libertés publiques, elles se développent sur un terrain d'action dorénavant privilégié, celui de la gestion d'activités économiques semi-ouvertes à la concurrence. Leur création s'analyse comme un mouvement de réaction au « rôle de gestion directe que tenait l'État dans le secteur économique ». Elles sont une réponse efficace à « l'impératif de crédibilité qui s'impose aux décisions administratives en matière économique »[1947].
Les exigences de transparence, d'équité et de non-discrimination imposées par le droit communautaire dérivé dans l'ouverture des activités de réseau à la concurrence ont été à l'origine de cet engouement. Selon la Commission, seule la création d'une régulation sectorielle peut permettre le développement d'un marché véritablement concurrentiel, « notamment pour garantir un accès non discriminatoire aux réseaux »[1948]. Les premières directives adoptées dans les services postaux imposent déjà la mise en place de mécanismes de régulation indépendants, surtout lorsque les marchés ouverts à la concurrence sont dominés par un opérateur public[1949]. La CJCE s'est également penchée sur la notion d'autorité indépendante régulatrice d'un secteur économique, en particulier dans ses arrêts « France/Commission » et « GB-Inno-BM ». La Cour, qui intervient en l'espèce afin d'apprécier la compatibilité des procédures d'agrément des appareils de télécommunications au droit communautaire, estime que « le maintien d'une concurrence effective et la garantie de transparence exigeaient que la formalisation des spécifications techniques et que le contrôle de conformité de l'agrément soient effectués par une *entité indépendante* de celle qui offrait des biens et des services concurrents dans le domaine des télécommunication »[1950]. Dans ses conclusions sur l'arrêt de la CJCE « Tranchant »

Energiewirtschaft aus Sicht des öffentlichen Rechts, RDE, 12/2003, p. 289. Voir également le Monitoring-Bericht des Bundesministerium für Wirtschaft und Arbeit, du 31 août 2003, p. 58.

1945 Voir la décision n° 84-173 DC du Conseil Constitutionnel du 26 juillet 1984, rec. p. 63, dans laquelle il déclare que la désignation d'une autorité administrative indépendante du gouvernement en matière de télécommunication est une « garantie fondamentale pour l'exercice d'une liberté publique ».

1946 Considérée comme étant la première autorité administrative indépendante.

1947 Conseil d'État, Rapport public 2001, n° 52, p. 268.

1948 COM(2001)125 final, p. 7.

1949 Aux termes de l'article 22 de la directive 97/67 du CE du 15 décembre 1997 concernant les règles communes pour le développement du marché intérieur des services postaux de la Communauté, chaque État membre « désigne une ou plusieurs autorités réglementaires nationales pour le secteur postal », JO L-15/14 du 21 janvier 1998.

1950 Arrêt « France/Commission » du 19 mars 1991, C-202/88, rec. I-1259, arrêt « GB-Inno-BM » du 13 décembre 1991, C-18/88, rec.p. I-5941.

du 9 novembre 1995, l'avocat général Tesauro estime également qu'il est essentiel que les États membres soient tenus « de garantir la séparation entre les autorités régulatrices et les entités qui exercent une activité économique »[1951].
La crédibilité de ces autorités administratives indépendantes repose sur la compétence de leurs effectifs, composés de professionnels et de fonctionnaires, mais aussi sur leur rapidité d'intervention, leurs décisions étant rendues dans des délais plus courts que ceux des tribunaux ou administrations[1952]. Même si de nombreuses questions demeurent quant à la légitimité de leur statut et l'étendue de leurs compétences[1953], la reconnaissance de leur existence et de leurs pouvoirs est confirmée dans les jurisprudences du Conseil d'État[1954] et du Conseil Constitutionnel[1955].
Sur la base de ces éléments, il revient alors à la loi du 10 février 2000 d'organiser la régulation de manière à répondre aux objectifs posés par la directive 96/92 du CE et repris au sein de la directive 03/54 du CE et d'en préciser le régime afin de clarifier ses interactions avec les entités également appelées à réguler le secteur électrique.

[1951] Arrêt de la CJCE « Tranchant », C-91/94 ; F. Péraldi-Leneuf, « La libéralisation du marché des terminaux de télécommunication et la jurisprudence communautaire : une connexion en cours », *Revue Europe*, Chronique, février 1996, p. 1.

[1952] La Commission conclut dans son rapport à l'efficacité des autorités de la régulation en fonction d'un critère de rapidité de gestion des procédures de règlement des litiges relatifs à l'accès aux réseaux, COM(2001)1957 du 3 décembre 2001, p. 13.

[1953] Décision du Conseil Constitutionnel du 26 juillet 1984, à ce sujet, voir M.A. Frison-Roche, « Comment fonder juridiquement le pouvoir des autorités de régulation ? », *Revue d'économie financière*, n° 60, janvier 2001, p. 85.

[1954] Dans son arrêt de section « Ministre des armées/Ruffin » du 6 décembre 1968, le Conseil d'État reconnaît qu'il existe au sein de l'État des autorités autonomes distinctes de l'administration, mais appartenant à l'État et dotées d'un pouvoir de décision. Partant de là, les décisions des autorités administratives indépendantes sont des décisions administratives soumises au contrôle du juge.

[1955] Décision du 26 juillet 1984 précitée et décision n° 86-217 DC du 18 septembre 1986 dans laquelle le Conseil Constitutionnel se prononce sur le pouvoir réglementaire attribué aux autorités administratives indépendantes et le définit comme « un pouvoir réglementaire d'application de la loi ». Il valide également le fait de les doter de « pouvoirs de sanction », décision n° 89-260 DC du 28 juillet 1989 relative à la COB, voir sur ce sujet J.C. Oderzo, Les autorités administratives indépendantes et la Constitution, Thèse de doctorat, décembre 2000, Aix-en-Provence.

Titre II Le partage de compétence en matière de régulation de l'accès aux réseaux publics

Le choix de la mise en place d'une structure administrative indépendante spécifiquement chargée de la régulation du secteur électrique n'a pas pour conséquence de rendre sans objet les interventions préalables des pouvoirs publics ni celles postérieures du Conseil de la Concurrence. La loi du 10 février 2000 attribue à la CRE un rôle central pour la régulation du secteur électrique, mais limite son intervention en visant les compétences revenant à l'autorité de tutelle et au Conseil de la Concurrence, créant ainsi « une véritable polysynodie électrique »[1956].
L'autorité de tutelle est compétente, a priori, pour déterminer les réglementations applicables au régime de l'accès aux réseaux et pour contrôler, dans une moindre mesure depuis le changement de statut, les activités de l'opérateur historique.
Le Conseil de la Concurrence intervient quant à lui a posteriori afin de contrôler le respect par les opérateurs des dispositions législatives et réglementaires relatives à la concurrence. La CRE intervient de manière pluridisciplinaire dans un secteur d'attribution exclusif, qui est celui de l'accès aux réseaux. Elle partage ses pouvoirs de réglementation et de contrôle avec le Ministre chargé de l'électricité et ses pouvoirs de sanction avec le Conseil de la Concurrence.
Mais le partage des compétences en la matière n'est pas aussi étanche qu'il n'y paraît. Aussi, pour avoir une approche globale de la régulation du secteur électricité, il convient d'appréhender l'organisation des régulations de l'accès aux réseaux à l'aune des interdépendances entre la régulation interne de l'autorité de tutelle, la régulation sectorielle de la CRE et la régulation spécialisée du Conseil de la concurrence.

Chapitre I Une régulation interne encadrée

La régulation interne s'entend de la gestion publique du secteur électrique, d'une part, et de celle de l'opérateur historique, d'autre part. Elle se traduit, en amont, par l'édiction de règles d'accès aux réseaux applicables à l'ensemble des opérateurs et en aval par le contrôle exercé par les pouvoirs publics sur l'administration de l'opérateur public, en tant qu'établissement public. Cette dualité se retrouve dans les objectifs du contrôle de l'activité de l'opérateur historique qui doit assurer le bon fonctionnement du service public de l'électricité tout en mettant en œuvre la politique d'ouverture transposée dans les lois électriques. La loi du 9 août 2004 rend caduc le contrôle de tutelle du Ministre sur EDF qui a pris la forme d'une société anonyme. Il n'est toutefois pas inintéressant de rappeler comment s'est présenté ce contrôle depuis l'entrée en vigueur de la loi du 10 février 2000, car le changement de statut est aussi une conséquence de l'incompatibilité de ce contrôle à la nouvelle

---

[1956] L. Richer, « La loi du 10 février 2000 sur l'électricité : entre concurrence et service public », *AJDA*, 20 mars 2000, p. 239, également H. Courivaud, « La loi n° 2000-108 du 10 février 2000 relative à la modernisation et au développement du service public de l'électricité réalise-t-elle aussi une libéralisation conforme aux objectifs de la directive 96/92 du CE ? », *JCP*, ed. E, n° 26, 29 juin 2000, p. 1036.

organisation de ce secteur. Le contrôle des autorités de tutelle s'exprime par l'intervention des ministres compétents au titre de la tutelle administrative exercée sur la gestion des entreprises publiques. Il s'exprime aussi par le contrôle des relations contractuelles entre l'État et les entreprises matérialisé dans les contrats de service public substitués aux contrats d'entreprise[1957]. Ces contrôles ont pour but de préciser le régime de l'accès des opérateurs aux infrastructures essentielles qui se sont imposées, jusqu'à l'adoption des nouveaux statuts d'EDF, à l'opérateur historique.

a) La tutelle sur le GRT : un contrôle public

Le régime de la tutelle s'est appliqué jusque-là sur la gestion du réseau de transport tant que son statut était encore celui d'un établissement public industriel et commercial. La tutelle administrative est le contrôle exercé par une autorité administrative, en principe un Ministre, sur une entreprise publique active dans son secteur de compétence afin de vérifier, entre autres, que « la réglementation a bien été correctement appliquée par l'entreprise publique »[1958]. Une approche plus positive de la tutelle met en évidence l'interactivité des fonctions du contrôleur et du contrôlé. Ainsi, dans le secteur électrique « l'État et EDF ont cherché à bâtir un cadre moderne de relation qui permette une bonne articulation entre l'exercice de la tutelle et la nécessité d'assurer à l'entreprise une autonomie de gestion »[1959].
La tutelle sur une entreprise publique est indirectement visée dans la définition de l'entreprise publique dans la directive « Transparence ». Elle dispose qu'une entreprise publique est « toute entreprise sur laquelle les pouvoirs publics peuvent exercer directement ou indirectement une influence dominante du fait de la propriété, de la participation financière ou des règles qui la régissent »[1960].
Considérant que la loi du 10 février 2000 a pour but d'ouvrir le marché à la concurrence en confirmant la position dominante de l'opérateur historique, le contrôle de tutelle doit être le moins visible possible afin de ne pas entacher la crédibilité et l'indépendance du gestionnaire de réseau intégré au sein de l'entreprise publique. La tutelle qui s'est exercée sur l'entreprise publique EDF s'est confondue avec celle exercée sur le GRT qui, bien que séparé au titre de la gestion de l'entreprise publique, demeurait toutefois en « son sein »[1961]. Elle a été prise en charge et mise en œuvre par le Ministère de l'industrie chargé de l'énergie, à travers la direction générale du gaz, de l'électricité et du charbon. Celle-ci étant relayée par des services déconcentrés des directions régionales de l'industrie, de la recherche et de l'environnement (DRIRE)[1962]. La tutelle sur le GRT a été mise en œuvre par ces

[1957] H. Mignon, H. Le Pas de Sécheval, L'exercice de la tutelle, les secteurs de l'électricité, du gaz et des télécommunications : le modèle français et la situation à l'étranger, Rapport de l'École nationale supérieure des Mines de Paris.

[1958] L. Richer, « Libres propos sur les notions de réglementation, tutelle et régulation dans les rapports entre les pouvoirs publics et les entreprises publiques », *CJEG*, janvier 1997, p. 1. Il n'existe, à notre connaissance, aucune définition juridique de la tutelle administrative sur les entreprises publiques.

[1959] B. Charpentier, Le marché intérieur de l'électricité, Thèse, Nancy II, p. 186.

[1960] Article 2 de la directive Transparence du 26 juillet 2000.

[1961] Article 12 de la loi du 10 février 2000.

[1962] Article 13 du décret n° 93-1272 du 1er décembre 1993, voir à ce sujet R. Coin, « Les instances de régulation dans la loi du 10 février 2000 », *CJEG*, janvier 2001, p. 6.

services sous l'autorité du Ministre chargé de l'énergie pour les décisions qui concernent le secteur électrique et sous l'autorité d'autres ministères dont les compétences sont concernées. Ces contrôleurs étaient également contrôlés ; la loi sur les nouvelles régulations économiques commande au gouvernement de présenter au Parlement un rapport annuel permettant d'analyser la situation économique de l'entreprise publique sur la base des « éléments concernant sa politique industrielle »[1963].
Le contrôle de tutelle s'est exprimé, en particulier, dans l'organisation du GRT, car il revenait au Ministre chargé de l'énergie de désigner le directeur du GRT.
Ce dernier pouvant surtout décider de mettre fin aux fonctions du directeur du GRT avant terme, après consultation de la CRE. Le directeur du GRT devait rendre compte du fonctionnement des réseaux de transport et de distribution et n'était que « préalablement consulté » sur toute décision touchant la carrière d'un agent affecté à son service[1964]. C'est dorénavant le régime applicable aux sociétés anonymes qui trouvera à s'appliquer en l'espèce.
Mais la régulation exercée par ces autorités de tutelle dans le secteur électrique s'entend aussi d'une activité de réglementation. Elle s'exprime à travers diverses mesures, lesquelles ne seront pas mises en cause par le changement de statut d'EDF et donc du GRT. Il revient ainsi aux pouvoirs publics de préciser un grand nombre de dispositions appliquées par le GRT relatives à la gestion de l'accès aux réseaux. Ainsi, l'article 1er de la loi du 10 février 2000 vise le service public de l'électricité comme un service « organisé [...] par l'État »[1965]. Il revient au gouvernement de « prendre les mesures nécessaires à la mise en œuvre des missions du service public de l'électricité »[1966], lesquelles concernent, entre autres, la gestion et l'exploitation des réseaux de transport et de distribution[1967]. Ces missions sont visées également dans les cahiers des charges du RAG et dans les cahiers des charges de la distribution publique.
Les pouvoirs publics peuvent contraindre le GRT à leur fournir toute information, renseignement ou justification nécessaire au contrôle de l'accomplissement de l'ensemble des missions de service public. Ils disposent même de larges pouvoirs d'enquête et d'expertise et peuvent exiger la communication de toute pièce utile à leur contrôle, voire procéder à toute constatation sur place[1968].
Ils s'assurent enfin du bon développement des réseaux à travers le schéma de développement des réseaux qu'il incombe au GRT de soumettre au Ministre chargé de l'énergie au minimum tous les deux ans[1969].
Les pouvoirs publics assurent une forme de régulation du secteur électrique, leurs

[1963] Article 142 de la loi n° 2001-420 du 15 mai 2001 sur les nouvelles régulations économiques, JO n° 113 du 16 mai 2001, p. 7776.
[1964] Article 12 de la loi du 10 février 2000.
[1965] L'État partage ce pouvoir avec les communes et leurs établissements publics de coopération, article 1er de la loi du 10 février 2000.
[1966] Article 3 de la loi du 10 février 2000.
[1967] Article 2 § I, II et III de la loi du 10 février 2000.
[1968] Article 33 de la loi du 10 février 2000.
[1969] Article 14 de la loi du 10 février 2000.

pouvoirs sont inscrits au chapitre « régulation » de la loi du 10 février 2000[1970], mais ils s'en distinguent à maints égards. L'action des pouvoirs publics a un objet limité au contrôle de l'opérateur historique. En outre, ils disposent d'un pouvoir réglementaire de principe dont la régulation ne dispose pas[1971]. Si ce contrôle réglementaire garde toute sa pertinence, malgré le changement de statut d'EDF et du GRT, celui visant à assurer un contrôle sur la politique économique de l'entreprise publique n'est juridiquement plus pertinent. En effet, le changement de statut d'EDF et du GRT en sociétés anonymes modifie la nature du contrôle exercé par les pouvoirs publics sur ces entreprises. N'étant plus des entreprises publiques, elles ne sont plus soumises à la tutelle administrative. Cependant, un contrôle public sur ces entreprises demeure, car bien que soumises au droit des sociétés, elles assurent un service public national. En outre, le principal actionnaire de ces sociétés reste l'État ou toute entité de droit public, si bien que le changement de statut n'a pas pour conséquence d'éliminer tout contrôle. La loi sur les régulations économiques prévoyait déjà la possibilité pour l'État de contrôler les entreprises du secteur public ou celles dans lesquelles il est « actionnaire » en passant des contrats d'entreprise. La loi du 9 août 2004 va concrétiser ce procédé.

b) La régulation de l'activité du GRT : du contrat de plan au contrat de service public

La tutelle sur l'opérateur historique et donc sur le GRT et les GRD appartenant à l'entreprise publique permettait aux pouvoirs publics d'orienter les choix de l'entreprise publique, ses investissements et sa stratégie de développement par rapport à ses concurrents. Ces interventions publiques ont été, jusqu'à l'entrée en vigueur de la loi du 9 août 2004, instrumentalisées dans les cahiers des charges du RAG et de la distribution publique et dans le « contrat d'entreprise » entre les pouvoirs publics et l'entreprise publique.

En vertu de l'article 11 de la loi du 29 juillet 1982, l'État peut conclure avec les entreprises publiques ou privées des « contrats de plan comportant des engagements réciproques des parties [...] relatifs à la définition des principales orientations stratégiques de l'entreprise » et y intégrer des clauses relatives au « développement de l'effort de recherche et d'innovation technologique »[1972]. Ce contrat de plan devient dans la loi sur les nouvelles régulations économiques du 15 mai 2001 un « contrat d'entreprise »[1973], son article 140 modifie la loi du 29 juillet 1982 et dispose que « l'État peut conclure, avec les entreprises du secteur public placées sous sa tutelle ou celles dont il est actionnaire et qui sont chargées d'une mission de service public, des contrats d'entreprise pluriannuels ». Ce contrat, qui a pour objectif de définir les missions de service public et de déterminer les moyens à

[1970] Voir les articles 33 § I, 34, 40 et 41 relatifs aux pouvoirs d'enquête et de sanction du Ministre chargé de l'énergie.

[1971] Les autorités administratives indépendantes ne disposent que d'un pouvoir réglementaire d'application de la loi en vertu de la décision n° 86-217 DC du Conseil Constitutionnel du 18 septembre 1986 relative à la CNIL. Ce pouvoir doit être, selon le Conseil d'État, « étroitement subordonné et spécialisé », Rapport public du Conseil d'État 2001, n° 52, p. 295.

[1972] Loi n° 82-653 du 29 juillet 1982 portant réforme de la planification, telle que modifiée par la loi n° 85-1376 du 23 décembre 1985, JO du 27 décembre 1985.

[1973] Article 140 § III de la loi n° 2001-420 du 15 mai 2001 sur les nouvelles régulations économiques.

mettre en œuvre pour les accomplir, peut être passé avec une entreprise publique ou privée gérant un service public, ce qui est dorénavant le cas d'EDF et donc de sa filiale, le GRT. Ces contrats d'entreprise sont négociés avec les Ministres chargés de l'économie et du budget et ceux chargés d'exercer la tutelle sur l'entreprise publique considérée[1974]. Il ressort des trois contrats de plan conclus de 1984 à 1996 entre EDF et l'État une évolution sur la conception de la régulation des pouvoirs publics sur l'entreprise publique. En effet, la tutelle qui s'exerce dorénavant sur « l'ensemble des actions de l'entreprise a une logique d'encadrement pluriannuel et concerté des orientations concurrentielles d'EDF »[1975]. Cette réorientation a facilité l'adaptation progressive de l'opérateur historique aux préceptes d'une gestion concurrentielle.

Le contrat d'entreprise conclu pour la période 1997-2000 entre EDF et l'État est le premier à désigner le service public de l'électricité et le rôle central de l'opérateur historique dans le processus d'ouverture du marché électrique à la concurrence. Bien qu'aucune mesure précise ne soit imposée à l'opérateur historique en tant que gestionnaire des réseaux, il ressort de ce contrat que l'infrastructure essentielle demeure plus que jamais sous l'entier contrôle de l'État qui en définit la gestion et le développement. Sur la base de ces contrats, une circulaire interministérielle illustre cette mainmise de l'État. Elle souligne qu'il revient à « l'État de définir et mettre en œuvre une procédure relative à l'établissement et à l'approbation du Schéma directeur national 400 kV (réseau de transport et d'interconnexion) »[1976]. L'orientation concurrentielle apparaît dans le contrat d'entreprise à travers la définition des coûts à prendre dans le tarif d'utilisation de ces infrastructures.

L'État et EDF s'astreignent, en prévision de la mise à disposition des réseaux, à définir les évolutions du système tarifaire en instaurant « notamment des modes de rémunération des services de transport d'électricité pour compte de tiers »[1977].

Alors que les pouvoirs publics supervisent la gestion de l'opérateur historique, ils lui imposent dans ce contrat de se conformer aux obligations de la loi du 10 février 2000 et de proposer un mode de rémunération des services de transport équitable et conforme à la directive 96/92 du CE. Le contrat lie l'opérateur historique qui présente aux pouvoirs publics les résultats de la mise en œuvre des objectifs et engagements, lesquels peuvent les modifier si nécessaire [1978].

L'approche contenue dans le contrat de « groupe » conclu entre l'État et EDF pour la période 2001-2003 engageant l'ensemble du groupe EDF exprime, quant à lui, fidèlement les objectifs de la loi du 10 février 2000. Il diffère des contrats d'entreprise précédents dans la mesure où il ne contient plus de mesures relatives à l'ensemble de la politique applicable au secteur électrique, mais se limite à déterminer les objectifs de l'entreprise publique, par conséquent du GRT, dans les

[1974] Article 140 § II de la loi n° 2001-420 du 15 mai 2001 sur les nouvelles régulations économiques.

[1975] L. Joudon, « Contrat de plan entre l'État et EDF 1993-1996 », *CJEG*, juillet-août 1996, p. 347, voir également l'analyse de J. Bergougnoux, « La planification à EDF et le contrat de plan État-EDF », *CJEG*, n° 399, avril 1985, p. 111.

[1976] Contrat d'entreprise entre EDF et l'État 1997-2000, du 8 avril 1997.

[1977] Contrat d'entreprise entre EDF et l'État, précité.

[1978] Cette conception est renforcée par les articles 140 et 141 de la loi sur les nouvelles régulations économiques du 15 mai 2001, précitée, qui portent à penser que les contrats d'entreprise ont une « force contraignante » à l'égard de leurs signataires, L. Rapp, « Les nouvelles régulations économiques », *AJDA*, 20 juin 2001, p. 564.

conditions posées par la loi du 10 février 2000. Les objectifs relatifs à l'investissement dans les réseaux ne sont plus visés dans le contrat de plan, car il revient dorénavant au GRT de définir son programme d'investissement qui est dorénavant approuvé par la CRE[1979]. Le contrat d'entreprise conserve sa pertinence, car il informe sur le contenu des missions de service public et sur la stratégie de développement de l'opérateur au capital public. Toutefois, la régulation qu'il exerce dans le secteur électrique ne répond pas aux impératifs de transparence et d'indépendance posés par la directive. En effet, les règles relatives au régime de l'accès aux réseaux ne sauraient être établies à huis clos par les pouvoirs publics et l'opérateur historique. D'autant que ces contrats ne sont pas contraignants et ne peuvent pas être invoqués par les particuliers en cas d'inexécution des objectifs qui y sont fixés. En procédant au changement de statut d'EDF et du GRT, la loi du 9 août 2004 a prévu la mise en place de nouveaux contrats entre l'État et ces entreprises. Un contrat de service public remplace l'ensemble des contrats précités, à savoir les contrats d'entreprise mais aussi les contrats de service public visés par la loi du 15 mai 2001 reprenant l'article 29 de la loi du 4 février 1995 d'orientation pour l'aménagement et le développement des territoires[1980]. Le dernier contrat d'entreprise comprenait en annexe un contrat de service public dont les objectifs n'étaient pas contraignants pour l'opérateur historique. Aussi les nouveaux contrats de service public prévus par l'article 1er de la loi du 9 août 2004 se substituent aux précédents afin de définir précisément les objectifs fixés par le législateur aux entreprises chargées d'un service public. En revanche, ce qui relève du contrat d'entreprise sera traité au sein de chaque conseil d'administration d'EDF et du GRT. La loi impose que ces contrats portent sur des objectifs complétant ceux de la loi du 10 février 2000, à savoir :

- les exigences de service public en matière d'approvisionnement, de régularité et de qualité du service rendu aux consommateurs. Il revient à EDF et au GRT de veiller au niveau de production et d'importation pour répondre à la demande sur le marché à un coût raisonnable ;
- les moyens permettant d'assurer l'accès au service public, tels que les politiques relatives à la diversification de l'implantation territoriale du réseau[1981] ;
- les modalités d'évaluation des coûts entraînés par la mise en œuvre du contrat et la compensation des charges ;
- l'évaluation pluriannuelle des tarifs de vente d'électricité ;
- la politique de recherche et de développement des entreprises, qui peut

[1979] Article 14 de la loi du 10 février 2000.

[1980] L'article 29 dispose que « l'État établit, pour assurer l'égal accès de tous au service public, les objectifs de services rendus aux usagers que doivent prendre en compte les établissements et organismes publics ainsi que les entreprises nationales placées sous sa tutelle et chargées d'un service public » ; l'article 140 de la loi du 15 mai 2001 dispose que les contrats d'entreprise pluriannuels « déterminent les objectifs liés à l'exercice de la mission de service public assignée à l'entreprise, les moyens à mettre en œuvre pour les atteindre, le cas échéant par l'intermédiaire de filiales et les relations financières entre l'État et l'entreprise ».

[1981] Cette disposition renvoie à l'ouverture des points d'accès dans les zones sensibles et au tarif social d'utilisation des réseaux instauré par le décret n° 2004-325 du 8 avril 2004 relatif à la tarification spéciale de l'électricité comme produit de première nécessité.

concerner le développement des capacités de transit des réseaux et

- la politique de protection de l'environnement et les objectifs pluriannuels en matière d'enfouissement des lignes[1982].

La réalisation des objectifs sera mesurée par des indicateurs de résultats présentés dans un rapport triennal au Parlement. La force contraignante de ces contrats n'est, certes, pas précisée dans la loi, mais en y inscrivant les objectifs à atteindre, tout particulier est en mesure d'invoquer le respect des dispositions de la loi du 9 août 2004 à l'endroit d'EDF ou du GRT et de provoquer ainsi le contrôle de la conformité des contrats de service public aux dispositions légales. L'article 1er de la loi vise au nombre de ses objectifs « la qualité du service rendu au consommateur » qui fait écho à l'article 3 § 2 de la directive 03/54 du CE imposant aux États membres de garantir un « niveau de protection élevé des consommateurs ».

Il impose, en outre, que les obligations de service public soient « clairement définies, transparentes, non discriminatoires et contrôlables ». Dans cet esprit, le Rapport Lenoir conclut que les contrats de service public doivent garantir que le « changement de statut se fasse au bénéfice du consommateur, dans la mesure où cette évolution s'accompagne d'un renforcement des exigences imposées à EDF et à ses filiales en termes de service public ». Il souligne d'ailleurs que, pour la période 2004-2007, des mesures précises et contraignantes seront adoptées dans ces contrats. Elles seront relatives à :

- l'alimentation des clients non éligibles ;
- la gestion des réseaux de distribution ;
- la mise en œuvre de la politique énergétique ;
- la sûreté du système électrique[1983].

Conclusion

En raison des interdépendances entre le régulateur et l'opérateur historique, le contrôle de tutelle n'aurait pu présenter toutes les garanties d'une régulation efficace. Celle-ci est toujours en mesure de faire bénéficier l'opérateur historique d'avantages par rapport aux autres opérateurs[1984]. La tutelle est donc appelée à prendre acte de l'introduction de la concurrence en restreignant l'étendue de son intervention. La loi du 10 février 2000 y contribue en déléguant une partie de ses compétences à la CRE ou en l'associant au processus réglementaire. La CRE intervient, par exemple, pour définir les tarifs d'utilisation des infrastructures ou fixer les conditions du développement des infrastructures de réseau[1985]. La loi du 9 août 2004 a, en invitant au changement de statut du GRT, définitivement sonné le glas de cette forme de régulation. Le contrôle de l'application de mesures ayant un effet sur l'accès aux réseaux par l'opérateur historique est dorénavant de la compétence de la CRE. La directive 03/54 du CE enterre elle aussi les prétentions de la tutelle vers un élargissement de ses responsabilités dans le secteur électrique quand elle impose, dans son article 23, que la régulation du secteur électrique soit

[1982] Article 1er de la loi du 9 août 2004.

[1983] Rapport Lenoir, p. 42.

[1984] L'entreprise publique dispose d'une clientèle captive qui lui assure un revenu pouvant lui permettre de financer ses activités concurrentielles sur les marchés adjacents.

[1985] Articles 4 et 14 de la loi du 10 février 2000.

assurée par une autorité « totalement indépendante du secteur électrique ».
L'intervention des pouvoirs publics dans le cadre de la tutelle semble, à long terme, ne plus présenter d'intérêt. Il serait en revanche intéressant de voir la forme que prendra le contrôle exercé sur l'opérateur historique par son actionnaire principal.
Le Rapport sur « l'État actionnaire » présente la création d'une « Agence des participations de l'État » (APE), appelée à assumer toutes les fonctions de l'État actionnaire vis-à-vis des entreprises et, en particulier, celles relatives à la tutelle.
Sa création doit, selon les termes du rapport, aboutir, en outre, à la disparition de toutes les autres formes de tutelle sur les entreprises publiques[1986].

1986 Rapport sur « L'État actionnaire et le gouvernement des entreprises publiques », de R. Barbier de Serre du 24 février 2003, consultable sous : www.minefi.gouv.fr

Chapitre II Une régulation sectorielle indépendante

La loi du 10 février 2000 exauce le vœu de la directive 96/92 du CE en créant une autorité indépendante de l'ensemble des opérateurs chargée de la régulation du secteur électrique. Cette mesure est l'une des rares dispositions de la loi du 10 février 2000 qui aillent au-delà des prescriptions de la directive 96/92 du CE.
En effet, celle-ci n'impose pas la création d'une autorité de régulation[1987], cette obligation apparaît, en revanche, dans la directive 03/54 du CE.
Le titre VI de la loi du 10 février 2000 contient l'ensemble des dispositions relatives à la régulation du secteur électrique. Son importance dans le secteur électrique s'illustre à travers le fait que la loi du 10 février 2000 lui consacre 12 articles sur les 55 qu'elle contient. La loi ne définit pas ce qu'elle entend par « régulation » du secteur électrique, son titre VI saute cette étape et s'attèle à définir le régime de « l'autorité de régulation du secteur électrique ».
Après en avoir défini le statut, la composition et les pouvoirs, la loi du 10 février 2000 se penche sur l'articulation des rapports de la CRE avec les entités appelées à jouer un rôle dans la régulation du secteur électrique. Les règles mettant en place l'autorité de régulation entendent démontrer que « l'équité concurrentielle et l'activation des forces concurrentielles s'imposent comme des fonctions majeures de la réglementation sectorielle »[1988].
Par ailleurs, l'impartialité qu'elle illustre impose d'encadrer l'usage des pouvoirs qui lui sont attribués par la loi du 10 février 2000 à travers les principes « de motivation, de transparence et de proportionnalité »[1989].
La loi du 13 juillet 2005, en attribuant des compétences supplémentaires à la CRE, salue indirectement son intervention jusque là efficace sur le marché électrique.

a) L'indépendance de la CRE garantie par sa composition et son fonctionnement

La directive 96/92 du CE pose comme préalable l'indépendance de l'autorité de régulation par rapport aux parties, sans déterminer pour autant les modalités de son autonomie quant à sa composition, ses moyens de fonctionnement et les règles de procédure applicables[1990]. Il faut attendre la directive 03/54 du CE pour que soient tirées les conséquences du fonctionnement du marché électrique et voir précisée l'organisation de la régulation.
Elle repose sur le sacro-saint principe de l'indépendance du régulateur par rapport à l'ensemble des opérateurs du secteur électrique. L'impartialité doit être pensée, « non seulement, comme c'est trop souvent le cas en France, au regard des pouvoirs publics, mais également des pouvoirs privés économiques »[1991].

[1987] D. Finon, « Règles d'ouverture de marché et potentialités de déstabilisation d'une industrie électrique intégrée en économie ouverte », *Cahiers de recherche de l'IEPE*, n° 17, juillet 1999, p. 8.
[1988] D. Finon, « La concurrence dans les industries électriques : l'efficacité au prix de la complexité transactionnelle et réglementaire ? », *Économies et Sociétés*, Série EN, n° 7, 5-6, p. 34.
[1989] L. Boy, « Réflexions sur le droit de la régulation », *Recueil Dalloz*, 2001, p. 3031.
[1990] Article 20 § 3 de la directive 96/92 du CE.
[1991] L. Boy, « Réflexion sur le droit de la régulation », *Dalloz Recueil*, 2001, p. 3031.

La loi du 10 février 2000 et ses décrets d'application sont précurseurs en l'occurrence et adoptent des mesures traduisant une véritable indépendance de la régulation.

(1) Une composition impartiale ?

Le principe d'indépendance de l'autorité de régulation est l'élément fondamental sur lequel doit reposer son organisation afin d'être conforme aux impératifs des directives 96/92 et 03/54 du CE. Ce principe doit être aménagé de manière à permettre à la CRE de réguler le marché électrique en toute autonomie par rapport aux pouvoirs publics et aux opérateurs. Il est inscrit à l'article 35 de la loi du 10 février 2000 et dispose que les membres et agents de la CRE doivent intervenir sur le marché électrique « sans recevoir d'instructions du Gouvernement, ni d'aucune institution, personne, entreprise ou organisme ». L'indépendance de la CRE n'y est pas inscrite explicitement, mais elle ressort de cet article qui impose, en outre, aux membres et agents de la CRE d'exercer « leurs fonctions en toute impartialité ». Les membres et agents de la CRE ont donc la responsabilité de garantir l'indépendance de leur institution en agissant en toutes probité et intégrité.

Au-delà de ces obligations succinctes, l'indépendance de la CRE ressort surtout de son organisation interne et, en particulier, des dispositions relatives à sa composition. Aux termes de l'article 28 de la loi du 10 février 2000 modifié par l'article 11 de la loi du 3 janvier 2003 relative au marché du gaz, la CRE est composée jusqu'au 31 mars 2004 de six membres nommés selon une procédure faisant intervenir différentes autorités[1992]. Trois membres, dont le président, sont nommés par le pouvoir exécutif, deux par le pouvoir législatif, un par l'Assemblée Nationale, un autre par le Sénat et le dernier par le président du Conseil Économique et Social[1993]. Puis, à partir du 31 mars 2004, seuls deux membres, dont le président, seront nommés par décret. L'Assemblée Nationale et le Sénat en nommeront deux chacun et le CES continuera d'en nommer un[1994].

Les membres de la CRE nommés lors de l'entrée en vigueur de la loi du 10 février 2000 exercent leur mandat jusqu'à leur terme[1995]. Considérant qu'il s'agit d'emplois publics permanents, la nomination des membres de la CRE doit intervenir par décret du Président de la République, qui nomme, conformément à l'article 13 de la Constitution, aux emplois civils de l'État[1996]. La mixité du corps désignant permet d'asseoir l'indépendance et une plus grande représentativité de la CRE, elle évite également tout risque de connivence entre les membres issus d'un même corps.

En ce qui concerne les compétences des candidats, la loi du 10 février 2000 exige seulement que ses membres soient nommés en fonction de leur qualification « dans les domaines juridiques, économiques et techniques » dont on suppose qu'elle est

---

[1992] La version initiale de l'article 28 de la loi du 10 février 2000 prévoyait que la CRE comprenne 6 membres.

[1993] Le Conseil économique et social (CES) intervient déjà pour la désignation d'un membre de la COB en vertu de la loi n° 96-597 du 2 juillet 1996. Le CES est créé par le titre XI de la Constitution et est composé de représentants d'organismes, de secteurs économiques ou sociaux divers.

[1994] Article 11 de la loi du 3 janvier 2003 relative au marché du gaz.

[1995] Article 11 de la loi du 3 janvier 2003 relative au marché du gaz.

[1996] Par décret du Président de la République du 24 mars 2000, Jean Syrota est nommé président de la CRE, Bruno Léchevin et François Morin membres de la CRE, JO n° 74 du 28 mars 2000, p. 4828.

liée au secteur de l'électricité[1997]. Mais l'indépendance de la CRE peut être renforcée grâce aux dispositions relatives à la durée et à la nature des mandats des membres de la CRE. En effet, à travers la durée du mandat des membres de la CRE, son renouvellement et le régime des incompatibilités, s'affirment les contours de leur liberté d'action. La durée du mandat des membres de la CRE est fixée à six ans, comme c'est la pratique au sein d'autres autorités administratives indépendantes et, en particulier, au sein de l'ART et du Conseil Supérieur de l'Audiovisuel.
Leur mandat n'est pas renouvelable et est irrévocable afin de ne pas subir de pression de la part des pouvoirs publics[1998]. L'irrévocabilité constitue une « protection générale »[1999] en contrepartie de contraintes liées au régime des incompatibilités des mandats des membres de la CRE.
L'indépendance ressort également des règles relatives à la durée des mandats des membres de la CRE. Le président est nommé pour six ans et les deux autres candidats (commissaires) pour deux et quatre ans. En revanche, les trois autres candidats tirent au sort la durée de leur mandat, laquelle est comprise entre deux, quatre et six ans. Cette complexité de la règle du renouvellement a pour but d'assurer le principe de la continuité dans la politique et la doctrine de la CRE.
Elle doit éviter le risque qu'une composition entièrement renouvelée prenne des décisions incohérentes avec les précédentes[2000]. Les règles de quorum et de délibération doivent aussi contribuer à une prise de décision représentative et impartiale et impose que la CRE ne puisse délibérer que si au moins quatre de ses membres sont présents.
Le respect du principe d'indépendance des membres de la CRE s'illustre surtout dans le régime des incompatibilités qui leur est applicable. Une indépendance par rapport aux pouvoirs publics est assurée par l'impossibilité pour les membres de la CRE d'exercer parallèlement « toute activité professionnelle, tout mandat électif communal, départemental, régional, national, ou européen et tout emploi public »[2001]. Les incompatibilités relatives à l'impossibilité de détenir tout mandat communal, départemental ou régional, renvoient au risque de voir un élu local membre de la CRE négocier en parallèle une concession de distribution pour sa commune ou son département. Il en est de même pour le détenteur d'un mandat européen qui intervient dans la renégociation des directives sur l'électricité.
L'indépendance des membres de la CRE par rapport aux opérateurs du secteur énergétique se traduit par l'impossibilité de détention, « directe ou indirecte, d'intérêts dans une entreprise du secteur de l'énergie »[2002]. Cette disposition répond

[1997] Article 28 de la loi du 10 février 2000.

[1998] À titre exceptionnel, un mandat peut être renouvelé en vertu de l'article 28 de la loi du 10 février 2000 lorsqu'il s'agit de remplacer un membre démissionnaire ou lorsqu'un membre a accompli un mandat de moins de 2 ans depuis la mise en place de la CRE ; voir B. Genevois, « Le Conseil Constitutionnel et la définition des pouvoirs du CSA », *RFDA*, mars-avril 1989, p. 215.

[1999] Conseil d'État, Rapport Public 2001, n° 52, p. 319.

[2000] Voir le décret du Président de la République du 5 avril 2002 qui renouvelle Bruno Léchevin dans ses fonctions de membre de la CRE pour une durée de six ans, JO n° 82 du 7 avril 2002, p. 6169.

[2001] Article 28 de la loi du 10 février 2000. L. Boy, « Réflexions sur le droit de la régulation », *Recueil Dalloz*, 2001, p. 3031.

[2002] Article 28 modifié par l'article 54 de la loi du 3 janvier 2003. Le régime des incompatibilités est calqué en partie sur celui adopté dans le secteur des télécommunications, voir article L. 36-2 du code des P et T concernant les incompatibilités qui s'imposent aux membres de l'ART.

au souci avancé par Jean Bergougnoux de voir les membres de la CRE exposés « au risque de capture par les entreprises du secteur »[2003]. Cette indépendance est, en effet, plus difficile à réaliser au sein des autorités sectorielles qu'au sein d'une autorité telle que le Conseil de la Concurrence[2004]. Ainsi, dans un arrêt « Greenpeace et ACTER », le Conseil d'État rejette les prétentions de Greenpeace contestant la nomination de Jean Syrota au poste de Président de la CRE. Le Conseil d'État considère d'une manière lapidaire que sa nomination respecte le principe d'indépendance de l'article 35 de la loi du 10 février 2000, car « l'intéressé a démissionné des conseils d'administration des sociétés Total-Fina et Suez Lyonnaise avant même sa nomination »[2005].

Mais l'étanchéité doit aussi être assurée au niveau des fonctionnaires employés par la CRE qui doivent être en position de détachement par rapport à leur corps d'origine afin d'éviter tout échange d'information entre les corps[2006]. Pour parfaire cette incompatibilité, l'article 28 de la loi du 10 février 2000 a été modifié de telle sorte qu'il soit interdit aux membres de la CRE d'être, en outre, membres du Conseil économique et social. Le critère des moyens en personnel mis à la disposition de la CRE présente aussi un élément essentiel de son indépendance, puisqu'il est lié au budget alloué par les pouvoirs publics. Dans son premier rapport d'activité, la CRE insiste sur le fait qu'elle doit disposer de « la capacité de recruter des experts – issus de l'administration ou recrutés parmi les entreprises du secteur privé – de haut niveau pour lui permettre d'exercer convenablement ses compétences »[2007].

Alors que l'ensemble de ces dispositions laisse croire à la crédibilité de l'indépendance de la CRE, l'article 29 de la loi du 10 février 2000 en atténue l'effet en introduisant « auprès » de la CRE un Commissaire du gouvernement. Nommé par le Ministre chargé de l'énergie[2008], il a pour rôle de faire connaître les analyses du Gouvernement sur la politique énergétique et indirectement de rappeler à la CRE que ces décisions doivent surtout respecter les obligations de service public[2009]. Représentant le Gouvernement, ce Commissaire est issu de l'administration de tutelle qui a sa place habituellement dans les établissements publics pour défendre la position du Ministre de tutelle. Au sein d'EDF, un Commissaire du gouvernement siège, jusqu'à l'entrée en vigueur du changement de statut, au conseil d'administration et dispose d'une voix consultative. Mais cette présence au sein des

---

2003 J. Bergougnoux, Services publics en réseau, Commissariat général du Plan, La documentation française, Paris 2000, p. 214.

2004 L. Boy, « Réflexions sur le droit de la régulation », *Recueil Dalloz*, 2001, p. 3031, qui renvoie à l'analyse de J. Chevallier sur le secteur de la communication et des interdépendances entre les groupes multimédia et l'État.

2005 Arrêt du CE « Greenpeace EG Association de consommateurs ACTER » du 16 mars 2001, reproduit dans CJEG, n° 577, juin 2001, p. 249.

2006 Article 30 de la loi du 10 février 2000. La sanction de l'incompatibilité est la démission d'office de l'agent prononcée par arrêté du Ministre chargé de l'énergie.

2007 Rapport d'activité de la CRE du 30 juin 2000, p. 23.

2008 Par arrêté du Secrétaire d'État à l'Industrie du 27 mars 2000, Dominique Maillard, directeur général de l'énergie et des matières premières, est nommé Commissaire du gouvernement auprès de la CRE, JO n° 81 du 5 avril 2000, p. 5208.

2009 Il communique ainsi à la CRE les projets de décrets sur lesquels son avis est requis, voir avis du 29 juin 2000 de la CRE relatif au projet de décret concernant les procédures applicables par la CRE, JO du 22 septembre 2000, p. 1494.

autorités administratives indépendantes est devenue une chose courante. Ainsi, il a déjà sa place au sein de la CNIL et du Conseil de la Concurrence. Seule l'ART n'est pas assistée d'un Commissaire du gouvernement en raison du caractère asymétrique de la régulation de ce secteur. Le catalogue des compétences du Commissaire du gouvernement dévoile l'immixtion des pouvoirs publics au sein de la CRE. Ainsi, le Commissaire du gouvernement assiste aux réunions de la CRE, avec la prévenance, toutefois, de se retirer lors des délibérations. Mais, aux termes de l'article 29 de la loi du 10 février 2000, il peut surtout faire inscrire à l'ordre du jour, et sans que cela puisse lui être refusé, toute question concernant :
- la politique énergétique ;
- la sécurité et la sûreté des réseaux publics et
- toute question « entrant dans les compétences de la CRE ».

Une lecture négative de cet alinéa permet de conclure qu'aucun domaine d'intervention de la CRE ne lui échappe et que rien ne peut, en principe, l'empêcher de faire obstruction aux débats pour des questions à propos desquelles la CRE et les pouvoirs publics ont une approche divergente. Cette sensible collaboration s'est illustrée dans le cadre de l'avis rendu par la CRE à propos du projet de décret sur l'éligibilité. Dans cette espèce, le Commissaire du gouvernement indique oralement à la CRE qu'elle est saisie pour rendre un avis sur la base de l'article 29 de la loi du 10 février 2000. Cette base juridique est, à juste raison, contestée par la CRE qui souligne qu'en l'espèce les pouvoirs publics sont obligés de la consulter[2010] et considère que la désinvolture du Commissaire du gouvernement ne constitue rien d'autre qu'un véritable détournement de procédure[2011].

La régulation sectorielle se distingue des autres formes de régulation, dans la mesure où elle doit assurer l'introduction d'une concurrence équitable sur un marché dans lequel un opérateur historique dispose d'avantages que n'ont pas ses concurrents. Alors que dans le secteur des télécommunications on a su tirer les conséquences de cet imposé, dans le secteur de l'électricité la présence permanente d'un représentant de l'État, actionnaire principal de l'opérateur historique au sein du collège de la CRE, fera nécessairement planer le doute sur la neutralité et l'impartialité de la régulation.

Pourtant, ce choix est la conséquence du caractère stratégique de l'énergie et doit permettre aux pouvoirs publics d'anticiper les effets qu'auront les décisions de la CRE sur le marché et l'opérateur historique afin de garantir la sécurité des approvisionnements.

La présence du Commissaire du gouvernement auprès de la CRE est aussi une « possibilité donnée aux ministres d'être plus ou moins présents dans le fonctionnement même des autorités et ainsi de faire apparaître leur propre vue sur les affaires que les autorités administratives indépendantes traitent »[2012]. Encore faut-il que la CRE résiste à la pression ainsi exercée. Pour y parvenir, elle doit systématiquement se démarquer des positions partisanes du représentant des pouvoirs publics.

[2010] Aux termes de l'article 31 de la loi du 10 février 2000, la CRE est « préalablement consultée sur les projets de règlement relatifs à l'accès aux réseaux publics et à leur utilisation ».

[2011] Avis de la CRE du 13 juin 2002 sur le projet de décret relatif à l'éligibilité.

[2012] Conseil d'État, Rapport public 2001, n° 52, p. 320.

(2) Une autonomie financière ?

La véritable indépendance de la CRE repose sur une indépendance fonctionnelle qui doit lui permettre de disposer d'une autonomie de gestion matérielle et financière. Aux termes de l'article 30 de la loi du 10 février 2000, la CRE propose les crédits qu'elle estime nécessaires à son fonctionnement et détermine librement le montant de son budget de fonctionnement, lequel est annexé au projet de budget annuel de l'État par le Ministre chargé de l'énergie. Le budget de la CRE n'est donc pas soumis à la comptabilité publique et est transmis a posteriori au contrôle financier de la Cour des Comptes[2013]. Un contrôle financier a priori a été écarté, car il remettrait en cause le principe d'indépendance de la CRE. Par conséquent, elle ne peut que proposer le budget de fonctionnement dont elle a besoin. L'approbation du budget est une décision annuelle du Ministre chargé de l'énergie, ce qui a pour conséquence que les ressources de la CRE présentent le désavantage d'être renégociées chaque année entre les parties. Or le budget de la CRE est un « moyen de pression important pour le gouvernement » qui peut « moduler le budget alloué, en fonction du jugement qu'il porte sur la politique et les actions menées -par la CRE »[2014].
Un régulateur qui dispose de ressources fixes peut défendre plus aisément des positions qui divergent de celles des pouvoirs publics.
Aussi, la CRE a, dès la publication de son premier rapport d'activité, émis des critiques sur l'insuffisance des crédits de fonctionnement votés pour l'année 2000, en particulier au regard des crédits de personnel. Elle souligne que le mécanisme mis en place par le gouvernement est complexe, car il soumet les décisions de recrutement du Président de la CRE « à une appréciation d'opportunité des services du ministère », ce qui, selon elle, ne respecte pas le principe d'indépendance du régulateur. C'est la raison pour laquelle la CRE émet le souhait de présenter son budget devant la commission compétente de chacune des assemblées parlementaires[2015]. Un souhait que n'exauce ni la loi du 3 janvier 2003 relative au marché du gaz ni celle du 9 août 2004. La CRE n'est pas seule dans cette croisade : le Conseil de la Concurrence, mais aussi le CSA critiquent régulièrement dans leurs rapports d'activité respectifs la budgétisation de leurs ressources qui les empêche de remplir leurs missions de surveillance et de contrôle dans de bonnes conditions. Si bien que l'habileté législative permettant aux autorités administratives de proposer leurs crédits de fonctionnement paraît en pratique de peu de poids[2016].
Une mesure qui assurerait une plus grande indépendance financière de la CRE serait le paiement par les opérateurs d'une redevance comme le prévoit le système de financement des autorités de régulation anglo-saxonnes[2017].

[2013] Le législateur ne souhaite pas intégrer une forme de contrôle indirect de l'opportunité des dépenses. Le contrôle financier défini par la loi du 10 août 1922 ne doit pas être une forme de tutelle sur l'autorité administrative indépendante.

[2014] B. Laguerre, D. Haag, » Remarques sur la régulation du secteur électrique », *Économies et Sociétés*, Série EN, n° 7, 5-6/1997, p. 183.

[2015] Rapport d'activité de la CRE du 30 juin 2000, p. 23 et Rapport d'activité de la CRE du 30 juin 2001, p. 40.

[2016] Conseil d'État, Rapport public 2001, n° 52, p. 354.

[2017] Dans son rapport d'activité, la CRE, peu satisfaite de la négociation de son budget devant le Gouvernement, propose deux alternatives : d'une part, un système qui permettrait l'affectation d'une ressource propre et assise sur le chiffre d'affaires des GRT et GRD et, d'autre part, l'instauration d'un

Une autre variante est celle visée dans la loi allemande transposant la directive 03/54 du CE qui prévoit que l'autorité de régulation allemande soit financée par une cotisation versée par les gestionnaires de réseaux [2018]. La loi du 10 février 2000 prévoit, certes, que la CRE puisse percevoir des rémunérations pour services rendus[2019], mais ces rémunérations ne constituent pas de véritables redevances, comme c'est le cas pour l'ART dont les ressources comprennent, outre les rémunérations pour services rendus, des taxes et redevances[2020]. Dans son rapport, le Conseil d'État propose que la CRE puisse également soumettre une proposition de budget directement au Ministre chargé du budget sans entremise du ministre de tutelle qui, selon lui, « n'a pas intérêt à défendre le budget de l'autorité administrative indépendante »[2021]. La budgétisation des ressources de la CRE, d'une part, et l'impossibilité pour elle de percevoir une redevance sur les opérateurs, d'autre part, confortent l'idée d'un contrôle indirect des pouvoirs publics sur la CRE. Aussi, afin de rassurer les opérateurs sur son indépendance, il reste à la CRE à traduire cette indépendance dans les avis et décisions qu'elle rend sur consultations obligatoires ou facultatives des pouvoirs publics. Elle manifeste d'ores et déjà une certaine liberté dans la motivation des décisions qu'elle rend dans le cadre de l'accès aux réseaux[2022]. Celle-ci s'apprécie au regard des commentaires de l'administration pour qui le régulateur « interprète de façon trop extensive son rôle »[2023].

(3) Un règlement intérieur librement adopté ?

Sur la base de l'article 30 de la loi du 10 février 2000, la CRE a adopté son règlement intérieur dans lequel elle définit l'articulation entre les diverses compétences attribuées par la loi[2024]. Dans le souci de participer à son élaboration, les pouvoirs publics adoptent un décret précisant les modalités de délibération et les procédures relatives à la consultation pour avis de la CRE par les pouvoirs

---

dialogue direct avec le Parlement pour la fixation de son budget, Rapport public de la CRE du 30 juin 2001, p. 40.

2018 Article 92 de la deuxième loi de régulation de l'économie de l'énergie du 7 juillet 2005 (Energiewirtschaftsgesetz) transposant la directive 03/54 du CE, consultable sur le site du régulateur allemand (Bundesnetzagentur) : http://www.BNetzA.de .

2019 Article 30 de la loi du 10 février 2000.

2020 Article L. 36-4 du Code des P et T modifié par l'article 6 de la loi n° 96-659 du 26 juillet 1996.

2021 Conseil d'État, Rapport public 2001, p. 355. Cet argument est entièrement partagé par le Directeur général de la CRE, Thierry Tuot, qui souligne avec emphase « on sait trop les limites de fait de l'exercice de la volonté parlementaire en ce domaine pour insister sur la subordination matérielle qu'induit l'obligation pour une autorité administrative indépendante de négocier ses ressources, donc ses ambitions, ses missions », « La loi du 10 février 2000, un an après l'installation de la régulation du marché électrique », *CJEG*, février 2001, p. 51.

2022 Voir l'avis « défavorable » de la CRE du 5 juin 2001 sur l'arrêté fixant les conditions d'achat de l'électricité produite par les installations utilisant l'énergie mécanique du vent (en application de l'article 10 de la loi du 10 février 2000), JO n° 143 du 22 juin 2001, p. 09932 ; avis de la CRE du 1er février 2001 sur le décret relatif à la confidentialité des informations détenues par les GRT et GRD (application des articles 16 et 20 de la loi du 10 février 2000) dans lequel la CRE impose aux pouvoirs publics des modifications de certaines dispositions, voire même la suppression des articles 2 à 7 du projet de décret qui manquent, selon elle, de base légale ou sont contraires à la loi du 10 février 2000 , JO n° 165 du 19 juillet 2001, p. 11652.

2023 Conseil d'État, Rapport public 2001, n° 52, p. 336.

2024 Décision de la CRE du 20 avril 2000 relative à son règlement intérieur, JO n° 140 du 18 juin 2000, p. 9214.

publics[2025]. Ce faisant, le décret impose une condition supplémentaire non prévue par la loi du 10 février 2000 en enjoignant à la CRE d'assortir à sa proposition de budget « un projet de tableau des emplois ». Cette mesure permettra aux pouvoirs publics d'avoir un droit de regard sur la composition de la CRE. En outre, un second décret est adopté afin de préciser la procédure de règlement des litiges devant la CRE ainsi que celle relative aux sanctions qu'elle prononce en cas de manquement des opérateurs[2026]. Si la procédure de règlement des litiges visée à l'article 38 de la loi du 10 février 2000 prévoit effectivement l'adoption d'un décret d'application, ce n'est pas le cas pour le régime des sanctions en cas de manquement.
La CRE a critiqué ces décrets en termes peu couverts, ils « n'apportent aucune garantie supplémentaire par rapport à son règlement intérieur », par ailleurs, bon nombre des articles prévus sont « dépourvus d'utilité »[2027]. Elle modifie toutefois son règlement intérieur par une décision du 15 février 2001 afin d'y introduire les éléments du décret suivants[2028] :
- la CRE doit se prononcer dans un délai d'un mois lorsqu'elle est saisie pour avis par le Ministre chargé de l'énergie et de deux mois lorsqu'elle est saisie par le Conseil de la Concurrence ;
- elle se prononce dans un délai de trois mois à partir de la saisine pour le règlement d'un litige, ce délai est réduit à deux mois par la directive 03/54 du CE ;
- les effets de ses mesures conservatoires cessent dès le prononcé d'une décision sur le fond et
- ses décisions mettant fin à une procédure sont motivées, notifiées aux parties et publiées au Journal Officiel.
Consultée à nouveau pour avis dans le cadre de l'adaptation des décrets précités aux dispositions de la loi du 3 janvier 2003 relative au marché du gaz, la CRE en réitère l'inutilité. Elle considère que les exigences procédurales fixées dans la loi sont remplies par son règlement intérieur tel que modifié par le décret du 11 septembre 2001[2029] et ne nécessitent pas l'adoption d'un décret supplémentaire[2030].
Les interventions réglementaires des pouvoirs publics ne pourraient se justifier que pour préciser les délais d'intervention de la CRE dans le cadre de la procédure de règlement des litiges. Or, à cet égard, les pouvoirs publics dépassent le cadre d'intervention qui leur est fixé dans la loi du 10 février 2000 en précisant les dispositions concernant la forme de la saisine, le déroulement des séances d'auditions ou encore les règles de communication des pièces devant la CRE[2031]. Cette intervention des pouvoirs publics doit, afin de ne pas créer la suspicion des

---

2025 Décret n° 2000-381 du 2 mai 2000 relatif à l'organisation et au fonctionnement de la CRE, JO n° 104 du 4 mai 2000, p. 6680.
2026 Articles 38 et 40 de la loi du 10 février 2000.
2027 Avis de la CRE du 29 juin 2000 relatif au projet de décret concernant les procédures applicables par la CRE, précité.
2028 Décision de la CRE du 15 février 2001 relative à son règlement intérieur, JO n° 120 du 24 mai 2001.
2029 Avis de la CRE du 16 janvier 2003 sur le projet de décret modifiant le décret n° 2000-894 du 11 septembre 2000 relatif aux procédures applicables devant la CRE, JO n° 103 du 3 mai 2003, p. 7757.
2030 Elle persiste dans sa position et dispose qu'aucune disposition prévue dans le décret « n'est nécessaire, sinon pour assurer le toilettage d'un texte, par ailleurs, pour l'essentiel, inutile », avis de la CRE du 16 janvier 2003, précité.
2031 Articles 1er à 10 du décret n° 2000-894 du 11 septembre 2000.

opérateurs, se limiter à renforcer les droits de la défense dans les procédures applicables devant la CRE. Dans le cas contraire, les opérateurs peuvent interpréter cela comme une forme de contrôle des pouvoirs publics sur le régulateur, ce qui a des conséquences néfastes pour sa crédibilité.

b) La garantie d'un accès équitable et non discriminatoire aux réseaux publics

L'indépendance de la CRE par rapport aux opérateurs et aux pouvoirs publics s'apprécie également au regard des pouvoirs qui lui sont attribués par la loi du 10 février 2000. Devant le silence de la directive 96/92 du CE, la détermination des compétences attribuées à la CRE a été en grande partie calquée sur les compétences attribuées à l'autorité de régulation des télécommunications[2032]. La régulation du secteur électrique par la CRE consiste principalement à garantir aux opérateurs un accès équitable et non discriminatoire aux réseaux de transport et de distribution.
La loi du 10 février 2000 prévoit l'intervention de la CRE en amont, en lui attribuant un pouvoir de nature réglementaire, et en aval, en lui attribuant un véritable pouvoir de sanction utilisable en cas de manquement des opérateurs ou dans le cadre de la procédure de règlement des différends relatifs à l'accès aux réseaux.
Ces attributions répondent déjà aux pouvoirs du régulateur énumérés dans la directive 03/54 du CE laquelle impose dans son 15ème considérant que les États membres précisent « les fonctions, compétences et pouvoirs administratifs des autorités de régulation ». La loi du 13 juillet 2005 modifie la loi du 10 février 2000 en tirant les conséquences de la jurisprudence de la CRE et élargit là où cela est nécessaire les compétences de la CRE.

(1) Le pouvoir réglementaire de la CRE

L'exercice d'un pouvoir réglementaire consiste en la faculté d'édicter unilatéralement des normes générales et impersonnelles créant des droits et obligations dans le patrimoine des particuliers. Cette compétence est prévue dans la directive 03/54 du CE qui impose que le régulateur « se charge de fixer ou d'approuver » les tarifs d'utilisation des réseaux.
Pourtant, la dévolution par le législateur d'un pouvoir réglementaire à une autorité administrative indépendante surprend, car il s'agit d'un pouvoir qui revient, en principe, exclusivement au Premier Ministre[2033]. Le Conseil Constitutionnel a donc dû légitimer l'habilitation des autorités administratives indépendantes en la matière. Saisi dans le cadre du contrôle de constitutionnalité du projet de loi instituant la Commission Nationale de la Communication et des Libertés (CNCL), le Conseil Constitutionnel soutient que le législateur est en mesure de confier à une autorité, autre que le Premier Ministre, un pouvoir réglementaire, à la double condition que ce pouvoir intervienne dans un domaine déterminé (dans le but de mettre en œuvre la loi qu'il explicite) et dans le cadre défini par les lois et règlements[2034]. Il s'agit d'un pouvoir réglementaire dit « d'application » ou, selon le Conseil d'État, d'un

2032 Le statut de l'ART est contenu dans la loi n° 96-659 du 26 juillet 1996 sur les télécommunications.
2033 Aux termes de l'article 21 de la Constitution du 4 octobre 1958, le Premier Ministre « exerce le pouvoir réglementaire » sous réserve des dispositions de son article 13.
2034 Décision du Conseil Constitutionnel n° 86-217 DC du 18 septembre 1986.

pouvoir « étroitement subordonné et spécialisé »[2035]. La constitutionnalité de l'attribution d'un pouvoir réglementaire à une autorité administrative indépendante a été contrôlée à nouveau lors de la vérification de la constitutionnalité du projet de loi sur la réglementation des télécommunications.

Dans sa décision du 26 juillet 1996, le Conseil Constitutionnel réaffirme la possibilité pour le législateur de confier un pouvoir réglementaire à l'ART pour autant qu'il consiste à « fixer les normes permettant de mettre en œuvre une loi » et l'habilitation « ne doit concerner que des mesures de portée limitée, tant par leur champ d'application, que par leur contenu »[2036]. Il ressort de ces décisions que le pouvoir de réglementation attribué à la CRE à l'article 37 de la loi du 10 février 2000 doit être subordonné au pouvoir réglementaire général du Ministre chargé de l'énergie.

Il ne saurait être utilisé dans un sens contraire aux dispositions législatives ou réglementaires, ni comme palliatif à ces dispositions. Cette approche se retrouve en partie dans la formulation de l'article 37 de la loi du 10 février 2000 qui attribue à la CRE la faculté de prendre des décisions afin de « préciser, en tant que de besoin », des dispositions législatives ou réglementaires, lesquelles sont précisément énumérées par l'article. En outre, l'intervention de la CRE n'est envisageable qu'en cas de nécessité.

Afin de répondre aux impératifs posés par le Conseil Constitutionnel, la CRE se voit confier un pouvoir réglementaire dans le secteur électrique à l'intérieur d'un champ d'intervention strictement circonscrit. On notera que l'exercice du pouvoir réglementaire de la CRE n'a pas été étendu au secteur du gaz par la loi du 3 janvier 2003 relative au marché du gaz. L'article 37 de la loi du 10 février 2000 dresse une liste exhaustive des matières dans lesquelles la CRE est compétente pour « préciser » les dispositions légales et réglementaires, sachant que l'attribution de compétence la plus généreuse concerne, en particulier, les quatre domaines suivants:

- *les règles relatives aux conditions d'accès aux réseaux ainsi que leur utilisation*[2037] :

la CRE est en mesure, si nécessaire, de préciser les dispositions légales et réglementaires organisant l'accès aux réseaux et leur utilisation. Cette mesure renvoie à l'article 23 qui impose aux GRT et GRD de garantir l'accès aux réseaux par la conclusion de contrats d'accès aux réseaux communiqués pour contrôle à la CRE. Même si un décret peut adopter des mesures relatives aux contrats d'accès aux réseaux, elle est toujours en mesure de préciser, par le biais de délibérations ou de communications, les clauses pouvant être intégrées ou non par les opérateurs dans les contrats d'accès aux réseaux[2038].

Elle utilise d'ailleurs très tôt cette compétence pour préciser la fixation « des règles

[2035] Rapport public du Conseil d'État, 2001, n° 52, p. 295.
[2036] Décision du Conseil Constitutionnel du 26 juillet 1996, précitée.
[2037] Article 37 § 3 de la loi du 10 février 2000.
[2038] Aux termes de l'article 23 de la loi du 10 février 2000, un décret d'application peut être adopté par les pouvoirs publics afin de préciser les « procédures d'établissement des contrats et protocoles ».

contractuelles, techniques et tarifaires ainsi que le contrôle de leur application »[2039]. Afin de combler les lacunes des dispositions relatives aux contrats d'accès aux réseaux, elle lance une consultation publique afin d'apporter « les modifications nécessaires aux clauses contractuelles ouvertes à la négociation dans les modèles de contrat qu'ils (les utilisateurs et les GRT et GRD) utilisent »[2040]. Sur la base de cette consultation, elle fait part aux GRT et GRD des précisions à intégrer dans les nouveaux contrats CART et CARD. Ces modifications visaient, en l'espèce, l'accès des clients éligibles à leurs données de comptage, la garantie par les gestionnaires de réseaux de la qualité des réseaux, l'introduction de dispositions relatives au respect par le GRT de ses engagements, ainsi que le renforcement de sa responsabilité[2041]. Par ailleurs, afin de garantir un accès transparent des opérateurs aux réseaux électriques, la CRE énumère les informations qu'il revient aux GRT et GRD de rendre publiques, telles que les informations relatives aux interconnexions et au comptage[2042].

L'importance de cette mesure est, d'ailleurs, reprise a posteriori à l'article 23 de la directive 03/54 du CE qui impose que le régulateur soit au minimum chargé d'assurer « la publication par les gestionnaires de réseaux d'informations appropriées concernant les interconnexions, l'utilisation du réseau et l'allocation des capacités ». On soulignera que le fait pour la CRE de procéder à la consultation des opérateurs pour préciser les dispositions légales lui permet de décider en toute transparence et de renforcer ainsi sa crédibilité[2043].

Le domaine le plus à même d'illustrer l'exercice du pouvoir réglementaire de la CRE est celui des interconnexions que, ni la loi du 10 février 2000, ni aucun décret d'application n'organisait. L'intervention de la CRE s'est appuyée sur l'article 37 § 1 de la loi du 10 février 2000 qui vise indirectement les contrats d'importation et d'exportation d'électricité dans le cadre du renvoi à l'article 23. Sur cette base, la CRE a défini le processus et les méthodes d'attribution des capacités aux interconnexions par le biais de délibérations que le GRT met en œuvre[2044].

- *La mise en œuvre de l'ajustement des programmes d'appel et d'approvisionnement, ainsi que la compensation financière des écarts*[2045] :

[2039] Rapport d'activité de la CRE du 30 juin 2000, p. 11.

[2040] Consultation publique de la CRE du 7 juin 2002 dans laquelle elle indique, par exemple, que les dispositions relatives à la sûreté et à la sécurité des réseaux (travaux de maintenance et coupures) doivent être précisées dans les contrats, car elles ne sont pas soumises à la libre négociation entre les parties.

[2041] La CRE estime, dans une communication du 24 octobre 2002, que les contrats CART et CARD entrés en vigueur le 1er novembre 2002 intègrent les précisions communiquées.

[2042] Communications de la CRE du 26 juillet 2001 sur la gestion des interconnexions faisant l'objet de congestions peu fréquentes et du 5 juillet 2001 sur l'accès à distance aux résultats de comptage.

[2043] L. Boy, Réflexions sur « Le droit de la régulation », Recueil Dalloz, 2001, p. 3031.

[2044] Voir l'accord conclu entre le CRE et l'AEEG (régulateur italien) du 21 novembre 2001 relatif au processus d'attribution des capacités à l'interconnexion France-Italie, sur la base duquel sont prises annuellement les délibérations de la CRE fixant le volume des capacités attribuables, délibération de la CRE du 5 décembre 2002 ; Programme d'action entre la CRE et la CREG sur l'interconnexion France-Belgique, communication de la CRE du 29 novembre 2001.

[2045] Article 37 § 4 de la loi du 10 février 2000.

la CRE est également en mesure de préciser les règles relatives à l'ajustement des programmes d'appel et d'approvisionnement[2046]. Sur la base de ces dispositions et dans le silence de la loi du 10 février 2000, la CRE a encouragé la création d'un mécanisme d'ajustement mis en place par le GRT. Aux termes de l'article 15 § II de la loi du 10 février 2000, le GRT est responsable de l'ajustement entre les propositions d'ajustement qui lui sont soumises.
La CRE a largement interprété sa compétence en l'espèce et a précisé, par le biais de nombreuses délibérations, les propositions du GRT sur le fonctionnement du mécanisme d'ajustement, lesquelles sortent quelque peu du champ de son pouvoir réglementaire d'application[2047].
Mais elle souligne, malgré cela, dans sa délibération approuvant le mécanisme d'ajustement, que des amendements au processus seront nécessaires et « seront examinés pour perfectionner le mécanisme »[2048].
Quand elle ne peut légalement « préciser », la CRE « perfectionne ». La loi du 3 janvier 2003 relative au marché du gaz a tiré les conséquences de l'intervention de la CRE en dehors du cadre prévu par la loi du 10 février 2000 et permet dorénavant à la CRE d'approuver l'ensemble des dispositions relatives au mécanisme d'ajustement[2049]. La CRE est intervenue, malgré la même incertitude, pour fixer le financement des écarts en précisant les mesures édictées par le GRT et en lui imposant de modifier les modalités de règlement des écarts. Par exemple, elle lui (re)commande de doubler la plage de tolérance des écarts au-delà de laquelle les écarts de consommation sont facturés selon un barème très élevé[2050]. Cette plage, fixée à l'origine à 5 % de la consommation prévue, est augmentée à 10 % suite à l'intervention de la CRE[2051], car le système appliqué jusque-là était « très pénalisant pour les nouveaux entrants sur ce marché »[2052]. La mise en place de ce régime permet de douter du caractère « d'application » du pouvoir réglementaire de la CRE, considérant qu'elle est à l'origine d'un régime que ni la loi, ni ses décrets d'application ne visent expressément. Le malaise peut être dissipé à travers une compétence contenue dans la directive 03/54 du CE encourageant la création de

[2046] Article 43 de la loi du 3 janvier 2003 relative au marché du gaz.
[2047] Sur la base des orientations fixées dans sa délibération du 28 octobre 2002, relative au mécanisme d'ajustement, le GRT a émis une proposition de « Règles relatives au dispositif de responsable d'équilibre, au mécanisme d'ajustement et à la programmation » le 19 décembre 2002, approuvées par délibération de la CRE du 23 janvier 2003.
[2048] Délibération de la CRE du 23 janvier 2003.
[2049] Article 44 de la loi du 3 janvier 2003 relative au marché du gaz.
[2050] Le système transitoire mis en place par le GRT au 1er janvier 2001 et applicable jusqu'à l'entrée en vigueur du tarif d'utilisation des réseaux et du marché d'ajustement proposait un barème de règlement des écarts avec un prix de vente des écarts négatifs, positifs et un prix de dépassement excessif.

Ecarts positifs	Heure pleine hiver	13,72 euros/MWh
Ecarts négatifs	Heure pleine hiver	62,05 euros/MWh
Dépassement négatif	Hiver/Eté	152,45 euros/MWh

[2051] Mesures de la CRE pour faciliter l'accès au réseau électrique de transport, Communiqué de la CRE du 16 novembre 2000.
[2052] Rapport d'activité de la CRE du 30 juin 2000, annexe « Les modalités de règlement a posteriori des écarts prévision/réalisation », p. 57. Ce taux a été retenu dans le tarif d'utilisation des réseaux, décret n° 2002-1014 du 19 juillet 2002 fixant les tarifs d'utilisation des réseaux.

« mécanismes de marché transparents pour la fourniture et l'achat de l'électricité nécessaires aux fins d'équilibrage ».
Le malaise n'est plus que peau de chagrin depuis l'entrée en vigueur de la loi du 13 juillet 2005 qui attribue à la CRE la compétence pour « approuver les méthodes de calcul des écarts et des compensations financières ».

- Les missions des GRT et GRD en matière d'exploitation et de développement des réseaux publics[2053] :

la définition des missions des GRT et GRD concernant l'exploitation et le développement des réseaux doit permettre aux opérateurs d'accéder aux réseaux et aux interconnexions[2054]. La CRE précise déjà les missions des gestionnaires de réseaux dans le cadre du contrôle qu'elle exerce sur le programme d'investissement qui lui est soumis annuellement par le GRT[2055].
Elle oriente le GRT quant au contenu de ces missions et lui prescrit de déterminer, entre autres, les perspectives de développement des réseaux et l'évolution à moyen et long terme des réseaux électriques en prévoyant l'évolution probable de la demande, du système de fourniture ou encore l'évolution des techniques de transport[2056]. La CRE prescrit, dans ses délibérations, le choix des investissements qui s'imposent au GRT afin de supprimer les entraves financières ou techniques d'accès aux réseaux[2057]. Elle peut ainsi jusqu'à enjoindre au GRT « de freiner l'incitation à accroître exagérément les coûts fixes afin de décourager la venue éventuelle de concurrents potentiels et de se protéger ainsi de la concurrence »[2058].

- Les conditions de raccordement des installations de production aux réseaux publics[2059] :

le raccordement aux réseaux publics est, pour les opérateurs, un moyen d'accès aux réseaux de leurs installations de production[2060]. La mise en œuvre du raccordement est précisée dans des décrets d'application relatifs aux prescriptions techniques générales de conception et de fonctionnement auxquelles doivent satisfaire les installations de production afin d'être raccordées aux réseaux publics[2061]. Toutefois,

---

2053 Article 37 § 1 de la loi du 10 février 2000.
2054 L'article 37 § 1 de la loi du 10 février 2000 renvoie aux articles 14 et 18 relatifs aux missions incombant respectivement aux GRT et GRD.
2055 Article 14 de la loi du 10 février 2000.
2056 À ce sujet, la délibération de la CRE sur les investissements du RTE (GRT) en 2001 du 25 janvier 2001.
2057 La CRE souligne, dans sa délibération du 25 janvier 2001, que le programme d'investissement comporte de nombreuses insuffisances tout en proposant de « préciser » les dispositions proposées.
2058 Des coûts tels que « la mise en place d'équipements de surcapacité ou le renouvellement prématuré des investissements », A. Buzelay, De la dérégulation des télécommunications dans l'Union, Revue du Marché Commun, n° 434, janvier 2000, p. 24.
2059 Article 37 § 2° de la loi du 10 février 2000.
2060 Articles 14 et 18 de la loi du 10 février 2000.
2061 Décret n° 2003-229 du 13 mars 2003 relatif aux prescriptions techniques générales de conception et de fonctionnement auxquelles doivent satisfaire les installations en vue de leur raccordement aux réseaux publics de distribution, JO du 16 mars 2003, p. 4589.

aux termes de la procédure de l'article 10 de la loi du 10 février 2000 qui met à la charge d'EDF et des DNN une obligation d'achat de l'électricité produite par des installations spécifiques dès leur raccordement aux réseaux publics, un afflux de demandes de raccordement a imposé la mise en place de mesures supplémentaires pour le permettre. Dans le silence de la loi du 10 février 2000, le GRT et les DNN ont proposé une procédure temporaire de traitement des demandes de raccordement par l'institution de files d'attente[2062]. Cette procédure sera corrigée par la CRE, dans une délibération qui impose que la file d'attente de raccordement tienne compte de l'état d'avancement des projets de raccordement présentés, car elle considère que le développement « d'importantes files d'attente mêlant des projets à des stades d'avancement très divers développe le risque de spéculations » entre les opérateurs quant à l'accès aux réseaux par raccordement[2063].

Conclusion

La loi du 10 février 2000 disposait dans un article 36 abrogé par la loi du 3 janvier 2003 relative au marché du gaz que la CRE « adopte les règlements »[2064]. Or la CRE utilise son pouvoir réglementaire, non seulement pour préciser les règles relatives à l'accès aux réseaux, mais également pour pallier à leur imprécision et à leur inadéquation, le plus souvent à leur inexistence. La CRE exerce cette compétence en adéquation avec l'article 23 de la directive 03/54 du CE, selon lequel il revient au régulateur d'assurer « le niveau de transparence et de concurrence » sur le marché de l'électricité. En effet, le régulateur ne garantit rien de moins que « la non-discrimination, une concurrence effective et le fonctionnement efficace du marché ». À cette fin, la CRE doit « gérer le risque juridique » qui est issu de « l'incertitude des réglementations »[2065] . Pour mettre en œuvre cette compétence, la CRE dispose d'une très grande latitude dès lors qu'aucune immixtion des pouvoirs publics pour encadrer ses interventions n'est recensée à ce jour. La CRE dispose d'une position inhabituelle au sein des autorités administratives, car elle n'est pas soumise à l'obligation d'homologation de ses interventions, tandis que l'ART doit, aux termes de l'article L. 36-6 du Code des P et T, obtenir le contreseing du Ministre chargé des télécommunications pour mettre en œuvre ses « règlements »[2066].
On notera, quant à la forme de son intervention, qu'à la différence de la décision prise en matière de règlement des litiges, la délibération prise par la CRE dans le cadre de son pouvoir réglementaire est une mesure générale et impersonnelle de

---

2062 Voir l'organigramme du processus de traitement des demandes de raccordement au réseau des installations de production décentralisées, ainsi que les contrats types mis en place par le RTE et EDF, version du 27 juillet 2001, consultable sur : www.rte-france.com

2063 Communication de la CRE du 19 juillet 2001 sur la procédure de gestion des demandes de raccordement des installations de production décentralisées.

2064 Article 36 § XII de la loi du 10 février 2000 abrogé par l'article 12 de la loi du 3 janvier 2003 relative au marché du gaz.

2065 M.A. Frison-Roche, Risques et opportunités d'un marché ouvert, Rapport Revol fait au nom de la Commission des affaires économiques et du plan, et du groupe d'étude de l'Énergie sur les actes du Colloque « Le marché européen de l'énergie » du 12 décembre 2001, Rapport n° 305 du 17 mai 2002.

2066 L'homologation est une décision d'acceptation ou de rejet, mais elle ne confère pas à son détenteur un pouvoir de réformation.

nature administrative[2067]. Mais il est parfois malaisé de distinguer entre les décisions de la CRE ayant un caractère réglementaire et celles qui n'en ont pas, considérant qu'elle utilise une panoplie de dénominations qui gêne à la clarté de ses interventions[2068]. Les interventions de la CRE dans le cadre de l'article 37 sont en principe des « décisions », qu'elle appelle cependant « délibérations ». En outre, seules les décisions publiées au Journal Officiel ont une force obligatoire à l'égard des opérateurs[2069].

Mais selon la CRE, une délibération est soit une décision prise dans le cadre de son pouvoir réglementaire, soit une délibération relative à ses missions d'approbation ou de surveillance[2070]. La délibération est également une mesure de la CRE qui oriente les opérateurs sur des questions n'étant pas réglées par les dispositions légales ou réglementaires. Mais cette dernière n'est qu'une orientation sans force juridique qui sert de référence aux opérateurs[2071].

La CRE intervient aussi en formulant des « communications » dans lesquelles elle estime, souhaite, prend acte ou constate des situations. Ce sont des interventions spontanées de la CRE qui ne sont pas visées par la loi du 10 février 2000, mais qui ont également pour but d'éclairer les passages obscurs ou incomplets des dispositions législatives et réglementaires. Elle est intervenue sous cette forme afin de permettre l'applicabilité immédiate de certaines dispositions de la directive 96/92 du CE. Elle a ainsi interprété des dispositions de la loi du 10 février 2000 afin d'en élargir le cercle des bénéficiaires[2072] et a conclu à l'inapplicabilité pure et simple de certaines clauses, telles que celle qui imposait un cadre contractuel minimal de trois ans pour les contrats de fourniture[2073].

Les positions de la CRE peuvent toutefois être reprises par les pouvoirs publics qui abrogent par exemple, dans la loi du 3 janvier 2003 relative au marché du gaz, la condition de durée du contrat de fourniture contestée par la CRE[2074].

Hormis les délibérations publiées au Journal Officiel dans le cadre de son pouvoir réglementaire, les communications, recommandations ou positions émises par la CRE n'ont pas de force obligatoire par rapport aux opérateurs. Elles n'ont que la

---

2067 La CRE prend une « décision motivée et précise les conditions d'ordre technique et financier de règlement des différends », article 38 § I de la loi du 10 février 2000.

2068 Les décisions obligatoires de la CRE se distinguent des autres formes d'intervention de la CRE, car elles sont publiées au Journal Officiel.

2069 Tel que le prévoit l'article 37 de la loi du 10 février 2000.

2070 La CRE approuve le programme d'investissement du GRT aux termes de l'article 14 de la loi du 10 février 2000.

2071 Voir la délibération de la CRE du 14 décembre 2000 confirmée par celle du 21 septembre 2001 sur le projet de règles de marché de Powernext devant régir le marché des contrats à terme portant sur la livraison d'électricité la veille pour le lendemain.

2072 Alors que le calcul effectué en fonction des seuils minimaux communautaires fixe l'éligibilité à 20 GWh, la CRE s'appuie sur un souhait émis par le gouvernement de retenir un seuil de 16 GWh pour conclure qu'« on peut raisonnablement estimer que ce seuil détermine la part de marché française », communication de la CRE du 18 mai 2000 sur l'ouverture du marché français de l'électricité.

2073 À cet égard, la CRE dispose « qu'en aucun cas, elles n'imposent que les parties soient contraintes à une clause d'exclusivité pour trois ans, soient empêchées de résilier le contrat durant ces trois années, soient obligées de se fournir pour cette durée », Communication de la CRE du 18 mai 2000 sur l'ouverture du marché français de l'électricité.

2074 Article 49 de la loi du 3 janvier 2003 relative au marché du gaz.

valeur « qu'on reconnaît aux conceptions du régulateur, mais qui une fois reconnue peut s'avérer utile aux opérateurs pour guider leur action »[2075]. La direction juridique d'EDF partage cette approche avec enthousiasme: « si ces délibérations se veulent dépourvues de valeur juridique contraignante, elles constituent néanmoins pour les acteurs du marché des indications ou orientations susceptibles d'éclairer leur action »[2076].

La CRE reconnaît toutefois que, « tant que ces principes - ceux contenus dans sa consultation - n'auront pas été acceptés par le Gouvernement et adoptés dans un décret [...], ils sont dépourvus de toute valeur légale et ne peuvent donc être pris en considération pour la solution du différend »[2077].

Par conséquent, seules les délibérations publiées de la CRE ont une force obligatoire et peuvent être soumises au contrôle de légalité[2078], c'est-à-dire faire l'objet d'un recours devant le juge administratif[2079], en particulier celles qui s'analysent comme des actes réglementaires. Le Conseil d'État n'a ainsi pas hésité à sanctionner l'ART pour les mesures prises dans le cadre de son pouvoir réglementaire lorsqu'elle outrepasse ses compétences. Il l'a ainsi déclaré incompétente pour fixer les conditions de délivrance des certificats d'opérateur pour les radioamateurs[2080].

Le contentieux développé dans le secteur des télécommunications montre la difficulté de l'exercice du pouvoir de réglementation d'une autorité administrative. Cette difficulté a ses racines dans le flou régnant dans le partage des compétences « réglementaires » entre les pouvoirs publics et le régulateur. En cas de silence ou d'obscurité de la loi, le Conseil d'État propose alors que « le gouvernement conserve une compétence réglementaire exclusive lorsque les intérêts extérieurs au milieu régulé doivent être pris en compte. Alors que l'autorité administrative indépendante est compétente pour fixer les règles dont la portée juridique est limitée au milieu où interagissent les intérêts dont elle est comptable »[2081]. Au terme de cette acceptation, il revient à la CRE d'utiliser sa compétence réglementaire uniquement pour fixer les mesures relatives à l'accès aux réseaux alors que celles relatives à la politique énergétique et au service public reviendraient aux pouvoirs publics, partage qui

---

2075 Selon T. Tuot, ces interventions permettent « de faire face aux lacunes [...] et de jeter des ponts au-delà des abîmes du droit positif », « La loi du 10 février 2000, un an après l'installation de la régulation du marché électrique », *CJEG*, février 2001, p. 54.

2076 S. Larère, « Textes d'application de la loi du 10 février 2000 (Point d'étape à la mi-avril 2001) », *CJEG*, n° 577, juin 2001, p. 232.

2077 Décision de la CRE du 2 mai 2002 sur un différend qui oppose le GRT et la RATP relatif aux conditions de prise en compte de la multiplicité des points de livraison dans le dispositif contractuel d'accès au réseau électricité.

2078 Décision du Conseil Constitutionnel n° 86-217 DC du 18 septembre 1986.

2079 Arrêt du Conseil d'État « Retail » du 10 juillet 1981 ainsi que la décision du Conseil d'État du 3 juillet 2000 « Sté Civile des auteurs, réalisateurs et autres » annulant un communiqué du CSA autorisant la publicité télévisée pour les sites Internet de presse, de distribution du cinéma et de l'édition, ce que le décret n° 92-280 du 27 mars 1992 interdisait.

2080 Arrêt du Conseil d'État « Pauc » du 26 janvier 2000.

2081 Conseil d'État, Rapport public 2001, n° 52, p. 339, voir l'arrêt du Conseil d'État « La cinq » du 16 novembre 1990 qui règle de manière classique le partage des compétences entre le CSA et le Gouvernement lorsque les textes sont flous.

demeure pour certains « potentiellement porteur de conflit »[2082]. Toutefois et malgré ces conflits, l'attribution d'un tel pouvoir à la CRE permet de voir se dégager dans le secteur électrique une véritable doctrine du régime de l'accès aux réseaux. Le corpus de règles qu'elle précise renforce la sécurité juridique au bénéfice des opérateurs[2083]. Le régulateur « construit - à l'aide de son pouvoir réglementaire - les opportunités » afin de favoriser « les nouveaux entrants »[2084].

La CRE doit se décider sur l'orientation que doivent montrer ses décisions et trancher peut-être « entre le principe de la concurrence et celui de la contrainte »[2085]. Sa ligne de conduite se concentre à assurer la transparence du marché électrique à l'aide des interventions des opérateurs et à garantir ainsi l'introduction d'une concurrence effective[2086].

(2) Le pouvoir de régler les différends entre les opérateurs

La directive 96/92 du CE impose, dans son article 20 § 3, que l'autorité de régulation désignée par les États membres « règle les litiges concernant les contrats, les négociations et le refus d'accès et d'achat - d'électricité ». Ces tâches sont transposées au sein de l'article 38 de la loi du 10 février 2000 qui attribue à la CRE une compétence de principe afin de régler les litiges intervenant entre les gestionnaires des réseaux de transport et de distribution et les opérateurs sur le marché électrique. Cette compétence ne saurait s'analyser comme assimilant la CRE à une juridiction, mais elle ne constitue pas non plus une phase précontentieuse à la saisine d'une juridiction[2087]. L'attribution à la CRE de la compétence pour régler les litiges se rapproche des compétences parallèles du Conseil de la Concurrence ou de l'ART pour régler les litiges intervenant dans leurs domaines de compétence.

L'attribution de tels pouvoirs à une autorité administrative indépendante a été validée par le Conseil Constitutionnel qui en assortit cependant l'exercice à de strictes conditions d'exécution. Le déroulement de la procédure de règlement des litiges devant la CRE doit ainsi répondre à des impératifs procéduraux devant garantir les principes du contradictoire et d'impartialité. Le respect de ces principes ressort dorénavant de la procédure de règlement des litiges dont la directive 03/54 du CE impose la transposition.

2082 En ce qu'il crée, selon elle, « un conflit entre principes et entre institutions ». Il faudrait alors un système créateur de compromis plutôt que de conflits, Risques et opportunités d'un marché ouvert, Rapport d'information du Sénat n° 305 du 17 mai 2001, p. 18.

2083 Selon M.A. Frison-Roche, « la doctrine est essentielle comme procédé de maturation des règles, elle peut être émise par les régulateurs, les parlements, les ministres ou les juges », Risques et opportunités d'un marché ouvert, Rapport d'information du Sénat n° 305 du 17 mai 2001, p. 18.

2084 M.A. Frison-Roche, Risques et opportunités d'un marché ouvert, p. 17, précité.

2085 Dans le cas du négoce d'électricité, les ambiguïtés de la loi du 10 février 2000 imposent « d'interpréter les silences » de deux manières : « si le principe c'est la concurrence le silence signifie : allez-y ! Si, au contraire, la concurrence est l'exception, un silence veut dire : n'y allez pas ! », M.A. Frison-Roche, Risques et opportunités d'un marché ouvert, p. 18, précité.

2086 Dans le cas du négoce de l'électricité, avant que la loi du 3 janvier 2003 relative au marché du gaz ne l'autorise expressément, la CRE a très tôt indiqué aux opérateurs, malgré le silence de la loi du 10 février 2000 à ce sujet, que cette activité est autorisée, communication de la CRE du 18 mai 2000 sur l'ouverture du marché français de l'électricité.

2087 Plusieurs décisions du Conseil Constitutionnel rappellent que les autorités administratives indépendantes ne sont pas des juridictions, voir décision n° 88-248 DC du 17 janvier 1989 pour le CSA et décision n° 89-260 DC du 28 juillet 1989 pour la COB.

(a) Une compétence légitime, mais est-elle exclusive ?

La question de la légitimité de la compétence de la CRE impose, dans un premier temps, de se tourner vers le Conseil Constitutionnel qui, après s'être prononcé sur l'attribution d'un pouvoir réglementaire aux autorités administratives indépendantes, s'est exprimé sur l'attribution de pouvoirs de règlement des différends. Dans sa décision sur la conformité de l'attribution d'un tel pouvoir au Conseil de la Concurrence, le Conseil Constitutionnel a affirmée à la Constitution sous la double condition, toutefois, que ce pouvoir soit précis et limité par des règles de compétences juridictionnelles spéciales et que cette attribution soit « justifiée par les nécessités d'une bonne administration de la justice »[2088].

Il précise que la conformité de l'attribution d'un pouvoir de règlement des litiges à une autorité administrative n'est valide que si la procédure de règlement des différends respecte le principe du contradictoire et que les voies de recours contre ses décisions prévoient la possibilité du sursis à exécution. Ces conditions ont été intégrées dans la loi créant l'ART au sein de son pouvoir de règlement des litiges. L'ART est compétente pour régler les différends relatifs aux refus d'interconnexion opposés par les opérateurs, en cas d'échec des négociations commerciales ou de désaccord sur la conclusion ou l'exécution d'une convention d'interconnexion, voire d'accès aux réseaux de télécommunication[2089].

Relativement à la procédure mise en place devant l'ART[2090], le Conseil constitutionnel a estimé qu'elle satisfaisait les impératifs des droits de la défense, dans la mesure où elle prévoit une procédure contradictoire débouchant sur une décision *motivée,* des mesures conservatoires intervenant après audition des parties et un contrôle juridictionnel des décisions prises avec la possibilité du sursis à exécution[2091].

Il ressort de ce qui précède que l'attribution d'un pouvoir de règlement des litiges à une autorité administrative indépendante est constitutionnellement valide dès que, dans le fond, il concerne un domaine précis et déterminé dans la loi et que, dans la forme, il respecte les droits de la défense.

La loi du 10 février 2000 attribue à la CRE l'ensemble des compétences relatives au règlement des litiges entre opérateurs en matière d'accès aux réseaux. Pour répondre aux conditions visées par le Conseil Constitutionnel, le domaine de compétence de la CRE en matière de règlement des litiges est précis et délimité.

L'article 38 § I de la loi du 10 février 2000 donne compétence à la CRE pour les litiges relatifs à l'accès et à l'utilisation des réseaux publics de transport et de distribution.

Sont concernés les différends intervenant entre les gestionnaires et les utilisateurs des réseaux de transport et de distribution relatifs :

- au refus d'accès aux réseaux, ou

[2088] Décision du Conseil Constitutionnel n° 86-224 DC du 23 janvier 1987 relative au Conseil de la Concurrence.

[2089] Article L. 36-8 du Code des P et T, voir l'analyse de J. Marimbert, L'autorité de régulation des télécommunications, CJEG, n° 582, décembre 2001, p. 465.

[2090] Lors du contrôle de la loi n° 96-659 du 26 juillet 1996 relative à la réglementation des télécommunications.

[2091] Décision du Conseil Constitutionnel n° 96-378 DC du 23 juillet 1996.

- au désaccord sur la conclusion, l'interprétation ou l'exécution des contrats et protocoles (contrats et protocoles d'accès aux réseaux - article 23, et les contrats d'achat d'électricité pour la compensation des pertes - article 15 § III).

Sont exclus les litiges ne concernant pas des clients non éligibles.

La compétence de la CRE, afin de régler les litiges relatifs aux contrats et protocoles, est complémentaire à son intervention dans le domaine réglementaire qui lui permet de préciser a priori les règles et critères d'accès aux réseaux[2092].

Cette mission est facilitée par le fait que la CRE reçoit notification de l'ensemble des contrats et protocoles conclus entre les parties[2093]. Si bien qu'en intervenant en amont du processus de l'accès aux réseaux, elle est d'autant mieux disposée à assurer l'exécution ou l'interprétation des contrats avec diligence.

Qu'en est-il de la nature de la compétence de la CRE en la matière, est-ce une compétence exclusive ?

On peut dès à présent noter qu'il s'agit d'une compétence spécifique, mais elle n'exclut pas la compétence du Tribunal de commerce ou du TGI pour les litiges relatifs aux contrats et protocoles d'accès aux réseaux publics. La rédaction de la loi du 10 février 2000 contient, en effet, une maladresse, car elle fait de la saisine de la CRE une saisine « facultative ». Son article 38 dispose que la CRE « peut » être saisie par l'une ou l'autre des parties[2094] et ouvre en l'espèce une option aux intéressés entre la saisine de la CRE ou d'une juridiction de droit commun[2095].

On peut, en effet, avancer que la loi du 10 février 2000 prévoit la possibilité de saisine parallèle de ces juridictions, même si l'efficacité du fonctionnement de la régulation risque d'en pâtir en raison des divergences d'interprétation qui en découleront. Ce problème est d'autant plus accentué par les compétences parallèles des Cours d'Appel concernées[2096].

Évidemment, la CRE est soumise, en tant qu'autorité administrative, au respect de l'autorité de la chose jugée et ne saurait être saisie d'un litige ayant déjà fait l'objet d'une décision juridictionnelle. La CRE se soumet à ce principe et reconnaît son incompétence dès que le litige est « dirigé contre la même partie, porte sur le même objet et contient les mêmes conclusions que devant la Cour »[2097].

(b) Une compétence de principe

La procédure de règlement des différends mise en place par la loi du 10 février 2000 correspond à un domaine de compétence que la CRE contribue continuellement à préciser. Elle traduit ainsi les impératifs visés dans les décisions successives du

---

[2092] Article 37 § 5 de la loi du 10 février 2000.

[2093] Articles 23 et 15 § III de la loi du 10 février 2000.

[2094] Voir le commentaire de A. Le Gall, Précisions sur la compétence de la CRE, Recueil Dalloz, Chronique, 2002, p. 2997.

[2095] Pour T. Tuot, la rédaction de l'article 38 de la loi du 10 février 2000 soulève la question suivante : contient-il une faculté de former un recours ou la faculté de le porter devant un juge ou la CRE ? Régulation du marché de l'électricité : une année de règlement des différends, RFDA, n° 2, mars-avril 2003, p. 312.

[2096] Aux termes de l'article 38 de la loi du 10 février 2000, la Cour d'Appel de Paris est exclusivement compétente pour connaître des recours contre les décisions de la CRE.

[2097] Décision de la CRE du 5 juin 2003 se prononçant sur un différend qui oppose Mr. Petska à EDF.

Conseil Constitutionnel. C'est par soucis, d'une part, d'assurer le respect des droits de la défense et d'autre part, de traduire, le principe d'indépendance et d'impartialité[2098] que le législateur a introduit un système procédural devant la CRE. La procédure de règlement des litiges doit, dans sa mise en œuvre, respecter les règles d'un « procès équitable »[2099], considérant que la CRE n'a pas le statut d'une juridiction.

(i) Une vaste compétence de la CRE en matière de règlement des litiges

L'article 38 § I de la loi du 10 février 2000 dispose que la CRE règle les différends intervenant entre les gestionnaires des réseaux publics et l'ensemble des utilisateurs de ces réseaux, sans que cette attribution soit exhaustive. La loi du 13 juillet 2005 précise que sont exclus de la procédure de règlement des différends les clients non éligibles.

La CRE intervient « notamment » dans les domaines visés par l'article 38, ce qui implique que la loi n'exclut pas sa compétence dans des domaines adjacents à l'interprétation ou l'exécution des contrats et protocoles d'accès aux réseaux.

La CRE s'empresse de préciser qu'il lui revient de trancher tous les différends entre les utilisateurs des réseaux relatifs à l'accès et l'utilisation des réseaux « jusque et y compris dans les questions annexes qui en sont inséparables »[2100]. Sa compétence s'étend donc aussi au contrôle de contrats conclus par le GRT afin, par exemple, de compenser les pertes en électricité sur son réseau[2101].

Dans une décision opposant la Société Dounor au GRT, la CRE qui voit sa compétence contestée par le GRT précise les contours de son intervention[2102].

Dans cette espèce, EDF soutient qu'une demande présentée par un utilisateur afin d'obtenir réparation d'un préjudice lié aux erreurs de facturation et de défaillance d'un compteur d'EDF n'est qu'une question classique de « responsabilité sans lien avec un droit d'accès ou d'utilisation des réseaux méconnu ou refusé », dont la compétence revient aux juridictions de droit commun. Tout en procédant à une analyse minutieuse des faits, la CRE limite sa compétence et distingue entre les activités suivant qu'elles doivent être rattachées ou non au réseau. Une vision « réellement extensive aurait consisté à constater qu'en matière d'électricité, tout se passe sur le réseau »[2103]. Interprétation qui aurait nécessairement contredit l'intention du législateur communautaire et national. En revanche, la CRE considère qu'elle est « tenue de se prononcer sur tous les aspects d'un différend lié à l'accès aux réseaux [...] sans que sa compétence soit limitée aux seuls cas dans lesquels l'accès ou l'utilisation des réseaux publics seraient refusés à un utilisateur ».

2098 Aucune saisine du Conseil Constitutionnel n'a été mise en œuvre lors de la présentation du projet de loi sur le service public de l'électricité.

2099 Tel que l'entend l'article 6 de la Convention Européenne des Droits de l'Homme.

2100 Décision de la CRE du 23 juin 2004 se prononçant sur un différend opposant le RTE à la SNCF et au Réseau Ferré de France.

2101 Aux termes de l'article 15 § III de la loi du 10 février 2000.

2102 Décision de la CRE du 30 mai 2002 se prononçant sur le différend opposant la Société Dounor à EDF relatif à l'exécution d'un contrat d'accès au réseau public ; la Société Dounor a saisi la CRE en vertu du préjudice subi par elle en raison des conditions dans lesquelles sa facturation a été établie par le GRT.

2103 T. Tuot, Régulation du marché de l'électricité : une année de règlement de différends, RFDA, n° 2, mars-avril 2003, p. 314.

Elle conclut que, contrairement à ce que soutient EDF, la question du litige est directement liée à l'exécution d'un contrat conclu dans les conditions prévues à l'article 23 de la loi du 10 février 2000[2104]. Elle précise également que sa compétence s'étend à l'ensemble des différends « même s'ils sont nés sans qu'une difficulté contractuelle soit apparue ou lorsqu'ils sont reliés *à un contrat autre que ceux mentionnés à titre non limitatif* par l'article 38 »[2105]. La CRE pose toutefois les limites de sa compétence en estimant qu'elle est incompétente pour connaître des litiges relatifs aux contrats d'achat d'électricité conclus entre EDF et des producteurs autonomes dans le cadre de l'obligation légale d'achat pesant sur EDF[2106].
Mais encore faut-il que le contrat d'achat d'électricité émis par EDF ne soit pas subordonné au raccordement direct de l'installation de production au réseau.
Dans ce cas, la CRE est de nouveau compétente pour connaître de ce différend dès que les conditions financières et techniques du raccordement de l'installation de production au réseau sont visées[2107] ou s'il s'agit de la répartition des coûts d'un renforcement[2108]. Mais elle est aussi compétente pour décider de l'opportunité du raccordement[2109], ce dernier s'analysant comme un accès indirect au réseau, il est en quelque sorte « la condition physique de l'accès d'un utilisateur au réseau »[2110].
En outre, la compétence de la CRE s'exerce envers les opérateurs installés sur le territoire national, mais également envers ceux installés sur le territoire d'un État membre, ou d'un État tiers dans le cadre de conventions bilatérales et ayant conclu un contrat d'accès aux réseaux avec le GRT. La directive 96/92 du CE introduit une exception à cette règle et procède à une attribution de compétence selon laquelle, en cas de litige transfrontalier, le régulateur national compétent pour régler les litiges est celui du pays dans lequel le GRT ou le GRD refuse l'utilisation ou l'accès aux réseaux[2111]. Le refus d'accès aux interconnexions opposé par le GRT français impose donc la compétence de la CRE.
Enfin, la CRE est compétente pour connaître des litiges actuels, indifféremment de la date de la naissance du litige. En effet, aucune disposition transitoire dans la loi du 10 février 2000 ne s'oppose au principe de l'application immédiate de sa compétence aux litiges en cours[2112].

2104 Décision de la CRE du 30 mai 2002, précitée.

2105 Décision de la CRE du 12 décembre 2002 sur un différend qui oppose la Société AESM à EDF sur la conclusion d'un contrat d'achat d'électricité.

2106 Voir la position de la CRE dans ses décisions du 12 décembre 2002 opposant la Société AESM à EDF sur la conclusion d'un contrat d'achat d'électricité et celle du 27 mars 2003 opposant la Société Papeterie de Bègles à EDF sur les conditions de réalisation du raccordement d'une installation de cogénération au réseau public de distribution et sur la conclusion d'un contrat d'achat d'électricité.

2107 Décision de la CRE du 6 mai 2003, précitée.

2108 Décision de la CRE du 3 juin 2004 opposant la Société Pouchon Cogen à EDF et imposant à EDF de prendre en charge les coûts du raccordement de la société au réseau public de distribution.

2109 Décision de la CRE du 27 mars 2003, précitée.

2110 Décisions de la CRE du 27 mars 2003 et du 6 mai 2003 opposant la Société Sinerg à EDF sur les conditions financières de la réalisation du raccordement d'une installation de cogénération au réseau public de distribution.

2111 Article 20 § 4 de la directive 96/92 du CE et § 5 qui dispose que l'exercice du recours devant la CRE n'empêche pas l'exercice des voies de recours du droit communautaire.

2112 La CRE dispose qu'elle est compétente « quelle que soit la date à laquelle un désaccord a pu naître entre les parties et alors même qu'il serait né, ainsi que le soutient EDF, le 26 juin 1998 - soit avant l'entrée en vigueur de la loi du 10 février 2000 -», décision de la CRE du 6 mai 2003, précitée.

De même que la saisine parallèle d'une autre juridiction dans la même affaire ne l'empêche de se prononcer sur le règlement des différends pour lesquels elle est compétente[2113].

La CRE apprend toutefois à s'autolimiter dans les litiges qui lui sont soumis et souligne que s'il lui appartient de se prononcer sur tous les aspects du différend qui lui est soumis, voire de suspendre l'application d'un contrat d'accès aux réseaux, « il n'appartient qu'aux seules juridictions compétentes de prononcer la nullité de stipulations contractuelles régissant les relations entre les parties »[2114].

Elle se déclare également incompétente pour :

- trancher un litige opposant le GRT et la SNCF relatif à la rémunération due à la SNCF par le GRT pour l'utilisation des ouvrages que la SNCF a reçus en dotation par l'État (tels que lignes et ouvrages électriques). La SNCF ne pouvant pas être considérée dans son activité de gestionnaire de biens comme un utilisateur du réseau ;
- condamner une des parties « à la réparation d'un préjudice subi du fait de l'inexécution de ses obligations [par le co-contractant «EDF »] »,
- se prononcer sur « le versement de dommages et intérêts » et renvoie les parties à saisir « le juge compétent »[2115] ;
- se prononcer sur la propriété des ouvrages de raccordement[2116] ;
- décider la suspension de l'accès aux réseaux envers un utilisateur qui se refuse à signer un contrat d'accès au réseau[2117] ;
- se prononcer sur les conditions financières dans lesquelles le GRT doit rémunérer la SNCF pour l'utilisation des ouvrages de transport électrique qui lui ont été remis en dotation par l'État[2118] ou
- se prononcer sur les pénalités dues en cas de retard de paiement en application du Code de commerce.

Une rédaction généreuse de l'article 38 de la loi du 10 février 2000 a ainsi permis à la CRE d'élargir sa compétence en fonction des litiges qui lui sont soumis, mais dans le respect du principe de légalité.

(ii) Une procédure impartiale et respectueuse des droits de la défense

Le déroulement de la procédure de règlement des différends est exposé par l'article 38 de la loi du 10 février 2000 qui vise, en particulier, la saisine et l'instruction de la

---

[2113] Dans la décision du 6 mai 2003, EDF demandait à la CRE de décliner sa compétence, considérant la saisine dans la même affaire du Tribunal administratif de Melun. La CRE conclut que la saisine du Tribunal Administratif de Melun concerne l'analyse du bien-fondé de la créance relative à l'exécution de travaux publics dont EDF se prévaut, alors que la Société Sinerg a saisi la CRE d'un différend relatif aux conditions de raccordement au réseau.

[2114] Décision de la CRE du 6 mai 2003 opposant la Société Sinerg à EDF sur les conditions financières de la réalisation du raccordement d'une installation de cogénération au réseau public de distribution.

[2115] Décisions de la CRE du 6 mai 2004 se prononçant sur un différend qui oppose la société d'aménagement des forces hydroélectriques de l'Outom à Arbéost (Safhloa) à EDF, du 25 mai 2004 concernant un différend qui oppose le RTE à la société Cerestar et du 3 juin 2004 opposant la société Pouchon Cogen à EDF.

[2116] Décision de la CRE du 25 mai 2004 concernant un différend opposant RTE à la société Cerestar.

[2117] Décision de la CRE du 25 mai 2004 concernant un différend opposant RTE à la société Cerestar.

[2118] Décision de la CRE du 24 juin 2003 se prononçant sur deux demandes de règlement des différends opposant le RTE à la SNCF et au Réseau Ferré de France.

demande déposée devant la CRE. Il est complété par le règlement intérieur de la CRE qui précise les détails relatifs au déroulement de la procédure non prévus par la loi du 10 février 2000[2119]. Afin d'encadrer précisément la procédure, la loi prévoit l'adoption d'un décret pour fixer la mise en œuvre de la procédure de règlement des litiges, qui ne fait cependant que paraphraser les dispositions contenues dans le règlement intérieur de la CRE. Il n'apporte pas, selon la CRE, « de nouvelles garanties » [2120]. Ce texte présente, en outre, le désavantage d'être « plus difficile à modifier pour être adapté aux inévitables et rapides évolutions jurisprudentielles affectant ce domaine »[2121]. Ce décret, même s'il engendre la confusion entre les réglementations souvent similaires, renforce toutefois le principe de sécurité juridique pour les opérateurs et apporte des précisions non négligeables relatives à la procédure devant la CRE[2122].
La saisine de la CRE intervient avec le dépôt, par l'une des parties précitées, d'une demande de règlement des différends comportant, outre l'exposé de la demande, les éléments de fait et de droit qui la fondent, ainsi que l'ensemble des pièces nécessaires à son instruction, telles que la décision de refus d'accès ou les contrats et protocoles en projet ou conclus[2123]. Il ressort de la jurisprudence de la CRE que la saisine est conforme aux dispositions légales et réglementaires si elle est engagée par le biais d'une lettre exposant les termes de la demande à laquelle est joint le refus opposé par le GRT de procéder au regroupement des points de livraison[2124], ou encore par le biais d'une lettre exposant les termes de la demande du requérant assortie du contrat CART et des courriers contenant les demandes d'indemnisation des préjudices subis par le requérant[2125]. La CRE disposait, à l'origine, d'un délai de 3 mois prorogeable pour la même durée à partir de l'enregistrement de la saisine pour se prononcer sur les différends. Bien que les sénateurs estimaient qu'il s'agissait d'un « délai raisonnable » [2126], la directive 03/54 du CE impose dorénavant

---

[2119] Décision de la CRE du 20 avril 2000 modifiée par la décision du 15 février 2001 relative au règlement intérieur de la Commission, JO n° 120 du 24 mai 2001.

[2120] Règlement intérieur de la CRE du 13 avril 2000, Décret n° 2000-894 du 11 septembre 2000 relatif aux procédures applicables devant la CRE, JO n° 215 du 16 septembre 2000, p. 14519. Suite à l'adoption de ce décret, la CRE a dû modifier son règlement intérieur par une décision du 15 février 2001 afin d'adapter les règles relatives à la publicité des séances et à la désignation des rapporteurs dans les procédures de règlement des litiges qui ne peuvent plus être des membres de la CRE, mais des « agents de la Commission » (article 4 du décret du 11 septembre 2000), JO n° 120 du 24 mai 2001.

[2121] Rapport d'activité de la CRE du 30 juin 2001, p. 41.

[2122] La CRE considère également que le chapitre II du titre I (relatif au recours devant la Cour d'Appel de Paris) répond aux exigences de la loi du 10 février 2000 et « apporte des précisions procédurales utiles ». Avis de la CRE du 16 janvier 2003 sur le projet de décret modifiant le décret n° 2000-894 du 11 septembre 2000 relatif aux procédures applicables devant la CRE.

[2123] Article 12 du règlement intérieur de la CRE et article 1er du décret n° 2000-894 du 11 septembre 2000 qui prévoient que la saisine « comporte l'objet de la saisine avec un exposé des moyens ». EDF a soulevé le non-respect de cette disposition dans les saisines des sociétés SEMMARIS et DOUNOR rejetées en l'espèce par la CRE.

[2124] Décision de la CRE du 27 juin 2002 mentionnant le fait qu'EDF a soulevé le non-respect par la société SEMMARIS de cette obligation.

[2125] Décision de la CRE du 30 mai 2002 mentionnant le fait qu'EDF a soulevé le non-respect par la société Dounor de cette obligation.

[2126] Le délai est prorogé de trois mois si une enquête est nécessaire, article 33 de la loi du 10 février 2000. Le délai octroyé à la CRE pour se prononcer était fixé à l'origine à un an, avant d'être ramené à

que celui-ci soit fixé à 2 mois et qu'il ne puisse être prorogé que pour la même période. À réception de la plainte, un rapporteur est désigné par le président de la CRE parmi ses agents de service afin de prendre en charge l'instruction du différend[2127]. Le premier règlement intérieur de la CRE prévoyait la désignation d'un rapporteur instructeur du différend parmi les membres de la CRE, ce que le décret du 11 septembre 2000 a modifié. En effet, cette désignation portait atteinte au principe de la séparation entre la procédure d'instruction et celle de jugement.
Il revient ensuite au Président de procéder à la communication des demandes et des pièces entre les parties et, après échéance du délai de réponse imparti, il convoque les parties et les tiers intéressés à une audition devant la CRE. Au cours de cette séance, le rapporteur présente ses conclusions et les moyens des parties.
Les droits de la défense sont garantis à travers la possibilité pour les parties de présenter leurs observations et de se faire assister par la personne de leur choix[2128]. Le respect du principe du contradictoire est également strictement observé par la CRE qui écarte systématiquement les pièces non communiquées aux autres parties pendant la procédure, ou produites après la date de convocation à la séance de la CRE, même si elles sont confidentielles[2129]. Il revient également au rapporteur instructeur d'agir en toute indépendance par rapport aux parties et dans le respect du principe du contradictoire et d'être en mesure de proposer toute mesure utile d'instruction, telle que l'ouverture d'une enquête[2130]. La décision finale revient à la CRE qui ne peut valablement se prononcer qu'après avoir entendu les parties[2131].
Le rapporteur intervient dans les mêmes conditions que celles imposées à un magistrat instructeur. Ainsi, en vertu de la nécessaire séparation entre les fonctions d'instruction et de jugement et dans le respect de l'obligation d'impartialité qui s'impose aux autorités administratives indépendantes[2132], il lui est interdit de participer au délibéré[2133]. La question de la participation du rapporteur au délibéré a soulevé de vives réactions qui s'inscrivent dans la thématique du procès équitable et impartial. Cette thématique fut d'ailleurs visée dans les décisions de la Cour de Cassation relatives au cumul des fonctions d'instruction et de jugement du rapporteur devant la Commission des Opérations de Bourse (COB). Elle a considéré que le cumul de ces fonctions dans le cadre d'une procédure de règlement des litiges

---

6 mois pour « respecter le droit des justiciables d'être jugés dans un délai raisonnable », voir amendement n° 167 de Henri Revol, débats du Sénat, séance du 7 octobre 1999.

[2127] Article 13 du règlement intérieur de la CRE du 15 février 2001 modifié par l'article 4 du décret du 11 septembre 2000.

[2128] Article 16 du règlement intérieur de la CRE du 15 février 2001 renvoyant aux articles 4 et 5 du décret n° 2000-894 du 11 septembre 2000.

[2129] Décision de la CRE du 4 juin 2004 concernant un différend opposant la société Clariant Huningue à la SAEML Hunélec relative aux conditions financières d'acheminement de l'énergie électrique.

[2130] Article 13 du règlement intérieur de la CRE du 15 février 2001 répondant à l'article 4 du décret du 11 septembre 2000.

[2131] Article 38 § I de la loi du 10 février 2000 repris par l'article 13 du règlement intérieur de la CRE du 15 février 2001, on notera qu'à la différence de la CRE, l'ART ne dispose pas de la possibilité d'ouvrir dans ce cas une enquête.

[2132] Le Conseil d'État affirme de manière constante l'obligation d'impartialité des autorités administratives indépendantes qui se traduit à travers le respect de la séparation entre l'autorité d'instruction et celle de jugement, voir décision du 5 mai 1995, « Burruchaga », rec. p. 10, et le commentaire de E. Mitard, L'impartialité administrative, AJDA, 1999, p. 478.

[2133] Article 4 du décret du 11 septembre 2000 et article 4 du règlement de la CRE du 15 février 2001.

ne satisfaisait pas aux exigences procédurales du procès équitable imposé par l'article 6 de la Convention Européenne des Droits de l'Homme[2134]. La COB se voit alors contrainte de modifier son règlement intérieur pour rendre impossible l'exercice par le Président ou tout membre de la COB de la possibilité de « délibérer dans une affaire dans laquelle il a exercé les fonctions de rapporteur »[2135].

Ces principes découlent des principes fondamentaux du droit pénal et feront l'objet de plus d'attention en ce qui concerne le pouvoir de sanction de la CRE. C'est en tirant les conséquences de ces décisions que le décret du 11 septembre 2000 impose au rapporteur instructeur, « personnage clé de la procédure [...], puisqu'il est le seul à maîtriser l'ensemble du dossier »[2136], de ne pas participer au délibéré. La séance d'audition devant la CRE à laquelle participe le rapporteur est, en principe, publique et le délibéré a lieu à huis clos, sauf en cas de demande contraire des parties.

L'introduction de la publicité des débats répond également à la critique souvent avancée à l'encontre des procédures engagées par les autorités administratives indépendantes, dont les séances et le délibéré interviennent le plus souvent à huis clos[2137]. La procédure devant la CRE est inquisitoriale, si bien qu'il revient au Président de la CRE de diriger les débats. À ce stade de la procédure, le Président de la CRE informe le Commissaire du gouvernement de l'ouverture et du déroulement de la procédure, ce dernier « peut » assister aux séances[2138].

La procédure mise en place devant la CRE est calquée sur celle que l'on retrouve devant l'ART, à la différence que la CRE dispose d'un instrument supplémentaire pour mener à bien la procédure de règlement des litiges. En effet, elle peut procéder à toute enquête nécessaire auprès des GRT, GRD et des opérateurs afin de récolter les informations utiles à l'exercice de ses compétences[2139]. Le respect par la CRE de la publicité des débats, mais surtout de la stricte distinction entre les fonctions d'instruction et de jugement, tend à l'assimiler à une véritable juridiction.

Cette conception soutenue par la Cour de Cassation n'est, en revanche, pas cautionnée par le Conseil d'État qui soutient que les autorités administratives

---

[2134] Arrêt de la C.Cass. « Commission des Opérations de Bourse/Oury » du 5 février 1999, voir commentaire de C. Ducouloux-Favard, Petites affiches, 10 février 1999, p. 14, repris par la décision du Conseil de la Concurrence du 5 octobre 1999, « Sté Campenon Bernard ». La Cour de Cassation motive sa décision sans ambiguïté. Elle dispose que « les tolérances admises dans les règles de procédure appliquées au cours de l'intervention préalable d'une autorité administrative n'impliquent nullement que les garanties fondamentales du procès équitable et du principe de l'égalité des armes entre les parties prévues aux alinéas 2 et 3 de l'article 6 de la CEDH et qui sont propres à la procédure pénale ne soient pas effectivement respectées par l'administration dès le début de l'enquête administrative et durant les phases de la procédure en sanction de manquement ».

[2135] Arrêt de la C.Cass. du 16 février 1999, JCP 1999, III, 20050. Règlement intérieur de la COB, JO du 31 août 1997, modification publiée au JO du 25 février 1999, voir J. Chevallier, Les autorités administratives indépendantes et la régulation des marchés, Justices 1995, n° 1, p. 81.

[2136] J.F. Brisson, Les pouvoirs de sanction des autorités de régulation et l'article 6 § 1 de la CEDH, AJDA, 20 novembre 1999, p. 847.

[2137] La décision de la CRE du 2 mai 2002 souligne le respect de la publicité de l'audience devant la Commission et indique qu'elle a délibéré « après que les parties, le rapporteur, le public et les agents de la CRE se furent retirés » ; J.F. Brisson note que « le déroulement en séance publique n'est [...] que rarement exigé par les textes institutifs », Les pouvoirs de sanction des autorités de régulation et l'article 6 § 1 de la CEDH, précité.

[2138] Articles 2, 3, 4, 5 du décret du 11 septembre 2000 repris par l'article 12 du règlement intérieur de la CRE du 15 février 2001.

[2139] Article 33 de la loi du 10 février 2000.

indépendantes ne doivent pas, en raison de leur nature administrative, être soumises à l'ensemble des règles de procédure s'imposant aux juridictions[2140].

(iii) Une décision équitable et transparente

Lors des discussions sur le projet de loi sur le service public de l'électricité, certains amendements proposaient de ne pas attribuer de pouvoir décisionnel à la CRE dans le cadre de la procédure de règlement des litiges. La proposition émise envisageait de remplacer le pouvoir décisionnel de la CRE par un « simple pouvoir de suggestion ou d'avis sur la saisine des juridictions ou du Ministre chargé de l'énergie et sur le règlement des litiges »[2141]. Or, afin de respecter la logique d'une procédure de règlement des litiges et celle d'une régulation indépendante et impartiale, la fin de l'instruction et des débats au sein de la CRE devait nécessairement aboutir à une prise de décision sur le litige soumis[2142].

Cette compétence est précisée par la loi du 13 juillet 2005.

L'article 38 de la loi du 10 février 2000 met à la disposition de la CRE la possibilité de prendre diverses décisions, lesquelles doivent intervenir dans un délai de deux mois comme le prévoit la directive 03/54 du CE. Ce court délai est rendu obligatoire en raison de la nature des contrats d'accès aux réseaux qui doivent être mis en œuvre en temps réel ou à très court terme[2143]. Le délibéré de la CRE peut aboutir au rejet de la saisine pour cause d'irrecevabilité lorsque la demande n'est pas fondée en fait et en droit. La transparence de la procédure s'illustre dans la rédaction de ses décisions qui reprennent minutieusement l'ensemble des prétentions des parties, jusqu'à la saisine de la CRE et même après. En outre, lorsque la CRE fait partiellement ou totalement droit à la demande, elle doit préciser dans sa décision les conditions techniques et financières dans lesquelles l'accès aux réseaux ainsi que leur utilisation doivent intervenir[2144].

Les conditions techniques de règlement du différend doivent assurer la continuité de l'accès aux réseaux. À ce titre, la CRE est en mesure de condamner le GRT à procéder au raccordement nécessaire d'une installation de cogénération[2145] au regroupement des points de livraison d'un opérateur[2146], voire à conclure avec l'opérateur, dans un court délai, un contrat d'accès aux réseaux[2147].

Les conditions financières de règlement du différend doivent garantir un accès

---

[2140] Dans son arrêt « Caisse de crédit mutuel de Bain-Tresbeouf » du 3 décembre 1999, le Conseil d'État considère que la décision de la CNIL « n'émane pas d'un tribunal au sens de l'article 6 § 1 de la CEDH » et, qu'en conséquence, la CNIL n'a pas à respecter dans le déroulement de sa procédure les principes d'impartialité et des droits de la défense imposant la séparation des fonctions d'instruction et de jugement, voir commentaire de J.D. Combrexelle, Le principe d'impartialité et les autorités de régulation, RFDA, mai-juin 2000, p. 574 ; sur ce point, voir le paragraphe sur le pouvoir de sanction de la CRE.

[2141] Débats du Sénat, séance du 9 octobre 1999.

[2142] Le Secrétaire d'État à l'Industrie, Christian Pierret, insista alors sur le fait qu'une telle conception « dénaturerait complètement les pouvoirs dévolus à la CRE dans l'organisation proposée », débats du Sénat, séance du 7 octobre 1999.

[2143] L'article 56 de la loi du 3 janvier 2003 relative au marché du gaz prévoit, en outre, que ce délai peut être porté à quatre mois si la CRE l'estime utile et sous réserve de l'accord de la partie plaignante.

[2144] Article 38 § I de la loi du 10 février 2000.

[2145] Décision de la CRE du 6 mai 2003 relative au différend opposant Sinerg et EDF.

[2146] Décision de la CRE du 27 juin 2002 relative à un différend opposant EDF et la Semmaris.

[2147] Décision de la CRE du 12 décembre 2002 relative à un différend opposant Pemar et le GRT.

équitable aux réseaux. Cet élément s'exprime dans la pratique par la prise de mesures ponctuelles. Dans une décision relative au différend opposant la RATP et le GRT, concernant une demande de regroupement des points de livraison, la CRE a rejeté la prétention de la RATP et lui a ordonné de régler les arriérés de factures d'accès aux réseaux qu'elle devait au GRT[2148]. Dans une autre décision, elle impose au GRT, cette fois-ci, d'appliquer à un opérateur qui en fait la demande la juste tarification du domaine de tension auquel il est raccordé[2149]. Dans une espèce précitée opposant la société Pemar à EDF, elle constate que le décret du 19 juillet 2002 relatif au tarif d'utilisation des réseaux est en contradiction avec sa proposition. Elle laisse alors la disposition inappliquée, considérant que le décret en question devenait illégal, car la proposition en matière réglementaire ne permet à l'autorité chargée de l'approuver que le choix « entre l'acceptation et le refus »[2150]. Alors qu'une juridiction de droit commun aurait laissé la disposition illégale inappliquée, la CRE en tire toutes les conséquences et impose au GRT d'appliquer la tarification issue de « sa proposition » pour le tarif d'utilisation des réseaux initiale. À cette solution, qui a eu « l'audace d'écarter une norme réglementaire de rang élevé, s'ajoutait la hardiesse de rétablir une proposition normalement transformée en règlement par un décret en CE »[2151].

Il ressort des différends tranchés par la CRE qu'elle entend se comporter plus comme un régulateur qu'un juge. Elle renvoie, par exemple, dans le litige opposant Semmaris à EDF, au GRT l'obligation d'intégrer lui-même les règles de la publicité dans le cahier des charges, plutôt que de se livrer à une action normative.

La CRE indique ainsi que son intervention dans le cadre du règlement des litiges n'est pas une activité juridictionnelle au sens propre du terme, mais la continuité de son activité de contrôle du secteur électrique. La continuité du fonctionnement des réseaux[2152] peut être également assurée par la CRE lorsqu'elle prononce, sur saisine ou d'office, des mesures conservatoires[2153]. La demande de telles mesures doit toutefois être liée à une demande au fond et être instruite par un rapporteur instructeur dans les mêmes conditions que la demande principale, c'est-à-dire dans le respect des droits de la défense[2154]. Elle est justifiée seulement si l'on constate une « atteinte grave et immédiate aux règles régissant l'accès ou l'utilisation des réseaux ». Les décisions conservatoires peuvent être des injonctions de faire, de

2148 Décision de la CRE du 2 mai 2002 relative à un différend opposant le GRT et la RATP. Dans sa décision du 6 février 2003, la CRE condamne ainsi la SNET à payer la somme restant à devoir au GRT au titre des écarts et des dépassements de l'écart d'énergie.

2149 Décision de la CRE du 12 décembre 2002 relative au différend opposant Pemar et le GRT.

2150 T. Tuot, régulation du marché de l'électricité : une année de règlement de différends, RFDA, 2003, p. 315.

2151 T. Tuot, précité, p. 316.

2152 Dans le cadre du différend l'opposant au GRT, la RATP indique dans ses observations en défense que c'est pour « des raisons de continuité de la fourniture que le réseau urbain (métro de Paris) est alimenté par plusieurs points de livraison » et qu'en conséquence il doit lui être appliqué le régime du regroupement des points de livraison dans ses contrats d'accès aux réseaux, observations présentées par la RATP le 20 mars 2002.

2153 Article 6 du décret du 11 septembre 2000, précité.

2154 Elle est adoptée « après avoir entendu les parties en cause », articles 38 § II de la loi du 10 février 2000 et 6 du décret n° 2000-894 du 11 septembre 2000 relatif aux procédures applicables devant la CRE.

cesser de faire, voire consister en des suspensions de décisions. En tout état de cause, elles sont motivées par l'urgence et prises dans le respect des principes de nécessité et de proportionnalité. La décision prise est motivée et notifiée aux parties ainsi qu'au Ministre chargé de l'énergie et au Commissaire du gouvernement avant d'être publiée au Journal Officiel[2155]. Le respect du principe de proportionnalité apparaît surtout dans l'exercice par les autorités publiques de leur pouvoir de police[2156]. On rappellera cependant qu'en vertu de l'arrêt de la Cour de Cassation du 9 octobre 2001 « Société Unibéton », les mesures conservatoires prononcées par le Conseil de la Concurrence doivent l'être par une formation qui n'est pas la même que celle qui statuera au fond, auquel cas celle-ci manquerait objectivement « au principe d'impartialité ». Sur le fondement de cette décision, la CRE devra donc « faire preuve d'une particulière finesse dans la rédaction des décisions prononçant des mesures conservatoires [...], mais simultanément, ne pas préjuger du fond de la solution à apporter au différend qui leur est soumis » [2157].

La loi du 13 juillet 2005 va tirer la conséquence de la jurisprudence de la CRE qui avançait à tâtons dans de nombreux domaines. Elle introduit trois mesures fondamentales, à savoir :

- la CRE peut demander au gestionnaire de réseau de suspendre les pratiques portant atteinte aux règles régissant l'accès aux réseaux, ouvrages et installations ou à leur utilisation ;
- la décision de la CRE peut dorénavant être assortie d'astreintes, et
- lorsque cela est nécessaire, la CRE peut fixer les modalités de l'accès aux réseaux, ouvrages et installations ou les conditions de leur utilisation.

Les décisions de règlement des litiges de la CRE sont obligatoires pour les parties et doivent être appliquées par les opérateurs. Le recours devant la Cour d'Appel de Paris, exclusivement compétente en la matière, contre la décision de la CRE n'est pas suspensif. La non-application de la décision par les parties constitue un manquement qui autorise la CRE à mettre en demeure la partie qui ne s'exécute pas, voire à prononcer à son encontre des sanctions administratives ou financières[2158].

2155 Le projet de loi initial prévoyait que la CRE décide de la publication de ses décisions « dans un bulletin officiel de la CRE ». Or, la procédure plus lourde de publicité des décisions au Journal Officiel l'a emporté afin de répondre aux impératifs de parfaite transparence de l'activité de la Commission, débats du Sénat, séance du 7 octobre 1999.

2156 En effet, selon J. Dutheil de la Rochère, « En France [...] la proportionnalité n'est pas explicitement invoquée en droit écrit ou dans la jurisprudence, mais la doctrine en a depuis longtemps découvert les manifestations dans la jurisprudence du CE [...]. Deux principes lui sont rattachés : la non-rétroactivité des actes administratifs et l'intangibilité des actes créateurs de droit objectif », Influence du droit français en droit communautaire/droit de l'Union européenne, RFDA, juillet-août 2001, p. 909.

2157 Arrêt commenté par M. Lombard, Mesures conservatoires prises par les autorités de régulation et le principe d'impartialité, DA, février 2002, p. 36 ; elle souligne également que cette distinction sera difficilement traduisible dans la pratique en raison du « nombre limité des membres du collège de la CRE », cela a pour conséquence que les règles du quorum ne pourront pas être respectées si aucun membre ne peut siéger au stade du prononcé des mesures conservatoires et de la décision au fond.

2158 La CRE est en mesure de prononcer une sanction contre le manquement d'un opérateur, d'office, à la demande du Ministre chargé de l'énergie, ou de « toute personne concernée », article 40 de la loi du 10 février 2000.

La sanction prononcée intervient sans mise en demeure préalable[2159] et peut, en fonction de la gravité du manquement, consister en une interdiction temporaire d'accès aux réseaux d'une durée maximum d'un an ou en une sanction pécuniaire allant de 3 à 5 % du chiffre d'affaires de l'opérateur[2160].
Pour garantir le respect des droits de la défense, les opérateurs peuvent contester les décisions et mesures prises par la CRE relatives aux différends liés à l'accès et à l'utilisation des réseaux, selon une procédure qui répond à des règles de compétence particulières.

(c) Les voies de recours contre les décisions de la CRE

Le respect des droits de la défense implique la possibilité pour les parties de procéder à la réformation ou à l'annulation des décisions prises par la CRE dans le cadre du règlement des différends. Sont visées ici non seulement les décisions sur le fond, mais aussi les mesures conservatoires qu'elle prononce. La directive 03/54 du CE prévoit indirectement la possibilité pour les opérateurs d'exercer un recours contre les décisions du régulateur lorsqu'elle dispose que la décision (du régulateur) « est contraignante pour autant qu'elle n'est pas annulée à la suite d'un recours ».
En vertu du principe de la séparation des pouvoirs, le recours contre les décisions de la CRE devrait intervenir devant une juridiction administrative en raison de sanature et ses pouvoirs. Appuyant cette approche, le Conseil Constitutionnel, lors du contrôle des dispositions concernant les recours contre les décisions des autorités administratives, pose comme préalable la compétence des juridictions administratives pour en connaître[2161]. Il réitère sa position dans sa décision du 23 janvier 1987 relative au Conseil de la Concurrence, dans laquelle il dispose qu' « à l'exception des matières réservées par nature à l'autorité judiciaire, relève en dernier ressort de la compétence de la juridiction administrative l'annulation ou la réformation des décisions prises dans l'exercice des prérogatives de puissances publiques par les autorités exerçant le pouvoir exécutif »[2162].
Or, aux termes de l'article 38 de la loi du 10 février 2000, les recours contre les décisions et les mesures conservatoires prises par la CRE dans le cadre de la procédure de règlement des litiges sont formés devant les juridictions judiciaires. Cette attribution de compétence repose sur le fait que les décisions prises par la CRE dans ce domaine concernent essentiellement des rapports de droit privé, formalisés dans les contrats d'accès aux réseaux. La constitutionnalité de cette attribution de compétence est reconnue par le Conseil Constitutionnel dans sa décision relative au

---

2159 La procédure de mise en demeure intervient seulement dans le cadre d'un manquement à une disposition législative ou réglementaire relative à l'accès et à l'utilisation des réseaux publics, article 40 § 1° de la loi du 10 février 2000. Voir la décision de l'ART qui met en demeure la société XTS Network Océan Indien de respecter les dispositions relatives aux obligations de déploiement de réseaux de boucle locale radio en vertu de l'arrêté d'autorisation du 4 août 2000, décision n° 02-275 de l'ART du 26 mars 2002 portant mise en demeure de la société XTS Network Océan Indien.

2160 Article 40 § 1° de la loi du 10 février 2000, le régime des voies de recours contre les sanctions prononcées par la CRE répond à une compétence des juridictions administratives.

2161 Décision du Conseil Constitutionnel n° 80-119 DC du 22 juillet 1980 relative à la loi portant validation d'actes administratifs, JO du 24 juillet 1980, p. 1868.

2162 Décision du Conseil Constitutionnel n° 86-224 du 23 janvier 1987 relative à la loi transférant à la juridiction judiciaire le contentieux du Conseil de la Concurrence, JO des 12 et 13 janvier 1987, p. 469.

recours contre les décisions du Conseil de la Concurrence. Il reconnaît au législateur la possibilité de confier au juge judiciaire le contentieux de certaines décisions prises par le Conseil de la Concurrence « dans l'intérêt d'une bonne administration de la justice »[2163]. C'est donc afin d'éviter une compétence duale des tribunaux judiciaires et administratifs pour connaître des contentieux devant le Conseil de la Concurrence que se justifie l'unification des règles au sein « de l'ordre juridictionnel principalement intéressé », en l'espèce, l'ordre judiciaire[2164]. Cette attribution de compétence est soumise à la condition que l'aménagement des règles de compétence soit « précis et limité » et concerne l'application d'une législation ou d'une réglementation spécifique.

Il ressort de cette décision que, si le recours contre les actes réglementaires d'une autorité administrative indépendante est de la compétence administrative, le législateur est autorisé, dans les limites précitées, à attribuer au juge judiciaire la compétence pour connaître des recours contre les décisions individuelles ou les injonctions d'une autorité administrative indépendante. Sur la base de cette habilitation, les recours exercés contre les décisions du Conseil de la Concurrence, mais aussi de l'ART, sont de la compétence judiciaire, et plus précisément de la compétence exclusive de la Cour d'Appel de Paris.

La loi du 10 février 2000 s'aligne également sur les régimes adoptés dans les télécommunications et retient la compétence de la Cour d'Appel de Paris pour connaître des recours contre les décisions de la CRE en matière de règlement des litiges. Le législateur reprend le principe du Conseil Constitutionnel de la bonne administration de la justice pour unifier, sous l'autorité de la Cour de Cassation en dernier ressort, le contentieux du règlement des litiges du secteur électrique.

Le choix de la Cour d'Appel de Paris est d'autant plus avisé que celle-ci a développé une jurisprudence fournie sur les activités économiques sectorielles, telles que le secteur des télécommunications, et plus généralement sur les activités dominées par un opérateur en position de monopole. Par ailleurs, la jurisprudence administrative reconnaît depuis longtemps la compétence judiciaire pour connaître des contentieux nés des contrats entre EPIC et usagers, même dans le cas où le contrat contient des clauses exorbitantes de droit commun, ou que le litige implique un ouvrage public[2165].

Le recours exercé devant la CA de Paris est, selon ses termes, un recours de « plein contentieux » si bien qu'elle contrôle non seulement la régularité formelle de la procédure et de la décision prise par l'autorité, mais aussi « la pertinence de la motivation, ainsi que le contrôle de la juste appréciation des droits et obligations des

---

2163 Cette problématique repose sur le principe de la séparation des autorités administratives et judiciaires contenu dans les articles 10 et 13 de la loi des 16 et 24 août 1790 et du décret du 16 fructidor An III, n'ayant pas eux-mêmes valeur constitutionnelle, mais contenant la conception de la séparation des pouvoirs figurant au nombre des « principes fondamentaux reconnus par les lois de la République », selon lesquels, à l'exception des matières réservées par nature à l'autorité judiciaire, « relève en dernier ressort de la compétence des juridictions administratives l'annulation ou la réformation des décisions prises dans l'exercice des prérogatives de puissance publique par les autorités exerçant le pouvoir exécutif ou les organismes placés sous leur autorité ou contrôle », décision du Conseil Constitutionnel n° 86-224 DC du 23 janvier 1987, précitée.

2164 Décision du Conseil Constitutionnel n° 86-224 DC du 23 janvier 1987.

2165 Arrêts du CE « Campanon-Rey » du 13 octobre 1961, rec.p. 567, arrêt du TC « Mme Galland » du 25 juin 1954, rec.p. 717.

parties »[2166]. Afin d'être un véritable « juge de la régulation, [...] rapide et exactement informé », le juge de la CA de Paris peut ordonner des expertises afin de procéder à un contrôle précis de la décision du régulateur. En effet, celle-ci est souvent liée à des éléments techniques et économiques propres au secteur, elle peut ainsi contrôler si le régulateur a procédé à une « juste appréciation des droits et obligations des parties »[2167].

Mais le partage des compétences entre les tribunaux judiciaires et administratifs n'est pas aussi clair qu'il y paraît. Il dépend fortement de la nature des mesures prises dans la décision de règlement des litiges par la CRE. Ainsi, pour exercer un recours contre une décision de la CRE qui concerne l'application des tarifs d'utilisation des réseaux, ce sont les juridictions administratives qui sont en principe compétentes pour en connaître, car ils sont fixés dans un décret, alors que les dispositions contractuelles relatives à l'accès aux réseaux imposent la compétence de l'autorité judiciaire[2168]. En cas de contestation relative à la compétence de la juridiction, il reviendra en dernier ressort au Tribunal des conflits d'opérer la « conciliation entre cette règle de compétence juridictionnelle et les principes fondamentaux du droit public »[2169].

Dans sa décision du 18 octobre 1999 « Aéroport de Paris et Air France/TAT European Airlines »[2170], le Tribunal des conflits considère que les mesures prises par Aéroport de Paris imposant à la compagnie TAT de s'installer sur le site d'Orly-sud et contestées par le Conseil de la Concurrence sont indissociables de la gestion du domaine public et imposent, par conséquent, la compétence administrative.

En revanche, la CA de Paris est compétente pour connaître en appel le recours contre la décision du Conseil de la Concurrence, relative aux mesures imposant à la compagnie TAT d'utiliser les services d'assistance desAéroports de Paris[2171].

Cette décision a pour conséquence de priver le Conseil de la Concurrence de ses compétences de régulation dès que sont en cause des prérogatives de puissances publiques exercées par l'opérateur en position dominante. Le Tribunal des conflits ne présente que de minces critères pour distinguer entre les actions de l'opérateur historique qui se rattachent à l'acte administratif et celles qui peuvent en être dissociées, alors que la majorité des interventions d'un opérateur historique en position dominante concernent aussi la gestion du service public qu'il a à gérer.

[2166] M. Lombard, Services publics et régulations, La CA de Paris ordonne une expertise pour mieux exercer son rôle de juge de plein contentieux en matière de régulation, DA, avril 2002, p. 31.

[2167] Arrêt de la CA de Paris « France Télécom/9 Télécom réseau » du 26 février 2002, commenté par M. Lombard, DA, avril 2002, p. 31.

[2168] Alors que, dans sa décision du 23 juillet 1996 sur l'ART, le Conseil Constitutionnel rappelle encore à propos du contentieux de l'ART qu'il « relève de manière générale du juge administratif ; ce n'est que dans le cas particulier où elle intervient pour trancher des litiges contractuels et privés que la loi prévoit une exception ».

[2169] Rapport public du Conseil d'État 2001, p. 334.

[2170] Tribunal des conflits du 18 octobre 1999 « Aéroports de Paris et Air France/TAT European Airlines », ci-après « Aéroport de Paris », note sur cet arrêt de M. Bazex, AJDA, 1999, p. 996 et commentaire de Y. Laidié, Brèves observations sur les difficultés de la dévolution du contentieux de la concurrence, RFDA, mai-juin 2000, p. 567.

[2171] Si cette mesure était détachable de l'appréciation de la légalité de l'acte administratif, elle pourrait être examinée par le Conseil de la Concurrence et en appel par la CA de Paris, commentaire de C. Bréchon-Moulènes, La place du juge administratif dans le contentieux économique public, AJDA, 20 septembre 2000, p. 679.

La décision de la CA de Paris relative à des agissements anticoncurrentiels d'EDF par rapport à des producteurs autonomes rassure, en ce que la CA de Paris impose sa compétence et sanctionne l'abus de position dominante d'EDF[2172]. Elle justifie sa compétence dès que ne sont pas en cause « les contrats conclus par EDF, ni même les refus de contracter avec les producteurs autonomes, mais un comportement global caractérisé par un ensemble d'actes détachables, indépendants des modalités d'organisation du service public »[2173]. Cette décision introduit les prémisses des critères à prendre en compte par la CA de Paris contre des pratiques anticoncurrentielles, afin de retenir la compétence judiciaire. Elle découle de l'ensemble des pratiques et des décisions de l'opérateur historique détachables de l'acte administratif en lui-même. Les conditions abusives qui pourraient être posées par EDF lors de la signature de nouveaux contrats d'achat d'électricité doivent être, en l'espèce, dissociées des contrats eux-mêmes, ainsi que des mesures d'organisation du service public de l'électricité[2174]. Appliquée au secteur électrique, la compétence de la CA de Paris en appel des décisions de la CRE concerne l'ensemble des agissements et pratiques de l'opérateur historique autour de l'accès aux réseaux et de leur utilisation dès qu'ils sont détachables d'un acte administratif. Mais cette énonciation n'est pas aussi évidente à appliquer en raison « du fort contenu en droit public du contentieux de la CRE » dévolu à la CA de Paris[2175].
En ce qui concerne le déroulement de la saisine, la loi du 10 février 2000 précise que la Cour d'Appel est saisie du recours contre les décisions de la CRE dans le mois qui suit sa notification, et non dans le délai de 2 mois souhaité dans les rapports Bataille et Revol[2176], bien qu'un allongement du délai aurait été plus en mesure d'assurer les droits de la défense. Par ailleurs, bien que la CRE ne soit pas défenderesse à la procédure, elle intervient tout d'abord par le dépôt d'observations écrites dans lesquelles elle demande à la CA de Paris de rejeter le recours contre sa décision, mais aussi en présentant ses observations pendant l'audience[2177].
L'auteur de la saisine a le choix entre un recours en réformation et un recours en annulation de la décision. Contrairement au recours en matière pénale ou civile, le recours exercé contre une décision prononcée par une autorité administrative n'est pas suspensif en raison du caractère exécutoire des décisions administratives.

[2172] Cet arrêt concerne les agissements d'EDF dans le cadre de son obligation d'achat de l'électricité produite par des producteurs autonomes. Constatant la difficulté à écouler la production ainsi acquise, EDF a adopté unilatéralement une politique d'achat de l'électricité désavantageant les producteurs autonomes. Cet agissement constitue envers les producteurs autonomes un abus de position dominante que condamne le Conseil de la Concurrence, décision du Conseil de la Concurrence n° 96-DC-81 du 10 décembre 1996 confirmée en appel par la CA de Paris, Rapport d'activité 1996, p. 754.

[2173] Arrêt de la CA de Paris « EDF/Société de chauffage auxiliaire et autres » du 27 janvier 1998.

[2174] Note C. Adam, S. Blazy, sous arrêt « EDF/Société de chauffage auxiliaire et autres », AJDA, 20 mai 1998, p. 435 ; J.Y. Chérot, Les méthodes du juge administratif dans le contentieux de la concurrence, AJDA 20 septembre 2000, p. 687.

[2175] Voir la décision de la CA de Paris du 10 décembre 2002 relative au différend opposant la RATP à EDF, commentaire de T. Tuot, Régulation du marché de l'électricité : une année de règlement des différends, RFDA, n° 2, mars-avril 2003, p. 312.

[2176] Rapport Bataille, p. 193.

[2177] Voir l'arrêt de la CA de Paris du 10 décembre 2002 rejetant le recours formé par la RATP contre la décision de rejet de la CRE du 2 mai 2002 sur un différend relatif à la prise en compte de la multiplicité des points de livraison dans le dispositif contractuel d'accès au réseau électrique.

Toutefois, afin de respecter l'impératif dégagé par le Conseil Constitutionnel dans sa décision du 23 janvier 1987, la loi du 10 février 2000 doit prévoir la possibilité d'ordonner un sursis à exécution de la décision en contrepartie du transfert du contentieux au juge judiciaire. Celle-ci prévoit cette possibilité si la décision prononcée est susceptible d'entraîner des conséquences manifestement excessives, ou si un fait nouveau d'une exceptionnelle gravité est intervenu depuis la décision.

Quant aux mesures conservatoires, elles peuvent également faire l'objet d'un recours en annulation ou en réformation devant la Cour d'Appel dans un délai plus bref que celui applicable aux décisions au fond, à savoir un délai de 15 jours. La Cour d'appel dispose d'un mois pour rendre sa décision. C'est également le délai retenu pour former un pourvoi contre la décision de la Cour d'appel devant la Cour de Cassation[2178].

Les délais retenus pour l'exercice des recours respectent le précepte de la procédure équitable. En effet, l'intérêt des parties impose que le délai de recours ne soit pas trop court pour une solution diligente, mais il ne doit également pas « allonger par trop les procédures »[2179].

Les États membres doivent, aux termes de l'article 23 § 7 de la directive 03/54 du CE, faire en sorte que le régulateur s'acquitte de ses obligations « de manière rapide et efficace » et qu'il respecte le principe du « délai raisonnable » dégagé par la Cour Européenne des Droits de l'Homme.

On soulignera que ces délais de recours ne s'appliquent que pour les procédures de règlement des litiges. Les recours contre les décisions réglementaires de la CRE sont, quant à eux, soumis aux délais du droit administratif général, comme le prévoit dorénavant l'article 23 § 6 de la directive 03/54 du CE qui permet aux opérateurs lésés de « déposer une plainte en réexamen », en particulier, contre la décision ou la proposition de la CRE relative au tarif d'utilisation des réseaux.

(3) Le pouvoir de sanction de la CRE

Tout en imposant la création de « mécanismes appropriés et efficaces de régulation, de contrôle et de transparence »[2180], les directives 96/92 et 03/54 du CE visent indirectement le pouvoir de sanction même si elles n'attribuent pas expressément de pouvoir de sanction au régulateur. Le pouvoir de sanction attribué à la CRE s'analyse comme un instrument qui prolonge la procédure de règlement des litiges et prend le relais en cas de non-application de la décision de la CRE. Mais il constitue surtout un pouvoir autonome que la CRE met en œuvre dans les cas et sous les conditions énumérés à l'article 40 de la loi du 10 février 2000.

Il est exercé sous la double condition posée par le Conseil Constitutionnel qu'il ne soit mis en œuvre que « dans la limite nécessaire à l'accomplissement de la mission » confiée[2181] et que son exercice soit assorti « de mesures destinées à sauvegarder les droits et libertés constitutionnellement garantis »[2182].

Avant d'en préciser le fonctionnement et l'étendue, il importe d'en rappeler la

[2178] Articles 8 à 15 du décret du 11 septembre 2000 et 38 § II de la loi du 10 février 2000.
[2179] Rapport Revol, p. 120.
[2180] Article 22 de la directive 96/92 du CE.
[2181] Décision du Conseil Constitutionnel n° 88-248 DC du 17 janvier 1989 relative au CSA.
[2182] Décision du Conseil Constitutionnel n° 89-260 DC du 28 juillet 1989 relative à la COB.

nature, car le « pouvoir de sanction de la CRE n'est pas de nature juridictionnelle, mais a un caractère administratif »[2183], ce qui justifie son régime particulier.

(a) Les conditions d'exercice du pouvoir de sanction par la CRE

Attribuer un pouvoir de sanction, qui est en principe l'apanage du pouvoir juridictionnel, à une autorité administrative dotée, par ailleurs, d'un pouvoir réglementaire va à l'encontre du principe constitutionnel de la séparation des pouvoirs.

Mais c'est sans compter la lecture que le Conseil Constitutionnel fait de cet impératif depuis sa décision du 28 juillet 1989 relative à la COB dans laquelle il reconnaît la possibilité de pourvoir une autorité administrative indépendante d'un pouvoir de sanction, sans pour autant enfreindre le principe de séparation des pouvoirs proclamé à l'article 16 de la Déclaration des Droits de l'Homme et du Citoyen de 1789 intégré dans le bloc de constitutionnalité[2184].

Il estime que « le principe de séparation des pouvoirs, non plus qu'aucun autre principe ou règle de valeur constitutionnelle ne fait obstacle à ce qu'une autorité administrative, agissant dans le cadre de prérogatives de puissance publique, puisse exercer un pouvoir de sanction »[2185].

Cet exercice doit intervenir toutefois sous la double condition que la sanction infligée soit exclusive de toute privation de liberté[2186] et que l'exercice du pouvoir de sanction soit assorti par la loi de mesures devant sauvegarder les droits et libertés constitutionnellement garantis. Au fur et à mesure des décisions rendues lors des contrôles de constitutionnalité des lois créant des autorités administratives indépendantes (CNIL, COB, CSA, ART), le Conseil Constitutionnel a dégagé un ensemble de principes minimums dont il impose le respect à ces entités.

Bien que la loi du 10 février 2000 n'ait pas été soumise au contrôle de constitutionnalité des lois, les « droits et libertés constitutionnellement garantis » s'imposent également à elles et l'exercice du pouvoir de sanction attribué à la CRE est soumis au respect des principes constitutionnels suivants :

- *le principe de la légalité des délits et des peines*[2187] :

Ce principe comprend la légalité de la sanction et de la peine que le Conseil d'État interprète de façon très rigoureuse, car il constate que, dans certaines matières

---

2183 Rapport Bataille, p. 198.

2184 Décision du Conseil Constitutionnel n° 89-260 DC du 28 juillet 1989, voir commentaire de B. Genevois, Le Conseil Constitutionnel et l'extension des pouvoirs de la COB, RFDA, 1989, p. 671.

2185 Décision du Conseil Constitutionnel n° 89-248 DC du 17 janvier 1989 relative au Conseil Supérieur de l'Audiovisuel.

2186 Le Conseil supérieur de l'audiovisuel peut prononcer à l'encontre d'un exploitant de services de communication audiovisuelle la suspension d'une partie des programmes d'au moins 1 mois, ou une sanction pécuniaire allant de 3 à 5 % du chiffre d'affaires annuel, en vertu des articles 42-1 et 42-2 de la loi du 30 septembre 1986. L'ART dispose également d'un pouvoir prévoyant le prononcé d'une sanction relative aux réseaux et une sanction pécuniaire en vertu de l'article L. 36-11 du code des P et T.

2187 Le Conseil Constitutionnel souligne dans sa décision du 17 janvier 1989 précitée que ce principe est satisfait par la seule « référence aux obligations auxquelles le titulaire d'une autorisation administrative est soumis en vertu des lois et règlements ».

techniques, les « éléments constitutifs de l'infraction n'étaient bien souvent pas clairement définis »[2188]. Le Conseil Constitutionnel considère que l'exigence d'une définition des infractions est satisfaite « par la référence aux obligations auxquelles le titulaire d'une autorisation administrative est soumis en vertu des lois et règlements »[2189].

- *la non-rétroactivité de la loi pénale*[2190] :

Parallèlement à ce principe, celui de l'application immédiate de la loi plus douce est également applicable aux sanctions administratives. Cet impératif ressort d'un avis du CE du 27 mai 1993, le Conseil Constitutionnel ne s'étant, en l'espèce et à notre connaissance, pas encore explicitement exprimé sur son application aux sanctions administratives.

- *le respect des droits de la défense*[2191] :

Le Conseil Constitutionnel l'exprime dans sa décision sur le CSA ainsi : « aucune sanction ne peut être infligée sans que le titulaire de l'autorisation ait été mis à même tant de présenter ses observations sur les faits qui lui sont reprochés, que d'avoir accès au dossier le concernant »[2192].

- *le respect de la règle de la proportionnalité et du non bis in idem*[2193] :

Ce principe est contenu à l'article 8 de la Déclaration des Droits de l'Homme et du Citoyen de 1789. Aux termes de ce principe, le Conseil Constitutionnel contrôle l'absence de disproportion manifeste entre l'infraction et la peine encourue. Dans sa décision sur le CSA du 17 janvier 1989, il considère que le « montant de la sanction pécuniaire doit être fonction de la gravité des manquements commis et en relation avec les avantages tirés du manquement par le service autorisé ».
Prolongeant les impératifs dégagés par le Conseil Constitutionnel, les juridictions judiciaires et administratives sont enfin parvenues à dégager une position commune relative à l'application de l'article 6 de la Convention Européenne des Droits de l'Homme (CEDH) concernant le respect du principe d'équité pendant le procès et lors du prononcé de sanctions pénales[2194] dans les procédures appliquées devant les

2188 Les pouvoirs de l'administration dans le domaine des sanctions, Rapport du CE, EDCE, n° 46, 1995.
2189 Décision du Conseil Constitutionnel n° 88-248 DC du 17 janvier 1989 relative au CSA.
2190 Décision du Conseil Constitutionnel n° 82-155 DC du 30 décembre 1982 relative aux sanctions fiscales.
2191 Décision du Conseil Constitutionnel n° 76-70 DC du 2 décembre 1976 relative au contrôle de la loi concernant le développement de la prévention des accidents du travail.
2192 Décision du Conseil Constitutionnel n° 88-248 DC du 17 janvier 1989.
2193 Le respect de ces exigences s'étend à toute sanction « ayant le caractère d'une punition, même si le législateur a laissé le soin de la prononcer à une autorité de nature non judiciaire », points 36 et 37 de la décision du Conseil Constitutionnel n° 88-248 DC du 17 janvier 1989 sur la loi modifiant la loi du 30 septembre 1986 relative à la liberté de communication.
2194 L'article 6 de la Convention Européenne de sauvegarde des Droits de l'Homme (CEDH) du 4 novembre 1950 dispose que « Toute personne a droit à ce que sa cause soit entendue équitablement, publiquement et dans un délai raisonnable, par un tribunal impartial et indépendant ».

autorités de régulation[2195]. Mettant fin à leurs divergences, elles ont repris la position de la Cour de Strasbourg qui estime qu'indépendamment de la qualification formelle d'un organe, dès lors que celui-ci prononce une sanction ayant un « caractère préventif et répressif » pour protéger une norme à caractère général, il doit respecter les impératifs procéduraux de l'article 6 de la CEDH dès la phase administrative[2196].

(b) La mise en œuvre du pouvoir de sanction par la CRE

Sur la base de ces principes dégagés par le Conseil Constitutionnel, la CEDH et les juridictions suprêmes nationales, la loi du 10 février 2000 attribue à la CRE un pouvoir de sanction qui prend en compte les impératifs constitutionnels, d'équité et d'impartialité.

Ces impératifs sont repris dans le règlement intérieur de la CRE et réécrits dans le décret du 11 septembre 2000 relatif aux procédures devant la CRE. Le régime mis en place permet une large saisine de la CRE et propose une approche qui englobe l'ensemble des pratiques relatives à l'accès et à l'utilisation des réseaux.

(i) Une large saisine de la CRE

La loi du 10 février 2000 attribue un pouvoir de sanction à la CRE afin de réprimer les manquements constatés des gestionnaires des réseaux publics de transport et de distribution ou des utilisateurs des réseaux. Parallèlement, l'article 40 de la loi du 10 février 2000 attribue à la CRE un pouvoir de sanction autonome. Il lui permet de se saisir d'office dès qu'elle constate le manquement d'un opérateur à une disposition législative ou réglementaire relatif, entre autres, à l'accès ou à l'utilisation des réseaux[2197]. En outre, la loi du 10 février 2000 lui reconnaît la possibilité d'exercer ce pouvoir de sanction dans le cas où un gestionnaire ou un opérateur « ne s'est pas conformé dans les délais requis à une décision prise par la CRE en application de l'article 38 ». Parallèlement à la saisine d'office, la CRE peut être saisie par :

- le Ministre chargé de l'énergie ;
- une organisation professionnelle ;
- une association agréée d'utilisateurs ou
- toute personne concernée.

Pour ce qui concerne la dernière catégorie, la loi du 13 juillet 2005 précise que la procédure de règlement des différends ne peut pas concerner un client non éligible. On remarquera que les organisations professionnelles ainsi que les associations d'utilisateurs se voient reconnaître la possibilité de saisir la CRE bien qu'elles ne soient pas directement concernées par les réglementations en vigueur, ni par les

---

[2195] Voir l'application de l'article 6 de la CEDH aux autorités administratives indépendantes dans les arrêts de la Cour de Cassation « COB/Oury » du 5 février 1999 et du Conseil d'État « Didier » du 3 décembre 1999, chronique sur la jurisprudence du Conseil d'État de M. Guyomar, P. Collin, AJDA, 20 février 2000, p. 404.

[2196] Voir les critères dégagés par la Cour de Strasbourg dans son arrêt « Öztürk » du 21 février 1984, n° requête 8544/79, série A, n° 73.

[2197] L'article 40 § 1° prévoit aussi la possibilité pour la CRE d'exercer son pouvoir de sanction contre des manquements relatifs aux règles d'imputation, à un périmètre ou à un principe approuvé en vertu des articles 25 et 26.

décisions de la CRE[2198]. La largesse de la saisine permet ainsi à quiconque de saisir la CRE, à charge pour l'auteur de la saisine de démontrer que le manquement d'un gestionnaire de réseau ou d'un utilisateur lui porte un préjudice actuel, certain et direct. La saisine peut également émaner de la partie qui a obtenu satisfaction dans la procédure de règlement des litiges. Elle demande alors à la CRE de sanctionner la non-application par l'autre partie des mesures préconisées dans la décision de règlement des litiges. Dans ce cas, le pouvoir de sanction de la CRE s'analyse comme une voie d'exécution de ses décisions. Lorsqu'une partie n'exécute pas sa décision, elle peut faire l'économie d'une étape procédurale car elle ne doit pas mettre la partie en demeure de s'exécuter avant de prononcer sa sanction[2199].

(ii) Une procédure respectueuse des principes d'équité, d'impartialité et de respect des droits des parties

Le respect du principe d'impartialité se traduit dans le contenu de l'acte d'auto-saisine de la CRE et doit être rédigé, selon le décret du 11 septembre 2000, en des termes qui ne présupposent pas à l'avance l'issue de l'affaire. Pour cela, il doit consister « en un exposé neutre des faits dont la personne mise en cause devra répondre »[2200]. Lorsque la CRE est saisie par le Ministre, sa saisine consiste en un « exposé des moyens décrivant le manquement »[2201]. La saisine émanant d'une personne autorisée par la loi du 10 février 2000 doit apporter en sus la preuve de sa qualité pour agir[2202].

Le déroulement de la procédure de sanction est calqué sur celui de la procédure de règlement des litiges. Le président de la CRE désigne un rapporteur pour instruire la demande dans le respect du principe du contradictoire. La constatation du manquement est formalisée dans un procès verbal dressé par les agents désignés par la CRE en vertu de l'article 33 § I et II de la loi du 10 février 2000[2203]. La CRE invite, par ailleurs, les parties à présenter des observations écrites ou orales.

En s'appuyant sur les constatations des procès verbaux et les observations des parties, le président de la CRE met en demeure l'auteur du manquement de se conformer à sa décision dans un délai qu'elle détermine. La mise en demeure n'étant pas nécessaire s'il s'agit d'une décision intervenue dans le cadre de la procédure de règlement des litiges de l'article 38 de la loi du 10 février 2000, encore faut-il qu'elle comporte un délai d'exécution[2204]. Passé le délai, si le manquement persiste,

---

2198 Dans le cadre des télécommunications l'article L. 36 du Code des P et T est plus restrictif, car il ne prévoit pas l'intervention d'organisations professionnelles ou d'associations d'utilisateurs.

2199 Article 40 § 2° de la loi du 10 février 2000.

2200 Voir l'arrêt du Conseil d'État « Société Habib Bank Ltd » du 20 octobre 2000 qui impose le respect des conditions de l'article 6 § 1 de la CEDH.

2201 Article 16 du décret n° 2000-894 du 11 septembre 2000.

2202 Article 16 du décret n° 2000-894 du 11 septembre 2000.

2203 Aux termes de l'article 33 de la loi du 10 février 2000, les manquements visés à l'article 40 sont constatés par les agents de la CRE qui sont habilités à cet effet par le Président et disposent des mêmes pouvoirs que la CRE pour l'accomplissement de ces missions.

2204 Parmi les décisions prises par la CRE, celle du 12 décembre 2002 impose au GRT de proposer à la société Pemar un contrat d'accès aux réseaux « dans un délai d'une semaine à compter de la notification de la présente décision » ; celle du 27 juin 2002 qui impose à EDF de se prononcer « dans un délai de quinze jours à compter de l'accomplissement des mesures exigées par la décision sur la demande de regroupement des points de livraison ».

le président de la CRE notifie à l'auteur du manquement les griefs susceptibles de fonder l'application de sanctions ainsi que les sanctions encourues et le délai pendant lequel l'auteur du manquement peut consulter le dossier et présenter ses observations écrites, avant d'être informé de sa convocation pour présenter ses observations orales[2205]. Cela est rendu possible dans le cadre de l'audience organisée par la CRE, au sein de laquelle le rapporteur instructeur rappelle les mises en demeure et sanctions prévues, laissant aux parties ou à leurs représentants le soin de présenter leurs arguments.

Le principe du contradictoire est respecté dès le déclenchement de la procédure avec la consultation des parties dans le cadre de l'enquête réalisée par les agents de la CRE, comme le requiert la CEDH qui estime que l'inobservation initiale de certaines règles de procédure risque de compromettre gravement le caractère équitable du procès[2206]. Les parties peuvent toujours, au cours de la mise en demeure, faire valoir leurs arguments à l'oral ou par écrit, avant de pouvoir les mettre en exergue lors de l'audience publique devant la CRE[2207].

Il revient au règlement intérieur de la CRE et au décret relatif aux procédures applicables devant la CRE de préciser les impératifs d'impartialité afin de garantir le respect des droits de la défense pendant la procédure.

Or ces obligations peuvent parfois être poussées à leur paroxysme si l'on considère l'arrêt de la Cour d'Appel « Société KPMG fiduciaire de France » du 7 mars 2000, dans lequel la Cour, sans contester le cumul au sein de la COB des fonctions de poursuite, d'instruction et de décision, considère que « les conditions dans lesquelles le collège de la COB les avait successivement exercées » ont vicié l'ensemble de la procédure. Ces fonctions sont également concentrées au sein de la CRE, si bien qu'il lui revient, au terme de cette décision, de tempérer l'interdépendance de ces fonctions.

Dans l'exercice de son pouvoir de sanction et afin de respecter les principes d'impartialité et de transparence de la procédure, la CRE doit être dorénavant extrêmement précise sur le partage des tâches entre les entités appelées à intervenir au cours de la procédure de sanction.

L'absence de telles dispositions dans le règlement intérieur de l'autorité administrative ne peut, selon le Conseil d'État, que s'avérer « gênante [...] en termes de fonctionnement et de garanties procédurales, car son fonctionnement peut paraître opaque »[2208].

(iii) Le prononcé des sanctions

L'auteur du manquement qui ne se conforme pas dans les délais à la décision de mise en demeure de la CRE court le risque de voir prononcer contre lui deux types de sanctions prévus par l'article 40 de la loi du 10 février 2000 en fonction de la gravité du manquement[2209], ce sont :

[2205] Article 15 du règlement intérieur de la CRE du 15 février 2001, inspiré par le décret du 11 septembre 2000, précité.

[2206] Arrêt de la CEDH « Miailhe/France » du 26 septembre 1996.

[2207] Article 19 du décret n° 2000-894 du 11 septembre 2000.

[2208] Rapport public 2001 du Conseil d'État, p. 363.

[2209] Dans le cas où la sanction de la CRE intervient dans le cadre de l'article 38, c'est la décision qu'elle prend dans le cadre du règlement des litiges qui est à prendre en compte.

- les sanctions administratives qui se présentent sous la forme de mesures d'interdiction temporaire d'accéder aux réseaux de transport et de distribution. Cette interdiction ne pouvant cependant dépasser une année[2210] ;
- les sanctions pécuniaires dont le maximum ne saurait être supérieur à 3 % du chiffre d'affaires HT du dernier exercice et serait porté à 5 % du chiffre d'affaires en cas de récidive[2211].

Il s'agit en l'espèce d'un véritable pouvoir d'injonction qui autorise également la CRE à fixer un délai dans lequel sa décision doit être exécutée. Elle use de cette prérogative dans sa décision du 3 juin 2004 concernant un différend opposant la Société Pouchon Cogen à EDF dans laquelle elle enjoint, par exemple, à EDF de réaliser des travaux de raccordement dans un délai déterminé.

Lorsqu'une autorité administrative indépendante s'apprête à décider des sanctions à l'égard d'une entreprise, qu'elles soient administratives ou pécuniaires, la règle de l'impartialité s'oppose à ce que son président prenne position sur les griefs adressés à celle-ci[2212]. Afin de pouvoir prononcer une sanction pécuniaire, les dispositions législatives imposent que le manquement ne soit pas constitutif d'une infraction pénale, auquel cas la CRE est tenue de constater son incompétence et de saisir le parquet des manquements constatés[2213]. Le prononcé de peines privatives de liberté est, par ailleurs, exclu des compétences de la CRE, l'article 66 de la Constitution faisant de l'autorité judiciaire la garante de la liberté individuelle[2214].

Quant à l'importance du montant des sanctions pécuniaires, elle a été calquée sur celle appliquée par l'ART et le Conseil de la Concurrence[2215]. Seule la durée de l'interdiction d'accès aux réseaux retenue est très largement supérieure à ce que l'ART peut appliquer en cas de manquement de l'exploitant. En effet, celle-ci ne peut retirer l'autorisation reçue par un opérateur de télécommunication que pour une période équivalente à un mois[2216]. À la différence de la procédure de sanction devant l'ART, la loi n'interdit pas à la CRE de prononcer cumulativement des sanctions administratives et pécuniaires.

Si le manquement constaté a déjà fait l'objet d'une sanction pécuniaire au regard d'une autre législation, le cumul des sanctions ne peut toutefois pas, en vertu de la décision du Conseil Constitutionnel du 28 juillet 1989, dépasser le montant maximum prévu par l'une des deux peines[2217].

Ce cumul des sanctions administratives et pénales a été validé par le Conseil Constitutionnel dans sa décision sur la loi modifiant celle relative à la liberté de

2210 Ce sont pour le Conseil d'État des sanctions à caractère « fonctionnel ou professionnel », Les pouvoirs de l'administration dans le domaine des sanctions, étude de l'Assemblée générale du Conseil d'État du 8 décembre 1994, La documentation Française, 1995.

2211 Devant l'impossibilité de fixer ce plafond, le montant de la sanction ne peut être supérieur à un million de francs, ce montant est porté à deux millions et demi en cas de récidive, article 40 § 1 b) de la loi du 10 février 2000.

2212 Arrêt du CE « Laurent » du 28 octobre 2002, DA, janvier 2003, p. 16.

2213 Cette obligation est contenue à l'article 40 du Code de procédure pénale.

2214 A. Le Gall, Les aspects répressifs de la loi du 10 février 2000, CJEG, n° 587, mai 2002, p. 287.

2215 Article L. 36-11 du Code des P et T et article 13 de l'Ordonnance du 1er décembre 1986.

2216 Article L. 36-11 du Code des P et T.

2217 L'article 40 § 1 al. b) de la loi du 10 février 2000 répond ainsi au principe dégagé par la décision n° 89-260 DC du 28 juillet 1989 du Conseil Constitutionnel.

communication du 17 janvier 1989[2218], dans laquelle le CSA a été autorisé à prononcer une sanction pécuniaire assortie d'une suspension d'autorisation, voire d'une partie de programme[2219]. Mais il souligne qu'un même manquement ne peut donner lieu qu'à une seule sanction administrative, qu'elle soit légale ou contractuelle, et qu'une sanction pécuniaire ne peut se cumuler avec une sanction pénale.

La règle du non-cumul des sanctions administratives est, aux termes de l'arrêt du CE « Cme de Petit-Quevilly », un principe général du droit, mais il n'a pas valeur constitutionnelle[2220].

Le pouvoir d'infliger des sanctions ne revêt pas un caractère automatique, si bien que toute décision prononçant une sanction doit être motivée et proportionnée à la gravité du manquement.

Bien que l'autorité administrative ne soit pas une juridiction, le prononcé des sanctions à l'égard des opérateurs doit intervenir dans la « limite nécessaire à l'accomplissement de sa mission »[2221].

Le principe de proportionnalité des sanctions impose, quant à lui, que le montant de la sanction pécuniaire soit proportionné, non seulement à la gravité du manquement, mais aussi à la situation de l'intéressé, à l'ampleur du dommage et aux avantages qui en sont tirés[2222].

La loi du 10 février 2000 n'a, certes, pas été soumise au contrôle de constitutionnalité des lois, mais l'ensemble des garanties procédurales constitutionnelles semble être garanti à travers les dispositions de l'article 40 qui impose que l'instruction et la procédure devant la CRE soient contradictoires.

(c) La compétence administrative pour les recours contre les sanctions prononcées par la CRE

À la différence des décisions relatives au règlement des litiges, les décisions sanctionnant un manquement visé à l'article 40, qu'elles soient de nature pécuniaire ou administrative, relèvent du contentieux administratif, car ce sont des sanctions administratives[2223]. Le principe est rappelé par le Conseil Constitutionnel dans sa décision relative au Conseil de la Concurrence du 23 janvier 1987. Dans cette décision, il considère comme étant un principe à valeur constitutionnelle la

---

2218 Le Conseil d'État considère que le cumul d'une sanction administrative et d'une sanction pénale se justifie seulement quand les deux sanctions n'ont pas la même nature, ou lorsque la sanction pénale est une arme d'emploi exceptionnel, Rapport public du Conseil d'État, 1995, p. 80.

2219 Aux termes de la décision du Conseil Constitutionnel n° 86-217 DC du 18 septembre 1986, précitée, l'article 42-1 § 3 de la loi n° 86-1067 du 30 septembre 1986 relatif à la liberté de communication valide le fait que le CSA prononce à l'encontre d'un service de radiodiffusion « une sanction pécuniaire assortie éventuellement d'une suspension de l'autorisation ou d'une partie du programme si le manquement n'est pas constitutif d'une infraction pénale », position confirmée dans sa décision n° 88-248 du 17 janvier 1989 sur la loi modifiant la loi n° 86-1067 du 30 septembre 1986 relative à la liberté de communication.

2220 Arrêt du 23 avril 1958, AJDA, 1958, II, p. 383.

2221 Décision du Conseil Constitutionnel n° 88-248 du 17 janvier 1989, précitée ; reprise par sa décision n° 92-307 DC du 25 février 1992 relative aux amendes infligées aux entreprises de transport débarquant des étrangers en situation irrégulière.

2222 Décision du Conseil Constitutionnel n° 88-248 du 17 janvier 1989, précitée.

2223 Article 40 § 7 de la loi du 10 février 2000.

compétence de la juridiction administrative « pour l'annulation ou la réformation des décisions prises dans l'exercice des prérogatives de puissance publique par les autorités exerçant le pouvoir exécutif [...] ou les organismes publics placés sous leur autorité ou leur contrôle ». Il confirme clairement sa position dans sa décision relative au CSA, dans laquelle il déclare que « toute décision infligeant une sanction fait l'objet, devant le Conseil d'État, d'un recours de pleine juridiction »[2224]. Il s'agit d'un principe fondamental qu'il rappelle dans sa décision sur l'ART, en disposant que le contentieux de l'ART « relève de manière générale du juge administratif ».
L'article 40 § 7 de la loi du 10 février 2000 s'inspire de ces précédents pour attribuer au juge administratif la compétence pour contrôler les décisions de la CRE prises dans le cadre de son pouvoir de sanction. L'ensemble des décisions sanctionnant un gestionnaire de réseau ou un opérateur peuvent faire l'objet d'un recours de pleine juridiction devant le tribunal administratif, ainsi que la demande de sursis à exécution. Lorsqu'elles sont relatives à des sanctions pécuniaires, les demandes de sursis ont, en outre, un caractère suspensif.
La loi du 10 février 2000 s'éloigne de la jurisprudence administrative originelle qui, en l'absence de texte, fait du recours dirigé contre les sanctions prises par une autorité administrative indépendante un « recours pour excès de pouvoir »[2225].
Or, pour renforcer le contrôle du juge, de nombreux textes ont prévu qu'un « recours de plein contentieux » soit en l'espèce plus protecteur[2226], car il conduit à l'annulation, mais aussi à la réformation de la sanction. Le juge exerce en l'espèce un contrôle de l'adéquation de la sanction à l'infraction et peut aussi se substituer à l'autorité administrative pour fixer la sanction.
Le régime mis en place par la loi du 10 février 2000 illustre un véritable éclatement de compétence du contrôle juridictionnel des décisions de la CRE, surtout dans le cas où une décision de sanction de la CRE est prise dans le cadre de la procédure de règlement des différends. En cas de contestation, les parties doivent scinder la décision en deux afin de porter la décision réglant le différend contractuel devant le juge judiciaire (en l'espèce la CA de Paris) et la décision relative à la sanction devant le juge administratif. Cette dissociation crée inévitablement une « impression de confusion »[2227] et laisse planer un grand doute sur l'efficacité de l'intervention pluridisciplinaire de la CRE.

Conclusion

La CRE tient sa légitimité de la loi du 10 février 2000, mais aussi de la directive 96/92 du CE qui appelle sa création rendue définitivement obligatoire par la directive 03/54 du CE. Le régulateur doit, selon les impératifs précisés dans la directive 03/54 du CE, faire primer les objectifs de concurrence sur ceux dégagés par les États membres et, en particulier, ceux relatifs aux missions de service public. La CRE semble se conformer à cette approche, dès ses premières interventions, en

2224 Décision du Conseil Constitutionnel du 17 janvier 1989, précitée.
2225 Arrêt du CE « Guignard » du 5 avril 1944, rec.p. 110 et plus récemment arrêt « Sté de bourse JFA Buisson » du 6 mars 1989, rec. p. 83.
2226 Loi n° 86-1067 du 30 septembre 1986, loi n° 89-35 du 17 janvier 1989 relative aux sanctions infligées par le CSA, loi n° 89-10 du 31 décembre 1989 relative aux sanctions infligées par la Commission de contrôle des assurances.
2227 Rapport public du Conseil d'État, 2001, p. 332.

proclamant l'ouverture du marché électrique comme l'impose l'effet direct de la directive[2228]. En effet, dans l'attente du décret sur la définition des clients éligibles, elle n'hésite pas alors à préciser le seuil de consommation de 20 GWh à partir duquel les consommateurs ont été éligibles dès l'entrée en vigueur de la loi du 10 février 2000.

L'originalité d'une telle régulation réside dans la différence et la complémentarité des moyens d'intervention dont elle dispose. Son pouvoir de réglementation lui permet de combler les vides laissés par l'espace réservé jusque-là au monopole alors que son pouvoir de contrôle et d'approbation lui permet d'encadrer l'intervention de l'opérateur historique. Son pouvoir de sanction lui permet, enfin, de condamner les entraves à la concurrence. Ces compétences traduisent a posteriori les missions appelées à revenir à la régulation dans la directive 03/54 du CE qui impose que les régulateurs des États membres « partagent le même ensemble minimal de compétences ». Ainsi, tout en laissant encore une certaine marge de manœuvre pour définir la nature et les compétences de la régulation, la directive 03/54 du CE impose cependant que le régulateur fixe le tarif ou, au moins, la méthode de détermination des tarifs d'utilisation des réseaux, tâche que la CRE prend en charge depuis sa création. Par ailleurs, afin de prouver sa crédibilité et son indépendance par rapport aux pouvoirs publics, la CRE affiche ses désaccords[2229] sans complaisance[2230], et parvient souvent à imposer ses positions[2231].

La faiblesse cependant de l'intervention du régulateur réside dans le déficit informationnel dont il est victime, alors que l'information est le « point central dans la conduite de la régulation »[2232]. Afin de disposer des informations nécessaires pour exercer son contrôle, elle a, certes, un droit d'accès à la comptabilité des entreprises

---

[2228] Communication de la CRE du 18 mai 2000 sur l'ouverture du marché français de l'électricité qui s'appuie sur la jurisprudence de CJCE relative à l'effet direct des directives, voir J.P. Puissochet, Développements récents de la jurisprudence communautaire sur l'effet direct du droit international et des directives, CJEG, octobre 2000, p. 357.

[2229] Dans son avis sur le projet d'arrêté fixant les conditions d'achat de l'électricité produite par les installations utilisant le vent du 5 juin 2001, la CRE émet un avis défavorable, car elle considère que le tarif proposé entraîne des « rentes indues aux producteurs éoliens qui se traduiront par une augmentation significative des prix de l'électricité en France ». Aux termes de l'article 10 de la loi du 10 février 2000, les Ministres de l'économie et de l'énergie arrêtent les conditions d'achat de l'électricité bénéficiant d'une obligation d'achat après avis de la CRE, JO n° 143 du 22 juin 2001, p. 9932.

[2230] Dans sa décision relative aux principes de dissociation comptable du 11 janvier 2001, la CRE constate « que les principes qui lui sont proposés par EDF sont *trop lacunaires et imprécis* pour lui permettre de se prononcer valablement » et impose à EDF de lui faire parvenir une nouvelle proposition. La CRE approuve aux termes de l'article 25 de la loi du 10 février 2000 les règles d'imputation et les périmètres comptables proposés par les opérateurs concernés.

[2231] Dans son avis sur le projet de décret relatif à la confidentialité des informations détenues par les GRT et GRD du 1er février 2001, la CRE conclut à la suppression de certains articles tels que le projet d'article 8 qui imposait de faire connaître les dispositions du décret aux agents des GRT et GRD et des collectivité territoriales en raison de leur « inutilité », J.O n° 165 du 19 juillet 2001, p. 11652 ; voir également l'avis de la CRE sur le décret relatif aux tarifs d'utilisation des réseaux publics de transport et de distribution du 26 avril 2001, JO du 28 avril 2001, p. 6791.

[2232] Selon H. Dumez et A. Jeunemaitre, une régulation efficace suppose la « capacité à mobiliser et à raisonner sur de l'information ». Pour cela, le régulateur doit disposer de pouvoirs d'enquête afin d'accéder à l'information et « [d'] effectuer des contrôles sur la véracité des informations transmises », Les institutions de la régulation des marchés, Revue Internationale de droit économique, De Boeck-Université, 1999/1, p. 18.

électriques[2233]. Toutefois l'insuffisance des informations récoltées ou transmises ainsi que le manque d'éléments de comparaison accroissent la difficulté pour en apprécier le bien-fondé. La CRE souligne cette lacune dans sa décision relative aux principes de dissociation comptable, elle estime que le caractère lacunaire et imprécis des principes proposés par EDF l'empêche de se prononcer valablement et impose à EDF de former une nouvelle proposition contenant « une information exhaustive »[2234].

Sans attendre la rédemption de l'opérateur historique, la CRE est intervenue, d'une manière originale, par la mise en place de consultations publiques. Dans ce cadre, elle demande aux opérateurs sur le marché électrique de lui faire part de leurs observations sur des projets relatifs au fonctionnement et au développement du marché électrique. Les éléments recueillis doivent « éclairer sa réflexion » pour lui permettre de prendre des décisions en accord avec les attentes du marché[2235].

Ils doivent aussi garantir « une concurrence effective et un fonctionnement efficace du marché ».

Parallèlement à cet écueil, il ressort de l'analyse des interventions de la CRE qu'elle est soumise à des contraintes d'envergure pour assurer le respect de l'impartialité, de l'équité et des droits de la défense. Le fait d'avoir quasiment calqué le régime des sanctions administratives sur celui des sanctions pénales annonce une véritable juridictionnalisation de l'autorité administrative indépendante[2236]. Bien que cet habillage procédural soit un élément positif pour les droits des parties, il peut cependant se révéler gênant pour l'assurance d'une gestion rapide et efficace des contentieux devant la CRE[2237]. On peut se poser la question de la pertinence du respect de l'ensemble de ces impératifs procéduraux par un organe non juridictionnel, dès lors que des voies de recours contre les interventions de la CRE sont prévues devant les deux ordres de juridiction. On notera que ce « corset procédural » est une spécificité française, surtout si l'on compare le déroulement de la procédure au sein d'autres régulateurs européens. Ainsi, les régulateurs hollandais et britanniques ne disposent pas de personnels distincts pour les fonctions de rapporteur et de juge et ne distinguent pas entre les fonctions d'enquêteur et de décideur.

En outre, les juridictions ne sont pas les seules entités à contrôler les interventions de la CRE, elle est aussi responsable de ses actes devant son créateur. En effet, elle

---

2233 Article 27 de la loi du 10 février 2000 renvoyant aux articles 33 et 34 de la loi du 10 février 2000.

2234 À propos des informations relatives à la dissociation comptable fournies par EDF pour 2001, même le Conseil de la Concurrence s'est refusé de recommander à la CRE d'approuver les propositions faites, considérant ne pas avoir disposé de « description synthétique des activités de chaque entreprise dissociée », Avis du Conseil de la Concurrence n° 00-A-29 du 30 novembre 2000 relatif à la séparation comptable entre les activités de production, de transport et de distribution d'électricité, pris en vertu de l'article 25 de la loi du 10 février 2000.

2235 Voir la consultation publique de la CRE sur les méthodes de calcul de coûts évités du 18 octobre 2001, ainsi que la délibération de la CRE relative aux investissements du GRT en 2001 du 25 janvier 2001, sur le parallèle avec l'ART, H. Maisl, La régulation des télécommunications, changements et perspectives, RFDA 11(3), mai-juin 1995, p. 449.

2236 Voir dans le chapitre relatif au pouvoir de sanction de la CRE l'imposition du respect de l'article 6 § 1, CEDH.

2237 Le Conseil d'État est d'avis que cette évolution fragilise le régime des sanctions administratives, et le rend « nécessairement plus lourd et plus lent », Rapport public du Conseil d'État, 2001, p. 363.

rend compte de son activité annuellement devant les commissions permanentes du Parlement[2238]. Les autorités administratives indépendantes sont également soumises au contrôle de légalité mis en œuvre par le Gouvernement[2239]. Ce dernier peut enfin tenter d'orienter la politique générale de la CRE à travers le Commissaire du gouvernement qui siège en son sein. Il convient de rappeller d'ailleurs qu'en cas de crise grave, le Ministre chargé de l'énergie est toujours en mesure de se substituer à la CRE pour prendre toutes mesures provisoires relatives aux réseaux électriques[2240]. Enfin, tenant ses pouvoirs de la directive 03/54 du CE, la CRE doit aussi coopérer dans la transparence avec les régulateurs voisins et la Commission. Le contrôle de la Commission sur les activités de la CRE se traduit par l'élaboration par la Commission de rapports annuels sur l'évolution des activités des régulateurs de secteurs ouverts à la concurrence et présentés au Conseil et au Parlement européens[2241]. En outre, la directive 03/54 du CE impose, dans son article 28, à la Commission de rendre « un rapport détaillé » qui examine si, à travers les missions du régulateur, « il existe un accès non discriminatoire au marché et si la réglementation est efficace ». Afin d'assurer une application cohérente des règles relatives à l'électricité dans les États membres, le point 16) de la directive 03/54 du CE souligne que la Commission entend instituer un « organe de régulation européen de l'électricité et du gaz qui constituerait un mécanisme consultatif adapté pour encourager la coopération et la coordination des autorités de régulation nationales »[2242].

L'ensemble de ces contrôles ne doit pas faire douter de l'indépendance et de l'impartialité de la CRE, ils doivent renforcer sa crédibilité par rapport aux opérateurs sur le marché. Il importe surtout que les opérateurs soient convaincus du fait que « l'accès au régulateur quasi-juge est aisé »[2243].

2238 Article 32 de la loi du 10 février 2000. Le contrôle parlementaire prévu par cet article ne doit pas s'analyser comme celui en vigueur aux États-Unis qui permet au Congrès de contrôler les missions des « independent regulatory agencies » au détriment du pouvoir exécutif jusque-là compétent, G.D. Majone, Controlling regulatory bureaucraties, Florence 1993.

2239 Décision du Conseil Constitutionnel n° 86-217 DC du 18 septembre 1986 ; on rappellera que la CRE ne supporte pas de tutelle ministérielle.

2240 Procédure visée par l'article 21 de la loi du 10 février 2000 que le Conseil d'État considère nécessaire en dernier ressort, car le Gouvernement reste politiquement responsable, Rapport public du Conseil d'État, 2001, p. 371.

2241 Article 25 de la directive 96/92 du CE et 28 de la directive 03/54 du CE.

2242 C'est précisemment la motivation qui a conduit à créer le groupe européen des régulateurs pour l'électricité et le gaz. Par décision du 11 novembre 2003, la Commission a procédé à la création du European Regulator Group for Electricity and Gas, (ERGEG), décision n° 2003/796 du CE.

2243 T. Tuot, Régulation du marché de l'électricité : une année de règlement de différends, RFDA, n° 2, 2003, p. 314.

Chapitre III Une régulation spécialisée associée

La mise en place d'une autorité sectorielle pour réguler l'introduction de la concurrence dans le secteur électrique n'interdit pas l'intervention parallèle de l'autorité administrative compétente pour assurer le respect des règles de la concurrence.
Cette multipolarité de la régulation est prévue par l'article 23 de la directive 03/54 du CE qui permet aux États membres de désigner « un ou plusieurs organes » pour exercer les missions de régulation du secteur électrique. Il dispose, en outre, que la régulation doit avoir pour but d'éviter « tout abus de position dominante, au détriment notamment des consommateurs, et tout comportement prédateur ».
Cette activité est précisément une des tâches de prédilection du Conseil de la Concurrence. Créé par l'Ordonnance du 1er décembre 1986, le Conseil de la Concurrence est également une autorité administrative indépendante qui dispose de pouvoirs réglementaires et de sanctions quasi similaires à ceux de la CRE et a pour but de faire respecter les règles de la concurrence auprès des opérateurs économiques.
La « polysynodie électrique »[2244] mise en place par la loi du 10 février 2000 crée cependant des interférences entre les compétences concurrentes de la CRE et du Conseil de la Concurrence et impose de délimiter leurs domaines d'intervention tout en organisant leur collaboration.
La principale différence entre l'intervention de la CRE et celle du Conseil de la Concurrence réside dans le fait que le Conseil de la Concurrence a vocation à intervenir afin de réguler des marchés dans lesquels la concurrence est déjà introduite.
Alors que la CRE intervient pour permettre l'entrée de nouveaux opérateurs sur un marché partiellement ouvert à la concurrence et dominé par un opérateur en position dominante.
Dans le secteur électrique, le partage de compétence est d'autant plus malaisé à réaliser entre ces entités, car le comportement d'un opérateur dans la conclusion ou la mise en œuvre d'un contrat d'accès aux réseaux constitue à la fois un comportement anticoncurrentiel appelant la compétence du Conseil de la Concurrence et une entrave à l'accès aux réseaux appelant la compétence de la CRE.
La compétence du Conseil de la Concurrence est, en effet, limitée au maintien de la concurrence à travers le contrôle des abus de position dominante, des ententes et des pratiques de prix prédateurs qu'il exerce.
Mais il a développé, au regard de ces pratiques, une jurisprudence qui trouvera désormais à s'appliquer au secteur de l'électricité et, en particulier, au régime de l'accès aux réseaux électriques.
Il importe au préalable de déterminer les agissements ou pratiques que le Conseil de la Concurrence appréhendera relativement à l'accès aux réseaux électriques, avant de déterminer dans quelle mesure la loi du 10 février 2000 articule sa collaboration avec la CRE.

[2244] L. Richer, La loi du 10 février 2000 sur l'électricité, AJDA, 20 mars 2000, p. 239.

a) Les instruments de contrôle du Conseil de la Concurrence appliqués au marché électrique

Le Conseil de la Concurrence assure traditionnellement le respect de l'ordre public économique. Spécialisé dans la régulation de la concurrence, il intervient dès que le marché est affecté, c'est-à-dire dès que la concurrence est faussée sur un marché indépendamment du statut public ou privé des opérateurs concernés. C'est donc la nature économique de l'activité d'un opérateur qui détermine l'applicabilité des règles de la concurrence, laquelle s'entend de « toutes les activités de production, de distribution et de services, y compris celles qui sont le fait de personnes publiques »[2245]. L'article L. 420-2 du Code de commerce interdit les comportements abusifs entravant le libre exercice de la concurrence et définit des règles devant garantir aux opérateurs le libre accès aux marchés par le contrôle des abus de position dominante, des ententes, de la pratique de prix prédateurs et par l'introduction de la liberté dans la fixation des prix.

Aux termes de la loi du 31 décembre 1992[2246], le Conseil de la Concurrence est également en mesure d'appliquer les articles 81 à 83 du Traité de Rome sur la concurrence aux contentieux qui lui sont déférés s'ils affectent les échanges intracommunautaires[2247]. La loi du 1er juillet 1996 élargit ses compétences en lui permettant d'appréhender, entre autres, la pratique anticoncurrentielle des prix abusivement bas. Ces attributions ont déjà trouvé à s'exprimer dans un secteur électrique encore sous l'influence de l'opérateur historique et hermétique à la concurrence. Les interventions du Conseil de la Concurrence sur le marché électrique permettent d'ores et déjà de noter la similitude entre le contrôle exercé par le Conseil de la Concurrence et celui exercé par la CRE.

(1) L'exploitation abusive d'une position dominante ou d'une dépendance économique

Aux termes de l'article L. 420-2 du Code de commerce, l'exploitation abusive par une entreprise ou un groupe d'entreprises d'une position dominante sur le marché intérieur ou une partie substantielle de celui-ci est interdite, ainsi que l'état de dépendance économique dans lequel se trouve, à son égard, une entreprise cliente ou un fournisseur[2248]. Ces agissements doivent avoir pour but « d'empêcher, de

---

[2245] Article 53 de l'Ordonnance du 1er décembre 1986 modifiée par l'article 6 de la loi n° 95-127 du 8 février 1995.

[2246] Loi n° 92-1282 du 31 décembre 1992 introduit dans l'Ordonnance du 1er décembre 1986 un article 56 bis permettant au Conseil de la Concurrence d'être saisi sur le fondement des articles 81 et 82 du Traité CE, voir à cet égard la communication de la Commission européenne du 15 octobre 1997 relative à la coopération entre la Commission et les autorités de la concurrence des États membres pour le traitement des affaires relevant des articles précités.

[2247] Article L. 470-6 du Code de commerce tel que modifié par l'article 84 de la loi n° 2001-420 du 15 mai 2001 sur les nouvelles régulations économiques qui précise, en outre, que « le Ministre chargé de l'économie et les fonctionnaires qu'il a désignés[...] d'une part et le Conseil de la Concurrence, d'autre part, disposent des pouvoirs respectifs » pour les appliquer en vertu de la procédure applicable prévue dans le Code de commerce. Voir à cet égard le règlement 1/2003 du 16 décembre 2002 relatif à la mise en œuvre des règles de la concurrence prévues aux articles 81 et 82 du traité, JO du 4 janvier 2003, p. 1.

[2248] Tel que modifié par l'article 66 de la loi n° 2001-420 du 15 mai 2001 sur les nouvelles régulations économiques.

restreindre ou de fausser le jeu de la concurrence sur un marché ». Les critères retenus par le Conseil de la Concurrence pour déterminer l'abus de position dominante et de dépendance économique ne sont pas définis par les textes. L'article précité du Code de commerce, qui est le pendant en droit français de l'article 82 du Traité CE, ne donne qu'une liste indicative et non limitative de pratiques abusives exercées par une ou plusieurs entreprises en position dominante. Sa définition doit toutefois être appréhendée, car la directive 03/54 du CE impose, en outre, que les mécanismes nationaux de régulation « tiennent compte des dispositions du traité, et notamment de son article 82 » [2249]. Sur la base de la jurisprudence communautaire, la jurisprudence du Conseil de la Concurrence détermine donc l'ensemble des composantes de son contrôle pour l'appliquer au secteur de l'électricité.

(a) Le contrôle de la position dominante

La définition de la position dominante dégagée par la jurisprudence du Conseil de la Concurrence consacre celle dégagée par la jurisprudence européenne dans l'arrêt de principe « Hoffmann-La Roche » du 13 février 1979. Elle y dispose que la notion d'exploitation abusive concerne « les comportements d'une entreprise en position dominante qui sont de nature à influencer la structure d'un marché ». L'entreprise dominante sur un marché déterminé est tenue « de ne pas porter atteinte, par son comportement, à une concurrence effective et non faussée sur le marché »[2250].
Afin de déterminer un abus de position dominante, le Conseil de la Concurrence détermine quel est le marché pertinent, avant d'estimer la position qu'occupe l'entreprise sur ce marché. Enfin, si l'entreprise occupe une position dominante, reste à déterminer dans quelle mesure les pratiques contestées constituent un abus de cet état de domination.

(i) Le marché pertinent

Le marché en droit de la concurrence est le lieu sur lequel se rencontrent l'offre et la demande pour un produit ou un service spécifique. Le marché à prendre en considération est analysé suivant l'espèce qui repose sur des éléments variables et sur les caractéristiques du secteur et des produits concernés[2251]. Le Conseil de la Concurrence retient, pour définir le marché, la nature de la prestation, l'environnement juridique, les conditions techniques d'utilisation, le coût d'usage et la qualité des demandeurs.
Dans une décision relative aux applications thermiques de l'énergie[2252], le Conseil de la Concurrence a considéré qu'il y avait dans cette espèce deux marchés distincts : un marché de fourniture de l'énergie destiné à assurer le chauffage et un autre destiné à assurer la climatisation. La rencontre entre l'offre et la demande en

---

2249 Voir le règlement 1/2003 du 16 décembre 2002, relatif à la mise en œuvre des règles de la concurrence prévues aux articles 81 et 82 du traité, précité.

2250 Arrêt de la CJCE « Michelin contre Commission » du 9 novembre 1983, C-322/81, 83, rec.p. 3451 ; arrêt « Hoffmann-La Roche » du 13 février 1979, C-85/77, rec.p. 461.

2251 Voir la Communication de la Commission européenne du 9 décembre 1997 relative à la définition du marché pertinent en droit communautaire de la concurrence, JO 97, C-372/2.

2252 Décision du Conseil de la Concurrence n° 99-D-51 du 20 juillet 1999 relative à des pratiques constatées dans le secteur des applications thermiques de l'énergie, confirmée par l'arrêt de la CA de Paris du 23 mai 2000, BOCCRF, n° 7, 22 juin 2000.

l'espèce prend la « forme du choix opéré par le demandeur entre plusieurs options technologiques qui déterminent de façon plus ou moins rigide le type d'énergie qui sera utilisé »[2253]. La position dominante alléguée à l'encontre d'EDF et de GDF sera reconnue sur ces marchés distincts et ce au niveau national.
Dans une autre espèce, une SAEM[2254] disposant d'un monopole de distribution d'électricité sur le territoire de sa commune se plaignait du refus opposé par EDF de signer un contrat d'achat d'électricité avec un producteur installé sur son territoire de desserte. Le Conseil de la Concurrence a considéré que le marché pertinent se restreignait à la dimension locale, au territoire de la commune en se référant aux dispositions de la loi du 8 avril 1946 et, en particulier, á ses articles 8 et 23[2255].
Enfin, concernant un marché pour lequel il est fait référence à des infrastructures essentielles, le Conseil de la Concurrence a considéré dans une décision du 3 septembre 1996 que le marché pertinent est celui directement concerné par l'infrastructure locale, en l'espèce, une « hélistation ».
Transposé au secteur électrique, le marché pertinent à prendre en compte par le Conseil de la Concurrence, dans le cas où une position dominante du GRT ou du GRD causerait un préjudice aux opérateurs, est celui du réseau du transport d'électricité pour le GRT qui s'étend sur l'ensemble du territoire national[2256] et celui des réseaux de distribution pour les GRD, dans les limites territoriales des conventions de concession. En revanche, dans le cas d'une position dominante d'un distributeur appartenant à EDF, le marché pertinent peut être envisagé de manière nationale ou ne prendre en compte que la ou les communes desservies. Alors que pour les distributeurs non nationalisés la définition du marché à prendre en compte est plus aisée, puisqu'il est limité au territoire de desserte obligatoire du distributeur.

(ii) La position dominante

Suite à la délimitation du marché concerné, le Conseil de la Concurrence s'applique à déterminer si la ou les entreprises ont une position dominante sur le marché considéré. Le Conseil de la Concurrence s'appuie ici sur la jurisprudence de la CJCE, et souligne que la position dominante de l'article 82 du traité CE concerne « une position de puissance économique détenue par une entreprise qui lui donne le pouvoir de faire obstacle au maintien d'une concurrence effective sur le marché en cause en lui fournissant la possibilité de comportements indépendants, dans une mesure appréciable vis-à-vis de ses concurrents, de ses clients et finalement des consommateurs »[2257]. Mais le fait pour une entreprise de détenir une part de marché importante peut ne pas être un élément suffisant pour déterminer la

---

[2253] Rapport d'activité du Conseil de la Concurrence de 1999, p. 36.
[2254] Société anonyme d'économie mixte.
[2255] Décision du Conseil de la Concurrence n° 99-D-59 du 12 octobre 1999 relative à une saisine de la SAEM locale Énergies Services Lannemezan. Dans le cadre d'une concession de distribution publique d'électricité, une SAEM a le droit d'assurer la distribution d'électricité sur le territoire d'une ou plusieurs communes précisément énumérées.
[2256] Dans sa décision n° 99-D-51 du 20 juillet 1990 relative aux pratiques constatées dans le secteur des applications thermiques de l'énergie, le Conseil de la Concurrence considère en ce qui concerne la délimitation géographique de leur activité qu'EDF et GDF sont des entreprises de dimension nationale, voire internationale, qu'en outre elles sont présentes sur tout le territoire national.
[2257] Décision de la CJCE « Hoffmann-La Roche » du 13 février 1979, précitée.

position dominante. Il faut donc s'appuyer sur d'autres éléments comme, par exemple, la part relative des autres intervenants sur le marché ou encore l'appartenance de l'entreprise en cause à un groupe puissant.
Dans le secteur électrique, on peut penser que le fait pour une entreprise de bénéficier d'un monopole légal suffit à établir sa position dominante sur le marché. Or cette position est tempérée par le Conseil de la Concurrence qui considère qu'il n'y a pas une évidence relationnelle entre le monopole légal et la détention d'une position dominante. Alors que, dans son avis sur la diversification des activités d'EDF, il considère qu'EDF et GDF, « gérant des monopoles légaux, disposent incontestablement d'une position dominante dans les activités concernées »[2258].
En ce qui concerne cette assimilation automatique entre monopole légal et position dominante, dans le cadre de la contestation d'EDF et de GDF relative à l'application thermique de l'énergie,[2259] le Conseil de la Concurrence précise que « le fait pour un opérateur de détenir le monopole légal sur une activité ne lui confère pas automatiquement une position dominante sur un marché économiquement pertinent »[2260]. Toutefois, concernant le marché de l'électricité, le Conseil de la Concurrence estime que, « lorsqu'une entreprise bénéficie d'un monopole légal d'une activité et que celle-ci se confond avec la production d'un bien ou d'un service alimentant à lui seul un marché, il est légitime de déduire *de ce seul monopole* l'existence d'une position dominante, puisque, d'une part, l'entreprise n'a pas de concurrent de fait sur le marché et que, d'autre part, la protection légale du monopole la met à l'abri de toute concurrence potentielle ; qu'en ce qui concerne EDF, il s'en déduit ainsi qu'il existe *un marché de l'électricité* sur lequel EDF détient une position dominante »[2261].
En outre, le Conseil de la Concurrence déduit de la position dominante d'EDF sur le marché de l'électricité que les marchés connexes de la fourniture d'énergie destinée à la climatisation et au chauffage subissent également la position dominante d'EDF. Cela est possible dès qu'un lien de connexité suffisant entre les marchés peut être établi et à condition qu'il existe un rapport de causalité entre la domination de l'un des marchés et les pratiques relevées sur l'autre marché[2262]. Cette position est rappelée dans le cadre de l'affaire relative aux pratiques mises en œuvre par EDF et sa filiale Citélum sur le marché de l'éclairage public[2263]. Considérant qu'EDF détient

[2258] Avis du Conseil de la Concurrence n° 94-A-15 du 10 mai 1994 sur les activités de diversification d'EDF et de GDF au regard de la concurrence.

[2259] Décision du Conseil de la Concurrence n° 99-D-51 du 20 juillet 1999.

[2260] Décision du Conseil de la Concurrence n° 99-D-51 du 20 juillet 1999, Avis du Conseil de la Concurrence n° 96-A-10 du 25 juin 1996 sur les activités de la Poste.

[2261] Décision du Conseil de la Concurrence n° 99-D-51 du 20 juillet 1999 qui renvoie à la décision du Conseil de la Concurrence n° 96-D-80 du 10 décembre 1996.

[2262] Cela ressort de la lecture faite par la CJCE des conditions d'applicabilité de l'article 82 du Traité CE. Dans son arrêt « Tetra Pak » du 14 novembre 1996, C-333/94 P, rec.p. I-5951, la Cour a confirmé l'application de l'article 82 dès lors que la preuve de la « position prééminente » d'un opérateur sur un marché « étroitement connexe » de celui sur lequel il détenait une position quasi-monopolistique est présente. Dans cette espèce, l'électricité produite par EDF est la seule énergie utilisée pour fabriquer du froid. Elle représente 42 % de l'énergie utilisée pour le chauffage dans le secteur résidentiel et 61 % dans le secteur tertiaire.

[2263] Décision du Conseil de la Concurrence n° 00-D-47 du 22 novembre 2000 relative aux pratiques mises en œuvre par EDF et sa filiale Citélum sur le marché d'éclairage public, BOCCRF n° 14 du 30 décembre 2000.

un monopole légal sur la production d'électricité, un monopole sur *le transport de l'électricité* et est aussi concessionnaire des réseaux de distribution de 95 % des communes françaises, il faut en déduire qu'EDF « occupe une position dominante sur les marchés de la production, du transport et de la distribution d'électricité »[2264]. Pour le réseau de distribution, le Conseil de la Concurrence reproduit la même analyse. Dans sa décision relative aux pratiques mises en œuvre par la SEM gaz et électricité de Grenoble[2265], il considère que la société GEG, qui disposait à elle seule de la concession de la distribution d'électricité et du gaz sur l'ensemble du territoire de la ville de Grenoble, détenait une position dominante sur le marché de la distribution du gaz et de l'électricité dans cette ville. Il ressort de ces décisions que le monopole légal du transport et de la distribution d'électricité d'EDF s'applique par extension au GRT et aux GRD sur leurs marchés respectifs. Le monopole légal dont bénéficie un opérateur dans une activité crée une présomption de position dominante. Mais, pour qu'elle soit sanctionnée, encore faut-il que la position dominante de l'entreprise soit abusive.

(iii) L'exploitation abusive de la position dominante

L'article L- 420-2 du Code de commerce énumère les cas dans lesquels la position dominante est abusive et donc anticoncurrentielle. Ce sont, entre autres, les cas de refus de vente, de ventes liées ou de pratiques discriminatoires. Cette liste n'étant pas exhaustive, le Conseil de la Concurrence l'a élargie en fonction des pratiques anticoncurrentielles constatées sur les marchés analysés[2266].
Il ressort de ses décisions que sont abusifs les comportements allant au-delà d'une concurrence normale, c'est-à-dire une concurrence motivée par l'élimination des concurrents, l'obtention d'avantages injustifiés ou encore le fait d'empêcher une nouvelle entreprise d'entrer sur le marché. Dans le marché qui nous concerne, c'est, en particulier, la pratique des subventions croisées qu'il importe d'appréhender.
Dans son arrêt « Française des jeux », la CA de Paris confirme la décision du Conseil de la Concurrence et dispose que le fait pour une entreprise d'utiliser l'excédent des ressources que lui procure un monopole pour subventionner un marché concurrentiel peut constituer un abus de position dominante[2267]. Le lien de causalité entre la domination de l'entreprise et l'abus qui lui est imputé doit être démontré. Les abus doivent avoir « pour objet ou peuvent avoir pour effet d'empêcher, de restreindre ou de fausser le jeu de la concurrence sur un marché ».
Il suffit cependant d'une atteinte « sensible à la concurrence, seule à même de caractériser une pratique anticoncurrentielle », pour que l'abus soit caractérisé[2268].

[2264] La Cour d'appel de Paris, intervenant en appel de la décision du Conseil de la concurrence n° 99-D-02 du 12 janvier 1999 relative à une demande de mesures provisoires de la SARL Énergie de Bigorre, soutient qu'« EDF détient une position dominante sur le marché de l'électricité dès lors qu'elle dispose du monopole de la distribution » du 14 septembre 1999, BOCCRF n° 17 du 14 octobre 1999.
[2265] Décision du Conseil de la Concurrence n° 00-D-57 du 6 décembre 2000 relative à des pratiques mises en œuvre par la SEM Gaz et Électricité de Grenoble (GEG) dans le domaine de l'énergie et du bâtiment.
[2266] Il en va ainsi du marché de l'électricité, voir l'arrêt de la Cour d'Appel de Paris du 27 janvier 1998 « EDF/Sté auxiliaire de chauffage », note C. Adam, S. Blazy, AJDA, 20 mai 1998, p. 435.
[2267] Arrêt de la CA de Paris « Française des jeux » du 20 novembre 2001, n° 2001-06665, Monopole légal et subventions croisées : à propos de la Française des jeux, M. Bazex, S. Blazy, DA, mars 2002, p. 21.
[2268] Arrêts de la C.Cass. des 15 juillet 1992 et 4 mai 1993.

Sur la base de ces éléments, le Conseil de la Concurrence s'est prononcé sur un cas d'abus de position dominante en relation avec l'accès à des infrastructures essentielles. Il définit ces infrastructures comme étant nécessaires pour accéder au marché et pas duplicables dans des conditions économiques raisonnables. Il estime dans sa décision du 3 septembre 1996 que le fait pour « l'exploitant monopolistique » de l'infrastructure essentielle de refuser l'accès à cette infrastructure à une société concurrente « a faussé le jeu de la concurrence ».
Ce dernier a « abusé de sa position dominante et de la situation de dépendance économique dans laquelle se trouvait son concurrent à son égard »[2269]. Il suffit pour cela que la société concurrente ne puisse disposer « d'installations et d'équipements substituables à l'infrastructure essentielle »[2270].
Le Conseil se reconnaît ainsi compétent pour trancher tout litige relatif au refus d'accès à une infrastructure essentielle en vertu de son contrôle de l'abus de position dominante. Il a ainsi considéré qu'EDF se rendait coupable d'un abus de position dominante dès que celui-ci fixait unilatéralement, et sans informer les producteurs concernés, des conditions techniques de raccordement aux réseaux plus complexes que celles en vigueur au moment de la conclusion du contrat[2271].
Dans le cadre de l'ouverture du marché électrique à la concurrence, le fait pour le GRT de refuser l'accès aux réseaux électriques constitue, au sens de la jurisprudence du Conseil de la Concurrence, un abus de position dominante. Cette pratique est dorénavant de la compétence exclusive de la CRE qui la contrôle à travers le refus d'accès formalisé dans le refus de conclure un contrat d'accès aux réseaux[2272].

(b) Le contrôle de la dépendance économique dans le secteur de l'électricité

Calquée sur le système de la position dominante, la dépendance économique visée à l'article L. 420-2 du Code de commerce concerne l'exploitation abusive par une entreprise[2273] de l'état de dépendance économique dans lequel se trouve à son égard un concurrent[2274] qui ne dispose pas de solution équivalente pour exercer son activité. Transposée au domaine de l'accès aux réseaux électriques, elle suppose une relation commerciale dans laquelle un fournisseur d'électricité ne disposerait pas d'autre solution pour acheminer son électricité que celle d'utiliser l'infrastructure existante, qu'il s'agisse du réseau de transport ou d'un réseau de distribution.
C'est sur cette base que le Conseil de la Concurrence a eu l'occasion de se prononcer sur des pratiques anticoncurrentielles relatives à l'accès aux infrastructures essentielles. Dans sa décision précitée du 3 septembre 1996, le Conseil de la Concurrence sanctionne la position dominante de la SARL Héli-Inter Assistance, qui est détentrice de l'hélistation de la ville de Narbonne, laquelle est indispensable aux transports sanitaires héliportés du centre hospitalier de la ville.
Il considère que la société Héli-Inter Assistance détient une position dominante, car

2269 Décision du Conseil de la Concurrence n° 96-D-51 du 3 septembre 1996 confirmée par l'arrêt de la CA de Paris « Sarl Héli-inter Assistance » du 30 juin 1998, BOCCRF, 16 juillet 1998, p. 369.
2270 Rapport du Conseil de la Concurrence pour l'année 1999, p. 10.
2271 Décision du Conseil de la Concurrence n° 96-D-80 du 10 décembre 1996, confirmée par la CA de Paris dans un arrêt du 27 janvier 1998.
2272 Articles 38 et 39 de la loi du 10 février 2000.
2273 « Ou un groupe d'entreprises » article L. 420-2 du Code de commerce.
2274 « Une entreprise cliente ou fournisseur » article L. 420-2 du Code de commerce.

elle possède le monopole de l'exploitation d'une hélistation qui présente les caractéristiques d'une infrastructure sans équivalent pour l'exécution du service rendu par la société Jet System. Cette dernière étant chargée contractuellement de l'évacuation sanitaire par l'hôpital de la ville. Le Conseil de la Concurrence rappelle que la société en question se trouve dans un état de dépendance économique pour l'utilisation de l'hélistation, car elle ne peut pas disposer d'installations et d'équipements substituables à cette infrastructure essentielle. Or l'abus de dépendance économique n'est sanctionnable que si l'entreprise propriétaire de l'infrastructure « empêche ou restreint la concurrence ». La pratique anticoncurrentielle réside en l'espèce dans le fait, pour la société monopoliste, d'avoir fixé un prix d'accès à l'infrastructure disproportionné par rapport à la nature des services demandés et dans le fait que ni la fixation de ce prix, ni les coûts supportés ne sont décrits de manière transparente[2275].

Dans une décision postérieure portant également sur une utilisation équitable et non discriminatoire des infrastructures d'une hélistation, le Conseil de la Concurrence rappelait qu'il revient au demandeur de prouver le caractère irréel et opaque des coûts et charges présentés par le défendeur, qu'en outre, les redevances imposées pour l'utilisation d'une hélistation ne sont pas discriminatoires si elles sont similaires à celles perçues dans des hélistations comparables[2276].

Le prix d'accès à l'infrastructure est l'élément essentiel d'un accès équitable et non discriminatoire à l'infrastructure. C'est donc sur cet élément que repose l'introduction de la concurrence et que se concentre le contrôle du Conseil de la Concurrence. Cette position étant confirmée par la Cour d'Appel de Paris et la Cour de Cassation[2277]. En effet, le Conseil de la Concurrence est compétent « lorsque l'exécutant monopolistique d'une infrastructure ou d'un réseau est en même temps le concurrent d'une entreprise exigeant le recours à cette facilité. Cet exploitant peut restreindre ou fausser le jeu de la concurrence sur le marché aval du service en abusant de sa position dominante ou de la situation de dépendance économique dans laquelle se trouvent ses concurrents à son égard, en établissant un prix d'accès injustifié à cet équipement »[2278].

[2275] La loi du 10 février 2000 a fait le choix d'un accès réglementé aux réseaux électriques pour lequel le prix d'utilisation du réseau de transport et de distribution est fixé par les pouvoirs publics. Dans un système d'accès négocié aux réseaux, comme c'est le cas en Allemagne, les parties négocient le prix de l'utilisation de l'infrastructure, créant ainsi le contentieux principal de l'accès aux réseaux qu'il revient à l'autorité de la concurrence de contrôler (le Bundeskartellamt), voir § 6 I 2 de la loi allemande transposant la directive 96/92 du CE du 28 avril 1998, Commentaire de K.P. Horstmann, Netzzugang in der Energiewirtschaft, 2001, p. 80.

[2276] Décision du Conseil de la Concurrence n° 02-D-16 du 5 mars 2002 relative à la situation de concurrence dans le secteur du transport aérien de passagers par hélicoptère sur l'hélistation de Cannes Palm Beach.

[2277] Le Conseil de la Concurrence considère que « le fait pour l'exploitant d'une structure essentielle de refuser de façon injustifiée l'accès à cette dernière à ses concurrents, ou de ne leur permettre cet accès qu'à un prix abusif, non proportionné à la nature et à l'importance des services demandés, non orientés vers les coûts de ces services et non transparents, leur interdisant de faire des offres ou de réaliser des marchés dans des conditions compétitives avec les siennes » constitue un abus de position dominante, décision confirmée par l'arrêt de la CA de Paris du 30 juin 1998 et par l'arrêt de la C.Cass. du 25 janvier 2000.

[2278] Décision du Conseil de la Concurrence n° 02-D-16 du 5 mars 2002, précitée. À cet égard, J. Caillosse, Le droit administratif français saisi par la concurrence ?, AJDA, 20 février 2000, p. 99.

Dans le secteur électrique, la CA de Paris s'est également appuyée sur la notion d'infrastructures essentielles pour sanctionner l'abus de position dominante d'EDF. Celui-ci relève de la dépendance économique dans laquelle se trouvent, à son égard, les entreprises indépendantes de production d'électricité « pour la disposition d'infrastructures essentielles nécessaires à la commercialisation de l'énergie par elles produite »[2279]. Cette approche est confirmée dans le secteur voisin des télécommunications. Dans son arrêt du 1er septembre 1998 « SFR/France Télécom », la CA de Paris a considéré que le fichier des abonnés au service public de téléphonie constitue pour France Télécom « une facilité essentielle »[2280].

L'accès équitable et non discriminatoire des opérateurs aux infrastructures essentielles que sont les réseaux électriques est donc garanti dans le cadre du contrôle assuré par le Conseil de la concurrence sur les conditions d'accès aux infrastructures et, en particulier, sur le prix de leur utilisation. Il démontre que les instruments de l'abus de position dominante et de dépendance économique permettent d'exercer un contrôle efficace des entraves à l'entrée de nouveaux opérateurs sur le marché électrique et, en particulier, celles relatives à l'accès aux infrastructures essentielles.

(2) La prohibition des ententes

Inspiré en partie par l'article 81 du Traité CE, l'article L. 420-1 du Code de commerce prohibe les actions concertées et les conventions ou ententes entre entreprises ayant pour objet ou pour effet de restreindre, d'empêcher ou de fausser le jeu de la concurrence. Ces ententes[2281] peuvent avoir pour but, entre autres, de :

- limiter l'accès au marché ou le libre exercice de la concurrence par d'autres entreprises ;
- faire obstacle à la fixation des prix par le marché en favorisant artificiellement leur hausse ou leur baisse et
- limiter ou contrôler la production et les débouchés, ainsi que répartir les marchés ou les sources d'approvisionnement[2282].

En fonction des intervenants, l'entente est horizontale si elle concerne des entreprises concurrentes, mais qui agissent au même niveau. En revanche, l'entente est verticale lorsqu'elle concerne les relations entre des entreprises situées à des niveaux différents de la chaîne commerciale (producteur-distributeur). Mais l'article L.420-1 du Code de commerce ne vise pas exclusivement les ententes entre entreprises, la CA de Paris a imposé dans l'arrêt du 29 février 2000 que seulement l'un des participants, au moins, soit « un acteur actif sur un marché » et permet ainsi à des « non entreprises » de participer à une entente anticoncurrentielle[2283].

Les ententes entre entreprises ont également concerné des entreprises du secteur électrique. Ainsi, le Conseil de la Concurrence a sanctionné l'entente intervenue

---

2279 Voir note de P. Sablière, CJEG, n° 544, juin 1998, p. 251.

2280 Dalloz Affaires n° 133/1998, p. 1559 ; M.C. Monzies, Droit de la concurrence et attribution des ressources rares. Le cas de l'Oléoduc Donges-Melun-Metz, Revue de la Concurrence et de la consommation, n° 85, mai-juin 1995, p. 15.

2281 On regroupe sous le vocable « d'ententes » l'ensemble des actions concertées, les conventions, les ententes expresses ou tacites et les coalitions entre entreprises, article L. 420-1 du Code de commerce.

2282 Article L. 420-1 du Code de commerce.

2283 Rapport d'activité du Conseil de la Concurrence de 1999, p. 20.

entre EDF et GDF dans sa décision sur l'application thermique de l'énergie.
Il estime, dans cette espèce, qu'une clause d'exclusivité et des aides accordées à la Bibliothèque Nationale pour son alimentation en énergie auprès d'EDF et de GDF constituent une entente entre EDF et GDF, car, durant la période d'exclusivité, ces agissements limitent la fourniture d'énergie à une compétition entre les énergies de ces deux seules entreprises[2284]. Leurs agissements ont également pour conséquence de restreindre l'accès de concurrents sur le marché énergétique.
Le Conseil de la Concurrence n'est pas encore intervenu dans le cadre de l'accès aux réseaux, mais il serait en mesure de contrôler toute concertation entre le GRT et des GRD, ou entre le GRT et EDF, pour restreindre ou entraver l'accès des opérateurs aux réseaux[2285].
Le droit communautaire repose également sur une définition similaire des ententes. La Commission, compétente en l'espèce, est intervenue dans le secteur électrique pour sanctionner les comportements anticoncurrentiels des entreprises espagnoles Endesa, Iberdrola et Union Fenosa. L'entente consistait pour ces entreprises à s'accorder sur les prix de l'électricité sur le pool de l'électricité. Des présomptions sur des ententes relatives au prix de l'électricité ont également été formulées à l'égard de groupes allemands et français de fourniture d'électricité (RWE Trading et EDF). Ceux-ci se seraient, selon la CRE, entendus sur les prix lors de pics de demandes liés aux problèmes de disponibilité de centrales et à l'accroissement parallèle des demandes dues aux refroidissements intervenus[2286].
Ces agissements ont inquiété le Conseil de la Concurrence qui, dans son avis du 28 avril 1998, considérait que ces ententes sont d'autant plus aisées à réaliser lorsque le GRT est intégré. Celui-ci peut alors être « tenté de favoriser indûment le département de production de l'entreprise à laquelle il appartient, au détriment de ses concurrents, en appelant prioritairement les centrales d'EDF ou en divulguant des informations de nature commerciale relatives à ses concurrents »[2287]. Afin de prévenir ces comportements assimilables à des ententes, la loi du 10 février 2000 met en place des mesures sanctionnant le GRT en cas de divulgation d'informations commerciales, économiques, financières ou techniques sensibles[2288].
Toutefois, le vide juridique dans certains domaines rend ces agissements concevables. Il en va ainsi dans le domaine des conditions techniques de raccordement, lesquelles sont fixées bien après l'entrée en vigueur de la loi du 10 février 2000. Jusqu'à l'adoption des décrets relatifs aux prescriptions techniques de raccordement, il appartenait au GRT de les définir sous le contrôle de la CRE. Cela lui permettait alors de s'entendre avec EDF dans la fixation des prescriptions techniques auxquelles seules les installations de production d'EDF auraient été à même de répondre et de restreindre ainsi l'accès des concurrents aux réseaux.

[2284] L'entente a eu pour but la répartition du marché d'approvisionnement en énergie entre EDF et GDF, par la baisse artificielle des prix de la fourniture d'électricité et de gaz par des aides financières conditionnées à un engagement d'approvisionnement exclusif de 10 ans. Elle est sanctionnée par la décision du Conseil de la Concurrence n° 99-D-51 du 20 juillet 1999 et confirmée par l'arrêt de la CA de Paris du 23 mai 2000.
[2285] Voir à cet égard le rapport d'activité du Conseil de la Concurrence 2000.
[2286] Voir rapport de la CRE du 30 juin 2003, p. 12.
[2287] Avis du Conseil de la Concurrence n° 98-A-05 du 28 avril 1998.
[2288] Articles 16 et 20 de la loi du 10 février 2000.

Il se crée de la sorte « un désavantage en matière de concurrence pour les producteurs concernés »[2289].

La filialisation du GRT devrait, selon les termes du rapport Lenoir, permettre de réduire ces risques d'entente entre le GRT et EDF. Or le changement de statut du GRT n'empêchera pas les concertations entre EDF et ses filiales, dont certaines sont d'ores et déjà contrôlées par le Conseil de la Concurrence pour leurs effets néfastes sur la concurrence[2290].

b) Les compétences partagées entre le Conseil de la Concurrence et la CRE dans le secteur électrique

Les autorités administratives de régulation de la concurrence et du secteur électrique ont pour mission de permettre le développement d'une juste concurrence entre les opérateurs sur le marché électrique. Afin d'atteindre ce but, elles disposent de moyens semblables, si bien que les compétences sectorielles de la CRE dans le contrôle de l'accès aux réseaux s'enchevêtrent nécessairement avec celles, spécialisées, du Conseil de la Concurrence.

Comme il ressort de la présentation du domaine d'intervention du Conseil de la Concurrence, la frontière entre « l'application du droit de la concurrence et la régulation apparaît floue »[2291]. En s'appuyant sur l'avis du Conseil de la Concurrence relatif aux principes à respecter pour assurer le fonctionnement concurrentiel du marché électrique[2292], la loi du 10 février 2000 tente de mettre en place une collaboration fonctionnelle entre le Conseil de la Concurrence et la CRE. Cette collaboration relative à la gestion des pratiques concernant l'accès aux réseaux tente d'organiser, tant bien que mal, leurs interventions réciproques.

La loi du 13 juillet 2005 tente modestement de préciser cette collaboration.

(1) La convergence des missions de la CRE et du Conseil de la Concurrence

Le contrôle de l'application exhaustive des règles de l'accès aux réseaux électriques et des règles de la concurrence doit permettre un fonctionnement transparent et non discriminatoire du service public électrique. Si le but de la CRE et du Conseil de la Concurrence est similaire, l'intervention est différente. Alors que la régulation de la CRE repose sur un double contrôle, à savoir un contrôle ex ante et un contrôle ex post des pratiques des opérateurs sur les marchés énergétiques, la régulation du Conseil de la Concurrence repose quant à elle sur le contrôle des pratiques anticoncurrentielles d'opérateurs intervenant sur des secteurs économiques déjà ouverts à la concurrence. En outre, la CRE a une compétence large, mais sectorielle, alors que le Conseil de la Concurrence dispose d'une compétence limitée à certaines pratiques, mais concernant l'ensemble des secteurs économiques.

Pour relativiser l'ampleur de ces différences, on soulignera que le Conseil de la concurrence dispose, comme la CRE, d'un pouvoir de réglementation (donc ex

[2289] Avis du Conseil de la Concurrence n° 98-A-05, précité.

[2290] À cet égard, la décision n° 2000-D-47 du Conseil de la Concurrence du 22 novembre 2000 relative aux pratiques mises en œuvre par EDF et sa filiale Citélum sur le marché de l'éclairage public, BOCCRF n° 14 du 30 décembre 2000.

[2291] J. Bergougnoux, Services publics en réseaux, avril 2000, p. 208.

[2292] Avis n° 98-A-05 du Conseil de la Concurrence du 28 avril 1998, précité.

ante), en particulier dans le contrôle qu'il exerce sur les concentrations[2293]. Il intervient également dans le cadre de la procédure de consultation par les pouvoirs publics sur des projets de réglementation sur la concurrence[2294]. Par conséquent, dans son avis sur le projet de loi électrique, le Conseil de la Concurrence soulignait que la régulation du secteur électrique exercée par ses services permettrait « une plus grande cohérence dans les affaires intéressant le droit de la concurrence en ce qui concerne les secteurs gérés en réseaux »[2295]. Il a démontré, en effet, à travers sa jurisprudence, qu'avec ses instruments de contrôle, il est en mesure d'appréhender les entraves des opérateurs liées à l'accès aux réseaux[2296].

Par ailleurs, dans le cadre de la procédure d'adoption des tarifs d'utilisation des infrastructures, bien que leurs interventions n'aient pas le même impact[2297], la CRE comme le Conseil de la Concurrence n'hésitent pas à s'appuyer sur les positions prises par l'autre autorité afin de justifier leur choix. En ce qui concerne la définition des tarifs d'utilisation des infrastructures essentielles, le Conseil de la Concurrence est intervenu maintes fois afin de soutenir, comme la CRE, la nécessité d'un tarif d'utilisation des réseaux orienté par les coûts. La similitude des compétences matérielles de ces entités impose une délimitation précise de leurs champs d'intervention afin d'éviter les incohérences, voire les contradictions d'interprétation des dispositions légales et réglementaires. Le rapport Revol soulignait le danger d'une loi du 10 février 2000 créant une CRE aux « missions voisines » de celles du Conseil de la Concurrence. De son côté, le rapport Bataille constatait qu'en raison de ces similarités, la distinction entre la fonction de régulation du marché de l'électricité et celle de gardien du fonctionnement de la concurrence était difficile à réaliser, même si cette distinction est « impérieuse »[2298]. Les activités de régulation et celle du contrôle des règles de la concurrence, loin d'être antinomiques, procèdent d'une démarche identique à coordonner.

(2) La coordination des actions de la CRE et du Conseil de la Concurrence

Le Conseil de la Concurrence rappelle dans son avis sur le projet de loi électrique que la création d'une autorité de régulation du secteur électrique « suppose que soit bien précisée l'articulation entre les compétences de l'autorité spécialisée et du Conseil de la Concurrence ». Il conviendra, poursuit-il, « de bien identifier, sans préjudice du rôle spécifique du Conseil de la Concurrence, notamment en matière contentieuse, chaque composante de la régulation »[2299].

[2293] Aux termes du titre III « De la concentration économique », les articles L. 430 et s. permettent au Conseil de la concurrence d'intervenir a priori en demandant au Ministre chargé de l'économie d'amender le projet de concentration en contradiction avec les règles de la concurrence.

[2294] Aux termes des articles L. 430 et s., le Conseil de la concurrence est obligatoirement consulté sur tout projet réglementaire ayant, entre autres, pour effet de « soumettre l'accès à un marché à des restrictions quantitatives ou d'établir des droits exclusifs dans certaines zones [...] ».

[2295] Avis n° 98-A-05 du Conseil de la Concurrence du 28 avril 1998.

[2296] Voir la décision initiale en la matière du Conseil de la concurrence n° 96-D-51 du 3 septembre 1996 relative à l'accès aux infrastructures essentielles.

[2297] L'avis rendu par le Conseil de la Concurrence dans le cadre de l'article 4 § I de la loi du 10 février 2000 relatif à la détermination des tarifs d'utilisation des réseaux n'est que consultatif, alors que celui de la CRE lie les pouvoirs publics.

[2298] Rapport Revol, p. 120 ; Rapport Bataille, p. 194.

[2299] Avis du Conseil de la Concurrence n° 98-A-05 du 28 avril 1998.

Dans le but de devancer les difficultés en ce qui concerne la compétence matérielle, la loi du 10 février 2000 a prévu au sein de son article 39 un « échange de bons procédés » entre la CRE et le Conseil de la Concurrence plutôt qu'un partage précis de compétences. Elle se limite à organiser leur collaboration dans le cadre d'une procédure de saisine mutuelle, dès que le domaine de compétence de l'une des autorités est concerné, qui est assortie d'une procédure de saisine pour demande d'avis.

(a) La saisine réciproque en matière contentieuse

La compétence de principe du Conseil de la Concurrence, en ce qui concerne des agissements constitutifs « d'abus de position dominante ou de pratiques entravant le libre exercice de la concurrence » par des opérateurs électriques, est clairement énoncée à l'article 39 de la loi du 10 février 2000. Il impose au président de la CRE de saisir le Conseil de la Concurrence de tout abus de position dominante ou de pratique entravant le libre exercice de la concurrence constaté dans le secteur électrique.

L'abus de position dominante est déjà une pratique entravant le libre exercice de la concurrence. Cette redondance de la loi permet d'insister sur la compétence de principe du Conseil de la Concurrence, tout en mettant l'accent sur les risques d'abus de position dominante en raison de la présence d'infrastructures essentielles et d'un opérateur en position dominante. Cette répétition répond au souci qu'exprime le Conseil de la Concurrence dans son avis. Il insiste, en effet, pour que le partage de compétences entre la CRE et ses services se réalise « sans préjudice du rôle spécifique » qui lui est attribué par l'ordonnance du 1er décembre 1986[2300].

La saisine du Conseil de la Concurrence peut, en outre, intervenir dans le cadre d'une procédure d'urgence, comme le prévoit l'article L. 464-1 du Code de commerce, si la pratique porte une atteinte grave et immédiate, entre autres, à l'économie générale du secteur intéressé[2301]. L'article 39 ne constitue pas une mesure facultative dont l'exercice est laissé à l'appréciation du président de la CRE, celui-ci doit saisir le Conseil de la Concurrence lors de la survenance de tels agissements. Cette obligation répond au souhait formulé dans la requête du Conseil de la Concurrence relatif à la mise en place d'une « procédure de consultation obligatoire »[2302].

Il faut ajouter que, bien que cela ne soit pas directement visé par la loi du 10 février 2000, la saisine du Conseil de la Concurrence s'impose aussi lorsque des pratiques constitutives d'entente, des pratiques de prix prédateurs, des concentrations, ou tout agissement ayant pour objet ou pour effet d'empêcher, de restreindre ou de fausser le jeu de la concurrence sont constatés[2303]. Dans le respect du parallélisme des formes, le Conseil de la Concurrence ne doit pas saisir la CRE des différends entrant dans son champ de compétences, mais lui « communiquer toute saisine » entrant

[2300] Avis du Conseil de la Concurrence n° 98-A-05 du 28 avril 1998.
[2301] Article L. 464-1 du Code de commerce.
[2302] Avis du Conseil de la Concurrence, précité.
[2303] Est visé l'ensemble des compétences du Conseil de la Concurrence contenues dans le Code de Commerce.

dans le cadre de ses attributions légales[2304]. Cette communication présente l'avantage d'être moins formelle et donc moins longue qu'une procédure de saisine officielle, comme la procédure pour avis[2305]. Il s'agit d'une véritable procédure de « dessaisissement » du Conseil de la Concurrence en faveur de la CRE dès que sont concernés ses domaines de compétence exclusifs, à savoir, l'accès aux réseaux.

Contrairement à la compétence de principe du Conseil de la Concurrence en ce qui concerne les pratiques anticoncurrentielles, la CRE ne reçoit communication que des saisines relatives aux pratiques sanctionnables entrant dans le cadre de sa compétence[2306]. À la différence de la CRE, le Conseil de la Concurrence peut, lui, intervenir pour sanctionner toutes les pratiques anticoncurrentielles, même celles intervenant dans le secteur électrique.

En introduisant cette délimitation fonctionnelle entre les domaines de compétence du Conseil de la Concurrence et de la CRE, le législateur entend anticiper la survenance de divergences d'appréciation. Le dessaisissement du Conseil de la Concurrence ne concerne pas l'ensemble des pratiques du secteur électrique, mais seulement celles relatives à la mise en œuvre de l'accès aux réseaux, telles que le contrôle des dispositions contractuelles anticoncurrentielles[2307]. Cet échange de bons procédés n'élimine pas le fait que, matériellement, les pratiques contestées dans le cadre de la procédure de règlement des litiges devant la CRE seront également constitutives d'abus de position dominante ou de dépendance économique.

Mais la CRE semble vouloir apprécier strictement sa compétence en l'espèce, tel qu'il ressort d'une décision du 4 juin 2004 relative à un différend opposant la Société Clariant Huningue à la SAEML Hunélec. La société Clariant Huningue arguait, devant la CRE, du fait que le gestionnaire du réseau de distribution avait abusé de sa position dominante en fixant un barème provisoire d'accès aux réseaux supérieur au barème de référence d'EDF sans l'en informer au préalable. La CRE fait une réponse dénuée de toute ambiguïté : elle ne peut condamner la SAEML à ce titre, car s'il apparaît que son comportement est constitutif d'un « abus de position dominante, il lui appartient (la société Clariant) de saisir le Conseil de la Concurrence [...] », la CRE ne pouvant « statuer sur le caractère anticoncurrentiel d'une pratique ».

(b) La saisine réciproque pour avis

Contrairement à la proposition émise par le Conseil de la Concurrence, l'article 39 de la loi du 10 février 2000 introduit une procédure selon laquelle la CRE peut demander au Conseil de la Concurrence de lui donner son avis, lequel est

---

2304 Article 39 de la loi du 10 février 2000 qui dispose cependant que la CRE doit *saisir* le Conseil de la Concurrence en vertu de la procédure de l'ordonnance du 1er décembre 1986.

2305 Aux termes de l'article 23 du décret n° 2000-894 du 11 septembre 2000 relatif aux procédures applicables devant la CRE, « lorsque le Conseil de la Concurrence saisit la CRE d'une demande d'avis, la CRE dispose d'un délai de deux mois pour rendre sa réponse ».

2306 Article 23 du décret n° 2000-894 du 11 septembre 2000 relatif aux procédures applicables devant la CRE, article L. 462-1 du Code de commerce.

2307 Le Ministre chargé de l'énergie réglemente également l'accès aux réseaux à travers les articles 4 et 23 de la loi du 10 février 2000. En outre, le dessaisissement du Conseil de la Concurrence est prévu par l'article L. 462-8 du Code de commerce lorsqu'il est saisi d'une demande qui n'entre pas dans le cadre de ses attributions.

« facultatif ». Or le Conseil de la Concurrence s'était prononcé pour la mise en œuvre d'une procédure d'avis obligatoire dans le cas où le « GRT s'oppose à l'accès d'un opérateur au réseau de transport »[2308]. Cet article prévoit la saisine pour avis du Conseil de la concurrence par le président de la CRE concernant toute « question relevant de la compétence » du Conseil, mais celle-ci est laissée à l'entière appréciation des parties. La CRE est, quant à elle, saisie par le Conseil de la concurrence pour des questions relatives au secteur de l'électricité[2309]. Le décret relatif aux procédures applicables devant la CRE précise qu'elle doit répondre dans un délai de deux mois à la saisine pour avis émanant du Conseil de la Concurrence et son avis doit être motivé[2310]. En outre, la loi du 13 juillet 2005 impose à la CRE de joindre à son avis « tous les éléments utiles à l'instruction de l'affaire qui sont en sa possession ». Cet article reprend les termes de la procédure prévue à l'article L.462-2 du Code de commerce, aux termes duquel le Conseil de la Concurrence donne son avis sur « toute question concernant la concurrence ».
Bien que cette procédure soit facultative, elle est cependant d'un grand intérêt pour un fonctionnement efficace de la concurrence. Elle présente l'avantage de prévenir toute divergence d'appréciation à naître en raison de la similitude des compétences des régulateurs. À travers les décisions de la CRE et du Conseil de la Concurrence, en particulier sur les propositions de tarif d'utilisation des réseaux, cette pratique de coopération entre les autorités de la régulation semble effective. Bien que la procédure de demande d'avis réciproque n'ait pas encore trouvé à s'appliquer, on constate que la CRE comme le Conseil de la Concurrence n'hésitent pas à mentionner ou à renvoyer à leurs réflexions communes dans leurs avis et délibérations[2311].

(c) Evaluation de la collaboration aménagée par la loi du 10 février 2000

Le partage succinct de compétence opéré par la loi du 10 février 2000 fait plus l'effet d'un renvoi courtois de saisines entre les autorités de régulation que d'une véritable collaboration. Ces aménagements illustrent le phénomène plus large de « l'éclatement du contentieux » que l'on remarque dans ce que l'on regroupe sous le vocable de droit économique. Le Conseil de la Concurrence n'est plus nécessairement le juge naturel du droit économique[2312], il intervient dans les limites des compétences reconnues dorénavant aux régulateurs sectoriels, tels que la CRE ou l'ART, et il est en concurrence parfois avec les juridictions administratives[2313].

2308 Avis du Conseil de la Concurrence n° 98-A-05 du 28 avril 1998.

2309 Article 39 de la loi du 10 février 2000.

2310 Article 23 du décret n° 2000-894 du 11 septembre 2000, précité.

2311 Voir l'avis du Conseil de la Concurrence n° 00-A-21 du 6 septembre 2000 relatif aux tarifs d'utilisation des réseaux publics et la délibération de la CRE du 11 janvier 2001 relative aux principes de dissociation comptable.

2312 Rapport public du Conseil d'État, 1999, p. 328 ; S. Bracq, Les causes des transferts législatifs de compétence en faveur du juge judiciaire, Petites affiches, 17 décembre 1999, p. 5.

2313 À propos de « la place du juge administratif dans le contentieux économique », C. Bréchon-Moulènes considère que « la diversité des normes économiques implique [...] tantôt que la règle de droit économique ne concerne que le seul droit des personnes publiques, un droit soumis au juge administratif, tantôt qu'elle [la règle de droit économique] est commune aux personnes publiques et privées, et que chaque ordre de juridiction est responsable de son application, tantôt enfin qu'elle est à

La loi du 10 février 2000 ne parvient qu'à tracer une carte aux frontières sinueuses, qui ne fait reposer sur aucun critère concret les compétences respectives des régulateurs ainsi que l'articulation de leur collaboration. Le Conseil de la Concurrence avait prédit dans son rapport d'activité que les dispositions de l'article 39 de la loi du 10 février 2000 n'empêcheraient pas les « risques de contrariété entre les décisions du Conseil et de la CRE »[2314]. Et d'illustrer son propos en constatant qu'un refus d'accès aux réseaux, tout en constituant « un litige entre opérateurs »[2315], peut aussi constituer une « pratique concurrentielle [abus de position dominante] »[2316].

Mais l'analyse des interventions du Conseil de la Concurrence et de la CRE donne un avant-goût de la teneur de leurs relations, lesquelles s'avèrent aller bien au-delà d'une communication courtoise. La CRE suit fermement, dans ses délibérations, les recommandations du Conseil de la Concurrence en ce qui concerne, en particulier, l'approbation des règles d'imputation et de dissociation proposées par les gestionnaires de réseaux. Cette procédure impose à la CRE la saisine préalable pour avis du Conseil de la Concurrence[2317].

Elle s'inspire largement des recommandations du Conseil pour refuser les propositions d'unbundling émises par les opérateurs et fait siennes les critiques émises par le Conseil relatives au « caractère imprécis et lacunaire » des périmètres comptables proposés par EDF, pour conclure que, « compte tenu de l'avis du Conseil de la Concurrence, la CRE constate que les principes qui lui sont proposés par EDF sont trop lacunaires et imprécis pour lui permettre de se prononcer valablement »[2318].

En outre, elle met en pratique le renvoi prévu à l'article 39 dans le cadre des contentieux dont elle est saisie. Ainsi, dans ses décisions du 14 avril 2005 relatives à des différends concernant la facturation des frais d'entretien de compteurs électriques, elle indique clairement qu'elle n'est pas compétente pour statuer « sur le caractère anticoncurrentiel allégué d'une pratique ».

Elle rajoute surtout que si le demandeur considère qu'EDF « abuse de sa position dominante en s'arrogeant le monopole de l'entretien des compteurs, il lui appartient de saisir le Conseil de la Concurrence »[2319].

Parallèlement, le Conseil de la Concurrence apparaît comme le défenseur des compétences que la CRE a reçues de la loi du 10 février 2000. Il dénonce dans un

---

nouveau commune à la fois aux personnes publiques et privées mais son application relève d'un juge spécial », AJDA, 20 septembre 2000, p. 680.

2314 Rapport d'activité du Conseil de la Concurrence, 2000, p. 48.

2315 Voir l'article 38 de la loi du 10 février 2000.

2316 Rapport du Conseil de la Concurrence, 2000, p. 49.

2317 Article 25 de la loi du 10 février 2000, voir à cet égard la lettre de saisine enregistrée le 24 octobre 2000, n° A 318, par laquelle la CRE saisit le Conseil de la Concurrence sur le fondement des articles 25 et 39 de la loi du 10 février 2000, sur les propositions des opérateurs relatives aux principes de séparation comptable.

2318 Délibération de la CRE du 11 janvier 2001 relative aux principes de dissociation comptable. Dans son avis n° 00-A-29 du 30 novembre 2000 relatif à la séparation comptable entre les activités de production, transport et distribution d'électricité, le Conseil de la Concurrence ne s'estime pas en mesure de « recommander à la CRE l'approbation des propositions » d'EDF en raison de leur insuffisance et des lacunes qu'elles comportent.

2319 Décisions de la CRE du 14 avril 2005, précitées.

avis du 6 septembre 2000 l'interprétation de l'article 4 § III de la loi du 10 février 2000 faite par les pouvoirs publics dans le décret-cadre relatif au tarif d'utilisation des réseaux. Celui-ci réduit l'intervention de la CRE au prononcé d'un « avis simple », alors que la loi « situe la proposition de la CRE en amont du processus d'élaboration de la tarification »[2320].

Il ressort de ces interventions que la collaboration souhaitée repose en pratique sur un esprit de responsabilité partagée et non de concurrence. Le Conseil de la Concurrence exerce ses compétences dans le secteur électrique dans les limites posées par la loi et il accomplit cette tâche avec d'autant plus d'aisance qu'elle est calquée sur le partage de compétence déjà en place entre lui et l'ART dans le secteur des télécommunications.

Ce secteur illustre une collaboration efficace entre ces entités, l'ART n'hésite pas, par exemple, à saisir le Conseil de la Concurrence pour voir prononcer à l'encontre de la société France Télécom des mesures conservatoires[2321]. Dans cette espèce, le Conseil de la Concurrence enjoint, sur la base de l'article L. 36-10 du Code des télécommunications, à l'opérateur historique de suspendre son offre tarifaire « Ligne France » jusqu'à « la mise en place effective des conditions permettant aux opérateurs tiers de proposer des offres alternatives »[2322].

Afin d'assurer la régulation du secteur électrique, le Conseil de la Concurrence peut valablement s'appuyer sur les expériences acquises dans le secteur des télécommunications.

Quant à la CRE, elle anime les interventions du Conseil de la Concurrence dès que la loi le prévoit, mais sans douter toutefois de ses habilitations. Cette collaboration illustre le phénomène croissant, dans les secteurs dominés par un régulateur sectoriel, de « l'interrégulation »[2323].

Cette dernière permet de dégager des principes communs à la régulation, une sorte de « droit commun » aux diverses régulations nationales et aux différents secteurs « en porosité les uns avec les autres ».

Ce droit commun de la régulation est, selon M.A. Frison-Roche, un gage de sécurité juridique qui est positivement appréhendé par le droit communautaire[2324] en ce que ces régulations partagent une ambition commune, à savoir le développement de la concurrence et par, finalement, l'achèvement du marché interne de l'électricité.

[2320] Avis du Conseil de la Concurrence n° 00-A-21 du 6 septembre 2000, intervenant suite à la saisine du Ministre chargé de l'économie en vertu de l'article 4 § I de la loi du 10 février 2000, portant sur le projet de décret ayant pour but de réglementer les tarifs d'utilisation des réseaux publics de transport et de distribution d'électricité (lettre enregistrée le 7 août 2000, n° A 311).

[2321] Sur le fondement de l'article L. 464-1 du Code de commerce, l'ART ne se voit pas reconnaître le droit de prononcer des mesures conservatoires comme le permet l'article 38 § II de la loi du 10 février 2000 à la CRE.

[2322] Décision du Conseil de la Concurrence n° 00-MC-19 du 5 décembre 2000 relative à une demande de mesures conservatoires présentées par l'ART, BOCCRF n° 1 du 23 janvier 2001. Décision qui fait suite à un avis de l'ART n° 2000-1026 du 4 octobre 2000 dans lequel elle se prononce défavorablement sur les forfaits « Ligne France », car ils renforcent la position dominante de France Télécom en « détournant de manière irrégulière la clientèle des transporteurs longue distance qui ne sont pas en mesure de concurrencer cette offre ».

[2323] M.A. Frison-Roche, Le droit de la régulation, Recueil Dalloz, 2001, p. 610.

[2324] L'article 23 de la directive 03/54 du CE prévoit la pluralité de régulateurs.

Conclusion

La régulation du marché électrique et, en particulier, de l'accès aux réseaux appelle la participation d'entités diverses aux compétences particulières, dont la loi du 10 février 2000 définit les interactions de manière imprécise. Cette multiplicité d'interventions présente pourtant l'avantage de créer une palette de contre-pouvoirs efficaces. En effet, l'adoption des réglementations et l'organisation des contrôles relatifs à l'accès aux réseaux publics impliquent souvent la contribution de diverses autorités. Celles-ci interviennent pour émettre soit des avis soit des propositions.

La procédure de la tarification de l'utilisation des réseaux publics est à cet égard exemplaire, puisqu'elle implique l'action combinée de la CRE qui propose la tarification, du Conseil de la Concurrence qui avise et des Ministres chargés de l'économie et de l'énergie qui l'adoptent.

Ce faisant, la loi du 10 février 2000 met en place un équilibre entre les pouvoirs qu'elle attribue à ces régulateurs et crée une interdépendance dans la prise de décision qui impose la recherche permanente du consensus. L'ensemble de ce dispositif est d'autant plus contraignant que les avis, propositions et décisions émis sont souvent soumis à la règle de la motivation et de la publication au *Journal Officiel*. Pour les opérateurs, l'intervention de plusieurs entités régulatrices dans le secteur électrique ne semble pas présenter de désavantage dès que ces entités interviennent dans le respect des droits de la défense, du principe d'égalité des armes et du procès équitable. La CRE intègre les garanties procédurales dans son fonctionnement[2325], alors que le Conseil de la Concurrence exerce déjà une véritable « magistrature économique »[2326]. Certains n'hésitent d'ailleurs pas à critiquer cet excès d'impératifs procéduraux alors que d'autres se réjouissent d'un retour au « droit dur » permettant d'asseoir la légitimité des organes de régulation[2327].

Une forme plus allégée de régulation serait envisageable, à l'exemple du « médiateur » institué dans le secteur postal. Cependant bien qu'il s'agisse d'une forme de régulation originale, il présente toutefois le désavantage d'être dépourvu du pouvoir de sanction et du pouvoir de régler les litiges[2328].

Cette multiplicité de régulateurs aux compétences similaires n'éloigne pas le risque de voir se créer autant de doctrines que d'entités régulatrices et de nuire à l'uniformité des règles et à la transparence du marché électrique. L'imprécision dans le partage de compétence a probablement sa source dans le fait qu'à l'origine la

---

2325 Articles 38 et 40 de la loi du 10 février 2000, comme le prévoit la loi n° 2000-420 du 15 mai 2001 relative aux nouvelles régulations économiques, JO du 16 mai 2001, p. 7776 ; Goyet, Rontchevsky, Storck, Projet de loi sur les nouvelles régulations économiques, Revue Trimestrielle de Droit Commercial, juillet-septembre 2000, p. 683.

2326 Voir la loi n° 2001-420 du 15 mai 2001 relative aux nouvelles régulations économiques, commentaire de L. Rapp, Les nouvelles régulations économiques, AJDA, 20 juin 2001, p. 560.

2327 L. Boy, Réflexions sur « Le droit de la régulation », Recueil Dalloz, 2001, p. 3031.

2328 Décret n° 2001-1335 du 28 décembre 2001 instituant un médiateur du service universel postal, codifié à l'article R-1 du Code des P et T, JO du 30 décembre 2001, p. 21399 ; voir le commentaire de M. Lombard qui estime que la création d'entités telles que le médiateur s'accentue sous « l'influence du droit communautaire dont le caractère souvent très pragmatique et soucieux de l'effet utile de ses dispositions tend à encourager le développement des modes alternatifs de règlement des litiges », Médiateur postal : Le droit communautaire impose un traitement adapté des réclamations des usagers du service universel, DA, mars 2002, p. 34.

CRE est envisagée comme une entité provisoire[2329]. Les évolutions postérieures ont contredit cette approche et la tendance, soutenue par la loi sur les nouvelles régulations économiques et la directive 03/54 du CE, est la cristallisation des autorités de régulation sectorielle voire un élargissement de leurs attributions[2330].

La directive 03/54 du CE a pris acte de la multipolarité de la régulation, que la proposition de modification de la directive 96/92 du CE contenait déjà.

La Commission considérait alors que ces autorités jouent un « rôle capital dans le domaine des échanges électriques [...] en apportant la continuité et la transparence en matière réglementaire » et qu'elles doivent exercer leurs missions en « étroite collaboration avec les organes gouvernementaux et les autorités chargées de la concurrence »[2331]. Puis, en s'appuyant sur les évolutions constatées, en particulier dans le secteur des télécommunications, la Commission conclut parallèlement au besoin d'une nouvelle approche de la régulation liée au recul de l'interventionnisme des autorités communautaires[2332].

Ce recul doit être compensé par un réinvestissement des autorités nationales de la concurrence, des tribunaux et des autorités sectorielles de la régulation[2333] pour réguler des secteurs économiques spécifiques[2334].

La Commission est prête à céder une partie de son contrôle afin de n'intervenir que dans le cadre de « communications et de lignes directrices afin d'expliquer sa politique et orienter la mise en œuvre des règles de concurrence communautaire par les instances nationales »[2335]. Cette tendance se confirme très clairement dans la directive 03/54 du CE[2336] qui consacre de nombreuses dispositions aux autorités de régulation.

Le pluriel utilisé en l'espèce prend acte, à la différence de la proposition de la Commission, de la pratique en vigueur dans le secteur électrique, si bien qu'elle ne définit pas la forme ou la nature que doit revêtir l'entité de la régulation, mais

---

2329 Rapport Bataille, p. 164.

2330 Voir le renforcement des pouvoirs du Conseil de la Concurrence et de la COB dans le titre II « Pouvoirs des autorités de régulation » de la loi n° 2001-420 du 15 mai 2001 relative aux nouvelles régulations économiques.

2331 COM(2001)125 de la Commission du 13 mars 2001. La CRE critique dans son rapport d'activité la proposition indirecte émise par la Commission dans sa proposition de règlement sur les échanges transfrontaliers de se voir assigner le rôle d'un « régulateur communautaire, assisté dans la prise de décision par deux comités où siègeront les représentants des États ». Elle considère cette proposition contraire au principe d'indépendance de la régulation prôné dans la directive 03/54 du CE, rapport d'activité de la CRE, 2002, p. 18.

2332 Voir à ce propos le Livre blanc de la Commission sur « la modernisation des règles d'application des articles 85 et 86 du Traité CE », du 28 avril 1999, JO 1999, C 132/1.

2333 P.J. Slot, A. Skudder, Common features of community law regulation in the network-bound sectors, CMLR 38, 2001, p. 93.

2334 Voir à ce sujet Toward a new framework for electronic communications infrastructure and associated services, The communication Review, Communication de la Commission, Vers un nouveau cadre pour les infrastructures de communication électronique et des services associés, COM(1999)539.

2335 La position de la Commission entend moderniser, en particulier, les procédures des articles 81 et 82 du Traité CE en décentralisant l'application des règles de la concurrence et en procédant à un renforcement du contrôle a priori, Livre Blanc de la Commission du 28 avril 1999, p. 32, précité. Dans son projet modifiant la directive 96/92 du CE, on remarque que cette réflexion s'illustre également dans le secteur de l'énergie vers une décentralisation de la régulation, COM(2001)125 du 13 mars 2001.

2336 Article 23 de la directive 03/54 du CE.

précise, en revanche, ses attributions qui sont, entre autres,:
- définir le régime des interconnexions ;
- définir le tarif d'utilisation des réseaux d'utilisation des infrastructures ;
- veiller à la dissociation comptable et à la transparence des informations des GRT et GRD ;
- procéder au règlement des litiges entre les opérateurs et les gestionnaires de réseau ;
- sanctionner les pratiques anticoncurrentielles.

L'organisation de la régulation et l'équilibre entre les autorités régulatrices élaborés par la loi du 10 février 2000 sont dès à présent conformes aux orientations de la directive 03/54 du CE[2337]. Une modification de la loi du 10 février 2000 pour transposer la directive à cet égard ne semble pas nécessaire. Même son but est en harmonie avec l'approche communautaire ; il est, selon son président, « d'accompagner l'évolution du marché, afin que le consommateur bénéficie de l'ouverture en obtenant le meilleur rapport qualité-prix »[2338].

La directive 03/54 du CE prend également acte de la position que la CRE entend occuper dans la définition des règles du marché intérieur de l'électricité en collaborant avec les régulateurs voisins pour définir le régime des interconnexions[2339]. Cette mission est, selon la CRE, essentielle, car « la concurrence avec EDF proviendra beaucoup plus de l'intervention d'opérateurs étrangers, que de la présence de producteurs installés sur le territoire national »[2340]. Pour soutenir cette intervention, la loi du 13 juillet 2005 impose désormais à la CRE de « surveiller les échanges aux frontières ». Un décret précisera les moyens mis à sa disposition pour intervenir efficacement et contribuer à achever le marché interne de l'électricité.

Les missions de la CRE sont, en effet, appelées à revêtir de plus en plus une dimension européenne. La « concertation entre les régulateurs nationaux a un rôle déterminant à jouer pour la réussite de l'Europe électrique »[2341]. C'est dans cet esprit qu'a été créé le 7 mars 2000 le « Conseil Européen des Régulateurs de l'Énergie » (CEER) réunissant les régulateurs des États membres de l'UE et de l'AELE.

Le CEER est, bien avant l'ERGEG, une plateforme de concertation entre les régulateurs à laquelle participe la Commission et qui pourrait être le « régulateur

---

2337 Article 23 de la position commune du Conseil modifiant la directive 96/92 du CE, précité.

2338 Intervention de Jean Syrota lors du colloque « Confrontation », Communiqué du 30 novembre 2001, la position commune du Conseil modifiant la directive 96/92 du CE confirme l'importance du rôle de la régulation dans la définition d'un tarif d'utilisation des réseaux équitable et non discriminatoire pour l'ensemble des opérateurs, point 2 de la position commune, précitée.

2339 La régulation de l'accès aux interconnexions est prise en charge de manière bilatérale par les régulateurs concernés, voir le communiqué commun de la CRE et de la CREG (son homologue Belge) du 29 novembre 2001 rendant public « un programme d'action pour améliorer les conditions d'échanges d'énergie électrique entre la Belgique et la France ».

2340 Rapport de la CRE du 30 juin 2000, p. 7, cité dans la décision de la Commission du 7 février 2001 EDF/EnBW, 2002/164/CE, JO L-59 du 28 février 2002.

2341 J. Bergougnoux, Services publics en réseaux, 2001, p. 67 ; L'analyse de J.P. Bouttes, R. Leban soutenait déjà que la logique économique d'un système d'accès à des réseaux interconnectés implique la création d'un régulateur « fédéral fort et expert, agissant dans le cadre de véritables politiques plutôt qu'au cas par cas », Concurrence et réglementation dans les industries de réseau en Europe, CEREM, décembre 1994.

européen de l'énergie »[2342]. La prise en charge de cette régulation pourrait revenir à la réunion de l'ensemble des régulateurs européens au sein d'une structure formelle. Cette régulation pourrait avoir pour mission de tracer les évolutions du marché électrique et d'en proposer les mesures de fonctionnement, telles que la fixation du prix d'accès aux réseaux.

Une entité disposant d'un pouvoir de décision global permettrait de rendre moins opaque le régime de l'accès aux réseaux européens[2343]. Cette mesure pourrait contribuer à renforcer la sécurité juridique qui n'est pas encore garantie en matière d'accès aux interconnexions alors que c'est encore sur elles que repose l'achèvement du marché intérieur de l'électricité.

[2342] G. Chavrier, Électricité, fascicule 145, Jurisclasseur 2002 du 29 mai 2002, p. 18.

[2343] Le régime des interconnexions aux frontières est réglé en fonction des demandes adressées aux GRT par les régulateurs nationaux, car ceux-ci fixent encore unilatéralement les mesures concernant les interconnexions. C'est également la raison pour laquelle ce secteur d'activité a été à l'origine des interventions les plus nombreuses de la CRE en 2001.

Conclusion générale

La directive 96/92 du CE pose les bases du marché intérieur de l'électricité dans la continuité des directives sur le transit et la transparence des prix de l'électricité.
La directive 03/54 du CE qui lui succède ne constitue elle aussi qu'une étape dans l'ouverture du marché électrique à la concurrence. Elle n'achève pas la construction du marché intérieur de l'électricité, mais entend réduire les entraves à son élaboration par l'adoption de mesures concrètes.
Sur la base de ces dispositions, la France, avec son titre de « mauvais élève en matière de transposition des directives »[2344], a toutefois procédé aux modifications que cette dernière prévoyait. Certaines de ses dispositions ont meme été transposées avant l'heure, telle que la mise en place d'une régulation sectorielle dès 2000.
En revanche, la séparation juridique du GRT appelée à être effective au 1er juillet 2004 n'est pas intervenue avant janvier 2005[2345]. On ne peut également pas nier que les ouvertures graduelles du marché électrique à la concurrence transposées dans les lois du 10 février 2000, du 3 janvier 2003 et du 9 août 2004 n'ont fait que traduire les minima posés par les directives électricité. La loi du 13 juillet 2005 qui modifie de part et d'autre la loi du 10 février 2000 ne déroge pas à cette règle.
Pourtant, malgré l'ouverture limitée du marché électrique français à la concurrence, il ne semble toutefois pas être moins efficace que ceux des États membres ayant pour la plupart transposé la directive 96/92 du CE en allant au-delà de ses attentes[2346].
En outre, la conformité de la transposition des directives électricité dans la loi du 10 février 2000 et ses décrets d'applications n'a pas été mise en doute par la Commission. La seule procédure en manquement qui ait été mise en œuvre pour défaut de transposition n'ayant visé que la Belgique[2347].
Les dispositions de la loi du 10 février 2000 sont donc conformes, sinon à la lettre, au moins à l'esprit de la directive 96/92 du CE et la conformité des lois du 3 janvier 2003 et du 9 août 2004 sont en cours d'analyse par la Commission, qui envisage d'introduire une procédure en manquement contre la France en raison, entre autres, du maintien de prix régulés de la fourniture d'électricité.
Parallèlement, la CRE et le Conseil de la Concurrence témoignent, et ce au moins jusqu'en 2004, du fait que le fonctionnement du marché électrique à travers l'accès aux réseaux ne soulève que peu de difficultés si l'on en juge par la rareté de leur intervention. Cela est d'autant plus vrai si l'on compare le contentieux du secteur de

---

2344 Selon la Commission, la transposition des directives dans les droits nationaux des États membres s'est détériorée et, en pourcentage de directives non transposées, la France bat son record de l'année précédente avec un taux de 3,8 %, La France toujours mauvaise élève en matière de transposition des directives, AJDA, 29 septembre 2003, p. 1694.

2345 L'article 48 de la loi du 9 août 2004 dispose que la « séparation juridique prévue à l'article 12 doit intervenir dans un délai de six mois à compter de la publication de la présente loi », celle-ci est intervenue le 11 juillet 2004.

2346 Voir le deuxième rapport d'étalonnage sur la mise en œuvre du marché intérieur du gaz et de l'électricité, SEC(2003)448, du 7 avril 2003, p. 35.

2347 La Commission souligne également que le seul recours qu'elle ait engagé contre la France concerne le retard dans la transposition de la directive gaz, réponse donnée par Mme Palacio au nom de la Commissionle 17 avril 2002 à une question écrite du 6 mars 2002, E-0626/02, 2002/C205E/190.

l'électricité à celui des télécommunications, même si l'on prend en compte la retenue ou la réticence de certains opérateurs à saisir les régulateurs[2348]. Toutefois, si le régime de l'accès aux réseaux, tel que mis en place par la loi du 10 février 2000 et complété par les lois postérieures, satisfait globalement, une analyse de l'ensemble des dispositions le concernant a permis de déceler des pratiques discriminatoires, opaques et non équitables, relatives, en particulier, à l'utilisation des infrastructures essentielles.
Ces pratiques ont été rendues possibles, en grande partie, en raison du vide juridique créé par le retard, non seulement dans la transposition de la directive 96/92 du CE, mais surtout dans l'adoption des décrets d'application de la loi du 10 février 2000. On notera que près d'un tiers des décrets prévus par la loi sont en théorie encore appelés à la préciser[2349], si bien que la loi du 10 février 2000 a finalement été refondue sans que les décrets prévus ne soient adoptées.
Par ailleurs, l'impératif de transparence du système électrique contenu dans les dispositions communautaires et nationales n'est pas entièrement satisfait.
La transposition des directives 96/92 et 03/54 du CE en droit national est intervenue de manière graduelle au fur et à mesure des lois adoptées. La loi du 10 février 2000 a posé les bases d'un système électrique en renvoyant à plus tard l'adoption de mesures pourtant fondamentales pour le fonctionnement transparent du système, telles que par exemple la définition du tarif d'utilisation des réseaux. La loi du 3 janvier 2003 va ensuite rajouter à l'illisibilité en mélangeant maladroitement des dispositions relatives à l'électricité et au gaz. Une mauvaise habitude qui s'ancre dans la loi du 9 août 2004 qui comprend, outre des dispositions relatives au service public de l'électricité et du gaz, des dispositions relatives au statut social des agents des entreprises électriques et gazières, et des mesures relatives au changement de statut des entreprises publiques, EDF et GDF. Le Conseil Constitutionnel a dû intervenir de manière démonstrative pour sanctionner cette pratique et déclarer, à titre exemplaire, l'article 47 § II du projet de loi adopté le 9 août 2004 qui affectait la limite d'âge des dirigeants des établissements publics et sociétés du secteur public contraire à la Constitution. Il considère que cet article est « dépourvu de tout lien avec le projet de loi déposé [...] qui comporte exclusivement des dispositions relatives au service public de l'électricité et du gaz »[2350].
Cette opacité est aussi la conséquence du vide juridique soigneusement prévu par la loi du 10 février 2000 qui permit à l'opérateur historique d'adopter des mesures unilatérales reflétant ses intérêts. Les régulateurs ont grandement contribué à éclaircir les tréfonds du système électrique en participant à la définition et au contrôle des règles d'accès aux réseaux pour y introduire un embryon de concurrence. A cet égard, l'implication de l'autorité de la concurrence aux côtés de la CRE a permis un contrôle pluridisciplinaire du secteur électrique, dont les opérateurs tireront tout avantage, et ce malgré l'imprécision de leurs compétences

[2348] Ou encore la méconnaissance par les opérateurs des voies de recours prévues par la loi du 10 février 2000.
[2349] En outre, parmi les décrets adoptés, une grande partie ne concerne pas directement la mise en œuvre de l'accès aux réseaux.
[2350] Décision du Conseil Constitutionnel n° 2004-501 DC du 5 août 2004 relative au service public de l'électricité et du gaz et aux entreprises électriques et gazières.

respectives. La directive 03/54 du CE tire les conséquences, d'une part, de l'investissement des régulateurs, mais aussi de la volonté exprimée par la Commission de passer le flambeau et de se désinvestir au profit des régulateurs sectoriels. La Commission continue toutefois à assurer le respect des règles de la concurrence dans le cadre des compétences qu'elle tient du Traité CE et n'hésite pas à intervenir lorsque la marge de manœuvre laissée aux opérateurs n'aboutit pas à l'adoption de règles cohérentes et fonctionnelles. L'adoption du règlement 1228/2003 sur les échanges transfrontaliers d'électricité est le résultat de cette approche.

La directive 03/54 du 23 juin 2003 tire également les conséquences des difficultés de fonctionnement constatées dans la gestion de l'accès aux réseaux. C'est ainsi qu'afin d'affermir la concurrence qui pointe et à défaut de pouvoir démanteler les monopoles « extra-nationaux »[2351], elle impose la règle de la séparation juridique de l'opérateur historique et du gestionnaire de réseau, sans « encore » aborder le régime de la propriété. Cette mesure, qui devait être transposée en droit national au plus tard en janvier 2005, est celle qui imposera probablement une restructuration du paysage électrique francais. Le Ministre de l'Industrie souligne les conséquences de cet impératif pour l'opérateur public. Il considère que « la forme juridique d'EDF devrait être modifiée pour permettre une ouverture progressive de son capital, tout en demeurant dans le secteur public »[2352]. Deux mesures différentes sont ici visées : d'une part, la séparation juridique du GRT par rapport à EDF imposée par la directive 03/54 du CE et, d'autre part, l'ouverture du capital (puis la privatisation) de l'opérateur public souhaitée dès le début par les pouvoirs publics. La loi du 9 août 2004 va mettre en place le premier objectif en faisant du GRT une filiale d'EDF qui devient elle-même une société anonyme propriétaire du réseau de transport.

La privatisation du champion national est quant à elle une mesure réglementaire, la loi précitée impose cependant que la participation publique dans le capital d'EDF soit d'au moins 70 %, le reste pouvant aller vers des entreprises ou organismes appartenant au secteur public[2353].

La filialisation du GRT est une contribution nécessaire au principe de transparence, mais aussi à l'introduction d'une concurrence loyale. Le Conseil d'État critiquait déjà l'organisation hybride d'EDF dans son arrêt « Syndicat CGT de la société Clemessy »[2354]. Il interpellait les EPIC en ces termes : « tant que vous garderez le statut d'établissement public, vous ne pourrez vous développer que très marginalement sur les marchés concurrentiels. Le message implicitement lancé aux EPIC est clairement celui de la nécessaire transformation en société anonyme »[2355]. Comme le souligne le Rapport de Barbier de la Serre, le changement de statut d'EDF en Société anonyme impliquera des changements majeurs et aura des

---

[2351] M.A. Sabirau-Perez, Secteur public et concurrence, Presses Universitaires de Perpignan, 1999, p. 202.

[2352] Question parlementaire n° 3153 du 23 septembre 2002 reproduite dans le n° 594 du CJEG, janvier 2003, p. 46.

[2353] Articles 24 et 7 de la loi du 9 août 2004.

[2354] Arrêt du CE du 11 juillet 2001. En effet, une participation minoritaire d'EDF dans une société ne devrait pas poser de difficulté au regard du principe de spécialité visé à l'article 44 de la loi du 10 février 2000, lequel a vocation à ne s'appliquer qu'à la filiale, c'est-à-dire une société détenue aux termes de l'article L. 233-1 à plus de 50 % par l'entreprise.

[2355] P. Delelis, Principe de spécialité et droit de la concurrence, DA, avril 2002, p. 17.

conséquences importantes sur l'introduction de la concurrence dans le secteur électrique[2356]. Il en va ainsi de la problématique de l'étanchéité à assurer entre la gestion des activités de service public et la gestion des activités commerciales.
Leur coexistence au sein d'une entreprise dont le capital est « détenu initialement par l'État dans son intégralité »[2357] fait apparaître le spectre des subventions croisées à même de fausser le jeu de la concurrence[2358]. Le changement de statut d'EDF et la filialisation du GRT permettront-ils de redorer le blason d'un gestionnaire de réseau dont la neutralité a souvent été mise en doute ? Une véritable concurrence doit-elle imposer le désengagement des pouvoirs publics dans le secteur énergétique ?
Ces questions dont on aurait espéré trouver la réponse dans la loi d'orientation de la politique énergétique adoptée le 13 juillet 2005 restent posées.
Aussi, était-il légitime de penser que les mesures contenues dans la loi du 9 août 2004 peuvent être lues comme étant une première étape vers la privatisation d'EDF. Dans le secteur des télécommunications, la libéralisation a abouti à la privatisation de l'opérateur historique, bien que dans le secteur électrique, le caractère stratégique que revêt l'approvisionnement en énergie pourrait relativiser la pertinence de cette comparaison[2359]. Une telle mesure serait aussi agréablement acceuillie par les instances européennes, car bien que le droit communautaire repose sur le principe de la stricte neutralité, l'article 295 du Traité CE relatif au régime de la propriété dans les États membres propose en réalité « une neutralité positive, empêchant uniquement les institutions de l'UE de se prononcer sur l'opportunité d'une telle opération, sans pour autant que ces dernières renoncent à engager les États dans cette voie, ni qu'elles perdent leurs compétences pour se pencher sur les conditions dans lesquelles se déroule le transfert d'une entreprise publique au secteur privé »[2360].
Toutefois, face au zèle de la Commission, les interventions de la CJCE rassureront probablement les États membres soucieux de garder une influence sur certaines entreprises. Dans une série d'arrêts du 4 juin 2002, la Cour, a condamné la France pour avoir créé une action spécifique (Golden Share) lors de la privatisation d'Elf-Aquitaine, qui attribuait au Ministre de l'Économie, entre autres, un pouvoir discrétionnaire d'approbation préalable avant l'augmentation des seuils de détention de titres. Mais, dans le même temps, elle admettait que les États membres puissent vouloir maintenir un contrôle sur ces entreprises, à condition qu'elles « agissent dans les domaines des services d'intérêt général ou stratégiques ».
En outre, en droit européen de la concurrence, la privatisation aura pour conséquence de ne plus considérer les augmentations de capital comme des aides

---

2356 M.L. Basilien-Gainche, Le service public de l'électricité : entre ouverture du marché et ouverture du capital, Revue de droit public, n° 6, 2002, p. 1769.
2357 Article 6 du décret n° 2004-1224 du 17 novembre 2004 portant statuts de la société anonyme Électricité de France, J.O. n° 269 du 19 novembre 2004, p. 19505.
2358 B. Thomas, P. Lignières, Entreprises publiques : L'État va-t-il devenir un actionnaire comme les autres ?, DA, juin 2003, p. 46 ; voir le Rapport sur « L'État actionnaire et le gouvernement des entreprises publiques » du 24 février 2003, consultable sous : www.minefi.gouv.fr
2359 Voir le projet de loi d'orientation sur l'énergie du 29 mars 2005, texte adopté à l'Assemblée Nationale n° 409.
2360 M. Karpenschif, La privatisation des entreprises publiques : une pratique encouragée sous surveillance communautaire, RFDA, janvier-février 2002, p. 95.

d'État, dès lors qu'un investisseur privé procèderait de la même manière[2361].
On soulignera enfin que le comportement de l'État actionnaire est légal en droit communautaire dès qu'il est comparable à celui d'un opérateur privé. Un champion national en partie privatisé sur lequel l'Etat dispose encore d'un véritable droit de regard semble être la formule la plus adaptée pour l'opérateur historique.

Enfin, alors que la directive 96/92 du CE rechignait à intégrer des obligations de service public dans la gestion du système électrique, la directive 03/54 affiche sans vergogne l'importance qu'elles représentent dorénavant pour le secteur.
Mieux, elle affiche les éléments d'un service universel qui lui est spécifique, avec le régime du service universel de l'électricité[2362]. Le secteur électrique devient une plateforme de la coexistence pacifique des missions et obligations de service public et des préceptes de concurrence.
Les crises relatives à la sécurité des approvisionnements constatées sur certains marchés électriques européens et internationaux ont très certainement pesé dans la reconnaissance par la Commission de la particularité du secteur électrique par rapport aux autres activités de réseaux. Elles ont aussi contribué à prévoir des mécanismes d'interventions pour assurer la protection des consommateurs et la qualité de l'approvisionnement[2363].
On serait tenté d'avancer que le revirement de la Commission illustre probablement une « nouvelle ère » dans une définition des buts de l'Union Européenne qui ne sont plus exclusivement économiques. Plus modestement, dans le secteur électrique, ce revirement repose sur une conception de la concurrence revisitée qui impose, certes, le recul des pouvoirs publics dans la gestion de secteurs économiques, mais qui n'implique plus nécessairement leur retrait. Surtout, des impératifs non économiques, que les pouvoirs publics souhaitent préserver dans la gestion du secteur électrique, peuvent dorénavant être imposés à des opérateurs privés sur des marchés libéralisés.

***

[2361] Ainsi la Commission a-t-elle émis des doutes quant à l'avantage que procure à EDF l'exclusion du régime de l'insolvabilité et de faillite au regard des règles sur les aides d'État, IP/03/477.
[2362] Article 3 de la directive 03/54 du CE.
[2363] M.A. Frison-Roche, Les leçons d'Enron, Capitalisme, la déchirure, Collection Autrement, Paris, 2003.

Table de concordance

Directive 96/92 du CE	Directive 03/54 du CE	Définition
Article 1er	Article 1er	Champ d´application
Article 2	Article 2	Définitions
Articles 3 et 10 § 1	Article 3	Obligations de service public
-	Article 4	Surveillance sécurité des approvisionnements
Article 7 § 2	Article 5	Prescriptions techniques
Articles 4 et 5	Article 6	Procédure d´autorisation
Articles 4 et 6	Article 7	Appels d´offres
Article 7 § 1	Article 8	Désignation des GRT
Article 7 § 3 et 5	Article 9	Tâche des GRT
Article 7 § 6	Article 10	Dissociation des GRT
Article 8	Article 11	Appel et équilibrage
Article 9	Article 12	Confidentialité GRT
Article 10 § 2 et 3	Article 13	Désignation des GRD
Article 11	Article 14	Tâche des GRD
-	Article 15	Dissociation des GRD
Article 12	Article 16	Confidentialité GRD
-	Article 17	Gestionnaire de réseau
Article 13	Article 18	Accès à la comptabilité
Article 14	Article 19	Dissociation comptable
Articles 15 à 18	Article 20	Accès des tiers
Article 19	Article 21	Ouverture du marché et réciprocité
Article 21	Article 22	Lignes directes
Articles 22 et 20 § 3 et 4	Article 23	Autorités de régulation
Article 23	Article 24	Mesure de sauvegarde
-	Article 25	Surveillance importation d´électricité
Article 24	Article 26	Dérogations
-	Article 27	Procédure de révision
Articles 25 et 26	Article 28	Rapports
-	Article 29	Abrogation

INTRODUCTION 11
PREMIERE PARTIE : LA REORGANISATION DE LA GESTION DU TRANSPORT ET DE LA DISTRIBUTION D'ELECTRICITE : UN PREALABLE A L'INTRODUCTION DE LA CONCURRENCE 17

TITRE I. LES ACTIVITES DE TRANSPORT ET DE DISTRIBUTION D'ELECTRICITE : ENTRE CONCURRENCE ET SERVICE PUBLIC 19
Chapitre I Le cloisonnement initial des activités électriques 20
a) De la concentration à la nationalisation des activités électriques 20
b) La spécificité des activités de réseaux dans le marché électrique 25
(1) De la ligne électrique au réseau électrique 26
(2) De l'autonomie des réseaux électriques 28
Conclusion 29
Chapitre II Le décloisonnement du système électrique 31
a) Des contraintes concurrentielles à introduire 31
(1) Les théories permettant le décloisonnement du marché électrique 32
(a) Les réseaux électriques : des monopoles naturels 33
(b) Les réseaux électriques : des infrastructures essentielles 35
(2) Les directives 96/92 et 03/54 du CE et le décloisonnement du marché électrique 41
(a) La chronique mouvementée de l'adoption de la directive 96/92 du CE 41
(i) La compétence communautaire dans le secteur électrique 42
(ii) Les étapes de la libéralisation du secteur électrique 43
(b) L'ouverture à la concurrence du marché électrique par la directive 96/92 du CE 50
(i) Les termes du compromis : les obligations de service public dans l'intérêt économique général 51
(a) Les tâtonnements relatifs à la notion d'obligation de service public 52
(b) Un début d'éclaircie dans le ciel des obligations de service public 59
(ii) Les termes de l'ouverture à la concurrence 62
(c) La coexistence des obligations de service public et des règles de la concurrence dans la directive 03/54 du CE 65
(i) Une approche positive des obligations de service public 66
(a) Les obligations de service public et le service universel 67
(b) Les obligations de service public et les aides d'État 70
(c) Les obligations de service public renforcées 75
b) Des contraintes de service public à préserver 75
(1) La libéralisation des activités électriques 76
(a) Des dispositions longuement attendues 76
(b) Des dispositions qui traduisent la directive 96/92 du CE « a minima »80
(i) La continuité dans le changement 80
(ii) Les changements introduits par la loi du 10 février 2000 81
(2) Les missions et principes de service public dans le transport et la distribution d'électricité 84
(a) Les missions du service public de transport et de distribution d'électricité 85
(b) Les principes du service public de transport et de distribution d'électricité 90

(i) La continuité dans la fourniture en électricité 91
(ii) Le principe d'égalité dans le service public de l'électricité 95
(a) L'égalité de l'accès au service public de l'électricité 96
(b) L'égalité de traitement entre les consommateurs d'électricité 98
(iii) Le principe d'adaptabilité du service public de l'électricité 101
(iv) Les « impératifs de service public » créés par la loi du 10 février 2000 103
(a) La sécurité des réseaux publics d'électricité 103
(b) La qualité de la desserte en électricité 105
(3) Le financement du service public 107
Conclusion 111
TITRE II APPLICATION DES PRINCIPES CONCURRENTIELS A LA GESTION DES RESEAUX PUBLICS ELECTRIQUES 117
Chapitre I La réorganisation du réseau public de transport d'électricité : une infrastructure essentielle 119
a) Le régime juridique du réseau public de transport d'électricité 119
(1) La définition du réseau public de transport d'électricité 119
(a) Une définition contingente du réseau public de transport d'électricité 120
(b) La définition fonctionnelle du réseau public de transport d'électricité dans la loi du 10 février 2000 123
(c) L'essai de clarification de la loi du 9 août 2004 124
(2) Le régime de propriété du réseau public de transport d'électricité 125
(a) Les piétinements relatifs au régime de propriété du réseau public de transport 126
(b) La levée des incertitudes sur le régime de propriété du réseau public de transport par la loi du 10 novembre 1997 128
(c) Les précisions apportées par la loi du 9 août 2004 130
(3) Les régimes de concession du réseau public de transport d'électricité 130
(a) La concession du réseau d'alimentation générale 131
(b) La survivance des concessions de distribution aux services publics 132
b) La gestion de l'infrastructure essentielle 133
(1) Qui doit assurer une gestion objective, transparente et non discriminatoire du réseau public de transport d'électricité ? 134
(a) Un prétendant du sérail 134
(i) Qui est-il ? 134
(ii) Comment est-il désigné et quelle est son autonomie au fur et à mesure des modifications de la loi du 10 février ? 137
Que devient le GRT dans la loi du 9 août 2004 ? 140
(2) Selon quels principes est géré le réseau public de transport d'électricité? 142
(a) La gestion séparée des activités électriques 142
(i) La règle de la séparation comptable 142
(ii) De la séparation de gestion à la séparation juridique 146
(b) La transparence dans la gestion du réseau public de transport 150
(c) La confidentialité des informations ou la règle de la « Muraille de Chine » 154
c) Le GRT : opérateur du système de transmission et opérateur du marché 157
(1) La gestion de l'infrastructure de transport 157
(a) L'exploitation, l'entretien et le développement de l'infrastructure de transport 158

(b) La sécurité et la qualité de l'infrastructure de transport 161
(2) La gestion de l'accès aux réseaux 163
(a) La mise en œuvre des programmes d'appel et d'approvisionnement. 163
(b) Les instruments de gestion des flux d'électricité 165
(i) Le mécanisme d'ajustement entre l'offre et la demande d'électricité 165
(ii) La gestion des pertes en lignes d'électricité 169
Conclusion 171
Chapitre II La restructuration des réseaux publics de distribution 175
a) Le régime de la distribution publique d'électricité 175
(1) Les réseaux publics de distribution d'électricité : un domaine de compétence local 176
(a) Le réseau de distribution d'électricité localement délimité 176
(b) Le régime de propriété du réseau de distribution d'électricité 178
(2) Les réseaux publics de distribution d'électricité : une gestion locale 180
(a) Une concession « sur mesure » de la distribution d'électricité au profit d'EDF 180
(a) Des acteurs imposés 181
(b) Une liberté contractuelle confisquée 183
(b) La concession de service public de la distribution d'électricité au profit des DNN 186
(i) La distribution d'électricité assurée en régie 187
(ii) La distribution d'électricité assurée par la société d'économie mixte 188
(iii) La société d'intérêt collectif agricole d'électricité 189
b) Le régime de l'accès aux réseaux de distribution d'électricité 190
(1) Les garanties d'un accès non discriminatoire aux réseaux publics de distribution 190
(a) La détermination des gestionnaires des réseaux publics de distribution d'électricité 191
(b) La gestion transparente des réseaux publics de distribution 192
(i) La transparence comptable 192
(ii) La non-divulgation des informations sensibles détenues par les GRD 194
(iii) La séparation de gestion des réseaux de distribution 196
(2) La gestion duale des réseaux publics de distribution d'électricité et de l'accès aux réseaux 199
(a) Les autorités concédantes et la gestion des réseaux publics de distribution 199
(i) Le contrôle préalable du développement des réseaux publics de distribution 200
(ii) Le contrôle a posteriori de la gestion des réseaux publics de distribution 202
(b) Les GRD et la gestion des réseaux publics de distribution 204
(i) La gestion des infrastructures de distribution d'électricité 204
(ii) La gestion des flux d'électricité 205
Conclusion 207

2EME PARTIE : L'ACCES AUX RESEAUX PUBLICS ELECTRIQUES ET LA CONCRETISATION DE L'INTRODUCTION DE LA CONCURRENCE...209

TITRE I LES COMPOSANTES DE L'ACCES AUX RESEAUX PUBLICS 211

Chapitre I Un secteur électrique ouvert à une clientèle éligible restreinte....211

a) Le régime progressif mis en place par la directive 96/92 du CE 212

b) Le régime de l'éligibilité minimale mis en place par la loi du 10 février 2000 et ses décrets d'application 215

(1) La détermination de l'éligibilité des clients....215

(a) Les clients éligibles consommateurs d'électricité 216

(i) L'éligibilité en fonction du seuil et du site de consommation d'électricité....216

(ii) L'éligibilité en fonction de l'activité du consommateur d'électricité221

(b) Les clients éligibles non consommateurs finals d'électricité....222

(i) Les distributeurs d'électricité....222

(ii) Les fournisseurs exerçant l'activité d'achat pour revente d'électricité 223

(c) L'abolition de la procédure de reconnaissance de l'éligibilité 225

(2) Les compétences reconnues aux clients éligibles 227

(a) La liberté de choisir entre des fournisseurs d'électricité 228

(i) L'approvisionnement en électricité par des producteurs d'électricité 229

(a) L'approvisionnement en électricité par les producteurs nationaux230

(b) L'approvisionnement en électricité par les producteurs étrangers 234

(ii) La fourniture en électricité par des entités intermédiaires....236

(a) La fourniture en électricité par les DNN....237

(b) La fourniture en électricité exercée par les négociants en électricité....238

(i) L'abrogation de l'activité d'achat pour revente d'électricité des producteurs autorisés 239

(ii) L'exercice de négoce d'électricité....240

(iii) La fourniture en électricité à travers le régime des enchères imposé à EDF 245

(b) La liberté sous conditions de conclure des contrats de fourniture en électricité....248

(i) La liberté de conclure des contrats d'approvisionnement en électricité....249

(ii) La conclusion des contrats d'approvisionnement en électricité : une liberté encadrée....250

(a) Des limites temporelles et quantitatives qui ne sont plus....251

(b) Une limite technique....253

c) La clause de sauvegarde : la conséquence d'une définition restrictive de l'éligibilité 255

Conclusion 258

Chapitre II Un système d'accès aux réseaux équitable et non discriminatoire 259

a) Le droit à un accès non discriminatoire aux réseaux électriques....259

(1) Les alternatives proposées par la directive 96/92 du CE 260

(a) Le système de l'acheteur unique 261

(b) Le système de l'accès aux réseaux garant de l'introduction de la concurrence 263

(i) L'accès négocié aux réseaux électriques....263

(ii) L'accès réglementé aux réseaux électriques 264
(2) La loi du 10 février 2000 et le choix d'un accès réglementé ....
aux réseaux 265
(a) Les destinataires du droit d'accès aux réseaux électriques 266
(i) Un droit d'accès aux réseaux pour les clients éligibles 266
(ii) Un droit d'accès pour des opérateurs élus..267
(a) Les producteurs d'électricité utilisant le charbon indigène 267
(b) Les collectivités locales et leurs établissements de coopération ...268
(iii) Un droit d'accès pour assurer des missions de service public 269
b) L'encadrement du droit d'accès aux réseaux électriques 269
(1) Le principe : la liberté contractuelle 270
(a) Les parties à la négociation 270
(b) Les clauses négociables...272
(2) L'exception : la supervision des dispositions contractuelles 274
(a) Le contrôle a priori des clauses contractuelles 274
(b) Les formes contractuelles d'accès aux réseaux 276
(i) Les contrats de raccordement aux réseaux publics..............................277
(ii) Les contrats d'accès aux réseaux des clients éligibles 280
(a) Le contrat MADE 280
(b) Les contrats CART et CARD 281
(iii) Les contrats d'importation et d'exportation d'électricité 282
(a) Le contrat d'importation d'électricité 283
(b) Le contrat d'exportation d'électricité..286
(c) Les systèmes de définition et d'attribution de capacité ....
aux interconnexions 288
(i) La détermination des capacités allouables aux interconnexions289
(ii) La procédure d'allocation de la capacité au prorata 292
(iii) L'accès aux interconnexions au terme des procédures ....
d'enchère et d'appel d'offres 294
(d) Appréciation sur le régime des échanges transfrontaliers ....
d'électricité...295
(c) Le contrôle des contrats d'accès aux réseaux 298
c) La tarification de l'accès aux réseaux publics de transport et de distribution..300
(1) La structure du prix de la fourniture et du tarif d'utilisation des réseaux301
(a) Le prix de la fourniture électrique dans la loi du 10 février 2000 301
(i) La procédure d'adoption du prix de la fourniture électrique ....
dans la loi du 10 février 2000..302
(ii) Les coûts à intégrer dans le prix de la fourniture électrique.............305
(b) Les tarifs d'utilisation des réseaux de transport ....
et de distribution d'électricité...307
(i) Les autorités compétentes pour la détermination des tarifs ....
d'utilisation des réseaux...308
(ii) Les coûts à intégrer dans les tarifs d'utilisation des réseaux publics 310
(iii) Les spécificités des réseaux ayant des effets sur les tarifs ....
d'utilisation des réseaux 314
(2) Les systèmes de tarification de l'utilisation des réseaux publics 320
(a) La tarification nodale 321
(b) La tarification timbre-poste...321
(i) La prise en compte de la distance dans le calcul du timbre-poste 322
(ii) La répartition du prix entre le producteur et le consommateur 323
(iii) Répartition entre les termes énergie et puissance.............................323

(3) Le barème transitoire de tarification de l'utilisation des réseaux publics 324
(4) Les principes réglementaires applicables aux tarifs d'utilisation des réseaux publics 326
(a) Les figures imposées dans la définition des tarifs d'utilisation des réseaux publics 327
(b) Les figures libres dans la définition des tarifs d'utilisation des réseaux publics 333
Conclusion 334
TITRE II LIMITES ET ALTERNATIVES AU DROIT D'ACCES AUX RESEAUX PUBLICS 339
Chapitre I Les refus d'accès aux réseaux publics *339*
a) Les aspects procéduraux liés au refus d'accès aux réseaux publics 339
b) Les cas de refus d'accès aux réseaux publics 342
(1) Le refus d'accès aux réseaux publics fondé sur des impératifs liés au bon accomplissement des missions de service public 342
(2) Le refus d'accès aux réseaux publics fondé sur le manque de capacité 344
(3) Le refus d'accès aux réseaux fondé sur des motifs techniques 345
(a) Le refus d'accès aux réseaux fondé sur la sécurité et la sûreté des réseaux 346
(b) Le refus d'accès fondé sur la qualité de fonctionnement des réseaux 347
(4) Le refus d'accès aux réseaux opposé aux producteurs d'électricité 348
(5) Le refus d'accès aux réseaux opposé aux fournisseurs d'électricité 348
(6) Le refus d'accès aux réseaux fondé sur la clause de priorité en faveur du charbon 349
(7) Le refus d'accès aux réseaux en cas d'atteinte grave à la sécurité et à la sûreté des réseaux publics 349
(8) Le refus d'accès aux réseaux des exportations d'électricité en raison de la clause de réciprocité de l'article 21 § 2 de la directive 03/54 du CE 351
Conclusion 352
Chapitre II Les lignes directes : une alternative à l'accès aux réseaux *355*
a) La construction de lignes directes : une alternative au droit d'accès aux réseaux publics 355
(1) Le régime spécifique mis en place par la loi du 10 février 2000 356
(a) La ligne directe : un complément des réseaux publics ? 356
(b) Les bénéficiaires de l'autorisation de construire une ligne directe 358
(c) La procédure d'attribution de l'autorisation de construire une ligne directe 359
(d) Les cas de refus d'attribution de l'autorisation de construction 361
(2) Le régime général régissant la construction des lignes électriques 362
(a) Les procédures relatives à la construction des lignes électriques 363
(i) La déclaration d'utilité publique 363
(ii) L'autorisation d'exécution des travaux consécutive à l'approbation du projet 365
(iii) La procédure d'établissement des servitudes 365
(b) Les éléments d'intérêt public introduits dans la procédure de construction des lignes électriques 366
(i) Les considérations environnementales 366
(ii) Les considérations d'urbanisme 368
(iii) Les considérations issues du droit de la construction 369
b) La construction de lignes directes : une alternative au refus ou au silence ....

opposé par le GRT ou GRD relatif à l'accès aux réseaux publics....................370
(1) Le refus ou le silence opposé par les gestionnaires des réseaux publics.370
(2) Les conditions d'attribution d'une autorisation de construction ....
d'une ligne directe 372
Conclusion..373

3[EME] PARTIE : LE CONTROLE DE LA MISE EN OEUVRE DE L'ACCES AUX RESEAUX PUBLICS 375

TITRE I LES ENJEUX DE LA REGULATION DE L'ACCES AUX RESEAUX 377

Chapitre I Définition de la régulation 377

Chapitre II Objet de la régulation 381

Chapitre III Forme et nature de la régulation 383

a) Les doutes quant à l'efficacité d'une régulation supranationale du secteur de l'électricité 383

b) Les limites d'une régulation interne du secteur de l'électricité 384

Conclusion : Les avantages d'une régulation externe propre au secteur électrique.. 388

TITRE II LE PARTAGE DE COMPETENCE EN MATIERE DE REGULATION DE L'ACCES AUX RESEAUX PUBLICS 391

Chapitre I Une régulation interne encadrée 391

a) La tutelle sur le GRT : un contrôle public 392

b) La régulation de l'activité du GRT : du contrat de plan au contrat de service public 394

Conclusion 397

Chapitre II Une régulation sectorielle indépendante 399

a) L'indépendance de la CRE garantie par sa composition et son fonctionnement 399

(1) Une composition impartiale ? 400

(2) Une autonomie financière ? 404

(3) Un règlement intérieur librement adopté ? 405

b) La garantie d'un accès équitable et non discriminatoire aux réseaux publics.. 407

(1) Le pouvoir réglementaire de la CRE 407

(2) Le pouvoir de régler les différends entre les opérateurs 415

(a) Une compétence légitime, mais est-elle exclusive ? 416

(b) Une compétence de principe 417

(i) Une vaste compétence de la CRE en matière de règlement des litiges 418

(ii) Une procédure impartiale et respectueuse des droits de la défense... 420

(iii) Une décision équitable et transparente 424

(c) Les voies de recours contre les décisions de la CRE 427

(3) Le pouvoir de sanction de la CRE 431

(a) Les conditions d'exercice du pouvoir de sanction par la CRE 432

(b) La mise en oeuvre du pouvoir de sanction par la CRE 434

(i) Une large saisine de la CRE 434

(ii) Une procédure respectueuse des principes d'équité, d'impartialité et de respect des droits des parties 435

(iii) Le prononcé des sanctions 436

(c) La compétence administrative pour les recours contre les sanctions prononcées par la CRE 438

Conclusion 439

Chapitre III Une régulation spécialisée associée 443

a) Les instruments de contrôle du Conseil de la Concurrence appliqués au marché électrique 444

(1) L'exploitation abusive d'une position dominante ou d'une dépendance économique 444

(a) Le contrôle de la position dominante 445

(i) Le marché pertinent 445
(ii) La position dominante 446
(iii) L'exploitation abusive de la position dominante 448
(b) Le contrôle de la dépendance économique dans le secteur de l'électricité 449
(2) La prohibition des ententes 451
b) Les compétences partagées entre le Conseil de la Concurrence et la CRE dans le secteur électrique 453
(1) La convergence des missions de la CRE et du Conseil de la Concurrence 453
(2) La coordination des actions de la CRE et du Conseil de la Concurrence454
(a) La saisine réciproque en matière contentieuse 455
(b) La saisine réciproque pour avis 456
(c) Evaluation de la collaboration aménagée par la loi du 10 février 2000 457
Conclusion *460*
Conclusion générale *465*
I. Ouvrages et thèses *480*
II. Articles *484*
III. Numéros spéciaux de revues et Colloques *499*
IV. Rapports *500*

I. Ouvrages et thèses

André (R.), Ravel (S.), Transport d'énergie et télécommunications, AHEF, 1991.

Armstrong (M.), Cowan (S.), Vickers (J.), *Regulatory reform : Economic analysis and british experience*, Cambridge, MIT Press, 1994.

Auby (J.M.), Auby (J.F.), *Droit des collectivités locales*, 2ème édition PUF, Paris, 1998.

Auby (J.M.), Ducos-Aber (R.), *Grands services publics et entreprises nationales*, 3ème édition PUF, Paris, 1975.

Auby (J.F.), *Les services publics en Europe*, PUF, Paris, 1998.

Aurocchio (V.), Services of general economic interest and the application of the EC competition law, World Competition, Kluwer Law International, 2001.

Ayral (M.), *Droit communautaire de l'énergie*, Joly, Paris, 1997.

Azéma (J.), Le droit français de la concurrence, PUF, Paris, 1989.

Bauby (P.), *Électricité : le service public en refondation*, Quelle modernisation des services publics ?, sous la direction de Warin (P.), La découverte, Paris, 1997.

Baumol (W.J.), Panzar (J.C.), Willig (R.D.), *Contestable markets and the theory of industry structure*, Harcourt Brave Jovanovich, New-York, 1982.

Bergougnoux (J.), *Services publics en réseau*, Rapport au Commissariat général du Plan, avril 2000.

Blanchard (P.), Des montages juridiques pour la production indépendante d'électricité, Thèse Paris I, 1994.

Blavoet (C.), Sur la nationalisation de l'électricité et du gaz, Recueil des lois, T- I.

Boisson (P.), *Énergie 2010-2020, les chemins d'une croissance sobre*, Rapport au Commissariat général du Plan, La Documentation Française.

Boll (M.), *Électricité*, 8ème édition, PUF, Paris, 1970.

Bréchon-Moulènes (C.), La concession de service public face au droit communautaire, Collection Sirey, Paris, 1992.

Bréville (A.), EDF, Une entreprise publique à l'épreuve du droit communautaire, Thèse Paris I, 2000.

Bringard (A.), La nationalisation de l'électricité et du gaz, Thèse Paris, 1953.

Capitant (H.), L'exploitation municipale des services de distribution d'eau, de gaz et d'électricité à Grenoble, A. Rousseau, Paris, 1905.

Chapus (R.), *Droit administratif général*, Tome I, Montchrestien, 15ème édition, Paris, 2001.

Charbit (N.), *Secteur public et droit de la concurrence*, Pratique des affaires, Édition Joly, Paris, 1999.

Charpentier (B.), *Le marché intérieur de l'électricité*, Thèse Nancy II, 1998.

Chauvin (F.), *Administration de l'État*, 5ème édition, Mémentos Dalloz, Paris, 1999.

Chevalier (J.M.), Ekeland (I.), Frison-Roche (M.A.), *L'idée de service public est-elle encore soutenable*, PUF, Paris, 1999.

Colli (J.C.), *Cent ans d'électricité dans les lois*, n° spécial du bulletin d'histoire de l'électricité, Histoire de l'électricité en France, Tome I, Fayard, Paris, 1991.

Comte (P.), *La concession de service public*, Thèse Paris, Sirey, 1934.

Constantinesco (V.), Le principe de subsidiarité, un passage obligé vers l'Union européenne, Mélanges Boulouis, Dalloz, Paris, 1991.
Courivaud (H.), L'introduction de la concurrence dans les activités de réseaux électriques : éléments de comparaison entre la France et l'Allemagne, Thèse Paris XI, 2000.
Couroux (B.), EDF service public et stratégie du pouvoir, BC Éditeur, Nice, 1991.
Couroux (B.), De la faculté d'adaptation d'un établissement public à son milieu, l'exemple d'EDF, Thèse Nice, 1991.
Coutard (O.), Une analyse économique de l'accès aux réseaux électriques d'interconnexion, 1999.
Cox (H.), *Services publics, missions publiques et régulation dans l'Union Européenne*, Centre international de Recherches et d'Informations sur l'économie publique sociale et coopérative, Édition Pédone, Paris, 1992.
Curien (N.), **Gensollen (M.)**, Économie des télécommunications, ouverture et réglementation, Economica, Paris, 1992.
Curien (N.), *Économie des réseaux*, La Découverte, Paris, 2000.
Deglaire (S.), **Bordier (E.)**, *L'électricité service public*, Tome I, Paris, 1963.
De la Ruelle (J.), Recueil des lois, décrets et arrêtés relatifs aux distributions d'énergies électriques, Paris, 1920.
Dévoré (C.), *Nouveaux problèmes de physique*, Électricité, Tome I, Vuibert, Paris, 1977.
Dron (D.), *Débat public et infrastructures de transport*, La Documentation Française, Paris, 1996.
Druesne (G.), Droit et politique de la Communauté et de l'Union européenne, n° 4, PUF, Paris, 1998.
Drumaux (A.), *La réglementation du libre accès aux réseaux*, TEPSA rapport sur le secteur public et le droit communautaire, 1993.
Dubois (G.), *Qu'est-ce que l'électricité ?*, INRS, Paris, 1988.
Duroy (S.), *La distribution d'eau potable en France*, LGDJ, Bibliothèque de droit public, Tome 177, 1999.
Emiri (T.), Concurrence et secteur public. L'article 90 du Traité CE, moyen d'encadrement communautaire des activités étatiques d'intérêt général, Thèse Paris II, 1998.
ENA-Promotion Marc Bloch, Services publics comparés en Europe, exception française, exigence européenne, Tome I, La Documentation Française, Paris, 1997.
Felix (M.), *L'activité économique de la commune*, Tome I, Les régies municipales, Sirey, Paris, 1933.
Fenet (A.), Le régime juridique des régies des distributions publiques d'énergie électrique, Publication de la Faculté de droit d'Amiens, 1971-1972.
FNCCR, *Les collectivités locales de l'énergie*, Économie et politique d'un nouveau service public, Imprimerie Nationale, Paris, 2001.
Frison-Roche (M.A.), *Les leçons d'Enron, Capitalisme, la déchirure*, Collection Autrement, Paris, 2003.
Hancher (L.), *EC Electricity law*, European Practice Library, Chancery Law Publishing, London, 1992.

Hancher (L.), Ottervanger (T.), Slot (P.J.), *EC State Aids*, 2ème édition, Sweet & Maxwell, London, 1999.
Horstmann (K.P.), *Netzzugang in der Energiewirtschaft*, Carl Heymann Verlag, Köln, 2001.
Isaac (G.), *Droit communautaire général*, 8ème édition, Armand Colin, Paris, 2001.
Isidoro (C.), L'ouverture communautaire de marché de l'électricité à la concurrence et sa mise en œuvre, Thèse Paris II, 2002.
Jarass (H.), *Europäisches Energierecht*, in Schriften zum Europäischen Recht, Band 23, Berlin, 1996.
Jèze (A.), Les principes généraux du droit administratif, 3ème édition, Paris.
Jolly (P.), Le nouveau régime légal des distributions d'énergie électrique, Sirey, Paris, 1925.
Lachaume (J.F), Service public, SIEG, service universel : une mutation communautaire ?, Presses Universitaires de Limoges, Limoges, 1999.
Lachaume (J.F), *Grands services publics*, Masson, Paris, 1989.
Lachaume (J.F), Boiteau (C.), Pauliat (H.), *Grands services publics*, 2ème édition, Armand Colin, Paris.
Laubadère, Gaudemet, Traité élémentaire de droit administratif, LGDJ, 1988.
Lemaire (C.), Énergie et concurrence : Recherche sur les mutations juridiques induites par la libéralisation des secteurs de l'électricité et du gaz naturel, Thèse Paris I, 2002.
Lemoine (J.C.), *La planification des réseaux électriques*, Eyrolles, Paris, 1984.
L'huillier (J.), Législation des distributions d'énergie électrique, Albin Michel, Paris, 1927.
Lignières (P.), *Partenariats publics privés*, Litec, Paris, 2000.
Linotte (D.), Romi (R.), *Services publics et droit public économique*, Litec, 4ème édition, Paris, 2001.
Lombard (M.), *Droit administratif*, Dalloz, Paris, 1997.
Mecheriakoff (M.), *Droit des services publics*, 2ème édition, Paris, 1997.
Montain-Domenach (J.), *Droit des collectivités territoriales*, Presses Universitaires de Grenoble 1997.
Morsel (H.), *Histoire de l'électricité en France*, Tome III 1946-1987, édition Fayard.
Muriel (N.), La déréglementation du secteur électrique en Europe, Thèse Paris, 1998.
Neirynck (J.), *Théorie des réseaux de Kirchhoff*, 4ème édition, Presses Polytechniques Romandes, Lausanne, 1989.
Niard (J.), Electricité, lois générales, courant continu, Nathan, Paris, 1983.
Oderzo (J.C), *Les autorités administratives indépendantes et la Constitution*, Thèse de doctorat, Aix-en-Provence, décembre 2000.
Passeron, L'autonomie de gestion des établissements publics nationaux, LGDJ, 1968.
Pelissier (G.), *Le principe d'égalité en droit public*, LGDJ, Collection Systèmes, 1996.
Picard (J.F), Beltran (A.), Histoires de l'EDF, comment se sont prises les décisions de 1946 à nos jours.

Pierru (L.), *L'évolution d'Électricité de France*, maîtrise en droit, Université Paris IX, 1995-1996.
Rangeon (F.), *L'idéologie dans l'intérêt général*, Economica, Paris, 1986.
Rivero (J.), *Droit administratif*, Précis Dalloz, 18ème édition, Paris, 2000.
Roger (L.), Le domaine industriel des municipalités : distribution d'eau, de gaz, d'électricité, transport en commun, Thèse Montpellier, 1901.
Rosi (M.), *Électricité de France face à la libéralisation*, Mémoire de DEA, Université de Paris II, septembre 1999.
Sabirau-Perez (M.A), *Secteur public et concurrence*, Collection Études, Presses Universitaires de Perpignan, 1999.
Sablière (P.), *Droit de l'électricité*, Dalloz, Paris, 2003.
Schweppe (F.), **Caramanis (M.)**, **Tabors (R.)**, **Bohn (R.)**, *Spot pricing of electricity*, Norwell, Kluwer, 1988.
Simon (J.P), L'esprit des règles, réseaux et réglementation aux États-Unis, Câble, électricité et télécommunication, L'Harmattan, Paris, 1991.
Staat (J.), Une entreprise d'économie mixte : L'électricité de Strasbourg, Sirey, Paris, 1925.
Stoffaes (C.), *Entre monopole et concurrence*, La régulation de l'énergie en perspective historique, PAU, Paris, 1994.
Stoffaes (C.), *Services publics, Questions d'avenir*, Commissariat Général du Plan, La Documentation Française, Paris.
Taccoen (L.), *Le secteur électrique européen en 1992*, La Documentation Française, Paris, 1992.
Tournebise (A.), Le service public de l'électricité et du gaz et le grand marché européen, Direction des journaux officiels, Paris, 1992.
Van Miert (K.), La doctrine de la Commission, les services d'intérêt économique général en Europe, 1996.
Varoqueux (W.), *Calcul économique et électricité*, PUF, Paris, 1996.
Veylcux (J.C), Le régime juridique des mouvements européens d'énergie électrique, LGDJ, Paris, 1967.
Vieville (A.), EDF, une entreprise publique à l'épreuve du droit communautaire, Thèse Paris I, 2000.
Viguier (J.), *Les régies des collectivités locales*, Collectivités territoriales, Economica.
Waelbroeck (M.), *Commentaire Mégret-Concurrence*, 2ème édition, L'université de Bruxelles, Bruxelles, 1997.
Walrave (M.), Les réseaux de services publics dans le monde, Édition ASPE, Paris, 1995
Warin (P.), Quelle modernisation des services publics ? Les usagers au cœur des réformes, La découverte, Paris, 1997.
Wievorka (M.), Le modèle EDF : Essai de sociologie des organisations, La découverte, Paris, 1989.
Wiltzer (C.), Acceptabilité des ouvrages et concertation, l'exemple des lignes électriques d'EDF, Mémoire de DESS, Université Paris I, septembre 1996.
Zganic (R.), La France face aux choix européens de libéralisation du service public de l'électricité, Mémoire IEP, Grenoble, 2001.

II. Articles

Adam (C.), Blazy (S.), Note de jurisprudence sous l'arrêt de la Cour d'Appel de Paris « EDF/Société de Chauffage auxiliaire et autres », AJDA, 20 mai 1998, p. 435.
Albers (M.), *Energy Liberalisation and EC Competition Law*, 28th Fordham Conference of Antitrust Law and Policy, 26 octobre 2001.
Allouache (A.), Koubi (G.), *Le service public dans les discours : quelques enjeux*, Travaux de la CEDECE, 1996.
Amadei (J.P), *Caractère et régime des biens d'EDF*, Recueil Dalloz, Jurisprudence, 1999, p. 484.
Areeda (P.), Essential facilities : an epithet in need of limiting principles, Antitrust Journal Law, 1990, p. 840.
Arlandis (J.), *Service universel, Évolution d'un concept clé*, Communications et stratégies n° 13, 1994, p. 35.
Auby (J.M), La notion de concession et les rapports des collectivités locales et des établissements publics de l'électricité et du gaz dans la loi du 8 avril 1946, CJEG, octobre-novembre 1949, p. 2.
Auby (J.M), Note de jurisprudence sous l'arrêt du Conseil d'État du 2 février 1983, Revue de droit public, janvier-février 1984, p. 212.
Barthélemy (C.), Le principe de spécialité appliqué à EDF, libres propos sur l'article 44 de la loi du 10 février 2000, CJEG, n° 591, octobre 2002, p. 507.
Barthélemy (C.), L'amendement Tempête à la loi de modernisation et de développement du service public de l'électricité, CJEG, juin 2000, p. 235.
Barthélemy (C.), L'ouverture du marché français de l'électricité à la fin de l'an 2000 : état d'avancement du processus de transposition de la directive du 19 décembre 1996, CJEG, n° 577, juin 2001, p. 225.
Basilien-Gainche (M.L), Le service public de l'électricité : entre ouverture du marché et ouverture du capital, Revue de droit public, n° 6, 2002, p. 1769.
Batail (J.), *Le marché intérieur de l'électricité*, Économies et sociétés, Économie de l'Énergie, n° 5 et 6/1997.
Batail (J.), Les contrats d'entreprise conclus entre l'État, EDF et GDF : ce qui va changer pour les clients, Revue de l'Énergie, n° 494, janvier 1998, p. 5.
Batail (J.), *Sens et portée de la nouvelle organisation électrique française*, Revue de l'Énergie, n° 514, février 2000, p. 79.
Bauby (P.), *Marché intérieur de l'électricité*, ASPE, n° 12, 1995.
Bazex (M.), Note sous l'arrêt du Tribunal des Conflits du 18 octobre 1999 « Aéroports de Paris et Air France/TAT European Airlines », AJDA, 1999, p. 996.
Bazex (M.), Le droit communautaire et l'accès des entreprises du secteur concurrentiel aux réseaux publics, Revue des affaires européennes, n° 2, 1994, p. 94.
Bazex (M.), *L'entreprise et les missions d'intérêt général*, L'entreprise dans le marché unique, Travaux du CEDECE, 1993.
Bazex (M.), Blazy (S.), Monopole légal et subventions croisées : à propos de la Française des jeux, DA, mars 2002, p. 21.
Belloubet-Frier (N.), *Service public et droit communautaire*, AJDA, 1994, p. 270.
Benoit (F.P), Les attributions des collectivités locales, la répartition des attributions, Collectivités locales, Dalloz, IV, n° 4012-15.

Bergougnoux (J.), *La planification à EDF et le contrat de plan État-EDF*, CJEG, n° 399, avril 1985, p. 111.
Bergougnoux (J.), Varoquaux (W.), *Caractéristiques du service public de l'électricité*, CJEG, octobre 1997, p. 811.
Berlin (D.), *L'accès au marché français*, AJDA, 1997, p. 229.
Blaise (J.B), Idot (L.), *Concurrence année 2000-2001*, RTDE, n° 1, janvier-mars 2002, p. 103.
Blanchard (P.), L'évolution du secteur électrique français au lendemain de l'arrêt de la CJCE sur les monopoles d'importation et d'exportation d'électricité, CJEG, n° 540, février 1998, p. 71.
Blanchard (P.), Remarques comparatistes sur l'introduction de la concurrence dans les contrats de délégation de service public et les autres modes de partenariat public/privé, CJEG, n° 570, novembre 2000, p. 407.
Blavoet (C.), *Les services et les établissements publics à caractère industriel et commercial*, Commentaire de la loi de nationalisation du 8 avril 1946, Chronique, Dalloz, 1947, p. 73.
Bonichot (T.C.), L'application de l'article 6 §1 de la CEDH aux autorités de régulation, la position du Conseil d'État, Petites Affiches, n° 94, 2000, p. 5.
Bonzom (B.), *Le vol d'électricité*, CJEG, janvier 1985, p. 1.
Borel (G.), Assistance et redevances aéroportuaires, Dix ans de politique aérienne commune, Revue du droit des affaires, 1997/1, p. 58.
Bosseboeuf (D.), Moisan (F.), *Les politiques d'efficacité énergétique*, Revue de l'Énergie, n° 504, février-mars 1999, p. 82.
Bourdier (J.P.), *Production d'électricité, les enjeux du long terme*, Revue de l'Énergie, n° 496, mars-avril 1998, p. 148.
Bouttes (J.P.), Monopoles et concurrence : L'économie des réseaux et le cadre institutionnel, Annales des Mines, 1991.
Bouttes (J.P.), Leban (R.), Concurrence et réglementation dans les industries de réseaux en Europe, Travaux du CEREM, décembre 1994.
Bouttes (J.P.), Lederer (P.), Trochet (J.M.), *Incentive regulation of EDF, Communication à la conférence « Information, incentives and regulation »*, Colloque organisé par l'Institut d'économie industrielle, septembre 1990.
Bouttes (J.P.), Lederer (P.), *Les réseaux et la théorie économique*, Annales des Mines, avril 1991, p. 91.
Bouttes (J.P.), Leban (R.), Concurrence et réglementation dans les industries de réseaux en Europe, Travaux du CEREM, décembre 1994, p. 4.
Boy (L.), *Réflexion sur le droit de la régulation*, Recueil Dalloz, 2001, p. 3031.
Bracq (S.), Les causes des transferts législatifs de compétence en faveur du juge judiciaire, Petites Affiches, 17 décembre 1999, p. 5.
Bréchon-Moulènes (C.), La place du juge administratif dans le contentieux économique public, AJDA, 20 septembre 2000, p. 679.
Brisson (J.F.), Les pouvoirs de sanction des autorités de régulation et l'article 6 § 1 de la CEDH, À propos d'une divergence entre le Conseil d'État et la Cour de Cassation, AJDA, 20 novembre 1999, p. 847.

Buzelay (A.), *Du monopole d'État à la dérégulation communautaire : évolution de la gestion du service public*, Service public et Communauté, Travaux du CEDECE, Tome II sous la direction de R. Kovar et D. Simon, p. 157.
Buzelay (A.), *De la dérégulation des télécommunications dans l'Union*, Revue du Marché Commun, n° 434, janvier 2000, p. 24.
Cabanes (L.), *Le transport d'énergie électrique à haute tension en France*, Revue française de l'énergie, mars 1950, p. 194.
Caillosse (J.), Le droit administratif français saisi par la concurrence, AJDA, 20 février 2000, p. 99.
Cala (C.), *Contribution à l'avenir des services publics : pour un droit public des réseaux*, Cahiers du GERSE n° 1, Les services publics de réseaux dans le cadre du droit communautaire, 2000.
Cardon (H.), Coin (R.), Les ouvrages de transport et de distribution d'électricité et de gaz dans le Code de la voirie routière, CJEG, mars 1990, p. 1.
Cassia (P.), L'invocabilité des directives communautaires devant le juge administratif : la guerre des juges n'a pas eu lieu, RFDA n° 1, janvier-février 2002, p. 20.
CGEMP (Centre de géopolitique de l'énergie et des matières premières), *Les relations verticales dans les industries de réseaux*, Colloque, Université Paris Dauphine, 27 octobre 1994.
Champeil-Desplats (V.), Services d'intérêt économique général, valeurs communes, cohésion sociale et territoriale, AJDA, 20 décembre 1999, p. 959.
Charbit (N.), Le droit nouveau de l'énergie : la transposition des directives électricité et gaz en France, Recueil Dalloz, Chronique, 2000, p. 463.
Charbit (N.), L'ouverture du négoce d'électricité, exercice d'interprétation constructive, Chronique, Recueil Dalloz, 2001, p. 2962.
Charpentier (B.), *Le service public de l'électricité*, Cahiers du GERSE n° 1, 2000.
Chaudouard (L.), Marle (F.), *Le régime de l'industrie du gaz depuis 1946*, CJEG, 1974, p. 54.
Chavaux (D.), Girardot (T.X.), Chronique générale de jurisprudence administrative française, AJDA, 20 février 1997, p. 421.
Chavrier (G.), Le service public de l'électricité est-il menacé ?, DA, oct. 2002, p. 10.
Chavrier (G.), *Électricité*, fascicule n° 154, Jurisclasseur Administratif n° 8, 2002.
Chebel-Horstmann (N.), Slot (P.J.), *Overview of state aids in the french electricity sector*, Oil, Gas and energy Law Intelligence, Volume I, Issue 5, décembre 2003.
Chérot (J.Y.), L'article 90-2 du Traité de Rome et les entreprises de réseau, AJDA, 20 mars 1996, p. 171.
Chérot (J.Y.), Les méthodes du juge administratif dans le contentieux de la concurrence, AJDA, 20 septembre 2000, p. 687.
Chérot (J.Y.), Financement des obligations de service public et aides d'État, Revue Europe, 2000, p. 3.
Chevallier (J.), Les autorités administratives indépendantes et la régulation des marchés, Revue Justices, 1995.
Chevalier (J.M.), *La déréglementation de l'électricité, Quels enjeux pour l'Europe ?*, Économie et Sociétés, Économie de l'énergie, Série EN, n° 7, 5-6/1997.

Choussat (J.), *Le service public en recherche, quelle modernisation ?*, Rapport au Commissariat Général du Plan.

Cohen (E.), *Secteur public : portée et limites des pratiques de l'État actionnaire, Services publics*, Secteur public, Rapport au Conseil d'Analyse Économique, La Documentation Française, Paris, 1998.

Cohen (E.), Henry (C.), *Service public, secteur public*, Rapport du Conseil d'analyse économique, La Documentation Française, Paris, 1997.

Cohen-Tanugi (L.), Winckler (A.), *L'Europe des réseaux sera-t-elle celle du droit anglo-saxon ?*, Annales des Mines, avril 1991, p. 125.

Cohen-Tanugi (L.), L'articulation entre la régulation sectorielle et le droit de la concurrence, Petites affiches, n° 82, juillet 1998.

Cohen-Tanugi (L.), *L'émergence de la notion de régulation*, Petites Affiches, n° 82, juillet 1998.

Coin (R.), La protection de l'ouvrage public de transport et de distribution d'énergie électrique, Thèse Université Paris-nord, 1988.

Coin (R.), Les instances de régulation dans la loi du 10 février 2000, CJEG, n° 572, janvier 2001, p. 6.

Coin (R.), La réglementation de la construction des lignes de transport et de distribution d'électricité, CJEG, avril 1988, p. 122.

Coin (R.), Le régime juridique de la production d'électricité dans la loi du 10 février 2000, CJEG, n° 578, p. 269.

Colly (F.), La distribution du gaz et les régies et sociétés d'économie mixte locales, note sous arrêt du CE « Commune de la Réole » du 28 mars 1990, RFDA, Jurisprudence 1990, p. 627.

Colombier (M.), Hourcade (J.C.), Développement des réseaux et modulations spatiotemporelles des tarifs : l'équité territoriale revisitée, Revue Économique, juillet 1989, p. 25.

Combrexelle (J.D.), *Le principe d'impartialité et les autorités de régulation*, RFDA, n° 16-3, mai-juin 2000, p. 574.

Comte (R.), Petite histoire de l'évolution jurisprudentielle en matière de monopole de concession de distribution d'énergie électrique, CJEG, 1958, p. 1.

Cotard (E.), Block (G.), La loi relative aux marchés du gaz et de l'électricité et au service public de l'énergie, JCP, n° 22, 28 mai 2003, p. 977.

Courivaud (H.), La diversification des activités d'EDF et de GDF, JCP, Éd. CL, I.63, 1997.

Courivaud (H.), La loi n° 2000-108 du 10 février 2000 relative à la modernisation et au développement du service public de l'électricité réalise-t-elle aussi une libéralisation conforme aux objectifs de la directive 96/92 du CE ?, JCP, Éd. E, n° 26, 29 juin 2000, p. 1036.

Courivaud (H.), Non-transposition par la France de la directive sur le gaz : une sanction pour l'exemple ou une sanction pour la forme, Chronique Jurisclasseur, novembre 2002.

Courivaud (H.), Les collectivités locales confrontées à la libéralisation des activités de réseaux électriques, CJEG, n° 581, novembre 2001, p. 411.

Cowen (T.), *The essential facilities doctrine in EC competition law*, Annual proceedings of the Fordham Corporate Law Institute, 1995.

De Baecque (A.), *Le droit communautaire des aides d'État*, CJEG, n° 562, février 2000, p. 39.
Debailleul (Y.), Le contrat d'entreprise État-EDF 1997-2000, une ambition partagée, CJEG, n° 534, p. 249.
Debailleul (Y.), La restructuration du bilan financier d'EDF en 1997, CJEG, mars 1998, p. 89.
De Bauw (R.), *Énergie et service public communautaire*, Vers un service public européen, 1996.
Debène (M.), **Raymundie (O.)**, Sur le service universel : renouveau du service public ou nouvelle mystification ?, AJDA, 20 mars 1996, p. 183.
De Cacqueray (S.), La juridiction des comptes et les exigences du droit à un procès équitable : Bilan jurisprudentiel et législatif, RFDA, janvier-février 2002, p. 725.
De Cockborne (J.E.), La libéralisation du marché communautaire de l'électricité, RDAI/IBLJ, n° 7, 1990, p. 865.
De Cockborne (J.E.), La politique communautaire de la concurrence : jurisprudence et stratégies, Annales des Mines, 2000, p. 116.
De la Laurencie (J.P.), *Missions d'intérêt économique général : Du concept à la réalité*, Cahiers de la fondation, Europe et Société, n° 38, janvier-mars 1996.
Delaporte (P.), *La dérégulation des systèmes électriques*, Revue de l'Énergie, n° 509, septembre 1999.
Delelis (P.), Principe de spécialité et droit de la concurrence, à propos de l'arrêt « Syndicat CGT de la société Clemessy », DA, avril 2002, p. 15.
Delors (J.), Vers un service public européen, Les entreprises de réseaux à l'heure du grand marché, colloque de Bruxelles, 4 février 1993.
Delpirou (D.), Note sous l'arrêt de la Cour d'Appel de Paris du 15 avril 1999, AJDA, 20 octobre 1999, p. 837.
Delpirou (D.), Régies d'électricité et distribution aux services publics, CJEG, juillet 1990.
Delvolvé (P.), La question du statut des biens d'EDF, CJEG, février 1989.
Delvolvé (P.), *Droit public de l'économie*, Précis Dalloz, n° 589, 1998.
Delvolvé (P.), À propos de l'arrêt de la Cour de Cassation du 3 mai 1988 : La question du statut des biens d'EDF, CJEG, février 1989.
Delvolvé (V.), *Les problèmes posés par le monopole de distribution d'EDF*, Mémoire de DEA, Université Paris II, 1996.
Denoix de Saint-Marc (R.), *Le service public*, Rapport au Premier Ministre, La Documentation Française, 1996.
Derosier (B.), *À la veille d'une directive européenne sur le marché intérieur du gaz naturel*, Rapport d'information de l'Assemblée Nationale, n° 3 338, février 1997.
De Sadeleer (N.), *Les clauses de sauvegarde prévues à l'article 95 du Traité CE*, L'efficacité du marché intérieur en porte-à-faux avec les intérêts nationaux dignes de protection, RTDE, n° 1, janvier 2002, p. 53.
Dewost (M.), *Europe-Service public-concurrence*, Masson, Paris 1995.
Doherty (B.), Just what are essential facilities doctrine, n° 38, CMLR, 2001, p. 397.
Douence (J.C.), *La réforme des régies locales*, AJDA, 20 avril 2001, p. 376.
Dreyfus (J.D.), *Actualité des contrats entre personnes publiques*, AJDA, juillet-août 2000, p. 575.

Dubois (O.), L'invocabilité d'exclusion des directives : Une autonomie enfin conquise, RFDA, mai-juin 2003, p. 568.

Dubouis (L.), *Le service public et la construction communautaire*, RFDA, 11(2), mars-avril 1995, p. 291.

Dufau (J.), *Les concessions de service public*, Le moniteur, Paris, 1979.

Dufau (J.), *La nature juridique de la concession de service public*, Mélanges Chapus, Montchrestien, Paris, 1992.

Dufau (J.), Le domaine public, composition, délimitation, protection, utilisation, 5ème édition, Le Moniteur, Paris, 1977.

Dufau (J.), Note concernant l'arrêt du TC « EDF contre Dme Vve Faucher et Commune de Port-Louis du 2 décembre 1968 », CJEG, 1969.

Dumez (H.), **Jeunemaitre (A.)**, *Les institutions de la régulation des marchés*, Revue Internationale de droit économique, De Boeck-Université, 1999/1.

Dumez (H.), **Jeunemaitre (A.)**, Les institutions de la régulation des marchés : Études de quelques modèles de référence, Revue Internationale de droit économique, 1999-1.

Durand (E.), **Block (G.)**, **Haverbeke (D.)**, L'arrêt Preussenelektra de la CJCE du 13 mars 2001: une étape décisive dans la promotion de l'électricité produite à partir de sources d'énergies renouvelables, CJEG, n° 584, février 2002, p. 117.

Dutheil de la Rochère (J.), Un accord entravant l'importation d'électricité afin de permettre à une entreprise d'assurer sa mission d'intérêt général est-il conforme au Traité de Rome ?, Recueil Dalloz, Jurisprudence, 1995, p. 17.

Dutheil de la Rochère (J.), Influence du droit français en droit communautaire/droit de l'Union européenne, RFDA, juillet-août 2001, p. 909.

Dutheil de la Rochère (J.), *Note sur l'arrêt de la CJCE « Commune d'Almelo » du 27 avril 1994*, Recueil Dalloz, Jurisprudence, 1995, p. 17.

Dutheil de la Rochère (J.), *Le principe de légalité*, AJDA, 20 juin 1996, p. 161.

Dutheil de la Rochère (J.), *L'électricité et le gaz dans l'Union européenne*, Sociétal, n° 17, 1998, p. 27.

Edward (S.), **Hoskins (M.)**, *Article 90 : Deregulation and EC law*, Common Market Law Review, 1995.

Ehlermann (C.D.), *Quelles règles de fonctionnement pour le marché intérieur de l'énergie*, Revue du Marché Commun, n° 380, juillet-août 1994, p. 450.

Encaoua (D.), **Flochel (L.)**, *La tarification du monopole à la concurrence régulée*, AJDA, 20 mars 1997, p. 254.

Enerpresse, La capacité d'interconnexion disponible en Europe d'après la Commission, n° 7 354, 29 juin 1999, p. 1.

Enerpresse, Réglementation du réseau européen d'après la Commission, n° 7 371, 23 juillet 1999, p. 1.

Enerpresse, La déréglementation en Europe vue par National Utility Services, n°7 385, 12 août 1999, p. 1.

Enerpresse, Les enjeux de la loi électrique sur la compétitivité de la France, n°7384, 11 août 1999, p. 1.

Enerpresse, L'ouverture du marché européen de l'électricité, n° 7 382, 9 août 1999, p. 1.

Esplugas (P.), *Le service universel*, DA, décembre 2002, p. 6.

Fatome (E.), Évolution en cours du droit du domaine public, AJDA, juin 2003, p. 1192.
Fiquet (A.), Vers une réconciliation entre l'Europe et les services publics, AJDA, 20 novembre 1998, p. 864.
Fiquet (A.), L'interconnexion et les échanges d'énergie électrique en Europe, CJEG, Chronique, juillet-août 1988, p. 255.
Finon (D.), Règles d'ouverture de marché et potentialité de déstabilisation d'une industrie électrique intégrée en économie ouverte, Cahiers de recherches de l'Institut d'économie et de politique de l'énergie n° 17, juillet 1999.
Finon (D.), La concurrence dans les industries électriques : l'efficacité au prix de la complexité transactionnelle et réglementaire ?, Économies et Sociétés, Série EN, n° 7, 5-6.
Finon (D.), Les nouvelles fonctions du régulateur et du Gouvernement dans les industries électriques libéralisées, les leçons des expériences européennes, RF énergie, n° 477, Paris, 1996, p. 225.
Flauss (J.F.), Droit communautaire, Convention européenne des droits de l'homme et de droit administratif, AJDA, 20 juin 1996, p. 156.
Fornacciari (M.), *Peut-on redéfinir le service public ?*, Table ronde sur « La nouvelle donne des entreprises de service public », Les cahiers de la Fondation, n° 29, Sur la convergence du droit communautaire et du droit interne en matière d'égalité des usagers du service public et services publics locaux, 1993.
Fournier (J.), *Les missions d'intérêt général*, Colloque « Électricité, service public et concurrence », Recueil du Centre de Recherche en Économie et Management des 6 et 7 mai 1998.
Fournier (J.), La nouvelle réglementation des télécommunications, CJEG, n° 530, p. 77.
Fraisse (R.), *Le service public saisi par la modernisation*, Le service public en recherche, Quelle modernisation ? Commissariat Général du Plan.
Francfort-Alberelli (S.), *Le principe d'égalité*, Travaux du CEDECE, 1997.
Francony (M.), Libéralisation, privatisation et compétition dans l'industrie de l'énergie, Revue de l'Énergie n° 504, février-mars 1999.
Frison-Roche (M.A.), *Comment fonder juridiquement le pouvoir des autorités de régulation ?*, Revue d'économie financière n° 60, janvier 2001, p. 85.
Frison-Roche (M.A.), *Un vide juridique préjudiciable*, La Tribune du 3 mars 1999.
Frison-Roche (M.A.), Libres propos sur le service public marchand dans la perspective de la régulation des réseaux d'infrastructures essentielles, RJDA, octobre 1995, p. 847.
Frison-Roche (M.A.), *Risques et opportunités d'un marché ouvert*, Rapport d'information au Sénat de Henri Revol au nom de la Commission des affaires économiques et du plan, et du groupe d'étude de l'Énergie sur les actes du Colloque « Le marché européen de l'énergie » du 12 décembre 2001, Rapport n° 305, 17 mai 2002.
Frison-Roche (M.A.), *La directive relative au marché intérieur de l'électricité en elle-même*, La déréglementation de l'électricité : Quels enjeux pour l'Europe ? Économies et Sociétés, Économie de l'énergie, Cahiers de l'ISMEA, mai-juin 1997, p. 137.

Frison-Roche (M.A.), *Le droit de la régulation*, Dalloz Sirey, Paris, 2002.
Frison-Roche (M.A.), *Le droit de la régulation*, Recueil Dalloz, Chronique, 2001, p. 610.
Frison-Roche (M.A.), L'efficacité des décisions en matière de concurrence : notion, critères, typologie, Petites Affiches, n° 259, décembre 2000.
Fromont (M.), *Le principe de sécurité juridique*, AJDA, 20 juin 1996, p. 178.
Furse, The essential facilities Doctrine in Community Law, ECLR, 1998, p. 469.
Galmot (Y.), Le juge administratif français, la CJCE et les directives communautaires : l'ébauche d'une cohérence, CJEG, n° 555, juin 1999, p. 207.
Garcia (D.C.), *Functioning of the internal market*, Colloque « The liberalisation of the electricity and natural gas markets in the European Union », Bruxelles, 24 mars 2000.
Gazin (F.), *Service public et Communauté européenne*, Travaux du CEDECE, 1996, p. 29.
Gazin (F.), Intérêt général communautaire et service public, Travaux du CEDECE, 1997, p. 63.
Geneste (B.), *La libéralisation du marché de l'électricité*, Revue des affaires européennes, 1997.
Genevois (B.), Le Conseil Constitutionnel et l'extension des pouvoirs de la COB, RFDA, juillet-août 1989, p. 671.
Genevois (B.), Le Conseil constitutionnel et la définition des pouvoirs du Conseil supérieur de l'audiovisuel, RFDA, mars-avril 1989, p. 215.
Genevois (B.), *Principes généraux du droit*, Fascicule n° 254, Encyclopédie Dalloz.
Geradin (D.), *L'ouverture à la concurrence des entreprises de réseaux*, Analyse des principaux enjeux du processus de libéralisation, Cahiers de droit européen, n° 1-2, 1999, p. 13.
Gian-Domenico (M.), *Controlling regulatory bureaucraties*, Florence, 1993.
Ginocchio (R.), *Législation de l'électricité*, Édition Eyrolles, p. 167.
Girardot (P.L.), *Chaînes et trames : le tissu des réseaux*, Annales des Mines, avril 1991, p. 113.
Giraud (P.N.), Un scénario énergétique tendanciel pour la France à l'horizon 2020, Annales des Mines, 2000.
Girerd (P.), Les principes d'équivalence et d'effectivité : encadrement ou désencadrement de l'autonomie procédurale des États membres ?, RTDE, n° 38 (1), janvier-mars 2002, p. 75.
Givaudan, Progression des enquêtes publiques et régression de l'État de droit, RFDA, 1986, p. 247.
Glasl (D.), Essential facilities doctrine in EC anti-trust law: A contribution to the current debat, European Competition Law Review, n° 6, 1994, p. 306.
Göhring-Crinon (A.), *L'avenir du marché intérieur de l'énergie*, CJEG, n° 511, 1995, p. 213.
Gosset (J.), Distributeurs d'électricité et usagers.
Goyet, **Rontchevsky**, **Storck**, *Projet de loi sur les nouvelles régulations économiques*, Revue trimestrielle de droit commercial, juillet-sept. 2000, p. 683.
Guièze (J.L.), *Marché intérieur et service public : Le cas de l'électricité*, Les Cahiers de l'IREPP, Les postes, L'Europe et le service universel, 2001, p. 101.

Guyomar (M.), Collin (P.), Chronique de jurisprudence sur les arrêts de la Cour de Cassation « COB/Oury » du 5 février 1999 et du Conseil d'État « Didier » du 3 décembre 1999, AJDA 20 février 2000, p. 404.
Hadas-Lebel (R.), *La future organisation électrique française*, Avis et Rapports du Conseil Économique et Social, Paris, 1998.
Hadj Kaddour, Nicolas, Annales des Mines, 1994.
Hagelsteen, La réforme de la procédure d'enquête préalable à la déclaration d'utilité publique, CJEG, 1976, p. 38.
Hamon (F.), *Le marché intérieur de l'énergie*, AJDA, 20 novembre 1998, p. 851.
Hamon (F.), Les monopoles des services publics français face au droit communautaire, Chronique, Recueil Dalloz, 1993, p. 91.
Hamon (F.), Note sous l'arrêt de la CJCE du 23 octobre 1997 « Commission/France », AJDA, 20 décembre 1997, p. 991.
Hébrard (S.), Les études d'impact dans la jurisprudence administrative, RJE, 1981, p. 103.
Henry (C.), *Concurrence et service public dans l'Union Européenne*, Revue de l'Énergie, n° 486, mars-avril 1997.
Hocepied (C.), Les directives de l'article 90 § 3 : une espèce juridique en voie de disparition ? Revue des affaires européennes, n° 2, 1994, p. 49.
Huglo (L.), L'impact écologique selon la loi du 16 juillet 1976 sur la protection de la nature et le décret d'application, Gazette du Palais, II-1978.
Jenny (F.), Suppression partielle du monopole : comment assurer l'étanchéité des activités non réservées, Colloque Les Échos sur les « Monopoles publics », 19 et 20 décembre 1995.
Joudon (L.), *Contrat de plan entre l'État et EDF 1993-1996*, CJEG, juillet-août 1996, p. 347.
Karpenschif (M.), *La notion d'aide d'État, application au secteur de l'énergie*, Chronique, CJEG, n° 595, février 2003, p. 51.
Karpenschif (M.), La privatisation des entreprises publiques : une pratique encouragée sous surveillance communautaire, RFDA, janvier-février 2002, p. 95.
Klom (A.M.), Electricity deregulation in the European Union, Energy in Europe, n° 27, 1996.
Kovar (R.), La Cour de Justice et les entreprises chargées de la gestion d'intérêt économique général, Europe, chronique 6, juillet-août 1995.
Kovar (R.), Droit communautaire et service public : esprit d'orthodoxie ou pensée laïcisée, RTDE, avril 1996, p. 493.
Lachaume (J.F.), Décentralisation et régies locales, RFDA, 1989, p. 432.
Lachaume (J.F.), De l'influence de la loi du 6 février 1992 relative à l'administration de la République sur les services publics locaux, RFDA 1993.
Lachaume (J.F.), De la nécessaire prise en compte de la consommation réelle dans la tarification du service public de l'eau, RFDA, juillet-août 2003, p. 788.
Lachaume (J.F.), *Régies personnalisées*, Jurisclasseur Collectivités territoriales, fascicule 742, 1995, p. 1.
Laffont (J.), Tirole (J.), *Access pricing and Competition*, European Economic Review, n° 38, 1994, p. 1673.

Lagondet (F.), Du dogme au marché intérieur à la négociation sur le service public, Europe, mai 1997.
Laguerre (B.), Haag (D.), *Remarques sur la régulation du secteur électrique*, Économies et Sociétés, Série EN, n° 7, 5-6/1997, p. 4.
Laidié (Y.), Brèves observations sur les difficultés de la dévolution du contentieux de la concurrence, RFDA, mai-juin 2000, p. 567.
Lang Temple, *Defining legitimate competition*, 18 Fordham International Law Journal, 1994, p. 437.
Larère (S.), Textes d'application de la loi du 10 février 2000 (Point d'étape à la mi-avril 2001), CJEG, n° 577, juin 2001, p. 232.
Lasserre (B.), L'Europe des télécommunications : les options de la Communauté et la position de la France, Annales des Mines, avril 1991, p. 73.
Lasserre (B.), L'autorité de régulation des télécommunications, AJDA, 20 mars 1997, p. 224.
Lasserre (B.), *Régulation mode d'emploi*, Sociétal, n° 30, 2000, p. 77.
Leban (R.), La tarification de l'électricité en France, de la réalité aux perspectives dans la concurrence, Revue de l'Énergie, n° 510, octobre 1999.
Leban (R.), *La régulation du secteur électrique et gazier dans la concurrence*, Rapport au Commissariat général du Plan, Énergie 2010-2020, La Documentation Française.
Le Gall (A.), Dans le silence de la loi : à propos de la prise de participation de RTE dans Powernext, Recueil Dalloz, Jurisprudence, 2002, p. 1058.
Le Gall (A.), *Les aspects répressifs de la loi du 10 février 2000*, Recueil Dalloz, Chronique, 2002, p. 2 997.
Le Gall (A.), Précisions sur la compétence de la Commission de régulation de l'électricité, Recueil Dalloz, Chronique, septembre-décembre 2002, p. 2997.
Linotte (D.), Cantier (B.), Shadow Tolls : Le droit public français à l'épreuve des concessions à péages virtuels, AJDA, novembre 2000.
Lochak (D.), Réflexion sur la notion de discrimination, Droit Social 1987.
Lolli (A.), La privatisation du système électrique en Grande Bretagne et l'évolution du système italien, CJEG, mars 1993, p. 205
Lombard (M.), *Service postal communautaire*, AJDA, septembre 1998, p. 716.
Lombard (M.), À propos de la liberté de concurrence entre opérateurs publics et opérateurs privés, Recueil Dalloz, Chronique, 1994.
Lombard (M.), La CA de Paris ordonne une expertise pour mieux exercer son rôle de juge de plein contentieux en matière de régulation, DA, avril 2002, p. 37.
Lombard (M.), Les pouvoirs attachés aux actions spécifiques créées lors de privatisations doivent être strictement encadrés, DA, juillet 2002, p. 21.
Lombard (M.), Mesures conservatoires prises par les autorités de régulation et principe d'impartialité, DA, février 2002, p. 36.
Lombard (M.), Un livre vert de la Commission sur les services d'intérêt général, DA, juillet 2003, p. 29.
Lombard (M.), Financement du service public et aides d'État, Note sous l'arrêt de la CJCE « Ferring », DA, mai 2002, p. 34.

Lombard (M.), Coût du service universel : La France condamnée pour l'avoir surévalué, DA, février 2002, p. 37.
Lombard (M.), Médiateur postal : Le droit communautaire impose un traitement adapté des réclamations des usagers du service universel, DA, mars 2002, p. 34.
Lombart (P.), Le monopole de la distribution publique du gaz, CJEG, juillet 1990.
Lombart (P.), Le secteur du gaz entre liberté et contrôle, La loi du 3 janvier 2003, CJEG, n° 578, mai 2003, p. 278.
Lombart (P.), La portée de l'arrêt de la Cour de Justice des communautés européennes au regard des monopoles d'importation et d'exportation de gaz naturel, CJEG, n° 540, février 1998, p. 55.
Long (M.), La libéralisation du gaz communautaire de la loi du 3 janvier 2003, DA, février 2003, p. 6.
Longobardi (N.), Autorités administratives indépendantes et position institutionnelle de l'administration publique, RFDA, 11(2), mars-avril 1995, pp. 171 et 383.
Loupien (J.C.), L'adaptation des chemins de fer français aux exigences du marché unique : Le décret du 9 mai 1995 transposant la directive 91/440, CJEG, n° 517, janvier 1996, p. 1.
Loupien (J.C.), *Le système ferroviaire français face au droit communautaire*, Chronique, CJEG, n° 565, mai 2000, p. 186.
Loyola de Palacio, *La politique énergétique européenne et accès des citoyens à l'énergie*, séminaire « Ouverture des marchés », Bruxelles, Press-release de la Commission, 02/97, 5 mars 2002.
Magnien (M.), Pinet (R.), Le transport d'énergie en France de l'origine à la nationalisation et après la nationalisation, RGE, n° spécial, septembre 1971, p. 40.
Maillard (D.), La politique française de l'énergie à l'aube du troisième millénaire, Annales des Mines, novembre 1999, p. 5.
Maire (E.), Le cadre réglementaire de l'ouverture des marchés de l'électricité et du gaz en Europe, Revue du droit de l'Union Européenne 2-2001.
Maisl (H.), La régulation des télécommunications, changements et perspectives, RJDA 11(3), mai-juin 1995, p. 449.
Malbo (F.), Le marché unique des services postaux, La directive postale - Premier pas vers la libéralisation, CJEG, n° 544, juin 1998, p. 215.
Maleville (G.), L'application des directives du Conseil des communautés européennes dans le domaine des activités électriques et gazières, GJEG, 1970.
Mandil (C.), Les spécificités des réseaux énergétiques, la vision des pouvoirs publics français, Annales des Mines, avril 1991, p. 65.
Marimbert (J.), *L'autorité de régulation des télécommunications*, CJEG, n° 582, décembre 2001, p. 465.
Markus (J.P.), *Les principes généraux du droit*, RFDA, mai-juin 2001, p. 590.
Martin (F.), Note sous arrêt du Conseil d'État du 28 juillet 1999 « Association Morbihan sous haute tension », CJEG, janvier 2000, p. 32.
Martinand (C.), *La régulation des services publics*, Rapport au commissariat général du Plan 1995.
Masson, *Europe-service public-concurrence*, Rapport collectif du CEEP.

Mater (A.), *Réflexion d'un juriste sur une nationalisation*, CJEG, novembre-décembre 1948, p. 592.
Matharan (X.), Pintat (P.), La libéralisation du secteur de l'électricité et la mise en concurrence des contrats de fourniture, CJEG, n ° 581, novembre 2001, p. 411.
Mélin-Soucramanien (F.), Les pouvoirs spéciaux conférés à la Commission en matière de concurrence par l'article 90 § 3 du Traité de Rome, Revue du Marché Commun, novembre 1994, p. 601.
Mignon (H.), Le Pas de Sécheval (H.), L'exercice de la tutelle, les secteurs de l'électricité, du gaz et des télécommunications : le modèle français et la situation à l'étranger, École Nationale Supérieure des Mines de Paris.
Mitard (E.), *L'impartialité administrative*, AJDA, 1999, p. 478.
Moavero Milanesi (E.), Les services d'intérêt économique général, les entreprises publiques et les privatisations, Revue du droit de l'Union Européenne, 1/2000, p. 121.
Moderne (F.), Les projets d'intérêt général dans le droit de l'urbanisme, CJEG, 1986, p. 301.
Moine (G.), Le service universel : contenu, financement, opérateurs, AJDA, 20 mars 1997, p. 246.
Moisan (F.), Les scénarios énergétiques pour la France aux horizons 2010 et 2020, Annales des Mines, novembre 1999.
Nedjar (D.), Les compétences de la Commission des Communautés européennes et la situation des entreprises publiques, RFDA, mars-avril 1992, p. 291.
Neme (C.), *Service public et Théorie économique, Service public et Communauté européenne : entre l'intérêt général et le marché*, Travaux du CEDECE, sous la direction de Robert Kovar et Denys Simon, Tome II, actes du colloque de Strasbourg 17-19 octobre 1996, p. 147.
Nicinski (S.), Pintat (P.), *La libéralisation du secteur gazier*, AJDA, n° 5, 2003, p. 223.
Nicolas (M.), Niveau et évolution des prix de l'électricité en Europe : La portée des comparaisons internationales des prix, Économies et Sociétés, Économie de l'énergie, Série EN n° 7, 5-6/1997, p. 89.
Oudin (J.), *Électricité et Gaz : pour un marché intérieur respectueux du service public*, Rapport d'information de la délégation du Sénat pour les communautés européennes, n° 459 (1993-1994) 25 mai 1994.
Péraldi-Leneuf (F.), *Le consommateur citoyen*, Travaux du CEDECE, 1997.
Péraldi-Leneuf (F.), La libéralisation du marché des terminaux de télécommunication et la jurisprudence communautaire : une connexion en cours, Revue Europe, Chronique, février 1996, p. 1.
Percebois (J.), La dérégulation de l'industrie électrique en Europe et aux États-Unis : un processus de décomposition-recomposition, Revue de l'Énergie, n° 490, septembre 1997.
Percebois (J.), Ouverture des marchés énergétiques : conséquences sur les missions de service public et de sécurité d'approvisionnement pour l'électricité et le gaz, Colloque de l'Agence Internationale de l'Énergie, Paris, 7 et 8 février 2000.
Percebois (J.), Ouverture à la concurrence et régulation des industries de réseaux : le cas du gaz et de l'électricité, Cahier du CREDEN, n° 03.11.40, 5 novembre 2003.

Perrot (A.), *Ouverture à la concurrence dans les réseaux*, Économie et Prévision, n° 119, 1995/3, p. 59.
Peyrical (J.M.), Les contrats de prestation entre collectivités publiques, AJDA juillet/août 2000, p. 581.
Poppe (M.), Cauret (L.), *The French electricity regime*, European electricity systems in transition.
Préchal, Does direct effect still matter ? CMLR 37, 2000.
Puissochet (J.P.), Développements récents de la jurisprudence communautaire sur l'effet direct du droit international et des directives, CJEG, octobre 2000, p. 357.
Rapp (L.), Les nouvelles régulations économiques, AJDA, 20 juin 2001, p. 560.
Raymundie (O.), Gestion déléguée des services publics en France et en Europe, Le Moniteur, Paris, 1995.
Revol (H.), *Le Marché européen de l'énergie, Enjeux et conséquences de l'ouverture du 20 juin 2001*, Rapport n° 305 fait au nom de la Commission des affaires économiques et du Plan du Sénat, colloque du 17 mai 2002.
Revol (H.), Marché intérieur de l'électricité et du gaz naturel : Quelle politique pour la France ? Rapport du Sénat.
Richer (L.), Remarques sur les entreprises privées de service public, AJDA, 20 juin 1997, p. 103.
Richer (L.), Le droit à la paresse, « Essential facilities », version française, Recueil Dalloz, 1999, p. 523.
Richer (L.), La loi du 10 février 2000 sur l'électricité entre concurrence et service public, AJDA, 20 mars 2000, p. 239.
Richer (L.), *L'ouverture des marchés européens de l'énergie*, Chronique de droit comparé, CJEG, n° 583, janvier 2002, p. 27.
Risacher (N.), Le service public des télécommunications et l'échéance de 1998 : entre libéralisation et service universel, Cahiers du GERSE, n° 1, 2000.
Rivero (J.), *Le régime des nationalisations*, Jurisclasseur, 1948.
Robbe (F.), L'ouverture du marché électrique et l'adaptation du service public, CJEG, juin 2000, p. 211.
Roblot (R.), La nationalisation du gaz et de l'électricité, Droit social, 1946, p. 179.
Rodrigues (S.), *Le service public et le Traité d'Amsterdam*, Revue du Marché Commun et de l'Union Européenne, n° 414, janvier 1998, p. 37.
Rodrigues (S.), Comment intégrer les principes du service public dans le droit communautaire, quelques propositions, RFDA 11(2), mars-avril 1995, p. 335.
Romestain (J.), Le réseau de transport d'énergie de l'EDF, avant et après la nationalisation, Électricité, mars-juin 1954, p. 119.
Sablière (P.), *Y a-t-il un droit de l'électricité ?*, CJEG, n° 550, janvier 1999, p. 1.
Sablière (P.), Commentaire sous la décision de la CRE « Semmaris/EDF » du 27 juin 2002, RFDA, n° 1, 2003, p. 77.
Sablière (P.), La rémunération des dotations en capital d'EDF, CJEG, février 1992.
Sablière (P.), Le nouveau cahier des charges type de la concession du réseau d'alimentation générale en énergie électrique, CJEG, n° 508, mars 1995, p. 87.
Sablière (P.), Le nouveau modèle de cahier des charges pour la concession à EDF de la distribution d'énergie électrique, CJEG, janvier 1993.

Sablière (P.), Libres propos sur les notions de réglementation, tutelle et régulation, CJEG, janvier 1997.
Sablière (P.), Les établissements publics industriels et commerciaux doivent-ils être propriétaires d'un domaine public ? CJEG, juillet 1984.
Sablière (P.), *Les branchements électriques*, CJEG, juillet 2000.
Sablière (P.), Les organismes consultatifs en matière d'électricité, CJEG, 1988, p. 32.
Sablière (P.), Les lignes directes dans le secteur de l'électricité, Petites affiches, n° 8, 2002, p. 4.
Sablière (P.), La restructuration du bilan financier d'EDF en 1997, CJEG, n° 541, mars 1998, p. 89.
Sablière (P.), Usager du service public, qualité de la fourniture et abattement tarifaire, AJDA, 9 septembre 2002, p. 679.
Schaub (A.), *Libéralisation et respect de l'intérêt général*, Rapport public du Conseil d'État, n° 50, La documentation française, 1999, p. 409.
Servoir (A.), Service public et Traité d'Amsterdam : une réforme en demi-teinte, Cahiers du GERSE, n° 2, 2001.
Servoir (A.), Survivance et évolution de la notion de service public de transport ferroviaire en France et en Europe, Cahiers du GERSE, n° 1, 2000.
Slot (P.J.), Skudder (A.), *Common features of community law regulation in the network-bound sectors*, Common Market Law Review, n° 38, 87-129, 2001.
Slot (P.J.), *Regulation of prices in the Energy Sector of the EC*, Journal of Energy & Natural Resources Law, 1997.
Stoffaes (C.), *Les stratégies des réseaux face au Marché Unique*, Annales des Mines, avril 1991, p. 62.
Struillou (J.F.), L'implantation des lignes électriques et le droit de l'environnement, CJEG, n° 525, octobre 1996, p. 331.
Taccoen (L.), La Commission des Communautés et le secteur électrique, Annales des Mines, avril 1991.
Tanti (A.), Graff (M.), Les potentialités du droit de la concurrence dans la régulation des secteurs en transition vers la libéralisation, Revue de la concurrence et de la consommation, n° 86, juillet/août 1985.
Tchakaloff (M.F.C.), *Le principe d'égalité*, AJDA, 20 juin 1996, p. 168.
Teste (P.), Nature des rapports unissant le concessionnaire d'un service public et la collectivité concédante, CJEG, 1951, p. 350.
Tettinger (P.J.), Pielow (J.C.), Zum neuen Regulator für den Netzzugang in der Energiewirtschaft aus Sicht des öffentlichen Rechts, RDE, 12/2003, p. 289.
Théron, Recherches sur la notion d'établissement public, BDP, T. 123, 1976.
Thiry (B.), *Les conceptions de l'intérêt général dans l'Union européenne*, Rapport public du Conseil d'État, n° 50, 1999, p. 397.
Thomas (B.), Lignières (P.), Entreprises publiques : L'État va-t-il devenir un actionnaire comme les autres ?, DA, juin 2003, p. 46.
Tournebise (A.), Le service public de l'électricité et du gaz et le grand marché européen, Direction des journaux officiels, Paris, 1992.
Trepte (P.A.), Hancher (L.), *Competition and the international Energy Market*, European Competition Law Review, 1992/4, p. 149.

Truchet (D.), Unité et diversité des grands principes de service public, AJDA, n° spécial, juin 1997, p. 38.
Tuot (T.), La loi du 10 février 2000, un an après l'installation de la régulation du marché électrique, CJEG, n° 573, février 2001, p. 51.
Tuot (T.), De l'audace du service public, note sous l'ordonnance du CE du 8 novembre 2002, AJDA, février 2003, p. 250.
Tye (W.B.), *Competitive access*, Energy Law journal, vol. 8, n° 2, 1987.
Ungemach (M.), Zulässigkeit von Modellnetzen bei der zukünftigen Entgeldregulierung durch die REGTP, ENW, 04/2004, p. 22.
Van Gehuchten, La notion d'entreprise publique selon la doctrine et la jurisprudence de la Cour et la fonction de l'article 90 du Traité, Interventions publiques et droit communautaire, Paris, Pédone, 1988.
Videlin (J.C.), Les biens des établissements publics de coopération intercommunale, AJDA, 20 octobre 2001, p. 829.
Virole (J.), Le cahier des charges type des concessions de la distribution publique d'énergie électrique, AJDA, 1961, p. 397.
Voisset (M.), *Qualité-Adaptabilité-Mutabilité*, Travaux du CEDECE 1997.
Voisset (M.), *Le service public autrement*, RFDA, 1995, p. 304.
Weingarten (F.), La théorie des infrastructures essentielles et l'accès des tiers aux réseaux en droit communautaire, CJEG, n° 549, décembre 1998, p. 461.
Yolka (P.), Remarques sur le contentieux des dommages causés au réseau de distribution d'énergie électrique par les véhicules automobiles, RFDA, mai-juin 2003, p. 491.
Zask (J.), Varoquaux (W.), *Les échanges d'électricité en Europe : L'exemple français*, Revue de l'énergie, n° 383, mai 1986, p. 224.
Zinow (B.M.), État de la transposition de la directive 96/92 du CE en Allemagne, CJEG, n° 584, février 2002, p. 139.

III. Numéros spéciaux de revues et Colloques

AJDA, Droit des télécommunications : entre déréglementation et régulation, 20 mars 1997.

AJDA, Droit communautaire et droit administratif, 20 juin 1996.

Cahiers de l'ISMEA, La directive relative au marché intérieur de l'électricité en elle-même, Économies et sociétés, mai-juin 1997.

Cahiers de l'ISMEA, La déréglementation de l'électricité : Quels enjeux pour l'Europe ? Économies et sociétés, mai-juin 1997.

Ciriec International et TEPSA, Les entreprises publiques dans l'Union européenne : entre concurrence et intérêt général, Paris, édition Pédone, 1995.

CJEG, La loi du 8 avril 1946 sur la nationalisation de l'électricité et du gaz, P. Sablière, février 1993.

CJEG, Livre Blanc sur la future organisation électrique française, n° 542, avril 1998.

CJEG, L'arrêt du 23 octobre 1997 de la Cour de Justice des communautés européennes, n° 540, février 1998.

CJEG, La directive du 19 décembre 1996 concernant les règles communes pour le marché intérieur, n° 532, mai 1997.

La Documentation française, *Électricité de France, entreprise nationale industrielle et commerciale,* Notes et études documentaires, n° 4575-76, Paris, 1980.

Notes bleues de Bercy, *Le service public de l'électricité,* mars 2000.

Revue de l'énergie, Réconcilier les services publics et la construction européenne : le cas du secteur électrique, n° 486, mars-avril 1997.

Sciences de la Société, *Le service public en crise,* Questions en débat, concurrence et modernisation, sous la direction de Robert Boure, Revue n° 42, Presses universitaires du Mirail, octobre 1996.

Travaux de la CEDECE, *Service public et Communauté européenne entre l'intérêt général et le marché,* Colloque de Strasbourg des 17-19 octobre 1996, sous la direction de R. Kovar et D. Simon :

Tome I : *Introduction et approche sectorielle,* La Documentation Française, Paris 1998.

Tome II : *Service public et droit communautaire,* Les grands textes, La Documentation Française, Paris 1998.

IV. Rapports

Autin (J.L.), *Vers un modèle européen d'autorité administrative indépendante, Le service public en recherche*, Commissariat général du Plan, sous la direction de C. Grémion, R. Fraisse, La Documentation Française, Paris, 1998.

Bataille (C.), *Le projet de loi relatif à la modernisation et au développement du service public de l'électricité*, rapport au nom de la Commission de la production et des échanges du 11 février 1999 de l'Assemblée Nationale, n° 1371, Paris, 2000.

Bergougnoux (J.), *Services publics en réseau : perspectives de concurrence et nouvelles régulations*, Rapport du Commissariat général du Plan, La Documentation Française, 2000.

Boisson (P.), *Énergie 2010-2020. Les chemins d'une croissance sobre*, Rapport du Commissariat général du Plan, Paris, La Documentation Française, 1998.

Borotra (F.), *Faut-il défendre le service public ?*, rapport d'information de la délégation de l'Assemblée Nationale pour l'Union Européenne, Assemblée Nationale, 1995.

Carayon (B.), *Projet de loi relatif au service public de l'électricité et du gaz et aux emtreprises électriques et gazières*, avis présenté au nom de la Commission des finances à l'Assemblée nationale, n° 1-668 du 9 juin 2004.

Carmona (J.), **Fouchecour de (L.)**, Rapport sur le mécanisme d'ajustement des flux électriques par le GRT et sur la création d'un marché de l'électricité, Rapport établi à la demande de la CRE, septembre 2000.

Conseil d'État, *Service public, services publics : déclin ou renouveau*, Rapport public, La Documentation Française, EDCE, n° 46, Paris, 1995.

Conseil d'État, *Les pouvoirs de l'administration dans le domaine des sanctions*, Rapport public, La Documentation Française, EDCE, n° 46, Paris, 1995.

Conseil d'État, *L'intérêt général*, Rapport public, La documentation française, EDCE, n° 50, Paris, 1999.

Conseil d'État, *Les autorités administratives indépendantes*, Rapport public, La Documentation Française, EDCE, n° 52, Paris, 2001.

Conseil d'État, *Collectivités publiques et concurrence*, Rapport public, La Documentation Française, EDCE, n° 53, Paris, 2002

CRE, Rapport d'activité du 30 juin 2000.

CRE, Rapport d'activité du 30 juin 2001.

CRE, Rapport d'activité du 30 juin 2002.

CRE, Rapport d'activité du 30 juin 2003.

CRE, Rapport d'activité du 30 juin 2004.

CRE, Rapport d'activité du 30 juin 2005.

Denoix de Saint Marc (R.), *Le service public*, rapport au Premier Ministre n° 4-197, Paris, La Documentation Française, 1996.

Derosier (B.), *À la veille d'une directive européenne sur le marché intérieur du gaz naturel*, rapport d'information de l'Assemblée Nationale, n° 3-338, février 1997.

Desama (C.), La proposition de la Commission européenne au Conseil européen relative à une directive concernant des règles communes pour le marché intérieur de l'électricité, Rapport de la Commission de l'énergie, de la recherche et de la technologie du 12 octobre 1993.

Dumont (J.L.), *Réussir la future organisation électrique française*, rapport au Premier Ministre, Paris, La Documentation Française, 1998.
Gonnot (F.), *Les marchés énergétiques et au service public de l'énergie*, 1ère, 2ème et 3ème parties, rapport n° 400 fait au nom de la Commission des affaires économiques du Sénat du 6 décembre 2002.
Gonnot (F.), Poniatowski (L.), *Projet de loi relatif aux marchés énergétiques et au service public de l'énergie*, rapport fait au nom de la Commission mixte paritaire, n° 100 (Sénat) et n° 475 (Assemblée Nationale) 19 décembre 2002.
Leclerc (D.), Projet de loi relatif au service public de l'électricité et du gaz et aux entreprises électriques et gazières, avis présenté au nom de la Commission des affaires sociales du Sénat, n° 387 du 30 juin 2004.
Lenoir (J-C.), *Projet de loi relatif au service public de l'électricité et du gaz et aux entreprises électriques et gazières*, rapport fait au nom de la Commission des affaires économiques de l'Assemblée Nationale, n° 1-659, 14 juin 2004.
Martinand (C.), *La régulation des services publics*, Rapport de l'atelier « Régulation » du groupe « Réseaux 2010 » du Commissariat général du Plan, Paris, Édition ASPE Europe, 1996.
Montesquiou (A.), Vers l'achèvement du marché intérieur de l'électricité, Rapport du Sénat, n° 187, 2001-2002.
Oudin (J.), *Électricité et Gaz : pour un marché intérieur respectueux du service public*, Rapport d'information n° 459 de la délégation du Sénat pour les Communautés Européennes (1993-1994) 25 mai 1994.
Poniatowski (L.), *Le projet de loi relatif aux produits énergétiques*, rapport fait au nom de la Commission des affaires économiques et du plan du Sénat concernant le projet de loi relatif aux marchés énergétiques, n° 16, 9 octobre 2002.
Quin (C.), Jeannot (G.), *Un service public pour les Européens ? Diversité des traditions et espace de convergence*, Ministère de l'équipement, des transports et du logement, La Documentation Française, Paris, 1997.
Revol (H.), *Le marché européen de l'énergie, Enjeux et conséquences de l'ouverture*, rapport d'information du Sénat fait au nom de la Commission des affaires économiques et du Plan, n° 305, 17 mai 2002.
Revol (H.), *La sécurité d'approvisionnement en énergie de l'Union européenne*, Groupe d'études de l'énergie, Rapports du Sénat, Paris, 2001.
Revol (H.), *La politique énergétique de la France*, Rapports du Sénat, Paris, 1998.
Revol (H.), Projet de loi relatif à la modernisation et au développement du service public de l'électricité, rapport n° 502 du 29 septembre 1999.
Revol (H.), Le marché intérieur de l'électricité et du gaz naturel et ses conséquences pour la France, Rapport au Sénat, Paris, 1994.
Stoffaes (C.), *Services publics, question d'avenir*, Rapport du groupe technique (réseaux 2010) du Commissariat général du Plan, Paris, La Documentation Française, 1995.
Syrota (J.), Rapport sur l'ouverture du marché gazier français du 24 octobre 2002.
Walrave (M.), *Les réseaux de service public dans le monde, Organisation, Régulation, Concurrence*, Rapport de l'atelier « Expériences étrangères » du groupe « Réseaux 2010 » du Commissariat général du Plan, Paris, Édition Eska, ASPE Europe, 1995.

655102 - Mai 2016
Achevé d'imprimer par

1livre.com
du rêve à la réalité !

www.ingramcontent.com/pod-product-compliance
Lightning Source LLC
La Vergne TN
LVHW021134061026
849535LV00002B/245